善政的追寻

——道家治道及其践行研究

The pursuit of good government
——on Daoist governance and practise

吕锡琛 著

人 民 出 版 社

国家社科基金后期资助项目
出版说明

  后期资助项目是国家社科基金设立的一类重要项目，旨在鼓励广大社科研究者潜心治学，支持基础研究多出优秀成果。它是经过严格评审，从接近完成的科研成果中遴选立项的。为扩大后期资助项目的影响，更好地推动学术发展，促进成果转化，全国哲学社会科学规划办公室按照"统一设计、统一标识、统一版式、形成系列"的总体要求，组织出版国家社科基金后期资助项目成果。

全国哲学社会科学规划办公室

目　　录

第一编　道家治道的产生、形成及其初步践行

第二编　道家治道的兼收综合与多元发展

第三编 道家治道在上层的传播与践行

第四编　启蒙时期道家治道的新声

自　序

翻开中国历史,文景之治和贞观之治历来是人们津津乐道、心驰神往的太平盛世。如果进一步探寻这两大盛世的历史轨迹,我们就会发现,它们有着惊人的相似之处①,其中一个至今仍值得深思的突出共同之处是,这两大盛世的为政者都崇尚道家治国之道并将其运用于政治实践。

在中国传统文化的思想宝库中,以老子为代表的道家学派不仅以其恢宏深邃、旷达宽容的哲学理论而著称于世,更以其丰富的政治智慧而受到众多为政者的青睐和研习,其代表作品《老子》甚至先后被八位最高统治者加以研究注释②,亦为一些明君贤相所践行。这的确是古今中外绝无仅有的值得关注的文化现象!道家为何受到为政者如此青睐?为何与中国古代的太平盛世紧密相连?道家典籍中究竟包含了哪些治国安民智慧,它们对当

---

① 例如,它们都是经过长期分裂之后(假设西周亦为统一王朝)而建立起来的大一统帝国;都是承续了强大而短祚的统一帝国(秦、隋)而建立起来的王朝;开国皇帝都是顺应历史发展的一代明君,皆有着吸取前朝覆车之鉴的政治胸怀;都分别接受了前朝在立国规模和制度建设方面的丰厚遗产,典章制度沿革方面多有相似;等等。(参见王大华:《汉唐历史进程相似原因初探》,《陕西师范大学学报》(哲社版)1984年第4期;徐连达等:《汉唐科举异同论》,《历史研究》1990年第5期;许兆昌:《秦汉隋唐现象论略》,《社会科学战线》2000年第6期;牟发松:《汉唐异同论》,《华东师范大学学报》(哲社版)2004年第3期)

② 这八位皇帝及其注本分别是:唐玄宗李隆基的《御注道德真经》和《御制道德真经疏》、宋徽宗赵佶的《御解道德真经》、明太祖朱元璋的《御注道德真经》、清世祖爱新觉罗·福临的《御注道德真经》、梁武帝萧衍的《老子讲疏》和《老子义疏理纲》、梁简文帝萧纲的《老子私记》、梁元帝萧绎的《老子讲疏》、魏孝文帝的《老子注》和《老子义疏》等。李隆基等前三位皇帝的注本收入《正统道藏·洞神部·玉诀类》,福临的注本收入《四库全书·子部》,今人刘韶军将此四种注本合编并作点评,名为《老子御批点评》,湖南人民出版社1997年出版。梁武帝等四位皇帝注本已失佚,仅有书名见于相关史籍,如《旧唐书·经籍志》所载,梁武帝作《老子讲疏》六卷;梁简文帝《老子私记》十卷(见刘昫等:《经籍志》上,《旧唐书》卷四十七,中华书局1975年版,第2028页);据《魏书·官氏志》载,魏孝文帝作《老子注》二卷。

代管理者又有什么样的启示呢？这是本书试图探究的主题。

东汉著名史学家班固曾在《汉书·艺文志》中概括道家之旨说："道家者流盖出于史官，历记成败、存亡、祸福、古今之道，然后知秉要执本，清虚以自守。卑弱以自持，此君人南面之术也。"虽然班固所说的道家主要指汉初侧重政治实践的黄老道家，而与先秦老庄道家有所区别①，但大致反映了道家思想的主旨；同时，这段话还透露出一个重要信息，那就是道家是在阅尽历史沧桑和世态炎凉，总结"成败、存亡、祸福、古今之道"的基础上，才懂得了"秉要执本"、注重修身自律、谦虚卑弱的重要性。因此，这不是普通的思想，而是"君人南面之术"，即治国之方。②

本书以"道家治道"作为书名而未使用道家治国思想或政治哲学等传统提法，其原因主要有二：一是由于"治道确实已经成为中国古代政治家与思想家共同关注的中心话题"③；更重要的是，笔者希望借此让古今中西的社会治理文化有所接通。"治道""是指人类社会治理公共事务、解决公共问题、提供公共服务的基本模式"④，不仅中国古代典籍中曾使用"治道"一词，同时它也是一个现代学术概念。现代国际政治学或公共管理学理论中的"治道"（Governance）一词是20世纪90年代以来国际政治学界和经济学界新拓展的一个概念和研究领域，中国学者一般将其翻译为"治理"，是指与传统的统治模式相区别的一种新的管理模式，与现代行政管理改革思潮密切相关。

作为一种新的管理模式，"治道"或"治理"有别于以往政府机构对国家

---

① 与老子思想相比，黄老之学"更重视在实际政治领域中的具体运作和效果"，"而不在理论探讨和社会批评"（参见刘笑敢：《老子古今》，中国社会科学出版社2006年版，第369页），与今天所说的以老庄为代表的道家有一定区别，以下司马谈所言的道家亦指黄老之学。

② 笔者不认同将"君人南面之术"理解为阴谋权术，因为中国古代帝王的座位是坐北朝南，南面而坐意味着君临天下，南面之术即君主为政之道。而班固概括的"秉要执本，清虚以自守。卑弱以自持"这一"君人南面之术"的内容也与阴谋权术无关。进一步的阐发请见本书"绪论"的相关部分。

③ 黎红雷先生对中国传统治道进行了系统的研究并将其历史演进过程分为三个阶段，即先秦时期（公元前221年以前）的"原型"阶段、秦汉隋唐时期（公元前221—公元960年）的"成型"阶段、宋元明清时期（公元960—1911年）的"转型"阶段。（参见黎红雷：《〈中国传统治道研究丛书〉总序》，载唐少莲：《道家"道治"思想研究》，中国社会科学出版社2011年版，第7页）

④ 毛寿龙：《现代治道与治道变革》，《江苏行政学院学报》2003年第2期。

和社会公共事务进行垄断、强制性管理的统治模式，而是从统治行政转向服务行政。它是使相互冲突的或不同的利益得以调和并且采取联合行动的持续的过程……治理过程的基础不是控制，而是协调；治理既涉及公共部门，也包括私人部门；治理不是一种正式的制度，而是持续的互动。它强调各个主体间的协调与沟通，参与主体更为多元化……①现代"治道"和道家"治道"的社会背景和内涵当然不可同日而语，但它主张参与主体多元化、强调协调而非控制，这和道家治道中的"无为而治"、"以百姓之心为心"等主张存在着某种相似性，故后者可以作为现代"治道"的文化资源。

道家治道即是以《老子》为代表的道家及其相关典籍中关于治国安民或社会治理的基本主张，它们体现出中国先贤对"善政"的追寻，其核心内容是对于"何为良好统治"的探求及其合理性论证。主要包括社会治理的理论基础、指导思想、理想目标及其如何达致的施政方略和路径等。它的突出特点是反对权力的滥用和为政者的妄为、强制；其核心思想是以道治国、遵道而行、无为而治；要求为政者以"善者吾善之，不善者吾亦善之"、"报怨以德"的胸怀来包容和协调矛盾，整合各个阶层或不同利益群体；倡导顺应人性、"以百姓心为心"、"辅万物之自然而不敢为"的服务精神；推崇"道通为一"、"物无贵贱"的平等意识和"功成事遂、百姓皆谓我自然"的管理境界；实现"物各自治"、"各尽其能"、"各得其正"的自主管理目标。这些鉴古观今的政治智慧，有助于协调不同政治集团和社会各个阶层的利益，化解社会矛盾和冲突，推进社会的安定和谐。它们虽然与现代公共管理和现代治理模式有本质的区别，亦未能将上述主张真正落实为政治上的制度安排和行为规则，而主要是依赖为政者的政治理性和道德自觉得以实施，但在治理的方向上，二者仍有某些相通之处。因此，这些宝贵的思想主张可以为现代中国的行政改革和政治体制改革以及社会管理创新提供深厚的文化资源。

道家的作品卷帙浩繁，道家治道积淀了两千余年的政治智慧，欲全面地展现这些文化宝藏是作者力所难及的，故本书在"绪论"中对道家治道的发

---

① 参见俞可平：《治理与善治·引论》，社会科学文献出版社 2000 年版，第 3 页。

展概况、理论基础、基本内容及其特点进行概述之后,依循道学发展的主要阶段及其特点,选取各阶段的代表作品分为四编二十二章进行论述:第一编"道家治道的产生、形成及其初步践行",论述了以老庄为代表的先秦道家以及《黄帝四经》《吕氏春秋》等黄老道家之治道的形成,进而分析了黄老道家在汉初政治舞台的初步践行以及它的社会效应和经验教训。第二编"道家治道的兼收综合与多元发展",剖析了在汉代独尊儒术文化格局形成以后,《淮南子》和王弼、郭象等魏晋玄学家兼收融合儒、道、阴阳各家以及道教尊奉、神化老子且援儒入道的发展向度。而正是这种兼收各家、多元发展的气派为道家治道向社会上层传播奠定了基础。第三编"道家治道在上层的传播与践行",考察了唐、宋、元、明、清等朝代的一些明君贤相研习、践履道家治道的概况及其社会效应、历史意义。第四编"启蒙时期道家治道的新声",阐发了在"天崩地解"的明清之际特别是在西方列强轰开中国大门之后,王夫之、魏源、严复等思想家根据时代需要对道家治道的阐衍,凸显出以史为鉴、救世革弊或融会中西的时代特点。

以上四编的划分大略反映出道家治道的主要发展阶段及其特点,书中既介绍老庄等道家开山始祖的高论,又阐发王弼等青年玄学家别开生面之新旨;既注目于被君王封官赐号的高层道者,也考察流散民间的无名道人;既选取唐玄宗李隆基、明太祖朱元璋等最高为政者的老学思想及其相关践行,又展现抨击专制君主的吕不韦、锐意革新的王安石等重臣的道学治国之旨,还呈现了满清帝王福临的老学思想及其相关的践行;明清时期的启蒙思想家王船山以及融会中西文化的领军人物严复衍解老庄的作品也纳入了本书的考察范围。作者试图通过这些不同时期、不同学派、不同身份地位、不同民族文化背景和不同政治立场的各家之言,以求尽可能多向度地反映出道家治道的概貌。在这一基础上,作者又超越理论层面,将探寻的视野扩展到社会实践领域,选择文景之治、贞观之治等中国历史上的典型案例,通过拨乱反正、休养生息、经济复苏、社会安定的史实来论证道家治道的实际功效。

道家治道饱含哲学智慧,它以天地自然为坐标,从天人和谐、社会和谐以及人类发展的长远利益来思考问题,故能在较大程度上超越时间、地域、民族和政治集团的某些局限，是具有超越性的管理之道。笔者在"结语"中将道家治道的现代价值概括为以下几方面：第一，"尊道"、"顺道"的理性原则；第二，"无为无事"的限权意识；第三，"物各自任"的自主精神；第四，"各得其正"的自由理念；第五，"物无贵贱"的平等诉求；第六，俭啬养生的防腐机制；第七，"常善救人"的宽容胸怀。

从以上挂一漏万的概括中，人们不难看到道家治道所蕴含的理论光华。时至今日，它的智慧已穿越时空，在华夏大地和世界高层政治论坛上回荡：

2013年3月，习近平主席在接受金砖国家媒体联合采访时强调，领导者要了解人民所思所盼，要有"治大国若烹小鲜"的态度，并进一步将其深化诠释为"丝毫不敢懈怠，丝毫不敢马虎，必须夙夜在公、勤勉工作"①。李克强总理在答记者问时阐发自己"行大道，民为本，利天下"的心得。中国新一届国家领导人这些思想或来自《老子》或非经典的原话，但却在实质上从新的层面上阐发了"以百姓心为心"、"治大国若烹小鲜"、"顺道而行"、"高必以下为基"、"善利万物"等道家治国理念。

1988年美国总统里根在国情咨文中，曾引用老子的名言"治大国若烹小鲜"来阐述治国方略。2010年俄罗斯总统梅德韦杰夫向出席圣彼得堡国际经济论坛的与会者建议："遵循中国古代伟大哲学家老子的教诲来应对世界金融危机。"他认为："如果我们遵循中国哲学家的遗训，就能够找到平衡点，并成功走出这场巨大的考验。"2011年连任联合国秘书长的潘基文在就职演说中援引《老子》"天之道，利而不害；圣人之道，为而不争"的名言，表示将用老子这一思想践行《联合国宪章》时代精神，要将这一智慧应用到工作中，与各国一起共同应对当今世界的挑战。各国之间应以此智慧为导向，求同存异，消除争端，找到行动上的统一性。

道家智慧更被应用于西方现代管理实践之中。美国著名人本心理学家马斯洛尊崇道家并在心理治疗实践中吸收道家智慧，在生命的最后10年中，他逐渐将人本心理学的深刻洞察运用到美国的工厂中，倡导管理者践履"道家式的尊重"，在管理活动中"尊重允许并鼓励他人去确认自己的偏好

---

① 《治大国如烹小鲜，高层与民众共鸣》，《环球时报》2013年3月21日。

和进行自己的选择……"①

如同黄河、长江势所必然地汇入大海一样,道家治道也穿越了时空,与当代世界范围内行政管理改革和政治文明的洪流融合汇聚,向现代人类展现和贡献着中华民族的智慧;同时,它也将灌溉滋润正在深化政治体制改革和社会管理创新的中华大地,为华夏子孙的强国梦想和文化复兴提供精神资源。

---

① 霍夫曼编:《洞察未来——马斯洛未发表的文章》,许金声译,改革出版社1998年版,第179页。

绪　　论

道家学派源出于史官,他们具有博古通今的文化素养。班固在《汉书·艺文志》中概括了道家思想要旨之后,将其奉为"君人南面之术"。这里所说的"君人南面之术"即治国之方法。但有些学者却将此处所说的"术"理解为权术、阴谋,最有代表性的是郭沫若先生的观点,他说:"术就是手段,是人君驾驭臣民的权变,也就是所谓人君南面之术。"①出于偏颇的理解,道家治国思想被一些人误解为控制、驾驭臣民的阴谋权术,这是我们所不能苟同的。其实,术的含义是方法,而不能狭隘地理解为权术,关于这一点,西汉著名史学家司马迁之父司马谈的《论六家要旨》中对道家的"术"已经作了非常清楚的阐释。文中说:"道家使人精神专一,动合无形,赡足万物。其为术也,因阴阳之大顺,采儒墨之善,撮名法之要,与时迁移,应物变化,立俗施事,无所不宜,指约而易操,事少而功多。"显然,这里所说的道家之术并无阴谋权术之义,而是顺应时势以立俗施事的为政之道,其特点是"指约而易操,事少而功多"。用今天的话来说,这是一种简约易行、低投入而高效率的管理之道。后人之所以将阴谋权术的帽子扣在道家头上,很重要的原因是由于法家对道家思想的继承与扭曲。关于这方面的内容,我们将在论述道家治道的特点及其与法家进行比较时再作厘清。

我们认为,班固所说的"君人南面之术"其实类似于儒家典籍《乐记》中"治道"这一概念。《礼记·乐记》说:"是故审声以知音,审音以知乐,审乐以知政,而治道备矣。"这里所说的"治道"即为政治国之道,使用"治道"一

① 郭沫若:《十批判书》,《郭沫若全集》第二卷,人民出版社1982年版,第343页。

词来概括道家的治国主张不但有助于避免诸如"权术"、"阴谋"之类的某些误解,更重要的是,它是一个接通古今中西的词语,是一个与现代行政改革思潮密切相关的概念,表达出作者不仅从中国古文献的语境下使用这一词语,同时也试图运用现代政治学和公共管理学理论来诠释道家政治主张的用意。"治道"是关于治理公共事务的道理、方法、逻辑等。与行政和政治这两个范畴相比,治道"只涉及政府权力的应用,更动态、更具体、更注重方式,而相对缺少意识形态上的关怀与争论"①。

当然,古今之"治道"的内涵不可同日而语,但我们却试图沟通古今,注意从现代治道的视角来理解、论述和诠释道家治道,因为二者不仅在内涵上有所相通,而且将启示我们更好地发掘道家治国思想的现代意义,促使其中具有普遍意义的智慧在今人面前凸显出来。

以下我们在前人研究成果的基础上,对道家治道的发展概况、理论基础、基本内容及其特点作一宏观鸟瞰。

一、道家治道的发展概况

春秋战国时期是道家思想正式形成和发展的重要时期②,在深厚的文化土壤中,产生了《老子》这一恢宏深邃的伟大作品,标志着道家学派的正式形成。老子姓李氏,名耳,字伯阳,谥曰聃,楚国苦县人,生活于春秋末期,做过周朝的守藏史(即执掌典籍之官),具有博古通今的文化素养。他对以往的社会治理方法和历史经验教训进行了深刻反思,又继承了中国古代巫史文化特别是传承发展《易经》、《尚书》等古代典籍之思想,并吸收各地文化传统,在对于自然、社会进行观察思考和对于人体自身反观内照的基础上,提出了"道"这一最高哲学范畴,建立了包括宇宙论、本体论、认识论、朴素辩证法、政治哲学和人生哲学在内的一套哲学理论。他以哲学家的睿智

---

① 赵景来:《关于治理理论若干问题讨论综述》,《世界经济与政治》2002年第3期。
② 关于《老子》的作者和成书年代争论颇多,较流行的观点是,《老子》是春秋末期老聃的学说,本书采用这一说法。

鉴古观今，针对当时社会政治生活中的诸多现实问题提出了自己的看法，留下了《老子》这一深蕴政治伦理智慧的不朽作品。

《老子》的思想分别向南方和北方传播，与各地原有的文化传统相结合，形成了不同风格的道家流派。庄子较多地继承了老子思想的本质特征，故后人将老子、庄子合称，老庄被视为先秦时期道家学派的代表。

在礼崩乐坏、群雄逐鹿的战国时期，如何在残酷的兼并战争中自存自强、安民治国，进而扩张势力，称霸争雄。这成为当时政治生活中人们所关注的焦点。围绕这一时代的课题，诸子百家各抒己见，他们就政治治理的方法手段、政治制度、君臣和君民关系、德治或法治等诸多问题著书立说，形成了百家争鸣的学术盛况，积累了丰富的政治伦理思想资源。齐国稷下学宫是当时学术争鸣的中心，在此，老子思想发展成为一种新的学派，即初步形成于齐国稷下学宫的黄老学派。稷下学者慎到、田骈、接子、环渊等人都是研习黄老学派的重要人物，齐国成为研究、传播黄老学派的中心。

然而，如果完全照搬老子的思想，必难适应战国时期的纷争局面和统治者需要，也不能与其他学派相抗衡。于是，稷下学者继承改造老子学说，形成了一套自己的思想体系——黄老学说。由于身处当时学术文化中心，故《管子》等稷下黄老学者之书得到了广泛的传播，该书的思想直接影响了后来的黄老道家著作《吕氏春秋》以及庄子学派。例如，《心术》中所提出的大道贵因，君不代臣职，圣人无私覆、无私载的观点，《白心》中提出的"不为一人枉其法"等思想就成为《吕氏春秋》中君道贵因、贵公去私等政治伦理原则的直接理论渊源。一般认为，黄老学派的著作包括《管子》中的《白心》、《内业》、《心术》上、《心术》下四篇，以及《慎子》、《文子》、《吕氏春秋》、《新语》、《淮南子》和马王堆出土的四种古佚书《经法》、《十六经》、《称》、《道原》等书。

黄老学派尽管吸取了儒、法、墨等各家之长，但仍然以《老子》为宗，继承了道家的基本范畴和原则，故依然属于道家，而不能视为杂家、法家或儒家。不过，黄老道家与长于抽象思维的《老子》相比，更侧重于政治领域的操作实践，故熊铁基等先生称之为"新道家"。

黄老道家在崇尚法家、专制任刑的秦王朝命运不济，其代表人物吕不韦因与秦王嬴政的利益博弈特别是在政治治理模式上的重大分歧而发生尖锐的政治冲突,身家败亡;吕不韦主持编写的《吕氏春秋》亦随之被打入冷宫。然而,秦王朝迅速覆灭的历史教训向人们发出振聋发聩的警示:仅仅依靠严刑酷法绝不可能实现社会的长治久安! 缺乏道德正义与伦理合理性的政治治理模式是没有生命力的!

在亡秦废墟上建立起来的汉帝国不得不高度重视总结前代的历史教训,加之汉初特定的社会历史条件和上层统治者所固有的崇尚道家的楚文化传统,促使他们在政治、经济各个领域实践着黄老道家的政治主张:"惠帝垂拱,高后女主称制,政不出房户,天下晏然。"①"文帝本修黄老之言……其治尚清静无为。"②于是,道家思想退去了隐士的色调而成为一时的显学,演化为汉初政治舞台上的主旋律,响彻在社会生活的各个角落。

汉武帝出于加强中央集权的政治需要,采取了"罢黜百家,表章(彰)《六经》"③的文化政策。儒学成为官方哲学之后,精通儒经成为众多士人趋之若鹜的终南捷径。儒家经学愈演愈繁,日益流于烦琐荒诞,日益为人们所厌恶。

黄老之学退出了历史前台之后,转而向个人养生和人们的内心精神世界发展,从不同的途径更为深刻地影响着社会各阶层的人们,凸显出多向发展的态势。而东汉末年的社会动乱和黑暗,则更为道家治道思想的多向发展提供了社会环境,生活在政治动荡时代而又不满口称名教、暗谋篡位的司马氏集团,一些士人以老庄之学作为安身立命的精神支柱,讲求黄老养生之学,疾恨封建礼法的虚伪,崇尚自然放达,成为社会批判思潮的承担者。于是,以道家思想为主干,以道解儒,综合儒道的新的理论体系——魏晋玄学应运而生。

王弼、嵇康、郭象等玄学家对老庄的治道作出了进一步的深化,体现出明显的以道合儒的思想倾向。玄学家试图弥补儒家以名教压抑人性、使人拘谨自守的缺陷,他们沿着老庄斥礼返朴的思想路径,以恬淡自然的态度取

---

① 司马迁:《吕后本纪》,《史记》卷九,上海古籍出版社1959年版,第412页。
② 应劭:《正失》,《风俗通义》卷二,《野史精品》第1辑,岳麓书社1996年版,第179页。
③ 王先谦:《汉书补注》卷六,中华书局1983年影印本,第102页。

代礼教的繁文缛节，并一扫汉儒烦琐陈腐的学风，围绕着本末关系、有无关系、名教与自然的关系诸问题作出了深刻的哲学思考。他们澄清"名教"与"自然"乃是"迹"与"所以迹"的关系，试图弥合现实生活中"名教"与"自然"的分裂与尖锐对立，达到礼义忠信与自然本性的统一，追求社会角色与个体本真的协调，重建合于时代要求和自然人性的道德礼法，并试图通过调和名教与自然的矛盾，弥补封建统治者以名教压抑人性的缺陷，使社会重新步入有序，以求得政局的稳定。

在这一思想发展旅程中，郭象通过注释《庄子》而提出"性分自足"和"独化于玄冥"的观点是对庄学的重要发展。学术界有人认为，郭象将庄子的逍遥超越发展为"性分自足"是保守和倒退的倾向，但笔者以为，在这一问题上，庄、郭二人的观点各有其意义。庄子逍遥、无待的自由观追求个体的精神超越，而郭象"性分自足"的观点则立足于社会角色与个体自然之性的协调，有助于社会稳定与有序。特别是郭象在注解《庄子·逍遥游》时对"暖姝者"的批判态度，而转生出"独化于玄冥"的命题，更是为"各当其分"的个体自由奠定了理论基础。① 沿着这一思路，唐代道教学者成玄英，又从"阴夜有形而无影"的事实推出"影必不待形，而独化之理彰也"，进而认为"一切万法，悉皆独化也"。② 由此而提出了追求"各各治身，天下清正"③的自由理想。

东汉时期，作为哲学家、思想家的老子逐渐被神化。《后汉书·襄楷传》载，东汉桓帝时，"其宫中立黄老、浮屠之祠"，桓帝"好神仙事"，曾派人去陈国苦县祀老子。在神化老子的进程中，老子与道教紧紧牵到了一起。无论是流行于民间的早期道教"太平道"、"五斗米道"，还是后来经过改造的官方道教，无不尊奉老子，将《道德经》奉为诵习的主要经典。道教徒与

① 《庄子·徐无鬼》中说："所谓暖姝者，学一先生之言，则暖暖姝姝而私自说也，自以为足矣，而未知未始有物也，是以谓暖姝者也。""暖姝者"即快活愚昧之人，他们只学到某家之言就暗自高兴，自以为满足，而实际上并未学到什么东西。这样的人就称为快活愚昧之人。郭象却不认同《庄子》对"暖姝者"的批判态度，而是给予高度肯定，认为"意尽形教，岂知我之独化于玄冥之竟哉！"（郭庆藩：《庄子集释》，中华书局 1961 年版，第 863 页）

② 成玄英：《庄子疏·寓言》，载郭庆藩：《庄子集释》，中华书局 1961 年版，第 961 页。

③ 成玄英：《庄子疏·在宥》，载郭庆藩：《庄子集释》，中华书局 1961 年版，第 381 页。

《道德经》的这种特殊的密切关系,为他们研习和发展道家的治国主张提供了契机并奠定了理论基础。

道教尊奉老子及其五千言,主要有以下几方面的原因:第一,在史籍记载中,老子是一个颇具神秘色彩的人。孔子的犹龙之叹,老子二百余岁,出关隐去、莫知所终等传说,都留给人们一种神秘莫测的形象,这就为神化老子提供了原始的文字依据。第二,《道德经》中关于养生修炼的理论与神仙方士所追求的目标相一致。《道德经》中对古代气功养生的理论和方法进行了总结和提高,在该书中,道、道的运行规律以及对道的认识方法,分别与气功理论中的气、气的运行规律及气功家把握气的方法基本相符。例如:"道之为物,惟恍惟惚。惚兮恍兮,其中有象;恍兮惚兮,其中有物;窈兮冥兮,其中有精,其精甚真,其中有信。"①又如,书中认为,得道的方法是"致虚极,守静笃"②,"塞其兑,闭其门,挫其锐,解其纷,和其光,同其尘"③,等等。这些闭目塞听、清静虚寂的要求,正与气功家入静内守等一些修炼方法相一致。第三,老子所阐发的道,具有一种玄妙莫测而又无所不在、支配万物的特性,这也为道士的附会和神化提供了思想基础。第四,在佛教的影响日趋扩大的情况下,道教徒需要有自己的教主和理论以与外来的佛教相抗衡。

老子从一位哲学家被道教徒尊为始祖和尊神对于道家治道的发展与践履具有重要的意义,这一意义主要体现在以下几个方面:

第一,作为哲学流派的道家思想被神圣化而提升为一种信仰,同时,道教徒为了提升自己的社会影响和地位,亦极力强调老子这位道教尊神作为帝王之师的尊贵地位,这一点在道教诸多经典中都有所反映。例如,在后世道教徒每日必诵的《太上玄门早坛功课经》的《诸真宝诰·太清宝诰》中就赞颂老子:"随方设教,历劫度人,为皇者师、帝者师、王者师。"庄子、文子等道家人物也陆续被纳入道教神仙队伍而具有了超越凡俗的地位,这就促使"无为而治"、"道法自然"、"俭啬寡欲"、"慈爱养民"等道家的治国主张得以在更大的范围内传播,其对于为政者的影响力也进一步得到提升。

---

① 《老子》第二十一章,《二十二子》,上海古籍出版社1986年版,第2页。
② 《老子》第十六章,《二十二子》,上海古籍出版社1986年版,第2页。
③ 《老子》第五十六章,《二十二子》,上海古籍出版社1986年版,第6页。

第二,明智的为政者利用这种信仰的力量,促使"柔弱不争"、"知足恬淡"、"尽性安命"等道家政治主张深入人心,有助于协调社会成员或政治集团之间的利益关系,维护社会稳定。

第三,沿袭道家"身国同治"的理路,不少道门中人在尊奉、研习道经的哲学理论和修身之道的同时,亦阐发其治国安民智慧,这可谓世界宗教史上一个独特的现象。它一方面促使道门中人的政治素养和文化底蕴得到培养和提升;另一方面也为他们适时向统治者宣讲、传播道家治国主张提供了契机,由此而增添了道家治道对社会治理产生影响的力度和效度。如,成吉思汗在诏请丘处机求教长生之道的同时也接受了这位高道关于寡欲、慎杀等治国安民的建议,从而产生了一系列积极的社会效果。[①] 特别值得一提的是,社会地位各异的广大道教徒通过研习和注解《老子》而阐发各自的治国主张,这些言行以某种特殊的方式而具有了议政的意义,可以说,此举开创了中国历史上殊为难得的草民议政之先河。[②] 它与封建体制内以入仕为目标研习儒经的儒生议政有着很大的不同,更与现代政治治理模式下公民的参政议政有本质的差别,但却是值得关注和重视的政治文化现象。

道家治道在道门中得以传承,由汉代严遵、河上公开其端,晋代葛洪,唐代成玄英、李荣继其后,到五代时期的杜光庭、唐峭,元代的刘玉、明代的张三丰等道教各派学者者对其有所发展。严遵的《老子指归》、河上公的《老子章句》、成玄英的《庄子疏》、杜光庭的《道德真经广圣义》等作品皆是道教学者阐发《老子》、《庄子》政治思想的代表作品。他们不仅通过注疏《老子》、《庄子》来阐发其政治主张和修身治世原则,更借重于古人以叙述自己的政治思想,提出了不少相当有价值的治国安民主张。

除了通过阐发《老子》、《庄子》来发展政治伦理主张之外,不少道教经籍在宣扬宗教神学的同时,也针对封建社会的种种弊端,提出了一些治世安民的主张,蕴含着丰富的政治伦理思想。汉代的《太平经》、五代时期唐峭的《化书》等皆是这方面的代表作。

---

① 关于这一典型案例,请见第十七章"道家治道在蒙元时期的止杀安民之功"。
② 详见本书第八章《太平经》'共治成事'、'天地为和'的政治诉求"。

于是，在玄学衰微以后，道家思想虽然仍为不少士人所喜好和研习，但其主脉乃是在道教阵营内发展，不少道教学者通过阐释《老子》、《庄子》来发展道教宗教理论及其政治思想，道家与道教在理论上呈现出相互依托、相互涵摄的密切联系。

由于统治者的推崇，道家思想在隋唐时期得到充分的普及和发展，成为治国、修身的指导思想。魏晋玄学家的有无之辨、言意之辨等理论探讨，佛学的传播以及佛道之间的论争，又促使道教学者对其理论进行深化和完善。他们不再满足于以玄学作为理论基础，而着手建构新的理论和思维方式，在扬弃玄学和佛学中道理论的基础上，思辨性更强的"重玄学"成为隋唐时期道家道教的主要理论形态。道教学者成玄英、杜光庭等人运用"重玄学"、"有无双遣"等思维方式和理论精华，力图融合儒道，调和有为与无为、出世与入世的矛盾，以道家的自然无为之道包容、统括儒家的仁义礼智信等道德规范，将道家治道理论进一步推向圆融和成熟。

在道教徒的自觉努力下，道家思想既成为道教宗教理论的基石，又渗入到道教徒的修炼实践活动中，在身国同治这一思维模式的影响下，道门中人根据修炼的体会和需要，从修炼的层次上不断充实、发展着道家治道理论，促使道家思想逐步摆脱了闭门修炼或"清谈"的窠臼，将个人的养生修炼追求与治国安民的抱负奇妙地结合在一起，在改朝换代和政治格局重组以及权贵们对养生延年的期盼中，他们与社会上层交往日密，不同程度地涉身于社会上层政治。道门中人与上层权贵的彼此互动，促使道家治道理论不断深化且向社会上层为政者渗透。

唐太宗李世民、唐玄宗李隆基、宋太祖赵匡胤、明太祖朱元璋、清世祖福临等君主以及秦代丞相吕不韦、宋代推行变法的名相王安石等重臣出于各自的政治利益和历史文化背景，皆推崇老子，研习诠注道家经典，将其视为与儒学相互补充的治国、修身理论，为道家治道与社会政治实践的结合提供了成功的案例，亦留下了值得深思的经验和教训。

及至近代，西方列强的坚船利炮轰开了中国的大门，一些有识之士认识到"师夷长技以制夷"的迫切性，倡导并力行开眼看世界。魏源、严复等致力于学习西方，同时在前人的基础上，更深刻地阐发《老子》的经世致用之学,并将其中的一些主张与西方自由民主等思想相融会,用以作为反对封建专制制度和革除社会弊病的武器,重新发现了道家思想的价值。魏源认为"老子之书,上之可以明道,中之可以治身,推之可以治人",乃是一部"救世之书"。他撰《老子本义》,希望从中找到救世革弊的药方,以明道救时。严复以西方民主政治来理解黄老之道,通过评点《老子》、《庄子》以阐发其自由民主等政治理想,以图从中国传统文化资源中寻求思想解放和通往现代民主政治的理论依据,为在中国进行社会改革、推行民主政治做思想准备。胡适等自由主义思想家将道家与西方的自由主义相比附,反映出融会古今中西的文化追求。他对于黄老学派无为而治等思想情有独钟,对各种干涉主义思想进行了批判,曾撰写《无为而治和农村救济》、《再论无为的政治》两篇文章,试图用道家思想来解决当时农村中的问题。胡适还专门对《淮南子》进行研究,从中提炼出"虚君的共和主义"和"众智众力的民治主义"等主张,为了促使当时的为政者接受这些思想,他曾先后两次将《淮南子》一书呈送给蒋介石,虽然未被独裁专制的蒋氏所理会,但足见其希望以道家治道改良时政的良苦用心。

　　进入中国近代以来,老子之学凸显出救世革弊、会通中西的时代特点,古老的道家治道呈现出穿越时空、融入近代启蒙思潮的发展走向。

二、道家治道的理论基础

　　《老子》的语言较为抽象,包含丰富的辩证思维,且经常使用"正言若反"的表达方式,故对其文本的理解难免产生曲解或误解,以政治权谋来解读老子的治国之道就是一个极大的误区,故在进行有关论述之前,有必要就此做些澄清。我们认为,政治权谋是一种出于政治需要而随机应变的计谋或手段,人们将其理解为权术。政治权谋一般用于行为主客双方对立和斗争的情境之中,行为主体以敌对的立场来思考问题,因而总是试图控制对方、愚弄对方,甚至是消灭对方;因此,政治权谋实质上是一种对付敌人的斗争哲学。治国的对象是民众,以臣民为敌,用对付敌人的方法对待民众是根本错误的思维方式。这正是道家极力反对的。"因众自为"、"以百姓心为心"、"守朴弃诈"是道家对待民众的基本态度，而追求社会的整体和谐、各遂其生、皆有所宜则是道家治道的理想目标。道家的治道主张建立在对天地万物产生、运动和发展之基本规律的探寻这一基础之上，其视野宽阔宏大，这就决定其具有较高的理论思辨水平和超越精神。《中国古代治国要论》的作者曾对道家思想的理论高度作出中肯的评价，书中指出："在中国古代诸多思想流派中，道家的哲学思辨力度是最深邃、最强大的，反映了中国古代人们思维理性所达到的基本高度……为道家治国思想的提出奠定了哲学上的基础。"①

（一）道生万物，道统万物

老子将前人关于"道"的概念作了进一步的抽象化和哲学化，将其提升为一个具有深刻根源性意义的核心概念，具有异常丰富的哲学涵蕴。《老子》指出，"道"是天地万物的根源："有物混成，先天地生，独立而不改，周行而不殆，可以为天下母，吾不知其名，字之曰道。强名之曰大，大曰逝，逝曰远，远曰反。"②在这里，"道"是一个"混成"的整体，它广大无边而周流不息，周流不息而伸展遥远，伸展遥远而返回本原。这种变化流逝而最终又返归本原就是"道"的运动形式。《老子》还对以"道"为本体的世界生成模式作了以下描述："道生一，一生二，二生三，三生万物。"③这里的"一"指阴阳未分以前，宇宙混沌一体；"二"指宇宙剖分为阴阳；"三"即阴阳运动产生新的和谐统一体；"三生万物"，即通过阴阳运动生成新的统一体后化生出世界万物。可见，宇宙间的一切事物，都是以"道"为其最初本原的有机统一整体。这个"先天地生"、"独立而不改、周行而不殆"的"天下母"是无形无象而又无处不在、自本自根而又为"万物之宗"的超越性存在；"道"以及由它所派生的阴阳这一对矛盾普遍地存在于天地万物之中，是支配一切事物

---

① 纪宝成主编：《中国古代治国要论》，中国人民大学出版社 2002 年版，第 61～62 页。
② 《老子》第二十五章，《二十二子》，上海古籍出版社 1986 年版，第 3 页。
③ 《老子》第四十二章，《二十二子》，上海古籍出版社 1986 年版，第 5 页。

运动发展的内在动力和规律。这就建构起了"道"的形上学理论体系。①

庄子之"道"虽有将老子的客观存有之"道"内化为精神与心灵境界的趋向，但仍将"道"视为超越的形上本体（根）。《庄子·大宗师》中说："夫道有情有信，无为无形，可传而不可受，可得而不可见；自本自根，自古以固存；神鬼神帝，生天生地；在太极之先而不为高，在六极之下而不为深；先天地生而不为久，长于上古而不为老。"

《管子·内业》中又对《老子》的"道"作了进一步的阐发，在作者看来，"道"一方面具有形而上的特征："凡道，无根无茎，无叶无荣。万物以生，万物以成，命之曰道。"②另一方面，"道"又存在于天地万物之中，贯穿于人伦日用之中，是人们立身处世的行动指南："道在天地之间，其大无外，其小无内。"③"道满天下，普在民所，民不能知也。""小取焉则小得福，大取焉则大得福，尽行之而天下服。""道"是取之不尽、用之不竭的源泉，是通用于个体和天下的根本原则，人们遵循和服从于它的程度将直接导致相应程度的祸福成败。特别是对于统治者来说，如果不遵循这一根本原则行事，则将为众人所反背而遭害："殊无取焉则民反，其身不免于贼。"④于是，形而上的"道"贯通、落实到形而下的世俗社会，与社会政治生活联系起来。

在这里，我们还需要澄清的一个问题是，"道"究竟是一种理念，还是一种实存？胡适先生认为，"道"只是一种假设的观念，老子和后来的道家"假

① 学术界对老子之"道"的本体、本原或本根之哲学意蕴多有阐发。肖萐父、李锦全先生认为，老子之"道"既是"最高的实体范畴，用以说明世界万物产生的根源及其运动变化的规律性问题"，"又是人类社会所必须遵循的准则，是事物本原、本质和规律的总称"。（参见肖萐父、李锦全：《中国哲学史》，人民出版社1982年版，第105页）陈鼓应先生则从实存意义、规律性和生活准则三个方面揭示"道"的意蕴。（参见陈鼓应：《老子注译及评介》，中华书局2009年版，第58页）熊铁基教授在综合学术界基本看法的基础上指出，老子之"道"具有天地万物的根源、事物发展的规律、生活的准则等几重意义。（参见熊铁基等：《中国老学史》，福建人民出版社2005年版，第29页）崔大华等撰著的《道家与中国文化精神》一书，亦以"本原之道"、"境界之道"和"理则之道"来概括老子之"道"的意义。（参见崔大华等：《道家与中国文化精神》，河南人民出版社2003年版，第11—18页）董京泉先生在前人的基础上，进一步对道的本质内涵进行了更深入的论述，认为老子"道"的实质是矛盾法则或对立统一规律及其方法论转化形态的辩证法。（参见董京泉：《老子"道"的定义及实质之我见》，《哲学研究》2005年第4期）
② 《管子·内业》，《二十二子》，上海古籍出版社1986年版，第155页。
③ 《管子·心术上》，《二十二子》，上海古籍出版社1986年版，第144页。
④ 以上引文均见《管子·白心》，《二十二子》，上海古籍出版社1986年版，第145页。

设一个独立而不改、周行而不殆的'道'……把自己的假设认作了有真实的存在,遂以为已寻得了宇宙万物之理的原理……又悬想出这个'道'有某种某种的特别德性,如'清静'、'柔弱'、'无为'等等。这些德性还得不到证实,就被应用到人生观和政治观上去了!"因此,他认为这是"早期道家思想的最大害处"。①

以上这一系列的推断其实带有很大的臆断成分。首先,老子所说的"独立而不改、周行而不殆"的"道"绝非是一种"假设",更非把自己的假设"认作"了"真实的存在",而是老子在实修的过程中所获得的对世界本质或根本规律的亲证实验,是一种"恍兮惚兮,其中有物;窈兮冥兮,其中有精。其精甚真,其中有信"的真实存在。② 其次,老子为了将这一亲证实悟向世人传达,不得已而使用"可道"之语言,"可名"之名词——"强字之曰道"。最后,"道"所具有的"清静"、"柔弱"、"无为"、"反者道之动"等特性是老子在实修中对"道"之运作特点的体悟,是对天地万物之发展规律的体察,这一认知过程虽然不同于西方所谓科学的实证,但却是经由另一条认知路线、建立在实证基础上的辩证智慧。因此,它并非是在"还得不到证实"的情形下,"就被应用到人生观和政治观上",而是一种推己及事、由内而外的哲学方法的运用。③

正是在亲证实验的基础上,道家将宇宙间的万事万物皆视为以"道"作为最初本原和内在支配者的有机统一整体,因而从天地人的制约关系和统一性来考察问题,人类及万物之间在本质上有着内在的同一性,无论是养生、处世、齐家与治国皆要遵循"大道",方能达到理想的目标。这就形成了道统万物、身国同治这一思维方式:天人同源同构,天地是大宇宙,人身是小宇宙,人对自身反观内照即可体悟大道和天地自然的运动变化之规律;自然法则和社会法则是相通的,作为个我的人身与作为整体的人类社会皆为天

---

① 以上引文均见胡适:《中国中古思想史长编》,载欧阳哲生编:《胡适选集》,吉林人民出版社 2005 年版,第 344 页。

② 《老子》第二十一章,《二十二子》,上海古籍出版社 1986 年版,第 3 页。

③ 关于这方面的内容涉及中西方天人合一和天人二分这两种不同的思维方式特别是内省和外求这两种不同认知路线的区别等复杂的问题,作者将作专文论述。

地自然这一巨系统中处于不同层次的子系统,"道"支配着这一巨系统中的各个子系统,是治身、治家、治国的总原则。也就是说,养生、处世、治国之道是相通的,正如陈鼓应先生所说,老子期望"人的行为能取法于道的自然性与自发性"①。

由道生万物、道统万物的基本观点出发,道家强调治国必然顺道而为,依据道的属性和特点而提出治国安民的具体原则和主张:"道常无为而无不为",故必须无为而治,方能实现理想的管理境界;道性本"朴",故必须因性而治,守朴弃诈;"反者道之动、弱者道之用",故必须防微杜渐,守柔尚谦,崇俭抑奢;"容乃公、公乃全、全乃天、天乃道、道乃久",故必须贵公宽容,兼收并蓄……。

道生万物、道统万物的理念奠定了道家治道的形而上理论基础。同时又构成了道家治道的人性论根据。

(二) 人 性 本 朴

对人性的基本认识和估价是一切以人为研究对象之学问的理论基础,更是政治家和思想家们制定和实施社会治理方案的前提,不同的人性假设必将构筑不同的管理模式。以老庄为代表的道家直接从本原之处来探究人性,也即从生命的发端"道"这一高度来看待人性。他们对世俗的人性论和伦理道德标准进行反思,认为人性来自于宇宙的本原——道,而人的肉体或后天形成的意识都不能代表人的本然之性。

作为道家学派开创者的老子基于他所提出的"道"论来展开对人性的探讨。"道"的根本特性是朴:"道常无名,朴,虽小,天下莫能臣也。"②朴即未经雕凿装饰的天然状态,也即事物自身所固有的本质和规定性。人也是天地万物的一部分,人性来自于"道",故其本性也是淳朴的。这种与"道"相通的"真"、"朴"之性是至足而完满的,故老子主张保持淳朴天真的自然本性,保持和发展自身的本质和规定性,"真"、"朴"等品质被老子视为最高

---

① 陈鼓应:《老子注译及评介》,中华书局 2009 年版,初版序。
② 《老子》第三十二章,《二十二子》,上海古籍出版社 1986 年版,第 4 页。

的理想道德,老子以独特的眼光觉察到文明进步和物质享乐的负面影响——让人们束缚或疏离了自己的本性,迷失了本真之我。他更痛感到阶级社会中原本淳朴的人性被污染,人与人之间出现种种巧伪欺诈,造成诸多社会弊端。因此,他渴望改变这一现实,扫除浇薄浮华的世风,使天下"复归于朴"。为了实现这一理想,老子倡导人们持守淳朴的本性:"见素抱朴"①,启示人们放下面具,返归于真朴的生命之本原,让内在的本性有一个舒展的空间,正所谓"大丈夫处其厚,不居其薄;处其实,不居其华"②。他心目中的堂堂大丈夫,既不是位高权重,亦不必家财万贯,而是一个淳厚朴实、真实无欺,能够回归真朴之本性的人,他真实地矗立于天地之间。这种超拔于流俗的理想人格才是人所应该追求的生命理想状态。

庄子发展了老子复归于朴的人格理想,在他看来,人性发展的理想状态是经过长期的修养而回复到与道相合的初始、朴素、虚无状态:"性修反德,德至同于初",进入"与天地为合"、"同乎大顺"的境界。③ 庄子这里所说的"同于初"绝非等同于出生之初,而是有一个"性修反德"(反,通"返"——著者)的过程,即通过修炼而返回到"德"这一自我生命源头,合德体道,试图消除人性异化而抵达更高层次上的人性复归。庄子认为,当人性达到这样的高度时,才能实现与天地万物和合无迹的"大顺"境界,这也是一种身与心相协、人与自然相协、人与社会相协的全方位和谐状态。

老庄对于人性的估价实际上包含两个层次:一是淳朴完美的本真之性,这是人所共有的,也是老庄企盼和追求的理想状态;二是被社会环境所塑造的现实人性,现实人性因人而异,有善恶之别,是不完整的,是遭到了污染或破坏的,老庄向往人性的返璞归真。这反映了他们对理想人生的追求和对黑暗现实的批判,凸显着一种对既定政治制度、社会风俗和道德规范从更高处的俯瞰和前瞻性的思考,对于人类实现心灵和谐、人际和谐与社会的优序良俗不无启示,具有以下理论和实践的意义:

第一,揭露和批判了宗法礼制伦理规范对于人性的压抑和束缚,力图使

---

① 《老子》第十九章,《二十二子》,上海古籍出版社 1986 年版,第 2 页。
② 《老子》第三十八章,《二十二子》,上海古籍出版社 1986 年版,第 4 页。
③ 《庄子·天地》,《二十二子》,上海古籍出版社 1986 年版,第 41 页。

人们从宗法等级制度压抑下解脱出来。第二，指出了文明发展与自然本性之间的矛盾，强调尊重个体所固有的本质规定性。尽管其未能找到根本解脱的途径，但却启示人们以人为本，努力寻求本真之性的复归，也启示后来的思想家、政治家对现实的政治制度、法律和道德进行反思和批判，推动社会的制度、法律和道德向着更为合乎人性的方向发展和进步。第三，老庄所崇尚的真朴人性虽然在表面上具有原初性的特征，但其在很大的程度上是一种比喻，是一种需经过努力修炼才能达到的人性更高境界，是一种经过否定之否定后向人性更高层次之"复归"。第四，认识到了物欲对淳朴本性的侵害。他们认为，人的淳朴无邪的本性之所以会失其真，是由于外物的蒙蔽、环境的影响、习俗的熏染和嗜欲的侵害，抵制和消除这种侵害是实现心理和谐的必由之路。这对于现代人类摆脱因物欲膨胀、为外物所役而导致的焦虑浮躁等心理问题，进而实现心理和谐具有重要的启示意义。第五，强调万物各有其性，物各有宜，社会管理者应该顺应物性，因材而用，宽容不苛，才能有利于调动一切积极因素，安定民心，推动社会的长治久安与和谐。

三、道家治道的主要内容

从道统万物和人性本朴为的理论出发，道家提出了关于治国安民即通往"善政"的一系列政治主张，以下概而述之。

（一）无　为　而　治

无为而治是道家治道的核心内容，它的理论根据来自于"道"的属性——"道常无为而无不为"。

根据"道"的这一属性，老子将无为原则推及政治治理之中："道常无为而无不为，侯王若能守之，万物将自化。"①统治者如果遵循此道，顺应自然，万物将会自觉地从属于他、受治于他。可见，"无为"不是无所作为，而是一

---

① 《老子》第三十七章，《二十二子》，上海古籍出版社1986年版，第4页。

种治理社会的方式,刘笑敢先生指出,老子的无为,主要是否定那些"会造成冲突、必须付出巨大代价而效果又不好的行为。这种否定同时肯定了另一种'为'……可以减少冲突并能达到更高效果的'为'"①。这一看法是深得老子之旨的。具体来说,"无为而治"就是要因循自然,顺应万物的本性,少去干涉和强制人民,不将统治者的主观意志强加于社会的某些领域,如此便可收到治平天下之功效。这也就是《老子》第五七章中所说:"我无为而民自化,我好静而民自正,我无事而民自富,我无欲而民自朴。"的确,老子的这种治国方式是一种"事少而功多"的高效率管理方式。之所以如此,个中奥妙就在于因顺了民众的本性和事物的发展规律。

这里体现了非常可贵的认识,即天地万物有其自身的客观规律,人类不能无视这些规律轻举妄动,而应该在努力认识这些规律的基础上,依照自然规律、顺应事物之本然之性而行。

庄子学派对老子自然无为的主张作出了更为具体的阐发。在《庄子·则阳》中,作者通过长梧封人与子牢的一段对话,形象地阐明了自然无为的重要性。其言曰:"君为政焉勿卤莽,治民焉勿灭裂。昔予为禾,耕而卤莽之,则其实亦卤莽而报予;芸而灭裂之,其实亦灭裂而报予。予来年变齐,深其耕而熟耰之,其禾蘩以滋,予终年厌飧"。作者以种庄稼为例,说明为政不要卤莽,治民不能乱来的道理。在种庄稼时卤莽随便地进行耕作,那么果实也会因这些卤莽之举而报复我。除草时胡乱为之,那么果实也会因这些胡乱之举而报复我。在第二年耕作时,接受去年的教训,改变耕作方法,深耕细作,于是禾苗繁盛滋壮,获得丰收,得以终年饱食。作者以农耕社会中最通俗的道理来告诫为政者,治国不能卤莽从事,不能肆意妄为,可谓是贴切而又深刻。

作为黄老道家代表作品的《吕氏春秋》在老庄自然无为思想的基础上,又继承和发展了《管子·心术》中"贵因"的原则,提出了君道"贵因"、"因而不为"的主张。"因"即因循、顺应,是一种因循规律、顺应时势、顺应民心而不强作妄为的治国智慧。书中阐发"因"的效应说,大禹在与洪水这一自

---

① 刘笑敢:《老子古今》,中国社会科学出版社 2006 年版,第 388 页。

然灾害作斗争时之所以成功是由于"因水之力";而商汤、武王之所以能够打败暴君夏桀、商纣,是由于"因民之欲也"。① 因顺时势和民心,才能使国家由弱而强,战胜强敌,创建功业。

而玄学家郭象则针对管理者易犯的越俎代庖之弊,从社会分工、上下各任其责的视角阐发无为而治的意蕴,他在《庄子·天道注》中说:"夫在上者,患于不能无为而代人臣之所司",而君代臣职必然导致社会管理系统运作失衡和无序:"群才失其任而主上困于役","若乃主代臣事,则非主矣;臣秉主用,则非臣矣"。因此,帝王任天下之人自为,是一种促使上下各司其任的聪明之策:"冕旒垂目而付之天下,天下皆得其自为,斯乃无为而无不为者也";"各当其能,则天理自然,非有为也";"故各司其任,则上下咸得而无为之理至矣"。②

无为一方面是强调上下各司其职,在上者不强作妄为;另一方面则要求管理者辅助天下之人各遂其性地为其所当为,这就是老子所倡导的"以辅万物之自然而不敢为"。故顺性而为亦是"无为而治"的重要内涵。道家认识到,天下之人各有其性,君主应该顺应其自然之性量才授任,使各种人才"各便其性,安其居,处其宜,为其能"③,自由地发挥各自的长处。玄学家郭象将此视为"圣王"最重要的政治素质。他认为,圣王之所以可贵,并不在于他有治天下的能力,而在于能顺应人的本性而治:"性之所能,不得不为也;性所不能,不得强为。"④君主做到尽民之性,努力达到社会管理与保持人性自然的统一,是实现理想政治的必由之路。唐代高道成玄英更将"无为"阐释为率性自然:"无为为之,率性而动也。""各顺素分,恣物自为"。⑤无为而治让民众拥有了自由地发挥各自特性和聪明才智的空间,避免了那种强制性统治所带来的弊病,形成了对管理活动的主客双方皆有利的结

① 吕不韦主编:《吕氏春秋·贵因》,《二十二子》,上海古籍出版社1986年版,第680页。
② 以上引文见郭象:《庄子注·天道》,载郭庆藩:《庄子集释》,中华书局1961年版,第465—466页。
③ 刘安主编:《淮南子·齐俗训》,《二十二子》,上海古籍出版社1986年版,第1253页。
④ 郭象:《庄子注·外物》,载郭庆藩:《庄子集释》,中华书局1961年版,第936页。
⑤ 成玄英:《庄子疏·天地》,载郭庆藩:《庄子集释》,中华书局1961年版,第407页。

果——"物我全之"、"物各自得而欢喜适悦"。①

无为而治的一个理论前提是认识到人类理性与知识的局限特别是作为最高统治者的君主的有限性。道家认为,作为个体的圣王是非常有限的。这种有限性包括个体的认识水平、知识结构、能力、才干等各个方面,无论多么高明和强大,任何个体都无法避免自己的盲区:"强不能遍立,智不能尽谋"②。玄学家郭象通过注解《庄子》进一步揭示了专制君主的有限性及其固执己见的弊端:"我所不知,物有知之者矣,故用物之知则无所不知,独任我知,知甚寡矣。"③"己与天下,相因而成者也。今以一己而专制天下,则天下塞矣,己岂通哉!"④"以一己而专制天下"是封建独裁专制统治的特征,道家学者指斥专制君主以一己之见统治天下导致了"天下塞"、己且不通的困境,这不仅揭示了封建专制制度扼杀了人聪明才智的弊端,而且还为限制权力提供了新的理论视角。

道家从知识、能力等局限性来批驳"以一己而专制天下"的专制主义,论证君主无为、限权的必要性,这与英国著名经济学家、诺贝尔奖获得者哈耶克的视角是一致的。冯克利先生对哈耶克的这一视角予以高度评价说,哈耶克从知识利用的角度而不再单纯以性恶论或"权力导致腐败"等传统判断来解释限制权力的必要,"把限制权力的必要性建立有充分经济基础的知识传播的原理之上","它使我们可以避开自霍布斯以来在人性之恶(即'人人为敌的原始状态')问题上的形而上学主流观点"。冯先生称道说,哈耶克对这个问题的论证,"是他对传统政治理论作出的一项重要贡献"。⑤ 道家当然没有就此作出哈耶克那样的严密论证,但二者的基点和结论十分相似。这一视角在中国社会十分重要。在性善论占主流地位的中国传统社会中,无为而治主要依赖政治主体的道德自觉来实现。也就是说,需要为政者自觉地限制手中权力,而从知识、能力等局限性来论证无为的必要

① 成玄英:《庄子疏·应帝王》,载郭庆藩:《庄子集释》,中华书局1961年版。
② 《管子·心术上》,《二十二子》,上海古籍出版社1986年版,第143页。
③ 郭象:《庄子注·则阳》,载郭庆藩:《庄子集释》,中华书局1961年版,第906页。
④ 郭象:《庄子注·在宥》,载郭庆藩:《庄子集释》,中华书局1961年版,第394页。
⑤ 哈耶克:《致命的自负》,冯克利译,中国社会科出版社2005年版,"译者的话"。

性,这既符合客观实际,又是一个较能被为政者所认同或接受的观点。

　　既然君主个体是有限的,那么,唯一明智的做法就是,君主清静无为,不自作聪明、不逞能自为,才能充分地发挥群臣的能力和智慧。故君主要自觉地保持这种"无智、无能、无为"的境界,其目的是让群臣各尽其职、各尽其能,正所谓"大圣无事而千官尽能"①。可见,君主"因而不为"并非无所作为,而是去除自我的主观妄为,让臣下更好地发挥聪明才智,给他们留下"为"的空间。

（二）守 朴 去 智

　　"道"的另一个特性是"朴"。《老子》第三十二章说:"道常无名,朴,虽小,天下莫能臣也。侯王若能守之,万物将自宾。"与无为而治的功效一样,守朴亦是令天下臣服的关键。因为守朴去智是"朴"这一道性在社会政治治理活动中的落实,故老子主张"常使民无知无欲,使夫智者不敢为也"。不少学者据此认为老子提倡愚民政策,但如果我们全面地审视老子的相关思想,就不难发现,《老子》守愚去智主张首先是针对统治者特别是针对最高统治者——君主而言的。《老子》告诫为政者说:"以智治国,国之贼;不以智治国,国之福";"绝圣去智,民利百倍","见素抱朴","复归于朴";"大丈夫处其厚,不居其薄;处其实,不居其华"。②这说明,守朴去智乃是老子对为官者所提出的道德要求,其深意是反对行政长官自作聪明或以权谋智诈作为政治治理手段,倡导以诚待下,以信取民,将诚朴作为调节管理者与被管理者关系的重要道德原则。如此,则上下和谐,实乃国之福祉。在上述语境中,"智",乃是智诈之"智";而"不以智"、"愚",实为大智若愚之"愚",是真诚、"淳朴不欺"的同义词。因为老子认识到:"其政闷闷,其民淳淳;其政察察,其民缺缺。"③在管理活动中,主体和客体存在着一种双向的互动关系,管理者以何种管理手段御众,将直接影响民众的道德风尚和政治态度:在行政管理中遵循宽厚淳朴的精神,民众则以淳厚之德应之;而为政者智诈

---

①　《吕氏春秋·君守》,《二十二子》,上海古籍出版社1986年版,第687页。
②　《老子》第十九章,《二十二子》,上海古籍出版社1986年版,第7、2、3、4页。
③　《老子》第五十八章,《二十二子》,上海古籍出版社1986年版,第7页。

苟察,则只会促使机巧狡诈之风气蔓延,毒化和腐蚀正常有序的政治秩序,真乃"国之贼"也!

到了汉代,一位托名为河上公的隐士将老子抱朴守愚主张作了更为明白的诠释。在《老子河上公章句》中,作者强调:"古之善以道治身及治国者,不以道教民明智巧诈也。将以道德教民,使质朴不诈伪。"①认为多智之民必为伪诈,多智之君必远道德,妄作祸福。因此,君主不仅要以愚朴教民,更要自守愚朴,如此方能"民守正直,不为邪饰,上下相亲,君臣同力"。② 主张以质朴之德作为普遍的道德规范,以之调节君臣上下以及执政者与民众的关系。

《淮南子》更是明白地指出,守愚去智主要是统治者所应信守的道德原则,"处愚称德则圣人为之谋"③。显然,作者在此不是指使为政者持守一般所说愚蠢之"愚",而是要求君主真朴坦诚、大智若愚、安守真朴、虚己谦下、处事合德。以此淳朴精诚之德与臣下相处,则君臣之间必然能够心心相印、息息相通,圣贤之士必定竭力而为其出谋划策。这种君臣彼此以真朴坦诚之心相处的政治氛围,必然形成一种安定淳厚的社会风气:"神明定于天下而心反其初,心反其初而民性善",社会也不会产生种种的"贪鄙忿争",于是,"则仁义不用矣"。④ "神明"指人的精神或心灵,"神明定"是一种精神安定、心灵澄澈淳朴的状态。作者认为,民心安定、民风醇正,民众就会复归于真朴的本性,人心的善性就会得到有效的培养和激发,从而也就不需要刻意地推行仁义以教化民众,亦不必通过赏罚手段来控制民众,就能达到风俗淳美、天下安定。这是一种从上到下的全社会范围的复归于朴,"心反其初",它起源于为政者的"处愚称德",最终达到"心反其初而民性善"的理想。这当然是一种充满理想色彩的设想,但却明白地表达了道家倡导君民上下共同力行抱朴守真的价值目标,从而对老子"非以明之,将以愚之"的

① 刘安主编,王卡点校:《老子道德经河上公章句》,中华书局1993年版,第254页。
② 刘安主编,王卡点校:《老子道德经河上公章句》,中华书局1993年版,第255页。
③ 刘安主编:《淮南子·主术训》,《二十二子》,上海古籍出版社1986年版,第1242页。
④ 以上引文见刘安主编:《淮南子·本经训》,《二十二子》,上海古籍出版社1986年版,第1238页。

原则作了更为清晰和全面的阐释。那种认为道家主张愚民政策的观点,实在是以偏概全。

　　由此,作者提出了以守朴推诚为核心的德治方案:"推其诚心,施之天下而已矣","故圣人养心莫善于诚,至诚而能动化矣"。[①] 这里体现了一个非常重要的治理理念:政府诚信对社会治理和民风民俗的净化将产生重要影响,执政者首先应当以诚朴作为自身道德修养的最高目标,谨守诚朴等道德规范,推其至诚之心施于天下,从而感化民众,以德化民。这是一种先治己身而后治民的德治模式,在推行德治,对民众进行道德教育的过程中,君主必须首先谨守诚朴之德,"反求诸己"、动之以情,才能取得良好的教育效果,推进社会优序良俗的形成。

　　国家公共行政领域内德治的实现,是建立在治国者对自身进行德治的基础之上的。统治者自身加强道德修养,树立崇高的道德人格风范才能感化和引领民众,促使民众从内心接受和认同"无为"、"好静"、"无欲"等政治伦理道德要求,从而创建一个上行下效的良好社会伦理环境,促进政府官员美德和普通民众美德的陶铸。因此,行政管理者必须抓住自身的道德实践这一根本,修德养性、以身作则、以诚动人,才能使民众服膺于教育主体所倡导的道德要求,感而化之,化而从之,也才能达到大治天下的理想效果。中国历史上文景之治和贞观之治所展现出的社会成员个人美德和良好的社会道德风尚都充分证明了君主自身守朴去诈、修德养性的显著成效。

　　这种强调管理者以身作则、修德返朴、"至诚而能动化"的主张不仅在中国传统社会中发挥过积极作用,而且还具有重要的现代启示。重视为政者的自身管理是中国传统管理思想的特点,葛荣晋先生曾指出东西方管理学的这一本质性差别:"西方管理强调管理手段和管理目标,偏重于从管理程序和职能来界定管理的本质。在他们看来,管理学只是如何管理别人,而忽视如何有效地管好自己,这就势必会在管理场中造成管理主体的'缺位'……而中国诸子百家的管理思想尽管不同,但对管理的本质却有一个共同的认识,即认为管理学是一门'以人为本'的'正己正人之学'(或'修

---

① 刘安主编:《淮南子·泰族训》,《二十二子》,上海古籍出版社 1986 年版,第 1301 页。

己治人之学')。'正己'(或'修己')是'体','正人'(或'治人')是'用',这是中国管理哲学的两个不可分割的基本素。从这一意义上,中国管理学既讲'道',又讲'艺(技艺)',是一门真正意义上的管理哲学。"①这就十分精辟地道出了中国传统管理哲学的精髓和独特价值。而道家在这方面的智慧较之各家更为丰富,不仅重视修德,而且强调养心、健身,从身、心、灵等各个层面进行自我管理,这更是值得认真总结的。这方面的智慧还会在以下的内容中进一步凸显出来。

(三)以 慈 为 怀

"慈"在老子所倡导"三宝"即治国立身三大伦理要求中居于首要地位。"慈"体现了一种尊重人、关心人、爱护人的人道主义精神,是行政长官感召和凝聚人心的重要道德素质,是其人格魅力重心之所在。《老子》强调"慈"对于行政长官的重要意义,第六十七章说:"慈,故能勇。"君主具有慈爱之心,士卒才会奋不顾身地勇敢御敌,保卫国家。

在老子这里,"慈"与儒家所强调的"仁"是两个不同的概念。仁是以血缘关系为基础的,《中庸》就明确指出:"仁者人也,亲亲为大",孔子虽然强调"仁者爱人",但这种爱同样是有亲疏之别的,它"自爱亲始",按照"亲亲"、"尊尊"的次序而推衍开来,故孝悌是仁的根本,正如孔子的高足有子所言:"孝悌也者,其为仁之本欤!"②

而老子的"慈"则是不分亲疏的普遍之爱,《老子》第五章说:"天地不仁,以万物为刍狗;圣人不仁,以百姓为刍狗。"就表达了这样一种无偏私、无彼此的普遍之爱。

庄子更是提出了"至仁无亲"这一包含着博大之慈爱的命题。他认为,"至仁"是"孝德"所远远无法相比的,因为孝只是局限于血缘关系以内的伦理规范,而"至仁"则是"使天下兼忘我"、"利泽施于万世,天下莫知"③的广阔胸怀。在这里,"我"是指为政者。此话的意思是说,作为政治治理的最

---

① 葛荣晋:《中国管理哲学导论》,中国人民大学出版社 2007 年版,第 10—11 页。
② 《论语·学而》,《十三经注疏》,中华书局 1980 年版,第 2457 页。
③ 《庄子·天运》,《二十二子》,上海古籍出版社 1986 年版,第 46 页。

高长官,要使天下之人皆淡忘掉我这个君主,自足自适,日用而不知,虽然有利益恩泽施于万世之后,但却无人知道恩泽之所自,这就是天下皆忘我的至仁境界。这里所追求的"至仁",是一种发乎自然、出自内心、泛利天下而不图回报的崇高境界,同时也是告诫为政者应该自然无为,让人民各得其所,自得自足。其道德意义和社会意义显然是"孝"道所不能相比的。

汉代的《老子河上公章句》更是大大地发展了《老子》"法自然"的思想,从而使道家慈爱民众的治道具有了现代治理的意味。作者明确提出"圣人爱养万民,不以仁恩,法天地之行自然"①,因此,为政者"不责望其报"②。这就超越了儒家仁政的藩篱,也就是说,为政者爱民为民不是对民众的某种恩德,也不是有差等地施仁,而是顺应社会治理中本该如此的客观规律,是一种理所当然的作为,故为政者"不责望其报",绝不能由于爱养万民的行为而要求民众感恩或回报。这些思想与现代社会从统治行政向服务行政转化的新公共管理理念多有相通,反映出道家学者对于社会治理原理极具前瞻性的深刻思考。

河上公要求为政者秉持慈爱之德,反对一味任以刑罚,特别是反对"不先以道德化人而先以刑罚"的做法。因为"治国者刑罚酷深,民不聊生",就会将人民逼上"不畏死"的绝路。③"以道德化人"是顺应民性,以情化人,以行感人,而先以刑罚治民必然是违逆民情,以势压人,以力制民。如此,则必生两大弊病,一是"失人情",二是"失天心":"任刑者,失人情,必有余怨及于良人。一人吁嗟则失天心,安可以和怨为善也!"④而人情和人心是天下和谐的要素,不得不重之。而且,爱育长养万物是天地自然而然的特性,"天生万物爱育之,令长,天无所伤害也"⑤。因此,君主应该法天地这一自然而然之道,宽刑慎罚。

道家学者之所以倡导"爱养万民,不以仁恩,法天地之行自然",是因为

① 王卡点校:《老子道德经河上公章句·虚用第五》,中华书局1993年版,第18页。
② 王卡点校:《老子道德经河上公章句·任德第四九》,中华书局1993年版,第190页。
③ 王卡点校:《老子道德经河上公章句·制惑第七十四》,中华书局1993年版,第285—286页。
④ 王卡点校:《老子道德经河上公章句·任契第七十九》,中华书局1993年版,第301页。
⑤ 王卡点校:《老子道德经河上公章句·显质第八十一》,中华书局1993年版,第308页。

他们认识到,爱育长养万物是天地所具有的自然而然之特性,在这一属性的背后,正蕴含着某种内在的和谐、秩序和化成万物的功能,故宽刑任德绝不单纯是统治者对百姓的恩惠。这一看法在中国封建社会是特别可贵的。因为在封建专制制度下,重德轻刑的德治模式似乎总有一种在上者对在下者的恩宠施惠之意,而不是政治行政自身内在的道德要求。而道家则力图将宽刑爱民视为政治行政活动中"法天地之行自然"的理所当然的政治行为。因此,高明的为政者虽然爱养万民,但却不自以为"仁恩",而是将其视为社会行政管理者所应承担的社会责任,是义务道德,而不是期望道德,丝毫不应期望民众对实施德治的为政者感恩戴德:"圣人爱念百姓如婴孩赤子,长养之而不责望其报。"①

对于为政者来说,慈还体现为军事上慎动兵革的反战思想。《老子》告诫统治者,在准备使用武力的时候,一定要慎之又慎,而不能逞一己之私,纵一时之气,慎动兵革的思想在文中反复出现。第三十一章说:"夫佳兵者,不祥之器,物或恶之。故有道者不处。"第三十章说:"以道佐人主者,不以兵强天下。其事好还。师之所处,荆棘生焉。大军之后,必有凶年。"穷兵黩武、以兵强天下,必然造成生产的破坏和无辜民众的牺牲。可见,统治者是否怀有慈爱之德,关系到万民生命之安危、社会经济之盛衰,同时也关系到自身统治的安危。

(四)崇俭寡欲

俭啬是"三宝"的另一要素,《老子》第六十七章说:"俭,故能广。"统治者持守俭德,才能富国强兵,民众地广。文中将俭啬奉为治国和养生的根本法则:"治人事天莫若啬。夫为啬,是以早服。早服谓之重积德;重积德则无不克,无不克则莫知其极;莫知其极,可以有国;有国之母,可以长久。是谓深根固柢,长生久视之道。"②治人即管理百姓,事天即奉养天赋之身心。而所谓"啬",则是指俭约不奢、爱惜财物,节制过分的物质享受欲望。在老

① 王卡点校:《老子道德经河上公章句·任德第四十九》,中华书局1993年版,第190页。
② 《老子》第五十九章,《二十二子》,上海古籍出版社1986年版,第7页。

子看来,俭约不奢既是为政之德亦是全生之道,持守俭啬之德,就能在灾祸来临之前及早服从于道,而及早服从于道就是厚积德。如此,则能战无不胜,就能掌握国家政权。懂得了这一道理,以之治国则可长治久安,用于治身则可生命长存。与俭啬紧密相联的品德是"寡欲"。需要指出的是,道家所主张的"寡欲",不是不加区别地减省一切欲望,而主要是节制过度的感官享乐或财富名位等个人私欲。

还值得指出的是,道家倡导的崇俭抑奢,首先是针对封建统治者而提出的道德要求,在这一方面,道家的立场较儒家更为合理。

众所周知,孔子的俭奢观是以"礼"为标准的,衣食住行的俭奢与否是严格按照封建等级而规定的,处于尊位的封建统治者在生活上的种种豪华铺张之举往往是合乎封建礼制的,因此也就具有道德正义和伦理合理性。可见,由这一道德标准出发,崇俭抑奢这一道德要求主要是针对处于卑贱之位的普通民众和品级低微之官员而非约束君主和权贵的。但以老子为代表的道家不仅激烈地抨击儒家的礼制,反对以礼这一外在的规范束缚民众,而且将俭啬寡欲作为君主个人美德的核心道德要求,既向最高统治者提出了"治人事天莫若啬"的规劝,又强调了从最高统治者自身做起的积极社会意义:"我好静而民自正……我无欲而民自朴"①。很明显,这里所说的"我",指的是统治者,即强调统治者必须以身作则,寡欲、崇俭、抑奢,为天下民众作出典范,如此,百姓则自然崇尚淳朴,俭约不奢。

道家俭啬寡欲的主张是基于对中国封建社会实际状况的考察而提出来的。经济学原理告诉我们,生产和消费必须保持适当的比例,才能保证社会经济的正常发展。而中国封建社会低下的生产力水平决定了社会财富的有限,统治者如果追求奢欲的满足,必定伤害或遏制大部分人的基本生存需求;统治者对财富的贪婪聚敛,必然造成大部分人的贫困和饥寒。对此,老子早有明确的认识,《老子》第七十五章说:"民之饥者,以其上食税之多也,是以饥。"这里的"食税"泛指徭役和赋税等负担,徭役和赋税太多的原因主要来自于统治者的奢欲。奢欲的满足必须加大对人民的赋税盘剥,大兴土

---

① 《老子》第五十七章,《二十二子》,上海古籍出版社 1986 年版,第 6 页。

木必然要征调劳力,这都将加重民众的徭役负担,妨碍民众的正常生产和生存,"奉己害民,伤财敛怨",引起民众的不满和社会的动荡,导致政治统治的危机。

故老子告诫人们:"金玉满堂,莫之能守;富贵而骄,自遗其咎。"①"甚爱必大费,多藏必厚亡。"②这些思想运用矛盾对立面相互转化的辩证观点,深刻阐明了过分的物质欲望对于国家治理和个体自身安全的危害。于是,能否持俭去奢就不仅关乎个体,更是一种直接关联着王朝盛衰兴亡的社会政治伦理规范。

(五)谦 下 宽 容

基于对中国封建社会为政者自高、自大、自尊等种种痼疾的反思,老子主张"不争",又将"不敢为天下先"奉为"三宝"的内容之一。这一思想常常受到人们的误解或被庸人懦夫作为甘居落后的借口,但如果我们对其进行全面的理解,就可以体会到这一主张的政治伦理意义。作为政治美德,"不敢为天下先"主要体现为谦下不争。《老子》认识到,处于高位、尊位的统治者"自我"意识强,容易产生自以为是、唯我独尊等不良心态,故对于强者、贵者来说,持守虚己谦下,处柔守弱之德更为重要。《老子》将谦下作为一条重要的管理原则,特别强调谦下之德对于为政者的意义,文中强调:"不敢为天下先,故能为器长"③,"善用人者为之下"④,"贵必以贱为本,高必以下为基"⑤,"圣人欲上民,必以言下之;欲先民,必以身后之"⑥。善于用人的统治者是礼贤下士、善于听取属下的意见、谦下不骄的。而独尊、独断则是非常有害的。他告诫人们"不自见,故明;不自是,故彰"⑦。看事情不专靠自己的眼睛,所以才能看得明白;不自以为是,所以才能明断是非。

① 《老子》第九章,《二十二子》,上海古籍出版社1986年版,第1页。
② 《老子》第四十四章,《二十二子》,上海古籍出版社1986年版,第5页。
③ 《老子》第六十七章,《二十二子》,上海古籍出版社1986年版,第8页。
④ 《老子》第六十八章,《二十二子》,上海古籍出版社1986年版,第8页。
⑤ 《老子》第三十九章,《二十二子》,上海古籍出版社1986年版,第5页。
⑥ 《老子》第六十六章,《二十二子》,上海古籍出版社1986年版,第7页。
⑦ 《老子》第二十二章,《二十二子》,上海古籍出版社1986年版,第3页。

守虚戒盈，甘处柔弱，才能保持常德，立于不败之地；不固执己见，不自以为是，才能够明察事物。

《吕氏春秋》的作者进一步发挥了这一思想，他们深深懂得，要发挥众人的智慧和力量，君主必须虚怀若谷、谦下纳言，保持君臣、君民上下信息的通达。为了让统治者进一步认识到言路闭塞的危害性，作者还通过传统医学淤滞则病生的理论来告诫为政者言路畅通、上下沟通的重要性。书中分析疾病产生或不愈的原因说："病之留、恶之生也，精气郁也。故水郁则为污，树郁则为蠹，草郁则为蒉。""郁"即阻塞不通。这就是说，疾病缠身是由于精气郁滞不通。同样的道理，"国亦有郁"。国家的言路阻塞，上意不能下达，下情无法上通，此则为"国之郁"。"国郁处久则百恶并起，而万灾丛至矣。"这一比喻十分贴切形象，要保持政治清明、实现国家兴旺，必须如善于养生者那样，使上下通畅无阻，"若此，则病无所居而恶无由生"①。反映出作者重视民意的表达，重视及时化解社会治理中出现的问题，这是对《老子》"其微易持、其脆易泮"、"治之于未乱"等政治智慧的通俗化表达。

西汉末期的隐士严遵更是通过阐发老子"民不畏威故大威至"的思想，将谦下之德的内涵扩充为"常体忧畏"的道德要求："常体忧畏，栗栗震震……太上畏道，其次畏天，其次畏地，其次畏人，其次畏身。"②

此段文字的中心乃是"忧畏"二字，"忧畏"不是鼓励人们多愁善感或怯懦畏惧，而是提醒人们居安思危、敬肃自律，是饱含着深刻的辩证智慧和丰富人生阅历及历史经验的警世之言。人是有着太多局限性的动物，而客观事物的规律不可抗拒，故对于身处高位、手握大权的管理者来说，自以为是、骄姿任意往往可能铸成大错；有所警惧，有所约束，时时自省，不断改过迁善，才能防大患于未然。可见，"忧畏"乃是促使个体不断自觉地进行道德自省和自我完善的个人美德，至今仍然值得管理者重视。

严遵又将老子谦退处下的道德要求归结为卑损之道而极力推崇之。他说："卑损之为道也，大矣！百害不能伤，知力不能取……明王圣主之欲尚

---

① 以上引文均见吕不韦主编：《吕氏春秋·达郁》，《二十二子》，上海古籍出版社1986年版，第705页。

② 严遵：《老子指归》，中华书局1994年版，第99页。

民也,以自然之性,盛德之恩,容卑辞敬,比于庶人。视身如地,奉民若天。"①

由对于客观规律的遵从,对天地自然的敬畏——"畏道"、"畏天"、"畏地",进而推衍到对民众的尊重——"畏人"、"奉民若天",无不体现出道家学者要求为政者尊重、敬畏民众,并试图防止国家公共政治权力的滥用等真知睿见。作者由劝诫君主自我约束、谨慎自省,进而提出谦下柔弱的"卑损之道",更是对于拥有无上权力的封建专制君主所开出的一剂清神醒脑的药。

玄学家郭象通过注解《庄子》也提出了不执己见、兼收并蓄的管理道德,他在《则阳注》中说:"我所不知,物有知之者矣,故用物之知则无所不知,独任我知,知甚寡矣。"在《庄子·在宥注》中他还指斥说:"己与天下,相因而成者也。今以一己而专制天下,则天下塞矣,己岂通哉!""独任我知"、"以一己而专制天下"是封建独裁专制统治的特征,郭象指出其导致"天下塞"的弊端,实际上在一定程度上认识到了封建专制统治对于社会发展的阻碍,这对于惯于自以为是、独断专行的专制君主亦不失为一剂良药。

与谦下相联系的是兼容并蓄的胸怀。《老子》第二十七章说:"善人者,不善人之师,不善人者,善人之资"。第四十九章说:"善者吾善之,不善者吾亦善之,德善。信者吾信之,不信者吾亦信之,德信。"在老子眼中,每个个体都有其不可忽略的独特价值,为政者不应以强制手段对待那些不善、不信之人,而应以包容的心态待之,这将会产生一种道德感召力,促使他们弃恶向善。因为老子认识到,恶难以用强制力量消除,而爱可以唤醒人们心灵深处的善性。

秉着这样的立场,道家亦提出了一种不同于儒家的道德教化方式,这就是成玄英所提出来的"任庶物之不同,顺苍生之为异",即主张通过尊重人的差异性来达到治理目标:"群性咸得,故能富有天下也"。② 因此,他提出,对待贤愚不齐的人士应持宽容态度:"主上圣明,化导得所,虽复贤愚各异,

---

① 严遵:《老子指归》,中华书局1994年版,第86页。
② 成玄英:《庄子疏·天地》,载郭庆藩:《庄子集释》,中华书局1961年版,第408页。

而咸用本情,终不舍己效人,矜夸炫物也。"①世间有着贤愚的区别,但这是其自然本性决定的,故圣明的统治者善于因其本性而化之,而不去强求主体舍弃本性以迎合某种固定的框架。反对以齐一的模式教化民众,提醒人们不能舍弃本性而停留于外在的模仿,"舍己效人",更不应以贤德作为外衣,"矜夸炫物"。这实际上蕴含对"贤愚各异"的不同主体的尊重与肯定,体现出一种宽容精神和多元化的价值取向,深蕴着与现代治理相通的某些元素。

四、道家治道的主要特点

在道生万物、道统万物的基本观点统领下,老庄等道家学者有着较广阔的视野和思路,他们注重对自然界的观察和探索,从中概括或体悟出百川归海、水性就下、"善利万物而不争"、"柔弱者生之徒"、"不自生故能长生"等具有一定规律性的观点。为了加强理论的说服力,他们又进而将其与人类社会的政治生活、道德生活相联系,强调天地万物和人类社会发展的相通性和相似性,将自己的政治理想与这些自然规律相结合,将其运用于社会政治生活,形成了自己的治国理念和伦理道德规范。这在先秦诸子中独树一帜。萧功秦先生在其力作《中国政治思想史》中曾将老子的柔谦之道与儒、墨、法进行比较,认为老子"圣人无常心以百姓心为心"、"不敢为天下先"等主张富含民主色彩,"政府之所施行节制者,其事甚少,而又为百姓言行之所先示,非出于君长之专制独断,强令威迫。其说大异于儒、墨、法诸家之所持。墨子曰:'上之所是,必皆是之。上之所非,必皆非之。'荀子论民之从君亦谓同焉者是,异焉者非。韩非称'人主者明能知治,严必行之。故虽拂于民心,立其治。'即以孔子之重仁德亦谓'民可使由之,不可使知之。'"因此,萧先生得出结论说:"若以今语举之,则孔墨诸家皆接近君主专制观点,而老子独倾向于'虚君'民治。"②萧先生的这些评断甚为中肯,除此以外,

---

① 成玄英:《庄子疏·天道》,载郭庆藩:《庄子集释》,中华书局1961年版,第472页。
② 以上引文均见萧功秦:《中国政治思想史》,新星出版社2010年版,第114页。

道家放眼于天地宇宙广阔空间的治国原则与立基于血缘家庭的儒家政治伦理,以及立基于人皆自利之人性论的法家政治主张,还存在着较鲜明的区别。以下着重与儒、法两家的政治思想相比,以揭示道家治道的特点:

(一) 以 道 治 国

尊道而为、以道治国是道家治道的基本原则,亦是其突出特点。道家既反对儒家仁义礼制的治国主张,更与法家崇尚刑赏权术的治国之术形同水火,而是强调以道治国。

老子认为,天地自然和人类社会的运动变化皆循道而行,那么,究竟如何循道而行呢?《老子》第二十五章说:"人法地,地法天,天法道,道法自然。""道法自然"四个字言简意赅地道出了道家治道理论基础的核心内容。这里所说的自然不是自然界的自然,而是事物的原初本质或本然状态。意思是说,"道"效法自然而然的原则,依照事物之本然而运行。"自然"成为老子心目中社会治理的理想状态,这就是《老子》所推崇的"太上,不知有之","功成事遂,百姓皆谓'我自然'"①的境界。它不是指"没有人类活动的原始状态,而是人类社会生活中自然的秩序和自然的演变",它意味着"动因的内在性、外力的辅助性、发展轨迹的平稳性以及质变的渐进性",而这一切"都是为了实现总体状态的和谐性"。②

因此,以道治国强调的是,要遵循政治治理中那种由道所支配的客观规律,顺应由道落实到个体身上所展现出来的自然而然之性,其实质是顺性而治,给予民众一个自治自为的空间。

这一治理原则与韩非为代表的法家"循法而治"的刚性管理路数形成鲜明对比。法家以法治国的"法",不是现代意义的法治,而是以刑法威慑民众。它是韩非子以"人皆挟自为心"的人性假设为出发点而为君主所设计的统治之术。韩非将趋利避害视为人的唯一特性,因此,他要君主运用好赏罚"二柄"。一方面,他主张通过厚赏来诱使臣民为之卖命;同时更侧重

① 《老子》第十七章,《二十二子》,上海古籍出版社 1986 年版,第 2 页。
② 以上引文见刘笑敢:《人文自然与人类和谐刍议》,载《中国哲学与文化》第四辑,广西师范大学出版社 2009 年版。

使用重刑以威慑民众,他斥责那种认为"重刑伤民"、"轻刑可以止奸何必于重"的主张是"不知治者"、"不察于治者"。提出"以重止者,未必以轻止也;以轻止者,必以重止矣";"重其刑罚以禁奸邪"、"不念慈惠之赐",才称得上是"帝王之政"、"明主之治国"。这种治国方略必然导致刻薄寡恩、严刑峻法的高压政治,人人自危,人心离散、危机四伏也就在所难免,秦帝国的迅速崩溃正是一个典型的例证。葛荣晋先生曾点出法家"循法而治"管理的"一个致命弱点":"管理者与被管理者之间缺乏最起码的仁爱与信任,从而造成了人际关系的疏离和对抗,只能管住员工的'身'而管不住他们的'心',得不到臣民发自内心的真正拥护。"①这的确道出了法家"以法治民"的弊端。

　　道家"以道治国"的理念与儒家以仁、礼治国的主张亦相径庭。儒家将恢复礼制视为社会政治活动的重要目标。孔子强调克己复礼,同时又将仁义作为实现克己复礼政治目标的内在支撑,强调仁礼结合、内外互补,将仁、义、礼作为理想的道德规范和伦理制度。荀子更是强调礼乃"人道之极",将其奉为天下治乱、安危、存亡的关键。② 这些看法是有道理的,因为社会管理和国家的治理必须以一定的秩序为前提,而进入文明社会以来,这种秩序的建立须依赖一定的制度和行为规范的实施。仁、义、礼、法是中国古代社会政治生活的基本制度和道德规范,是维持社会秩序和协调人际关系的重要手段,与法家的严刑峻法相比,儒家以仁、礼治国显然是更为文明和理性的主张,且适应着宗法社会尊卑有等的政治需要,故日益得到后来封建统治者的认同。

　　而道家却依据"以道治国"的原则,对儒家以仁、礼治国的主张进行了深刻的反思。道家认为,仁义礼制并非人性固有,亦非至善,而是道德蜕变的产物,是大道衰败的结果:"失道而后德,失德而后仁,失仁而后义,失义而后礼。夫礼者,忠信之薄而乱之首。"③这些论述客观地反映了封建道德产生的历史过程,也表达了老子对于道德蜕变、智诈兴起、人与淳朴本性日

---

① 葛荣晋:《中国管理哲学导论》,中国人民大学出版社 2007 年版,第 419 页。
② 《荀子·礼论》,《二十二子》,上海古籍出版社 1986 年版,第 334 页。
③ 《老子》第三十八章,《二十二子》,上海古籍出版社 1986 年版,第 4 页。

益相疏离这些社会现实问题的忧虑和批判。

《庄子》更进一步发展了老子对仁义礼智的批判立场,认为世俗的仁、义、礼、乐如同骈拇枝指,而非自然之道,以仁义礼智等固定的道德规范框架来约束具有不同本性的人们,这就使他们失去了正常的状态,从而扼杀了人的自然本性。他将礼制视为"世俗之所为"而加以鄙薄,认为"所以受于天"的真性情才是"自然不可易"的。①

《庄子》还洞察到仁义礼智等道德规范已经日趋虚伪和形式化,沦为了统治者束缚民众的工具,文中揭露说:"捐仁义者寡、利仁义者众,夫仁义之行,唯且无诚,且假乎禽贪者器。"②正是出于对当政者毫无行仁义之诚、反借仁义以谋取名利等时弊的反省和批判,作者特别强调,道德不应该扭曲人的淳朴本性,将恢复真朴的本性视为最高的道德境界。

以道治国的主张还表现出与儒家亲亲原则的明显区别。儒家的仁爱观是以血缘亲情为纽带而建立起来的亲亲伦理观,是一种有差等的爱,而道家从道生万物、天人同源、通天下一气等基本观点出发,强调"物无贵贱"、"万物一体"、"齐万物",在相当大程度上冲破了血缘关系的藩篱,超越了儒家"亲亲,仁也"以及由"爱亲者始"的推己及人之道,而强调无亲疏、无差等、无偏私的一视同仁之博大仁慈,推崇"至仁无亲"的普遍的博爱精神。

（二）效法天地

从天地人的统一性来论述人事,是先秦诸家学派的共同点,道家"效法天地"与儒家"天人合德"的致思理路虽然皆是中国人特有的天人合一思维模式的产物,但二者在具体内容上却有着相当大的差别。

在儒家这里,是以天命、天理论证伦理道德和礼制法度的合理性、永恒性的,由"天人合德"而最终确立伦理和法律的道德本体,将天作为忠孝礼制的神圣来源,进而以礼入法,引礼为法,将伦理纲常和礼法制度等人间规范归结为一种理所当然的自然法则。《礼记·乐记》说:"礼与天地同节",

---

① 《庄子·渔父》,《二十二子》,上海古籍出版社1986年版,第81页。
② 《庄子·徐无鬼》,《二十二子》,上海古籍出版社1986年版,第69页。

"天地尊卑,君臣定矣"。① 但这种法则实际上是一种人为制定的、代表着统治者狭隘利益的不平等法则,它以血缘关系或性别作为决定社会角色和尊卑等级的根据,是扼杀人才和进取精神的不合理的政治制度。

同时,封建道德礼法主要不是针对君主的道德约束,而是要求臣民承担片面的政治责任和道德义务,正如梁启超所说,是一种无权利与之相对应的单方面的义务。虽然孔孟也曾要求父慈子孝、君礼臣忠的对等义务,但在后来现实的政治生活中,忠孝礼义却被封建统治者及其代言人发展为"三纲"等片面的政治伦理原则和法律规定。而且,儒家的仁政等政治治理模式隐约流露出统治者对民众的恩宠,而不是国家政治权力的正当运用和政治行政自身的道德要求,其操作程序是自上而下的权威施加,或是由下向上的权力崇拜。②

法家则注重对人事的总结,特别是较多地关注社会的政治争斗,他们的政治主张常常从残酷的现实政治纷争中总结出来,染上了浓厚的官场上的冷酷与无情。

与儒、法两家不同,道家更多从天地宇宙的高远视角来思考问题,其政治主张常具有更鲜明的"效法天地"的特性。说到"效法天地",我们不能不首先澄清一个相关的严重误解。

黑格尔曾认为,在古代中国,主体事实上还被埋没在自然及客体之中,这种把人视为自然的一部分的想法运用到人的世界之中时,所表现的就是人间的各种秩序,例如道德秩序、政治秩序等也是自然的一部分,构成道德秩序的道德律也是自然世界的一部分。在这种情况下,道德律对人而言变成一种外在的规范,而不是经由自己的自由所创造出来的东西。由于它是自外而来规范,因此,它成为对人的自由的一种限制。③

这一看法其实是不理解道家"效法天地"、"推天道以明人事"等致思理

---

① 在《庄子·天道》中亦承认君先臣从等伦理次序乃"尊卑先后,天地之行"。但有多位学者认为此段话语与庄子之旨迥不相合,陈鼓应先生认为可能是"庄周后学中个别门人染有黄老之学的观点"。参见陈鼓应:《庄子今注今译》,商务印书馆2012年版,第400页。
② 万俊人:《德治的政治伦理视角》,《学术研究》2001年第4期。
③ 参见黑格尔:《历史哲学》,三联书店1956年版,第165—181页。

路所导致的误解。实际上,道家由这一致思方式而获得的道德启示绝非对于自然界的盲目模仿,而是一种经由主体人的自由创造的产物。

在道家这里,"天地"及其特性已被赋予了他们的政治道德原则和政治道德理想,而不是那种无意志、无目的的自然界,也即如林安梧先生所说的:"以此人格性道德联结为核心,去涵盖天地万物,整个世界亦因之而成为一价值意味的世界。"①例如,老子以"不争"、"不自生"等美德来概括自然界那种无意志、无目的的本质属性:"天地所以能长且久者,以其不自生,故能长生","天之道,不争而善胜,不言而善应,不召而自来"。② 因此,圣人应该效法天地这种"不自生"、"不争"的特性,才能长存而不败,"身先"、"身存"。③《老子》又通过雨露普降等自然现象来表达经济上的平均要求:"天地相合,以降甘露,民莫之令而自均"④,"天之道,损有余而补不足"⑤;用百川归海、水性就下的特性来启发统治者培养谦下不骄、兼收并蓄的政治美德:"江海之所以能为百谷王者,以其善下之,故能为百谷王。"因此,统治者治理天下,应该是"以言下之"、"以身后之"⑥、"有余以奉天下"⑦,应该是效法天地而治之:"天德而已矣。"⑧这都是从天地及其特性中概括、引申出来的政治美德和政治行政原则,显然具有更为广阔的视野和胸襟。

(三)身 国 同 治

儒家政治主张是建立在家国同构这一思维模式上的,这也是中国封建社会政治结构的重要特征,即家是国的缩影和基础,国是家的放大,故忠君孝亲、忠孝合一成为维系宗法社会稳定有序的基本伦理原则。儒家治道的思维模式乃根据中国古代社会家国同构这一政治结构而提出,故力倡忠孝道德和三纲五常,受到统治者的青睐。

① 林安梧:《中国宗教与意义治疗》,台北明文书局 1996 年版,第 212 页。
② 《老子》第七十三章,《二十二子》,上海古籍出版社 1986 年版,第 8 页。
③ 《老子》第七章,《二十二子》,上海古籍出版社 1986 年版,第 1 页。
④ 《老子》第三十二章,《二十二子》,上海古籍出版社 1986 年版,第 4 页。
⑤ 《老子》第七十七章,《二十二子》,上海古籍出版社 1986 年版,第 8 页。
⑥ 《老子》第六十七章,《二十二子》,上海古籍出版社 1986 年版,第 8 页。
⑦ 《老子》第七十七章,《二十二子》,上海古籍出版社 1986 年版,第 8 页。
⑧ 《庄子·天地》,《二十二子》,上海古籍出版社 1986 年版,第 40 页。

　　与儒家家国同构的思维模式不同,道家治国往往基于身国同治的理念。但这也引起不少人的误解,认为道家只是独善其身或只关心个体保命全身而不愿承担社会责任。实际上,在道家看来,治身之道与治国之道有着很大的相通性,所谓"修之于身其德乃真……修之于国其德乃丰,修之于天下其德乃普"①是也。治国之道建立在对治身之道的体认之上,治身之道可推而广之于治国。《老子河上公章句》的作者发展了老子这一思想,认为世俗的政治治理方式——"经术政教之道"只是"可道"之道,而不是"常道"。只有"自然长生之道"才是"含光藏晖"、不可言说的最高之"常道"。"常道"才最具有道德正义性和伦理合理性,将此推之于政治领域则国治民安。而治身之道唯有圣人才可学,世俗之人是不能学的:"圣人学人所不能学,人学智诈,圣人学自然;人学治世,圣人学治身,守道真也。"②在此,作者将"治世"作为常人所学,而将"治身"视为圣人所学,而圣人所学又是"人所不能学"的。正因为只有通过学"治身"才能学到"常道",故作者才更看重对"治身之道"的探求。不过,圣人学治身不仅仅只是用于个人的延年益寿,而是推而广之,将治身所掌握的"常道"用于政治领域。这种身国同治理论是道家颇有特色的政治思维理路,它包含着三个层面的内涵。

　　第一,它是一种取象比类式的比喻,体现出中国传统思维方式的特征。例如,《管子·心术》中就以人身器官的功能与国家政治行政职能相类比,以表达各司其职的政治行政原则:"心之在体,君之位也;九窍之有职,官之分也。心处其道,九窍循理。"心不能代替耳目来担任视听之事,"心而无与于视听之事,则官得守其分矣"。如果心追求感官之欲,就好比君主越其位而代司臣下之职,将导致心和耳目皆不能很好地发挥各自的功能,进而影响身心健康:"夫心有欲者,物过而目不见,声至而耳不闻也。故曰:'上离其道,下失其事。'"③《吕氏春秋》还用医学养生的理论说明上下互通声气的必要性:"精气郁"则身病,"国郁"则政危,"国郁处久则百恶并起,而万灾丛

---

① 《老子》第五十四章,《二十二子》,上海古籍出版社1986年版,第6页。
② 王卡点校:《老子道德经河上公章句·守微第六十四》,中华书局1993年版,第250页。
③ 《管子·心术》,《二十二子》,上海古籍出版社1986年版,第143页。

至矣"①。葛洪更是形象地表达了"一人之身,一国之象"的观点,他在《抱朴子》中说:"胸腹之位,犹宫室也。四肢之列,犹郊境也。骨节之分,犹百官也。神犹君也,血犹臣也,气犹民也。故知治身,则能治国也。夫爱其民所以安其国,养其气所以全其身。民散则国亡,气竭即身死。"②以上比喻借助于具体的物象以表达抽象的养生和治国主张,有助于行为主体对这一理论的理解与接受,但由于上述比喻并不是就养生或政治治理问题进行专门论述,故具有意会性、模糊性等局限。

第二,在哲学方法论层面具有相通性。用道治国、治身,就是要求行为主体遵循"道"的特性和规律,运用"道法自然"、"无为而无不为"、"反者道之动"、"去甚、去奢、去泰"等哲学智慧养护身体和治理国家,以身观身、以家观家、以乡观乡、以国观国、以天下观天下③,此所谓"用道治国则国富民昌,治身则寿命延长"④是也。这种以哲学智慧来指导治身与治国的思路,觉察到了治国、治身甚至处事的某些共同规律,具有较大的合理性。

第三,在道德要求和价值目标方面亦有相通性。在道家看来,养生和治国虽然分别属于两个不同的领域,却仍然有一些相通、相同或相类的道德要求,由"道"可以推衍出一些道德规范以贯彻于养生和政治行政活动中。例如,"道常无名,朴。侯王若能守之,万物将自宾";"治人事天,莫若啬……是谓深根固柢、长生久视之道"。⑤ 而像守朴弃诈、俭啬寡欲、虚己去骄等道德要求,既有益于养生,亦有助于治国,和谐有序同样是养生与治国所追求的价值目标。而践履"无为"、"静"等原则,亦能实现国治身安的双重目标。例如:"无为也则任事者责矣,无为则俞俞,俞俞者忧患不能处,年寿长矣"⑥;

---

① 《吕氏春秋·达郁》,《二十二子》,上海古籍出版社1986年版,第705页。
② 葛洪:《抱朴子内篇·地真》,载胡道静、陈莲笙、陈耀庭辑:《道藏要籍选刊》第5册,上海古籍出版社1989年版,第250页。
③ 以上引文均见《老子》第二十五、三十七、四十、二十九、五十四章,《二十二子》,上海古籍出版社1986年版,第3、4、5、3、6页。
④ 王卡点校:《老子道德经河上公章句·仁德第三十五》,中华书局1993年版,第140页。
⑤ 以上引文均见《老子》第三十二、五十九章,《二十二子》,上海古籍出版社1986年版,第4、7页。
⑥ 《庄子·天道》,《二十二子》,上海古籍出版社1986年版,第43页。

"治国烦则下乱,治身烦则精散"①。尽管在进行"治身"和"治国"的具体实践活动时,这些道德要求会呈现出不同的内涵,但大体的要求是一致的。

可见,道家身国同治的思想一方面是一种比喻,但又不仅仅只是一种比喻,还蕴含着以哲学智慧治身治国,以道德智慧修身治国的实质性内容。道家努力将治身和治国这两个分别属于不同领域的事务统而论之,固然与中国古代那种注重整体综合的思维模式有关,有其模糊笼统的缺陷,但又具有不可忽略的重要意义。

身国同治的理论模式将个人的生命活动与国家的政治事务联结在一起,既强化了为政者践履以道治国的自觉性,又固化了中国士人关注政治、参政议政、经世致用的学术传统,而且进一步推衍出了道家生德相养的道德培育理论,形成了促进管理者接受其治国主张、实现道德内化的驱动力。

当然,落实到具体的管理活动中,老子身国同治、因性而为的原则又不是那么容易掌握的,需要大智慧才能恰当地进行操作。如果笼统或简单地将管理者自己所践履的那些具体的道德规范或修身之道推而广之,"修之于家"、"修之于乡"、"修之于国"、"修之于天下",要求家、乡、邦、天下本性各有差别之人一概遵行,这显然是有问题的。同样,民性各异,在管理活动中,如何因人而异、因性而为地进行管理,这更是要花很大工夫来研究的。

故明代思想家李贽和明清之际思想家王夫之皆曾对这一思维模式提出质疑,李贽认为,为政者个人的道德修养活动与教化民众的活动不可等同视之:"君子之治,本诸身者也;至人之治,因乎人者也"②。所谓"君子之治",是指个体的道德修养活动,管理者应当成为人格高尚的君子,努力进行自我道德修养,因此是"本诸身"。而所谓"至人之治",则是治理民众的活动,故应当"因乎人"、"恒顺于民"。李贽超越了老子身国同治的治理模式,在他看来"人之与己不相若也",管理者不能以自身的品格或喜好来要求民众,因为管理者的"一身之有无","非通于天下之有无也"。如果以治理自身的道德要求和原则来推之于天下,将会产生种种弊害。李贽更进一步结合自

---

① 王卡点校:《老子道德经河上公章句·居位第六十》,中华书局1993年版,第235页。
② 李贽:《论政篇——为罗姚州作》,《焚书·续焚书》,中华书局1975年版,第87页。

己为政化民实践中的相关问题进行反思,他说:"今余之治郡也,取善太恕,而疾恶也过严。夫取善太恕,似矣,而疾人之恶,安知己之无恶乎?其于反身之治且未之能也。况望其能因性以牖民乎?"①王夫之亦认为,"事各有形,情各有状",作为一个有道者,"岂能强齐而并施之哉?"②显然,这些诘难揭示了身国同治这一思维模式的某些缺陷。

(四) 生 德 相 养

道家由天人同源、身国同治的基本思路,又引出了生德相养的理论。无为、柔弱、真朴是"道"的特性,遵循自然无为、柔弱不争、守朴去诈的道德,不仅有利于治国安民的政治活动,而且对于个人的身心健康有所裨益。修德、养生和治国是高度统一的,又是相互促进的。因此,道家治道在本质上虽然也是一种德治论,但其德治的内涵以及为政者政治道德的培育方法却与儒家德治及其官德培育途径多有差别。

在道家这里,"道"是"德"的根源和本体,"德"是"道"的落实和展现,是"道"落实于不同事物而彰显出来的特性。所谓"道生之、德蓄之","道"、"德"与每个个体生命的产生及其生存状态是密切相连的。在不同的个体或具体情境以及社会生活的各个层面,"道"体现为特定的心理品质、行为方式或行为规范,持守与"道"相合相通的"德"(如"朴"、"无为"、"俭啬"等)才会达到个体生存和社会治理的理想状态。因此,在道家看来,虽然"万物莫不尊道而贵德",但这是一种自然而然、不加任何勉强的本然秩序:"道之尊、德之贵,夫莫之命而常自然"。人类遵从和践履"道"所落实于不同事物上的具体之"德"完全合乎本然之性,完全合乎生命存在的理想状态。故以尊道贵德为出发点的德治以及政治道德的培育与内在生命的养护是密切相连的。

而儒家的伦理道德主要指忠孝、仁、义、礼等具体的行为规范,儒家的德治就是以这些伦理道德去感化教育民众,要求君臣上下遵循并教育民众遵

---

① 李贽:《论政篇——为罗姚州作》,《焚书·续焚书》,中华书局1975年版,第87页。
② 王夫之:《老子衍》,《船山全书》第十三册,岳麓书社1993年版,第51页。

循上述道德规范，从而治理天下，形成君君、臣臣、父父、子子的伦理秩序。而忠、孝、仁、义、礼等伦理道德规范是人为制定出来的，虽然孔孟等儒家学者力图从人性本身来寻求它们的根源和依据，但这些行为规范更主要体现为人的社会性，与个体的内在自然生命没有直接的联系。对于它们的遵守，不仅必须依赖于人的道德自觉，需要施以主观努力而为之，更需要借助于制度层面的社会强制。再经过封建统治者出于狭隘利益的改造与维护，忠孝礼制等封建伦理规范更是形成了对人性的压抑甚至与人的生命的尖锐对立，这与道家"生德相养"的道德培育思想形成了相当大的差别。

生德相养的特点在道家的不少作品中均有体现，例如，《庄子·天地》篇中明确地将抱朴守真、自然无为这些道德要求与保持身心健康联系起来。它指出，抱朴守真是有益于身心的"卫生之经"，胸怀坦荡，顺应自然，"与物委蛇而同其波"，在进行人际交往时，"不以人物利害相撄，不相与为怪，不相与为谋，不相与为事"，遵道而行，顺应客观规律，持守真诚坦荡的崇高德行，恬淡安和的生活态度，这又将大大有益于养生延寿，且无祸患病灾的困扰。而好用机巧智诈、骄奢淫逸、争斗无已，将会大大地伤害健康。

黄老道家进而从个体的生命价值出发，阐明遵循节欲、崇俭之德的必要性。《吕氏春秋》一书认为，出于养生的需要，必须对声色滋味的欲望进行节制："耳目鼻口不得擅行，必有所制之，此贵生之术也。"①作者进而从养生与治国相统一的角度论述生德相养的道理。节欲既有利于生命的健康，更是励精图治、建功立业的重要基础："欲不正，以治身则夭，以治国则亡"②。这就不仅单纯以寡欲崇俭等说教来抑制君主对于"名位"、"厚味"的追逐，而是将这些道德要求与人类希图长寿健康这一基本需要紧密联系起来。

《淮南子》进一步指出，通达于虚静恬淡的性命之情（即养生之道），也就能够践行仁义等政治伦理规范："诚达于性命之情，而仁义固附矣。"③当处于恬愉虚静的状态时，行为主体就能从容自得，不受权势、声色、暴力等各种外界因素的干扰，行当行之行，为当为之事，居仁行义，践履为政之德。关

---

① 《吕氏春秋·贵生》，《二十二子》，上海古籍出版社1986年版，第632页。
② 《吕氏春秋·为欲》，《二十二子》，上海古籍出版社1986年版，第701页。
③ 《淮南子·俶真训》，《二十二子》，上海古籍出版社1986年版，第1214页。

于这方面的详细论述,请见本书的第七章第五节。

生德相养的方法切中了人们对于健康、长寿等人性的内在需要,相比较而言,儒家的道德培养主张则与人的内在生命需求有一定距离。虽然《大学》中有过"德润身"、《中庸》有"大德……必得其寿"、《论语·雍也》中曾记载孔子"仁者寿"等话语,但这皆只是简单的只言片语,而未对养德与养生的关系作深入的阐发。为了促使人们将外在的伦理规范化为内心的道德律令,儒家采取了各种道德教育形式,又设计了慎独、寡欲、正心诚意、格物致知、学思并进、知先行后、知行合一、行先知后等多种道德修养方法,并通过推崇礼制而以衣食住行、洒扫应对等制度化的行为规范,促使人们形成孝亲、敬长、忠君的道德观念和道德习惯,进而习惯成自然,"日使之渐入礼义而不苦其难,入于中和而不知其故"①。孔、孟和宋明理学家亦将恪守礼制建立在"仁"和恻隐之心、辞让之心等人性基础之上,希望通过"仁"和内在的道德温情来缓解礼制对人的强制性约束以及随之而产生的心理紧张,柔化封建礼制对人们所造成的压抑。不可否认,这些方法对于培养人的高尚情操、提高中华民族的道德水平,曾产生重要作用,至今仍然是一笔宝贵的精神遗产。但是,礼毕竟是外在的、强制性的行为规范,在这种强制下,要实现个体的道德内化必定是障碍重重的。特别是在封建专制制度下,礼义忠孝等伦理规范往往被统治者及其御用文人发展为一种否定个体之基本权利、扼杀个体之独立人格的精神桎梏。这些主张在特定的历史时期或特定的道德情境下虽然有其合理性,且具有突出人之尊严、提升人之精神生命的深刻意义,但行为主体恪守这些伦理规范与自身的内在情感及生命的内在需要之间始终存在着较大的鸿沟。

可见,道家生德相养、寓养生于育德、以养生促育德的方法与人的心理发展需要紧密结合,为行政主体的道德培育奠定了心理基础,有其深刻的合理性。因为道德约束是内在的、软性的,需要长期培养,特别是在封建专制的政治模式中,君主的权力缺乏法律约束机制。在封建专制制度下,君主这

---

① 王阳明:《语录二 训蒙大意示教读》,《传习录》中,《王阳明全集》卷二,上海古籍出版社1992年版,第87页。

一行政主体具有至高无上的地位,缺乏强有力的制度约束,除了超人间的天神惩罚和自身内部的疾病或死亡等威胁之外,君主在一般情况下常是无所畏惧的。故对他们的道德劝诫能在多大程度上发挥作用,往往受制于当时的历史条件和君主的主观因素。在这种情境下,道家生德相养、身国同治这一思想就凸显出特殊的积极意义:其将养生延命这一人的基本欲求与以德治国安民统一起来,强调养生必须俭啬、养神、守德,纵欲无道则必然损身伤神;而明了此理则有助于君主自觉持守俭约,防止劳民伤财。这就将保全生命、延年益寿这一君主个人的内在需要与养民、安民、保国这一政治目标紧密联系起来,从而有助于激发为政者的内在道德需要,促使道家所倡导的道德要求依托于为政者对于生命的珍惜和热爱、对于疾病和死亡的恐惧而得以践履,为行政主体持守政治道德要求提供坚实的心理基础。

（五）不争弃诈

强制、争斗和权谋曾被不少为政者视为重要的统治手段,但以老子为代表的道家将不争视为社会治理的基础策略。不争不是甘居落后,而是极具特色的道家政治智慧。首先,道家的不争是指一种理想的治国状态。《中国古代治国要论》的作者在该书"道家治国思想"一章中指出,道家认为,"理想的世界应该是'不争'和谐的'混沌'状态,而要达到这样的境界,关键是占据权力资源的统治者主动降低自己的身段,与处下游的被统治者打成一片,以消除化解彼此间的隔阂,离开矛盾的漩涡……如此一来,治国管理中便不会遇上冲突和斗争",管理的主客双方"和谐地共存于一个体制之中,分别找到自己的位置,共同作用于治国的整个过程"。① 这段论述可谓是深刻地指明了道家在治国问题上倡导"不争"的真正目的。其次,不争是要求为政者不争私利,效法天地那种"不自生"、"利而不害"的精神,实施"为而不争"、"后其身、外其身"的慈爱之行,才能受到民众的真心拥戴,得到"身先"、"身存"的客观效果,成就大业,实现"夫唯不争故天下莫能与之

---

① 以上引文均见纪宝成主编:《中国古代治国要论》,中国人民大学出版社 2002 年版,第 65 页。

争"的管理目标。因此,道家反对通过强制手段或暴力行为来实现管理目标,反对在政治生活中使用权术智诈以控制和驾驭臣民,从而又与韩非子法家"争于气力"并热衷于政治权谋的政治主张形成了鲜明的对照。

抱朴弃诈亦是道家治道区别于韩非治国思想的重要特点。对人性片面、消极的估价或对人际关系狭隘、扭曲的认识是韩非治国之道的理论基础。他认为,趋利避害是人的本性:"夫安利者就之,危害者去之,此人之情也。"①利害之心、计算之心是人与人之间基本的行为动机,有着骨肉亲情的父母对于子女是以"计算之心以相待",而没有血缘亲情的人们之间更是唯利是图:"故舆人成舆,则欲人之富贵,匠人成棺,则欲人之夭死也。非舆人仁而匠人贼也,人不贵则舆不售,人不死则棺不买。情非憎人也,利在人之死也。"②出于这种偏激的人性论,韩非漠视甚至蔑视人的尊严:主张以权谋智诈驾驭臣民,故意装愚守拙,"见而不见,闻而不闻,知而不知",以便于窥探和控制臣下;又采取"倒言反事以尝所疑"的权术,故意正话反说或正事反做,以此来试探臣下,将人当作强制控制和防范的对象,玩弄于股掌之中;还倡导"重其刑罚以禁奸邪"的政治高压手段。③ 这种统治之术让人处于人人自危、相互猜忌、相互提防、尔虞我诈的恶劣社会环境下,必然导致民心离散、天怨人怒、危机四伏,最终是权奸得逞,政治黑暗,走上自取灭亡的道路。

基于以刑罚智诈治国的思路,韩非对《老子》的阐发也充满了权谋的阴影。他虽然对老学的发展不无贡献④,但他从权术角度来解读《老子》的某些思想却在很大程度上造成人们对这一经典的诸多误解。例如,他以晋献公将欲袭虞却首先赠以璧马、知伯将袭仇由而先予以广车等施用于敌对双方的政治谋略来解读老子"将欲取之,必固与之"。他以敌对的思维来看待君臣关系,将君主使用赏罚手段以控制臣下,视为"邦之利器",因此,他认

---

① 《韩非子·奸劫弑臣》,《二十二子》,上海古籍出版社1986年版,第1131页。
② 《韩非子·备内》,《二十二子》,上海古籍出版社1986年版,第1134页。
③ 参见《韩非子·内储说上》,《二十二子》,上海古籍出版社1986年版,第1148页。
④ 例如,韩非继承老子的道论和辩证法思想,发展了老子的"无为"之说,对《老子》守静寡欲、持守"三宝"等思想也有恰当的把握,例如,他在《观行》中指出:"时有满虚,事有利害,物有生死。"在《扬权》中告诫人们:"去甚去泰,身乃无害。"又阐发《老子》"治大国若烹小鲜"的思想说:"烹小鲜而数挠之,则贼其泽;治大国而数变法,则民苦之。"

为"在君则制臣,在臣则胜君。君见赏,臣则损之以为德;君见罚,臣则益之以为威。人君见赏,则人臣用其势;人君见罚,而人臣乘其威。"①在这种此损彼益的零和博弈中,当然是"邦之利器,不可以示人"了。韩非倡导刻薄寡恩的法家思想,主张以权术驾驭臣下,并被秦王朝统治者运用于政治实践,从而导致人心离散、尔虞我诈的可悲结局,这充分地证明了使用政治权谋的弊害!

而《老子》为代表的道家则完全不同于韩非的权谋之术。关于这一点,汉初功臣陈平所说的一段话就足以证明。《史记·陈平传》记载,陈平在晚年曾自我反省说:"我多阴谋,是道家之所禁。吾世即废,亦已矣,终不能复起,以吾多阴祸也。"陈平"本好黄帝、老子之术",又是在政治实践中践行道家治国之术的丞相,他明确指出阴谋乃"道家之所禁",而且预言自己将因犯禁"废而不能复起"。虽然他一生"以荣名终,称贤相,善始善终"②,预言并未成为现实,但上述史料既说明他骨子里对道家的崇尚,同时更让那些认为道家行权谋的不实之词不攻而自破。

还有不少前人也曾辩驳以权谋曲解《老子》的误见,清世祖福临的论述更是具有代表性。身为君主,福临努力学习汉族的优秀文化,在入主中原后不久的顺治十三年,就对《老子》等经典进行认真研读和注解,他在所注《老子》的"序言"中称赞书中的"治心治国之道",并且"博参众说,芟繁去支,厘为一注",力图"理取其简而明,辞取其约而达",成为历史上最后一位注《老子》的皇帝。在福临所注《老子》的"序言"中,他对种种曲解进行辨正说,自河上公注《老子》之后,"注者甚众,或以为修炼,或以为权谋,斯皆以小智窥测圣人,失其意矣。……老子之书,原非虚无寂灭之说,权谋术数之谈,是注也,于日用常行之理,治心治国之道,或亦不相径庭也"③。作为一个治国的君主,福临驳斥《老子》非权谋术数的论述是相当有说服力的。的确,《老子》通篇都体现出对权谋智诈的厌弃,守朴弃诈是其重要的治国主

---

①　《韩非子·喻老》,《二十二子》,上海古籍出版社1986年版,第1140页。
②　司马迁:《陈平传》,《史记》卷五十六,中华书局1959年版,第2062、2063页。
③　以上引文均见刘韶军:《唐玄宗、宋徽宗、明太祖、清世祖〈老子〉御批点评》,湖南人民出版社1997年版,第476页。

张,例如文中强调,"绝圣弃智,民利百倍"①,"以智治国,国之贼;以不智治国,国之福"②。道家治道的基本出发点是以慈爱之心对待民众,它的理论建立在对于人性本朴的积极估价和信任的基础之上,在"以道视之,物无贵贱"的高远视野观照之下,以一种对于广大民众乃至天地万物一视同仁、施而不责望其报的慈爱胸怀,秉持"贵必以贱为本"、"以百姓之心为心"等民本原则,信守摒弃智诈、抱朴守真、俭啬自律等道德要求,追求君臣之间、君民之间的坦诚相待,力图以德感人、以德服人,实现"各遂其生"、"各尽其能"、"不言自化"的多赢局面。运用这些智慧也许不见得能收到立竿见影的效果,但由于它是以人为本之道,是凝聚人心之道,是为民、利民之道,因此它将是真正的长治久安之道,遵循这些政治智慧才有可能达到"各便其性"、"物各自任"、"无为自化"的和谐局面。

汉代新道家的代表作《淮南子》更是强调主政者持守诚朴之德的重要意义,《泰族训》说:"为仁者必以哀乐论之……强亲者虽笑不和,情发于中而声应于外。"只有发自内心的关爱才能感化广大民众:"至诚而能动化矣。"《齐俗训》也指出:"故礼丰不足以效爱,而诚心可以怀远。"仅有物质方面的丰厚礼遇是不够的,唯有真诚地为民谋福,才能够让教育对象动而从之,促使远方之民归而从之。君主怀着质朴之情,献出诚挚之心,就能"感动天地,神谕方外",而悬法设赏之所以不能移风易俗,就是因为实行赏罚者"诚心弗施也"。统治者"动于上",发号施令却"不应于下者",是因为"情与令殊也"。法令不能孤立地实行,必须依靠执政者自律、爱民的精诚之心,必须营造一种尊重人、关爱人的良好社会氛围,也就是书中所说的"精诚之气",法令才能够发挥作用。在作者看来,为政者是否怀有精诚之情,将产生完全不同的治理效果:"施而仁,言而信,怒而威,是以精诚感之者也;施而不仁,言而不信,怒而不威,是以外貌为之者也。"③以诚动人的精神力量是无穷的。

道家反对通过强制手段或暴力行为来实现管理目标,反对在政治生活

---

① 《老子》第十九章,《二十二子》,上海古籍出版社1986年版,第2页。
② 《老子》第六十五章,《二十二子》,上海古籍出版社1986年版,第7页。
③ 以上引文均见《淮南子·缪称训》,《二十二子》,上海古籍出版社1986年版,第1249页。

中使用权术智诈以控制和驾驭臣民,从而与人类历史上不少为政者所尊崇的强制、争斗和权谋统治手段形成明显的差异。这些特点也正与现代公共管理的"治理"模式相通而与"统治"模式不同。"治理"不再单纯依赖政府权威,而是重视在行政活动中运用非强制性权力进行多方的协作,它的运行机制是行为多方的相互信任,而不是统治者对民众的控制。①

道家的这些主张立基于为政者对民众"利而不害"的尊重与慈爱,因此,他能受到民众的真心拥戴,成就大业,实现"夫唯不争故天下莫能与之争"的管理目标。因此,《中国古代治国要论》一书的作者认为:"道家貌似消极,而实际是包含积极进取因素的治国思想"②。这一论断应该是较公允的。

五、国内外相关研究综述

海内外学术界以往关于道学政治思想的研究成果主要有以下几类:

第一,在中国哲学通史、思想通史或学术通史的著作中论及道家治国思想。如胡适的《中国哲学史大纲》、冯友兰的《中国哲学史新编》、侯外庐的《中国思想通史》、任继愈的《中国哲学发展史》、张岱年的《中国哲学大纲》等,这类作品由于受其体裁的限制,故书中对老庄等道家人物的治国思想仅有简略论述。

第二,在政治思想通史、中国管理哲学等通史、通论性论著中论述道家的政治思想或管理哲学。如刘泽华的《中国古代政治思想史》,萧公权的《中国政治思想史》,纪宝成的《中国古代治国要论》、《中国古代治国通论》,葛荣晋的《中国管理哲学导论》,黎红雷的《中国管理智慧教程》等,这些作品主要将老庄的政治思想或管理思想置于中国传统政治思想或管理思想的大框架中进行论述。

---

① 陈振明主编:《公共管理学》,中国人民大学出版社 2010 年版,第 87 页。
② 纪宝成主编:《中国古代治国要论》,中国人民大学出版社 2002 年版,第 69 页。

第三，在道家、道教思想通史、老学史、庄学史或道学断代史等论著中论述相关人物的政治思想。如卿希泰主编的《中国道教思想史》，黄钊主编的《道家思想史纲》，熊铁基、马良怀、刘韶军的《中国老学史》，熊铁基、刘固盛、刘韶军的《中国庄学史》，李宝红、康庆的《二十世纪中国庄学》，胡孚琛、吕锡琛的《道学通论》，李刚的《汉代道教哲学》等，相对前一类哲学史或思想通史的作品来说，这类专门史对道学治国思想有更多的论述。

第四，在关于《道德经》、《庄子》、《淮南子》、《太平经》等道家、道教某部典籍的研究中对其中的治国思想进行论述。如刘笑敢的《老子古今》、董京泉的《老子道德经新编》、张松辉的《老子研究》、德国学者汉斯－格奥尔格·梅勒的《〈道德经〉的哲学》、美国学者韦恩·戴尔的《老子智慧的现代启迪》、崔大华的《庄学研究》、张恒寿的《庄子新探》、牟钟鉴的《〈吕氏春秋〉与〈淮南子〉思想研究》、陈静的《淮南子研究》、李广义的《太平与和合：〈太平经〉伦理思想研究》等。这些论著的视角虽然是就某本道学作品的整体思想进行全方位研究，但却对其中的治国思想进行了剖析。如刘笑敢在《老子古今》第三十二章等多章的"析评引论"中论述了老子的治国思想，认为老子主张保护个体的自主与渗透力，反对外来的控制与干涉，主张自然而然的和谐、平静、均衡与有序，反对社会管理者以自己意志、欲望以及强制性的手段来破坏这种秩序。① 董京泉在《老子道德经新编》中指出，老子哲学主要是政治哲学或经邦济世之道。董著将《道德经》的章节次序重新编排为《道论篇》、《德论篇》、《修身篇》和《治国篇》四大部分，认为《治国篇》是《道德经》的最终落脚点或归宿，故他在不少章节的"辨析"部分阐释了老子的治国原则。崔大华先生的《庄学研究》从自然哲学、人生哲学、认识结构、社会批判和文学特质等五个方面展现了庄子及其后学的思想。书中指出，庄子对"仁义"的批判，是"对人类的阶级统治制度最初的攻击，是对人类的文明制度最初的反思。"② 黎红雷在戴黍《淮南子治道思想研究》一书的序

---

① 参见刘笑敢：《老子古今》，中国社会科学出版社 2006 年版，第 345—346 页。
② 崔大华：《庄学研究》，人民出版社 1992 年版，第 240 页。

言中针对牟宗三"中国以前无政道"①的观点指出，在中国传统治国理论中，"治道"概念"实际上囊括了牟先生所谓'政道'与'治道'的全部内容"。也就是说，"既涉及政权之合法成立的道理，也涉及治权之合理运用的道理"②。戴黍承接这一观点，认为《淮南子》中所讨论的"治道"亦涵盖了整个为治（或为政）过程。③ 李广义将《太平经》中关于政治平等与财富均平的一系列主张视为"实现社会制度在政治、经济方面的'正义'矫正与补偿"④。德国学者汉斯-格奥尔格·梅勒所著的《〈道德经〉的哲学》中推崇《道德经》对于维护和平与秩序的积极作用。⑤

第五，对《老子》、《庄子》以及《太平经》等道学典籍或流派的政治思想作专门研究。如汤用彤的《魏晋玄学中的社会政治思想略论》、那薇的《汉代道家的政治思想和直觉体悟》、商原李刚的《道治与自由》、唐少莲的《道家"道治"思想研究》、戴黍的《淮南子治道思想研究》等。其中特别是对老子管理思想或政治思想的研究成为近年来学术界的一大热点，相关论著不断涌现，数量众多。

第六，对道家政治思想中的重要范畴进行深入的研究，如商原李刚的《道治与自由》一书提出了"道治"这一与儒家的"礼治"、法家的"法治"相对的范畴。该书认为道治文化以"道法自然"为宗旨，以清静自治为内在机制，以无为而治为政治设计的基本内涵，"完全可以把道治文化的清静自治传统与当代西方的民主政治、自由主义政治传统及公民文化联系起来……是当代社会从权力主导型向权利主导型社的转变的重要的文化资源"⑥。唐少莲的《道家"道治"思想研究》围绕"无为而治何以可能"这一主题从三

---

① 牟宗三的这一观点在学术界颇有影响，但不少学者对此提出了质疑。如，石元康认为：以现代政治理论的术语来表述，所谓"政道"，就是政权的正当性及正当化的问题，所谓"治道"，则是马基雅弗里在《君主论》中所讨论的问题，或"现代管理科学所研究的问题"，而"传统中国政治显然提出了正当性的根据"。（参见石元康：《天命与正当性：从韦伯的分类看儒家的政道》，《开放时代》1999 年第 6 期）

② 黎红雷：《中国传统治道研究丛书》，中山大学出版社 2005 年版，"总序"。

③ 参见戴黍：《淮南子治道思想研究》，中山大学出版社 2005 年版，"引论"第 10—11 页。

④ 李广义：《太平与和合：〈太平经〉伦理思想研究》，广西师范大学出版社 2012 年版，第 50 页。

⑤ 参见汉斯-格奥尔格·梅勒：《〈道德经〉的哲学》，人民出版社 2010 年版，第 192 页。

⑥ 商原李刚：《道治与自由》，社会科学文献出版社 2005 年版，第 492—493 页。

个层面进行论述:其一是以哲学思辨的方式在形上学语境内解答"无为而治"的哲学合理性和政治正当性问题;其二是探讨"无为而治"这一形上之思如何贯通落实于现实的政治实践,解决"无为而治"的现实可行性或可能性问题;其三是以现代理性主义的视角对"无为而治"思想及其历史命运展开现代省思,揭示这一理论之可能的自悖谬。在与当代"善治"理论的对话与交流中,通过理论的自批判和实践的自修正,探寻道家"道治"理论新的历史进路,使"无为而治"能以一种新的理性形态实现其理论价值的当代转化。①

第七,将道学政治思想与社会政治实践或管理实践相联系,考察《老子》、《庄子》等治道的实际应用及其社会功能。如笔者于 2003 出版的《道家道教与中国古代政治——道家道教政治伦理思想阐幽》一书中从政治伦理的视角论述"自然无为"、"任性当分"、"以百姓心为心"等政治伦理原则和俭啬寡欲、真朴去诈、谦退处下、以慈为怀等政治美德,探讨这些政治伦理思想在历史上践行的情况及其社会效应。

国际著名汉学家、澳大利亚国立大学中文系主任柳存仁先生亦超越了就理论谈理论的研究路数,对唐玄宗、宋徽宗和明太祖所注的《道德经》进行了评析,阐发了其中的政治思想,撰写了《道藏本三圣注道德经之得失》等文,将三位皇帝对于《道德经》的理论阐发与他们的政治实践相结合起来进行得失评价。书中认为,这三位皇帝的遭际不同,对道家思想之理解层次亦有深浅。"然理解深者,未必便为成功之帝王;理解浅者,反得为创世之主,其义亦有可思"。②

在道学政治思想或治国理论的研究中,关注度较高的热点问题或歧见较多的观点主要有以下几方面:

其一,对于无为而治主张的评价。

从古到今都有一些研究者对老庄的"无为"存在诸多误解或成见,将"无为"解释为无所作为、消极无为、反对任何变革、不思进取甚至反动。

---

① 参见唐少莲:《道家道治思想研究》,中国社会科学出版社 2011 版,第 10 页。
② 柳存仁:《和风堂文集》上,上海古籍出版社 1991 年版,第 493 页。

如,关锋认为,老子是奴隶主阶级的思想家,"他提出无为而治是要维持奴隶主统治的局面";"而到了庄子活动的时代,奴隶主的政治统治完全坍台了……他的历史任务是为被埋葬的奴隶主阶级制作挽歌"。① 还有一些学者从正反两个方面来评价"无为"主张。如,崔大华先生在《庄学研究》中,一方面指出庄子自然主义的"无为"社会批判思想"表现出明显的反人类、反文明倾向",但又强调,在这些理论后面,"实际上蕴藏着强烈的人性的、人道的感情内容",是对战国时期不合理的、不平等的社会现象的抨击。②

但更多的研究者力图从实质上来理解和把握老子的"无为"主张。在20世纪20年代,胡适就在《中国哲学史大纲》这一中国近代第一部系统地应用西方哲学观点和方法写成的中国古代哲学史中,对老子无为而治思想作出这样的评论:"无为的政治哲学,就是反对当时政府的干涉政策。凡是主张无为的政治哲学,都是干涉政策的反动。因为政府用干涉政策,却又没干涉的本领,越干涉越弄糟了,故挑起一种反动,主张放任无为。欧洲18世纪的经济学者、政治学者多主张放任主义,正因为当时的政府太腐败无能,不配干涉人民的活动。老子的无为主义,依我看来,也正是因为当时的政府不配有为偏要有为,不配干涉偏要干涉而激发出来的,老子对于那种时势发生激烈的反响,创为一种革命的政治哲学。"③

陈鼓应在《老子注释及评介》一书中,将"为无为、事无事"这段话解释为"以'无为'的态度去作为,以不搅扰的方式去作事"。刘笑敢在体味老子之原义的基础上,进而从现代社会管理的角度来阐发"无为"思想,认为它绝不是不负责任、不做事,而是要以更高的眼光、境界和方法去"畏万物之自然",达到表面上的积极有为、强制管理所达不到的效果。这是一种"实有似无的社会管理行为,就是通过最少的、必要的、有效的法律制度和管理程序把社会的干涉行为减少到最低限度,从而实现社会的自然和谐与个人

---

① 关锋:《庄子哲学批判》,载胡道静主编:《十家论庄》,上海人民出版社2004年版,第305页。
② 崔大华:《庄学研究》,人民出版社1992年版,第242页。
③ 胡适:《中国哲学史大纲》,岳麓书社2010年版,第34页。

自由的协调发展"①。董京泉指出,作为老子政治哲学范畴的"无为"是指一种指导思想、行为原则和行为方式。它有三个要点:一是必须正确地认识和把握该事物的自然本性及其发展趋势;二是要"以辅万物之自然而不敢为",使其向着有利于事物和实践主体的方向发展;三是在这个过程中要出以公心、超越狭隘的功利目的、涤除个人的主观成见、以客观的态度去作为。② 笔者曾指出,无为主要表现为以下多层含义:第一,遵循政治治理的规律而为;第二,让民众自为;第三,顺应民众之意愿而为;第四,无偏私偏爱而为;第五,不恃己功而为;第六,不为一己而为。③

张松如、邵汉明《道家哲学智慧》中将无为政治阐释为自然政治,它包括两个基本要求:第一,认清"物之不齐,物之性也",即承认人的差异性;第二,因性自然而勿为,即顺乎人之性命之情,任人之个性自然发展,勿对人之生存生活横加干涉。在此基础上,作者提出了无为政治的几个具体原则:守柔处弱、取后不争、为无为、事无事。④

值得关注的是,青年学者唐少莲对于大多数学者以"君无为—民自化"的模式来解读"无为而治"提出了异议。他认为:"在这种解释模式中,'我无为'是前因,'民自化'是后果,'我'(君)与'民'构成了一种'主体—客体'的对象性关系,'我'是政治行为的使动者和主体,'民'是受动者,或曰政治实践的客体,作为主体的'我'彰显出一种相对于客体之'民'的优先性和至上性。"他尖锐地指出:"这种'主—客'二分的对象性模式恰是埋葬道家政治思想之伟大理论意义的真正渊薮"。基于以上分析,他提出,道家的管理模式"消解了君主单方面的主体性,而建立起君民双方的主体间性,是一种政治场域中的'共治'关系","百姓不是'圣人'政治实践的客体对象或是被动的适应者,而是政治实践的'主体'和主动参与者,民与君构成一个共生共存的政治共同体"。⑤ 这一观点借用了西方主体间性哲学的理论,

① 参见刘笑敢:《老子古今》,中国社会科学出版社 2006 年版,第 453、562 页。
② 参见董京泉:《老子道德经新编》,中国社会科学出版社 2008 年版,第 670 页。
③ 参见吕锡琛:《道家道教与中国古代政治》,湖南人民出版社 2002 年版,第 51 页。
④ 参见张松如、邵汉明:《道家哲学智慧》,吉林人民出版社 2010 年版,第 33—36 页。
⑤ 唐少莲:《道家"道治"思想研究》,中国社会科学出版社 2011 年版,第 160—166 页。

对无为而治下的主客体关系进行了更为深入的思考。

其二,关于道家仁义观、道德观的讨论。

有人根据《道德经》中"圣人不仁,以百姓为刍狗"一句,批评老子冷酷、反对仁爱,视民如刍狗草芥。还有人将此句理解为"圣人没有仁爱之心,把百姓也当作用过的刍狗一样,毫不怜惜"。对此,董京泉辨析说,"圣人不仁"当是在"至仁无亲"的意义上讲的,他结合《道德经》中的一贯主张而指出,老子认为对老百姓要一视同仁,"故不可得而亲,不可得而疏;不可得而利,不可得而害;不可得而贵,不可得而贱",绝不会像对待"刍狗"那样以"始用而旋弃"的实用主义的态度来对待百姓,否则就难免与圣人的品格和老子"自然无为"的思想相抵牾了。同时,老子笔下的圣人是"道"的化身,是最讲仁爱的。这在《老子》中多有论述,如"圣人常无心,以百姓之心为心。善者,吾善之;不善者,吾亦善之",对天下苍生悲悯之情跃然纸上。而《道德经》的结尾一句"圣人之道,为而不争"更是体现出无私而博大的仁爱。特别是《老子》倡导"无为而治",为民众的"自化"、"自正"、"自富"、"自朴"创造良好的社会环境和条件,使广大民众实现个人自由、自主,群体自治,自己教化自己,自己成就自己,显然是对民众最大的仁爱。① 我们认为,这些建立在对《道德经》进行全面把握的基础上而提出来的论点甚有说服力。

有人由"绝仁弃义"、"大道废有仁义"等思想推断,老子表现出反道德主义或道德虚无主义倾向。针对这些观点,郭齐勇指出,老子十分警惕圣、智、仁、义对于人的真正的智慧、德性的破坏,害怕外在的伦理规范戕害了人的大智慧、大孝慈,他批评儒家的仁、义、忠、孝、礼、智、信等德目,但追求真正的道德、仁义、忠信、孝慈。② 吕锡琛、陈明认为,老庄所反对的只是有名无实、流于形式的仁义,反对将仁义作为谋利的工具,而追求超越血缘关系、不分亲疏、无所偏爱的"至仁"。与儒家相比,老庄的仁道观更具有超越性。③ 还有不少学者认为,"大道废有仁义"这段话不是价值判断,而是事实

---

① 参见董京泉:《老子道德经新编》,中国社会科学出版社 2008 年版,第 32—34 页。
② 参见郭齐勇:《中国哲学智慧的探索》,中华书局 2008 年版,第 161 页。
③ 参见吕锡琛、陈明:《老庄是否具有仁道观》,《道德与文明》2009 年第 4 期。

陈述。是说在大"道"废止的情况下,才需要以"仁义"等道德规范来调整人们的行为;而"绝仁弃义"的主张中所要弃绝的不是正面意义的仁义,而是已经被严重异化的假仁假义。王泽应、陈少峰等人认为,道家非议儒墨道德并不是否定道德本身,而是追求摆脱表象之德或虚伪之德的真正道德。

还有人将"道法自然"的主张理解为不要道德教育。不少学者对此进行了厘清。葛荣晋和刘笑敢等先生皆强调,《道德经》中所说的"自然"并非指存在于人之外的自然界,"而是对'道'及同它派生的天地万物的自然状态和发展趋势的描述……是'道'和宇宙万物的最根本的法则,宇宙间的任何事物都必须受到这一宇宙法则的制约"①。刘笑敢先生进而认为,"自然"是蕴含了人文色彩的一种和谐理想状态,故提出了"人文自然"这一概念,并从三个层面来阐发其意义:人文自然的最高目标是人类与宇宙的总体关系的和谐;其中间层面的出发点是对现实的社会秩序的关怀,要求实现人类社会秩序的自然和谐,是一种没有压迫、最少控制的和谐;其最基本的层面关注的是一切生存个体自身的生存状态,在自己的生存环境中创造出自然的秩序和自然的和谐。②

其三,老子是否倡导愚民政策或搞阴谋权术?

不少学者根据"民之难治以其智之"和"常使民无知无欲"等话语而认为老子提倡愚民政策。董京泉对此进行了辨正,认为"以其智之"中的"其"字不是指"民"而是指"统治者",因为紧接下句就说"以智治国国之贼"。他进一步指出,老子所谓的"反智"不过是反对"礼乐之教",反对各种心术不正的"邪智",而他所主张的依道治国就是大智慧。③

《老子》"将欲弱之必固强之、将欲取之必固与之"这段话也多受人们诟病。一些人沿袭《韩非子·喻老》中的观点,将其理解为阴谋之术。还有人认为,老子的无为之为是"算计了人又不露声色,禁锢人却让人见不到牢笼,束缚人却让人见不到枷锁,总而言之,统治着人,却让人察觉不到是如何

---

① 葛荣晋:《中国管理哲学导论》,中国人民大学出版社2007年版,第358页。

② 参见刘笑敢:《老子古今》,中国社会科学出版社2006年版,第57—58页。

③ 参见董京泉:《老子道德经新编》,中国社会科学出版社2008年版,第442—444页。

实施统治,岂止是搞权术,简直是在玩阴谋,无怪有人称老子是阴谋家"①。

很多学者皆反对"阴谋说",陈鼓应、焦国成、许建良等人认为,"将欲弱之必固强之"是对于事物发展规律的概括,包含着"物极必反"的自然之理②,体现出冷峻沉静的理智③。刘笑敢认为这是一种"以反求正的方法",虽然有可能成为阴谋诡计的工具,但其本身绝不是阴谋诡计,而只是根据客观事物的辩证运动总结出来的一般性方法,全然没有权术和诡诈的意思。④

其四,关于道家的文明观和社会理想的讨论。

这实际上涉及道家的社会理想和社会历史观的问题。在这方面,老子的小国寡民思想是引起争论较多的话题。一些学者指出,老子认为"人多伎巧,奇物滋起,法令滋章,盗贼多有",主张小国寡民,而庄子更是反对使用机械,表现了一种反文明或倒退复古的倾向,主张恢复早期的奴隶制等。如冯友兰先生在《中国哲学史》中认为,《老子》是站在没落奴隶主阶级的立场,主张对新兴的地主阶级政权,"于必要时要顺从,以等待时机,反攻过去。但在条件允许的情况下,它也不放弃对于当时的新政权做公开的攻击"⑤。认为老子主张社会倒退,而"庄子比老子更进一步地主张社会倒退","对社会政治制度和文化生活采取了全盘否定的态度,反映了没落奴隶主阶级对恢复旧的社会、政治制度的绝望,也反映了对新的政治制度和新的社会势力的诅咒"。⑥

任继愈主编的《中国哲学发展史》中将小国寡民视为一种社会理想,认为小国寡民的政治思想和《礼运》中的大同社会理想在性质上是相同的,都向往无剥削无压迫的社会,都同样值得肯定。但是,"结绳而用之"的社会并不能真正使人民"甘其食,美其服"。⑦

不少学者则对"反文明"、"主张倒退"等说法提出了异议。董京泉认

① 邹纪孟:《智者与治者:中国古代政治智慧》,中国文联出版社 2001 年版,第 41 页。
② 参见许建良:《先秦道家的道德世界》,中国社会科学出版社 2007 年版,第 73 页。
③ 参见焦国成:《中国伦理学通论》(上),山西教育出版社 1997 年版,第 88 页。
④ 参见刘笑敢:《老子古今》,中国社会科学出版社 2006 年版,第 380 页。
⑤ 冯友兰:《中国哲学史》(上),人民出版社 1998 年版,第 318 页。
⑥ 冯友兰:《中国哲学史》(上),人民出版社 1998 年版,第 431 页。
⑦ 参见任继愈主编:《中国哲学发展史》,人民出版社 1998 年版,第 10 页。

为,小国寡民这一章中的许多描述蕴含老子对人民疾苦的深切同情和关怀,蕴含着对文明异化的反思和批判。① 刘笑敢认为,"人多伎巧,奇物滋起,法令滋章,盗贼多有"等话语所讲的是文明进步带来的副作用,是对人类发展中出现的新问题的反思,未必是对法律本身或文明进步的全面否定。而这些问题的出现是统治者过多的控制、压制而不知收敛的结果。② 张松如、邵汉明在《道家哲学智慧》一书中认为,将老子"小国寡民"主张视为"反动的、反历史的、倒退复古的历史观","是从抽象教条主义的逻辑夹缝中透视出来的。既有违当时形势,也不合后世史实"。认为"小国寡民"是一种非古非今、亦古亦今的乌托邦,是老子针对现实生活弊端而构想和设计出来的一种救世方案。而庄子提出的"至德之世"的社会理想在很大程度上反映了农民小生产者希冀安居乐业的要求和愿望。作者认为,老子和庄子的社会理想都带有明显的幻想或空想成分,但它所表现出的深邃的政治智慧相对美好事物的真诚追求却是永远值得人们钦敬的。同时,它在历史上亦曾产生过较大的回应。③ 张松辉指出,老子这些看似"反动"的政治观其实是为了保持社会安定和人民幸福,恢复人的朴素天性,提高人的道德水准,是为了平均社会财富,是对当时社会不平等制度的严厉批判。这一看似落后的思想如果能够实施的话,就能为整个人类赢得更多的生存时间。④

其五,关于道家"柔弱不争"主张的讨论。

一些人将道家"柔弱不争"的主张理解为不思进取、甘居落后,认为道家、道教是消极避世的隐士哲学。陈少峰、许建良等人认为,"柔弱不争"是一种生活态度和人生智慧⑤,而焦国成等人则认为除此之外,这一思想还包括了谦下不争、慈让少私等更多的伦理内涵。

其六,关于道家治道思想的现代价值。

随着以人为本、构建社会主义和谐社会等治国方略的提出,随着中国当

---

① 参见董京泉:《老子道德经新编》,中国社会科学出版社 2008 年版,第 595 页。
② 参见刘笑敢:《老子古今》,中国社会科学出版社 2006 年版,第 558—559 页。
③ 参见张松如、邵汉明:《道家哲学智慧》,吉林人民出版社 2010 年版,第 52—53 页。
④ 参见张松辉:《老子研究》,人民出版社 2006 年版,第 180—181 页。
⑤ 参见陈少峰:《中国伦理学史》(上),北京大学出版社 1996 年版,第 79 页。

代政治文明建设和政治体制改革、行政改革的深入发展,道家治道的现代价值日益引起人们的兴趣和关注,研究成果层出不穷。以上提到的张松辉的《老子研究》、董京泉的《老子道德经新编》、刘笑敢的《老子古今》等作品中皆有一些论述,其中刘笑敢关于"人文自然"概念及其现代价值的一系列论述最具有代表性。他认为,《老子》之"自然"的核心意义是"人文自然",人文自然作为价值原则相对于其他政治、法律、社会、道德等各方面的原则有兼容作用和协调、润滑的功能,它有很强的兼容性,较少排他性,所以不同于一般的普世价值,并且认为人文自然的原则可以超越并补充正义等普世价值原则。①

董京泉认为,老子"以百姓之心为心"的理念应是治国者的根本立场和根本态度,它有利于促进社会和谐。老子"无为而治"是要依照道所体现的自然无为的原则和无为的行为方式治国平天下,主要包括清静之治、自然之治、柔弱之治和爱民之治。它的基本理念主要是要把握好政府行为的性质和程度,尽量减损不必要、不适当的政府干预。政府的主要职能应是为民众自化、自成与社会自然和谐的实现创造良好的社会政治环境和条件。②

胡孚琛指出,道学的核心思想是建构一个模拟自然界或人体生命的自组织、自调节的最优的自动化系统,这个系统依乎天地人之道,无亲无疏,大公大慈,导人向善,是一种"万物将自化"的自然之治的社会。道学的政体倡导一种"三元一太极"的阴阳互补结构,以自然立法形成相互制约、上下反馈的自调节的和谐机制,管得最少的政府才是最好的政府,百姓逍遥于大自然中自由发展而感受不到政权的存在。道学的自然之治更是否定人治又超越现代法治的,认为自然生态社会是世界上最合理的社会制度,在这种社会里人与禽兽乃至整个自然界都处于平等和谐的状态,人人自食其力,同德而不党,无宗法等级,无剥削压迫,具有纯真朴实的人际关系。③

---

① 参见刘笑敢:《人文自然与人类和谐刍议》,《中国哲学与文化》第四期,广西师范大学 2008年版。
② 参见董京泉:《老子的和谐与自然无为思想》,《光明日报》2011 年 12 月 27 日。
③ 参见胡孚琛、吕锡琛:《道学通论·通论篇》,社会科学文献出版社 2004 年版,第 46—55 页。

宋惠昌指出，《老子》一书之所以在政治思想史上产生长久的影响，其中一个重要原因，是书中通过简明的哲理阐述，给人以政治哲学辩证法——政治智慧的启迪。这种高明的政治智慧主要是：无为而无不为、柔弱胜刚强、谦恭可居上位、治国大事必须格外小心谨慎、切忌锋芒毕露等。这些思想虽然有其消极的一面，但就其思想的深刻性、对问题分析的尖锐性而言，是有宝贵价值的。①

王泽应指出，与儒家讲礼治、法家讲法治不同，道家以"无为而治"为核心，提出了自己系统而深刻的政治伦理理论，"这些理论既为治政者设计了一套精微高远的治国之术，又表达了百姓的内在心声……道家政治伦理思想是弱者的精神安慰剂，又是维护强者占据物质优势的特殊堤防。故道家政治伦理思想明显地具有二重性。倘若我们置重政治机制的完善与庶民百姓的根本权益，仍不难发现闪烁其中的思想光华"②。

朱晓鹏指出，老子的社会批判思想是老子著名的无为主义政治哲学的一个重要理论前提。而老子作为一个自然主义者，他所反复阐述的"自然之道"无疑是其犀利的社会批判思想的内在灵魂和价值悬设。老子以"自然之道"深刻地批判和否定了社会现实及其政治的合法性基础，消解了全能主义的政治权威，创立了中国古代第一个独立的社会批判系统，为构建现代的民主政治和自由社会提供了可供启迪利用的丰富思想资源和固有的民族性基础。③

吕锡琛从荣格等西方心理学家对人类冲突、战争的思想根源——西方非此即彼观念的反省以及对老子辩证智能的推崇等事例出发，认为弘扬道学"正反相因"、"不善者亦善之"、"报怨以德"、"以柔克刚"等思想智慧，将促进人类更为理性地对待人格结构中原本存在的阴影。如此，或有可能独辟蹊径，找到缓解人际、族际、国际、教际的矛盾和仇恨的新路，促进不同文化和组织之间的宽容与理解，这对于增强中华民族文化软实力、推进世界和

---

① 参见宋惠昌：《论〈老子〉政治哲学的辩证法》，《烟台大学学报》2001年第4期。
② 王泽应：《自然与道德——道家伦理道德精粹》，湖南大学出版社1999年版，第132页。
③ 参见朱晓鹏：《权威的消解与民主的构建——论老子政治哲学中的社会批判思想》，载吴光编：《中华道学与道教》，上海古籍出版社2004年版。

平有着特殊的意义。①

　　一些外国人士对道家治道思想的现代价值亦有不少阐发。如美国著名管理学家肯尼思·克洛克等人将老子视为"民主型组织中的领导者"的典范。他在《管理的终结》一书中说："民主型组织中的领导者还必须能够接受和允许别人领导自己,就如中国大哲学家老子数千年前说的那样:'如欲先之,必先后之。'"②德国学者汉斯-格奥尔格·梅勒所著的《〈道德经〉的哲学》中推崇《道德经》对于维护和平与秩序的积极作用,书中说:"《道德经》是一本关于维持和平、社会秩序以及持久成功的书。这不仅可以应用于政治和争中,而且可以应用到其他的社会性的、个人性的问题上。它建议领导者让事物'自然'运行,而不是试图强迫事物运行。"③在美国电视台讲解《道德经》而掀起收视热潮的著名学者韦恩·W.戴尔更是赞叹《老子》"太上,不知有之"等管理思想的启迪说:"真正鼓舞人的领导能够以他自己为榜样得到收获:他们鼓励其他人负责任地做正确的事情,而不是公开宣示或者自吹自擂他们完美无缺的领导作用。他们为他人创造有雄心壮志的而且是能够达到他们自己成就的空间。当收获赞美的时候,他们往往隐入幕后,他们想让其他人感受到这些成就源于他们自己的创造力。至上之道的领导者总是让他的人民选择和追求自己的生活方式,开明的领导者不持有弘扬'自我风格'的专制观点,而是把自己的能量隐去,以增加环境的能量。"④

　　以上众多研究成果为进一步研究道家治道奠定了坚实的基础。但总的说来,这些成果或者是中国哲学通史或道家、道教思想通史、断代史或一般的政治思想通史,或者是对于《道德经》、《庄子》及注解老庄的作品和《淮南子》、《太平经》等某部典籍的研究专著,或者主要就老庄政治思想中的某一专题进行宏观研究,或者是宏观地考察道家、道教政治伦理及其应用与社会

---

① 参见吕锡琛:《从荣格心理学看〈老子〉宽容思想的救世价值》,《哲学动态》2010年第9期。
② 肯尼思·克洛克、琼·戈德史密斯:《管理的终结》,中信出版社2004年版,第156页。
③ 汉斯-格奥尔格·梅勒:《〈道德经〉的哲学》,人民出版社2010年版,第192页。
④ 韦恩·W.戴尔:《老子智慧的现代启迪》,天津科技翻译出版公司2009年版,第72—73页。

功能。而且,大多数学者的研究主要侧重于从理论层面进行论述,而较少从社会实践的层面探讨道学政治智慧的运用情况。还有一些学者从消极的角度来解读老子的政治智慧,认为老子搞阴谋权术,搞愚民政策。

从以上挂一漏万的综述中可以看出,对道家政治思想及其现代价值的研究虽然成果斐然,但却鲜有专门从治道的视角对自先秦到清代的道家及其相关主要典籍进行系统而全面的研究,而在此基础上结合当时的社会政治实践来考察道家治道的社会效应及其历史经验的作品亦不多见,故本书的重点将落脚于这一薄弱之处。

道家治道包含了哪些政治智慧?历代先哲又曾如何沿循此道追寻善政?这些智慧曾怎样被为政者所践行,它又在历史的长河中发挥过什么样的效应,有何局限性,留下了哪些经验教训?这些政治智慧对今天的社会治理有何启示?这是笔者接下来将要探究的问题。

第 一 编

道家治道的产生、形成及其初步践行

春秋战国时期是中国思想文化发展的黄金时期,这个百家争鸣的时代也是道家思想正式形成和发展的重要时期,根据《史记·老子韩非列传》所载,《老子》五千言乃是应关令尹喜之请而作,这似乎颇有几分偶然性,但这一作品的产生却绝非偶然。据《汉书·艺文志》所载,在《老子》之前,属于道家类的作品就有《伊尹》、《太公》等书。植根于前代深厚的文化土壤,《老子》这一恢宏深邃的伟大作品遂破土而出。《老子》的问世,标志着道家学派正式形成。

《老子》的思想分别向南方和北方传播,与各地原有的文化传统相结合,形成了不同风格的道家流派。庄子继承并发展了老子思想,老庄被人们视为先秦时期道家学派的代表。

在群雄逐鹿的战国时期,老子思想被齐国稷下学者发展为注重操作实用的黄老道家,稷下黄老道家的代表作品是《管子》的《白心》、《内业》、《心术》上、《心术》下四篇。黄老道家还包括《文子》、《鹖冠子》、《吕氏春秋》、《淮南子》和马王堆出土的四种古佚书——《经法》、《十六经》、《称》、《道原》等书。

黄老道家在崇尚法家、专制任刑的秦王朝备受冷落,但汉初特定的社会历史文化背景以及人们对秦王朝迅速覆灭历史教训的反思,促使这一学派东山再起,受到为政者的崇尚与推行。黄老道家在汉初政治舞台上初试身手,对于政治稳定和经济复苏发挥着积极作用。汉初黄老之治在中国历史上留下了蔚为壮观的一幕,但黄老道家中隐含的放任和不干涉也导致了地方诸侯势力的膨胀,埋下了某种不稳定的因素。这一切,从正反两方面为后人应用道家的治国之道留下了深刻而宝贵的经验和教训。

第一章 《老子》"无为而治，慈爱宽容"的治理模式

《老子》是道家学派的开山之作，"道"和"德"是《老子》的核心范畴，故又名《道德经》。据联合国教科文组织统计，它是迄今世界上除《圣经》之外被译成外国文字发行量最多的世界文化名著。据 2007 年的统计，《老子》已被译成三十多种文字，有五百多个外文版本。

今天所见的《老子》最早抄本是 1994 年在湖北荆门郭店楚墓中出土的战国竹简本，其次是 1973 年长沙马王堆汉墓出土的西汉帛书本，在历史上流传最广的版本是汉代河上公的注本和曹魏时期王弼的注本。竹简《老子》的篇幅大大少于帛书和通行本，总字数约 1700 字，这似乎说明，《老子》成书之后经历了一个完善和充实的过程。

根据《史记·老子韩非列传》记载，老子姓李氏，名耳，字伯阳，谥曰聃，楚国苦县厉乡曲仁里人，生活于春秋末期，做过周朝的守藏室之史（即执掌典籍之官员），具有博古通今的文化素养。《老子》一书是在继承中国古代巫史文化特别是继承发展《易经》、《尚书》等古代典籍之思想，并吸收各地文化传统的基础上形成的，更是李耳对自然、社会、人生和人的内在生命进行观察、思考和体悟的结晶。其内容涉及哲学、政治、经济、军事、为人处世、医学养生等多个领域，不仅深刻地影响了中国古代的哲人高道、帝王将相乃至平民百姓，书中提出的治国安民之道更是饱含深刻的政治智慧。

一、绝仁弃义,绝巧弃利

《老子》认为,"道"是天地万物和人类的本原,又是贯穿和统领万事万物的规律,"道"的特性是"朴",第三十二章说:"道常无名,朴。虽小,天下莫能臣也。""朴"即未经雕凿的本然状态,也即事物自身所固有的本质和规定性,"道"的朴素性决定了人性的朴素性。道统万物、人性本朴论成为道家治国和修身的共同理论基础。返璞归真,顺道而为是其孜孜以求的理想治理目标。

从人性本朴的理论出发,老子对仁、义、礼、法等现有政治制度和行为规范与淳朴人性的矛盾进行了深刻的反思:"大道废,有仁义;慧智出,有大伪。六亲不和,有孝慈;国家昏乱,有忠臣。"①"失道而后德,失德而后仁,失仁而后义,失义而后礼。夫礼者,忠信之薄而乱之首。"②老子在这里揭示了仁、义、孝德和礼法制度产生的历史过程:随着文明的产生和发展,大道遭到废弃,人的淳朴本性遭到破坏,社会发生混乱,产生邪恶,才需制定仁、义、忠、孝、礼制来制约人们的行为。因此,老子认为,它们不是理想的道德和法律规范,而是大道衰败的结果。这些论述不仅客观反映了封建道德的产生过程,也表达了老子对于道德蜕变、智诈兴起、人与淳朴本性日益相疏离这些社会现实问题的忧虑和批判。

出于这一认识,《老子》提出了独特的主张:"绝仁弃义,民复孝慈;绝巧弃利,盗贼无有。"③对于老子"绝仁弃义"之语,不少人误认为是主张摒弃仁义道德。这其实是浮于表面的简单理解。关于这一问题,《老子想尔注》的作者甚契老子深意,文中对"绝仁弃义,民复孝慈"一语作了如下解读:

> 治国法道,听任天下仁义之人,勿得强赏也。……人为仁义,自当至诚,天自赏之;不至诚者,天自罚之。天察必审于人,皆知尊道畏天,

① 《老子》第十八章,《二十二子》,上海古籍出版社1986年版,第2页。
② 《老子》第三十八章,《二十二子》,上海古籍出版社1986年版,第4页。
③ 《老子》第十九章,《二十二子》,上海古籍出版社1986年版,第2页。

仁义便至诚矣。今王政强赏之,民不复归天。见人可欺,便诈为仁义,欲求禄赏。旁人虽知其邪,交见得官禄,便复慕之,诈为仁义,终不相及也。世人察之不审,故绝之勿赏,民悉自复慈孝矣。①

作者强调,行仁义等善举应当真诚无伪,而只有无所不知的上天才能明察诚伪,进而对于真伪之行履行相应的道德赏罚。而世俗的君主并无分辨真伪的能力,对其"强赏之",则必然导致弄虚作假,形成恶劣的示范效应,导致天下"诈为仁义"的恶性循环。在这里,作者希图通过上天为人间践行真诚之德提供担保的期望虽然难免落空,但他认识到世俗道德赏罚的局限性,强调善行不能混杂虚假,特别是认识到摒除道德虚伪才可望恢复慈孝美德,这是相当深刻的见解。

在老子看来,孝慈等道德应该是真朴之本性的自然流露,只有去除仁义这些强制的、人为的规范才能恢复自然本性。只有否定那种为获仁义之名而"作"出来的"善行",才能恢复真正的"孝慈"。同样,老子看到机巧伪诈、逐利争利所导致的弊端,因此希望通过扼制此类行为以消弭盗贼。而束缚人民的法令越多,对民众的盘剥和摧残益多,民众当然也就越发贫困,它所引起的逆反心理和反抗行为也会日益增多,走投无路、铤而走险,沦为"盗贼"的人随之也会越来越多,故曰:"法令滋章,盗贼多有"、"天下多忌讳而民弥贫"。②

而且,在中国封建社会只有刑法,法律不是约束最高统治者的,而只是对臣下特别是对广大民众实行惩罚的手段,这些束缚越多,人们逃避惩罚的巧诈之举也日益增多。因此,老子对于这些法令制度保持谨慎与贬抑态度,希望对行政长官实现一种有限法制之治,应该说,这些看法是切中时弊的。

更为有意义的是,老子的批判凸显着一种对现有政治制度和伦理规范从更高处着眼的俯瞰和前瞻性思考。他深刻地洞察到仁、义、礼、法在社会实际运作中所产生的道德虚伪等一系列弊端,觉察到文明发展与自然本性之间的矛盾,反对文明的异化,批判宗法礼制和伦理对于人性自然的束缚,

① 饶宗颐:《老子想尔注校证》,上海古籍出版社1991年版,第24页。
② 以上引文均见《老子》第五十七章,《二十二子》,上海古籍出版社1986年版,第6页。

强调尊重个体所固有的本质规定性,力图使人们从宗法等级制度压抑下解脱出来。尽管他未能找到根本解脱的途径,但却启示后人对现实的政治制度、法律和道德进行反思、批判,推动着社会的制度、法律和伦理道德向着更为合理的方向发展和进步。

二、自然无为,万物自宾

在对于仁义礼法制度的伦理批判和对当时的政治治理方式进行道德反思的基础上,老子提出了自然无为的政治治理原则。

众所周知,在"使人不成其为人"的专制制度下,作为统治对象的广大民众是不被尊重的,抹杀和忽略人的不同个性,以宗法等级制度对民众进行强制性统治,这是当时特别是后来的封建统治方式的重要特征。道家对于这一蔑视人的主体价值、压抑人性自然的统治模式作出了深刻的反思,自然无为的政治主张正是针对上述缺乏伦理正义的统治模式而提出的。

由天人同源同构的基本认识出发,在对于自然现象和社会现象的观察中,特别是在自身修炼的实际体验中,老子认识到"自然无为"是"道"的本质特征,人们必须持守和顺应,故无为而治成为其治国之道的基本模式。

老子明确指出:"道常无为而无不为",故高明的为政者在社会治理中持守的是"以辅万物之自然而不敢为"①的原则。在这里,"自然"不是自然界中的具体事物,而是指不加人为强制力量的本然与和谐的理想状态;无为不是无所作为,而是不加人为、自然化生的意思。也就是说,天地万物有其自身的客观规律,有其和谐的秩序,人类不能无视客观规律而主观妄为,而应该努力认识和依循这些规律,保持和促进内在的和谐秩序。因此,为政者不能任意依仗手中的权力发号施令,而应该辅助或帮助天下之人自由自在地生长,发挥各自的优势、长处和特点,这样才能达到"无不为"的效果。

除了从"道常无为"这一本体论的高度阐发"无为"必然性之外,老子又

---

① 《老子》第六十四章,《二十二子》,上海古籍出版社1986年版,第7页。

从政治层面论证了"不可为"的道理。第二十九章说："夫天下，神器也，不可为也，不可执也。为者败之，执者失之。"①

对于"夫天下，神器也"一句的解读，历来意见不一。古棣译为"天下，国家政权"，高亨译为"天下是神圣的器物"，任继愈译为"天下这个怪东西"，张松如译为"这天下是具有神秘性的东西呀"，陈鼓应译为"'天下'是神圣的东西"。董京泉考察诸家意见，特别是联系本章之上下文和《老子》其他章节中"天下"一词的情况进行分析后认为，"天下"，指天下之人。故他认为，此句意为："天下人是神圣的啊！"②笔者认为，董先生这一看法不无道理，但还是有可商榷之处。在历代注家这里，唐玄宗、明太祖和清世祖等人基本上是将"天下"理解为"大宝之位"、"天下国家"。他们对这句话的理解是，"大宝之位"是非常神圣的"神明之器"，故不能"以力取而为之"，"不可以力为也"。作为以武力夺取天下的明太祖和清世祖，他们特别强调"惟天命归而不得已，吾方为之"，"圣人之有天下，非取之也，万物归之耳"，其目的当然是"戒奸乱之臣"③，为自己披上奉天承运、天命所归的神圣外衣。但其中包含的政治伦理意蕴亦不可忽略：在这些话语中，既表现出对国家政权的敬畏，又表达了必须顺应天命而为的谨慎，而在中国传统政治理念中，天命、天意在很大程度上是民意、民心的反映，所谓"天视自我民视，天听自我民听"④。于是，"天下"这一"大宝之位"的神圣性也就延展到了天下之人；而能否"有天下"，其根本不在于以武力"取之"，而在于使"万物归之耳"。这也就意味着，皇权拥有者不能将神圣的"天下"视为一己之私产而任意干涉和控制，正如清世祖福临在此句的注解中所说："其治天下，非为之也，因万物之自然耳。"⑤为政者应高度尊重管理对象，依顺民众之本性

---

① 《老子》第二十九章，王弼本此句为"天下神器"，头无"夫"字，尾无"也"字。古棣《老子校诂》分别根据帛书乙本、帛书甲本、傅奕本等古本校定为"夫天下，神器也"。（参见古棣：《老子校诂》，吉林人民出版社1998年版，第314页）本书从古棣本，下同。

② 参见董京泉：《老子道德经新编》，中国社会科学出版社2008年版，第430、435页。

③ 参见刘韶军：《唐玄宗、宋徽宗、明太祖、清世祖〈老子〉御批点评》，湖南人民出版社1997年版，第194、196页。

④ 《尚书·泰誓》，《十三经注疏》，中华书局1980年版，第181页。

⑤ 刘韶军：《唐玄宗、宋徽宗、明太祖、清世祖〈老子〉御批点评》，湖南人民出版社1997年版，第196页。

而治理,而不可任意强制或驱使。显然,这里体现出一种对于国家权力的敬畏与审慎,体现出一种重视民心所归、因顺万物而治的取向。这与现代民主政治和服务行政理念是有相通之处的。

在充分论证"无为"之合理性的基础上,老子将无为而治的原则应用于政治领域,提出了"圣人处无为之事"的主张。具体来说,就是要因循自然,顺应万物的本性,少去干涉和强制人民,不将统治者的主观意志强加于社会的某些领域,如此便可收到治平天下之功效:"我无为而民自化,我好静而民自正,我无事而民自富,我无欲而民自朴。""道常无为而无不为,侯王若能守之,万物将自化。"①显然,老子无为而治是一种"事少而功多"的节约高效管理方式。之所以如此,个中奥妙就在于因顺了民众的本性和事物的发展规律。

无为而治是与有为政治相对立的治理模式。所谓"有为",即是强作妄为、苛征暴敛、严刑酷法,过多地干涉和强制老百姓。老子认识到,为政者如果违逆自然之道而"有为",则会事与愿违,故有为政治的结果是压而不服、天下多事:"民之难治,以其上之有为,是以难治。"②统治者违背规律、违逆人性的基本要求而肆意妄为,残酷剥削民众,必然致使民不聊生,民众又怎么会甘心俯首帖耳地听从统治呢?当然会要奋起反抗而"难治"了。因此,老子提醒统治者时刻牢记:"明白四达,能无为乎?"③老子的这些论断在秦始皇身上得到了准确的应验。那位横扫六合、雄踞天下的嬴政,不正是因其雄心勃勃、强作妄为而致使秦帝国土崩瓦解的绝妙例证吗?

老子的"无为"是一个蕴含着深刻智慧、具有极大理论弹性和创新空间的范畴,故在理论和实践上对后世产生了深远的影响。

从政治治理的视角来看,无为主要表现为以下多层含义:第一,遵循政治治理的规律,不主观妄为:"以辅万物之自然而不敢为"④,"治大国若烹

---

① 《老子》第三十七章,《二十二子》,上海古籍出版社 1986 年版,第 4 页。
② 《老子》第七十五章,《二十二子》,上海古籍出版社 1986 年版,第 8 页。
③ 《老子》第十章,《二十二子》,上海古籍出版社 1986 年版,第 1 页。
④ 《老子》第六十四章,《二十二子》,上海古籍出版社 1986 年版,第 7 页。

小鲜"①。第二，顺应民众之意愿而为，不把自己的主观意志强加于社会生活："圣人恒无心，以百姓之心为心"②。第三，不恃己功而为："太上，不知有之"，"功成事遂，百姓皆谓我自然"。③　第四，无为的结果是无往而不胜："圣人无为，故无败；无执，故无失"④，"为无为则无不治"⑤。

综合以上几个方面的内容，我们可以看到，无为政治实际上包含两个方面：统治者的"为无为"或"不治"和民众的"自为自治"。陈鼓应先生在《老子注译及评介》一书中，将"为无为、事无事"这段话解释为"以'无为'的态度去作为，以不搅扰的方式去作事"，这是深得老子之旨的。"无为而治"是对社会治理对象"不施加"什么，让他们保持自身的本然状态，自己解放自己，自己管理自己，要求统治者放弃个人的主观成见，遵循事物自身的法则，不要越俎代庖和横加干涉。

无为而治的主旨在于告诫为政者遵道而行、顺应民意，遵循政治治理和经济发展的规律，摒弃自以为是、肆意妄为的专断作风，在制定政策时应十分谨慎，治理大国要如同炒小虾小鱼那样小心，国家再大，也是经不起折腾的，朝令夕改，民众就会无所适从，人心散乱。

在无为而治的原则下，在宗法等级社会中地位卑微的民众凸显出不容忽视的地位：对他们不可随意驱使和强制，而必须顺应他们的自然之性，尊重他们的意愿，给予他们自主地安排自己的空间。它虽然并未明确地表达现代政治治理模式所要求的服务行政理念，但上述主张中包含了值得珍视的现代民主意蕴，特别是"以辅万物之自然而不敢为"等训诫，更是分别向为政者指明了当为和不当为的两个方面的要求。"以辅万物之自然"是要求为政者应当辅助民众发展各自的自然之特性和所怀之才能，担负起让民

---

① 《老子》第六十章，《二十二子》，上海古籍出版社1986年版，第7页。

② 《老子》第四十九章，此句河上公、王弼、傅奕本均作"圣人无常心"，马王堆帛书乙本为"圣人恒无心"。据刘笑敢先生考证，"众多证据显示，古本原作'恒无心'，而不是'无常心'"。（参见刘笑敢：《老子古今》，中国社会科学出版社2008年版，第487页）此句帛书乙本之义长于以上各本，故本书采之。

③ 《老子》第十七章，《二十二子》，上海古籍出版社1986年版，第2页。

④ 《老子》第二十九章，《二十二子》，上海古籍出版社1986年版，第3页。

⑤ 《老子》第三章，《二十二子》，上海古籍出版社1986年版，第1页。

众各遂其生的社会职能;而"不敢为"则是提醒为政者约束主观妄为之心,谨慎为政。在这句言简意赅的名言中,服务行政的诉求已经是呼之欲出了。

身处两千多年前中国古代社会的老子发出如此呼声可谓是极具前瞻性的。

在以自然经济为主并实行封建专制政治制度的中国封建社会,这一治理模式对于保证民众的正常生产活动,缓冲封建专制制度所产生的诸多弊病是有其积极意义的。

正因为如此,"无为"就构成了极为有生命力的内在动力机制:"为无为则无不治。"①如天地自然很好地体现了无为的特性,它生长万物,却不据为己有;作育万物,却不夸耀其能;长养万物,却不主宰它们,故能"不争而善胜,不召而自来"。②

这种治理模式,是对以往政治经验和历史教训的总结,是对封建统治者实行苛政、暴政的抗议,它适应了以自然经济为特点的中国封建社会的发展规律,因而,后世的一些明智之君运用这些原则,曾经在一定的程度上促进了社会的稳定和经济的发展。汉初、唐初、宋初、明初等朝代的统治者实行与民休息、无为而治的政策而走向复兴的历史事实,都充分证明了这一管理原则的积极社会效应。在后面的相关章节,我们将就这方面进行详细论述。

老子无为而治的治理原则,与西方在自由竞争时代一度普遍崇尚的"管事最少,政府最好"的主张有一定的契合之处。在这一主张指导下,政府实行自由放任的政策,基本上不对国民经济进行干预,学术界将其比喻为"守夜警察",用来指称这种"保守型"的政府职能模式。但是,西方资本主义世界在20世纪二三十年代发生了经济大萧条,也暴露了自由放任的保守型政府职能模式的弊病,从而促使人们认识到政府干预经济和社会事务的必要性,导致了西方各国政府对原有政策的全面调整。但我们却不能因此而全盘否定上述保守型的政府职能模式的历史作用,实际上,它是与西方市场经济的不同发展阶段联系在一起的。

---

① 《老子》第三章,《二十二子》,上海古籍出版社1986年版,第1页。
② 《老子》第七十三章,《二十二子》,上海古籍出版社1986年版,第8页。

老子的无为而治思想更与西方当代新的管理理论相通。改变控制型的管理,而代之以自主管理、服务行政,这已经日益成为 20 世纪后半期以来管理学理论的发展趋势。美国的肯尼思·克洛克等管理学家经过 30 年时间在一百多个组织进行调研,这些组织包括世界 500 强企业、政府部门、非政府组织,研究结果在 21 世纪初出版,书中举大量案例论证自我管理的功效。书中指出,在自我管理的模式下,员工生活在合作与民主的氛围中,因此具有更多的责任感、独立性,"它们改善了交流,提高了士气。它们导致了创造性、所有权、忠诚和管理者一向注重的其他行为"①。

从现代管理学的视角来看,无为而治是一种充分相信被管理者、尊重被管理者的人性和心理需求的弹性管理,它注重顺应民心,根据人的特性而进行管理,与现代管理学的一些原则不谋而合。根据马斯洛关于人的需要的理论,人不仅有生理需要、安全需要等低层需要,而且有归宿需要、自尊需要和自我实现的需要。因此,在实施管理的过程中,管理者不应事必躬亲,也不能一味依靠行政强制手段,对下属实行管、卡、压,而必须考虑到被管理者的自尊需要、自我实现需要等高层次需要,实行弹性管理或自主管理,给予被管理者一定的自主权和活动空间,以调动他们的积极性,发挥其主观能动性和创造精神,才能更好地促进管理目标的实现。

老子无为而治的深邃意义还可以从哈耶克(F.A.Hayek)的"自发社会秩序"理论体系中得到某种体现。哈耶克曾被西方学界公认为"赢得了在经济学界自亚当·斯密以来最受人尊重的道德哲学家和政治经济学家的至高无上的地位","自发社会秩序"(在其晚年演变而成"扩展秩序")理论是他一生经济社会思想的主干或轴心。哈耶克认为:"在贯彻保护公认的个人私生活领域的公正行为普遍原则的情况下,十分复杂的人类行为会自发地形成秩序,这是特意的安排永远做不到的。"这种自发的秩序"可以用于和帮助人们追求形形色色不同甚至相互冲突的个人目标"②,各不相同的社会成员可以相互补充而达到某种理想的状况。而政府任何的有为或对社会

①　肯尼思·克洛克、琼·戈德史密斯:《管理的终结》,中信出版社 2004 年版,第 43 页。
②　以上引文均见哈耶克:《自由社会的秩序原理》,《哈耶克文选》,凤凰出版传媒集团、江苏人民出版社 2010 年版,第 344—345 页。

的干预只会导致对正常自发秩序的破坏,会引起利益之间分配的不平衡。据韦森先生的研究,哈耶克的理论与老子无为而治主张有密切联系。他不仅从苏格兰道德哲学家、英国古典经济学家和康德、门格尔、米塞斯等西方思想家那里吸取了营养,又受到中国的老子和孔子的影响。据韦森先生所言,哈耶克1966年9月在 Mont Pelerin Society 东京会议上作《自由主义社会秩序诸原则》的讲演中谈到自发社会秩序理论时曾反问道:"难道这一切不同于《老子》第五十七章的诗句:'我无为也,而民自化,我好静,而民自正'?"哈耶克坦言,《老子》的这句话,"代表了他整个深邃繁复的'自发社会秩序'理论的精髓"[1]。可见,老子无为思想对哈耶克理论的深刻影响。

结合新中国成立以来我们在经济建设和政治生活中的种种经验教训特别是改革开放的诸多成功经验,我们更可对老子无为而治的主张有切肤之感受。那些在政治、经济等领域中种种主观妄为的瞎指挥曾经给祖国和人民造成多么深重的灾难!!改革开放以来,我们在经济改革中的成就特别是农村改革的巨大成功,恰恰又证明了老子无为而治、顺应自然等治国主张穿越时空的生命力。我们也看到,为中国改革事业创建头功的农村土地承包责任制并非经济学家或政府领导者的刻意设计,而是那些紧贴黄土地的基层干部顶着巨大政治压力从生产实践中总结出来、合乎农业生产经济规律的自然而恰当的制度。

减少政府干预,从上到下地在政策上保持社会稳定,这是广大民众的心声。因此,胡锦涛总书记在纪念改革开放三十周年大会的讲话中"不折腾"的提法引起了民众的普遍响应,这句朴素而形象的话语是对以往那些主观妄为、争斗内耗等"折腾"做法的反省,体现出深邃的政治智慧。将先贤的治国智慧与当代中国的社会实践相结合,有助于我们从思想文化的高度来深刻认识和贯彻以人为本、顺应民心、安定团结等治国理念。

当然,产生于中国古代社会的无为而治这一治理模式亦有其局限性。

---

[1] 韦森:《哈耶克的"自发社会秩序"理论与中国经济改革的思路选择》,复旦大学经济学院《经济学工作论文》2000年第1期。

例如，它缺乏明晰的操作程序，其内涵较为模糊，需要很高的政治智慧才能恰当地把握。因此，在实际的动作过程中，它也就存在着被曲解或误解的可能性，在某些历史时期的政治实践中，它也曾产生过一些弊端，如汉代文帝、景帝时，由于在政治和经济上过于放任自流，就导致了诸侯王势力的膨胀，最终酿成社会的政治动荡局面。这是值得我们认真总结的。

三、守朴去智，寡欲不争

为政者所应具备的道德素质是道家治道所探讨的另一重要内容。为了保证政治行政管理活动的正常运转，维持政治行政管理活动的参与者之间，即君臣之间、君民之间、官民之间、各个行政部门之间合理、和谐的关系，实现善政，老子提出了一系列伦理道德要求，而且，这些道德要求主要针对高层管理者而发，以下择其要者述之：

（一）守朴去智

真朴去智是老子所提出的道德素质要求的核心内容，《老子》倡导"绝圣去智"、"见素抱朴"①、"复归于朴"②、"镇之以无名之朴"③、"大丈夫处其厚，不居其薄；处其实，不居其华"④。守朴去智这一道德要求首先是针对执政者而言的，老子虽然主张"常使民无知无欲，使夫智者不敢为也"⑤，"古之善为道者，非以明民，将以愚之"⑥。以往不少学者据此认为老子提倡愚民政策。其实，老子是因为看到了百姓的淳朴天性被世间的"难得之货"、物质欲望、奸邪之智所破坏，因此"难治"，故提出"使民无知无欲"。这实际上是提醒为政者注意避免声色、智诈等因素污染民众的淳朴之性，力图

---

① 《老子》第十九章，《二十二子》，上海古籍出版社 1986 年版，第 2 页。
② 《老子》第二十八章，《二十二子》，上海古籍出版社 1986 年版，第 3 页。
③ 《老子》第三十七章，《二十二子》，上海古籍出版社 1986 年版，第 4 页。
④ 《老子》第三十八章，《二十二子》，上海古籍出版社 1986 年版，第 4 页。
⑤ 《老子》第三章，《二十二子》，上海古籍出版社 1986 年版，第 1 页。
⑥ 《老子》第六十五章，《二十二子》，上海古籍出版社 1986 年版，第 7 页。

减损私欲滥行,制止贪婪诈伪之风,使民俗返璞归真。更需要指出的是,老子其实更主张"愚君",他提出"使民无知无欲",是以君主去智少私为前提的,守愚去智主要是针对君主而言的。他曾非常明白地指出:"故以智治国,国之贼;不以智治国,国之福。"①这里所说的"智",乃是智诈之"智";而"不以智",乃是"质朴"之意,实为大智若愚之"愚"。这里非常清楚地表达了这样的思想:以智诈权谋治国是戕害天下之独夫民贼,而不玩弄智诈,持守诚信的为政者才能造福于国家。

守朴弃智对于一个大权在握的君主来说实在是非常重要。因为至高无上的权力可以让人利令智昏、自我膨胀、自以为是,从而误以为自己智慧过人,可以无往而不胜。这就常常让君主忘乎所以、肆意妄为,从而给政治治理带来无穷的灾难。另一方面,手握大权的君主往往害怕失去权力,故不惜以一切阴谋诡计来维护自己的权力,垄断公共权力。为了达到这一目的,玩弄智诈,以权术驭下,就成为他们惯用的伎俩。而君主以智诈之心对付臣下,臣下当然亦以智诈之心应付君主;君主以智诈之术防民治民,民众当然亦以智巧之术应对防避。这正是《老子》文中所揭示的:"其政闷闷,其民淳淳;其政察察,其民缺缺。"②统治者以何种政治手段御众,将直接影响社会的风俗和民众的道德,在政治生活中严苛逞智,只会令民众机巧狡诈以应之,造成君臣上下彼此猜疑,尔虞我诈,奸伪日甚。如此治国,不正是国之大贼大灾吗?

相反,"不以智治国"就是要以真朴之心对待属下,保持君臣之间、君民之间以诚相待、推诚布公的和谐关系。这是建立在对于人性的高度信任和尊重的基础之上的,是最能够赢得人心的政治智慧,管理者宽厚淳朴,民众必能品德淳厚。唯其如此,才可能最大限度地激发臣民为国效力的内在积极性,为政者能够这样做,当然是"国之福"了。这种提倡在政治行政事务中持守诚朴之德,反对统治者以权谋智诈的主张与当代社会要求政府诚信,提高社会治理的透明度等诉求是不谋而合的。

---

① 《老子》第六十五章,《二十二子》,上海古籍出版社 1986 年版,第 7 页。
② 《老子》第五十八章,《二十二子》,上海古籍出版社 1986 年版,第 7 页。

（二）崇 俭 寡 欲

俭啬是老子所倡"三宝"的另一要素，"俭，故能广"①，统治者持守俭德，才能富国强兵，民众地广。《老子》将俭奉为治国和养生的根本法则："治人事天莫若啬。夫为啬，是以早服。早服谓之重积德；重积德则无不克，无不克则莫知其极；莫知其极，可以有国；有国之母，可以长久。是谓深根固柢，长生久视之道。"②治人即统治百姓，事天即奉养天赋之身心。而所谓"啬"，则是指俭约不奢、爱惜财物，节制过分的物质享受欲望。在老子看来，俭约不奢既是为政之德亦是全生之道，持守俭啬之德，就能在灾祸来临之前及早服从于道，而及早服从于道就是厚积德。如此，则能战无不胜，就能掌握国家政权。懂得了这一道理，以之治国则可长治久安，用于治身则可生命长存。需要指出的是，道家所主张的"寡欲"，不是不加区别地减省一切欲望。人的欲望是多种多样的，其中有着高下善恶的区别，培根就曾充分肯定人的"促进和完善其本质的欲望"以及"把它扩展到他物之上的欲望"，认为这是一种"积极的善"。老子所要减省的欲望不是这类"积极的善"，他力图体悟大道的人生追求也正是一种"促进和完善其本质的欲望"，他要减省的主要是过度的感官享乐欲望或财富名位等个人私欲。

《老子》认为，能否俭啬寡欲将直接影响着人的道德行为，影响到个人美德和社会公德。文中说："难得之货，令人行妨"③，追求稀世珍宝等奢侈之物将导致人们为追求物欲的满足而行为败伤，此风蔓延，竞相争奢斗富，必将败坏整个社会伦理道德风俗。

为了强调崇俭抑奢思想的重要性，老子使用了偏激的言语，《老子》第十二章说："五色令人目盲，五音令人耳聋，五味令人口爽，驰骋畋猎，令人心发狂。"当然，这里完全否认感官享受，固然有失偏颇，但也不是没有道理。过分追求色彩的享受，视觉器官长期受到绚丽色彩的刺激，必致视力减退；整日追求美味佳肴，必定导致食欲减退；经常纵情于骑马游猎，当然将心

---

① 《老子》第六十七章，《二十二子》，上海古籍出版社1986年版，第8页。
② 《老子》第五十九章，《二十二子》，上海古籍出版社1986年版，第7页。
③ 《老子》第十二章，《二十二子》，上海古籍出版社1986年版，第2页。

神不宁。人的生理需要有限,而物质欲望无穷,对于一般臣民来说,不注意道德修养,听任物质欲望无限地膨胀,必然自招痛苦。而为了满足个人的贪欲,则又常常使得一些人利令智昏,不择手段,其结果必然是受到各种惩罚,给自己招来祸灾。对于最高统治者来说,骄奢淫逸将大大地激化社会矛盾,导致丧身败国。因此,老子上述一系列警语又是极其深刻的。

老子俭啬寡欲的主张是基于中国古代社会实际状况而提出来的。经济学原理告诉我们,生产和消费必须保持适当的比例,才能保证社会经济的正常发展。而在中国古代社会中,生产力水平是较低下的,社会财富也是有限的,统治者为了满足自己的奢欲,必定伤害或遏制大部分人的基本生存欲望的满足,统治者对财富的贪婪聚敛,必然造成大部分人的贫困和饥寒。对此,老子早有明确的认识,《老子》第七十五章说:"民之饥者,以其上食税之多也,是以饥。"这里的"食税"泛指徭役和赋税等负担,徭役和赋税太多的原因主要来自于统治者的奢欲,而在生产品有限的情况下,赋税过重无疑将直接影响民众的基本生活;大兴土木或贪得无厌地追求奢侈品,必然要征调劳力,加重人民的徭役负担,严重地妨碍劳动人民的正常生产和生存,"奉己害民,伤财敛怨",引起民众的不满和社会的动荡。

同时,在中国古代的礼法制度下,等级森严、尊卑有序、法网严密,人们的衣食住行是不能随意选择的。无论是宅第器物,还是车马服饰,均有一套严格的规定,这些规定与政治地位的尊卑贵贱紧密相连,是不能逾越的。生活上的奢侈腐败则必将骄恣忘形,必将在宅第器服等方面铺张炫耀,犯禁逾制,从而对既定的等级制度和社会政治秩序构成冲击和破坏,故封建统治者必然要对这种冲击和破坏进行救治并采取警示、防范举措。自汉代以来,侯王子弟骄恣纵欲者多被灭身丧族、削邑夺地的诸多事实,正是体现了这种救治和防范。

对此,老子有着深刻的认识,他不仅总结这些"富贵而骄,自遗其咎"的教训,而且警告世人:"祸莫大于不知足,咎莫大于欲得。"①这里的"不知足"、"欲得"均指对财富、权势的贪得无厌,受这种贪欲支配的人,往往事与

① 《老子》第四十六章,《二十二子》,上海古籍出版社1986年版,第5页。

愿违,反招祸咎。故《老子》中又明确地指出:"甚爱必大费,多藏必厚亡。"①这些思想是对商周以来节俭主张的重要发展。他运用矛盾对立面相互转化的辩证观点,深刻阐明了过分的物质欲望对国家治理和个体自身安全的危害。可见,能否持俭去奢就不仅关乎个体而属于一种个人美德,更是一种直接关联着王朝盛衰兴亡的社会政治伦理规范。值得指出的是,道家倡导崇俭抑奢,首先是针对统治者而提出的道德要求,强调从最高统治者自身做起的积极社会意义:"我好静而民自正……我无欲而民自朴。"②很明显,这里所说的"我",指的是统治者,即强调统治者必须以身作则,寡欲、崇俭抑奢,为天下民众作出典范,如此,百姓则自然崇尚淳朴,俭约不奢。

《老子》认识到道德范例对于民众的教育作用,将崇俭抑奢的道德要求落实在君主身上,这是很有眼光也是很有实际意义的。因为对于专制君主来说,至高无上的权力为他们恣情纵欲提供了足够的条件。在这种情况下,如果不注意以俭约寡欲的原则约束自己,而一味奢侈挥霍、享乐无度,往往造成财富的生产与消耗之间不平衡的加剧,必然导致天怨人怒、身国败覆、家财尽丧。同时,在中国封建社会中,君主不仅是社会财富的主要占有者和支配者,而且是广大臣民心目中至高无上的偶像。根据社会学理论,人们一般皆有崇尚与服从权威的心理倾向,故最高统治者的奢侈必然对全社会形成极恶劣的影响,导致奢靡之风的盛行,败坏社会风气,激化阶级矛盾,导致天怨人怒,丧身败国。因此,最高统治者若能躬行节俭,抑奢寡欲,一方面能够较为适度地使用社会财富,较为合理地支配生产社会财富的劳动者;另一方面,更能为天下的臣民树立良好的道德标范,发挥上行下效的价值导向作用,促进民风的纯正和社会优序良俗的形成。

(三) 不 争 处 下

由因循自然、顺应民心等基本理念出发,老子又将"不敢为天下先"奉为"三宝"的内容之一,提出了"不敢为天下先,故能成器长"的判断。对于"三

---

① 《老子》第四十四章,《二十二子》,上海古籍出版社1986年版,第5页。
② 《老子》第五十七章,《二十二子》,上海古籍出版社1986年版,第6页。

宝"之一的"不敢为天下先"这一主张,人们往往断章取义,将其理解为不思进取、不求上进、不敢创新,甚至还被一些懦夫、懒汉利用为甘居落后的借口。

在这里,我们要重点对"不敢为天下先"这一主张进行辨析,因为世人对它的误解太深太深! 不少人将其视为甘居落后、不思进取的同义语。当然,在社会实践中,也许的确有人以它作为为不思进取的借口,但老子此语的本意却绝非消极之意,因为接下来老子就说"不敢为天下先,故能成器长"。显然,"不敢为天下先"不是最终目的,达到"成器长"即成为合格的管理者才是真正目的。

可见,只要全面地理解这段话语,就不难看出,老子在此乃是告诫统治者,要顺应民心和规律而动,才有资格或者才能成为一个成功的行政长官——"成器长"。对此,韩非子的理解倒是深得其奥,《韩非子·解老》中说:"万物莫不有规矩,议言之士,计会规矩也。圣人尽随于万物之规矩,故曰:'不敢为天下先'。不敢为天下先,则事无不事,功无不功,而议必盖世,欲无处大官,其可得乎? 处大官之谓为成事长。是以故曰:'不敢为天下先,故能为成事长。'"

《韩非子》"故能为成事长"这句虽与《老子》通行本"故能成器长"稍有不同,但大意却相差无几。意为不敢为天下先才能成为处理政事的首长。意在告诫行政长官在治理天下时,要遵循万物的"规矩",而不要以领路者自居,自作聪明地指挥众人。因为官长个人的智慧是有限的,瞎指挥的结果往往会适得其反,而让天下之人自己去安排和处理事务,才能够集众人之经验教训而探索出成功的治理方法,成就大业。

因此,从管理的视角来说,"不敢为天下先"这一原则是告诫统治者不要自以为是、好为人师,而是要放手让民众进行社会实践,从中探索、总结经验。在这方面,《庄子·天地》中"毕见其情事而行其所为"之语可谓是对上述原则的一个注脚。而唐代高道成玄英在疏解《庄子》此语时说的一段话,更是较为贴切地阐发了这一意蕴,文中说:"治之者莫先任物,必须睹见其情事而察其所为,然后顺物而行,则无不当也。"①这就是说,管理者不要事

---

① 成玄英:《庄子疏·天地》,载郭庆藩:《庄子集释》,中华书局1961年版,第440—441页。

先轻率地作出判断或决策。在作出判断、决策或行动之前,先要对客观事物进行充分的观察、调查研究,"然后顺物而行"。这些阐释对于我们正确地理解"不敢为天下先"的管理智慧都是很有启发的。

老子在发出"不敢为天下先"的告诫之后,又向为政者发出了振聋发聩的警示:"今舍后且先,死矣!"这就是说,为政者如果不能广泛地听取下属和群众的意见,一味地争先好胜,主观武断地瞎指挥,就十分危险,等待着他的将是死路一条!

这些警示对当代管理者可谓是金玉良言。一些严酷的现实教训告诉人们,为政者主观武断地瞎指挥,争先好胜,追求所谓天下第一、世界之最,这不止是劳民伤财,更是十分非常危险的。例如,2010 年 7 月 23 日,世界最长、最快的京沪高铁就经历了惊心动魄的撞车事件。盲目追求"快"、"先"、"最",一旦过头,就可能变成祸国殃民之"罪"! 现在铁路部门降低了高铁的速度,表现出中国有关部门的决策者应有的"不敢为天下先"的谨慎和理性。

"不敢为天下先"还可以理解为一种谦下纳言的政治美德。《老子》认识到,处于高位、尊位的统治者"自我"意识强,容易产生自我中心、自以为是,唯我独尊等不良心态,故对于强者、贵者来说,持守虚己谦下,处柔守弱之德更为重要。《老子》将谦下作为一条重要的管理原则,特别强调谦下之德对于统治者的意义,文中强调:"善用人者为之下"①,"贵以贱为本,高以下为基"②,"圣人欲上民,必以言下之;欲先民,必以身后之"③。善于用人的统治者是礼贤下士、善于听取属下的意见、谦下不骄的,而独尊、独断则是非常有害的。他告诫人们"不自见,故明;不自是,故彰"④。看事情不专靠自己的眼睛,所以才能看得明白;不自以为是,所以才能明断是非。守虚戒盈,甘处柔弱,才能保持常德,立于不败之地;不固执己见,不自以为是,才能够明察事物。

---

① 《老子》第六十八章,《二十二子》,上海古籍出版社 1986 年版,第 8 页。
② 《老子》第三十九章,《二十二子》,上海古籍出版社 1986 年版,第 5 页。
③ 《老子》第六十六章,《二十二子》,上海古籍出版社 1986 年版,第 7 页。
④ 《老子》第二十二章,《二十二子》,上海古籍出版社 1986 年版,第 3 页。

　　老子认为,管理者除了要怀有"不敢为天下先"的警惧之心外,还要有"为而不争"的胸怀。老子认为,"为而不争"是天地之道的重要特性,它"生而不有,为而不恃,长而不宰"①。它生长万物,却不据为己有;作育万物,却不夸耀其能;长养万物却不主宰它们。圣人体察了这一道理,故仿而效之,"不自生"、"后其身"、"外其身",谦虚退让不争,把自己的利害得失置之度外,结果反倒"后其身而身先"②。在这里,作者推崇的是"生而不有,为而不恃"等无私的品质,强调政治主体应该真诚地践履"不自生"、"后其身"、"不争"的行为原则,谦下待人、无私不争、不恃己功,这样才能使行为客体由衷地产生崇敬、心悦诚服等心理,自然而然地拥护和推戴为政者。"后其身"、"外其身"是主观动机,"身先"、"身存"是客观效应。正如明代薛蕙在其《老子集解》中所说:"夫圣人之无私,初非有欲成其私之心也。然而私以之成,此自然之道耳。"因此,它与伪君子或阴谋家所奉行的明让暗争、假让以争利徇私等虚伪之举是有本质区别的。

　　老子"后其身"、"不争"、"为之下"等管理主张被现代西方管理学家视为"民主型组织中的领导者"所具有的品质。美国管理学家肯尼思·克洛克就在《管理的终结》一书中说:"民主型组织中的领导者还必须能够接受和允许别人领导自己,就如中国大哲学家老子数千年前说的那样:'如欲先之,必先后之。'"③显然,这句话的原型就是《老子》的"后其身而身先"。的确,这种处后不争、谦虚纳言的管理风范正是现代民主管理所需要的,继承和弘扬老子的这些智慧,就能更好地集思广益,激发员工为组织的发展贡献自己的智慧与力量。

四、慈爱宽容,损余补阙

　　"慈"是老子所信守的为人处世的"三宝"之首,亦是他倡导的重要政治

---

① 《老子》第十章,《二十二子》,上海古籍出版社 1986 年版,第 1 页。
② 《老子》第七章,《二十二子》,上海古籍出版社 1986 年版,第 1 页。
③ 肯尼思·克洛克、琼·戈德史密斯:《管理的终结》,中信出版社 2004 年版,第 156 页。

伦理智慧。

老子所倡导的"慈"与儒家所追求的"仁"是两个相近却又有所区别的概念。儒家的仁是以血缘关系为基础的，它"自爱亲始"，按照"亲亲"的次序推衍开来。而老子所倡导的慈则是一种不分亲疏的普遍之大爱，《老子》第五章说："天地不仁，以万物为刍狗；圣人不仁，以百姓为刍狗。"在这里，我们可以体会到，老子对儒家所提倡的"仁"是有所保留的。因为儒家的"仁"是"亲亲为大"、"自爱亲始"，是有亲疏之分别的。而老子要强调的是，天地平等对待天下万物，没有丝毫亲疏之别；圣人也不会由于血缘关系的亲疏而对社会成员有任何的区别，他平等地对待每一个百姓，无所偏爱，无所袒护。可见，"慈"体现了一种尊重民众、关心民众、爱护民众的人道主义精神，表达了一种无偏私、无彼此的普遍之爱。

在这里，不仅涉及政治伦理学中所讨论的关于法律、制度和设置的仁慈性问题，同时也将仁慈视为政治主体的个人美德。《老子》认识到这种无所偏私的"慈"对于政治活动将产生重要的意义，第六十七章说："慈，故能勇。"君主具有慈爱之心，士卒才能勇敢抵御敌人，保卫国家。

与慈爱民众的信条相联系，老子还要求管理者收敛自己的主观欲求，而顺应和尊重广大民众意愿："圣人恒无心，以百姓之心为心"。这些思想对于各级领导者依然具有启示意义，"以百姓之心为心"要求管理者想民众之所想，急民众之所急，也正是温家宝总理所推崇的"民之所忧，我之所思；民之所思，我之所行"①这一格言的精髓，更与中国共产党所提出的"代表最广大人民群众的利益"这一要求有相当大的一致性。习近平总书记强调，应当"始终与人民心连心、同呼吸、共命运"。党的群众路线教育实践活动强调"为民"，集中解决群众深恶痛绝的形式主义、官僚主义、享乐主义和奢靡之风"四风"问题，正是对《老子》"以百姓心为心"等主张在当代的发展和践行。

在现代中国社会中，政府官员具有为民、仁慈的美德对于保持社会的稳定和发展更是十分重要的。在文明程度日趋进步的今天，在对待民众或处

---

① 转引自王石川：《有感于温总理"民之所忧，我之所思"》，人民网 2008 年 3 月 19 日。

理群体事件时,相关的政府官员如果能够怀有充分的体谅、尊重、关心和爱护民众的慈爱之心,就会尽量选择对话、沟通、谈判、调解等柔性解决方式,这往往比简单地运用强制手段更为明智,从长远来看,它所付出的成本更小,所产生的负面效应也更少。对民众动用高压手段,往往不仅难以有效地解决问题,反而还可能激化矛盾,两败俱伤。在这方面,老子早有警言:"民不畏死,奈何以死惧之?"可喜的是,老子的这些思想主张在当代管理者这里得到了越来越多的回应。

在2009年2月2日国务院新闻办公室召开的新闻背景吹风会上,中央农村工作领导小组办公室负责人在谈到保持农业稳定发展等情况时说:"一旦如果发生了突发性的群体事件,各级领导干部一定要到第一线,直接到群众中去面对面地做解释和说服工作,不能领导干部躲着不出来,就让公安部门、警察到第一线去,这样容易激化矛盾。除了发生打砸抢烧这些不幸的情况之外,原则上不能动用警力,应该由党委的各级干部到第一线去做好群众工作,化解矛盾。"①这一解决群体事件的思路较之原来一些地方动用警力的做法是一个重要的进步,具有非常重要的现实意义。要在社会实践中更好地实施这一明智举措,还需要从思想文化的层面培养慈爱的品德,而吸收老子慈民爱众之主张,将有助于相关人员在处理突发事件或执行公务时有一分发自于内的仁民、爱民之心。

要在政治治理中落实慈爱之德,还需要及时处理民众的实际问题,及时化解冲突和矛盾,《老子》防患于未然的思想也是值得记取的。文中强调说,事物的发展变化呈现出由微而著的过程,因此,管理者要注意防微杜渐,将问题处理在萌芽状态之时:"其安易持,其未兆易谋。其脆易泮,其微易散。为之于未有,治之于未乱。"②要在事情发生之前及时化解矛盾,及时防范可能发生冲突的问题,知微见著,未雨绸缪,防患于未然。这一主张亦对今天的社会治理有重要启示。中央政法委一位领导曾在《当前基层社会管理的形式和任务》的报告中谈到群众上访问题时提醒基层干部说:"不要等

---

① 参见中国网2009年2月2日的报道。
② 《老子》第六十四章,《二十二子》,上海古籍出版社1986年版,第7页。

到了省市甚至北京再花更大力气解决;对于伤害群众利益的行为,要及时纠错补偿,不要等闹大了再被动应对。"①这一看法正是老子防患于未然、保护民众利益等思想的现代诠释。

与慈爱密切相联系的思想是宽容不苛的博大胸怀。老子看到,善恶、有无、难易、长短、高下、前后等对立面皆存在着相互依存、相互转化的关系。他指出:"天下皆知美之为美,斯恶矣;皆知善之为善,斯不善已。故有无相生,难易相成,长短相较,高下相倾,音声相和,前后相随。"②对立事物之间的相互依存、相互联系、相互转化是事物发展变化的普遍规律,执著于一端、非此即彼的态度是不明智的。因此,高明的圣人不会偏颇地执其一端,排斥另一端,而采取"和其光,同其尘"、"善者吾善之,不善者吾亦善之"③的原则,包容不苛,兼收并蓄。由这一辩证智慧出发,老子要求为政者要善于以宽容仁慈的态度来对待民众,《老子》第二十七章说:"是以圣人常善救人,故无弃人。常善救物,故无弃物。是谓袭明。故善人者不善人之师,不善人者善人之资。"有一颗不弃不离的仁慈之心、包容之心,才能更好地挽救那些有缺点、有过失甚至有严重错误的人,才能真正化解人们心灵深处的郁结,创建一个人尽其才、物尽其用的和谐社会。

面对全球动荡不安、冲突加剧、战争升级的局势,道学"善者善之,不善者亦善之"、"和光同尘"、"以柔克刚"等政治智慧更是具有国际意义的救世良方。

在这一问题上,瑞士著名的心理学家荣格早有深刻的认识,他赞赏老子"有着与众不同的洞察力"④,高度推崇道学中"包容各极的意识",并吸收这些对立统一的辩证智慧以批判西方非此即彼的"错误观念"。他强调,阴暗与光明、善与恶等对立面并非绝对对立,"阴暗是光明的一部分,正和恶与善之关系的道理是一样的,而且其逆亦真。因此,我愿不顾众人的惊愕,

---

① 《中央政法委高官谈社会管理:不要等闹大了再被动应对》,《北京青年报》2011 年 6 月 7 日。

② 《老子》第二章,《二十二子》,上海古籍出版社 1986 年版,第 1 页。

③ 《老子》第四十九章,《二十二子》,上海古籍出版社 1986 年版,第 6 页。

④ 荣格:《荣格自传》,刘国彬、杨德友译,国际文化出版公司 2005 年版,第 338 页。

毫不迟疑地暴露我们西方思想的错幻和渺小"①。荣格及其后学深刻而敏锐地指出,基督教文化中的善恶对立、压制人格阴影等偏颇是引起世界冲突和战争的思想根源,他们从道学智慧中看到了解决冲突的希望。

源自西方的荣格学派从自身的文化来反省冲突和战争根源,这种态度值得尊敬并启迪人类警醒和深思。中国学者更应努力地吸收荣格心理学等现代西方理论,对道学思想进行综合创新,向世界输出中华民族的"和谐"、"包容"等价值观,促进人类更为理性地对待人格结构中原本存在的阴影,促使更多的管理者改变在政治活动中那种主观妄为、非此即彼、两端对立的单极思维模式,放弃以往一些简单片面或唯我独尊、唯我独善的错误认识。如此,或有可能独辟蹊径,找到缓解人际、族际、国际、教际的矛盾和仇恨的新路,促进不同文化和各种组织之间的宽容与理解,这对于推进世界和平,增进全人类的福祉更是有着不可低估的意义。

由上述慈爱无偏的政治主张以及贵和有度的思想,又引申出了《老子》关于社会分配原则的思考。老子认为,"天之道"和谐适中,非常公平而无任何偏私,调控维持着事物的动态平衡,均匀地将自己的雨露洒向人间,哺育众生:"天地相合,以降甘露,民莫之令而自均。"②如果出现了不平均的现象,天道就将加以损益:"天之道,损有余而补不足。"③老子从社会现实中看到,与"天之道"相反,"人之道"却是"损不足以奉有余",剥夺不足者以供奉有余者。老子认为,这是极不合理的,他主张人类社会也应该效法损余补阙的"天之道",但只有那些"有道者",才能效法天道,将有余的财产供给不足者。④

由损余补阙的主张出发,老子告诫统治者不要处心积虑地积聚财富,他说:"金玉满堂,莫之能守"⑤;"难得之货,令人行妨"⑥。他指出,圣人不会

---

① 荣格:《现代灵魂的自我拯救》,黄奇铭译,工人出版社1987年版,第74页。
② 《老子》第三十二章,《二十二子》,上海古籍出版社1986年版,第4页。
③ 《老子》第七十七章,《二十二子》,上海古籍出版社1986年版,第8页。
④ 《老子》第七十七章,《二十二子》,上海古籍出版社1986年版,第8页。
⑤ 《老子》第九章,《二十二子》,上海古籍出版社1986年版,第1页。
⑥ 《老子》第十二章,《二十二子》,上海古籍出版社1986年版,第2页。

汲汲于追求私人财货:"圣人欲不欲,不贵难得之货。"①他们所欲求的只是别人所不欲追求的,而不看重那些难得的稀世珍宝。正由于圣人不聚私财,乐于以自己的财物施予他人,乐于帮助他人,因而就能使自己在精神上愈充实富有,在道德上愈完善,正所谓"圣人不积,既以为人己愈有,既以与人己愈多"②。

老子所向往的损余补阙的分配主张,抨击了搜括民财、头会箕敛的剥削者,深刻地反映了中国社会广大下层民众要求实现财产平均、改变贫富两极分化状况的美好理想,故其在后世的农民运动中得到继承和发展。

老子从自然界的自发和谐秩序中体会到平衡适度的重要性,进而将其引申到人类社会,以图论证人类社会中贫富两极分化的不合理性和危害性,试图说服为政者效法公正不偏的"天之道",损余补阙,自觉地调控社会的分配制度,使之尽可能地维持一个较为公正的状态。老子这里虽然只是从哲学的高度对于社会分配原则的公正性提出了设想,而未能从制度设计上进行思考,但这在缺乏分配正义的中国古代社会中已是十分难能可贵了。因为即使到了20世纪被誉为"人本心理学之父"的美国著名心理学家马斯洛也仍然还在设想能够有一种"财富分布的引流系统",即社会财富倾向于分布开,像经过虹吸管那样从高处引流到低处。它总是以某种方式由富足流向贫穷,而不是由贫穷流向富有。这是马斯洛所设想的良好社会——"高协同社会"中的经济制度,它与老子损余补阙的主张其实是不谋而合的。而实际上,这种"财富分布的引流系统"在很大程度上也仍旧是一种设想而未能完全落实为某种制度安排。

老子损余补阙的主张对于今天的中国更是具有启示意义。中国贫富两极分化现象已经到了相当严重的程度,据有关部门的统计,中国的基尼系数已经超过警戒水平,这不能不引起有关部门的重视。重温《老子》"损有余而补不足"的智慧,有助于从思想观念的高度上提高认识,加强宏观调控,制定更为公平正义的分配制度,缩小贫富差距,从根源上为社会的稳定与和谐提供保证。

① 《老子》第六十四章,《二十二子》,上海古籍出版社1986年版,第7页。
② 《老子》第八十一章,《二十二子》,上海古籍出版社1986年版,第9页。

第二章 《黄帝四经》"抱道执度，
刚柔相成"的治政方略

　　《黄帝四经》指 1973 年在长沙马王堆三号汉墓出土的《经法》、《十六经》、《称》、《道原》等四种古佚书。墓主人将其抄于《道德经》之前,可知该书是当时地位相当重要的黄学著作。据唐兰、余明光、陈鼓应等学者考证,它们即是《汉书·艺文志》中所载《黄帝四经》四篇,约成书于战国中期。唐兰先生还考证,《黄帝四经》大量地吸取了越国道家人物范蠡的思想,王博进而指出,该书中蚩尤的负面形象与齐人奉其为功臣的传说不合,故不可能是齐人的作品而与淮南之地和楚文化有着联系(淮南在战国早中期属越国,而越国后又并入楚国)。我们同意以上诸位的观点,认为《黄帝四经》是产生于战国中期楚文化圈内的作品,是早期黄老思想在南方的代表作。该书以道家虚静无为的思想为宗旨,兼采儒、墨、名、法、阴阳诸家之精华,着重从社会政治方面阐发了道家思想的基本原则,从治国平天下这一角度将道家思想发展到了一个新的水平,成为汉初黄老之治的重要理论来源。

一、抱道执度,天下可一

　　《黄帝四经》继承了道家的基本思想,认为"道"是万物的本原:"其裻冥冥,万物之所从生"①;它至高无上、贯穿一切而又无形无名:"独立不偶,万

---

①　《经法·道法》,载余明光:《黄帝四经与黄老思想》,黑龙江人民出版社 1989 年版,"附录"第 240 页。

物莫之能令","人皆以之,莫知其名,人皆用之,莫见其刑(形)";它高深莫测,其大无外,其小无内:"高而不可察也,深而不可则(测)也","盈四海之内,又包其外","精微之所不能至";遵循"道"的原则行事,则万事可成,治理天下的"圣王"更是不能离开"道":"圣王用此,天下服。"①

既然作者肯定了"道"对于成就帝王之功的重要作用,那么,要在政治生活中遵循和运用"道"就必须要认识和把握"道"及其运动规律。"道"有着什么样的运动规律呢?作者继承和发展了《周易》"物极则反"和《老子》"反者道之动"的朴素辩证法思想,并结合自己对于自然现象的深入观察,作出了自己的回答。作者指出,日月星辰各自按照一定的规律运动,"一晦一明",明而复暗,暗而复明,可见,明暗相循是其运动的一个重要规律。故作者接下来便总结道:"极而反者,天之生(性)也。"②天有着"极而反"的特性,是由于天是受"道"的支配,"道"有着"极而反,盛而衰"的运动规律,《经法·四度》说:"极而反,盛而衰,天地之道也,人之理也。"无论是自然界还是人类社会,都存在着对立面的相互转化:"绝而复属,亡而复存,孰知其神。死而复生,以祸为福,孰知其极?"③事物断绝了又会重新连续,死亡了又会重新复生,谁能知道这其中的神妙呢?谁又能知道生死祸福转化的终极呢?作者指出,要明了祸福所产生的根源。要认识存亡、生死、祸福等对立面的转化规律,必须要体悟无形的大道,从无形的大道中去认识,去求索:"反索之无刑(形),故知祸福之所以从生。"作者还认识到,事物的运动变化虽然是无穷尽的,但在"道"的支配之下,事物的对立面发展到一定的阶段,则会进入和谐稳定的阶段,"应化之道,平衡而止"。④ 在这里,作者将平衡和谐视为"应化之道"的特性,而且认为这是事物变化发展到某一阶段的相对稳定状态。在当时群雄逐鹿、动荡不已的现状下,这一思想明确地表达出

---

① 《道原》,载余明光:《黄帝四经与黄老思想》,黑龙江人民出版社 1989 年版,"附录"第334 页。

② 《经法·论》,载余明光:《黄帝四经与黄老思想》,黑龙江人民出版社 1989 年版,"附录"第263 页。

③ 《经法·道法》,载余明光:《黄帝四经与黄老思想》,黑龙江人民出版社 1989 年版,"附录"第243 页。

④ 以上引文均见《经法·道法》,载余明光:《黄帝四经与黄老思想》,黑龙江人民出版社 1989年版,"附录"第243 页。

作者追求平衡和谐的愿望和理想。

由和谐平衡的理想出发，《黄帝四经》的作者提出了"抱道执度"的原则，并将其视为平治天下的根本途径："抱道执度，天下可一也。""抱道执度"包含着两个方面的内容：

第一，"抱道"，即遵循大道。"唯执道者能上明于天之反，而中达君臣之半（畔），富密察于万物之所终始，而弗为主。故能至素至精……然后可以为天下正。"①作者认为，只有掌握了"大道"的人，才能通晓天地自然的转换运动规律，明达君臣之分，明察万物发展变化的过程。最为难得的是，他虽然对天下形势洞若观火，了然于心，但却能够保持"弗为主"的胸怀，因顺时势和民心，善于用众人之力，不主观妄为，因而能够保持"至素至精"的崇高品德和良好心态，获得天下人的服膺和尊崇，实现政治清明、平治天下的目标。这里非常鲜明地表现出作者对《老子》"辅万物之自然而不敢为"的无为而治思想的继承。

第二，"执度"，即处事知止有度。作者将"极而反，盛而衰"的道理应用到治国领域，文中警告为政者说："过极失当，天将降殃。"②作为一个手握大权的管理者来说，能否持守和谐有度的原则关系到国家的治乱安危，如果不懂得适可而止，在社会管理中随心所欲，违逆自然规律而行事，则将身危致祸，遵循知止有度的原则，才能保持政治生活正常有序地运行。

为了督促当权者执道、行道，作者又抬出了"古之贤者"这一道德楷模。文中指出："古之贤者，道是之行。知此道，地且天，鬼且人。……以居国其国昌。古之贤者，道是之行。"③"不尚贤"是老子提出的政治主张，但《黄帝四经》的作者却不再笼统地反对尚贤或抨击贤者，而是将是否能够遵循大道而"行道"视为"贤与不贤"的标准。将古代的贤者改造成为了唯道是行的理想人格，这说明作者在一定程度上吸收了儒家尊贤的思想。同时，儒家

---

① 《经法·道法》，载余明光：《黄帝四经与黄老思想》，黑龙江人民出版社1989年版，"附录"第244页。

② 《经法·国次》，载余明光：《黄帝四经与黄老思想》，黑龙江人民出版社1989年版，"附录"第246页。

③ 《经法·前道》，载余明光：《黄帝四经与黄老思想》，黑龙江人民出版社1989年版，"附录"第313页。

"亲亲"的主张在文中亦有所体现,例如,《立命》中说:"吾句(苟)能亲亲而兴贤,吾不遗亦至矣。"①这就是说,我如果能够亲爱自己的亲属,启用贤者,则能建立圆满无失、至高无上的功业。这都显示出作者对老子"天道无亲"、"不尚贤"等思想的扬弃。

二、刚柔相成,文武并用

由"抱道执度,天下可一"的政治纲领以及"极反盛衰"的朴素辩证法思想出发,作者提出了"刚柔相成"、"文武并用"的政治方略。

众所周知,守柔是以老子为代表的道家所倡导的基本原则。当此天下大乱、群雄逐鹿之时,《黄帝四经》的作者又是如何看待这一原则的呢? 一方面,它继承了老子守柔的主张,书中说:"重柔者吉,重刚者灭。"②"卑约主柔,常后而不失(先)。……好德不争,立于不敢,行于不能。""是故君子卑身以从道……责道以并世,柔身以(寺)待之时。"③君子谦卑地遵从大道,追求大道以依存于世,顺从天时。另一方面,作者又没有一味地持守柔道,而是主张刚柔并济。《姓争》中说:"夫天地之道,寒涅(热)燥湿,不能并立。刚柔阴阳,固不两行。两相养,时相成。"《三禁》中说:"人道刚柔,刚不足以(以,用也。——笔者注),柔不足寺(恃)。"刚柔阴阳之道是相辅相成,不可或缺的。刚不足以用,而柔亦不足恃。同样,作者也没有全盘否定争斗,而是强调因时而动。《五正(政)》和《姓争》中的两段话较能说明其这一立场。其文说:"今天下大争,时至矣,后能慎勿争乎? 黄帝曰:勿争若何? 对曰:怒者血气也,争者外脂肤也。怒若不发,浸廪是为臃疽。……夫

---

① 《经法·立命》,载余明光:《黄帝四经与黄老思想》,黑龙江人民出版社1989年版,"附录"第280页。

② 《经法·名理》,载余明光:《黄帝四经与黄老思想》,黑龙江人民出版社1989年版,"附录"第275页。

③ 《十六经·前道》,载余明光:《黄帝四经与黄老思想》,黑龙江人民出版社1989年版,"附录"第313页。

作争者凶,不争(者)亦无成功。"①"争作得时,天地与之。争不衰,时静不静,国家不定。"②这里所说的"时",即时机、时势。在进行政治决策时,为政者选择"争"还是"不争",必须以客观的时机或时势作为根据,而不能出于为政者或某些政治集团的主观意志或利益,如果不顾时势、不顺民意,一味意气用事,逞一时之快,"时静不静",争斗不休,只能将国家拖入苦难的深渊。

将刚柔相成的处事之道用于政治领域,表现为文武并用的政治方略。作者指出:"天有死生之时,国有死生之正(政)。因天之生也以养生,胃(谓)之文;因天之杀也以伐死,胃(谓)之武。文武并行,则天下从矣。"③"动静参于天地胃(谓)之文,诛□时当胃(谓)之武。静则安,正(则)治。文则明,武则强。安(则)得本,治则得人……明则得天,强则威行。参于天地,合于民心,文武并立,命之曰上同。"④强调文武并用,则能上下同心一致。

作者对于文和武的不同作用进行具体论述说,守文的功用在于"参于天地,合于民心",这当然是非常重要的。同时,"因天时,伐天毁,胃(谓)之武"⑤。顺应天时,伐灭那些必然要毁灭的事物,这称为武。这在群雄逐鹿、"天下争于气力"达到白热化阶段的战国后期,当然更是不可少的。因此,作者指出,审慎地执行文武之道,则能使天下之人顺从归服:"审于行文武之道,则天下宾矣。"⑥作者还认识到,在使用武力平定天下之后,则应立刻以文治国,而绝不能一味尚武:"武刃而以文随其后,则有成功矣。有二文一武者王。"⑦

---

① 《十六经·五正(政)》,载余明光:《黄帝四经与黄老思想》,黑龙江人民出版社 1989 年版,"附录"第 290 页。

② 《十六经·姓争》,载余明光:《黄帝四经与黄老思想》,黑龙江人民出版社 1989 年版,"附录"第 301 页。

③ 《经法·君正》,载余明光:《黄帝四经与黄老思想》,黑龙江人民出版社 1989 年版,"附录"第 250 页。

④ 《经法·四度》,载余明光:《黄帝四经与黄老思想》,黑龙江人民出版社 1989 年版,"附录"第 257 页。

⑤ 《经法·四度》,载余明光:《黄帝四经与黄老思想》,黑龙江人民出版社 1989 年版,"附录"第 261 页。

⑥ 《十六经·君正》,载余明光:《黄帝四经与黄老思想》,黑龙江人民出版社 1989 年版,"附录"第 251 页。

⑦ 《经法·四度》,载余明光:《黄帝四经与黄老思想》,黑龙江人民出版社 1989 年版,"附录"第 261 页。

文武相随则功成事遂,可以统治天下。这些主张都成为汉初黄老之治的指导思想,为汉初统治者所实施。

与文武并用的治国方略相联系的是刑德并用的思想。作者在《十六经·观》中说:"春夏为德,秋冬为刑。先德后刑以养生。"四时的次序以春夏为先,秋冬为后,故人君当顺应自然之道,先德后刑:"先德后刑,顺于天。"①刑与德是相互补充、缺一不可的:"天德皇皇,非刑不行,缪(穆)缪(穆)天刑,非德必顷(倾)。刑德相养,逆顺若(乃)成。"②天德虽然光明,然而必须依靠刑罚才能推行;天刑虽然威严,但如果缺乏道德的支撑则必然遭到废倾。因而刑德必须相互配合,才能治平有成。

三、去私立公,节俭适欲

顺应自然是道家学派重要的政治主张,作为早期黄老道家代表作品的《黄帝四经》,很好地继承发展了这一原则。作者从国家兴亡的高度强调顺应自然的重要性,文中指出:"顺天者昌,逆天者亡。毋逆天道,则不失所守。"③这里所说的"天"和"天道",不仅仅指自然之天,而是泛指客观规律或反映了客观规律的民心、时势。即强调为政者治理国家必须顺应客观规律,顺应民心和时势,才能繁荣昌盛,才不会失去所以生存的根基,反之则必然走向灭亡。

为了促使为政者在管理实践中,"毋逆天道"、谨慎行事,作者还具体列举了一些逆道的行为及其危害:"阳窃者疾,阴窃者几(饥),土敝者亡地,人执者失民,党别者乱,此胃(谓)五逆。""窃",指非所据而据之,故"阳窃"意指明目张胆地攻打窃取他国,"阴窃"意指不适宜地使用土地。因此,窃取

---

① 以上引文均见《经法·观》,载余明光:《黄帝四经与黄老思想》,黑龙江人民出版社 1989 年版,"附录"第 284 页。

② 《十六经·姓争》,载余明光:《黄帝四经与黄老思想》,黑龙江人民出版社 1989 年版,"附录"第 300 页。

③ 《十六经·姓争》,载余明光:《黄帝四经与黄老思想》,黑龙江人民出版社 1989 年版,"附录"第 299 页。

他国,违逆诛伐之道将受其殃;不适宜地使用土地,违反耕种之道将导致饥馑;破坏性地使用土地将失去土地;固执己见将失去民心;党派纷争将导致国家纷乱。作者将这些做法称为违背正道、常道的"五逆",这些内容涉及到了国际政治关系的互不侵犯、国内政治生活中的吏治清明有序、农业生产的合理安排等多个方面,反映出作者追寻善政的良苦用心。

作者进一步告诫说,滥行"五逆"的后果非常严重:"五逆皆成,□□□□,□地之刚,变故乱常,擅制更爽,心欲是行,身危有(央)(殃),(是)胃(谓)过极失当。"①随意偏离治理的常道,专断法令、律令无常、为所欲为,那就必然导致身危国亡。这段话,可说是对《老子》"为无为"、"圣人无心"、"治大国若烹小鲜"等主张的具体发挥。其核心乃是强调在公共行政领域中,为政者必须祛除私意,虽然手握大权,却绝不能滥用权力,不能任意干扰公共事物或损害公共利益。

在顺应天地自然之道的基本原则指导下,《黄帝四经》的作者将《老子》中天道均平而无偏私的思想发展为"去私而立公"的为政之德。《经法·道法》中说:"天地无私,四时不息。"公正无私是天地自然的本性,人应该效法这一特性,公正无私,才能够统治天下:"天下大(太)平,正以明德,参之于天地,而兼复(覆)载而无私也,故王天下。"②只有持守大道的人才能够做到公正,因此作者说:"故唯执道者能虚静公正。"③他将去私立公作为管理活动中的永恒法则:"使民之恒度,去私而立公。"④"唯公无私,见知不惑,乃知奋起。"⑤私即一己之私,为私利所惑,常常会使统治者鼠目寸光,不能以国家的整体利益来考虑问题;去掉一己之私,才不会为眼前的小利所蒙

① 《经法·国次》,载余明光:《黄帝四经与黄老思想》,黑龙江人民出版社1989年版,"附录"第247页。
② 《经法·大(六)分》,载余明光:《黄帝四经与黄老思想》,黑龙江人民出版社1989年版,"附录"第254页。
③ 《经法·名理》,载余明光:《黄帝四经与黄老思想》,黑龙江人民出版社1989年版,"附录"第277页。
④ 《经法·道法》,载余明光:《黄帝四经与黄老思想》,黑龙江人民出版社1989年版,"附录"第244页。
⑤ 《经法·名理》,载余明光:《黄帝四经与黄老思想》,黑龙江人民出版社1989年版,"附录"第277页。

蔽、所迷惑,才能奋起建功立业。唯其如此,方能执法如山,令行天下,民众心悦诚服:"诛禁当罪而不私其利,故令行天下而莫敢不听。"①上述"去私而立公"等思想被战国后期黄老道家所继承,如在《吕氏春秋》一书中,就分别设有《贵公》、《去私》两篇,专就这方面的问题展开论述。

在公正无私的宗旨下,作者对诸子的思想主张进行了综合融会。例如,将法家的赏罚主张和墨家的兼爱思想与公正无私主张结合:"精公无私而赏罚作,所以治也。……号令合于民心,则民听令;兼爱无私,则民亲上。"②又以公正无私的原则来诠释"义"这一儒家所标举的道德。在《前道》一文中,作者解释"义"的含义说:"圣(人)举事也,阖(合)于天地,顺于民,羊(祥)于鬼神,使民同利,万夫赖之,所胃(谓)义也。"一般说来,"义"是指思想言行符合于一定标准。《礼记·中庸》说:"义者,宜也。"从孔孟对"义"的一系列论述来看,他们是将合于封建伦理纲常的思想、行为视为"义"。而《黄老帛书》则将"义"明确定义为合于天地、顺于民心,使民同利,民众依赖之的行为。从战国中期开始,诸子百家日趋走向学术思想的互相融和、互相吸收,在《黄帝四经》中,明显地体现了这种时代特色。该书作者不再笼统地主张绝仁弃义,而是将"义"赋予了新的含义。这就充分显示出《黄帝四经》所代表的黄老道家的进步性和合理性。

《黄帝四经》将公正无私作为为政者的政治道德素质,就必然要求为政者对自我私欲进行节制和约束,作者继承了《老子》俭啬的思想,并将书中寡欲的主张发展为节欲、适欲。在《老子》一书中,节俭、寡欲既是治国之理,又是养生之理,而《黄帝四经》的作者则侧重从巩固政权的高度来阐述这一问题,将其作为一条重要的为政之德。文中指出:"知王(术)者,驱骋驰猎而不禽芒(荒),(饮)食喜乐而不面(湎)康,玩好(嬛)好而不惑心;俱与天下用兵,费少而(有)功……不知王述(术)者,驱骋驰猎则禽芒(荒),(饮)食喜乐则面(湎)康,玩好(嬛)好则惑心;俱与天下用兵,费多

---

① 《经法·大(六)分》,载余明光:《黄帝四经与黄老思想》,黑龙江人民出版社 1989 年版,"附录"第 256 页。

② 《十六经·君正》,载余明光:《黄帝四经与黄老思想》,黑龙江人民出版社 1989 年版,"附录"第 251 页。

而无功。"①懂得治国之术的人，能够将感官欲望控制在适度的范围之内，能够恰当地运用武力并取得较大的收效。相反，不知节欲，纵欲肆行，则是身危国乱的根源。其告诫统治者说："心欲是行，身危有殃。"②这是因为，一味追求感官欲望的满足，藏积珠宝，沉湎于声色玩乐，耗费财物，这是人们产生怨恨，进而导致祸乱的根源："黄金珠玉臧（藏）积，怨之本也。女乐玩好燔材，乱之基也。守怨之本，养乱之基，虽有圣人，不能为谋。"③作者还认识到，民力有限，节制物质欲望，才能够做到使民有度，实现社会财富的丰饶："人之本在地，地之本在宜，宜之生在时，时之用在民，民之用在力，力之用在节。知地宜，须时而树，节民力以使，则财生。"④我们可以看到，这里所提出的节欲、适欲的主张，较之《老子》的寡欲主张更为圆融，故容易被一般人所接受，这一思想亦为后来《吕氏春秋》的作者所继承和完善。

《黄帝四经》将道家的思想原则运用于社会的政治领域，总结出一套较为完备的政治哲学，非常鲜明地体现出"君人南面之术"的学术特色，为汉初黄老之学提供了重要的思想资料。

---

① 《经法·大（六）分》，载余明光：《黄帝四经与黄老思想》，黑龙江人民出版社 1989 年版，"附录"第 255 页。
② 《经法·国次》，载余明光：《黄帝四经与黄老思想》，黑龙江人民出版社 1989 年版，"附录"第 247 页。
③ 《经法·四度》，载余明光：《黄帝四经与黄老思想》，黑龙江人民出版社 1989 年版，"附录"第 262 页。
④ 《经法·君正》，载余明光：《黄帝四经与黄老思想》，黑龙江人民出版社 1989 年版，"附录"第 250 页。

第三章 《管子》"专意知远"、"舍己以物"的决策之道

战国中期,稷下黄老学派有了进一步的发展。稷下学宫成为研究、传播黄老学派的中心。在学派林立、学者如云的稷下学宫中,黄老学派何以能独占鳌头、风靡一时呢?

笔者以为,原因主要有二:首先,这种学说假托黄帝之名,适应了齐国统治者的需要。据前辈学者考证,当时,齐国的当权者为了表示田氏代齐的正义性和田氏的正宗地位,因而抬出黄帝,将自己说成是黄帝的嫡传。① 其次,田氏政权与老子有着某种特殊联系。据《史记索隐》考证,老子的故地苦县原属陈国,田氏的祖先陈公子完正是由陈国迁到齐国的。② 因此,田氏集团及其追随者选择了来自祖宗故地的老子学说,当是很自然的事。

《管子》一书是稷下学派的代表作之一。现存的《管子》一书为西汉人刘向所编写,尽管学术界对《管子》一书中哪些属于稷下道家宋钘、尹文或慎到、田骈等人的思想,哪些属于管仲学派的言论尚未形成定论,但它至少是综合了稷下黄老学派思想的文集。其中不少作品以老子哲学为宗,继承北方道家及流传于齐国的《黄帝四经》思想并兼收儒、法、名诸家主张,特别是其中的《心术》上下、《内业》、《白心》这四篇作品,更是明显地以《老》为宗,贯通百家,被认为是稷下黄老学者的作品。③ 作为注重经世致用的黄老道家,作者继承了老子遵道而为、致虚守静等主张,并且应用这些主张指导

---

① 参见谷方:《黄老之学新探》,《管子学刊》1989 年第 4 期。
② 参见《老子韩非列传·索隐》,《史记》卷六十三,中华书局 1982 年版,第 2139 页。
③ 参见黄钊主编:《道家思想史纲》,湖南师范大学出版社 1991 年版,第 101 页。

行政决策。行政决策是指为政者在处理国家行政事务时,为了达到预定的管理目标,依据相关理论和方法,系统地分析主客观条件和形势,对行政管理活动中要解决的问题或事务作出决定的过程。作者在这一方面的认识颇有见地,以下主要就这一问题进行论述。

一、道满天下,取则得福

尊道、顺道是《管子》四篇的作者考虑决策问题时所依据的理论和方法。作者对《老子》的"道"作了进一步的丰富,在该书中,道不仅具有形上学的特征,体现出与《老子》的血缘关系,又是实用性非常强的方法和原则,与《黄帝四经·道原》中万物皆包含道,"人皆用之"的看法一脉相承,更鲜明地呈现出战国中期黄老道家经世致用的特点。

作者继承了老子的道论,对道的性质进行了更具体的描述。文中说:"凡道,无根无茎,无叶无荣。万物以生,万物以成,命之曰道。"①"道在天地之间,其大无外,其小无内。""道之大如天,其广如地,其重如石,其轻如羽。"②"虚无无形,谓之道。""道也者,动不见其形,施不见其德,万物皆以得,然莫知其极。"③这就是说,道既是万物的本原,又充塞于天地之间,贯穿于万物之中,它无形无象,不可感知,但却又成就、支配着万物。

作者沿循《老子》"道常无为而无不为"的这一主旨,更为具体地论述了道的实用功能。书中指出,道虽然不可言、不可见,但并非虚无缥缈,而是贯穿于人伦日用之中,是人们立身处事的行动指南:"道满天下,普在民所,民不能知也。""彼道不远,民得以产,彼道不离,民因以知。""人之所失以死,所得以生也;事之所失以败,所得以成也。"④道是取之不尽、用之不竭的源泉,人们服从于道的程度将直接影响到行为者祸福成败的大小:"道者,一

① 《管子·内业》,《二十二子》,上海古籍出版社1986年版,第155页。
② 《管子·心术上》,《二十二子》,上海古籍出版社1986年版,第144页。
③ 《管子·心术上》,《二十二子》,上海古籍出版社1986年版,第143、144页。
④ 《管子·内业》,《二十二子》,上海古籍出版社1986年版,第155页。

人用之不闻有余,天下行之不闻不足。此谓道矣。小取焉则小得福,大取焉则大得福,尽行之而天下服。"①作者在这里虽然将道视为一切个体皆可通用的根本原则,但显然还是侧重于将其作为一种能够使"天下服"的治国之术来应用。因此,书中接着又告诫说:"殊无取焉则民反,其身不免于贼。"②这就明白地向统治者指出,如果完全不遵循道这一根本原则,行动违道,则"民反"必至,难免于众叛亲离而身遭伤害的可悲下场。作者进而指出,守虚去盈、功遂身退的"天之道"亦是保国、保家、保身的人之道,书中说:"持而满之,乃其殆也。名满于天下不若其已也。名进而身退,天之道也。满盛之国不可以仕任;满盛之家不可以嫁子;骄倨傲暴之人不可与交。"③这些思想反映出作者将《老子》谦退守虚的思想运用于政治活动和立身处世的决策实践之中。

那么,为政者在进行决策时应当遵循什么原则呢?《白心》的作者在开篇就强调说:"建常立有,以靖为宗,以时为宝,以政为仪,和则能久。非吾仪虽利不为,非吾当虽利不行,非吾道虽利不取。上之随天,其次随人。"这段话虽然并未明确提出行政决策的概念,但实际上蕴含了进行行政决策时所应当遵循的原则。我们知道,如何选定行政方案,这是行政决策中的关键环节,它将直接影响下一步行政活动的方向和目标。因此,在进行决策之前,必须要考虑行动方案实施后的作用、效果、利益等方面的因素,上述话语就包含了这方面的内容。其要求管理者要树立常道常规,应当以虚静不扰民为基本原则,以合于时宜为贵,以公正不偏为准则。这三个方面协调一致,就能够持久不败。不合我的准则,虽有利也不去做;不合我的常规,虽有利也不推行;不合我的常道,虽有利也不采用。在进行决策时,首先是要考虑顺应天道,其次是要顺应人心。如此行事,才能保持事业不会失败。在这里,作者所强调的"吾仪"、"吾当"、"吾道"中的"吾"并非指出于为政者个人私利的"仪"、"当"、"道",而是以其心目中所固守的道德准则,也就是下文紧接着所说的"上之随天,其次随人",将是否顺应天道时势和人心作为

① 《管子·白心》,《二十二子》,上海古籍出版社 1986 年版,第 145 页。
② 《管子·白心》,《二十二子》,上海古籍出版社 1986 年版,第 145 页。
③ 《管子·白心》,《二十二子》,上海古籍出版社 1986 年版,第 146 页。

行政决策的标准。

总之,道有着支配人类生死成败的至高无上地位,作为手操生死大权和天下治乱安危之柄的社会管理者,能否真心实意地尊崇大道、体察大道进而遵循大道,也就成为影响行政决策和政治活动之成败的关键问题。

二、专意知远,遍知天下

《管子》中不仅深刻地揭示了"道"的实际应用功能以及由"道"而产生的决策时所应当遵循的理论和原则,而且就如何体"道"、悟"道"以及相关的认识论问题作了探讨,这对于提高社会管理者的政治判断能力、识别能力以及决策能力都具有积极意义。

作者认识到,在现实生活中,真正能够体悟大道并自觉地奉行和遵从大道的人的并不多,因为体认大道并非轻而易举之事,《心术》中指出:"道不远而难极也,与人并处而难得也。虚其欲,神将入舍,扫除不洁,神乃留处。"这些表面看来有几分神秘的话语实际上是说,寡欲净心以安定精神,乃是得道的基本前提,保持心灵的清静和虚静无为,才能认识和掌握大道:"必知不言、无为之事,然后知道之纪。"①相反,如果人的心中常常充满着忧悲喜怒等情绪,那么,道就将无法存在,一颗时常被忧悲喜怒等情绪所支配的心灵之中,道是无法留处的:"忧悲喜怒,道乃无处。"②这就启示人们,作为身居要职的管理者,在处理政治事务或制定政治方略的时候,必须注意排除外界的干扰,保持内心的冷静和清静,而不能感情用事,轻易被忧悲喜怒等情绪所干扰或支配,从而影响政治决策的理性选择。

在《内业》一文中,作者进一步阐述了静心、安心与得道的密切联系:"凡道无所善,心安爱。心静气理,道乃可止。"道无偏好,唯爱心安,只有当人们内心处于安定状态,心神宁静,才可能体悟大道:"心能执静,道将自

---

① 以上引文均见《管子·心术上》,《二十二子》,上海古籍出版社1986年版,第143页。
② 《管子·内业》,《二十二子》,上海古籍出版社1986年版,第156页。

定。""人能正静,皮肤裕宽,耳目聪明,筋信而骨强",在这种身心健康的状态之下,就能够将人的认识能力提高到极限:"乃能戴大圆,而履大方,鉴于大清,视于大明,敬慎无忒,日新其德,遍知天下,穷于四极"。在这里,作者向人们描绘了一个持守正道同时又具有卓越的政治洞察能力的社会管理者的理想人格形象,而这一政治理想人格的实现途径则是以静心安心为基础的。作者希望通过保持心理上的贞正宁静而实现道德人格上的"敬慎无忒,日新其德",在认识能力上"遍知天下,穷于四极"。诚然,这些话语过于夸大了静心安心的作用,但这种试图通过一系列心理训练而提高人的素质、开发人的潜能的思路,值得现代人进一步研究探讨。

从认识论的角度来看,上述通过"心静气理"以悟道并养心健身以及虚欲清心"然后知道之纪"等思想,显然类似于老庄致虚守静以体悟大道的方法。其实质是试图通过排遣意识干扰、保持内心虚静而实现身心健康,进而获得卓越的认知能力。这是一种与西方理性认识完全不同的认知方法和心性修炼方法,类似于现代认知科学和心理学所说的直觉认识方法。它在西方传统的主客二分的理性思维方式和实验心理学的视域下是难以理解和解释的,但在荣格、铃木大拙等现代心理学家和禅学家那里却可以找到知音。日本禅学大师铃木大拙十分推崇通过"受过训练的无意识"来体验把握实在的认知方法。[1] 现代西方心理学家荣格也曾指出:"某些心理内容来自一个比自觉意识更大更完整的心理。它们往往拥有意识还无法形成的更为优异的分析、洞察和知识。"[2]荣格将其称为直觉。在荣格看来,这种直觉来自于人类心理结构中的潜意识部分。[3] 现代心理学和思维科学研究也发现,人类的想象力与创造力常常是在轻松、自然、安静,甚至在半意识或潜意识的状态下才易于表露出来。这就启示我们,上述所谓虚欲清心"然后知道之纪"其实是一种特殊的直觉认知方式,它是通过虚欲清心即自觉地停止意识活动而进入潜意识层面,以图"知道之纪"——获得对于世界本质的体悟,获得直觉这种异于、优于理性意识的洞察能力。深入研究上述认知方

---

① 参见弗洛姆:《精神分析与禅宗》,辽宁教育出版社1988年版,第158页。
② 《荣格文集》,改革出版社1997年版,第343页。
③ 参见《荣格文集》,改革出版社1997年版,第343页。

式,对于发展人类的认知能力、提高行政决策的智慧具有积极的意义。

在《心术》、《内业》中,作者还提出了"专意"以"知远"的认知方法:"专于意,一于心,耳目端,知远之证。"①专心一意,认真地详审事物,就能认识未来之事的征表,预测未来之发展走向。"抟气如神,万物备存。能抟乎?能一乎?……思之思之,又重思之。思之而不通,鬼神将教之。非鬼神之力也,精气之极也。四体既正,血气既静。一意抟心,耳目不淫,虽远若近。"②意思是说,将精气团聚起来,就会将万物收存于心中,心意专一地思索,再三思索,就好像会得到鬼神的帮助那样而豁然通晓,但这并非鬼神之力,而是精气专一到极点的结果。这种心理状态能够帮助人达到"四体正,血气静"的身心和谐状态,转又能优化人的道德心理活动,"耳目不淫,虽远若近",不为耳目感官享乐所扰,从而能超越感官和地域的局限,获得某种灵感或感悟。这段颇有些神秘色彩的话语,其实包含了值得现代决策者重视的合理因素。文中要求管理者排除感官享乐等外部的干扰,注重行为和精神意识的修养,专心一意,平心静气,以达到精神、心理与生理的良性互动,这一方法揭示出了行为端正、节欲自律等道德行为对于身心健康特别是对于提高人的认识能力的积极作用。对于一个社会管理者来说,保持"四体正,血气静"、"耳目不淫"等良好的精神、心理和生理状态,不仅有助于培养廉正不奢的为政之德,亦有助于提高管理活动中的识别能力、决策能力和协调能力。

三、心治形全,天下则治

作者重视社会管理者自身的心理调节问题,其目的是为了促进其提高决策水平和治国的综合能力。围绕这一目标,文中又提出了心治则形全、天下治的心理调节思想。在《心术》的开篇,作者就运用这一思想原则,由身

---

① 《管子·心术下》,《二十二子》,上海古籍出版社1986年版,第144页。
② 《管子·内业》,《二十二子》,上海古籍出版社1986年版,第155页。

推之于国,以心喻君,以九窍喻群臣,说明心求嗜欲的害处。其文曰:"心之在体,君之位也;九窍之有职,官之分也。心处其道,九窍循理;嗜欲充益,目不见色,耳不闻声。"因为视听之事不是心的职能而是由耳目来担任的,"心而无与于视听之事,则官得守其分矣"。而如果心追求感官之欲,好比君主越其位而代司臣下之职,将导致心和耳目皆不能很好地发挥各自的功能,进而影响身心健康:"夫心有欲者,物过而目不见,声至而耳不闻也。……故曰:上离其道,下失其事。"①

作者认识到,心与身有着相互影响的密切关系,心理健康与身形(肉体)的健康是紧密相连的,心志平和、情绪稳定乃是身心健康的保证,"凡人之生也必以平正"②。故务必求得精神与身体的和谐,使之相互护养:"和以反中,形性相葆。"③"定心在中,耳目聪明,四肢坚固";"和乃生,不和不生"。④

在身心的问题上,作者似乎更看重心的作用。书中指出,心能否处于安和有序状态,不仅对人体其他器官的功能以及整体的身心健康起着决定性作用,甚至将影响事业的成败祸福,请看下面这段话:

> 我心治,官乃治;我心安,官乃安。治之者,心也;安之者,心也。……精存自生,其外安荣。内藏以为泉原,浩然和平以为气渊。渊之不涸,四体乃固;泉之不竭,九窍遂通。乃能穷天地,被四海,中无惑意,外无邪灾,心全于中,形全于外,不逢天灾,不遇人害,谓之圣人。⑤

所谓"心治",也就是指具有良好的心理调控能力和心志平和的良好心态。拥有这种良好的心态,才能保证身之五官和形体的安和,"心全于内"则"形全于外",有效地保持身心健康和四肢九窍的功能。不仅如此,保持良好的心态还能够更好地感悟天地自然之理,提高自身的认知水平,进而很好地协调与自然、社会等外部环境的关系,成为能抵御天灾人害的圣人。

---

① 以上引文均见《管子·心术上》,《二十二子》,上海古籍出版社1986年版,第143页。
② 《管子·内业》,《二十二子》,上海古籍出版社1986年版,第155页。
③ 《管子·白心》,《二十二子》,上海古籍出版社1986年版,第146页。
④ 《管子·内业》,《二十二子》,上海古籍出版社1986年版,第155页。
⑤ 《管子·内业》,《二十二子》,上海古籍出版社1986年版,第155页。

上述理论与现代心身医学和心理学理论具有相通之处。现代心理学研究也表明,心理状态的确会影响肉体的健康和能力的发挥。稳定平和的心理状态使人体内各个组织系统处于和谐有序的状态,有助于身心健康,亦有助于思维能力的提高与潜能的发挥;反之,如果内心长期处于焦躁不安、沮丧忧虑状态,则将会导致神经系统,特别是大脑功能紊乱失调,降低个体创造性思维活动的水平,减弱自我控制能力,甚至会发生行为偏差。对于一个政治治理者来说,这不仅将危害自身,更会对其决策能力和执政能力产生负面影响,从而殃及臣民和社稷。

重视为政者自身的管理,这是中国传统管理思想的重要特点,诸子百家皆强调"正己正人"、"修己治人",认为管理好自己是管理他人的基础和前提。但在自我管理方面,道家比儒家等其他诸家的主张更为全面,它不仅重视"修己",强调为政者的道德修养,而且重视心理层面的修炼,深刻认识到为政者自身的道德水平和心理状态将对于社会治理产生重要影响。《内业》中指出:"拟一不失,能君万物。君子使物,不为物使。得一之理,治心在于中,治言出于口,治事加于人,然则天下治矣。一言得而天下服,一言定而天下听,公之谓也。形不正,德不来,中不静,心不治。"①虚静守道就能役使万物,而不为外物所役使,这是实现"治心"的基础。而所谓"治心",即是指个体的道德和心理皆处于和谐有序的良好状态。有此"治心",则能出言谨慎恰当,做事得体周全,进而就能实现"天下治"、"天下服"、"天下听"的管理目标,如此,也就是"公之谓也",可以算是趋近某种公序良俗了。

这些论述虽然过分强调了"治心"的作用而忽略了制度建设等因素对于政治治理的重要性,其缺陷是显而易见的。但我们也要看到,行政管理是组织协调众人行为的活动,治理目标的实现需要众人同心协力的努力,而民气"不可止以力,而可安以德……敬守勿失,是谓成德"②,在组织协调众人行为的过程中,管理者个人的人格魅力是不容忽视的因素。管理者治心修德,公正无私,利泽百姓,才能为天下作出道德表率,得到民众心悦诚服的推

① 《管子·内业》,《二十二子》,上海古籍出版社1986年版,第155页。
② 《管子·内业》,《二十二子》,上海古籍出版社1986年版,第155页。

戴拥护,从而起到凝聚民心、激发民力的作用。因此,作者重视通过治理者的道德行为而感化治理对象,激发管理对象之积极性的思想和行为,仍然是具有启示的治国智慧。

　　既然"心"的状况直接影响着人的健康,进而影响着社会政治,故调心、养心以达到"心治",就不仅是养生的要求,更是治国的要义。作者继承了老子致虚守静等心理调节方法,《心术》中说:"无以物乱官,毋以官乱心。此之谓内德。"①追求外物的欲望以及外物的干扰将会影响人们正常的感官功能。在老子虚静寡欲思想的基础上,作者提出了虚欲、守一、安神、定心等心理调节方法。书中阐述安心之法说,安心、养心之法在于精神内守,进行自我心理调控,"自充自盈,自生自成",其具体内容是保持情绪的稳定平和、节制物质欲望:"食莫若无饱,思莫若勿致,节适之齐,彼将自至。"能够做到寡欲、节食、适思,持中平和,精神内守,进行自我心理调控,才能达到目的:"凡心之刑(刑,通"形",指形态,情形),自充自盈,自生自成,其所以失之,必以忧乐喜怒欲利。能去忧乐喜怒欲利,心乃反济。彼心之情,利安以空,勿烦勿乱,和乃自成。"②"忧乐喜怒欲利"将破坏内心宁静、精气充盈的良好状态,去除这些过分的情绪和欲望,节制物质欲望,保持情绪的稳定平和,则和气自然充满于胸中。作者将过喜过怒等情绪称为伤害身体的"二凶",要求得内心平正,其关键在于控制情绪,"不喜不怒,平正擅胸"③,则将达到养生健体的目的。在这里,作者并非要禁绝物欲或强行排除喜怒哀乐等情感,而是强调过度的情绪波动或过分追求欲利对于身心健康的危害,力图达到"平正擅胸",保持平和稳定的心理状态,这是实现"天下治"的前提。作者认识到"平正擅胸"与"天下治"的密切联系,这的确揭示了管理者特别是最高管理者保持情绪的稳定与冷静对于行政决策和社会治理的重要作用。强调应当注重培养为政者稳定的心理素质,这些问题至今仍然是管理心理学中值得研究的。

---

① 以上引文均见《管子·心术下》,《二十二子》,上海古籍出版社 1986 年版,第 144 页。
② 《管子·内业》,《二十二子》,上海古籍出版社 1986 年版,第 154 页。
③ 《管子·内业》,《二十二子》,上海古籍出版社 1986 年版,第 156 页。

四、舍己以物,因其能者

与黄老之学经世致用的价值取向相一致,作者更致力于探讨具体的治国之术,对于老子无为而治等政治思想作了继承和发挥。在《心术》的开篇,作者不仅从身国同治的原则出发,论述心求嗜欲的危害,而且又以同样道理阐述了君代臣职的弊病:"心之在体,君之位也;九窍之有职,官之分也。心处其道,九窍循理",如果处于君位的"心"越位而代替耳目之职,必将导致"上离其道,下失其事"。他认为,君主处于阴的地位,阴能够制阳;阴的属性是静,静能够制动。因此,"动则失位,静乃自得"。①

在《心术》中,作者借治心之术喻治国之方说:"心术者,无为而制窍者也。"治心的方法是无为而治,而无为即是因循无事:"无为之道,因也。"在这里,作者将"因"作为无为之道的内涵,文中还将"因"作为道的重要特性:"故道贵因"。因此,我们有必要对"因"这一概念做进一步的考察。根据作者的论述,"因"包括以下几重意义:第一,恬静去智,舍弃主观成见而顺应物性:"君子恬愉无为,去智与故(故,事也),言虚素也。其应非所设也,其动非所取也。此言因也。因也者,舍己而以物。"第二,因材而用,顺应时势:"因者,因其能者,言所用也。君子之处也,若无知,言至虚也;其应物也,若偶之,言时适也;若影之象形者,响之应声也。故物至则应,过则舍矣。舍矣者,言复所于虚也。"②第三,因循而无益损:"因也者,无益无损也。以其形因为之名,此因之术也。"③第四,去诈守朴和顺自然而治的君人之术:"有道之君,其处也若无知,其应物也若偶之,静因之道也。""知"与"智"通,无知,即去智守朴;偶,即是符契自然而合之的意思。此话的意思是说,持守静因之道的君主能够守朴去智,使自己符契自然而合之。因此,有道之君就会注意发挥众人之聪明才智,而不会越俎代庖:"毋代马走,使尽其力;

---

① 参见《管子·心术上》,《二十二子》,上海古籍出版社 1986 年版,第 143—144 页。
② 以上引文均见《管子·心术上》,《二十二子》,上海古籍出版社 1986 年版,第 144 页。
③ 《管子·心术上》,《二十二子》,上海古籍出版社 1986 年版,第 144 页。

毋代鸟飞,使弊其羽翼;毋先物动,以观其则。"①

上述以"因"为核心的管理思想体现了很有意义的管理智慧:

第一,"舍己而以物","因其能者"。它要求管理者去除自我为中心和个人的主观执着,而要以客观事物的实际情况为依据,尊重和因顺各方面的能者,发挥他们的能力和长处。

第二,"毋代马走"、"毋代鸟飞"。它启示现代管理者,应当自觉地限制权力,而不能越俎代庖,不能随意干涉下属的工作,更不能取代下属的职能。

第三,"毋先物动,以观其则"。这一管理智慧启示管理者,不能轻举妄动,随意地抢风头、瞎指挥,遇事应当首先冷静地进行观察,了解民情、民心和事物的实际情况,从中发现事物的发展规律而后行动。这实际上是对《老子》"不敢为天下先,故能成器长"这一管理原则的具体发挥,是一种尊重民心、尊重客观规律的管理智慧。

这些管理思想与美国著名人本心理学家马斯洛所倡导的"道家式尊重"的管理理念相当吻合。这位从道家智慧中吸收了诸多营养的大师,在生命的最后十年将他的心理学理论用于管理实践之中。他在美国的萨加公司访学调研,在访学的研究论文中他强调,管理者应当践履"道家式的尊重",在管理活动中"尊重允许并鼓励他人去确认自己的偏好和进行自己的选择",而不能运用手中的权力"一味塑造人、支配人、指使人或控制人。管理中的道家式的尊重还包括通过改善作出自我选择可采用方法来努力对所有的反馈作出积极的反应"。② 在管理实践中马斯洛深深地体会到,对于公司员工来说,"做一个积极的行动者感觉与受控制、受支使、受支配等的感觉是完全相反的",因为任何人都不愿意"像软弱无助任人摆布的棋盘上的棋子"。马斯洛的这些思想影响了美国新一代的管理理论家和实践者,也促使萨加公司管理者的管理工作更为有效。③ 这一事例充分证明了"道家

---

① 《管子·心术上》,《二十二子》,上海古籍出版社1986年版,第144页。

② 参见霍夫曼编:《洞察未来——马斯洛未发表的文章》,许金声译,改革出版社1998年版,第179页。

③ 参见霍夫曼编:《洞察未来——马斯洛未发表的文章》,许金声译,改革出版社1998年版,第180—181页。

式的尊重"在现代管理中的实效。

由"舍己而以物"、"因其能者"和因顺自然等思想出发,也就逻辑地引出了贵公去私的原则。作者将天地自然那种无目的、无意志的属性赋予公正无偏的"无私"德性,启发为政者效法这种无私之德。作者说:"是故圣人若天然,无私覆也;若地然,无私载也。私者,乱天下者也。凡物载名而来,圣人因而财之,而天下治,实不伤。"①"苞物众者莫大于天地,化物多者莫多于日月。……然而天不为一物枉其时,明君圣人亦不为一人枉其法。天行其所行,而万物被其利;圣人亦行其所行,而百姓被其利。"②作者深刻地认识到,在政治治理中,为政者若是为私徇私,将是导致政治黑暗的"乱天下"之根源。为政者能否在政治治理实践中效法天地自然的"无私"之德,履行贵公去私的原则,将直接关系到善政这一政治治理目标的实现。一个高明的为政者应当公正地进行行政裁量和决策,秉公而行,就会如同天地日月利泽万物那样,使百姓受其利泽,促进社会公序良俗的形成。这些思想突破了封建专制君主的一己之私利,强调社会管理者必须以公共利益为重,为广大民众谋福利,而不能徇私枉法,不仅具有历史意义,而且依然具有现代价值。

《管子》一方面继承了道家的治国主张,但又在此基础之上兼容名、法诸家。如《白心》中说:"是以圣人之治也,静身以待之,物至而名自治之。"能循名责实则下无隐情,因此,"名正法备则圣人无事"③,将名正法备作为圣人无为之事的重要前提。作者还进一步将道家和法家融合起来,认为道是法的终极根据,法是根据道的原则而制定的:"事督乎法,法出乎权,权出乎道。"④主张在社会生活中以法察事,而法又是根据某种原则(权)而制定出来的,而权最终是由"道"这一最高法则所产生的。在这种以道为宗,摄取融会名家、法家思想的创新思想指导下,人间的法律政令就有可能在某种程度上超越统治者的私意、私利,而被纳入"道"这一根本规律之下,从而有助于推进社会制度的道德正当性与社会治理的合规律性。

---

① 《管子·心术上》,《二十二子》,上海古籍出版社 1986 年版,第 144 页。
② 《管子·白心》,《二十二子》,上海古籍出版社 1986 年版,第 145 页。
③ 以上引文均见《管子·白心》,《二十二子》,上海古籍出版社 1986 年版,第 145 页。
④ 《管子·心术上》,《二十二子》,上海古籍出版社 1986 年版,第 144 页。

　　《管子》的作者——稷下黄老学者身处当时学术文化中心,故《管子》一书得到了广泛的传播,该书特别是其中的《心术》等四篇作品,直接影响了后来的黄老道家《吕氏春秋》以及庄子学派。例如,《心术下》说:"君子执一而不失,能君万物","圣人裁物不为物使";《内业》说:"君子使物,不为物使。""圣人与时变而不化,从物而不移。"《庄子》亦提出"通于一,万事毕","物物而不物于物"等原则,二者之间有着明显的一致性。《心术》中大道贵因,君不代臣职,圣人若天地无私覆、无私载以及《白心》"不为一人枉其法"等行政决策主张更是影响后世,成为《吕氏春秋》中君道贵因、贵公去私等原则的直接理论渊源。可见,《管子》四篇不仅继承发展了《老子》、《黄帝四经》等道家作品的思想,而且以其独特的地利条件,有力地推动着道家治道的传播和应用,在中国政治思想史上有着承先启后的重要地位。

第四章 《庄子》"道通为一、在宥天下"的治国宗旨

庄子学派既是对老学的继承和发展,又是对道家各派的综合。庄子(前369—前286年)姓庄名周,字子休,出身于楚国公族,后因吴起变法楚国内乱,其先祖避夷宗之罪迁至宋国蒙地,曾做过漆园吏。庄子的思想虽然与老子有着相异之处,"其学无所不窥,然其要本归于老子之言"①,更多地继承和发展了老子思想的本质特征,正如严北溟先生所说:"老无庄则无以扬其波,庄无老则无以溯其源"。正由于老庄有着如此深厚的内在联系,故后人将二者合称。今传的《庄子》一书即庄子及其后学的著作汇编。一般认为,《内篇》基本为庄子本人所作,《外篇》和《杂篇》主要出自庄子后学但亦包含了庄子的思想。

身处战国动乱之世,庄子对当时政治黑暗的社会现实深感失望,转而追求精神上的逍遥自适和人格的独立,故对当权者采取不合作的态度,婉拒同宗楚威王之聘,成为中国古代隐逸派的代表人物。尽管如此,但他绝非如有的学者所说,是一个不问政治且逃避社会责任的人。同时,笔者也不同意将疏离政治生活的隐者一概视为"非政治性的动物"。

熊铁基先生曾通过分析《庄子》内七篇前后连贯的意旨后指出,"庄子的思想不是单为个人,而是要为社会,为人间世的"。庄子首先确立精神的绝对自由(逍遥游),去除关于事物差别的偏见(齐物论),然后提出生存于人间世的基本准则(养生主),继之而论品德完美问题(德充符),又引导世

---

① 司马迁:《老子韩非列传》,《史记》卷六十三,中华书局1982年版,第2143页。

人的努力方向(大宗师),最终要凭借帝王的政治权威,使整个社会达到自为自化的层次(应帝王)。①

这些分析是很有说服力的。愚意以为,庄子为代表的隐者虽然"能仕而不仕",远离政治上的浊流漩涡,向往精神上的逍遥自适,但却在内心渴盼政治清明和社会公正。他们用不同的方式、从不同的角度深切地关注政治,故能够超越"身在此山中"的局限,以旁观者的清醒和睿智,思考社会、人生的诸多问题。庄子及其后学深刻而激烈地抨击了"捐仁义者寡,利仁义者众"等社会弊病和"窃国者为诸侯"等罪恶现象,围绕着社会治理方式的合理性和正义性等问题进行了诸多论述。他们倡导"帝王无为而天下功"的社会治理模式,论述"帝王"之"应"的理想型范,提出天下"共利"、"共给"的经济要求,追求"至仁无亲"、"忠信尽至而无求"的人际关系,折射出庄子学派的社会理想,反映着道家阵营中的隐逸派出世而又入世、循世却不忘天下的社会关怀。

一、至仁无亲,利泽万世

庄子学派继承了老子对仁义礼智的批判态度,对其进行了更为激烈的抨击。他们认为,仁义礼智违背人的自然本性:"屈折礼乐,呴俞仁义,以慰天下之心者,此失其常然也。"②以仁义礼智等固定的道德规范框架来约束具有不同性格的人们,这就使他们失去了正常的状态,从而扼杀了人的自然本性。他们认为道德应该维持人的常然状态,而不是用外在的规范去进行强制。面对当时政治黑暗的现实,作者以激烈的言词抨击说,儒家推崇的仁义是万恶之源,仁义与窃国相通,是统治者蒙骗人民、将国家据为己有的工具。"彼窃钩者诛,窃国者为诸侯,诸侯之门仁义存焉。"③作者还揭露说,仁义礼智已经变成了人们渔利的工具:"爱利出乎仁义,捐仁义者寡,利仁义

---

① 参见熊铁基、刘固盛、刘韶军:《中国庄学史》,湖南人民出版社 2003 年版,第 29 页。
② 《庄子·骈拇》,《二十二子》,上海古籍出版社 1986 年版,第 34 页。
③ 《庄子·胠箧》,《二十二子》,上海古籍出版社 1986 年版,第 36 页。

者众。夫仁义之行,唯且无诚,且假乎禽贪者器。"①

庄子不满儒家建立在"爱有差等"和血缘关系基础之上的仁、孝等伦理道德规范,故提出了"至仁无亲"的原则。文中指出,世俗的仁主要是指父母和子女相亲相爱,这是虎狼禽兽都能做到的,而最高的仁德是混万物为一,无往而不亲,即"至仁无亲"。为了阐明这一迥异于众人的观点,《庄子·天运》中作了大段论述。书中阐述说:"夫至仁尚矣,孝固不足以言之。此非过孝之言也,不及孝之言也。"这句话的意思是说,至仁是最高的道德,孝本来就不足以说明至仁。这并非由于孝超过了至仁,而是因为孝与至仁本是不相及的。因为孝只是局限于血缘关系以内的道德规范,而"至仁"则是一种"利泽施于万世"的道德行为,因此二者是无法相比的。

为了说明"孝"与"至仁"之间的差异,庄子进一步区分出"敬孝"、"爱孝"、"忘亲"、"使亲忘我"、"兼忘天下"、"使天下兼忘我"等不同的道德境界,并依次进行了比较。文中说:"以敬孝易,以爱孝难;以爱孝易,以忘亲难;忘亲易,使亲忘我难;使亲忘我易,兼忘天下难;兼忘天下易,使天下兼忘我难。"这就是说,外在的行动上尊敬父母,这是"敬孝",是容易做到的,从内心热爱父母,这是"爱孝",是较难做到的;但"爱孝"虽难,犹未脱离世俗的血缘关系和血缘道德,而"忘亲"则是超脱了血缘亲情,注目于血缘家庭之外,当然又难一筹;但要能够使双亲不为子女挂念则更难;而做到无亲疏差别,亲疏远近一概皆淡然处之则难而又难;而要使天下之人皆淡忘掉我这个君主,自足自适,日用而不知,则是最难最难了。作者根据世俗道德生活的实际情况而逐级揭示各种不同道德境界,如江河之波浪一层高一层,层层推进,最后展现"使天下兼忘我"这一最高道德境界,这是对以上境界的全面超越:"利泽施于万世,天下莫知也。"②为政者努力将福利恩泽施于万世之后,但却无人知道恩泽由何而自,发自何人,这种"使天下皆忘我"的至仁境界何其感人!他出自内心地深切关切民众的利益,为最广大的民众谋福利却毫不张扬,不图回报,这是一个伟大政治领袖的崇高道德形象。庄子笔

---

① 《庄子·徐无鬼》,《二十二子》,上海古籍出版社 1986 年版,第 69 页。
② 以上引文均见《庄子·天运》,《二十二子》,上海古籍出版社 1986 年版,第 46 页。

下的这一道德楷模既表达出他对理想政治人物的期盼,更是对当时为政者的劝诫:作为社会管理者应该超越家庭、家族和政治集团的局限,"利泽施于万世",无为不争,让人民各得其所,自得自足。《庄子·徐无鬼》等篇章中亦再现了这种超越亲疏的理想人格,认为不分亲疏、毫无偏私、"无所甚亲,无所甚疏"才是"真人"的德性。①

显然,这里所蕴含的道德价值和社会意义是儒家所标榜的仁政或以孝治天下等具有差等性的治理模式所不能相比的。其中最可贵的思想在于要求为政者公正无偏地利益群生、为功于民却不居功自傲。这一思想在《庄子·应帝王》中也有明确的表述,文中描写阳子居向老子请教什么是"明王之治",老子作如是回答:"明王之治,功盖天下而似不自己,化贷万物而民弗恃;有莫举名,使物自喜;立乎不测,而游于无有者也。"这里又一次告诫为政者,一个真正伟大的统治者应该将为天下立功业、为民众谋幸福视为自己自然而然的本分,而不会以此居功自傲、自夸自耀。

因此,庄子崇尚一种自然朴实、发自内心的道德,而反对刻意地甚至忧心忡忡地去宣扬仁孝,认为如果刻意作为,矫性伪情,勉强去追求孝悌仁义、忠信贞廉,反而会对自己的德性产生拖累。

与"至仁无亲"的政治理想相联系,《庄子》一书中在多处描绘了"至德之世"的理想道德境界,以下这两段话语是较为典型的:

> 至德之世,不尚贤,不使能,上如标枝,民如野鹿,端正而不知以为义,相爱而不知以为仁,实而不知以为忠,当而不知以为信,蠢动相使不以为赐。是故行而无迹,事而无传。②

> 夫至德之世,同与禽兽居,族与万物并。恶乎知君子小人哉!同乎无知,其德不离;同乎无欲,是谓素朴。素朴而民性得矣。③

在这一"至德之世",人人品德高尚,贤能之人各当其位,因而不需要尚贤使能。统治者虽然身居高位,但如树林之梢,未见其尊。人民如野外之兽那样自由自在。人们品德端正却无"义"的观念,相亲相爱却无"仁"的观念,诚

---

① 参见《庄子·徐无鬼》,《二十二子》,上海古籍出版社1986年版,第69页。
② 《庄子·天地》,《二十二子》,上海古籍出版社1986年版,第43页。
③ 《庄子·马蹄》,《二十二子》,上海古籍出版社1986年版,第35页。

实无欺却无"忠"的观念,言行当理却无"信"的观念,互相帮助而无"赐"的观念。人们的一切活动均出于自然本性,而不靠人为的教化。君民淳朴,上下和平,故当时的活动事迹没有留下任何痕迹。在道德最高尚的时代,人们与鸟兽共处而彼此相安无事。在这个世界里,没有君子和小人的概念和区别,人人都守质朴,无智诈,无欲望,不失自然之本性。

从庄子对于"至德之世"的描画中,我们可以看到,他虽然认为仁、义、礼、乐的产生是自然之道被破坏的结果,不是理想的道德境界,但却并非笼统地排斥仁、义、忠、信等道德规范,而是强调道德之实重于道德之名。在至德之世,人民虽然不知仁、义、忠、信等道德规范之名,但却具有端正、相爱、诚实、守信、相助等美德之实,这才是最重要的。作者赞赏"端正而不知以为义,相爱而不知以为仁"的状况,这似乎具有反对启发民众的道德自觉的意向,但其良苦用心却在于告诫为政者应摒弃道德形式主义,防止人们为争夺仁义之名而弄虚作假,更反对借仁义之名而谋取私利,力图倡导在道德实践中出乎自然、真朴无华、不图回报的崇高品德,追求人与人之间坦诚相待、互助互爱,保持人与自然万物之间的和谐共处。这里的积极意义是不言而喻的:谁都不可否认,具有端正、相爱、诚实、守信、相助等道德之实,远远胜于徒具仁、义、忠、信之虚名和标榜仁义以沽名钓誉的道德骗子。

在很多篇章中,作者阐述了求道德之实而不图回报的基本观点。如在《庄子·让王》篇里,作者描述了理想社会,认为那时的人们"忠信尽治而无求焉……不以人之坏自成也,不以人之卑自高也,不以遭时自利也。"人们尽忠尽信而不求报答,不以他人的失败作为自己成功的条件,不以他人的低下而抬高自己,不因遇到好时机而为自己谋利。

通过孔子向圣人请教"真"的含义这一寓言,作者阐明了"贵真"的思想。他指出,"真"即是"精诚之至",如果将这一品德用之于"人理","事亲则慈孝,事君则忠贞,饮酒则欢乐,处丧则悲哀"。真朴之德出于天然,不可改易,而礼则是人为地造出来的,"故圣人法天贵真"。因而,无论事亲、饮酒还是处丧,都不需限于一种固定的模式,"事亲以适",而不拘于何种方法;"饮酒以乐",而不选饮酒的器具;"处丧以哀",而不讲究礼节仪式。①

《庄子》批判封建礼制那套繁文缛礼对于自然本性的束缚,摒弃在道德实践中的虚伪做作行为,充分肯定真诚质朴的道德价值,倡导社会管理者利泽万世却不图回报,追求人与自然万物之间的和谐共处,人与人之间的互助互利,向往超越血缘关系、超越礼法束缚的"至仁"、"贵真"社会理想。为了实现这些善政理想,作者又提出了一系列具体主张。

二、虚静无为,在宥天下

如何实现以上的社会理想呢?庄子学派继承了老子无为而治的政治治理模式,这些主张集中体现在《庄子》内篇的最后一篇《应帝王》中。应当具有什么样的品德才能成为治理天下的帝王呢?那就是能够听任自然、顺乎民情、行不言之教的人。

文中通过肩吾拜会隐士接舆时两人的交谈,表达了自己的治国主张。其文曰:"肩吾见狂接舆。狂接舆曰:"日中始何以语女?"肩吾曰:"告我君人者以己出经式义度,人孰敢不听而化诸?"狂接舆曰:"是欺德也;其于治天下也,犹涉海凿河而使蚉负山也。"在这段话中,肩吾的老师日中始所倡导的治国主张是一种典型的专制型模式,在这里,国君仅仅凭借自己的意志制定规矩法度强迫民众服从。这种"孰敢不听而化诸"只是民众迫于强权而无奈的服从,这种表面上的秩序与服从并不是真正的社会稳定,是不可靠的。因此,接舆毫不客气地批评这种主观妄为的专制政治说,这是一种蒙骗民众的"欺德",如此治理天下,就好像徒步下海开凿河道,让蚊虫背负大山一样。接着,庄子通过接舆之口表达了自己的治国主张:"夫圣人之治也,治外乎?正而后行,确乎能其事者而已矣。"②作者反问道,高明的圣人难道只是停留于"治外"即仅仅依靠法规刑律从外在去规范民众吗?他们会首

---

① 参见《庄子·渔父》,《二十二子》,上海古籍出版社 1986 年版,第 82 页。
② 《庄子·应帝王》,《二十二子》,上海古籍出版社 1986 年版,第 32 页。

先端正自己且顺应民众的本性而后感而化之,让民众各尽其能而已。因此,为政者将自己的意愿强加于民,强迫人们服从主观制定出来的"经式义度",这是毫无政治合法性的。

庄子及其后学极大地发挥和丰富了自然无为的治国主张,在《天道》中,作者又针对儒家"恤穷困、悯妇孺"的社会理想提出了不同看法,认为这并非是最理想的治国之道。文中指出,君主能够不傲视和抛弃穷苦无告之人,悲悯死者,善待小孩,同情妇女,这固然算是好的统治,然而,"美则美矣,而未大也",最伟大的社会治理应当如是:

> 天德而出宁,日月照而四时行,若昼夜之有经,云行而雨施矣!……古之王天下者,奚为哉? 天地而已矣![①]

君主效法天地自然而然的客观规律则天下安宁,如同日月的照耀、四季的转换、昼夜的交替、雨水的普降,社会合乎规律、公平无偏私地运行,因而天下之人皆各得其所,各有所归,不需要统治者刻意地去恤贫幼、悯死者。可见,古代帝王只需效法天地自然而然的客观规律而治天下——"天地而已矣"——就可以了。这种依循天地自然而然之道而为的管理思想是一种低耗高效的管理模式。这一思想贯穿于《庄子》的全篇之中。即使是在讨论养生的"庖丁解牛"的寓言中,作者同样也表达了顺道而为则可低耗高效的道理:那位庖丁十九年牛刀如新,可谓低耗也;"动刀甚微,謋然已解,如土委地",可谓高效也。何能如此? 奥妙就在于,庖丁能够"依乎天理……因其固然",在宰牛活动中注重探寻规律,顺道而为,"臣之所好者道也,进乎技矣"[②]。庖丁解牛的寓言表面上是谈养生之理,其实也是论做事之道,特别是彰显了依乎天理、顺道而为的道家治道之显著功效!

庄子所推崇的效法天地之道也即无为而治,在《天地》篇中,作者更明确地表达了这一思想:"玄古之君天下,无为也,天德而已矣。以道观言而天下之君正;以道观分而君臣之义明;以道观能而天下之官治;以道泛观而万物之应备。……故曰:古之畜天下者,无欲而天下足,无为而万物化,渊静

---

① 《庄子·天道》,《二十二子》,上海古籍出版社 1986 年版,第 44 页。
② 《庄子·养生主》,《二十二子》,上海古籍出版社 1986 年版,第 20 页。

而百姓定。"①这段话以古之君主为旗号,将无为而治的天道("天德")具体推行于政治治理的各个领域。以无为之道来考察官员之所言,就会辨别忠奸,去邪用良,使君主守于正道;以无为之道来考察君臣的职分,上下之义就会明确;以无为之道来观察官员的能力,就会使其很好地完成各自的职责;以无为之道博观万物,则万物也将以自然无为而应之,从而悉皆备足,各应其用。因此,古代治天下者,只需无欲无为,虚静自然,就能使天下富足而百姓安定。

因此,作者将"无为"奉为"帝王之德"。在《庄子·天道》篇中,作者进而提出了君无为,而臣有为的主张。何以要作如此区分呢? 文中分析说:"乃是帝王之德,以天地为宗,以道德为主,以无为为常。"因为无为才能发挥天下之人的力量,让自己处于"用天下而有余"的主动地位,而有为则会被他人所用,陷入"为天下用而不足"的被动困境。故践行无为和有为的行为主体是有所区别的,如果君臣上下皆践行无为,则是"下与上同德,下与上同德则不臣";如果皆实施有为,则是"是上与下同道。上与下同道则不主"。也就是说,君臣上下各有其职以及与之相应的行为原则,如果不作区分,统而行之,则会产生臣而"不臣"、主而"不主"的失序现象。因此,作者将"无为"界定为处上者的行为,文中强调说:"上必无为而用天下,下必有为为天下用。此不易之道也。"②这就对实施"无为"的行为主体作出了严格而具体的规定,明确指出"无为"乃是最高管理者以之"用天下"的治理之道,而各级下属则需要履行各自的职能"为天下用",二者不能混淆,更不能颠倒。这一思想为《淮南子》"君无为而臣有为"的主张奠定了理论基础。

从《庄子》一书来看,"无为"这一"帝王之德"的基本内容包括以下几方面:

第一,宽容治民,顺应人性,给民众一个自由自在地发展的空间。这是庄子无为而治主张中最有现代价值的思想。这一思想在《庄子·在宥》中有集中的表述,文中说:"闻在宥天下,不闻治天下也。在之也者,恐天下之

---

① 《庄子·天地》,《二十二子》,上海古籍出版社 1986 年版,第 40 页。
② 《庄子·天道》,《二十二子》,上海古籍出版社 1986 年版,第 44 页。

淫其性也;宥之也者,恐天下之迁其德也。"①在这里,庄子提出了一个与"治天下"的方式不同的"在宥天下"的管理方法,这里所说的"在"是悠游自在的意思,"宥"是宽容自得的意思。"在宥天下"就是在社会管理问题上追求自在宽容的方式,让天下之人自由地发展。而这里所谓的"治天下",则是统治者以主观意愿制定"经式义度"控制民众,从而实现"孰敢不听而化"的专制统治。但是,这种凭借强制手段以控制民众只是一种"治外"的方法,它让人"淫其性"、"迁其德",是不能够实现长治久安的。

庄子认为,治理天下应该"安其性命之情",根据各人的不同特点而用之。因为万物各有其特性,众人也各有其长处,统治者不能让他们做同样的工作,书中说:"鱼处水而生,人处水而死。彼必相与异,其好恶故异也。故先圣不一其能,不同其事。名止于实,义设于适,是之谓条达而福持。"②鱼有水才能自下而上,而人在水中却要被淹死。他们相互各有特性,好恶本来就不相同。因此,先圣不将他们的能力、才能看作一样,不使他们的工作相同。名义限于与实际相符,义理要确定得适宜,这样就能使天下之事有条不紊,使天下之人心情舒畅,从而使国家长保幸福。

第二,君主不自言其德,不自恃其功。《知北游》中说:"天地有大美而不言,四时有明法而不议,万物有成理而不说。圣人者,原天地之美而达万物之理。是故至人无为,大圣不作,观于天地之谓也。"③天地虽然对万物施予了很多好处,但却从不自言其德;四时转换有明确的规律,不需议论;万物运行各遵内在的固有之理,不需解说。天地万物如此和谐有序地运行,一切皆自然天成!圣人体悟了天地成就万物却不自夸的美德,明白了万物自化的无为之道,因此任物自成,不加妄作、不恃己功。庄子认为,为政者能够如此也就掌握了治天下的根本,"天下莫能与之争美"④。

第三,君主不自恃聪明,不自逞其能。《天道》中通过对古代王者的描画而表达这一主张说:"古之王天下者,知虽落天地,不自虑也;辩虽雕万

---

① 《庄子·在宥》,《二十二子》,上海古籍出版社1986年版,第37页。
② 《庄子·至乐》,《二十二子》,上海古籍出版社1986年版,第53页。
③ 《庄子·知北游》,《二十二子》,上海古籍出版社1986年版,第61页。
④ 《庄子·天道》,《二十二子》,上海古籍出版社1986年版,第43页。

物,不自说也;能虽穷海内,不自为也。天不产而万物化,地不长而万物育,帝王无为而天下功。……故曰:帝王之德配天地。此乘天地,驰万物,而用人群之道也。"①古代的帝王虽然无所不知,能言善辩,才能超群,但却能够充分发挥臣下的积极性,自己不用心智,不自恃聪明,不自恃其能,而是给天下之人留下实现成功任事的空间。

更为可贵的是,作者明确地提出了"无为也则任事者责矣"这一结论,从而清楚地厘清了无为这一极易引起误解的概念。根据这一观点,所谓无为,就是最高管理者委职责于臣下,让属下各任其职,各负其责,因此而天下大治。无为而"任事者责"的局面又是如何可能的呢?我们不妨顺着作者的思路继续往前追寻。作者指出,"静则无为",那么,如何才能"静"呢?作者剖析说,圣人并非认为安静是好的因此才守静,而是由于他修养深厚,故具有不被万物所扰乱的沉稳气度,"万物无足以铙(铙,通"挠"——笔者注)心者,故静也"②。在这里,作者简略的几句话就为人们描画了沉稳而不浮躁,善于统领全局而游刃有余的为政者气度。也就是说,君主沉稳安静,善于用人,就能给"任事者"留下主动履行职责的空间。显然,这是一种最高管理者宏观把握全局,下属分层负责的分层管理思想,从某种意义上说,汉代名臣陈平"各有主者"的做法正是对这一理论的实践。

第四,合并为公,无所偏私。这一思想集中体现在《则阳》篇中:

> 是故丘山积卑而为高,江河合水而为大,大人合并而为公。是以自外入者,有主而不执;由中出者,有正而不距。四时殊气,天不赐,故岁成;五官殊职,君不私,故治国;文武大人不赐,故德备;万物殊理,道不私,故无名,无名故无为,无为而无不为。③

这段话的宗旨最终落到了"无为而无不为"这一结论上。在作者看来,无为是由一系列宽容而公正无私的行为带来的自然而然的结果:丘山积累低卑才得以成其高峻,江河汇合众多支流才得以成为大川,高明的为政者合并众人的意见才成其公正。所以,善于从他人那里吸收智慧到心中,就能有主见

---

① 《庄子·天道》,《二十二子》,上海古籍出版社 1986 年版,第 44 页。
② 《庄子·天道》,《二十二子》,上海古籍出版社 1986 年版,第 43 页。
③ 《庄子·则阳》,《二十二子》,上海古籍出版社 1986 年版,第 72 页。

而不固执成见;由自己心中说出道理,即使很正确却也不拒绝他人的意见。四时有不同的气候,但上天却不偏私某一个季节,所以四时之序得以形成;五官各有不同的职能,但君主却不偏私某一个官职,所以国家才能得到治理;文武各有其不同的才能,明君却不偏私某一方,所以文治武功之德行齐备;万物各有其不同的规律,大道却不偏私于某物,所以没有名状。无所名状就自然无为,自然无为就能让万物各为其为,无所不为。从这番话可以看出,《庄子》的作者进一步给无为而治赋予了顺应人性、宽容于物、不自恃功、不执己见、公正无偏等丰富内涵。

三、共利、共给、不为私分

建立合理公正的社会分配机制是实现长治久安的基础,故《庄子》在探索治国之道时亦对此进行了充分的考虑。

作者关于理想社会分配原则的构想是建立在其哲学思想基础之上的,其沿袭了《老子》的基本思想,认为"道"是天地万物的根源和基础,宇宙间的一切都是以"道"为其最初本原和最大共性的有机统一整体。天地万物虽然形态各异,但其在本原上却是相同的,他们"假于异物,托于同体"[①]。"天地虽大,其化均也"[②],天地虽然广大,但它们的演化是均匀和谐的。

由上述万物同源、天地化均的思想直接引出了分配上"共利"、"共给"的主张:既然不同的个体在本原上是相同的,既然天地的演化是均匀和谐的,那么,人类社会就应该不分贵贱,不分贫富,天下之人就应该共同享用大自然的恩惠和社会的财富。在《天地》中,庄子通过谆芒对苑风的一番话,表达了这一经济平等的思想。文中说:"四海之内共利之之谓悦,共给之之为安。……财用有余而不知其所自来,饮食取足而不知其所从。"[③]在这一制度下,统治者与四海的老百姓共同享受一切利益,向四海的老百姓提供生

---

① 《庄子·大宗师》,《二十二子》,上海古籍出版社1986年版,第30页。
② 《庄子·天地》,《二十二子》,上海古籍出版社1986年版,第40页。
③ 《庄子·天地》,《二十二子》,上海古籍出版社1986年版,第42页。

活资财,这才称得上愉快和安乐。作者又通过尧与华地一位守封疆之人的对话,从另一个角度表达了不为私分的主张。当尧经过华地之时,此地有个守卫者见尧有圣人之德,故对他发出"使圣人富"的祝愿。然而尧却不愿意接受这一祝愿,认为"富则多事"。这位普通的守卫者开导他说:"富而使人分之,则何事之有。"①的确,为政者拥有太多的财富很可能会令他人觊觎,滋生事端;而在物资财富极其有限的封建社会中,财富向社会高层的聚集必然加剧社会下层的贫困,从而生发各种难以预料的事变。而为政者如果能够不为私分,及时地调节社会财富的分配,"使人分之",藏富于民,才能减小贫富分化,令天下安定。作者通过这位小人物,表达出社会下层重新分配财富以实现社会稳定的诉求,似乎相类于现代经济学中关于财富的二次分配的思想,颇有合理性。

在《庄子·山木》中,作者还通过市南宜僚所说的"建德之国"的状况,更完整地表达了天下共利、共给的社会分配理想。文中描述说:"其民愚而朴,少私而寡欲;知作而不知藏,与而不求其报;不知义之所适,不知礼之所将……其生可乐,其死可葬。"②"建德"即大德,"建德之国"即具有高尚道德的国家。这里的人民愚昧而淳朴,很少有个人的私欲;他们只知道劳动耕作,而不知将劳动成果私藏起来;他们慷慨地施舍于人,而又从不希求别人的报答;他们自由自在地生活着,生时非常快乐,死后可以安葬。这一理想社会包含以下几方面的内容:第一,人们勤恳劳作;第二,无私欲、无私财;第三,淳朴自然,无礼义道德的束缚;第四,和睦无争,各得其乐。这真是一个人人劳动、各得其所的美好社会!

作者向往共利、共给、无私财的社会分配制度,故对于那些为个人聚敛财富的行径表示了鄙薄的态度。其认为,多积财富不仅无任何益处,反而将会危害宝贵的身体。他说:"夫富者,苦身疾作,多积财而不得尽用,其为形也亦外矣!"③汲汲于为个人积蓄财产的人往往会由此而产生各种苦恼,损害宝贵的身体,这实在是一种舍本求末的愚昧行为,因此,占有物质财富的

---

① 《庄子·天地》,《二十二子》,上海古籍出版社 1986 年版,第 41 页。
② 《庄子·山木》,《二十二子》,上海古籍出版社 1986 年版,第 57 页。
③ 《庄子·至乐》,《二十二子》,上海古籍出版社 1986 年版,第 53 页。

所谓富人其实是很可悲的。在作者看来,真正的"富"并非指个人占有很多资财,而是指能够毫无偏私地包容不同的万物,"有万不同之谓富"。因此,君子不应该汲汲于积蓄个人私财,而应该"藏金于山,藏珠于渊;不利货财,不近贵富;不拘一世之利以为己私分……"①

为了敦促为政者认识聚敛民财的危害,作者又通过魏国隐士徐无鬼教诲魏武侯的寓言,阐发了摒除私欲以颐养精神的道理,试图制止为政者搜括天下民财以足一己之私欲的行为。一开始,魏武侯询问徐无鬼,是否厌于山林生活而希望到此享受荣华富贵。徐无鬼不卑不亢地回答说,他生于贫贱之家,并非欲求君王之厚禄,反而是来慰劳魏武侯的精神与身体。接着,他委婉地批评魏武侯"苦一国之民"以足己之私欲。其文曰:"天地之养也一,登高不可以为长,居下不可以为短。君独为万乘之主,以苦一国之民,以养耳目鼻口,夫神者不自许也。"在这里,作者不是单纯从治国的视角来论述聚敛民财的弊端,而是强调这种行为对身心健康的危害:"夫神者不自许也",因为心神是"好和而恶奸","夫奸,病也",武侯深陷此病,"故劳之"。②面对君王居高临下的姿态,徐无鬼这番悲天悯人的话语不仅得体地回敬了君王的气势,更是巧妙地以"神者,好和而恶奸"之说来劝谏君王。何谓和?何谓奸? 郭象于此注释说:"与物共者,和也;私自许者,奸也。""不以为君而恣之无极"。③ 也就是说,与天下之人共享财富才能达到和谐,而聚敛民财来满足一己之私则是偏私之举,这种做法是有害于心神的病态,故应当放弃。在这个寓言中,作者虽未交待魏武侯是否接受了徐无鬼的批评,但他从养生的视角来劝谏为政者停止聚敛民财,与民共财以颐养心神,反映出作者"共利"、"共给"的分配主张以及对道家身国同治、以养生促育德等特点的继承与发展。

在《天运》篇中,作者又说:"至贵,国爵并焉;至富,国财并焉。""并",通摒,即舍弃之意。此话的意思是说,能够舍弃国君的爵位之人是最高贵的人,能够舍弃全国资财之人是最富有的人。此语的深意在于告诫为政者,只

---

① 《庄子·天地》,《二十二子》,上海古籍出版社 1986 年版,第 42 页。
② 以上引文均见《庄子·徐无鬼》,《二十二子》,上海古籍出版社 1986 年版,第 67 页。
③ 郭象:《庄子注·徐无鬼》,载郭庆藩:《庄子集释》,中华书局 1961 年版,第 826 页。

有一心为民众谋利益,不贪恋权位,不将国家的公共资源视为己有的人,才是至尊至贵、最充实富有、最有资格成为一国之君的人。

欲实现合理公正的社会分配正义,这需要建立和完善一系列与之相应的制度安排,《庄子》在这方面的思考基本只是停留于思想观念的层面,这显然是十分有限的。但在贫富分化极其严重的封建社会中,书中蕴含的共利、共给、不为私分等思想智慧仍然是令人注目的。

四、恬淡无己,绝圣弃智

倡导和实践、推行仁义礼智,这是儒家实现其社会理想的重要途径,《庄子》对于仁义礼智持批判态度,当然也就决定了其在理想社会的实践方式上与儒家迥异。道家理想社会的实践方式是以自然道论为其理论基础的。其认为,人类应该效法自然,体合天道,如此,才能达到天下大治的理想社会。因此,对于为政者来说,体悟大道,遵循大道的原则来治理国家才是最重要的。那么,如何才能体合大道呢? 作者提出了一些基本的要求:

第一,绝圣弃智。

《庄子》进一步发展了老子"绝圣去智"的主张,他告诫说,帝王如果不能无为清虚,体合天道,而以智诈统治天下,其结果就会天下大乱。他说:"上诚好智而无道,则天下大乱矣!"他以捕捉鸟兽为例,说明了攻之愈密、避之愈巧,巧诈愈多、悖乱愈盛的道理。他总结说:"故天下每每大乱,罪在于好知。""甚矣,夫好智之乱天下也!"①只有"绝圣去智"、"绝仁弃义",才是体合天道的重要途径。这些思想是对当时天下逐鹿、竞相逞智、尔虞我诈现状的批判和反思。

这种批判和反思引出了以下这些激愤之词,文中说:"绝圣弃智,大盗乃止;掷玉毁珠,小盗不起;焚符破玺,而民朴鄙;掊斗折衡,而民不争;殚残天下之圣法,而民始可与论议……大巧若拙。削曾、史之行,钳杨、墨之口,

---

① 以上引文均见《庄子·胠箧》,《二十二子》,上海古籍出版社 1986 年版,第 37 页。

攘弃仁义,而天下之德始玄同矣。"①抛弃睿圣和智慧,窃国大盗就不再会出现;扔掉珠玉,小偷就不会产生;焚烧砸掉表示诚信的符玺,狡诈之人就无法利用其欺世盗名,于是人民归于淳朴;劈碎折断斗和秤,人们就不会争利;彻底摧毁天下之圣法,才可能与人民谈论大道。自然淳朴,不着人为,才是最高明的巧。铲除曾参、史鱼那种孝顺忠直的品行,钳闭杨朱、墨翟那样的宏辩之口,攘弃仁义,天下之人才能保全本性,达到老子所说的与天道混一的玄同境界。这些话语,当然失之过激,但也表现出庄子强烈的社会批判意识。

还必须指明的是,庄子学派虽然主张"绝圣弃智"、"削曾、史之行",但却并未否定为政者践行道德的示范作用,反而更深化了这方面的思考。作者在《则阳》中剖析现实生活中虚伪欺诈之风盛行的原因说,由于为政者隐匿事物真相而愚弄广大民众,加重任务而处罚力不能胜任的人,从而导致"民知力竭,则以伪继之,日出多伪,士民安取不伪!"出于对为政者苛求于民、欺世盗名等黑暗现实的批判和反思,《庄子》的作者倡导为政者扎扎实实地践行道德,为民作范,用身教而不用言教,以自身的榜样教化百姓,而不能苛责于臣民。《则阳》中又说:"古之君人者,以得为在民,以失为在己;以正为在民,以枉为在己。故一物有失其形者,退而自责。"②古代的君主总是将成功和正确归于百姓,将失败和错误归于自己,物之形性若有亏失,君主则退而自责。《人间世》中更是点明了为政者不能反求诸己的弊端说:"古之至人,先存诸己而后存诸人。所存于己者未定,何暇至于暴人之所行?"古代的有道之君,先在自己身上确立起"道"的原则,然后再去培养别人。自己尚且动摇不定,何能教育感化残暴之人,阻止他们做坏事呢? 这些思想大大地深化了《老子》"行不言之教"、"我无为而民自化"等治国主张。

第二,虚静恬淡。

庄子及其后学深刻认识到保持心灵的虚静恬淡对于为政者的重要意义。他们继承了《老子》致虚守静的思想,视虚静恬淡为"万物之本",是"为君"、"为臣"皆应持守的:"以之处上,帝王天子之德也;以此处下,玄圣素王

① 《庄子·胠箧》,《二十二子》,上海古籍出版社 1986 年版,第 72 页。
② 以上引文见《庄子·则阳》,《二十二子》,上海古籍出版社 1986 年版,第 71、72 页。

之道也;以此退居而闲游江海,山林之士服;以此进为而抚世,则功大名显而天下一也。……此之谓大本大宗,与天和者也;所以均调天下,与人和者也。"①

为了保持心灵的虚静,书中提出了"无己"、"坐忘"、"心斋"、"养神"等主张。"无己",即从精神上超脱一切自然和社会的限制,泯灭物、我,泯灭我之好恶之情,以至达到"形若槁骸,心若死灰"。此又称之为"丧我"、"坐忘",也就是忘却仁义礼乐,抛却外物,"堕肢体,黜聪明,离形去知,同于大通"②,与自然之道合一。

"心斋"也是庄子提出的体合天道的方法,此法的要求是,心志纯一,排除杂念,对外界听而不闻,心神停止与外界接触,以守虚静,摆脱一切外物之累,从而与"道"合一。③另一个体道方法是"养神"。其具体的要求是"纯粹而不杂,静一而不变,淡而无为,动而以天行,此养神之道也。""唯神是守,守而勿失,与神为一,一之精通,合于天伦。"④

总之,要彻底摆脱外物的桎梏,去掉贵、富、显、名等欲望,泯除容、动、气、意、恶、喜、怒、哀、乐等情绪,对尘世间的一切毫不动心,恬淡虚静,才能"均调天下",达到与人相和,与自然相和的理想境界。

《庄子》试图通过为政者静心修养、体合天道、绝圣弃智、绝仁弃义等方法,恢复人的淳朴本性,从而实现社会风气的淳朴和君臣上下的和谐。这当然是不切实际的幻想,这种将理想社会的实现寄托于为政者个人的心性修养和品德完善之上的主张,是中国封建社会人治政治的巨大投影。这固然暴露了庄子及其后学的局限性,但上述思想要求为政者淡化争名夺利的私望,不聚私财、俭啬寡欲、摒伪去诈、冷静淡泊,这又包含着不少值得珍视的思想火花。它有助于为政者在管理活动中收敛私欲,开诚布公,勤俭节约,提高政务活动的透明度,摒弃奢侈消费,这不仅在中国政治思想史、行政管理思想史上有其积极意义,对当代管理者亦不无启示。

①《庄子·天道》,《二十二子》,上海古籍出版社1986年版,第43—44页。
②《庄子·大宗师》,《二十二子》,上海古籍出版社1986年版,第31页。
③《庄子·人间世》,《二十二子》,上海古籍出版社1986年版,第22页。
④《庄子·刻意》,《二十二子》,上海古籍出版社1986年版,第49页。

第五章 《吕氏春秋》贵因去私、以民为务的民本信条

《吕氏春秋》是秦相吕不韦组织门人宾客所编纂的,班固在《汉书·艺文志》中将此书与《淮南子》同列为杂家,当代亦有学者持此种看法。对于这一说法,熊铁基等先生提出了异议且进行了详尽的论证;同时,熊先生将该书和《淮南子》等作品称之为“新道家”。① 笔者认为,熊先生将《吕氏春秋》和《淮南子》仍归于道家之列的观点,是有道理的。《吕氏春秋》虽然博采众家,但并不是如一些人所说的那样,是“东抄西抄”,或者是“杂七杂八”的大拼盘,而是以早期道家的基本原则为主旨,兼容并蓄,融会吸收各家之长。它与《黄帝四经》及后来的《淮南子》等书当同属黄老学派,全书以道为宗,兼容并蓄,融汇吸收儒、墨、阴阳等各家学派之长,构成了一个包揽天地自然、社会和人身的庞大理论体系,提出了一套长治久安的治国方略,为秦帝国设计了未来的政治蓝图,堪称在政治领域中应用、发展道家思想的杰作。

吕不韦原是河南阳翟的一位富商,他曾出谋划策并倾以巨资,帮助在赵国充当人质的子楚(秦国王储安国君之子,秦王嬴政之父)获得王储嫡嗣的地位。因此,当子楚立为秦国国君之后,立即兑现了当初“分秦国与君共之”②的诺言,任吕氏为丞相,封为文信侯,食河南洛阳十万户。13 岁的嬴政即位后,又尊其为仲父(仲父,犹如叔父)。从此,吕氏统摄朝政,权倾朝

---

① 参见熊铁基:《秦汉新道家略论稿》,上海人民出版社 1984 年版,第 1—10 页。

② 司马迁:《吕不韦列传》,《史记》卷八十五,中华书局 1982 年版,第 2506 页。

野。历史证明,吕不韦不仅是一位商人,更是一位具有雄才大略的政治家,他在军事上积极进行"欲以并天下"的活动,对秦国的发展和统一大业立下了丰功伟绩,同时,他还组织门人宾客编纂《吕氏春秋》,他在政治上亦作出了重要贡献,此书虽为其门人宾客所作,但反映和代表了吕不韦的学术倾向和政治治理主张。由他出面来组织编纂《吕氏春秋》这部黄老之学的大作,这绝不是偶然的。

笔者推断,吕不韦与黄老道家早就有着某些联系。吕不韦虽然是河南阳翟人,但作为一个大商人,他走南闯北,赵国成了他的主要活动地区。齐、赵之地正是黄老之学盛行的区域,如,汉初善黄老之学的田叔即为赵人。以治黄老之学而被延为曹参之国师的盖公亦受学于赵人,他的黄老之学来自于乐毅之后人乐臣公。司马迁在《史记·乐毅列传》中记载了这一学术传承脉络:"乐臣公学黄帝、老子,其本师号曰河上丈人……河上丈人教安期生,安期生教毛翕公,毛翕公教乐瑕公,乐瑕公教乐臣公,乐臣公教盖公,盖公教于齐高密、胶西,为曹相国师。"而这位"善修黄帝、老子之言"的乐臣公①是由赵国入齐国的。因此,在吕不韦入秦任相之前,很可能即已在他经常居住的赵国接受过黄老思想的某些影响,在他担任秦国丞相之后,组织门客编纂黄老之学的著作,则应当是顺理成章之事。当然,吕不韦组织大量人力、物力著书绝不仅出于对黄老之学的特殊偏好,而是出于政治上的考虑。当时,统一天下已成必然之势,在统一之后,采取何种治国方略以治天下,这成为摆在统治者面前的重要而现实的问题。对于这一问题,在秦国统治集团内部存在着巨大的分歧:以秦王嬴政为首的政治势力崇尚的是法家的君主专制理论,而吕不韦为首的政治势力崇尚的则是新道家的顺应自然、与民生息的主张。吕不韦之所以选择黄老道家,一方面固然是出于与秦王分享权力的要求和目的;另一方面,则是出于对秦帝国长远利益的考虑。为了秦帝国的长治久安以及他自身的利益,身为仲父和丞相的吕不韦,希望以他的独特身份,规劝在政治上日趋骄横专断、在生活上日趋奢侈淫逸的秦王嬴政,他编纂了《吕氏春秋》这一充满治国智慧的作品,以下略述其主要内容。

---

① 一作乐巨公。司马迁:《乐毅列传》,《史记》卷八十,中华书局 1982 年版,第 2436 页。

一、君道贵因,因则无敌

《吕氏春秋》在老子自然无为思想的基础上,又继承和发展了《管子·心术》中"贵因"的原则,提出了君道"贵因"的主张。"因"即因循、顺应自然之意。但在本书中,"因"不再是一般的行为原则,而是君主所应持守的"君术",所谓"有道之君,因而不为"①。对于君主来说,如果不遵循"因"这一统治原则,就将扰乱天下:"为则扰矣,因则静矣。因冬为寒,因夏为暑,君奚事哉! 故曰:君道无知无为,而贤于有知有为,则得之矣。"②书中又说:"作者忧,因者平。惟彼君道得命之情,故任天下而不强,此之谓全人。"③

《吕氏春秋》的贵因思想既吸收了老子顺应自然、无为而治原则和《管子》的贵因主张,又整合了儒家"重义"和德治等思想。作者通过舜坚持对"三苗"推行德治从而使之归服的典故,来论证以德治民的威力,并借孔子之口总结说:"德之速,疾乎以邮传命。"④书中专门设有《上德》一篇,开宗明义地说:"为天下及国,莫如以德,莫如行义。以德以义,不赏而民劝,不罚而邪止。此神农、黄帝之政也。以德以义,则四海之大,江河之水,不能亢矣……孙、吴之兵,不能当矣。"不过,我们若仔细分析《上德》一文,则又可看出,这里所说的"德"与"义",其实质内容依然是"因顺"。作者紧接着上文说:"古之王者,德回乎天地,澹乎四海,东西南北,极日月之所烛。天覆地载,爱恶不臧。虚素以公,小民皆之,其之敌而不知其所以然,此之谓顺天。教变容改俗而莫得其所受之,此之谓顺情。"文中所赞赏的"德回乎天地"的"古之王者",他们之所以能够建功立业,关键还是在于能够"顺天"、"顺情"。可见,在作者的眼中,因顺的管理原则也就是德治,这是一种"利行乎天下而民不识"的最高治理方式,而依靠严罚厚赏而治民乃是

---

① 《吕氏春秋·知度》,《二十二子》,上海古籍出版社 1986 年版,第 690 页。
② 《吕氏春秋·任数》,《二十二子》,上海古籍出版社 1986 年版,第 689 页。
③ 《吕氏春秋·君守》,《二十二子》,上海古籍出版社 1986 年版,第 688 页。
④ 《吕氏春秋·上德》,《二十二子》,上海古籍出版社 1986 年版,第 699 页。

"衰世之政"。①

我们知道,治国是依法享有行政权力的行政主体对国家事务、社会公共事务进行有效的管理活动。那么,"因而不为"的原则是否与"有效的管理"背道而驰呢？为什么"有道之君"要选择"因而不为"的管理方式呢？它的具体含义主要包括哪些内容呢？其实,《吕氏春秋》所说的"因"有着十分丰富的内涵,主要包括因循规律、顺应时势和顺应民心等意义。"因而不为"是一种因循规律、顺应时势、顺应民心而不强作妄为的治国智慧。

为何君主必须持守"因而不为"之道呢？作者从几个方面论述了理由。

第一,君主"好以己为"则为奸臣提供了阿主以行奸的机会。书中指出,凡奸邪之人必然善于揣摩君主的喜好,顺应君主所为、所欲为之事,如果"人主好以己为,则守职者舍职而阿主之为,阿主之为有过,则主无以责之,则人主日侵而人臣日得"。君主"好以己为",则奸邪之臣放弃自己的职守而去迎合君主的行为,于是,即使是其有过错,君主也不便责罚,这就影响了君主行使正常的权力,给奸臣以可乘之机,"尊之为卑,卑之为尊,从此生矣。此国之所以衰而敌之所以攻之者也"。②

君道贵因的管理智慧,在很大程度上是出于对君主自身局限性的认识。作者分析说,君主如果自恃聪明,"自智而愚人,自巧而拙人",臣下就会事无巨细皆来请示,而作为个体的君主,无论具有多高的智慧和多大的能力毕竟是有限的,"主虽巧智,未无不知也"。君主以自己有限的知识和能力来应对臣下没完没了的请示,"其道固穷"。于是,这个原本试图树立无所不知、无所不能的完美形象的君主反而会面临威信扫地的尴尬境地:"数穷于其下,将何以君人乎？"更可怕的是,穷而不知其穷,反而更加自以为是,作者将这种情况称为"重塞",即严重的闭塞,如此,国亡身败也就不可避免了:"重塞之主,无存国矣。"③

第二,"因"才能集中众人的智慧和力量,而君主"强为"则不利于发挥"众能"、"众智"。作者在《分职》中告诫君主,只有"人主之惑者"才会"以

① 以上参见《吕氏春秋·上德》,《二十二子》,上海古籍出版社1986年版,第699页。
② 参见《吕氏春秋·君守》,《二十二子》,上海古籍出版社1986年版,第688页。
③ 参见《吕氏春秋·知度》,《二十二子》,上海古籍出版社1986年版,第690页。

其智强智,以其能强能,以其为强为",因为这将使自己"处人臣之职",而一旦陷于本应由人臣担任的事务之中,就不可能有统观全局、高瞻远瞩的胸怀。处于这样的境况之下,"而欲无壅塞,虽舜不能为"。而行政长官如果能够采取"因"的管理方式,则能产生完全不同的积极效应:"君也者,处虚素服而无智,故能使众智也;智反无能,故能使众能也;能执无为,故能使众为也。无智、无能、无为,此君之所执也。"①

君主清静无为,不自作聪明、不逞能自为,就能充分地发挥群臣的能力和智慧。因此,高明的君主要自觉地保持这种"无智、无能、无为"的境界,其目的是让群臣各尽其职、各尽其能,正所谓"大圣无事而千官尽能"②。

可见,君主"因而不为"并非无所作为,而是去除自我的主观妄为,让臣下更好地发挥聪明才智,给他们留下"为"的空间。

第三,"因"的内涵还包括因循自然、顺应时势、顺应民心。作者认为,这是一种无敌于天下的管理方法。《贵因篇》指出:"三代所宝莫如因,因则无敌。"作者认识到,圣人不能造时势,但却能根据时势,因势利导,成就功业,这是无敌于天下、立大功名的重要前提:"圣人不能为时,而能以事适时。事适于时者其功大。"③以事适时也就是因时而动,顺应时势而行。而民心往往反映着历史的发展趋势,故因顺时势在很大程度上具体体现为因顺民心。书中举例说明了因顺民心的功效:"禹通三江五湖……因水之力也;舜一徙成邑,再徙成都,三徙成国,而尧授之禅位,因人之心也;汤武以千乘制夏商,因民之欲也。"④大禹在与洪水这一自然灾害作斗争时,顺应水的特性,疏导引流,故能取得成功;而尧、舜、商汤、周武王等先王在处理国事、创建功业时,无不是顺应民心,故能使国家由弱而强,战胜强敌。作者根据历史经验而作出总结说:"先王先顺民心,故功名成。夫以德得民心立大功名者,上世多有之矣;失民心而立功名者,未之曾有也。""故凡举事,必先审

---

① 《吕氏春秋·分职》,《二十二子》,上海古籍出版社1986年版,第721页。

② 《吕氏春秋·君守》,《二十二子》,上海古籍出版社1986年版,第688页。

③ 《吕氏春秋·召类》,《二十二子》,上海古籍出版社1986年版,第705页。

④ 《吕氏春秋·贵因》,《二十二子》,上海古籍出版社1986年版,第680页。

民心"。①

在君尊臣卑、君尊民卑的封建等级制度下,君主往往易于唯我独尊而无视民心,故作者强调君主必须善待民众,并阐发《周书》的思想说,君主善待民众则是为自己蓄积力量,其能量之大如同"决积水于千仞之溪,无人能当";相反,如果不能善待民众则是为自己树立仇敌,不仅亡国败身而且祸及子孙。善待民众的舜能够"布衣而有天下",而残虐民众的桀虽然身为天子却不能够安宁和生息。因此,仅仅在形式上拥有民众则"不可为有之",得民心才是真正地拥有民众,"有必缘其心",故作者告诫说:"有无之论,不可不熟。汤、武通于此论,故功名立。"②

可见,"因"的管理方式正是实现"有效的管理"的智慧。作者认识到,成就功业的关键不在于既有国力的强弱或统辖疆域的大小,例如,国力原本并不强大的商汤和周武王,他们虽然"遭乱世,临苦民",却能建功立业,"扬其义,成其功",其中的关键就在于他们能够"因也",即顺应时势、顺应民心,善于调动"众智"、"众能"。这些话语的深意乃在于告诫以秦王嬴政为代表的专制君主不能任意妄为、专横偏私,故作者接下来又进一步指出:"因则功,专则拙。因者无敌。国虽大,民虽众,何益?"③

在这里,作者再次指出了"因"与"专"这两种不同的管理方式的结果:因顺时势就能成就功业,所向无敌,而独断专行就要失败。如果独断专行的话,即使拥有广大的国土和众多的民众也是无济于事的。

由因顺民心等思想出发,作者强调恩重于威,威必须依托于"爱利之心",针对专制君主在管理活动中滥行君威的这一弊病,他说:"徒多其威。威愈多,民愈不用。亡国之主,多以多威使其民矣。故威不可无有,而不足专恃。譬之若盐之于味,凡盐之用,有所托也,不适则所托而不可食。威亦然,必有所托,然后可行。恶乎托? 托于爱利。爱利之心谕,威乃可行。威太甚则爱利之心息。爱利之心息而徒疾行威,身必咎矣。此殷、夏之所

① 《吕氏春秋·顺民》,《二十二子》,上海古籍出版社 1986 年版,第 654 页。
② 《吕氏春秋·适威》,《二十二子》,上海古籍出版社 1986 年版,第 700 页。
③ 《吕氏春秋·贵因》,《二十二子》,上海古籍出版社 1986 年版,第 680 页。

绝也。"①

这段话语是对于《吕氏春秋》因顺民心、民意的进一步诠释。作者依据人性趋利避害的特点,认为民众"欲荣利,恶辱害",专恃君威而不施恩于民,乃是"亡国之主"之所为,只有适应民众欲求荣誉和利益的心理以实施奖赏,适应民众厌恶耻辱和祸害的心理以实施惩罚,才能有效地管理使用民众,故施威必须"托于爱利",即依托于爱民利民的措施。"爱利之心谕",才能够行使君主的权威,而所谓"爱利之心"就是为政者爱民、利民的人文关怀,当管理者将这一思想贯穿于管理活动中并辅之以相应的措施,同时也让民众了解到管理者这种爱民、利民的愿望,则自然能够受到民众的拥护,从而顺利实现管理目标。

为了敦促为政者对于因循、顺应自然原则的遵循,作者进一步深化了老庄治国养生一理的思想。《本生》云:"圣人之制万物也,以全其天也。天全则神和矣,目明矣,耳聪矣,鼻臭矣,口敏矣,三百六十节皆通矣。若此人者,不言而信,不谋而当,不虑而得,精通乎天地,神覆乎宇宙。其于物无不受也,无不裹也,若天地然。上为天子而不骄,下为匹夫而不惛,此之谓全德之人。"所谓"全其天",也就是因顺自然、保全本性,君主若能如此,则可成为身心两全、智慧超群、上通天地、下统万物的"全德之人"。因此,治身、治家、治国、治天下,"异位同本",这个"本",即是法乎天地,顺应自然,"治身与天下者,必法天地"②。

《吕氏春秋》的作者提出君道贵因、因循自然的治国主张,其深意乃在于告诫以秦王嬴政为代表的专制君主不能任意妄为、专横偏私,故作者接下来又进一步指出:"因则功,专则拙。因者无敌。国虽大,民虽众,何益?"可见,《吕氏春秋》中"贵因"的管理思想又是与其"贵公去私"、反对君主专制的政治原则紧密相连的。关于这一内容,作者将在第三节中详论。

---

① 《吕氏春秋·用民》,《二十二子》,上海古籍出版社1986年版,第700页。
② 《吕氏春秋·情欲》,《二十二子》,上海古籍出版社1986年版,第633页。

二、各当其职，谦下纳言

与"因"这一管理思想紧密相关的是各当其职、谦下纳言的主张。《知度》篇说："故有道之主，因而不为，责而不诏，去想去意，静虚以待。不伐之言，不夺之事，督名审实，官复自司。"①这段话主要是讨论君臣之间的工作分工特别是君主的应为之事。作者告诫君主，有道之君应该因顺臣下的才能而不事必躬亲。从这段话中可以看出，作者推崇君主"因而不为"的管理方法，并不是无所作为，而是要求君主顺应臣下的才能，让他们有一个发挥才能的空间。君主自己不主观妄为，也不在业务上逞能显智，而是督查官员的职责、审察他们的实际业绩（"督名审实"），进而让官员各司其职，负责管理好自己分内之事。

可见，各当其职是与"因"的原则相辅相成的另一条管理智慧。作者认为，一个明智的君主并非"遍见万物"、明察秋毫，而是在于"明于人主之所执"；一个掌握了管理方法的君主，并非"一自行之"、事必躬亲，而是要"知百官之要"，即要懂得驾驭百官的要领。如此，就能"事省而国治"、"百官各处其职"，实现高效率的行政管理，实现"至治"这一理想的行政管理目标。②

作者认为，君主要明白自己作为个体的局限性，懂得运用属下的聪明才智，调动百官的智慧和力量。书中根据上古时期羲和、容成、伯益、巫彭等二十位官员发明历法、衣服、文字、医术等各种技术的传说，进一步说明君主这一道理："圣王不能二十官之事，然而使二十官尽其巧、毕其能。"③

作者强调，君主要明白自己的局限性，懂得运用属下的聪明才智，调动百官的智慧和力量。而要有效地发挥臣下的聪明才智，就必须"审分"，即审定君臣上下和各位官员的具体职责："凡人主必审分，然后治可以至"。

---

① 《吕氏春秋·知度》，《二十二子》，上海古籍出版社1986年版，第690页。
② 《吕氏春秋·知度》，《二十二子》，上海古籍出版社1986年版，第689—690页。
③ 《吕氏春秋·勿躬》，《二十二子》，上海古籍出版社1986年版，第689页。

行政长官首先必须审察、厘清君臣上下和文武百官各自所承担的职责,建立一个职责分明的行政管理运行系统,才能让各级官员各尽其责,尽忠竭力,管理有序。作者以种地为例来阐明这一道理说,如果众人共同种地,就有人不出力,耕作速度必慢;如果分工耕作就无法偷懒,耕作速度必快。治国行政活动也是如此,臣下和君主共同来治理这些"地",臣下就有机会掩蔽其私心邪念,君主就"无所避其累"①,行政效率将要大打折扣。

更严重的是,如果君主喜好逞能、逞强或自以为是,就必然君代臣职、越俎代庖,从而致使责权不明、管理混乱无序:"凡官者,以治为任,以乱为罪。今乱而无责,则乱愈长矣。"作者告诫君主说,那些亡国之君主之所以败亡,其重要的原因就在于"君臣扰乱,上下不分别",从而导致行政官员"耳虽闻不可以听,目虽见不可以视,心虽知不可以举"。既然行政官员的感官和头脑无法发挥应有的作用,整个行政管理系统当然也就无法正常运转,甚至无异于瘫痪了。懂得这个道理,才能防患于未然,"灾无由至"。②

《吕氏春秋》的作者深深地懂得,要发挥众人的智慧和力量,君主必须虚怀若谷、谦下纳言,保持君臣、君民上下信息的通达。为了让为政者进一步认识言路闭塞的危害性,《吕氏春秋》的作者还运用医学养生的理论进行比喻,提出了"精气郁"则身病、"国郁"则政危的理论,以说明上下互通声气的必要性。书中说,保持健康的身体,必须使血脉流通,心志平和,精气流行,"若此,则病无所居而恶无由生"。它分析疾病产生或不愈的原因说:"病之留、恶之生也,精气郁也。故水郁则为污,树郁则为蠹,草郁则为蕡。""郁"即阻塞不通。这就是说,疾病缠身是由于精气郁滞不通。该书将这一理论推之于治国,指出:"国亦有郁"。国家的言路阻塞,上意不能下达,下情无法上通,此则为"国之郁"。"国郁处久则百恶并起,而万灾丛至矣。"③作者还继承《国语·周语》的思想,强调必须让社会各阶层的人士都有说话的机会,君主应广泛地听取臣民们的各种意见,国家才不至于生"郁"而败亡。因此,那些为国家决郁塞的直言之士正显示出他们的崇高价值:"故圣

---

① 《吕氏春秋·审分》,《二十二子》,上海古籍出版社 1986 年版,第 687 页。

② 《吕氏春秋·任数》,《二十二子》,上海古籍出版社 1986 年版,第 688 页。

③ 以上引文均见《吕氏春秋·达郁》,《二十二子》,上海古籍出版社 1986 年版,第 706 页。

王之贵豪士与忠臣也，为其敢直言而决郁塞也。"①

作者还对君主自骄自智的弊病作了进一步的剖析："亡国之主，必自骄，必自智，必轻物。"自骄则就会怠慢士人，从而导致言路阻塞；自智则会独断专行，从而导致君位危险；轻物则会无所防备，从而招致祸患。如何避免上述问题的发生呢？作者提出了礼贤下士、获得民众拥护以及防患于未然这三条措施，并将其视为"人君之大经"②。

因此，作者突破了老子"不尚贤"的思想，明确提出要礼士尊贤。该书告诫君主说："昔者一沐而三捉发，一食而三起，以礼有道之士，通乎己之不足也。通乎己之不足，则不与物争矣。愉易平静以待之，使夫自得之；因然而然之，使夫自言之。"作者认为，三代之所以昌盛，是由于其君主虚心向贤者、知者求教："学贤问知，三代之所以昌也。不知而自以为知，百祸之宗也。"③因此，作者将"得贤"奉为建立功名的根本。

"贵因"在很大程度上是要收敛当权者的个人私欲和主观意志，故作者又提出了"贵公去私"、反对君主专制的管理原则。

三、贵公去私，平得于公

正确地处理个人利益与公共利益的关系、唤起行政官员尊重民众及其根本利益的良知，代表广大民众的利益，"为范围更广泛的全体居民而不是为自我、家庭、小集团或一帮人的利益服务"，这是现代行政伦理的核心内容。在这方面，道家治道有丰富的资源。《吕氏春秋》继承《太公六韬》等作品的思想，早在两千多年以前就提出了贵公去私的主张。

按照现代政治学理论，政府的权力来自于人们理性达成的契约，政府应当维护公共利益，为广大民众服务。而在中国封建社会中，封建政权的政治合法性根据则是来自于"上天"。但周武王在讨伐无道的商纣王、发动那场

---

① 《吕氏春秋·达郁》，《二十二子》，上海古籍出版社1986年版，第706页。
② 《吕氏春秋·骄恣》，《二十二子》，上海古籍出版社1986年版，第707页。
③ 以上引文均见《吕氏春秋·谨听》，《二十二子》，上海古籍出版社1986年版，第667页。

改朝换代的"革命"时，将权力授予制从"天"转移到了"民"，所谓"天视自我民视，天听自我民听"，"天矜于民，民之所欲，天必从之"。①"上天"的视听来自于民众，行政问责的终极主体由君王转到了公众。这一著名的观念成为后世制约家天下政治体制下君主私意膨胀的理论依据。但是，由于缺乏制度层面的约束，在实际政治活动的运作过程中，绝大多数专制君主往往是以一己之私利为中心，而将上述训诫置于脑后，从而危害着王朝的长远利益。作者告诫说："世之人主多以珠玉戈剑为宝，宝愈多而民愈怨，国愈危，身愈累。"②

《吕氏春秋》的作者还认识到，在社会政治生活中，为政者私欲的膨胀往往让他们失去理智，失去正确的感知能力和认知能力，从而带来各种灾难："夫私视使目盲，私听使耳聋，私虑使心狂。三者皆私，则智无由公。智不公，则福日衰，灾日隆。"③

更为严重的是，君主专制政治制度进一步为私欲的疯狂生长和私欲误国害民提供了合适的土壤，这是不得不引起高度警惕的。

出于以上认识以及针对秦王嬴政在政治生活中日益彰显出来的私欲，作者专门撰写《贵公》一篇，提出了贵公去私的政治主张，文中指出："天无私覆也，地无私载也，日月无私烛也，四时无私行也。"公而无私是天地自然的本性，它虽然养育了人类，但"生而弗子"，虽然生成了万物，但"成而弗有"，"万物皆被其泽、得其利而莫知其所由始"，万物都受到天地的恩泽却不知其源于何处。

在《贵公》中，作者运用"观物比德"的类比推理手法，从天地自然推及到了人类社会，认为三皇五帝正是效法了天地自然这种公而无私的大德，才能得天下人之心。书中以古代圣王为旗号，提出了贵公的政治理想，文中说："昔先圣王之治天下也，必先公。公则天下平矣，平得于公。尝试观于

---

① 《尚书·泰誓》，《十三经注疏》，中华书局1980年版，第181页。
② 《吕氏春秋·侈乐》。作者按：此段文字原为"世之人主多以珠玉戈剑为宝，愈多而民愈怨，国人愈危，身愈累危。"此据陈昌济的订正而改。（参见徐子宏译，文钊校注：《白话吕氏春秋》，岳麓书社1993年版，第403页）
③ 《吕氏春秋·序意》，《二十二子》，上海古籍出版社1986年版，第665页。

上志(即古代史事记载),有得天下者众矣,其得之以公,其失之必以偏。凡主之立也,生于公。"这就十分清楚地宣告,为政者必须公平、公正才能实现天下太平,偏私不公则会失去天下。同时,只有公平、公正才能得天下,公平、公正才能使他的政权具有合法性。接着,作者又引用《鸿范》中"无偏无党,王道荡荡。无偏无颇,遵王之义"等语,抒发对于公正无偏的王道治世的向往。在作者看来,所谓"公",就要摒弃"家天下"而弘扬"公天下"的精神,故书中宣告:"天下非一人之天下也,天下之天下也",这就明确地指出:天下应当是天下之人所共同拥有的公共资源,专制君主不能视江山社稷为个人囊中之物。作者还以天地自然那种无目的、无偏私的客观性为喻,要求君主不徇私情:"阴阳之和,不长一类;甘露时雨,不私一物;万民之主,不阿一人"。① 反映出作者对政治权力之公共性属性的深刻认识。

不徇私情首先体现在赏罚能否公正。赏罚是君主实施政治控制和道德控制的重要手段,也是衡量社会分配是否公正的重要标志,赏罚是否合理公正直接影响到管理和谐目标的能否实现。《吕氏春秋》对于这一问题有深刻的认识,本书有《当赏》篇专就这方面进行论述。文中指出:"主之赏罚爵禄之所加者宜,则亲疏远近贤不肖皆尽其力而以为用矣。"君主对臣下的赏罚公正适宜,合符道义,必然大大地激励属下更好地尽忠效力,将忠信亲爱等美德发扬光大,将这些美德纳入自己的品德结构中,进而形成道德习惯,成为一种不再受厚赏严罚等外在因素所左右的稳定的性格特征——"安之若性";而赏罚不当的话,则将使奸诈、虚伪、贪婪、暴戾等负面道德泛滥不息,也会习之成性,虽厚赏严罚亦难以禁止。

而要实现赏罚公正,君主首先必须节制私欲,故该书告诫君主不要"贪戾",不要追求"私利"。书中还大胆地批评将天下据为己之私产的君主世袭制说:"今世之人主,皆欲世勿失矣,而与其子孙。立官不能使之方,以私欲乱之也。"②正因为怀着这种期冀世代占据天下的私欲,而致使君主宁可将君主之位传给不肖之子孙,而不愿传给贤能之人,最终反而导致了国家大

---

① 以上引文均见《吕氏春秋·贵公》,《二十二子》,上海古籍出版社1986年版,第631页。

② 《吕氏春秋·圜道》,《二十二子》,上海古籍出版社1986年版,第638页。

乱而失国。

在这些话语的字里行间，作者不仅否定了世袭制度之下君主独占政治权力的资格与合法性，而且指出了君主将权力据为私有而私相授受将可能导致的严重后果，表达出黄老道家关于政治权力的属性的理性认识。

由贵公的政治原则出发，《吕氏春秋》超越了《老子》"兵者，凶器"的观点，作者在对于战争的看法上，并不是一概反对，而是强调"有义兵而无有偃兵"。因为在人类社会中，"争斗之所自来者久矣，不可禁，不可止"，适当地使用暴力是制止争斗的有效手段："义兵之为天下良药也亦大矣。"①"攻无道而伐不义则福莫大焉，黔首利莫厚焉。"因此，对于用兵之事应该具体分析，而不能一概禁之，"禁之者，是息有道而伐有义也，是穷汤武之事而遂桀纣之过也"。② 因此，古代的圣王皆曾用兵，他们用兵的原则是："乱则用，治则止；治而攻之，不祥莫大焉；乱而弗讨，害民莫长焉。"③因此，使用必要的暴力手段是维护社会秩序所必需的："家无怒笞，则竖子婴儿之有过也立见……天下无诛伐，则诸侯之相暴也立见。"④

在《吕氏春秋》问世以前，虽然有周公提出过"唯命不于常"的思想，认为上天之命并非固定，谁能做到敬德保民，上天就会授以大命，反之则将被天所废弃；师旷、孟子、荀子等人也都肯定过惩罚暴君的合理性。⑤ 但像《吕氏春秋》这样系统、明朗地论述"行罚不避天子"的理想，则是前所未见的。这一方面是因为，身兼丞相、仲父于一身的吕不韦，已经从渐趋成年的嬴政身上觉察到专制君主的某些恶习，上面这些话语正是对于嬴政的训诫和警告，其字里行间透露出吕不韦这位辅国重臣的权威和责任感；另一方面，则是由于作者将先秦道家反对封建专制主义思想传统与孟、荀等思想家的民本思想融合发展而产生的结果。

---

① 《吕氏春秋·荡兵》，《二十二子》，上海古籍出版社1986年版，第648页。
② 参见《吕氏春秋·振乱》，《二十二子》，上海古籍出版社1986年版，第649页。
③ 《吕氏春秋·召类》，《二十二子》，上海古籍出版社1986年版，第703页。
④ 《吕氏春秋·荡兵》，《二十二子》，上海古籍出版社1986年版，第648页。
⑤ 如孟子肯定武王伐纣的正义性说："贼仁者谓之贼，贼义者谓之残；残贼之人谓之一夫。闻诛一夫纣矣，未闻弑君也。"（《孟子·梁惠王下》，《十三经注疏》，中华书局1980年版，第2680页）荀子亦同样赞同暴君："诛暴国之君若诛独夫"，"故桀、纣无天下，而汤、武不弑君"。（《荀子·正论》，《二十二子》，上海古籍出版社1986年版，第329页）

在缺乏制约的专制制度下,如何促进君主践履贵公去私的原则呢?《吕氏春秋》的作者从多个方面进行了思考和论述。

首先,作者详尽地论证了私欲膨胀、"嗜欲无穷"的负面影响。

作者告诫说,奢侈生活不利于人的生命健康:"出则以车,入则以辇,务以自佚,命之曰招蹷之机;肥肉厚酒,务以自强,命之曰烂肠之食;靡曼皓齿,郑、卫之音,务以自乐,命之曰伐性之斧。三患者,贵富之所致也。"①作者将纵情于声色、沉溺于肥肉厚酒对健康的危害作了贴切的比喻,这与现代医学的观点是完全一致的。对照现实生活中那些因营养过剩、缺乏体育锻炼而导致各种富贵病的患者,对照那些纵欲挥霍者的身体现状及其发展趋势,以上告诫不是仍然没有过时吗? 作者还抬出古代的君主的俭朴生活方式以进一步论证说,古代君主不住太大的房屋,不修建太高的亭台,不吃过多的珍馐美味,不穿太厚太暖的衣服。因为穿得过厚过暖,就会使脉理阻塞,气血不通;吃过多的珍馐美味就会使肠胃过饱,腹中闷胀,气血不通。这样就不可能长寿。因此,古代圣王修造宫室,只要能够避免燥热潮湿就够了,置办衣服只要能够暖和就行了,调制饮食只要能充饥就行了。恬淡适度的物质生活有益于人体各种营养的平衡,应避免营养过剩而引发的各种疾病,去除过分的感官享乐而损害人的身心健康。

同时,嗜欲无度还会对人的行为产生负面作用:"事随心,心随欲。欲无度者,其心无度;心无度者,则其所为不可知矣。"②这就是说,人的行为受精神心理活动的支配,而心理活动又受需要的制约,受物欲的支配,毫无止境地追求外物,会影响人的正常的心理活动,产生心理障碍;而且,过强的欲望往往会造成人的行为的失常,导致人的行为失去理智的控制。这些认识与现代心理学理论和一些心理学家的看法不无相通之处。从健康心理学的角度来看,贪婪与纵欲皆是一种人性的扭曲与心理的病态。西方著名人本主义哲学家和心理学家弗洛姆根据多年的临床经验得出结论说,穷奢极欲的行为往往是意志消沉和极度焦虑的结果,那些在精神上感到空虚或绝望

---

① 《吕氏春秋·本生》,《二十二子》,上海古籍出版社1986年版,第630页。
② 《吕氏春秋·观表》,《二十二子》,上海古籍出版社1986年版,第798页。

的人常常试图通过"消费的需求而获得充实,但实际上并没有解决内心的消极、空虚、焦虑和压抑等问题"①。

作者进一步指出,为私欲所惑,更会危害天性和德行:"生也者,其身固静,或(通惑)而后知,或使之也。遂而不返,制乎嗜欲,制乎嗜欲无穷,则必失其天矣。且夫嗜欲无穷,则必有贪鄙悖乱之心、淫佚奸诈之事矣。"②这就是说,人的天性虽然本来是清静安定的,但外界的惑乱却会使其产生感知,不知控制,就会纵欲而不可收拾,为嗜欲所制,丧失天性。而为嗜欲所制,则难免利令智昏,为了满足嗜欲而不择手段,产生偏执,"悖乱之心"、"淫佚奸诈之事"的产生也就势在必然了。这些认识在今天也是极有现实意义的,现实生活中的一些腐败分子,无一不是为物质欲望、感官欲望所驱使而失去理智、不择手段从而走向犯罪道路的。

总之,嗜欲无度将会有损于人的身心健康、心理活动、行为举止和本性德行,而这些因素均直接影响到人的生命质量,故不可不审之、察之。

不仅如此,在社会生产力低下的中国古代社会,掌握着绝大部分社会资源的为政者能否合理地调控一己之欲,能否防止其因物欲膨胀而侵犯民众利益或无度挥霍而侵吞天下的财富,更将直接影响到国家的长治久安和行政管理活动的正常进行。故《吕氏春秋》的作者打出了先圣的旗号以强调贵公去私的道德正义性。《去私》中假托黄帝之言而教导为政者:"声禁重,色禁重,衣禁重,香禁重,味禁重,室禁重。"进而又以尧舜禅让之例来凸显他们以天下为公的风范:"尧有子十人,不与其子而授舜;舜有子九人,不与其子而授禹:至公也。"接着还标举墨者钜子腹䵍大义灭亲的实例,褒扬其为贵公去私的典型。文中说,居于秦国的墨家大师腹䵍之子杀人,秦惠王以其年长别无他子而下令弗诛,并意欲以此为条件而让钜子腹䵍"以此听寡人"。但腹䵍坚守道义而不为所动,他说:"墨者之法曰:'杀人者死,伤人者刑。'此所以禁杀伤人也。夫禁杀伤人者,天下之大义也。王虽为之赐,而令吏弗诛,腹䵍不可不行墨子之法。"《吕氏春秋》的作者称道说:"子,人之

---

① 弗洛姆:《人的呼唤——弗洛姆人道主义文集》,三联书店1991年版,第107页。
② 《吕氏春秋·侈乐》,《二十二子》,上海古籍出版社1986年版,第643页。

— 136 —

所私也。忍所私以行大义,钜子可谓公矣。"①希望通过古代圣贤的教诲和大义灭亲的范例来发挥启示和威慑的作用,防止当权者沉溺于感官享乐而私心膨胀。

基于以上立场,作者强调,欲治天下必须先治己身:"凡事之本,必先治身",为政者自身的道德修养是为政之本。故书中专门设立《先己》一篇来讨论这一问题。文中说:"昔者先圣王,成其身而天下成,治其身而天下治。"作者通过孔子劝说鲁哀公加强道德修养的故事,论述了自我道德培育的重要性:"'得之于身者得之人,失之于身者失之人'不出于门户而天下治者,其唯知反于己身者乎!"②

为了促使为政者自觉地"适耳目,节嗜欲",进行"反于己身"的道德修养,作者提出了"通于性命之情"这一主张,并认为这是一条能够从根本上化解私欲的最佳方案。

作者强调,人的生命具有极高的价值,即使高贵的天子权位,也不足以和主体的生命相比;即使富有天下,也不能以此交换宝贵的生命,故曰:"天下重物也,而不以害其生,又况于它物乎。"因此,"圣人深虑天下,莫贵于生。"而耳、目、口、鼻等感官只是维持生命的工具——"生之役"。因此,人不能为感官欲望所控制,一味地去追逐享乐:"耳虽欲声,目虽欲色,鼻虽欲芬香,口虽欲滋味,害于生则止。在四官者不欲,利于生则为。……耳目鼻口,不得擅行,必有所制。譬之若官职,不得擅为,必有所制。此贵生之术也。"③

书中通过季子答客问,阐述了通于养生之理则必然无私节己的观点:"通乎性命之情,当无私矣。夏不衣裘,非爱裘也,暖有余也。冬不用扇,非爱扇也,清有余也。圣人之不为私也非爱费也,节乎己也。节己,虽贪污之心犹若止,又况乎圣人?"④

---

① 以上引文均见《吕氏春秋·去私》,《二十二子》,上海古籍出版社 1986 年版,第 631 页。

② 以上引文均见《吕氏春秋·先己》,《二十二子》,上海古籍出版社 1986 年版,第 636—637 页。

③ 以上引文均见《吕氏春秋·贵生》,《二十二子》,上海古籍出版社 1986 年版,第 632—633 页。

④ 《吕氏春秋·有度》,《二十二子》,上海古籍出版社 1986 年版,第 721 页。

作者认识到,私欲这一动机乃是促使人们绞尽脑汁争夺名利财富的内驱力,而人真正的物质需要其实是很有限的,超出实际需要和能力的欲望只会徒添烦恼,自引其咎,损身伤神。"通乎性命之情"的人深刻认识到这些道理,懂得生命的价值高于外在的物质财富,懂得根据养生之理来取用生活物质,节制有损于身心健康的物欲,故能够以理性的态度化解那些过分而无必要的欲望,故"贪污之心"也就不抑而自止,也就可以自然而然地践行"去私"的道德要求了。

显然,与儒家"以义制欲"的自我强制性约束不同,《吕氏春秋》继承发展了老子治身、治国同理的思想主张,顺应为政者希图延年益寿的心理需求,由此而启发他们自觉自愿地调节需要结构,消解那种贪得无厌地占有物质财富的"贪污之心",淡化妨碍身心健康的私欲,从而将去私、寡欲、节己等道德要求与健体养生目标的实现紧密结合起来。这有助于为政者认同和接受上述道德要求,将其顺利地化为内在的道德品质。

《吕氏春秋》将为政者的修德活动与个体的养生行为紧密结合起来。在这里,这种顺天而行欲的修养过程不是强迫性的自我压抑,而是一种既放弃过度的享乐欲望和机谋智诈的合乎道德的生活,同时也是放下面具,顺应人性自然的自我精神解放活动:"游意乎无穷之次,事心乎自然之涂,若此则无以害其天矣。"而通过这样的修养,也使人的道德品质、认知能力、管理能力、处事能力和心理调控能力等各个素质皆得到提高:"凡彼万形,得一后成。……应物变化,阔大渊深,不可测也。德行昭美,比于日月,不可忽也。豪士时之,远方来宾,不可塞也。"①

这些论述不仅符合医学养生的理论,而且能够为管理者的道德修养活动奠定更坚实的心理基础。同时,它们不仅在君权缺乏有力约束的封建社会中具有独到作用,而且亦有助于推进当今的反腐倡廉工作,在为政者的心灵深处形成拒贪养廉的心理机制。关于这方面的内容,作者将在结语部分专门论述。

---

① 参见《吕氏春秋·论人》,《二十二子》,上海古籍出版社 1986 年版,第 637 页。

四、顺天行欲,民无不令

节制私欲,反于己身,为民垂范,这是《吕氏春秋》的作者对为政者提出的道德要求。但在更广泛的范围内,如何看待欲望及其调节呢? 不同于老子"常使民无知无欲"这一对全社会实行无欲、寡欲的主张,作者在这一问题上有着更为圆融的认识。

书中专设《为欲》一篇讨论这方面的问题。作者不再如老子那样一概地否定人的欲望,而是强调欲望的正当性和普遍性:"蛮夷反舌殊俗异习之国……其为欲一也。"作者进一步指出,民众具有欲望乃是为政者能够借助政治手段而用之的前提。其文曰:"使民无欲,上虽贤,犹不能用";"无欲者,不可得用也"。因此,一个高明的为政者,能够让人们的欲望不断地得到满足,如此,才可能最大限度地发挥他们的能力和作用:"善为上者能令人得欲无穷,故人之可得用亦无穷也。"①

《吕氏春秋》的作者认识到,"贵因爱民"、"贵公去私"等管理智慧只是营造社会和谐的外部条件。而社会是由个体所组成的,社会的和谐离不开个体的身心和谐,这是走向社会和谐的内在支撑。而合理地调节人的欲望是实现身心和谐的重要手段,欲望太多太高,会超出人的能力,使人的心力交瘁,不堪重负,产生诸多烦恼;放纵或过分追逐感官欲望,会损性伤身;强制压抑生理欲望,亦将损害身心健康,转而引发其他的身心疾病;而没有欲望则又使生命失去活力。如何发挥欲望的积极作用而避免它的负面结果呢? 书中提出了"审顺其天而以行欲"的调节原则。作者指出,天下之人尽管殊俗异习,但"其为欲一也",这无论是作为圣王的三王还是作为暴君的桀、纣皆无法革除的。虽然他们同样无法革除人的欲望,却有着"功成"或"国亡"的巨大差异,其关键原因是什么呢? 作者对此作出了详尽的分析。文中说:

---

① 以上引文均见《吕氏春秋·为欲》,《二十二子》,上海古籍出版社1986年版,第701页。

　　　　不能革而功成者,顺其天也;桀、纣不能离,不能离而国亡者,逆其
　　　　天也。……性与非性,不可不熟。不闻道者,何以去非性哉?无以去非
　　　　性,则欲未尝正矣。欲不正,以治则天,以治国则亡。故古之圣王,审
　　　　顺其天而以行欲,则民无不令矣,功无不立矣。①

原来,"功成"或"国亡"的关键就在于能否顺天而行欲。可见,"审顺其天而
以行欲"是一个极高明的主张。何谓"顺天"?即是要审察、顺应天地自然
的生命节律,顺应人之自然天性,秉持符合养生之道的原则来行使自己的欲
望。欲望人皆有之,即使是衣食住行、声色滋味皆异的蛮夷之人亦然。明智
的圣王懂得"令人得欲之道,不可不审"的道理,即能够认真地审视让人们
满足欲望的方法,将人们的欲望控制在符合自然规律的合理范围内;能够按
照"性与非性"区分出欲望的种类,去除违逆自然的"非性"一类的欲望;更
能够利用人的欲望来建功立业。相反,亡国之君则由于违逆自然之道以行
欲,故身夭国亡。②

　　用现代的语义来理解,所谓"审顺其天而以行欲",区分"性与非性",去
除"非性",以正其欲等主张,实际上就是要去除对于人生无益或多余的欲
望,减少欲望中的盲目冲动,体现出作者在欲望问题上的理性态度。更为可
贵的是,作者还明确地提出了以理性来审视和管理欲望的观点。《适音》中
说,正确地满足人们"欲寿"、"欲安"、"欲荣"、"欲逸"等欲望的途径在于
"胜理":"四欲之得也,在于胜理。胜理以治身则生全,生全则寿长
矣。……故适心之务在于胜理。"③这就是说,以上"四欲"的满足不能为所
欲为,而必须顺应和适应一定的"理"。这个"理"是广义的,包括自然、社
会、人生之规律和法则,将欲望控制在合理和适度的范围以内,从而有益于
个人和社会的发展,有益于身心健康。

　　由此看来,要使欲望发挥正面效应,避免负面效应,关键在于顺应人的
自然天性。如何顺应天性呢?顺应本性以行欲也就是"适欲"。作者继承

---

① 《吕氏春秋·为欲》,《二十二子》,上海古籍出版社 1986 年版,第 701 页。
② 《吕氏春秋·为欲》,《二十二子》,上海古籍出版社 1986 年版,第 701 页。
③ 《吕氏春秋·适音》,《二十二子》,上海古籍出版社 1986 年版,第 643 页。

发展了《庄子》"适欲"的思想,强调"圣人必先适欲"①。为了帮助人们做到这点,作者因顺人们珍爱生命的心理需求阐述了适欲与养生的密切联系:

> 所谓尊生者,全生之谓。所谓全生者,六欲皆得其宜也。……所谓迫生者,六欲莫得其宜也。②

> 寒温劳逸饥饱,此六者非适也。凡养也者,瞻非适而以之适者也。能以久处其适,则生长矣。③

这些话语告诫人们,尊重生命的实质是要善于保养身体,让欲望保持在适宜的范围内,否则,必将造成对生命的伤害;而保持生命长久的关键在于让饮食起居"久处其适",审视不恰当的生活方式并对其进行调适。

因此,要保持安定而清静的生命不为外在的嗜欲所惑所制,重要的方法是将其与重生的愿望相联系,以有益于养生为原则:"耳虽欲声,目虽欲色,鼻虽欲芬香,口虽欲滋味,害于生则止。在四官者不欲,利于生则为。"④

由"适欲"的原则出发,作者对于被以往的道家学者所否定的体育艺术活动有了更全面的认识,认为在理性的指引下,这些活动有益于身心健康。

因此,《吕氏春秋》的作者不再一概地认为"驰骋田猎令人心发狂",而是认识到,这些活动对身心健康的影响其实取决于参与者自身的素质,不同的行为主体将会产生完全不同的结果:"田猎、驰骋,弋射走狗,贤者非不为也,为之而智日得焉,不肖之主为之而智日失焉。"贤主从这些活动中体悟到智慧,而昏君只会沉溺于声色狗马的感官享受而损性伤身、玩物丧志。这是因为,贤主以一种理性精神来看待六艺:"非特具之而已也,所以就大务也。夫事无大小,固相与通。"也就是说,万物之中莫不有"道",由"田猎、驰骋、弋射"这些技艺中体味大道,从而"为之必由其道",于是,这些活动不仅"物莫之能害",反而还有益于身心健康,"智日得焉",这就是贤者和不肖之主"功之所以相万"的根本原因。⑤

---

① 《吕氏春秋·重己》,《二十二子》,上海古籍出版社1986年版,第630页。
② 《吕氏春秋·贵生》,《二十二子》,上海古籍出版社1986年版,第633页。
③ 《吕氏春秋·侈乐》,《二十二子》,上海古籍出版社1986年版,第643页。
④ 《吕氏春秋·贵生》,《二十二子》,上海古籍出版社1986年版,第632页。
⑤ 以上参见《吕氏春秋·贵当》,《二十二子》,上海古籍出版社1986年版,第720页。

因此,胡适将《吕氏春秋》这一尊重人之欲望的倾向称之为"乐利主义的政治学说",将其与西方的边沁、穆勒等人从个人乐利出发的乐利主义置于同类。认为"《吕氏春秋》的政治思想重在使人民得遂其欲,这便是一种乐利主义,故此书中论政治,时时提出'爱利'的目标"①。而这种爱利的目标是指向对于民众的爱利。

该书在多处表达了这一思想。如《适威》中说:"古之君民者,仁义以治之,爱利以安之……务除其灾,思致其福。"《精通》中说:"圣人南面而立,以爱利民为心,号令未出而天下皆延颈举踵矣。"这些史料很清楚地说明,《吕氏春秋》秉持以民为本的立场,它要求为政者必须为民众去灾谋福、以民众之利益为出发点,如此方能拥有治国安民的凝聚力。以下我们就此进一步论之。

五、以民为务,天下归之

《吕氏春秋》的作者认识到得民心是为政之本,而如何才能得民心呢?那就是"以民为务"。何谓"以民为务"呢? 就是要将民众的福祉作为行政管理的首要任务,关爱民众、为民众着想、为民众谋利。这是实现"天下归之"的前提。书中设有《爱类》篇,专门就这方面的问题进行讨论。文中说:"人主有能以民为务者,则天下归之矣。"在作者看来,一个创建伟大功业的君主,并非要"坚甲利兵、选卒练士",更不必要"隳人之城郭、杀人之士民",而是一定要以民为重。作者举例说,前代创建了功业的很多君王,他们建功立业的途径和事迹虽然各不相同,但却有一点是共同的,这就是能够为民众兴利除害:"其当世之急、忧民之利、除民之害同。"②

《吕氏春秋》将爱民利民这一要求贯穿于行政管理的具体环节之中。作者指出:"国广巨,兵强富,未必安也;尊贵高大,未必显也。在于用之。"

---

① 胡适:《中国中古思想史长编》,载欧阳哲生编:《胡适选集》,人民出版社 2005 年版,第287页。

② 《吕氏春秋·爱类》,《二十二子》,上海古籍出版社 1986 年版,第710页。

兵强、地广、国富、地位尊贵,这虽然为行政管理奠定了雄厚的物质基础,但却更需要具有恰当地运用这些物质条件的管理智慧。作者认识到,万物不同,人们对它的利用也各不相同,是否能够合理地、恰当地运用军队、财富和权力等资源和力量,这是"治乱存亡死生之原"。作者以历史事实来说明这一观点说:"桀、纣用其材而成其亡,汤、武用其材而成其王。"①那么,管理者如何才能合理恰当地"用其材"呢? 诚然,在行政管理中如何运用物质资源,这不是作者在本书中所要讨论的问题,也不是君主亲自所要掌握的内容,但作者却提出了一条基本原则,这就是:顺民而用。也就是说,对于物质资源和公共权力的使用必须要顺应民意,要符合民众的利益,而不能仅仅只是为了个人或小集团的意愿或利益。套用一句现代的话语来说,也就是要做到"权为民所用,利为民所谋",多干让人民满意的好事、实事。这是作者从夏桀、商纣所以败亡,商汤、周武王所以立国的历史事实中总结出来的经验。应该说,这是《吕氏春秋》爱民、利民主张在行政管理中的具体落实。

作者还将是否利民、爱民作为分辨善恶和听取众议的标准。我们知道,能否明智地听取各方面的意见是实现管理活动能否良好运转的重要因素,《吕氏春秋》的作者将这种听取人们议政的活动称为"听言",并认识到听言者自身的好恶倾向往往会使听言出现偏见:"世之听者,多有所尤。"这些偏见就会导致在听取意见过程中出现认知错误,"多有所尤则听必悖矣"②。而要去除偏见,就必须认真地省察其言:"听言不可不察",否则就会善恶不分,而善恶不分,"乱莫大焉"! 故能够分辨善与不善的君王,就不难实现其治平天下的大业,"其王不难矣"。③

那么,如何才能分别善恶、去除偏见呢? 作者提出了一个标准,这就是对人民的"爱利"之心。作者提出,分辨善与不善的根本在于是否对人民有利,是否爱护人民。爱民、利民这一原则实在是太重要了:"爱利之为道大矣!"④

---

① 《吕氏春秋·异用》,《二十二子》,上海古籍出版社 1986 年版,第 659 页。
② 《吕氏春秋·去尤》,《二十二子》,上海古籍出版社 1986 年版,第 666 页。
③ 参见《吕氏春秋·听言》,《二十二子》,上海古籍出版社 1986 年版,第 667 页。
④ 《吕氏春秋·听言》,《二十二子》,上海古籍出版社 1986 年版,第 667 页。

出于爱民、利民的原则,作者针对专制君主滥行君威这一弊病而提出了恩重于威的主张。众所周知,政府的威信和权威是实现高效行政管理的必要条件。在封建专制制度下,政府的威信和权威主要表现为"君威"。如何树立君主的权威呢?秦王嬴政依靠的是严刑酷法的暴政和"法、术、势"等法家那套统治理论。对此,身为嬴政仲父的吕不韦显然是不以为然的。在他主持编纂的《吕氏春秋·用民》中,作者就批评一味滥用权威来压迫民众的做法:"徒多其威。威愈多,民愈不用。亡国之主,多以多威使其民矣。"滥施权威只会通向亡国之路。

这段话语是对于《吕氏春秋》因顺民心民意的进一步诠释。作者依顺人性趋利避害的特点,认为民众"欲荣利,恶辱害",如果专恃君威而不施恩于民,乃是"亡国之主"之所为,只有适应民众欲求荣誉和利益的心理以实施奖赏,适应民众厌恶耻辱和祸害的心理以实施惩罚,才能有效地管理民众,威不可以无,但却不足专恃。作者告诫君主,威势的建立必须要有所依托,然后才能行得通。依托于什么呢?作者回答说:"托于爱利。爱利之心谕,威乃可行。"也就是说,君主的权威必须依托于爱民、利民的措施。爱民、利民的思想被人理解,才能够行使君主的威势,君主的权威才能真正树立起来。也就是说,当管理者将爱民、利民的人文关怀贯穿于管理活动中并辅之以相应的措施,同时也让民众了解到管理者这种爱民、利民的愿望,则自然能够得到民众的拥护,从而树立起政府的威信,更好地实现管理目标。

相反,只希望通过威势以控制、压迫民众,势必形成"威太甚"的局面,进而导致"爱利之心息"。"徒疾行威",不能爱民利民而只知厉行威势,其结果必然是身国败亡,"此殷、夏之所绝也"①。

这些认识可谓是相当深刻,实际上,自古及今,无数历史和现实的教训皆说明,通过高压威势以压服天下的做法往往只能是压而不服,激化矛盾。而《吕氏春秋》强调权力的实施以及管理者公信力的建立应当"托于爱利","爱利之心谕,威乃可行"。只有真正履行爱民为民、为民谋利、服务行政的宗旨,才能得到广大民众真心实意的拥护。通过维护民众权利来实现"维

___
① 参见《吕氏春秋·用民》,《二十二子》,上海古籍出版社1986年版,第667页。

稳",必能获得真正的社会稳定与和谐,事实证明:"通过维权不仅能够维稳,而且可以创生和谐稳定因素,是实现长治久安的根本途径。"①四川瓮安县委近年摸索出的这一"维权创稳"社会管理创新机制及其所取得的显著效果,在很大程度上印证了《吕氏春秋》这些管理智慧的现代价值和效果。

六、平适和谐,乐乃可成

追求天、地、人之间的动态平衡,实现人天和谐、社会和谐,这是《吕氏春秋》治国主张的宗旨和最高目标。作者将《老子》一书中不可见、不可闻、不可状的"道"具体描述为"太一",文中说:"道也者,至精也,不可为形,不可为名,强为之名,谓之太一。""太一"产生阴阳,阴阳变化而产生万物:"太一出两仪,两仪出阴阳。阴阳变化,一上一下,合而成章……万物所出,造于太一,化于阴阳。"作者将"太一"又表述为"一",它是治身治国的最高原则。以之治身则"免于灾,终其寿,全其天";以之治国则能够"乐君臣,和远近,说黔首,合宗亲……奸邪去,贤者至,成大化";推之以治天下,更是"寒暑适,风雨时,为圣人"。② 这段话非常集中地体现出道家治道身国同治的特点,遵循"一"(道)这一最高原则,不仅能够保证个体免灾延寿,更能使政治清明、天下大化,达到社会家族和各个阶层的和谐,达到人与自然的和谐。

为了更好地遵循大道,作者在全面考察了天地自然和人类社会的基础上,以阴阳消长理论为核心,将阴阳五行、天文地理与农事、政治结合为一个整体,建立起一套整合自然、社会法则的系统——"十二纪":"十二纪者,所以纪治乱存亡也,所以知寿夭吉凶也。上揆之天,下验之地,中审之人。若此,则是非可不可无所遁矣。天曰顺,顺维生;地曰固,固维宁;人曰信,信维听。三者咸当,无为而行。行也者,行其理也。"③作者在将天、地、人三个方面因素进行综合考察的基础上,详细规定了一年之中各个时期内应行或应

---

① 汪志球、詹勇整理:《社会管理需要"维权创稳"新机制》,《人民日报》2012 年 10 月 18 日。
② 以上参见《吕氏春秋·大乐》,《二十二子》,上海古籍出版社 1986 年版,第 642 页。
③ 以上参见《吕氏春秋·序意》,《二十二子》,上海古籍出版社 1986 年版,第 665 页。

禁之事，以求顺应其内在的规律，达到天、地、人之间的和谐与动态平衡。在这里，天、地、人分属三个子系统，它们又共同组成一个巨系统，各个子系统之间存在普遍联系。

以上思想的哲学基础是天人相感论。作者在继承《老子》思想的基础上，又吸收了阴阳家天人感应的思想，将先秦时期天人合一的思维方式发展到一个新的水平。其认为，天地万物、社会和人身分别是不同的子系统，它们之间是相互联系、相互影响的，人类特别是帝王的活动与天象是相互感应的："凡帝王者之将兴也，天必先见祥乎下民。"①该书进一步分析说，人类社会的状况将影响自然界的气候和动植物的生长："故众正之所积，其福无不及也；众邪之所积，其祸无不逮也。其风雨则不适，其甘雨则不降，其霜雪则不时，寒暑则不当，阴阳失次，四时易节，人民淫烁不固，禽兽胎消不殖，草木庳小不滋，五谷萎败不成。"社会风俗纯正则福广，社会风气邪恶则祸生，人类的邪恶还将影响自然气候，引起一系列反常的自然现象和灾变。另一方面，异常的自然现象亦预示着人类的祸殃，如众日并出、二月并见、出现彗星等异常天象或马生角、豕生狗等怪异自然物的产生，乃是不祥之兆。如果灾异当前而为政者"不知惊惶亟革"，则导致更可怕的灾祸："上帝降祸，凶灾必亟。其残亡死丧，殄绝无类，流散荐饥无日矣。"②

在这里，作者将阴阳家的灾祥说与道家顺应自然、和谐有度的思想相结合，强调各个子系统之间和整个巨系统之间的联系和协调：顺应大道，循理而行，则上天降祥，福祉广远；反之，则上帝降殃，风雨失调，禽兽不殖，五谷萎败。作者试图通过这一系列警言，促使当权者接受黄老道家的政治主张，检束自律、去弊图新，早日实现社会的和谐有序。

这种追求平适和谐的理想在音乐的问题上十分典型地体现出来。作者不再如《老子》那样全盘否定音乐，以"五音令人耳聋"这样绝对的话语斥之，而是吸收了儒家以音乐治国化民的思想。在《大乐》篇中，作者详细地论述了音乐所具有的社会教化和维护社会和谐稳定的功能，"非特以欢耳

①　《吕氏春秋·应同》，《二十二子》，上海古籍出版社1986年版，第666页。
②　以上引文均见《吕氏春秋·明理》，《二十二子》，上海古籍出版社1986年版，第647页。

目,极口腹之欲也",而是"教民平好恶,行理义"的手段,"故先王必托于音乐以论其教"。音乐教化民众的一个最重要的作用就是谐调和合人心:"乐之务在于和心"。①《吕氏春秋》将和谐平适作为音乐的价值取向,强调音乐本身即是天地阴阳相和的产物:"凡乐,天地之和,阴阳之调也。"②而其对于音乐的肯定也只限定在平和之乐,其认为,音乐太巨、太小、太清、太浊"皆非适也"③,"乐愈侈,而民愈郁,国愈乱,主愈卑,则亦失乐之情矣"④。作者以和谐平适作为音乐的价值标准:"乐无太,平和是也"⑤。而且,作者强调,只有在政治清明、太平安定、民风淳化的社会环境中,才可能产生出平和的音乐:"天下太平,万民安宁,皆化其上,乐乃可成。"⑥这就将音乐的产生以及与之相联系的社会文化建设与国家的治理紧密联系起来了。

在《吕氏春秋》的作者看来,音乐是治国的重要手段,因此音乐制作者亦必须节欲有度,以一种平和的心态和公正的胸怀进行创作,方能有成:"成乐有具,必节嗜欲。嗜欲不辟,乐乃可务。务乐有术,必由平出,平出于公,公出于道。"平和公正是由于行为主体体合大道的结果,故作者总结说"惟得道之人,其可与言乐乎!"同样,也只有合乎大道的音乐才是最好的音乐,才能使天下之人欢欣和悦:"大乐,君臣父子长少之所欢欣而说也。欢欣生于平,平生于道。"相反,在"君臣失位,父子失处,夫妇失宜,民人呻吟"的状况下,"其乐不乐",是不可能制作出和合天下的"大乐"的。⑦ 显然,作者深刻地认识到音乐等社会文化建设与社会政治环境之间相辅相成的密切联系,这些思想在道学其他典籍中是颇为少见的。从这些论述中,十分清楚地凸现出作者追求平适和谐的价值目标以及对儒家礼乐思想的吸收和融摄。

总之,《吕氏春秋》继承发展《老子》无为而治等治国主张,又吸收儒家、

---

① 以上引文均见《吕氏春秋·适音》,《二十二子》,上海古籍出版社1986年版,第643页。
② 《吕氏春秋·大乐》,《二十二子》,上海古籍出版社1986年版,第642页。
③ 《吕氏春秋·适音》,《二十二子》,上海古籍出版社1986年版,第643页。
④ 《吕氏春秋·侈乐》,《二十二子》,上海古籍出版社1986年版,第642页。
⑤ 《吕氏春秋·适音》,《二十二子》,上海古籍出版社1986年版,第643页。
⑥ 《吕氏春秋·大乐》,《二十二子》,上海古籍出版社1986年版,第642页。
⑦ 参见《吕氏春秋·大乐》,《二十二子》,上海古籍出版社1986年版,第642页。

阴阳家等各家之长,要求行政长官去除逞强妄作、自以为是、越俎代庖等痼疾,顺应时势、顺应民心,充分发挥臣下的聪明才智;呼吁建立文武百官各司其职、职责分明、上下通达无阻的行政管理体系;强调贵公去私,并试图通过激发贵生、养生这些人的根本性需求来消解当权者的"贪污之心";要求为政者在行政管理活动中"以民为务",并通过爱民、利民等人文关怀来树立政府威信;还十分重视音乐等社会文化建设与社会政治环境之间相辅相成的密切联系,充分显示出作者在治国问题上兼收并蓄的胸怀。这些治国智慧不仅能够为建立有中国特色的公共管理理论体系提供思想资源,更能启示现代中国人在社会管理实践中改变强制性管理模式,加快向服务行政转型。

第六章　道家治道的初步实践
及其效应和得失

以老子为代表的先秦道家治道在中国政治舞台正式崭露头角是在西汉初年。在此以前,一些先秦文献中虽有过尧舜"垂拱而治"或"垂衣裳而治"的记载①,但这些记载语焉不详,故人们多将其视为某种传说,对其真实性持怀疑态度。也有学者认为这些记载是中国远古政治实践中的一种为政之道和经验,并视其为老子治道的历史来源。② 但至少从《老子》问世以来的先秦至秦代,无为而治等政治主张还只是作为一种理论形态而存在,秦相吕不韦虽然在他主编的《吕氏春秋》中提出君道无为、顺应民心、简约适欲、求贤纳谏等政治主张并试图将其付诸政治实践,以与秦王嬴政的专制王权分庭抗礼,但随着吕不韦集团在政治上的失败,这一充满道家治国智慧的作品被打入冷宫,束之高阁。

然而,在经历了"伐无道,诛暴秦"的战火洗礼之后,道家治道终于重见天日,以黄老道家的形态兴盛于宫廷上下。以清静无为为主旨的黄老之术

---

① 例如,《易·系辞下》曰:"黄帝、尧、舜垂衣裳而天下治,盖取诸乾坤。"《论语·卫灵公》曰:"无为而治者,其舜也舆! 夫何为哉? 恭己正南面而已。"《荀子·王霸》篇一文中对理想治国之道、人主之职的描述,亦间接地透露出尧、舜事佚而功、垂拱而治的为政方略,其文曰:"若夫论一相以兼率之,使臣下百吏莫不宿道乡方而务,是夫人主之职也。若是,则一天下、名配尧、舜之主者,守至约而详,事至佚而功,垂衣裳,不下簟席之上,而海内之人莫不愿得以为帝王。夫是之谓至约,乐莫大焉。"

② 王中江教授提出,老子"无为而治"的主张主要来源于"垂拱之治"。他通过考察早期文献,确认"垂拱之治"或"垂衣裳之治"是中国远古的一种为政之道和经验,"垂拱"和"垂衣裳"之治的基本意义与老子"无为而治"相近。(参见王中江:《老子治道历史来源的一个探寻——以"垂拱之治"与"无为而治"的关联为中心》,天下论文网,2008 年 10 月 24 日)

的社会实践状况如何,它对于社会发展又产生了何种效应,给后人留下了哪些经验和教训呢? 这是本章所要讨论的主要问题。

一、汉初黄老之治的社会背景

与秦王朝崇尚法家的格局相反,汉初的统治者尊崇的是黄老道家。这种政治文化格局骤然转变的原因何在? 概括说来,主要有以下几方面的原因:

第一,吸取亡秦的经验教训。

秦始皇严刑酷法、残暴寡恩、赋敛无度,终于导致天怨人怒、上下离心,从而迅速走向败亡。汉帝国的大厦是在秦王朝的废墟上建立起来的。汉初统治者为了免蹈覆辙,不得不认真地总结历史教训,探讨秦亡汉兴的原因。从陆贾到贾谊,都从往日的历史教训中一致认识到清静无为的必要性。陆贾在《新语》中强调:"夫道莫大于无为","事逾烦而天下逾乱,法逾滋而奸逾炽,兵马益设而敌人逾多。"①贾谊亦在《新书》中分析秦亡之原因说:"繁刑严诛,吏治深刻,赏罚不当,赋敛无度,天下多事……百姓困穷。"因此,"牧民之道,务在安之而已矣"。② 只有以毋动、毋为、清静化民的政策才能得民心,定大局。

第二,为当时的经济形势所迫。

连年战乱对于社会经济造成了毁灭性的灾难,在战争废墟上建立起王朝的西汉统治者面临着经济凋敝、人民穷困、土地荒芜的局面。据《汉书》记载,当时"民失作业,而大饥馑,凡米五千石,人相食,死者过半……天下既定,民亡盖减,自天子不能具醇驷,而将相或乘牛车"③。连天子都不能有同样颜色的马来拉车,可见社会贫困到什么地步。在这种极端贫困的境况下,不但百姓盼望休养生息,也自然迫使统治者推行清静无为之道。司马迁

---

① 陆贾:《新语·无为》,中华书局 1986 年版,第 59、62 页。
② 参见贾谊:《新书·过秦论》,上海古籍出版社 1989 年版,第 732 页。
③ 班固:《食货志上》,王先谦:《汉书补注》卷二十四,中华书局 1983 年影印本,第 509 页。

说得很贴切:"孝惠皇帝、高后之时,黎民得离战国之苦,君臣俱欲休息乎无为。"①这就清楚地说明,久经战乱之后,休养无为乃是朝野上下的共同愿望,统治者只有实行较为宽简灵活的政策,才能为恢复生产、发展经济提供有利的环境。故汉初的几位皇帝皆施行轻徭薄赋的不干预政策,从而让民众有一个较为宽松的环境,让他们能够根据自己的实际状况来安排生产,较好地发挥自己的力量,以图收到事少而功多的效果。

第三,当时政治斗争的需要。

吕后当权时,诸吕专横跋扈,朝臣敢怒不敢言。右丞相王陵因为面折吕后欲立诸吕为王的主张,就被斥而不用,郁郁而终。处于这种政治环境下,左丞相审食其不治丞相职事,"百官皆因决事",右丞相的继任者陈平更是"非治事,日饮醇酒,戏妇女",目的是麻痹对方,以保存实力,等待时机。这一招果然有效地蒙蔽了对手,吕后闻此情形"私独喜"。吕后立诸吕为王之后,"陈平伪听之"。②可见,在当时特定的政局中,无为不治,又成为大臣保存自己和"欲擒故纵"、"欲取姑予"的策略。

吕后去世后,陈平、周勃合谋诛除了诸吕。在商议立君大事时,又是柔弱之道独占上风:大臣们认为,少帝及梁王、淮阳王、常山王皆非真孝惠帝之子,而是吕后以他人之子养于后宫,强令惠帝立以为后,目的是"以强吕氏",如立其为君,"及长用事,吾属无类矣。不如视诸王最贤者立之"。有人提出,齐王为刘邦之嫡长孙,当立之为帝。但群臣一致反对此议,认为"吕氏以外家恶而几危宗庙,乱功臣。今齐王母家驷钧,驷钧,恶人也,即立齐王,则复为吕氏"。又有人提出立刘邦之少子淮南王长,但群臣认为其年少,特别是其母家恶戾,故又被否决。最后,一致同意立代王恒为帝,理由是:"代王方今高帝见子,最长,仁孝宽厚。太后家薄氏谨良。且立长故顺,以仁孝闻于天下,便。"③这里的理由虽摆了好几条,但关键的一条是,"太后家薄氏谨良"。代王之母亲薄姬不得宠,因而母家势弱,不可能重演诸吕专权的旧戏。于是,强悍的齐王等人皆因强、恶而没能登上君主的宝座,而唯

---

① 司马迁:《吕后本纪》,《史记》卷九,中华书局 1959 年版,第 412 页。
② 参见司马迁:《陈丞相世家》,《史记》卷五十六,中华书局 1959 年版,第 2060 页。
③ 以上引文均见司马迁:《吕后本纪》,《史记》卷九,中华书局 1959 年版,第 411 页。

有势力最弱、母家又弱的代王,却正因其柔弱才得到大臣的拥戴而得天下,这是柔弱胜刚强的一个例证。故王船山曾在评论这一史实时指出,这是"老氏之术"的胜利。王船山又将文、景之治天下,归之于一个"忍"字,"文景之忍人之所不能忍"①。因文帝母子本无势力,以柔弱起家,且当时诸侯王势力强大,周勃等重臣又恃拥立之功,在这种情势下,只能忍让、谦下,无为处静,才能调和矛盾,稳定政局。在这一历史背景下登上政治舞台的文帝,当然会对以柔克刚的黄老之术情有独钟。

第四,楚人崇尚道家的文化传统。

西汉政权的最高领导人主要是楚人。刘邦为沛县人,此外,丞相萧何、曹参、王陵及将军樊哙、周勃、太仆夏侯婴、谋臣陆贾皆为沛人。沛县早在战国时就并入楚国,故刘邦的言行之中颇有楚地之风,他的诏令中就留有楚国方言。②又如,叔孙通初次见刘邦时服儒服,引得"汉王憎之",后来叔孙通迎合刘邦,脱去儒服,而从楚俗"短衣楚制"③,刘邦才消除对他的反感。而楚国则是道家的发源地,早期道家老聃、环渊、庄周皆为楚人,黄老著作《鹖冠子》亦产生于楚地,马王堆汉墓藏有大量帛书,其中包括黄老学派的作品《称》、《经法》、《道原》、《十六经》以及《老子》的两种不同抄本,这充分反映了黄老之学在楚地有深厚的基础和较大的影响。因此,以楚人为主体的汉初统治者对黄老之学的崇尚,也与其文化传统有着密切关系。

此外,黄老道家简约易从,正如司马谈在《论六家要旨》中概括的那样,道家学说"其实易行,其辞难知"。当此百废待兴、万事草创之时,这恐怕也是获得汉初统治者青睐的一个因素。加之,汉初统治集团中多布衣卿相,这批人朴实无文,更易于摒弃繁文缛礼而崇尚抱朴守真的道家之说。

由于上述诸种社会历史原因,致使曾被秦始皇打入冷宫的黄老之学,重新登上了历史舞台,为朝野所推崇。钟肇鹏先生曾根据《史记》、《汉书》等

---

① 王夫之:《宋论》,《船山全书》第十一册,岳麓书社 1992 年版,第 48 页。
② 据宋人裴骃《史记集解》引《风俗通义》云:"沛人语初发声皆言'其','其'者楚音也。高祖始登帝位,教令言'其',后以为常耳。"(司马迁:《高祖本纪》,《史记》卷八,中华书局 1959 年版,第 390 页)
③ 参见班固:《叔孙通传》,王先谦:《汉书补注》卷四十三,中华书局 1983 年影印本,第 1019 页。

文献资料的记载,列出了西汉时期 18 位黄老学者和尊奉者的名单,其人员构成包括了社会各个阶层,既有文帝、景帝、窦太后等最高层当权者,亦有刘德等王侯和曹参、陈平等高级官员,还有司马谈父子等学者,也有如司马季主这样为"世俗之所贱简"的卜筮者。①

以下我们亦不妨再举出几例事实,以感受一下朝野上下崇尚黄老的风尚。司马迁称:"惠帝垂拱,高后女主称制,政不出房户,天下晏然。刑罚罕用,罪人是希,民务稼穑,衣食滋殖。"②应劭《风俗通义·正失》说:"文帝本修黄老之言……其治尚清静无为。"③又如,惠帝见曹参不治事,因而产生误会并有责怪之言时,曹参解释说:"高帝与萧何定天下,法令既明,今陛下垂拱,参等守职,遵而勿失,不亦可乎!"三言两语,使得惠帝听后点头称善,君臣间的误会即刻烟消云散。可见,清静无为乃当时君臣上下所共同遵守的宗旨。再如,喜好黄老的窦太后(景帝之母)特意召来辕固生问《老子》书,辕固生对《老子》表示了轻蔑的态度而不屑谈论,惹得窦太后大发脾气,罚他入圈与凶猛的野猪搏斗。魏其侯、武安侯、赵绾、王臧等人因为"隆推儒术,贬道家言,是以窦太后滋不说魏其等"。至建元二年(前 139 年),赵绾这帮好儒贬道之人居然"请无奏事东宫",也即有欲夺其政之心,惹得"窦太后大怒,乃罢逐赵绾、王臧等……魏其、武安由此以侯家居"④。在窦太后的影响下,"帝(景帝)及太子(武帝)、诸窦不得不读《黄帝》、《老子》,遵其术"⑤。前面所提到的长沙马王堆三号汉墓中,《黄帝帛书》与《老子》等黄老之学典籍被作为墓主的陪葬品,特别是《老子》还有甲乙两种抄本⑥,足见墓主对《老子》情有独钟。虽然墓主的身份是二号墓主利苍的哪个儿子尚有不同意见,但他为利苍之子却是可以确定的。利苍早年追随刘邦,汉初因

① 参见钟肇鹏:《求是斋丛稿》(上),巴蜀书社 2001 年版,第 231—232 页。
② 司马迁:《吕后本纪》,《史记》卷九,中华书局 1959 年版,第 412 页。
③ 应劭:《正失》,《风俗通义》卷二,《野史精品》第 1 辑,岳麓书社 1996 年版,第 179 页。
④ 以上引文均见司马迁:《魏其武安侯列传》,《史记》卷一〇七,中华书局 1959 年版,第 2843 页。
⑤ 司马迁:《外戚世家》,《史记》卷四十九,中华书局 1959 年版,第 1975 页。
⑥ 根据吴光的考证,甲本不避汉讳而乙本避汉高祖刘邦之名讳而不避惠帝、文帝名讳,由此可以推断,甲本抄于刘邦称帝之前,而乙本抄于刘邦称帝之后、文帝刘恒称帝之前,期间的时间跨度至少在二十六年以上。(参见吴光:《黄老之学通论》,浙江人民出版社 1993 年版,第 133 页)

功升任诸侯王国——长沙国的丞相,由这位诸侯国丞相之子的这一兴趣爱好,亦可看出一般的贵族对黄老之学的崇尚。

二、黄老治道的主要内容及其践行和功效

黄老之学以老子思想为基础,又吸收先秦各家学派的营养,对老子的无为思想做了积极的发挥。它强调在顺应自然的前提下,发挥人的主观能动性,从而达到"无为而无不为"的目的。在治国主张上,黄老学派继承发扬了《老子》中清静、无为、崇俭禁奢、"以百姓之心为心"等思想,但更重视从实践操作的层面提出主张,与老庄治道有所区别。作者要求为政者"省苛事,节赋敛,毋夺民时",强调"节民力以使,则财生,赋敛有度,则民富"。财生民富,人民才会有廉耻之心,做到"号令成俗而刑伐(罚)不犯",而"号令成俗而刑伐(罚)不犯,则守固战胜之道也"。① 这套政治主张为汉初统治者用于政治实践,并取得了积极的社会效果。

对黄老之学的运用应当追溯到刘邦打天下之时,以往学术界往往忽略刘邦对黄老之学的应用,认为惠帝以后黄老之学才成为当时政治文化的主流,这是不够准确的。其实,早在刘邦与张良初遇之时,就形成了黄老之学登上政治舞台的契机。作为韩国贵族子弟的张良早年椎杀秦皇而不果,为了躲避缉捕而隐居于下邳,有幸得到黄石公所赠的《太公兵法》,苦学十年,尽得书中精华。《太公兵法》又称《六韬》或《太公六韬》,旧题周朝姜尚所撰。但从南宋开始,《六韬》被怀疑为伪书,及至清代,更被确定为伪书。但1972 年 4 月,在山东临沂银雀山西汉古墓发现的大批竹简中就有《六韬》的五十多枚,其残存内容与今本《文韬》、《武韬》、《龙韬》多有相合②,足可证明《六韬》至少在西汉已经广泛流传。该书作者已不可考,一般认为大约成书于战国时代。书中通过周文王、武王与姜尚对话的形式,论述治国、治军

---

① 以上引文均见《经法·君正》,载余明光:《黄帝四经与黄老思想》,黑龙江人民出版社 1989 年版,"附录"第 250 页。
② 参见罗福颐:《临沂汉简概述》,《文物》1974 年第 2 期。

和指导战争的理论、原则,不少学者认为该书具有鲜明的齐文化特色,属于稷下黄老之学的作品。笔者认为,该书与长沙马王堆出土的《黄帝四经》等作品很可能皆是汉初统治者实行黄老之学的重要思想资源。

早在反秦斗争中,张良得遇刘邦,就以《太公兵法》中的黄老之学施教于刘邦,"数以《太公兵法》说沛公,沛公善之,常用其策;(张)良为他人言,皆不省。良曰:'沛公殆天授'"①。这段史料非常明白地向人们透露了黄老之学在刘邦打天下中的重要地位。张良多次根据《太公兵法》即《六韬》向沛公献策,得到刘邦的赏识。当别人对其中的思想"皆不省"的时候,刘邦却领悟其中之妙,不仅"善之",而且将这些计谋付诸实行——"常用其策",刘邦的这种政治领悟力令张良感慨不已,赞之曰"天授"。因此,张良成为刘邦手下的重要谋士,并很好地将黄老治国之道运用于政治、军事实践之中,辅佐刘邦平定天下。在夺取天下大封功臣时,刘邦念念不忘张良的功劳,称赞他说:"运筹策帷帐中,决胜千里外,子房功也。"②可见,张良可谓是刘邦政治集团中首位成功地运用黄老之学的实践者,汉初所实行的一些政策亦与《六韬》、《黄帝四经》等作品的思想有关。以下试将黄老治道的相关内容与汉初统治者的政治实践活动联系起来做些考察。

（一）同天下之利

主张分权、反对独裁是黄老政治思想的重要主张,《吕氏春秋》中就曾针对秦王嬴政的专制政治而作出"天下非一人之天下,天下之天下"的论断,并提出"万民之主,不阿一人"的要求。③ 反映出试图分享政权的意图。但一心希望独裁专权的嬴政不仅未能接受《吕氏春秋》中的这一思想主张,而且对吕不韦为代表的政治势力采取了压制和消灭的手段,这一政治主张也随着吕不韦在政治上的失败而束之高阁。独裁专权的政治路线导致嬴政沦为孤家寡人而失去群臣的辅佐,这不能不说是秦王朝败亡的重要原因之一。刘邦对这一历史教训应该是感触颇深的。这成为后来促使刘邦在政治

---

① 司马迁:《留侯世家》第二十五,《史记》卷五十五,中华书局 1959 年版,第 2036 页。
② 司马迁:《留侯世家》第二十五,《史记》卷五十五,中华书局 1959 年版,第 2042 页。
③ 《吕氏春秋·贵公》,《二十二子》,上海古籍出版社 1986 年版,第 631 页。

上实施共享共利原则的助力。

在政治上实行共享共利亦是《六韬》中所主张的内容,在该书中,作者提出了与《吕氏春秋》相类似的主张,文中说:"天下非一人之天下,乃天下之天下也。同天下之利者,则得天下;擅天下之利者,则失天下。"①"天下者,非一人之天下,乃天下之天下也。取天下者,若逐野兽,而天下皆有分肉之心。若同舟而济,济则皆同其利,败则皆同其害。然则皆有以启之,无有闭之也。"②作者所提出的"同天下之利者,则得天下"、"擅天下之利者则失天下"的理念,乃是试图通过分享政治资源而扩大政治统治的社会基础,从而夺取政治斗争胜利的策略。虽然它只是某种政治势力进行政治斗争的策略,而并非是一种民享天下的民主思想,但毕竟蕴含了反对家天下、"皆同其利"等可贵的思想,比《吕氏春秋》的分权主张更为明确。

《六韬》"同天下之利"的理念得到刘邦的采纳并在楚汉之争中显示出它的力量:公元前 202 年,刘邦和项羽决战陔下,张良正式向刘邦提出,只有君主能够与诸侯臣下"共天下",才能上下内外协力,击败项羽,取得胜利,这显然与《六韬》中"同天下之利者则得天下"的思想一脉相承。刘邦接受了张良的建议,与各国约定共同分配天下权益,终于集结诸侯国联军,一举击败项羽。当面临诸将争功谋叛的危险时,张良又建议,首先行封"数尝窘辱"刘邦,刘邦平生最憎恨、"欲杀之"的雍齿以安定军心③,刘邦接受了这一建议,果然起到了安抚人心的作用。

对于"同天下之利"所产生的积极社会效应,刘邦集团中的成员有相当深的认识。在登上帝位后,在 202 年,刘邦曾在洛阳南宫摆酒宴时向臣下询问自己得天下而项羽失天下的原因,高起、王陵总结:"陛下使人攻城略地,因以与之,与天下同其利;项羽不然,有功者害之,贤者疑之,此所以失天下也。"④这里所说的"与天下同其利"正是一种与其他政治势力共同享有权益和分配资源的做法,也正是在《太公兵法》中早已提出过的"同天下之利

① 《文韬·文师》,《六韬》卷一,中华书局 2007 年版,第 7 页。
② 《武韬·发启》,《六韬》卷二,中华书局 2007 年版,第 52 页。
③ 参见司马迁:《留侯世家》,《史记》卷五十五,中华书局 1959 年版,第 2043 页。
④ 司马迁:《高祖本纪》,《史记》卷八,中华书局 1959 年版,第 381 页。

则得天下"、"擅天下之利则失天下"这一理念的具体诠释,更是实际应用上述同享共利思想的经验总结。共同享有和分配天下权益,这是刘邦集团高于项羽之处,也是他们所以能够取得天下,进而能够安定人心的重要策略。

建国之后,刘邦一共分封了七个异姓王:楚王(原为齐王)韩信、梁王彭越、淮南王英布、燕王臧荼(后改封卢绾)、赵王张敖、故韩王信为韩王、衡山王吴芮为长沙王。此外,还分封了143个有功之臣。① 他认为秦朝不分封子弟招致孤立败亡,于是裂土分封九个同姓诸侯王。

当然,在封建政治制度下,要真正和长久地实现共有和分配天下权益是不可能的。为了维持刘氏天下,防止在他身后有人兴兵叛乱,刘邦又背叛了当年写丹书、封功臣的誓言。他在去世前杀一白马,和大臣订立了一个盟约,史称"白马之盟",其核心内容是:"非刘氏不得王,非有功不得侯。不如约,天下共击之。"②可见,刘邦终究还是摆脱不了"家天下"的藩篱。他在病危期间下诏通告天下说:"与天下豪士贤大夫共定天下,同安辑之。有功者上致之王,次为列侯,下乃食邑(赐予封户,得收赋税)。""吾于天下贤士可谓亡(无)负矣! 其有不义背天子擅起兵者,与天下共伐诛之。"③意思是说,他通过分封侯王已经与天下豪士贤大夫共同享有政治经济权益,故不负共同打天下的豪杰贤士,假如还不知足而起兵者,天下豪士应该共同讨伐。这虽然是为维护刘氏家天下和分封同姓为王的特权而说出的一番冠冕堂皇的托词,不过也说明,在封建帝王当中,刘邦还算是能够与其他政治势力和臣下"同其利"的,在他的思想上还存在着与军功集团分享政治权力的意识。而且,在实际政治生活中,刘邦只是翦除了对专制王权构成威胁的诸王,而被封为侯的功臣较少遭祸,因为这些人只是享用衣食租税而无行政管理权,对专制王权不构成威胁,这也说明刘邦在巩固王权的前提下亦具有与臣下"同其利"的胸怀。

---

① 异姓诸侯王在后来又成为统一的中央集权国家的严重威胁,刘邦借口韩信等人企图谋反,将他们相继翦除,只留下一个势力最弱的长沙王吴芮。

② 班固:《周勃传》,王先谦:《汉书补注》卷四十,中华书局1983年影印本,第997页。

③ 班固:《高祖本纪》,王先谦:《汉书补注》卷一,中华书局1983年影印本,第57页。

（二）谦 下 宽 容

谦下宽容是黄老之学所强调的君主治理之道，《黄帝四经》中指出："是故君子卑身以从道"①，做人应当"虚静谨听"，"唯执道者能虚静公正"②。《六韬》亦强调："以天下之目视，则无不见也；以天下之耳听，则无不闻也；以天下之心虑，则无不知也。辐凑并进，则明不蔽矣。"③考察刘邦的政治实践，我们不难发现，正是这种谦下宽容、虚怀善任的作风帮助刘邦战胜强敌而夺取天下。

我们看到，在这方面，刘邦与"有功者害之、贤者疑之"的项羽形成了鲜明的对照。因此，韩信、陈平等原来为项羽效力的英才纷纷脱离项羽而投奔刘邦，刘邦亦不计前嫌，兼容并蓄，为汉军赢得了大批战胜敌军的人才。

在洛阳南宫摆酒宴时刘邦与臣下讨论自己得天下而项羽失天下的原因时，刘邦指出，高起、王陵所总结的"与天下同其利"只是"知其一，不知其二"。这其二便是他善用人才，他将自己善用人才视为成功的另一重要因素。他说："夫运筹帷幄之中，决胜千里之外，吾不如子房（张良字子房）；镇国家，抚百姓，给馈饷（供给军饷），不绝粮道，吾不如萧何；连百万之军，战必胜，攻必取，吾不如韩信。三者皆人杰，吾能用之，此吾所以取天下者也。项羽有一范增而不用，此所以为我所擒也。"④作为一个最高领导人，对于手下之人张良、萧何、韩信的长处了如指掌，大加赞赏，甚至公开承认自己在这些方面不如属下，充分显示出刘邦谦下宽容、知人善任的政治智慧。

（三）除 烦 去 苛

反对繁刑苛政是道家治国思想的重要内容，《老子》第五十八章说："其政闷闷，其民淳淳。其政察察，其民缺缺"；第七十五章说"民之饥以其上食

---

① 《黄帝四经·十六经·前道》，载余明光：《黄帝四经与黄老思想》，黑龙江人民出版社1989年版，"附录"第313页。

② 《黄帝四经·经法·名理》，载余明光：《黄帝四经与黄老思想》，黑龙江人民出版社1989年版，"附录"第277页。

③ 《文韬·大礼》，《六韬》卷一，中华书局2007年版，第19页。

④ 司马迁：《高祖本纪》，《史记》卷八，中华书局1959年版，第381页。

税之多,是以饥。民之难治以其上之有为,是以难治。"《六韬》继承这一主张,书中进一步向当权者阐发劳民繁刑的弊病说:"上劳则刑繁,刑繁则民忧,民忧则流亡。上下不安其生,累世不休,命之曰大失。"①

对于这一点,刘邦集团也是注意防止的。据《史记·高祖本纪》所载,早在刘邦攻入咸阳之时,就曾对秦朝政治制度和政治治理方式的弊病予以了深刻的认识。为了凝聚人心,他召集"诸县父老豪杰",向他们表达改革秦朝酷法的决心:"父老苦秦苛法久矣!诽谤者族,偶语者弃市。与父老约法三章:杀人者死,伤人及盗,抵罪。余悉除去秦法。"②刘邦高度重视除烦去苛,制定顺应民心、民性的政治法律制度,将黄老道家省苛轻刑等政治伦理主张付诸实践。

惠帝、吕后统治时期,继承了高祖约法省禁的政策,以无为化天下,颁布了一系列废除严刑酷法的政令。惠帝四年(前191年)废除挟书律。高后元年(前187年),除三族罪、妖言令。汉文帝继位后,进一步宽刑简政。在他就位的第一年,即批评秦的相坐律说:"法者治之正也,所以禁暴而率善人也。今犯法已论,而使毋罪之父母、妻子、同产坐之,及为收孥,朕甚不取。"继而不顾臣下的反对而废除了"收孥诸相坐律令"。文帝二年(前178年),下令废诽谤、妖言之罪。文帝七年,令列侯、太夫人、夫人、诸侯、王子及吏二千石,无得擅征捕。文帝十三年(前167年),"除肉刑",后又"除宫刑","出美人"。③汉景帝刘启在前元元年(前156年)下诏说,用笞杖与死罪没有什么两样,即使不死,也会重残。因此又将文帝规定的笞五百改为笞三百,笞三百改为笞二百。但这样做,许多囚犯仍然被打死。中元元年(前144年),景帝看到那些受笞刑者在行刑时"或至死而笞未毕,朕甚怜之",故又下诏把笞三百改为笞二百,二百减为一百。④他还规定,断案判刑时,如有疑狱,则可交付有司重新审议量刑,然后再送廷尉。⑤

---

① 《武韬·文启》,《六韬》卷二,中华书局2007年版,第57页。
② 司马迁:《高祖本纪》,《史记》卷八,中华书局1959年版,第362页。
③ 参见司马迁:《孝文本纪》,《史记》卷十,中华书局1959年版,第419、424、428、434页。
④ 参见班固:《刑法志》,王先谦:《汉书补注》卷二十三,中华书局1983年影印本,第500页。
⑤ 参见班固:《景帝本纪》,王先谦:《汉书补注》卷五,中华书局1983年影印本,第82页。

宽刑政令的持续施行,使人们在较大程度上脱离了严刑酷法之苦。从汉惠帝、高后时的"刑罚用稀"①,到汉文帝时"断狱数百,几致刑措"②,"平狱缓刑,天下莫不说(悦)喜"③,从而缓和了社会矛盾,为社会经济的恢复和发展,提供了必要的条件,于是"吏安其官,民乐其业,畜积岁增,户口浸息"④。

(四) 无 为 不 扰

道家无为而治的重要内容是尊重民众自己的意愿,而不以当权者的主观意志来干扰民众的生活,从而让百姓有一个较为宽松自由的空间来安排生活和生产。这是汉初统治者所采取的基本治国方式。据史籍记载说:"当孝惠吕后时,百姓新免毒蠚,人欲长幼养老,萧曹为相,填以无为,从民之欲,而不扰乱,是以衣食滋殖,刑罚用稀。及孝文即位,躬修玄默,劝趣农桑,减省租税。"⑤

无为不扰在曹参执掌国政时有充分的体现。曹参原担任齐国丞相,当时"天下初定",他召集当地长老诸生,"问所以安集百姓"之道,齐国故儒来了上百名之多,而"言人人殊",使人不得要领,莫知所从。曹参"未知所定",只得请来"善治黄老言"的胶西盖公。盖公的主张是:"治道贵清静,而民自定。"并自此作详细的论述,很快获得了曹参的重用。曹参以此术治齐,"相齐九年,齐国安集,大称贤相"。黄老之术在齐国的初见成效,为其在全国的推行打下了重要的基础,提供了必要的经验。后来,曹参继萧何为汉廷之相国时,仍然"一遵萧何约束",日夜饮酒而不治事,将曾在齐国颇见成效的无为之术推行于全国。⑥ 当汉惠帝对曹参"不治事"、"日饮、无所请事"的表现表示异议和不满时,曹参如此回答说:"高皇帝与萧何定天下,法

---

① 班固:《刑法志》,王先谦:《汉书补注》卷二十三,中华书局1983年影印本,第499页。
② 班固:《文帝本纪》,王先谦:《汉书补注》卷四,中华书局1983年影印本,第78页。
③ 班固:《贾山传》,王先谦:《汉书补注》卷五十一,中华书局1983年影印本,第1092页。
④ 班固:《刑法志》,王先谦:《汉书补注》卷二十三,中华书局1983年影印本,第499页。
⑤ 班固:《刑法志》,王先谦:《汉书补注》卷二十三,中华书局1983年影印本,第499页。
⑥ 司马迁:《曹相国世家》,《史记》卷五十四,中华书局1959年版,第2029页。

令既明具,陛下垂拱,参等守职,遵而勿失,不亦可乎?"①也就是说,高皇帝与萧何已经奠定了安定国家的格局,他们所制定的法律及政策已经相当完美,惠帝和他只需要谨守成制即可,不必要也没有什么能力对它再作修改。这就是后人所称道的"萧规曹随"。曹参的这番解释,让惠帝十分认同,点头称善。说明君臣之间对于无为而治的方略早已达成共识。

无为不扰更意味着较高职位的官员让下属各司其职,而不是越俎代庖或事必躬亲,这实际上是一种分层负责的治理方式。以下一段史料就是个典型的案例:

当汉文帝执掌朝政后,有一天向右丞相周勃询问国家的刑狱和财政方面的事宜:"'天下一岁决狱几何?'勃谢不知。问:'天下钱谷一岁出入几何?'勃又谢不知。汗出浃背,愧不能对。上亦问左丞相平。平曰:'(各)有主者。'上曰:'主者为谁乎?'平曰:'陛下即问决狱,责廷尉;问钱谷,责治粟内史。'上曰:'苟各有主者,而君所主何事也?'平谢曰:'主臣!陛下不知其驽下,使待罪宰相。宰相者,上佐天子理阴阳,顺四时,下遂万物之宜,外填扶四夷诸侯,内亲附百姓,使卿大夫各得任其职也。'上称善。"②

从这段对话可以看出,陈平在这里实际上诠释了无为而治所蕴含的另一层内涵,即作为高级官员的宰相不能事必躬亲,他所负责的事情是佐助天子理阴阳、顺四时,让民众各遂其宜,让官员各任其职。但无为并非放任自流,而是一切事宜各有其负责者:决狱是廷尉所管,钱谷则由治粟内史负责。可见,无为而治并非让为政者什么也不做,而是要营造一种宽松的环境,让每个人能充分发挥自己的能力去做自己分内的事,从而形成一个各司其职、各负其责的良好有序的政治秩序。这也正是《庄子》中所说的:"静则无为,无为也则任事者责矣。"③

（五）轻徭薄赋

早在刘邦初定天下之时,就根据经济凋残的现状,制定了"轻田赋"的

---

① 司马迁:《曹相国世家》,《史记》卷五十四,中华书局 1959 年版,第 2030 页。
② 司马迁:《陈丞相世家》,《史记》卷五十六,中华书局 1959 年版,第 2061 页。
③ 《庄子·天道篇》,《二十二子》,上海古籍出版社 1986 年版,第 43 页。

政策:"什五而税一,量吏禄,度官用,以赋于民。"①文帝即位后的第二年,即提出了"务省徭费以便民",并减天下田租之半。此后,"减外徭","除戍卒令"。② 文帝十二年(前 168 年),又接受晁错减租税的建议,下诏减去当年租税之半。第二年,"遂除民田之租税",过了 11 年,至景帝元年(前 156 年),才又恢复三十税一的政策。景帝后元二年(前 142 年),"省徭赋"。③

为了避免人民负担过重,汉初统治者在对匈奴关系的问题上,态度也较谨慎。如惠帝时,匈奴在对汉的书信中侮辱吕后。太后怒而召诸将议之。上将军樊哙主张发兵,"以十万众,横行匈奴中",以报仇雪耻。诸将皆附和这一意见以曲从太后之意。中郎将季布却以"秦以事胡,陈胜等起"的教训警戒众人,并斥责樊哙"欲动摇天下","可斩也"。太后虽然不悦,但权衡大局,只好忍气罢朝,"遂不复议击匈奴事"。④ 文帝为了结束"匈奴并暴边境,多杀吏民"的状况,自谓"夙兴夜寐,……为之怛惕不安,未尝一日忘于心",多次遣使者与单于谈判,采取和亲政策与之"结兄弟之义,以全天下元元之民",尽量避免以兵戎相见。即使在匈奴背约而入境的情况下,也只是"令边备守,不发兵深入",以免"烦苦百姓"。⑤ 这些通过非暴力手段解决问题的策略,正是对《老子》"兵者凶器、圣人不得已用之"主张的践行。

(六) 敦 朴 节 俭

俭约不奢是以老子为代表的道家所信守的"三宝"之一,黄老之学对此作了更深入的发挥。《黄帝四经·经法·四度》中告诫说:"黄金玉珠臧(藏)积,怨之本也。女乐玩好燔材,乱之基也。守怨之本,养乱之基,虽有圣人,不能为谋。"⑥《六韬》的作者继承了这一主张,书中假托古代的圣王而阐发崇俭抑奢的主张:"帝尧王天下之时,金银珠玉不饰,锦绣文绮不衣,

---

① 班固:《食货志》,王先谦:《汉书补注》卷二十四,中华书局 1983 年影印本,第 509 页。
② 班固:《文帝本纪》,王先谦:《汉书补注》卷四,中华书局 1983 年影印本,第 71、72 页。
③ 参见班固:《食货志》,王先谦:《汉书补注》卷二十四,中华书局 1983 年影印本,第 512 页。
④ 参见班固:《季布传》,王先谦:《汉书补注》卷三十七,中华书局 1983 年影印本,第 970 页。
⑤ 参见司马迁:《孝文本纪》,《史记》卷十,中华书局 1959 年版,第 433 页。
⑥ 《黄帝四经·经法·四度》,载余明光:《黄帝四经与黄老思想》,黑龙江人民出版社 1989 年版,"附录"第 262 页。

奇怪珍异不视,玩好之器不宝,淫佚之乐不听,宫垣屋室不垩,甍桷椽楹不斫,茅茨遍庭不剪。鹿裘御寒,布衣掩形,粝粱之饭,藜藿之羹,不以役作之故,害民耕绩之时。削心约志,从事乎无为。"①作者认识到,政府官员"大作宫室池榭,游观倡乐"将会"伤王之德",对于政治道德产生腐蚀作用,故将其视为"六贼"之一。因为"多营宫室台榭以疲民力则苦之,吏浊苛扰扎则怒之"。因此,作者告诫说,"善为国者",必须敦朴节俭,爱惜民力,"见其饥寒则为之忧,见其劳苦则为之悲,赏罚如加于身,赋敛如取于己"。②

上述戒除奢侈、崇尚俭朴的主张亦曾被张良用来劝诫刘邦。据史籍所载:"沛公入秦宫,宫室帷帐狗马重宝妇女以千数,意欲留居之。樊哙谏沛公出舍,沛公不听。良曰:'夫秦为无道,故沛公得至此。夫为天下除残贼,宜缟素为资。今始入秦,即安其乐,此所谓"助桀为虐"。且"忠言逆耳利于行,毒药苦口利于病",愿沛公听樊哙言。'沛公乃还军霸上。"③从这段史料可以看出,在张良的影响下,刘邦在一定程度上践行了去除奢侈的黄老思想。

继刘邦之后,汉初统治者为了减少烦民,亦注意崇俭敦朴,汉文帝在这方面被后人视为一代典范。据史籍所载,文帝"即位二十三年,宫室苑囿、狗马服御无所增益,有不便,辄弛以利民。……所幸慎夫人,令衣不得曳地,帏帐不得文绣,以示敦朴,为天下先。"在筑治己之陵墓时,他嘱咐,"皆以瓦器,不得以金银铜锡为饰",因山为陵,不起坟,"欲为省,毋烦民"。他曾打算修建露台,召来工匠进行核算,约需花费百金,相当于十户中等人家之产。于是,他便取消了这一计划。④ 此事不仅成为崇俭的范例而为后人津津乐道,而且多次被后世一些明智的帝王所效法,例如,唐太宗、明太祖等帝王皆曾因感念此事而停止了修筑宫室的计划。关于这方面的详情,本书将分别在第十三章、第十八章的相关章节中予以介绍。

---

① 《文韬·盈虚》,《六韬》卷一,中华书局 2007 年版,第 11 页。
② 《文韬·国务》,《六韬》卷一,中华书局 2007 年版,第 15 页。
③ 司马迁:《留侯世家》,《史记》卷五十五,中华书局 1959 年版,第 2037 页。
④ 参见司马迁:《孝文本纪》,《史记》卷十,中华书局 1959 年版,第 433 页。

（七）宽 律 弛 禁

随着政治上不干涉政策的实施,经济政策也有所松弛。惠帝、高后时,"复弛商贾之律"。文帝五年(前175年),"除盗铸钱令,使民放铸"①,即允许私人铸钱币。文帝十二年(前168年),罢关卡税,并允许商人自由往来,而不须持官方发给的符信。文帝后元六年(前158年),弛山泽之禁,即允许私人入山采矿,下泽捕鱼,煮海水为盐。

黄老之术的推行,收到了一些积极的社会效果。惠帝、高后时已初见成效,史家赞曰:"孝惠皇帝、高后之时,黎民得离战国之苦,君臣俱欲休息乎无为,故惠帝垂拱,高后女主称制,政不出房户,天下晏然。刑罚罕用,罪人是希。民务稼穑,衣食滋殖。"②自此时至武帝初年这六七十年时间内,社会经济更是有了长足的发展,汉武帝时代的司马迁在《史记·平准书》中作了这样的描述:"至今上即位数岁,汉兴七十余年之间,国家无事,非遇水旱之灾,民则人给家足,都鄙廪庾皆满,而府库余货财,京师之钱累巨万,贯朽而不可校。太仓之粟陈陈相因,充溢露积于外,至腐败不可食。众庶街巷有马,阡陌之间成群……守闾阎者食粱肉……故人人自爱而重犯法,先行义而后绌耻辱焉。"③地方上的致富者也大大增加:"若至力农畜工虞商贾,为权力以成富,大者倾郡,中者倾县,下者倾乡里者,不可胜数"④,可谓大见成效了。

当然,史籍中描写的这些盛况,有不少是史家的夸张,书中所记载的统治者的美言嘉行,更是多有溢美之词。关于这一点,西汉人就已经指出过。如,汉成帝曾以世传文帝俭约之事询问刘向,刘向回答说:"文帝虽节俭,未央前殿至奢,雕文五采,画华榱壁珰,轩楹皆饰以黄金……年岁不登,百姓饥乏,谷籴常至石五百,不升一钱。"⑤又如,除肉刑一事,也只是以笞刑代替肉

---

① 班固:《食货志》,王先谦:《汉书补注》卷二十四,中华书局1983年影印本,第517页。
② 班固:《高后本纪》,王先谦:《汉书补注》卷三,中华书局1983年影印本,第67页。
③ 司马迁:《平准书》,《史记》卷三十,中华书局1959年版,第1420页。
④ 司马迁:《货殖列传》,《史记》卷一二九,中华书局1959年版,第3282页。
⑤ 应劭著,王利器校注:《正失》,《风俗通义》卷四,中华书局1981年版,第96—97页。

刑,当劓者笞三百,当斩左右趾者笞五百,故因笞致死的罪犯不乏其人。又如,史书上关于景帝的颂词也需要再作审视。根据新华社记者的报道,1999年考古工作者在对西安汉景帝陵墓的考古中发现,这一陵墓的工程十分浩大,汉景帝曾大量征调人力为他修造陵墓,时间长达 28 年之久。故前辈学者傅白芦先生据此而指出,汉景帝刘启的“仁政”背后的确有暴行,提醒人们不要忘记封建专制制度的残酷性,亦不要忽略中国传统民本思想与现代“以人为本”思想的本质区别。[①] 傅老先生的观点甚有见地,发人深省。

不过,与秦王朝相比,汉初统治者能够顺应民心,审时度势,以黄老思想为宗旨,一定程度地减轻了人民的负担,促进了生产的发展和经济的繁荣,这些举措还是值得肯定的。

三、黄老政治的消极影响及其教训

黄老之术对于医治久遭战乱创伤的社会,有着其特殊的功效,但它的过分放任和不干涉主义也给社会发展带来了一些弊病,这也是需要总结的。

（一）促使诸侯王势力膨胀

汉初,为了拱卫王室,刘邦大封同姓王,各王跨州兼郡,连城数十,其势力足与中央相抗衡,反成为对中央朝廷的一股离心力量。而因循、放任的黄老政治,更促使其毫无顾忌地发展势力。最为突出的是吴王刘濞,他利用封国内丰富的自然资源,“以即山铸钱,富埒天子,其后卒以叛逆”[②]。吴王太子与皇太子博弈(犹今下围棋),发生争吵。皇太子怒,以围棋盘掷击吴太子,吴太子被击而亡。吴王因此生怒,称疾不朝,反心益滋。文帝对此采取了姑息的态度,不但不责怪其诈疾不朝的行为,反而赐予吴王几杖,允许其年老不朝。吴王于是在国内收揽民心,积蓄力量,最后终于起乱。因此,贾

---

① 参见傅白庐:《汉景帝的千年屋》,《北京日报》2011 年 4 月 18 日。
② 司马迁:《平准书》,《史记》卷三十,中华书局 1959 年版,第 1419 页。

谊在《新书》中深刻地指出:"夫秦日夜苦心劳力以除六国之祸,今陛下力制天下,颐指如意,高拱以成六国之祸,难以言智。"这些话语中肯地批评了黄老政治中的放任因素所带来的弊端。

(二) 助长富商豪强横行

黄老政治的推行以及经济政策的放宽,固然带来了经济繁荣的局面,但也为暴发户的成长和横行提供了机会。《史记》的作者司马迁就认识到了其正反两面的作用。他指出,由于一系列宽松政策的推行,"于是网疏而民富,役财骄溢;或致兼并豪党之徒,以武断于乡曲;宗室有王公卿大夫以下,争于奢侈,室庐舆服僭于上,无限度。"但司马迁认为,这种状况的出现是必然的:"物盛而衰,固其变也。"①而实际上,这却是政府过于放纵的结果。因为任何事物都必须适度,既不可束缚太甚,又不能完全没有约束,这在经济领域内尤为重要。哪些政策该放宽,又该如何放宽,都必须有周密的考虑,不加限制地放宽,势必造成危害。例如,在关系国计民生的重要经济问题上放开,允许私人铸钱、煮盐等就带来了严重的后果。故司马迁在《史记·平准书》中揭示这种放任政策的危害说:"不轨逐利之民,蓄积余业以稽市物,物踊腾粜,米至石万钱,马一匹则百金。"②私人大批铸钱,货币的轻重、纯杂不均,且没有相应的物质基础作后盾,结果导致物价飞涨,钱法大乱。特别是使得诸侯豪强乘机崛起,吴王以铸钱而"富埒天子",大夫邓通"以铸钱财过王者,吴、邓氏钱布天下"。③豪强富商凭借着雄厚的经济势力,下欺百姓,上抗公室,他们"或蹛财役贫,转谷百数,废居居邑,封君皆低首仰给。冶铸煮盐,财或累万金,而不佐国家之急"④。富商大贾富可敌国,与窘困的中央财政形成了鲜明对比,且日益发展成为与各级政府相对立的势力。

更为严重的是,政府在社会管理中的过度放任,促使了诸侯豪强等地方割据势力的膨胀,他们利用其政治特权和经济实力争夺社会财富,"乘富贵

---

① 参见司马迁:《平准书》,《史记》卷三十,中华书局 1959 年版,第 1420 页。
② 司马迁:《平准书》,《史记》卷三十,中华书局 1959 年版,第 1417 页。
③ 班固:《食货志》,王先谦:《汉书补注》卷二十四,中华书局 1983 年影印本,第 518 页。
④ 司马迁:《平准书》,《史记》卷三十,中华书局 1959 年版,第 1425 页。

之资力以与民争利于下……众其奴婢,多其牛羊,广其田宅,博其产业,畜其积委,务此而亡已,以迫蹴民",致使百姓"日削月朘,浸以大穷"。社会财富迅速向两极分化,"富者奢侈羡溢,穷者穷急愁苦"。① 过分放任和不干涉主义给社会带来了新的不稳定因素。

这一事实说明,任何治理模式都不可能是完美无缺的,在社会管理的实际运用过程中,由于各种复杂的因素,某些看来不错的治理模式或政策,也可能出现各种问题,偏离预设的目标。这就需要对具体问题进行认真分析,根据环境和时代的变化进行调整,对症下药。鉴于社会政治中出现的问题,黄老之术逐渐不能适应统治者的需要,儒家思想逐渐抬头。出于巩固皇位的需要,汉景帝采用儒生袁盎的建议,将儒家《公羊春秋》的理论用于实际政治斗争中。到了景帝之子汉武帝刘彻执政以后,正式改变政治方略,抛弃黄老之术,罢黜百家,表彰六经,推崇儒学。

---

① 参见班固:《董仲舒传》,王先谦:《汉书补注》卷五十六,中华书局 1983 年影印本,第1157 页。

第七章 《淮南子》"循理举事"、 "神化为贵"的安邦之策

汉初特定的社会历史条件和楚人的文化传统,促使统治者在政治、经济各个领域实践着黄老道家的政治主张。至此,黄老之学成为盘旋在政治舞台上的主旋律,响彻在社会生活的各个角落。在黄老之学盛行几十年的社会文化氛围中,淮南王刘安组织其门客编纂了《淮南子》这一巨著。该书以道家思想为主干,兼取儒、墨、名、法和阴阳诸家学派之精,"纪纲道德,经纬人事,上考之天,下揆之地,中通诸理"①。这种博采众家的治学方针,反映出实现全国统一之后的大汉帝国海纳百川的泱泱大国气概,亦推动着道家治道不断丰富和深入发展,故本书可谓道家治道走向兼收综合与多元发展路向的过渡环节之一。

一、阴阳相错,万物乃成

《淮南子》的思想主张建立在对于天、地、人进行综合整体的系统考察之上,是注重应用操作的黄老道家学派中最具有哲学思辨色彩的作品。

该书对《老子》"道生一,一生二,二生三,三生万物"以及《吕氏春秋》中"造于太一,化于阴阳"的世界生成模式作了更具体的发挥。它认为,

① 刘安主编:《淮南子·要略》,《二十二子》,上海古籍出版社 1986 年版,第 1306 页。

"道"深远无际而又无形无象,"高不可际,深不可测,包裹天地,禀授无形"①,是世界的最高本体。该书描述"道"产生天地万物的具体状况说:"道始于虚廓,虚廓生宇宙,宇宙生气,气有涯垠,清阳者薄靡而为天,重浊者凝滞而为地。……天地之袭精为阴阳,阴阳之专精为四时,四时之散精为万物。"②"天地以设,分而为阴阳,阳生于阴,阴生于阳,阴阳相错,四维万通,或死或生,万物乃成。"③可见,"道"始生于无形的"虚廓","虚廓"进而产生出宇宙和气,由"道"产生的"气"具有清阳、重浊等性质上的差别,故可分为阴阳二气,阴阳二气刚柔相成,由此而化生出天地万物等不同事物以及作为万物之灵的人类。

天地万物是阴阳二气刚柔磨荡而成,因此,阴阳刚柔这些对立面就必然地包含在万事万物之中,这些对立面"两相养,时相成"。人与天地皆统一于阴阳之气,故他们又有着相互感应的密切关系:"天地之合和,阴阳之陶化,万物皆乘一气者也。是故上下离心,气乃上蒸,君臣不和,五谷不为。"④人间社会政治生活的不和谐状态会直接影响到天地之间的气候和农作物的生长,天地宇宙和人类社会等万事万物就是这样一个相互联系和感应的整体。这种有机整体的思维模式乃是作者一系列社会管理主张的理论基础,在作者看来,一个体悟了大道的高明管理者必能洞察世事,统揽全局:"圣人者由近知远,而万殊为一。"⑤

二、返性原心,适情辞余

《淮南子》对于社会治理问题的思考有其深厚的人性论基础。作者认为,放纵于物欲而迷失淳朴本性,则国家必乱,作战必败,因此,文中对于心

---

① 刘安主编:《淮南子·原道训》,《二十二子》,上海古籍出版社1986年版,第1205页。
② 刘安主编:《淮南子·天文训》,《二十二子》,上海古籍出版社1986年版,第1215页。
③ 刘安主编:《淮南子·天文训》,《二十二子》,上海古籍出版社1986年版,第1220页。
④ 刘安主编:《淮南子·本经训》,《二十二子》,上海古籍出版社1986年版,第1238页。
⑤ 刘安主编:《淮南子·本经训》,《二十二子》,上海古籍出版社1986年版,第1238页。

性修养等问题的思考，就不再局限于个体的安身立命，而是关系到国家之治乱和生民之安危了。因此，作者对这些问题进行了详尽的论述。

由道生万物的基点出发，作者认为，人性与道相通，它淳朴无邪但又容易被污染："人之性无邪，久湛于俗则易，易而忘本，合于若性。故日月欲明，浮云盖之……人性欲平，嗜欲害之。"①这段话包含了以下几层意思：第一，人性是淳朴无邪的，但是却存在着受不良风俗影响而改变的可能性；第二，外界不良风俗的影响，将污染这种淳朴平和之本性，人如果长久地处于不良习俗中则可能会与之同化，以至于忘记原来的淳朴天性而与外界的不良习俗相合；第三，人的本性原本是平和无邪的，但不良的嗜欲则会侵害这种淳朴本性。

作者提醒人们说，人如果迷失了自己的本性，就如同在茫茫大海中航行而不知东西南北。而认识了自己的本性，则好比是迷途者找到了超出迷惘的北斗。"乘舟而惑者不知东西，见斗极则寤矣。"可见，回归、认识淳朴的本性是指引人类正确地认识自己、选择正确行为的"斗极"，复归于朴才能把握正确的航向。"有以自见也，则不失物之情；无以自见，则动而惑营。"②故作者提醒人们，一定要注意克服外界的不良影响而回到淳朴的本性，如果放纵和沉溺于自己的物欲将会导致丧失本性，无法理性地认识和把握自己，无法选择正确的行动。这不仅危害健康，更是乱国溃军的根源："夫纵欲而失性，动未尝正也。以治身则危，以治国则乱，以入军则破。"③

那么，如何才能不迷失或找回自己的淳朴本性呢？作者回答说，了解大道是复归本性的必由之路："是故不闻道者，无以反（返）性。"但作者却只是将复归本性的希望寄托于圣人，认为"唯圣人能遗物而反己"④，而凡夫俗子是难以闻道返性的，显示出作者思想的局限性。

书中认为，人的感官是只知追逐物欲享乐，而不懂得利害关系的："目

---

① 刘安主编：《淮南子·齐俗训》，《二十二子》，上海古籍出版社1986年版，第1253页。
② 以上引文均见刘安主编：《淮南子·齐俗训》，《二十二子》，上海古籍出版社1986年版，第1253页。
③ 刘安主编：《淮南子·齐俗训》，《二十二子》，上海古籍出版社1986年版，第1254页。
④ 以上引文均见刘安主编：《淮南子·齐俗训》，《二十二子》，上海古籍出版社1986年版，第1254页。

好色,耳好声,口好味,接而欲之,不知利害,嗜欲也。"而人的心则懂得孰为利害,故能以理智节制欲望:"食之不宁于体,听之不合于道,视之不便于性。三官交争,以义为制者,心也。"感官不能够对于短暂利益和长远利益、眼前快乐和长久健康这些问题作出正确的分辨和取舍,因此不能光凭欲望行事。而心却具有认知能力和控制能力,懂得忍受一时的痛苦能换来长久健康,满足一时的欲望会导致伤身害性,"心为之制",才能"各行其所"。作者又认为,人的感官欲望与心性是互相对立、相损相害的:"邪与正相伤,欲与性相害,不可两立,一置一废。"①依据心性处事还是依凭欲望处事,这是圣人和众人的重要区别,由此,则产生了完全不同的价值取向和行为原则:君子行正气——"内便于性,外合于义,循理而动,不系于物";小人行邪气——"重于滋味,淫于声色,发于喜怒,不顾后患"。②

因此,实现心性的回归与践履高尚的德行是紧密相连的。作者看到"至德高行"虽然受到世人的敬仰,"虽不肖者知慕之",但却普遍存在着"说之者众而用之者鲜,慕之者多而行之者寡"的状况。这里的原因就在于"不能反诸性也",即不能回归于淳朴之本性。为什么不能反诸性呢? 作者进一步分析说:"夫内不开于中而强学问者,不入于耳而不着于心,此何以异于聋者之歌? 效人为之而无以自乐也,声出于口则越而散矣。"这就是说,学习需要相应的心理基础,心灵没有开窍而勉强去学习求教,不可能真正地将学习内容接收融化到心中,这就如同聋子模仿他人唱歌而不能使自己快乐一样。因此,人的管理能力和管理行为与心的状态有着直接的关系:"夫心者,五脏之主也,所以制使四支,流行血气,驰骋于是非之境而出入于百事之门户者也。是故不得于心而有经天下之气,是犹无耳而欲调钟鼓,无目而欲喜文章也,亦必不胜其任矣。"③

心是指挥人的五脏四肢和一切思想行为的总指挥,如果"不得于心",

① 以上引文均见刘安主编:《淮南子·诠言训》,《二十二子》,上海古籍出版社1986年版,第1272页。
② 以上引文均见刘安主编:《淮南子·诠言训》,《二十二子》,上海古籍出版社1986年版,第1272页。
③ 以上引文均见刘安主编:《淮南子·原道训》,《二十二子》,上海古籍出版社1986年版,第1209页。

没有从心上体道、得道，徒有治理天下的气魄，就如同没有耳朵而想演奏音乐、没有眼睛而想欣赏纹彩，是一定不能胜任的。这些论述深刻揭示了人的精神心理状态与管理水平和行为的内在必然联系，对于我们进一步探究管理行为的内在心理机制是很有启发意义的。

作者指出，在道德修养的问题上，行为主体是雕琢矫拂自然之性还是顺理情性，将导致两种完全不同的结果：

> 不知原心反本，直雕琢其性，矫拂其情，以与世交。故目虽欲之，禁之以度；心虽乐之，节之以礼；趋翔周旋，诎节卑拜。……外束其形，内总其德，钳阴阳之和而迫性命之情。故终身为悲人。

> 达至道者则不然。理情性，治心术；养以和，持以适；乐道而忘贱，安德而忘贫……便性者不以滑和。故纵体肆意，而度制可以为天下仪。①

前一种人不懂得修养的根本在于回归到淳朴之本性，他们矫情拂性，强迫自己压抑由外物所引发的欲望，完全陷于世俗的繁文缛礼而不能自拔，视听言动皆受到束缚，限制阴阳二气的调和，压制生命的激情，所以终身不能享受真正的身心自由而成为毫无人生快乐的"悲人"，这样的人即使高官厚爵又有何意义呢？

而通达了"至道"的人却完全不同，他们能够顺应自己的淳朴情性，调理好自己的心性，使自己的欲望保持适度，让心灵处于和谐的状态。他们由于体悟了大道，回归到自己的本性，因而获得了人生的真正价值，故能忘却世俗的贵贱贫富，不为其所扰，他们的所作所为皆适于自己的本性而不会扰乱平和之心。因此，他们的行为和思想都能不违背大道而达到一种道德自由的境界，其言行举止可以成为天下之人的仪范。

从这一观点出发，作者批评儒家（倡导的道德规范）"以义自防"的道德约束违逆了人的本性："不本其所以欲而禁其所欲，不原其所以乐而闭其所乐，是犹决江河之源而障之以手也。夫牧民者，犹畜禽兽也。不塞其圃垣，

---

① 以上引文均见刘安主编：《淮南子·精神训》，《二十二子》，上海古籍出版社1986年版，第1237页。

使有野心,系绊其足,以禁其动,而欲修生寿终,岂可得乎?"作者以颜回、子夏等孔门高足"夭死"、"失明"、"为厉"的事实,来说明儒学"迫性拂情而不得其和"。作者通过子夏徘徊于富贵和道德这两种追求之间因而影响身心健康这一故事,说明儒者并不是不贪求富贵,不追求享乐,只是压抑自己的情欲,用道义来规范自己。而这种"迫性闭欲,以义自防"的结果是:心情郁闷,"形性屈竭",还是不能止己之情欲,"故莫能终其天年"。① 可见,"儒者非能使人弗欲,而能止之;非能使人勿乐,而能禁之。使天下畏刑而不敢盗,岂若能使无有盗心哉!"止欲、禁乐、畏刑而不敢盗都只是治标之术,而治本之策在于改变人们追逐享乐的价值观念,"使人弗欲"、"无有盗心",淡化人们对物欲的追求,让人懂得过分的物欲对人是无意义的,"知夏日之裘无用于己,则万物之变为尘埃矣"。因此,不必强制性地禁止人们的物欲,而只要能够"适情辞余,以己为度,不随物而动,岂有此大患哉!"②即适顺个体的天性,以适合个体的正常需求为度,则自然可以避免为追求外物而国亡身死的大祸。因此,书中将"返性于初"、"原心",回归到"无邪"的人之本性,视为立身固国的根本和最高的"圣人之学"。③

三、循理举事,各便其性

与人性本朴的人性论和"返性于初"的修养论相联系,《淮南子》的作者针对日益强化的封建专制统治,进一步发挥了黄老道家君主无为的主张,作者明确地指出,无为绝非"漠然不动"、"寂然无声"、"凝滞不动",如果"听其自流,待其自生,则鲧、禹之功不立"。这就避免了由于"无为"一词较为抽象而可能引起的歧义或曲解。

---

① 以上引文均见刘安主编:《淮南子·精神训》,《二十二子》,上海古籍出版社1986年版,第1237页。
② 以上引文均见刘安主编:《淮南子·精神训》,《二十二子》,上海古籍出版社1986年版,第1237页。
③ 参见刘安主编:《淮南子·俶真训》,《二十二子》,上海古籍出版社1986年版,第1213页。

在《主术训》和《修务训》中,作者较为具体地论述了无为的具体含义说:"人主之术,处无为之事,而行不言之教,清静而不动,一度而不摇,因循而任下,责成而不劳。是故心知规而师傅谕导,口能言而行人称辞,足能行而相者先导,耳能听而执正进谏。是故虑无失策,谋无过事,言为文章,行为仪表于天下。进退应时,动静循理,不为丑美好憎,不为赏罚喜怒,名各自名,类各自类,事犹自然,莫出于己。"①作者厘清了对于无为的曲解和误解后指出:"若吾所谓无为者,私志不得入公道,嗜欲不得枉正术,循理而举事,因资而立功,事成而身弗伐,功立而名弗有。"②

在这里,"无为"主要是"人主"的政治治理方法,它的含义主要有以下几点:其一,治国的政策方略具有较大的稳定性,"清静而不动,一度而不摇";其二,君主不自以为是、亲力亲为,而是让国师、相者、执正等各方面的官员各任其职,发挥臣下的聪明才智,让天下"名各自名,类各自类",有一个让人们自己成为自己、自由发展的空间,更为可贵的是,当人们有所成就时,君主却不自恃己功,而是认为"事犹自然,莫出于己","功立而名弗有";其三,严格控制当权者个人的主观意愿,"不为丑美好憎,不为赏罚喜怒",特别是不以当权者个人的主观意志干扰公共事务,不因当权者个人的喜好而妨碍国家的政治活动或正常的政治秩序,即"私志不得入公道,嗜欲不得枉正术";其四,必须"循理而举事",顺应历史发展的潮流,因循事物之规律而为,依顺着各种客观条件而建功立业,即"进退应时,动静循理","因资而立功"。

显然,《淮南子》这里所表达的无为而治管理模式与"用己而背自然"的"有为"模式是截然对立的。这些主张既是对先秦道家治道的继承,又反映出在政治专制和文化专制开始形成的汉武帝时期,作者对于封建专制君主肆意妄为将导致的恶果具有高度的警惕,并尽可能通过提出"无为"主张这一力所能及的方式对此予以防范和限制,同时,亦充满了对于人的尊重和信任。这都反映了在政治实践中以《淮南子》为代表的汉代黄老道家对于无为法则的丰富和发展。

---

① 刘安主编:《淮南子·主术训》,《二十二子》,上海古籍出版社1986年版,第1241页。
② 刘安主编:《淮南子·修务训》,《二十二子》,上海古籍出版社1986年版,第1296页。

为了促使君主践履无为之道,《淮南子》又着重论述了"虚心弱志"和"俭约率下"的重要性。针对汉武帝的专制倾向并根据生活实践和政治实践的经验,作者指出,人类对于外界事物的认识是很肤浅的,个人的能力和智慧更是有限的,即使是作为明君贤相的汤武、伊尹,也各有其不足之处。"由此观之,则人知之于物也,浅矣。"因此,无论君主个人的才智多么出众,专凭自己的才能,或是依靠刑罚等强制手段,是不能达到目的的:"专己之能,则其穷不达矣。故智不足以治天下","杀戮不足以禁奸"。君主好"为","专己之能",而不发挥和依仗臣下的智慧、力量,不仅难以治理好天下,甚至自身难保:君主"专用其心则独身不能保也"①;君主有为还易造成臣下好行智诈之术,加剧政府官员内部的争斗:"是以上多故则下多诈,上多事则下多态,上烦扰则下不定,上多求则下交争。"只有"虚心而弱志",臣下才会"莫不尽其能",这是君主成就功业的保证:"乘众人之智则无不任也,用众人之力则无不胜也。"②俭约亦是无为的重要内容:"圣人事省而易治,求寡而易澹,不施而仁,不言而信,不求而得,不为而成。其所修者本也。"而所谓"修本",也就是持守无为俭约之道:"君人之道,处静以修身,俭约以率下。静则下不扰,俭则民不怨。"相反,君主如果追求享乐,"驰骋田猎,出入不时……则百官务乱,事勤财匮,万民愁苦,生业不修矣"③。针对汉武帝在生活上的日益奢靡,作者强调君主持守俭约、爱民惜财对于经济发展和民心向背的重要作用。

为了有效地帮助当权者"乘众人之智"、"用众人之力",作者提出了"物各有宜"、"因性而用"的任人原则④,认为,万事万物各有其特性,各有其用处,"水火金木土各异物而皆任";不同的人更是具有不同的性格、品质和处事特点,"轻者欲发,重者欲止……"。因此,君主应该根据他们的特点,扬长避短,合理地使用:"勇者可令进斗而不可令持牢;重者可令埴固而不可

---

　　①　以上引文均见刘安主编:《淮南子·主术训》,《二十二子》,上海古籍出版社1986年版,第1243页。

　　②　以上引文均见刘安主编:《淮南子·主术训》,《二十二子》,上海古籍出版社1986年版,第1242、1243页。

　　③　刘安主编:《淮南子·主术训》,《二十二子》,上海古籍出版社1986年版,第1244页。

　　④　参见刘安主编:《淮南子·泰族训》,《二十二子》,上海古籍出版社1986年版,第1302页。

令凌敌……"①人的才智是各有所长的:商汤、武王虽然是圣主,但却不能像熟悉水性的越人那样,驾着小舟浮游于江湖之上;伊尹虽然是贤相,但却不能像惯于游牧的胡人那样,驾驭烈马;孔子、墨子虽然学问博通,但却不能像山居之人那样,在草木丛生的崎岖山路上攀登。可见,欲治天下,专凭君主一人的才能是不够的,应该善于根据人们的特性去使用人才,顺应其自然之本性,审慎地量才授任。贤明的君主使用人才应该像木工因材制木,"大小修短各得其所宜,规矩方圆各有所施……无可弃者"②。作者针对社会现实中的问题指出,那些不被朝廷所提拔,得不到人们的赞誉的官员,往往并非其能力和才智不行,而很可能是由于其所担任的官职不利于他们发挥和施展自己的特长,"其所以官之者非其职"。③ 要改变这一状况,让各级官吏卓有政绩,必须给他们施展才能的客观环境,将其安排在合适的位置上,才能让各类人才各尽所能。

围绕着"人得其位"的用人思想,作者进一步论述说,广厦阔屋是人类的安居之所,但"鸟入之而忧",高山深林是虎豹的安乐之所,但"人入之而畏",此类生物的快乐之地,往往可能是彼类生物的忧伤之处。因此,创造一个适宜于各种人才生存和发展的客观环境,也是充分发挥其才干的必要前提。于是,书中总结说,应该使各种人才"各便其性,安其居,处其宜,为其能"④,自由地发挥各自的长处。

《淮南子》将老庄顺应自然的原则具体地运用于行政领域,反映出诸侯王对于汉代日益强化的中央集权统治的不满,表达出对于封建专制制度压制人才的愤懑,反映出封建统治集团中的明智者追求人尽其才的政治理想,它不仅大大地丰富了中国古代的人才理论,而且对当代人力资源管理的理论和实践有重要启示。

---

① 以上引文均见刘安主编:《淮南子·泰族训》,《二十二子》,上海古籍出版社1986年版,第1302页。
② 刘安主编:《淮南子·主术训》,《二十二子》,上海古籍出版社1986年版,第1245页。
③ 刘安主编:《淮南子·主术训》,《二十二子》,上海古籍出版社1986年版,第1245页。
④ 刘安主编:《淮南子·齐俗训》,《二十二子》,上海古籍出版社1986年版,第1253页。

四、抱德推诚,神化为贵

如何化导民众,以达到善政这一社会治理目标? 中国古代思想家设计了多种模式,德治是其中的主要方式,即通过道德的力量使民风淳正而达到社会的稳定有序。但在各家那里,德治的具体内容却有所区别。在儒家这里,德治的主要内容是通过推行仁、义、礼、乐来调整社会各阶级、各阶层的关系,以实现社会稳定和长治久安。而道家则对儒家仁、义、礼、乐为内涵的德治模式多有批评,认为仁、义、礼是道德衰败的产物,《老子》"绝仁弃利"和"失道而后德,失德而后仁,失仁而后义,失义而后礼"的话语就集中反映了这种态度。《淮南子》在这一问题上既继承了道家的思想,又有着调和儒道的倾向,故作者提出了独具特色的德治主张。

首先,作者对仁、义、礼、乐产生的原因及其功能进行了更为具体的论述:"古之人同气于天地,一世而优游。当此之时,无庆贺之利,刑罚之威,礼义廉耻不设,毁誉仁鄙不立,而万民莫相侵欺暴虐,犹在于混冥之中。逮至衰世,人众财寡,事力劳而养不足,于是忿争生,是以贵仁;仁鄙不齐,比周朋党,设诈谞,怀机械巧故之心,而性失矣,是以贵义;阴阳之随莫不有血气之感,男女群居杂处而无别,是以贵礼;性命之情,淫而相胁,以不得已则不和,是以贵乐。"作者正确地认识到仁、义、礼等伦理规范产生的根本原因,是由于"人众财寡,事力劳而养不足"等经济因素以及由此而产生的"忿争",为了解决这些纷争以及男女无别、性命不和等混乱和无序现象,需要制定相应的行为规范以调节矛盾,故这些伦理规范只是"救败",而"非通治之至"。①

作者认为,依循本性而治理天下才是理想政治,而仁、义、礼、乐并非顺应本性而是淳朴之本性丧失以后的产物,因而不是理想的治理之道。文中说:"率性而行谓之道,得其主性谓之德。性失然后贵仁,道失然后贵义。

---

① 刘安主编:《淮南子·本经训》,《二十二子》,上海古籍出版社1986年版,第1238页。

是故仁义立而道德迁矣,礼乐饰则淳朴散矣,是非形则百姓眩矣,珠玉尊则天下争矣。凡此四者,衰世之造也,末世之用也。"作者深刻地指出,如果不能认识到仁、义、礼、乐的这种局限性,一味压抑人的本性,强制人们实施这种外在的行为规范,则必然失去其"救败"的初衷,反而加剧人际矛盾,这已成为当时社会现实中不可忽视的弊端:"今世之为礼者,恭敬而怯;为义者,布施而德。君臣以相非,骨肉以生怨,则失礼义之本也。"①

与道和德相比,仁义是外在的、非本质的,但仁义道德规范与法度相比时,则又处于"为本"的地位:"治之所以为本者,仁义也;所以为末者,法度也。……先本后末,谓之君子;以末害本,谓之小人。……今不知事修其本,而务治其末,是释其根而灌其枝也。且法之生也,以辅仁义,今重法而弃义,是贵其冠履而忘其头足也。"因此,礼义是守法的前提:"民无廉耻,不可治也。非修礼义廉耻不立。民不知礼义,法弗能正也。……法能杀不孝者,而不能使人为孔、曾之行;法能刑窃盗者,而不能使人为伯夷之廉。"②这种德本法末、以法辅德的主张显示出作者对儒家重德轻刑的德治思想的继承,同时也体现出作者对于道德与法关系的正确认识,揭示了道德对法律的内在支撑作用,认识到法律约束的局限性,道德的实现不能依靠强制力量而要通过主体的内在自觉。

在上述思想的基础上,作者深刻地指出,伦理道德规范的制定是为人服务的,道德规范应该与人的真实存在和知、情、意相表里,是道德情感与理性相互影响和制约的产物:"礼者,实之文也;仁者,恩之效也。故礼因人情而为之节文,而仁发恲以见容"。仁、义、礼等道德规范的制定和实施应该顺乎人的真实本性,能够表达人内心真实的道德情感。本着这一看法,作者对儒家所坚持的守三年之丧的礼制提出了异议:"夫三年之丧,是强人所不及也。而以伪辅情;三月之服,是绝哀而迫切之性也。夫儒墨不原人情之终始,而务以行相反之制",超越人的实际情况,强人所难只会使人们在哀悼

---

① 以上引文均见刘安主编:《淮南子·齐俗训》,《二十二子》,上海古籍出版社1986年版,第1252页。

② 以上引文均见刘安主编:《淮南子·泰族训》,《二十二子》,上海古籍出版社1986年版,第1305、1303页。

亲人的行为中掺杂虚伪的成分,从而亵渎了孝亲的真情。因此,作者认为,履行孝道并非一定要违背人之常情强行规定守孝期限和孝服,道德礼仪的制定应该适度并符合人性,"不强人之所不能为,不绝人之所不能已,度量不失于适,诽誉无所由生"。而只有乱国才会崇尚表里不一、徒具形式的繁文缛礼,"言与行相悖,情与貌相反;礼饰以烦,乐优以淫;崇死以害生,久丧以招行",而其结果必将是"风俗浊于世,而诽誉萌于朝"。① 这些论述鲜明地体现了这样的思想:道德是服务于人的,是为人的发展、完善,为人生的幸福服务的,人不应该是道德的奴隶,道德礼仪对人的约束应该"不失于适",绝不应扭曲、压抑人性,强人之所不能为。如果不认识到这点,只能导致道德虚伪、道德沦丧和社会道德风俗的败坏。这些看法,的确是发人深省的。

从顺应自然的原则出发,《淮南子》的作者进一步发展了老子的德教思想。在老子那里,道德教育者只是以"无为"、"无欲"的道德行为垂范于天下,以求达到"民自化"、"民自正"、"民自朴"的效果,而完全否定声教法令的作用。而《淮南子》则继承发展了老子的道德教育思想。

第一,作者认为教育者应该认识民众之本性,顺应民众之自然本性以施教化。"因其性则天下听从,拂其性则法县而不用。""因其所喜以劝善,因其所恶以禁奸,故刑罚不用而威行如流,政令约省而化耀如神。"②

第二,在强调因民之性而行教化、制礼乐的同时,亦承认了礼、乐、法、制与人性自然的一致性:"先王之制法也,因民之所好而为之节文者也。因其好色而制婚姻之礼,故男女有别;因其喜音而正《雅》、《颂》之声,故风俗不流;因其宁家室、乐妻子,教之以顺,故父子有亲;因其喜朋友而教之以悌,故长幼有序。"③

第三,强调了在道德教育过程中,人的先天本性与圣人的后天教育皆不可缺少:"夫物有以自然,而后人事有治也",孝悌礼义等道德规范均有其内在的人性根据,"皆人之所有于性,而圣人之所匠成也。故无其性不可教

---

① 以上引文均见刘安主编:《淮南子·齐俗训》,《二十二子》,上海古籍出版社1986年版,第1254页。

② 刘安主编:《淮南子·泰族训》,《二十二子》,上海古籍出版社1986年版,第1301页。

③ 刘安主编:《淮南子·泰族训》,《二十二子》,上海古籍出版社1986年版,第1301页。

训,有其性无其养不能遵道"。① 因此,书中扬弃了老子"绝学弃知"的主张,认为后天学习与因循本性不仅不相矛盾,而且还是"循性"的必要条件,"欲弃学而循性",好比释船而欲涉水,"知人无务,不若愚而后学……故君子积志委正,以趣明师"②。这展示出黄老新道家在教育问题上的认识有了进一步的深化。

第四,在重视不言之教的同时,亦肯定了儒墨两家道德教化的效果,承认圣人的声教法令的教育作用:孔子的弟子皆"入孝出悌,言为文章,行为仪表,教之所成也";墨子的弟子皆可使"赴火蹈刀,死不还踵,化之所致也"。所以,采取多种道德教育形式显然都是必要的:"圣王在上,明好恶以示之,经诽誉以导之,亲贤而进之,贱不肖而退之,无被创流血之苦,而有高世尊显之名,民孰不从?"也就是说,明智的为政者通过阐明好恶以表明价值导向、区分毁誉以进行舆论宣传、亲贤斥邪以树立标范、以尊显之名以激励向善,这些方式皆有助于引导民众为善弃恶。人性虽有仁义之资质,但如果缺少圣人的引导却仍然不能步入正道:"人之性有仁义之资,非圣人为之法度以教导之,则不可使乡方。"③

通过论述和比较儒、墨、法家等各家的教育方式,作者提出了自己最为推崇的德治模式——在"不言之教"基础上发展而来的"神化"之方。书中说:"圣人块然保真,抱德推诚,天下从之如响之应声、景之像形,其所修者本也。刑罚不足以移风,杀戮不足以禁奸,唯神化为贵。"所谓"神化",是指君主保持自己淳朴的心性和德行来教化和感化民众,作者认为,"神化"是最为可贵的教化手段:"太上神化,其次使不得为非,其次赏贤而罚暴。"④

这些看法不无道理。因为君主的行为对民众产生着直接的影响:"上多故则下多诈,上多事则下多态……上多求则下交争","驰骋田猎,出入不时……则百官务乱,事勤财匮,万民愁苦,生业不修矣";相反,君主"处静以

---

① 参见刘安主编:《淮南子·泰族训》,《二十二子》,上海古籍出版社1986年版,第1301页。
② 刘安主编:《淮南子·修务训》,《二十二子》,上海古籍出版社1986年版,第1298页。
③ 刘安主编:《淮南子·泰族训》,《二十二子》,上海古籍出版社1986年版,第1301页。
④ 以上引文均见刘安主编:《淮南子·主术训》,《二十二子》,上海古籍出版社1986年版,第1242页。

修身,俭约以率下","虚心而弱志",臣下才会"莫不尽其能","圣人事省而易治,求寡而易澹,不施而仁,不言而信,不求而得,不为而成。其所修者本也"。① 作者反复强调的所谓"修本",也就是君主"块然保真,抱德推诚",持守无为俭约之道,这就为民众树立了良好的道德标范,为他们接受教育奠定了坚实的心理基础:"天下从之,如响之应声,景之像形"。正如作者所说:"故民之化也,不从其所言,而从其所行。"② 相比之下,"使不得为非"、"赏贤罚暴"等手段缺乏情感动因,缺乏感而动之的内驱力,而且在执行过程中容易受到各种因素的干扰,即使能取得某些效果,也往往停留于行为主体外在的"从",而非内在的"化"。因此,"刑罚不足以移风,杀戮不足以禁奸,唯神化为贵"。

"神化"之所以产生良好的教育效果,就在于作为道德教育主体的君主抓住了"本":一方面顺应民众之自然之性以施教化,"因其所喜以劝善,因其所恶以禁奸";另一方面,注重自身的道德心性修养,以身作则,以自身的人格力量感化民众,从而使民众服膺于道德教化者所倡导的道德要求,并进而将它化入自己的品质结构之中。

"神化"之所以有如此大的功效,亦来自于以诚动人的精神力量。在行政管理活动中,行政权力和职位是进行管理的必要条件,但单纯依仗权力又是难以达到良好的管理效果的。因为管理活动以人为对象,而人是有情感、有意志的动物,故外在权威能在多大程度上控制、影响管理对象,管理对象的主观能动性能有多大程度的发挥,更取决于为政者的实际影响力。《淮南子》的作者认识到,这种影响力来自于施政者的精诚品质和尊道而为的治理方法。《泰族训》中说:"施而仁,言而信,怒而威,是以精诚感之者也;施而不仁,言而不信,怒而不威,是以外貌为之者也。故有道以统之,法虽少,足以化矣;无道以行之,法虽众,足以乱矣。"③

为政者"以精诚感之"就会具有动而化之的人格魅力,所以作者接着又

① 参见刘安主编:《淮南子·主术训》,《二十二子》,上海古籍出版社 1986 年版,第 1242 页。
② 刘安主编:《淮南子·主术训》,《二十二子》,上海古籍出版社 1986 年版,第 1242 页。
③ 刘安主编:《淮南子·泰族训》,《二十二子》,上海古籍出版社 1986 年版,第 1302 — 1303 页。

以养神为上的益生之道来类比感化教育的重要性。文中说:治身,太上养神,其次养形;治国,太上养化,其次正法。"为政者坦诚相待,动之以真情,才能感化管理对象,实现管理的主客双方在情感上的沟通和共鸣,达到化而从之、治平天下的效果。

因此,作者强调精神心理的安和对社会治理的积极作用,并揭示了仁、义、礼、乐的局限,认为它们只能各自在某一个方面发挥惩弊纠偏的作用:"夫仁者所以救争也,义者所以救失也,礼者所以救淫也,乐者所以救忧也。"只有"神明定"才能从根本上治世安民:

> 神明定于天下而心反其初,心反其初而民性善,民性善而天地阴阳从而包之,则财用足而人赡矣,贪鄙忿争不得生焉。由此观之,则仁义不用矣。道德定于天下而民纯朴,则目不营于色,耳不淫于声……由此观之,礼乐不用也……是故知神明然后知道德之不足为也,知道德然后知仁义之不足行也,知仁义然后知礼乐之不足修也。①

"神明",是指人的精神或心灵,"神明定"是一种精神清明、心灵澄澈淳朴的状态,"神明定于天下"是指为政者和天下之人皆保持安定澄澈的精神心理状态。作者认为,如此就能复归于真朴无诈的本然之性,向善弃恶,与天地自然保持一种和谐的关系,同时也形成恬淡不争、少私寡欲的社会风气。在这种返璞归真的理想社会中,不再需要以仁、义、礼、乐来规范人们的行为,以调节社会关系。因此,作者指责以儒家仁、义、礼、乐治国是"背其本而求其末,释其要而索之于详",不是一种明智的治理方法。这不仅反映出作者对汉武帝推崇儒术国策的批评,同时也成为此后玄学家王弼"崇本息末"著名主张的先声。

值得注意的是,作者不仅认为应该引导民众淳朴守愚,而且将其作为统治者所应信守的基本原则。这是因为,玩弄智诈将妨碍人们体认大道、保全德性:"道有智则惑,德有心则险",因此,愚朴去智也是君主的重要品质,亦是君主获得人才的基本前提:"处愚称德则圣人为之谋"。② 在这里,"处

---

① 刘安主编:《淮南子·本经训》,《二十二子》,上海古籍出版社1986年版,第1238页。
② 参见刘安主编:《淮南子·主术训》,《二十二子》,上海古籍出版社1986年版,第1243页。

愚"实际上是与抱朴守真、虚己谦下相通的美德,是大智若愚。君民皆以淳朴之心相处,也就不需要推行仁义,亦不必以赏罚手段来控制民众,就能保持天下的安定和富庶。

作者十分看重"心"这一内在精神力量的功效。《原道》中说:"是故不道之道,莽乎大哉! 夫能理三苗,朝羽民,徙裸国,纳肃慎,未发号施令而移风易俗者,其唯心行者乎?"[1]要让"心"发挥它的威力,就必须以情动人。

如何才能以情动人呢? 关键就在于作为道德教育主体的为政者能够"反求诸己"、以行示教、以诚动人。作者援引史实以为例证:"故舜不降席而天下治,桀不下陛而天下乱,盖情甚乎叫呼也。无诸己,求诸人,古今未之闻也。"文中进一步阐述说,之所以获得民众的赞同和信任,是因为进行道德教化的统治者在说话之前就有诚心,之所以"同令而民化",是由于"诚在令外也"。圣人能够让民众"迁而化",是由于"情以先之也"。而统治者"动于上",发号施令却"不应于下者",是因为"情与令殊也"。[2]

于是,作者从以情动人、以情化人的角度发展了老子"行不言之教"的主张,认为情感的作用大大超过声教法令:"言之用者,昭昭乎小哉;不言之用者,旷旷乎大哉。"[3]为了进一步说明情感在道德教化中的作用,作者打了一个生动的比喻:矢之所以射得远并穿透硬物,靠的是弓弩的力量,但其之所以能够射中目标,关键还在于人心——"正心也"。[4]

由此出发,作者对于精神与刑赏的相互关系作了一番很好的阐发:"赏善罚恶者,政令也;其所以能行者,精诚也。故弩虽强不能独中,令虽明不能独行,必自精气所以与之施道。故摭道以被民,而民弗从者,诚心弗施也。"[5]

在这里,作者特别强调"精诚"在行政执法中的重要作用。所谓"精诚",是指为政者、执法者对待法令的真诚与崇敬,表现为一种表里如一、言

---

[1] 刘安主编:《淮南子·原道训》,《二十二子》,上海古籍出版社1986年版,第1207页。

[2] 以上引文均见刘安主编:《淮南子·缪称训》,《二十二子》,上海古籍出版社1986年版,第1249页。

[3] 刘安主编:《淮南子·缪称训》,《二十二子》,上海古籍出版社1986年版,第1249页。

[4] 参见刘安主编:《淮南子·泰族训》,《二十二子》,上海古籍出版社1986年版,第1301页。

[5] 刘安主编:《淮南子·泰族训》,《二十二子》,上海古籍出版社1986年版,第1301页。

行一致的态度。这就是说,赏善罚恶等政令的推行离不开为政者言传身教的精诚之心和实际行动。因为再好的政令也"不能独行",需要人来执行,特别是必须依靠有法必依、有法必行的精诚之气来帮助发挥作用。因为民众不会听从那些毫无诚意的大道理,"诚心弗施"的结果必然是"民弗从"。

一方面,为政者要以精诚动人;另一方面,则是要善于察本寻源,圣人之可贵不在于"随罪而鉴刑",而在于"知乱之所由起也"。① 社会道德风俗的败坏是"乱之所由起"的一个重要方面,如对此不察不觉,不能防患于未然,待事态严重再施以刑罚,那就无济于事了。故文中强调道德教化的重要性说:"若不修其风俗,而纵之淫辟,乃随之以刑,绳之以法,虽残贼天下,弗能禁也。"桀纣之时"法度不存"、"纪纲不张"、"风俗坏"而导致亡国的事实皆是明证。因此,要启发民众的善良天性,对其进行正确的引导和疏通:"诚决其善志,防其邪心,启其善道,塞其奸路,与同出一道,则民性可善,而风俗可美也。"②培养民众的善念,引导他们向善弃恶,朝着正确的道路上发展,才能实现社会的优序良俗。

如何保证社会优序良俗的形成呢? 作者继承发展了《老子》"我无为而民自化"这一基本思想,强调为政者的个人道德是天下"无不治"关键,故对为政者的道德心性修养问题予以充分的关注。

五、恬淡和愉,内修其本

上一节提到,《淮南子》将"神化"作为社会治理的理想方式,将"性合于道"的"真人"视为理想人格,追求与朴素无为之大道的合一。而要实现这一目标,就必须提高人的道德心性修养。作者指出:"是故圣人内修其本而不外饰其末,保其精神,偃其智故,漠然无为而无不为也,澹然无治也而无不

---

① 参见刘安主编:《淮南子·泰族训》,《二十二子》,上海古籍出版社 1986 年版,第 1303 页。
② 以上引文均见刘安主编:《淮南子·泰族训》,《二十二子》,上海古籍出版社 1986 年版,第 1303 页。

治也。"①作为最高管理者的君主首先必须加强自身的道德修养,"内修其本",保养精神,消弭智诈,方能"无不为"、"无不治"。

在《淮南子》一书中,这种"内修其本"的修养范围是非常广泛的。从修养内容上说,既包括道德修养,又包括心理训练;从修养主体来说,既包括最高统治者,又包括社会各阶层人士。作者认识到,对于为政者来说,如不能保持恬淡的生活以修心养德,而是恣情纵欲,极尽奢华享乐,必将劳民伤财,更将导致五行不调而"亡天下";对于士人来说,"反诸己"的道德内省和道德践行是士人走向通达的必由之路:"士处卑隐,欲上达,必先反诸己。上达有道,名誉不起,而不能上达矣;取誉有道,不信于友,不能得誉;信于友有道,事亲不说,不信于友;说亲有道,修身不诚,不能事亲矣;诚身有道,心不专一,不能专诚。"②这样一条由"专一"、"诚身"到"说亲"、"信于友",而后实现"取誉"、"上达"的路线,与儒家孝亲忠信等道德要求以及正心、诚意、修身、齐家、治国、平天下的人生理想何其相似,足见作者对于儒家伦理思想的吸收。

书中指出,道德修养不能囿于封闭型的内省,而必须与积善这一道德实践活动相结合,而积善又是一个积微成著的过程:"素修正直,弗离道也。君子不谓小善不足为也而舍之,小善积而为大善;不谓小不善为无伤也而为之,小不善积而为大不善。是故积羽成舟,群轻折轴,故君子禁于微。壹快不足以成善,积快而为德;壹恨不足以成非,积恨而成怨。故三代之善,千岁之积誉也;桀、纣之谤,千岁之积毁也。"③

不过,作者又从社会现实中看到某些人通过积善修德以追名逐利的弊端,故强调为善不能显露痕迹,否则就会导致"士争名"、"民争功","二者相争,虽有贤,弗能治"。因此,圣人行善时不留痕迹("掩迹于为善"),施仁时隐去名声("息名于为仁")。作者还看到,争名、争功不仅会导致社会的争乱,而且对于争名的行为主体亦是有害无益的。书中分析说,以获善名为动机而行善是十分危险的:欲获得名声的人就要做善事,做善事就会生出事

① 刘安主编:《淮南子·原道训》,《二十二子》,上海古籍出版社 1986 年版,第 1207 页。
② 刘安主编:《淮南子·主术训》,《二十二子》,上海古籍出版社 1986 年版,第 1248 页。
③ 刘安主编:《淮南子·缪称训》,《二十二子》,上海古籍出版社 1986 年版,第 1252 页。

端,事端发生了则会"释公而就私,背数而任己"。希望通过行善来"见誉"、"立名",办事就不会遵循事理,急于求成而不待时机,因而就不能成功,"责多功鲜",无法搪塞,则妄为以求获得成功。但这样即使是成功了,亦"不足以更责",而如果失败了,亦"不足以敝身"。①

因此,作者强调内在的心性修养重于恪守仁义等外在的行为规范:"是故圣人内修道术,而不外饰仁义,不知耳目之宣,而游于精神之和。"②如何"内修道术"呢?作者对老子的修养思想进行了扬弃,认识到,五声、五味乃"天下之所养性也,然皆人累也"。既承认物质欲望的合理性,但又反对为物欲所累。其认为,沉溺于感官享受是有害于身心健康的:"嗜欲者使人之气越,而好憎者使人之心劳。弗疾去则志气日耗。"③

作者认识到,追求外在的物质欲望或感官享乐对生命的伤害:"夫声色五味,远国珍怪,环异奇物,足以变心易志,摇荡精神,感动血气者,不可胜计也。"④而且,丰饶的物质生活和感官享乐并不能满足精神上的空虚,"耳听钟鼓管弦,眼瞧靡曼之色,陈酒行筋,夜以继日,弩弋高鸟,犬逐狡兔",这些寻欢作乐之举,声势显赫,似乎令人羡慕,但在"解车休马、罢酒彻乐"之后,精神上却感到"忽然若有所丧,怅然若有所亡"。这是什么原因呢?对此,作者进行深刻的分析说,这是由于行为主体"不以内乐外,而以外乐内"。⑤

所谓"以内乐外",是指行为主体注重提升内在的修养和审美能力,保持心理健康,以丰富的精神修养、平和的心态和审美情趣去感受外在事物的美好而获得的欢乐;而"以外乐内"则是单纯追求或依赖外在的物质享乐来刺激感官,以求欢乐。如此,必然为外物所左右,陷入"乐作而喜,曲终而悲,悲喜转而相生,精神乱营,不得须臾平"的被动状态。因此,这种为外物所左右的感官享乐,对于人是毫无益处的:"是故内不得于中,禀授于外而以自饰也,而不浸于肌肤,不浃于骨髓,不留于心志,不滞于五脏。"相反,只

① 参见刘安主编:《淮南子·诠言训》,《二十二子》,上海古籍出版社1986年版,第1272页。
② 刘安主编:《淮南子·俶真训》,《二十二子》,上海古籍出版社1986年版,第1213页。
③ 刘安主编:《淮南子·精神训》,《二十二子》,上海古籍出版社1986年版,第1234页。
④ 刘安主编:《淮南子·本经训》,《二十二子》,上海古籍出版社1986年版,第1240页。
⑤ 以上引文均见刘安主编:《淮南子·原道训》,《二十二子》,上海古籍出版社1986年版,第1209页。

会"日以伤生,失其得者也"。① 这些论述,阐明了精神快乐高于感官享乐、内心充实才能获得真正愉悦的道理。在一个物质生活相对匮乏的社会中,这些思想对于净化人心、建立社会的优序良俗尤其具有重要的意义。

作者强调,过分追求外在的物质欲望必然忽略内心的修养而导致心理失衡、"变心易志"、"摇荡精神",进而影响到人的道德行为:"是故神越者其言华,德荡者其行伪,至精亡于中,而言行观于外,此不免以身役物矣。夫趋舍行伪者,为精求于外也,精有湫尽,而行无穷极,则滑心浊神而惑乱其本矣。其所守者不定,而外淫于世俗之风。"②在作者看来,之所以会产生"以身役物"、"言华"、"行伪"、"外淫于世俗之风"等道德问题,其根源乃是由于"神越"、"德荡"、"滑心浊神"等心理失衡状态。相反,"气志虚静恬愉而省奢欲,五藏定宁充盈而不泄,精神内守形骸而不外越"③。精神心理上保持虚静恬愉清纯的状态,则能够寡欲节欲,使五脏统于心而功能有序,精神旺盛而气聚不散,并有着坚强的道德意志,能够自控、自制,抵御物欲诱惑。

在作者看来,"气志虚静"、"精神内守"等心性修炼方法,既有着道德修养的意义,又是一种心理调控能力的训练和养生之道,同时也包含着提高直觉认识能力的功能。作者进一步从养生和修德的角度阐述说:"静漠恬淡,所以养性也;和愉虚无,所以养德也。外不滑内,则性得其宜。性不动和,则德安其位。养生以经世,抱德以终年,可谓能体道矣。若然者,血脉无郁滞,五藏无蔚气,祸福弗能挠滑,非誉弗能尘垢,故能致其极。"④作者认为,养生和养德是相辅相成的:静漠恬淡则不为外物所累而得自然本性之宜,顺性随和则能守德不失。通晓"养生"、"抱德"之道,也就能通达体道之途;能体道者,则体健气和,祸福毁誉不能动,就能进入人生的最高境界;而能通达于虚静恬淡的性命之情,也就拥有了仁义之德:"诚达于性命之情,而仁义固附矣。"

---

① 以上引文均见刘安主编:《淮南子·原道训》,《二十二子》,上海古籍出版社 1986 年版,第 1209 页。

② 刘安主编:《淮南子·俶真训》,《二十二子》,上海古籍出版社 1986 年版,第 1213 页。

③ 刘安主编:《淮南子·精神训》,《二十二子》,上海古籍出版社 1986 年版,第 1234 页。

④ 刘安主编:《淮南子·俶真训》,《二十二子》,上海古籍出版社 1986 年版,第 1214 页。

因此,作者认为不需要如儒者那样,通过上下游说等灌输式的方法以推行仁义,只要"诚达于性命之情",善于保持平和的良好心理状态,则能够具有善待他人的仁爱之心,并能较好调节自己的言语和行为,使之处事有义,合乎道德理性,自然具有仁义之德("仁义固附")。同样,处于恬愉虚静的良好心态之中,就能从容自得,不受权势、声色、暴力等各种外界因素的干扰,成为与大自然和谐相处、顶天立地的人:"心无所载,通洞条达,恬漠无事,无所凝滞,虚寂以待,势力不能诱也,辩者不能说也,声色不能淫也,美者不能滥也,智者不能动也,勇者不能恐也。此真人之道也。若然者,陶冶万物,与造化者为人,天地之间,宇宙之内莫能夭遏。"①

以上论述深刻地揭示了"达于性命之情"的养生之道、"游于精神之和"的心理调治手段、"和愉虚无"的心理状态与道德行为、道德意志、道德境界的内在联系,这无疑有助于道德心理学理论的深化和拓展。在物质生活有了极大丰富的现代社会,这些主张仍然具有积极意义。它启示沉溺于感官享乐中的现代人类,在追求物质丰饶的同时,更需要追求精神境界的提升。吸收这些智慧,有助于现代人类遏制奢侈浪费、贪污腐化的颓风,保持廉洁、勤政、简朴的优良传统,实现精神生活与物质生活的平衡,促进社会的优序良俗。

《淮南子》的作者不满封建专制的统治,但又无力与之抗衡,只得在某种程度上指陈时弊,并追求道家恬淡虚静的境界以获得精神上的寄托。它超越了《黄帝四经》专务治世的政治思想,在更高的层次上回归到老庄和《吕氏春秋》治国且治身的追求,在为君主设计治国方略的同时,也为士人设计了养生养德之道,勾画了"与化为一体"的终极追求,为治国安民的黄老经世之学向修身养性的黄老养生之学的转化作了理论上的铺垫。而且,作者将恬淡和愉以体道作为人生的最高目标,而将仁义等儒家伦理视为由此而附之的派生物,也令人隐约感受到后来的玄学家以自然(道)为本,以仁义为末的思想萌芽。从此,治国与治身、安民与养心、修德与养生等诸多方面更好地融会贯通起来,形成了道家治道理论中相当有特色的一个内容。

---

① 刘安主编:《淮南子·俶真训》,《二十二子》,上海古籍出版社1986年版,第1214页。

第 二 编

道家治道的兼收综合与多元发展

从两汉至唐代,道家治道思想呈现出兼收综合、进一步丰富和多元发展的特点。其具体体现在以下几个方面:一是产生了融会儒道、以道为宗、试图调和政治生活中"自然"与"名教"之关系的魏晋玄学;二是出现了将道家治道与宗教神学相融合的《太平经》、《老子想尔注》等早期道教经书;三是出现了道教领袖张鲁秉持道家治道以宽简治民的方式治理汉中的政治实践。

黄老之术在汉初的牛刀初试,一方面带来了政治上的宽松安定和经济的复苏与繁荣,但过度的自由放任而导致的经济失控与政治动乱,也留下了深刻的教训。至汉武帝刘彻即位后,开始改弦易辙。随着中央集权的强化以及"罢黜百家,表彰六经"文化政策的推行,黄老之学从官方哲学的地位退下,向社会的中下层发展。儒学成为官方哲学,精通儒经成为众多士人趋之若鹜的终南捷径。而儒家经学愈演愈繁,日益流于烦琐荒诞,为人们所厌。加之,统治者所奉行的名教政治助长了欺世盗名、名实不符的颓风,因此,自然朴素、"审察名理"的黄老道学日益成为一些思想家批判现实的理论武器,王充、郭林宗、蔡邕、杨厚等人皆为研习和传播黄老之学的代表,汉魏之际兴起的以循名责实为主要内容的名理学正是直接继承黄老之学形名思想的产物。同时,东汉末年黄巾大起义失败后,豪强混战,统治阶级之间的争权夺利,造成了社会的动乱、恐怖和黑暗,人们期望从道家思想中寻找精神避难所。这一切,为道家重登历史舞台提供了社会环境和理论基础,于是,以道家思想为主干,以道解儒、综合儒道的新的理论体系——魏晋玄学应运而生。

玄学家试图弥补儒家以名教压抑人性、使人拘谨自守的缺陷,他们沿着老庄斥礼返朴的思想路径,以恬淡自然的态度取代礼教的繁文缛节,并一扫汉儒烦琐陈腐的学风,围绕着本末关系、有无关系、名教与自然的关系诸问题作出了深刻的哲学思考。他们认为"名教"与"自然"乃是"迹"与"所以迹"的关系,试图弥合现实生活中"名教"与"自然"的分裂与尖锐对立,重建合于时代要求和自然人性的道德礼法,以弥补封建统治者以名教压抑人性的缺陷,使社会重新步入有序,以求得政局的稳定。魏晋玄学给学术界带来了清新空气,这对于提升道家思想的理论水平,进而提高民族哲学的思维能力,都具有重要意义。

　　玄学家将老子思想进一步朝着抽象哲理的向度发展,而另一些人则从宗教神学的方向阐衍老子思想。

　　随着黄老思想的盛行,作为哲学家、思想家的老子逐渐被神化。在神化老子的进程中,老子与道教紧紧牵到了一起。民间早期道教"太平道"、"五斗米道"尊奉老子,将《道德经》奉为诵习的主要经典。据《三国志·张鲁传》所载,张鲁承嗣其祖父张陵所创的五斗米道,在汉中以此道教化民众,建立起政教合一的政权。他以《道德经》为该教的主要经典,为便于向教徒宣讲,乃为之作注,名《老子想尔注》。①《老子想尔注》在继承老子养生与治国相结合思想的基础上,又从追求长生不死的神秘主义方向发展老子之学,成为道家向道教过渡的中间环节。该书强调"人君理国,常当法道而治,则政治","治国之君,务修道德,忠臣辅佐,务在行道,道普德溢,太平至矣"。② 这些治国理想是否付诸实践了呢?

　　据陈寿《三国志·张鲁传》称,张鲁"遂据汉中,以鬼道教民,自号'师君'……皆教以诚信不欺诈,有病自首其过……诸祭酒皆作义舍,如今之亭传。又置义米肉,县于义舍,行路者量腹取足;若过多,鬼道辄病之。犯法者,三原,然后乃行刑。不置长吏,皆以祭酒为治,民夷便乐之。雄踞巴、汉垂三十年。"③这段史料虽然字数不多,但却相当可贵,在一定程度上反映出道教领袖张鲁秉承诚信守朴、无为而治的道家治道进行社会管理的状况。

　　① 据唐玄宗《道德真经疏外传》、杜光庭《道德真经广圣义》所载,《老子想尔注》的作者为东汉张陵。唐陆德明《经典释文·序录》存《老子想尔》二卷,注称:"不详何人,一云张鲁或云刘表。"《传授经戒仪注诀》称:"张鲁得道,化道西蜀,蜀风浅末,未晓深言,托构《想尔》,以训初回。"也以《老子想尔注》作者为张鲁。也有人认为可能是张陵开其端,陵孙张鲁最终完成并托称其祖所作。(参见卿希泰:《中国道教》第二卷,知识出版社1994年版,第264页)
　　② 饶宗颐:《老子想尔注校笺》三十章,上海古籍出版社1991年版,第11、38页。
　　③ 陈寿:《二公孙陶四张传》,《魏书》八,《三国志》卷八,中华书局2005年版,第197—198页。

首先,管理者设立教规,重视道德教化,引导民众"诚信不欺",检束身心,有病者则让其闭门思过;其次,在生活上实行按需分配的制度,并且对于贪婪多取者以"鬼道辄病之"的宗教信仰加以防治;再次,对于犯法者实行教育为主的方针,经过三次批评教育后再重犯才给予处罚;最后,不设置正式的行政机构,以教职人员祭酒代替执行某些行政职能,颇受汉族和巴夷少数民族的欢迎。

可见,张鲁秉承老子治道,以宽简治民的方式治理汉中,统治汉中近三十年,收到了"民夷便乐之"的管理成效,成为汉末一支颇有实力的割据势力。至建守二十年(215年)才被曹操所率的西征大军所降服。

在中国封建社会,无数志士仁人特别是来自社会下层人士的治国理想基本难逃纸上谈兵、束之高阁的厄运,但张鲁却创造了应用老子宽惠之道"雄踞巴、汉垂三十年"的显著成效,这不能不说是中国政治史上的一个奇迹。这个由社会下层民众成功地运用道家治道的案例,充分证明了道家治道在区域性社会治理中的效度,很有深入研究的价值,惜其资料匮乏,无从更清晰地窥探这个存在了近三十年的世外桃源。

史籍中关于早期道教对老子治道的践行虽然语焉不详,但张鲁祖孙等早期道教领袖对老子其人其书的尊奉、研习、阐发以及一定程度的践行,都为道家治道理论的发展提供了契机和更为广阔的社会基础。

在道教走向成熟的过程中,老子被尊为道教尊神,他的五千言被信徒奉为《道德真经》,成为道教教理、教义的基础。不少道教学者通过阐释《老》、《庄》来发展道教宗教理论,在《道藏·洞神部》中,道教人士为《南华真经》即《庄子》所作的注释多达12种[1],其中南宋武林道士诸伯秀所辑撰的《南华真经义海纂微》长达106卷,而对后世影响甚大的《南华真经注疏》中的"疏"就是唐代道教重玄学大家成玄英所撰。在杜光庭所著《道德真经广圣义·序》中列举的汉唐以来六十余家《老子》注疏中,具有道士身份的注疏者占了其中的三分之二,故孙亦平认为,"推动汉唐老学思想发展的主力是

---

① 参见樊光春:《洞神部道经说略》,载朱越利主编:《道藏说略》,北京燕山出版社2009年版,第126页。

道教学者"①。与一般学者着重从学理层面诠释老庄学的路数不同,"道教人士理解与诠释《老子》兼有信仰与学理双重层面"②。在这种信仰与学理双重并举的过程中,道教学者对道家治道作出了自己的深刻体认与阐发。而为了拓展生存空间,道教徒对于取得了意识形态领域中正宗地位的儒学采取了兼融并蓄的态度,他们不再斥礼、责仁、弃义,而是倡导忠孝、仁义,将维护封建等级制度的三纲奉为不可违逆的天地之理。如早期道教典籍《太平经》就极力推崇已经成为官方意识形态的儒家伦理三纲,文中说:"群愚共欺其三纲,名为反逆而无信也。其罪过彰彰,不可覆盖,皆上见于日月三光也。"③同时,道教还吸收儒家礼乐文化和原始宗教中祭祖、奉天、祀神等仪规,呈现出与道家既相承又相异的特色。

由于李唐统治者对老子的推崇,道家思想在隋唐时期得到充分的普及和发展,成为治国、修身的指导思想。道家思想摆脱了魏晋玄学"清谈"的窠臼,在深度和厚度方面不断扩充,其政治主张呈现出兼容综合的倾向。

---

① 孙亦平:《杜光庭思想与唐宋道教的转型》,南京大学出版社 2004 年版,第 101 页。
② 刘固盛:《道教老学史》,华中师范大学出版社 2008 年版,第 2 页。
③ 王明:《太平经合校》,中华书局 1997 年版,第 427 页。

第八章 《太平经》"共治成事"、"王治太平"的理想诉求

在中国封建社会,道家治道呈现出浓厚的理想色彩。自秦汉以来,对于太平盛世的向往是社会各阶层人士共同的社会理想,在《史记·秦始皇本纪》、《吕氏春秋·大乐》、《白虎通德论·礼乐》、《新书》、《淮南子·泰族训》、《论衡·道虚》、《潜夫论·浮侈》、《河上公章句》、《春秋公羊传解诂》等文献皆可看到人们对太平社会的期盼。在东汉时期,道门中人更是以追求太平为核心要义而撰著了《太平经》这一早期道教作品。作者面对东汉末年政治黑暗、宦官专权、贫富分化、社会矛盾尖锐的现实,以代天化民为己任,继承古代"以神道设教"的传统,继承发展了老子的政治智慧,又吸收了天人感应这一时代思潮和儒家伦理规范,提出了"王治太平"的政治理想,并希望通过君、臣、民"三合相通"、"共治成事"、"因天下之心而安之"、"尊卑大小如一"等治国主张实现太平理想。因此,"和汉代其他思想家特别是东汉末社会批判思想家们求致太平的主张比较起来,《太平经》的方案更完整、更系统,是汉代社会太平理想的一个总结"①。

《太平经》出自于身处社会下层的众多道门人士,故书中提出的治国洞见具有明显的议政性质和意义,可谓是中国历史上最早的民间参政议政的意见集成,开创了封建专制政治下殊为难得的草民议政之先河。它虽然与现代政治治理模式中公民议政有本质上的差别,但却是值得关注和重视的政治文化现象。从这一角度来说,《太平经》的治国主张具有独特的意义。

---

① 李刚:《汉代道教哲学》,巴蜀书社 1995 年版,第 194 页。

作者以阴阳这对最基本的哲学范畴为例,提出了"要在中和"的哲学理念。作者指出,阴阳相生相养,而又相互转化,《守三实法》一文说:"夫阳极者能生阴,阴极者能生阳,此两者相传,比若寒尽反热,热尽反寒,自然之术也,故能长相生也。"①书中的《乐怒吉凶诀》一文更为清楚地阐明了物极必反的必然规律:"阴之与阳,乃更相反,阳兴则阴衰,阴兴则阳衰"。阴阳这一对立双方通过复杂的运动变化而产生对立统一局面。阴阳双方发展到极限,便会朝着相反的方面转化,因此,必须防止走极端。为了防止偏阴或偏阳的倾向,在阴阳平衡原则的基础上,作者提出了"中和之气"这一重要概念:"太阴、太阳、中和三气共为理,更相感动"。这里的"中和之气"乃是介于阴阳之间或调和阴阳的物质,是构成太平之世的重要因素之一:"纯行阳,则地不肯尽成;纯行阴,则天不肯尽生。当合三统,阴阳相得,乃和在中也。古者圣人治致太平,皆求天地中和之心,一气不通,百事乖错。"②"阴阳者,要在中和,中和气得,万物滋生,人民和调,王治太平。"③均衡和谐、阴阳和顺的"中和"局面,才能使万物得以滋生,物产丰足,人民和乐,实现太平之治。

从这一目标出发,作者从政治治理、人际交往和人天关系等层面勾勒了太平和谐社会的理想:主张君、臣、民"三合相通"的上下和谐;人各有宜、男女相和、人际互助的社会和谐;"得天地人和悦"的人天和谐。力图将阴阳平衡的"中和"治国主张贯穿于社会政治生活之中,以下就此进行论述。

一、三合相通,并力同心

《太平经》的作者在治国问题上具有一种整体的智慧,他认识到,天地自然与人类社会之间相互影响,君臣父子之间相互影响,其中有某一个因素出问题,便会使全局受到伤害。《分别四治法》一文中指出:"天地人民万

---

① 王明:《太平经合校》,中华书局 1997 年版,第 44 页。
② 以上引文均见王明:《太平经合校》,中华书局 1997 年版,第 18 页。
③ 王明:《太平经合校》,中华书局 1997 年版,第 20 页。

物,本共治一事,善则俱乐,凶则俱苦,故同忧也。向使不共事,不肯更迭相忧也。"文中进而分析说:天地是万物的父母,父母虽为善,但其子作邪,仍然会形成"政治上下,逆之乱之"的危局。故父母虽善,其子作恶,这一家庭"尤为恶家也"。由此类推,"比若子恶乱其父,臣恶乱其君,弟子恶乱其师,妻恶乱其夫,如此则更相贼伤大乱,无以见其善也"①。

出于这一认识,作者非常重视上下关系的和谐,其具体体现为君、臣、民的相通与合作。作者强调说,君、臣、民"三气不善相通,太平安得成哉?"作者将血缘家庭的人伦关系推及政治领域,认为君、臣、民之间犹如父母与子女的关系,三者必须同心同德,共为一体:"君为父,象天;臣为母,象地;民为子,象和。天之命法,凡扰扰之属,悉当三合相通,并力同心,乃共治成一事,共成一家,共成一体也。"②

《太平经》虽然也强调臣民对于君主效忠,但我们却很少看到迫使臣民依附或服从于君主的主张,作者更为重视的是君、臣、民之间相辅相成、缺一不可的整体关系。在《和三气兴帝王法》一文中,作者强调说,君臣民"乃天使相须而行,不可无一也。一事有冤结,不得其处,便三毁三凶矣。故君者须臣,臣须民,民须臣,臣须君,乃后成一事,不足一,使三不成也。故君而无民臣,无以名为君;有臣民而无君,亦不成臣民;臣民无君,亦乱,不能自治理,亦不能成善臣民也;此三相须而立,相得乃成,故君臣民当应天法,三合相通,并力同心,共为一家也,比若夫妇共为一家也,不可以相无,是天要道也。"③在这里,君尊臣卑的封建伦理道德观念被淡化了,反复强调的乃是君、臣、民"三合相通,并力同心,共成一事",缺一不可的协作关系。

作者看到,要实现君、臣、民之间的和谐,首要的前提是三者之间的相互沟通,书中指出:"断绝此三气,一气绝不达,太和不至,太平不出。""今三气不善相通,太平安得成哉?"作者还认识到,君、臣、民当中的任何一个因素发生阻滞,皆会妨碍和谐太平之政治局面的出现:"人君之心不畅达,天心不得通于下……臣气不得达,地气不得成,忠臣何从得助明王为治哉?……

---

① 以上引文均见王明:《太平经合校》,中华书局1997年版,第200页。
② 以上引文均见王明:《太平经合校》,中华书局1997年版,第150页。
③ 王明:《太平经合校》,中华书局1997年版,第150页。

民气不上达,和气何从得兴?"①

故作者反复告诫说,君、臣、民之间的相通与合作乃是天下太平的基础:"宜当相通辞语,并力共忧,则三气合并为太和也。太和即出太平之气。"②

更值得注意的是,在君、臣、民三者当中,作者似乎更看重民的地位。作者将君、臣分别比附为天、地或父、母,而民则为中和或赤子,民虽然为父母所生,但却"主调和万物","中和乃当和帝王治,调万物者各当得治"。③ 其地位之重要不言而喻。在"君为臣纲"这一封建道德原则业已形成的东汉时期,作者的上述主张尤为难得。

文中还将天下之人按照不同的职分划分为九类,他们分别是:无形委气之神人、大神人、真人、仙人、大道人、圣人、贤人、凡民、奴婢。他们"人各异事",能够"益于王治"吗? 对于这样的疑问,作者指出了两种可能性:如果为政者治得天心意,使此"九气合和,九人同心,故能致上皇太平也"。但如果"此九事不合乖忤,不能致太平也",而且,这九种人当中有某一方面出现问题,则将会影响全局:"今一事不得治,不可平……此九人一气不和,辄有一不是者,故不能悉和阴阳而平其治也。"④在作者心目中,以上九类人物各自担负着不同的使命:"此九人上极无形,下极奴婢,各调一气,而九气阴阳调。"因此,社会各阶层的人物能否各司其职,直接关系到国家的治乱祸福:"此九人俱守道,承负万世先王之灾悉消去矣。此人俱失其所,承负之害日增。"⑤作者这里所说的九类人各自都有其重要作用和价值,缺一不可。显然,作者已经超越了封建等级尊卑观念,而更重视和强调社会不同阶层、不同职业之间的和合与协调,这些主张不仅是对高压、独裁的封建专制统治的反思与批判,而且与现代公共管理的治理理论有某种相通。我们知道,现代治理理论的重要特点就是强调"不同的利益得以调和并且采取联合行动"、"治理过程的基础不是控制,而是协调"、"各个主体间的协调与沟通"、"参

---

① 以上引文均见王明:《太平经合校》,中华书局1997年版,第20页。
② 王明:《太平经合校》,中华书局1997年版,第19—20页。
③ 王明:《太平经合校》,中华书局1997年版,第19—20页。
④ 以上引文均见王明:《太平经合校》,中华书局1997年版,第89页。
⑤ 王明:《太平经合校》,中华书局1997年版,第90页。

与主体更为多元化"等等。① 而《太平经》的作者则认为从大神人到圣人、凡民、奴婢等各个阶层的人物都担负着不同的使命,"各调一气","九气合和,九人同心"才能"致上皇太平",二者之间的相通之处是很明显的。

作者还看到,要实现上下相通,很重要的一条就是要使民气能够上达。作者深刻体会到现实生活中广大民众含冤怀恨而不得上达的痛苦,文中通过上天的使臣之口指出:"今帝王乃居百重之内,去其四境万万余里,大远者多冤结,善恶不得上通达也,奇方殊文异策断绝,不得到其帝王前也。民臣冤结,不得自讼通也,为此积久,四方蔽塞,贤儒因而伏藏,久怀道德,悒悒而到死亡。帝王不得其奇策异辞,以安天下,大咎在四面八方远界闭不通。"②

在这里,作者概括了种种上下不通的现象:第一,天下民臣的"冤结"不能通过法律程序得到解决;第二,社会上的是非善恶"不得上通","四方蔽塞",朝廷无法了解民众的困苦和社会上的各种问题;第三,怀有治国经世之才的"贤儒"得不到起用和施展,"因而伏藏,久怀道德",郁郁而终;第四,朝廷无法得到急需的辅佐国家的人才和良策,"帝王不得其奇策异辞,以安天下"。这种"四面八方远界闭不通"的状况是致使天下难以达致善治的最大症结。

针对上述状况,作者试图通过理想中的"太平道德之君"来改变这一切不合理的现象。文中说:"今故承天心意,为太平道德之君,作来善致上皇良平之气宅,于四达道上也,欲乐四方,悉知德君有此教令,翕然俱喜,各持其善物殊方,来付归之于上,无远近悉出也,无复断绝者也。"③

作者并未停留在理论的论述,而且还试图通过一些具体的方法以促进下情上达。比如,"制作大乐之宅,以通天地人之谈语,今使下民臣,各得奏上其辞于其君,令帝王得奇策异文殊方,可以长自安全者。又天地得通其谈语,百姓下贱得达其善辞,以解天地悒悒,以助其君为聪明……天地与

---

① 参见俞可平编:《治理与善治》,社会科学文献出版社2000年版,"引论"第3页。
② 王明:《太平经合校》,中华书局1997年版,第335页。
③ 王明:《太平经合校》,中华书局1997年版,第336页。

人……乃得悉通达"①。

作者还设想,让四方之人上疏,"使贤儒策之","乐四方疏达,不复闭绝也。欲使贤者各疏记其辞,投此太平来善之室中也"②。为了方便人们投送疏文,朝廷还敕令州郡下及四境远方县邑乡部,在各地都市的大道之上修建高三丈、广纵亦三丈的"善好宅",以便于"为四方作善疏","其疏间使可容手往来,善庇其户也,勿令人得妄开入也。悬书于其外,而大明其文……善人奇文殊异之方,及善策辞口中诀事,人胸心常所怀,所能言,各悉书记之,投于此宅中,自记姓字已"。官府认真阅读疏文之后,还根据其中所反映出来的道德才能之大小而"署其职"。那些"老弱妇女有善言者","且敕主者赐之,其有大功而不可仕者,且复之也"。特别值得注意的是,对于那些"四境之外"的人士,只要他们所贡进的善奇异策"用之有大效",亦给予"重赏赐"。

不仅可通过书面文字汇聚民间的智慧,"其有奇方殊文,可使投于太平来善宅中",而且民间还可通过"集议"的方式,直接发表意见:"因集议善恶于其下,而四方共上事"。这种形式就更具有原始民主主义的意味了。

作者预期,通过这一系列沟通上下之方法的实施,就能够汇聚天下治国安邦的智慧,实现上下内外通达的理想社会了。文中这样表述说:"四境外内,一旦而同计大兴,俱喜思为帝王尽力,从上到下,从内到外,远方无有余遗策善字奇殊方也,人皆一旦转乐为善也。"③而天下臣民"与德君并力,共平天下",君王虽然居于"百重之内,与民相去万万里",亦能够"光明教令悉畅达也,不失天地之心,以安其身"。④

这真是一个非常令人向往的善政理想!由此可见,在《太平经》的作者眼中,不仅国内的男女老少、强弱上下、隐士穴处之人,均可进言,而且"四境外内"之人,"俱喜思为帝王尽力",真可谓天下四方各尽其才,各展其能,共同为平治天下而出谋划策!这虽然带有诸多空想成分,但处于男尊女卑、

---

① 王明:《太平经合校》,中华书局 1997 年版,第 336—337 页。

② 王明:《太平经合校》,中华书局 1997 年版,第 335 页。

③ 以上引文均见王明:《太平经合校》,中华书局 1997 年版,第 332 页。

④ 参见王明:《太平经合校》,中华书局 1997 年版,第 336 页。

内外有别的中国封建社会,拥有如此开放广阔的胸怀实在是难能可贵。

作者由以上"三合相通"的思想出发,进而引出了政治上平等和经济上平均的要求,该书中的太平理想即是无贵贱之分的平等社会。《三合相通诀》说:"太者,大也,乃言其积大行如天,凡事大也,无复大于天也;平者,乃言其治太平均,凡事悉理,无复奸私也。"这里的"平均",既指经济上的平均,又包括政治上的平等。作者强调,政治上均等无争的实现是"为人君"的前提,故书中说:"天地施化得均,尊卑大小如一,乃无争讼者,故可为人君父母也。"①

这种政治平等的理想集中体现在关于官吏选拔的主张上。作者抨击当时选拔制度的不合理现象是"乱天官、犯天禁、失天仪",认为"不择选人而妄事署其职,则名为愁人而危其国也,则名为乱治政败也"。② 作者看到,在任官问题上"妄事署其职"的根源在于当时唯出身门第是从的选官制度,于是,作者主张,"上至神人,下至小微贱"皆可委而任之,委任的标准是德和才。文中说:"神、真、仙、道、圣、贤;凡民、奴、婢,此九人有真信忠诚,有善真道乐,来为德君辅者,悉问其能而仕之,慎无署非其职也,亦无逆去之也。……但因据而任之,而各问其所能长,则无所不治矣。德君宜试之,日有善效者进之,慎无失也,无效者疾退之。"③不管是神、真、仙、道、圣、贤,还是凡民、奴、婢,只要具有"真信忠诚",只要是具备相关的"能长",均应"因据而任之",而不必问其等级贵贱,一概因才用之。

除了政治的平等诉求之外,作者还主张在经济上也不允许少数人聚敛独占,作者直言不讳地宣称:"财物乃天地中和所有,以共养人也",帝王府库中的财物是大家"委输"的,"本非独给一人也",穷人也应当从中取用,那些将天地间的财物据为己有的人,是"天地之间大不仁人",④理应受到天地神灵的惩罚。作者看到,社会财富急剧地向最高统治集团集中,而处于社会下层的数量众多的民众却为基本的生存而挣扎在贫困线上,这种毫无公平

---

① 以上引文均见王明:《太平经合校》,中华书局1997年版,第683页。
② 以上引文均见王明:《太平经合校》,中华书局1997年版,第452页。
③ 王明:《太平经合校》,中华书局1997年版,第417页。
④ 以上引文均见王明:《太平经合校》,中华书局1997年版,第242、247页。

正义可言的制度安排是无望实现社会和谐的。这种"财物乃天地中和所有以共养人"、财物"本非独给一人"等主张是对于当时贫富分化、阶级矛盾尖锐的不和谐社会现实的深刻反思。

以上思想,既表达出社会上层改良派人士融会儒道,力求君、臣、民相通相谐的"中和"理想,又反映了下层民众痛恨贫富分化,要求实现政治上和经济平等、反抗封建暴政的愿望,书中的不少主张在封建专制制度下虽然不可避免地陷于空想,但这些思想积淀为一种政治文化资源,既成为后来激励和号召人民揭竿而起的旗帜,且又能为当时的政治改革和重新整合官方道德提供素材。

二、人命最重,因性任之

追求社会的太平和谐是《太平经》的治国思想之核心内容。作者继承发展了老子顺应自然、顺应民心的治理思想,强调顺民心、得民心是实现长治久安、社会和谐的前提:"帝王所以能安天下者,各因天下之心而安之,故得天下之心矣。"①

顺应自然、因天下之心表现为对人的生命的尊重和珍爱,珍爱生命乃是《太平经》的作者所强调的。作者指出,在天地万物之中,人的生命是最珍贵的:"天地之性,万二千物,人命最重。"②根据贵生的价值取向,作者对人的行为按照道德价值的大小作出了排列:"人最善者,莫若常欲乐生……其次莫若善于乐成,常悒悒欲成之,比若自忧身,乃后可也。其次莫若善于仁施,与见人贫乏,为其愁心,比若自忧饥寒,乃可也。其次莫若善为设法,不欲乐害,但惧而置之,乃可也。其次人有过莫善于治,而不陷于罪,乃可也。其次人既陷罪也,心不欲深害之,乃可也。其次人有过触死,事不可奈何,能不使及其家与比伍,乃可也。其次罪过及家比伍也,愿指有罪者,慎毋尽灭

---

① 王明:《太平经合校》,中华书局 1997 年版,第 726 页。
② 王明:《太平经合校》,中华书局 1997 年版,第 34 页。

煞人种类,乃可也。"这是因为,人"乃天地之神统",灭煞人的生命,乃是"断绝天地神统,有可伤败于天地之体",将导致天对人类的报复:"灭煞人世类"。①

出于贵生的目的,作者反对违背人性的禁欲主义,而肯定饮食男女的合理性:"饮食阴阳不可绝,绝之天下无人,不可治也。"饮食男女是维持人类生存和繁衍的必要条件,缺乏这些基本条件,则"天下无人",但超过了维持生存这一需要的"奇伪之物",则"反多以致伪奸,使治不平"。更为严重的是,人们追逐奢侈之物,将会危害人的宝贵生命:"天下贫困愁苦,灾变连起……自愁自害,不得竟其天年。"②《太平经》围绕珍爱生命、保护生命这一核心来论述节欲问题,这既是对道家思想的继承,又有其独特的立场。老庄以及《吕氏春秋》等新老道家的节欲理论主要是针对统治者而言的,故节欲是出于治国和养生的需要。而《太平经》对于"奇伪之物"的节制虽然亦有上述目的,但更多地体现出对全体民众特别是对下层民众的关切,唯恐他们"贫困愁苦"、"不得竟其天年"。可见,《太平经》倡导贵生乐生,其主旨就是强调热爱生命、珍爱生命,将提高人的生命质量作为政治治理模式的最高价值目标。

在社会管理活动中,珍爱生命还具体体现为尊重每一个不同生命的特性,因材而用、因性而治。作者告诫统治者说:"天地之性,万物各自有宜,当任其所长。"③"因其天性而任之",才能"所治无失","得天下之欢心,其治日兴太平"。④ 人各有性、物各有宜,尊重这一事实,采取扬长避短、顺性而治的治理方式才是合理和有成效的。相反,如不顾其自然之本性,"强作其所不及,而难其所不能",又不加以引导,反而多加责难,"使其冤结",则人民"愁苦困穷,即仰而呼皇天",引起"灾变纷纷","不能致太平,咎正在此"。⑤ 书中呼吁,这种违背民性的做法是"大害之根"、"危亡之路",⑥统治

---

① 以上引文均见王明:《太平经合校》,中华书局1997年版,第80页。
② 以上引文均见王明:《太平经合校》,中华书局1997年版,第45—46页。
③ 王明:《太平经合校》,中华书局1997年版,第203页。
④ 王明:《太平经合校》,中华书局1997年版,第206页。
⑤ 参见王明:《太平经合校》,中华书局1997年版,第202—203页。
⑥ 王明:《太平经合校》,中华书局1997年版,第204页。

者对民众进行封建强制压迫不仅是极不合理,而且是导致社会失和的极其危险的政治治理方式。这些话语激烈地批判了桎梏人性、违逆民心的封建专制统治,将社会和谐的理想建立在顺应民心、尊重人性基础之上,可谓看到了通往和谐社会的正确方向。

对于不同个体之特性的尊重还反映在对于男女两性一视同仁地尊重。《太平经》的作者对于这一问题予以了充分的注意。《太平经》虽然有别于《道德经》贵雌尚阴的主张,而提出了贵阳贱阴的价值取向,与董仲舒的主张相吻合,这显然受到当时业已形成的"夫为妻纲"道德观念的影响。但可贵的是,在男性占据统治地位、男尊女卑已经成为固定次序的情况下,《太平经》的作者更侧重强调的主要是阴阳互补,和谐相生。作者以阴阳相养的理论来论证男女相和的重要性,文中说:"天下凡事,皆一阴一阳,乃能相生,乃能相养。一阳不施生,一阴并虚空,无可养也;一阴不受化,一阳无可施生统也。""男女不相得,便绝无后世。天下无人,何有夫妇父子君臣师弟子乎? 何以相生而相治哉?"①阴阳双方的对立统一是万事万物的普遍规律,独阳不生,孤阴不养,二者相互结合,才能相生相养,发挥其各自的功能。男女双方的相和、相得是人类社会一切社会关系和社会秩序存在的基础,在这一论证中,妇女的地位得到了公正的确认。更可贵的是,作者由此出发而激烈地抨击当时"多贱女子,而反贼杀之"的陋俗,因为男子承天统,应天之气,女子承地统,应地之气,贼杀女子就是"断绝地统","贼害杀地气","令地气绝,灾害益多,其罪何重!"因此,必须将禁杀女子的条文,记之竹白,让"天下无复杀女",悲天悯人之心可见一斑。②

三、俱化为善,共成一治

通过劝善戒恶的道德教化以实现社会的优序良俗,这是古今中外政治

---

① 王明:《太平经合校》,中华书局1997年版,第44页。
② 参见王明:《太平经合校》,中华书局1997年版,第34—36页。

家、思想家所共同关注的问题,亦是《太平经》的作者所认同和致力的治平之道。为了促使民众自觉地践履道德,书中的大量论述均围绕劝善戒恶这一主题而展开。而为了加强道德教育的穿透力,作者又针对民众敬天畏神、祈福去祸的普遍心理而设想了一系列高居于人类社会之上的明察秋毫、严密无隙的道德监督系统,以图保证道德赏罚的准确和公正,这是该书治国主张的重要组成部分。

为了强化道德教化的效果,作者以"为天陈法"的方式展开道德教化,从以下几个方面陈述了以德化民的重要性。

第一,实施道德教化乃是顺天时、奉神意之举。作者认为,历史呈现着善恶成败循环变化的周期,目前正值人类历史由衰转盛之时,必须顺应这一转变,依天时、奉神意进行道德教化,书中说:"吾上敬受天书……承顺天心开辟之,大开上古太平之路,令使人乐为善者,不复知为恶之术。"①

第二,"积善者"方能生存和进化。作者告诫说,不接受道德教化者将被"沉没",凶恶无德者将遭"荡尽",唯有"积善者"才能免除灾难,获得长生"天地混薵,人物糜溃。唯积善者免之,长为种民"。所谓种民,即是"圣贤长生之类也","教化不死,积炼成圣,故号种民"。② 种民之称谓还包含有传宗接代者的含义。这实际上提出了一种道德优选论——积善者才能在自然灾变中得以幸存;积善修德才能获得在品德和身体素质等方面的优势,实现人类的进化。比起达尔文进化论"优胜劣汰"的原则,这种道德上的优胜劣汰论虽然缺乏严格的科学依据,但对于启发民众的道德意识却不无实际意义。

第三,恶人"命不在天地"、"与禽兽同命"。在《太平经》的作者看来,"人无贵无贱,皆天所生,但录籍相命不存耳。"③故书中主要不是以社会地位或出身门第高下作为区分贵贱的根据。然而,作者又强调,人是有着等级差别的,这种等级差别的划分以道德作为基础——无德之人无录籍相命;又

---

① 王明:《太平经合校》,中华书局1997年版,第160页。
② 以上引文见王明:《太平经合校》,中华书局1997年版,第2、4页。
③ 王明:《太平经合校》,中华书局1997年版,第576页。

以是否顺"天道"为标准——"天道为法","以是分别人优劣"。① 人禽之别在于是否合乎顺应天道,是否有德。无道德之人,"亦好相触冒,胜者为右。其气与禽兽同,故同命也"②。他们缺乏人类所特有的谦让友爱,其习性同于弱肉强食的禽兽,因此其命不在天地,而与禽兽同命。故作者告诫人们当爱惜自己的道德生命,因为爱惜道德生命也就是爱惜自然生命:"爱之慎之念之,慎勿加所不当为而枉人。"③

天地神灵为何要对人类实施道德赏罚?作者回答说,因为天、地、人是一个彼此相忧相利、相依为命的大系统,道德促使天、地、人相连接、共命运:"道德连之使同命",丧失道德将导致人类自取灭亡,而且带来"天地亦乱毁"的悲剧,故天地必然对于人类的道德状况予以特殊的关注和干预。④

道德监督的主体是处于人身内外的各种神祇:身神处于人体内部,人行善恶自有身神知之:"为善亦神自知之,恶亦神自知之。"人身之外高高在上的道德监督者是天上的诸神:"天上诸神共记好杀伤之人,畋射渔猎之子,不顺天道而不为善,常好杀伤者,天甚咎之,地甚恶之,群神甚非之。"身神、诸天神的严密监督,为上天实施道德赏罚提供了准确而公正的依据,这就形成了一个位于世俗的法律惩罚体系之上的道德法庭,这一道德法庭实施着惩恶赏善的功能:"神无私亲,善人为效。""天报有功,不与无德。"⑤

《太平经》的作者建立起来的以天神为主体的道德赏罚系统,鲜明地体现了对美好道德理想的追求,体现了试图纠正和避免世俗社会赏罚不公之种种弊病的努力。因为在当时政治黑暗、邪恶势力当道的现实下,社会赏罚系统必然随之而产生混乱和颠倒,这对于人们的价值取向和行为选择无疑产生着负面的示范作用。同时,任何社会赏罚都不可避免地存在着鞭长莫及的疏漏,而作者宣称由上天实施道德赏罚,显然是试图弥补这些缺陷。

作者认识到欺诈浮华、以公起私、背上利下等种种恶行对社会治理的危

---

① 参见王明:《太平经合校》,中华书局1997年版,第424页。
② 王明:《太平经合校》,中华书局1997年版,第424页。
③ 王明:《太平经合校》,中华书局1997年版,第576页。
④ 参见王明:《太平经合校》,中华书局1997年版,第374页。
⑤ 以上引文均见王明:《太平经合校》,中华书局1997年版,第18页。

害,为了帮助人们戒除这些恶行,作者再次抬出了天地、鬼神等超人间的权威。《为道败成戒》一文告诫人们说:"今日入学门……不乐推行作善,反好浮华之天,可以相欺伪者。或既得入经道,又用心不专一,常欲妄语,辩于口辞,以害人为职,不尊重上,不利爱下。其行与经道实空虚,未足以为帝王之良臣,反行守长者。旁人以财货自助,欲得大官,以起名誉,因而盗采财利,以公起私,背上利下,是即乱败正治,天地之害,国家之贼也。民之虎狼,父母之恶子也,天地憎之,鬼神恶之,故其罪泄见者,时时见诛于帝王,以称天心,以解民之大害也。"①

为了更好地促进世人弃恶向善,作者对传统的承负说提出了自己的修正。所谓承负说,即指前人的行为所产生的后果由后人来承担:"承者为前,负者为后。承者,乃谓先人本承天心而行,小小失之,不自知,用日积久,相聚为多,今后生人反无辜蒙其过谪,连传被其灾,故前为承,后为负也。负者,流灾亦不由一人之治,比连不平,前后更相负,故名之为负。负者,乃先人负于后生者也;病更相承负也,言灾害未当能善绝也。"②这种道德惩罚不仅限于作恶者自身,而且具有后人承前人之过、"前后更相负"、"先人负于后生"等多重含义,在重视血缘关系的中国封建家族制度下,这种道德惩罚论的威慑作用似乎更强于一般的善恶报应论。但作者亦认识到此说的缺陷之处,即前人的过恶要无辜的后人来承负,"承负之责最剧,故使人死,善恶不复分别也。大咎在此"。因此,这反而会导致赏罚不公,扰乱天道,"故吾书应天教,今欲一断绝承负责也"。③ 上天甚忧"承负之灾四流",便使天师"陈列天书",传道济人,人们只要诵读天书,则"承负之厄小大悉且已除也"。④ 为了避免作恶者殃及无辜,作者强调个体对自己的行为负责,吉凶祸福是个人善恶行为在现世的报应。

从全书来看,作者所设计的道德赏罚系统的重心是有恶必罚,而不是有善必报,这是有其价值导向意义的。因为如果一味强调行善必报,则不可避

---

①　王明:《太平经合校》,中华书局 1997 年版,第 442 页。
②　王明:《太平经合校》,中华书局 1997 年版,第 70 页。
③　以上引文均见王明:《太平经合校》,中华书局 1997 年版,第 370 页。
④　参见王明:《太平经合校》,中华书局 1997 年版,第 64 页。

免地造成普遍的冀利望誉、患得患失的庸俗人格。作者认识到,人际之间的互爱、互助、互帮是促进社会和谐的基础。为了达到这一目标,引导人们行善积德,《太平经》的作者抨击那些斤斤计较、冀利望誉、患得患失的行径,反复强调应该端正行善的道德动机,贬斥一味为眼前功利而行善的"买卖型人格"。作者指出,如果行善乃是为了日后图回报,那么,这种善行的道德意义是会大大打折扣的:"今日食人,而后日往食人,不名为食人,名为寄粮。今日饮人,而后日往饮之,不名为饮人,名为寄浆。今日代人负重,后日往寄重焉,不名代人持重,乃名寄装。今日授人力,后日往报之,不名为助人,名为交功。"这种建立在利益交换基础上的行为,不是一种道德行为,故不能得到上天的奖赏,"如此者皆无天报也"。① 相反,"人不佑吾,吾独阴佑之,天报此人。言我为恶,我独为善,天报此人。人不加功于我,我独乐加功焉,天报此人。人不食饮我,我独乐食饮之,天报此人。人尽习教为虚伪行,以相欺殆,我独教人为善,至诚信,天报此人。"②在这里,作者并非鼓吹完全不计功利的道义论,而是力图消除道德生活中存在的急功近利、等价交换等浮躁心态,缓解民众中因恶者得福、善者遭祸等社会现实而导致的心理不平衡。作者认识到,情义无价,如果只图报答而行善将使人类失去仁爱、同情这些最宝贵的道德,将会导致人类行为乃至人类自身的商品化,只会使人类的良知萎缩,陷入鼠目寸光、斤斤计较、锱铢必争的狭隘之中,从长远来看,这是既不利于个体发展又有损于社会和谐的。

难得的是,作者不仅试图通过神灵实施道德赏罚以促进道德教化,而且还非常注重文化建设对于实现优序良俗的重要作用,书中在设想建立"善好宅"以便于"为四方作善疏"之后,又提出了收集编纂中外典籍以教化天下的设想:

> 四夷八十一域中善人贤圣,闻中国有大德之君治如此,莫不乐来降服,皆赍其珍奇物来,前后成行。吾之书万不失一也……于其宅中文太多者,主者更开其宅户,收其中书文,持入与长吏众贤共次,其中善者,

---

① 以上引文均见王明:《太平经合校》,中华书局 1997 年版,第 464 页。
② 王明:《太平经合校》,中华书局 1997 年版,第 465 页。

以类相从,除其恶者,去其复重,因事前后,赍而上付帝王,帝王复使众贤共次,去其中复重及恶不正者,以类相从,而置一闲处……使众贤明共集次之,编以为洞极之经。因以大觉贤者,乃以下付归民间,百姓万民一旦俱化为善,不复知为恶之数也。此所谓毕得天地人及四夷之心,大乐日至,并合为一家,共成一治者也……天下人且大得道德奇方,皆思善文正字,不复为邪恶也。所上且岁益善,于其后三岁一小录,五岁一大录,次之此以下附归于民间也,使其各好为善,不能自禁止也。取其中大善之事,有益于帝王正治者,留之勿下之也。①

这段文字较集中地体现了《太平经》的文化建设理想。它包括以下几方面的内容:

第一,展现了作者试图在以德服人的前提下,吸引"四夷八十一域中善人贤圣",并收集整理包括外域文化在内的天下典籍。第二,体现出期待帝王和众贤明共同协力,对中外之书去粗取精、为我所用的开放胸怀。第三,收集整理中外文书的目的在于进行全民教育,要将整理后的书籍"下付归民间",让百姓万民"俱化为善,不复知为恶之数";同时,还要留下那些"有益于帝王正治"的作品,以备将来为政者研究资治。第四,通过这一文化建设举措,使中外人士相互了解,"毕得天地人及四夷之心",从而实现"大乐日至,并合为一家,共成一治者"的大同世界。我们不得不说,这一通过进行文化建设以教化人心,推动天下"共成一治"的图景虽然有相当浓厚的理想色彩,但其视野和胸怀的确相当高远博大!

为了推进社会和谐,《太平经》继承老庄尚朴贵真的主张而强调以"至诚"为"急务",强调外在的道德行为必须以内在的真情为基础,摒弃虚情假意。作者指出,至诚才能够感动天地神灵:"至诚于五内者,动神灵也。"人类从内心真诚地感念和遵循天地好善恶恶之德,效法天地道德而行,才能感动心神,进而感动上天,产生"天地乃为其移,凡神为其动"的效果。以此为基点,作者将至诚之德延伸到人际交往中:"与人交,日益厚善者,是其相得

① 王明:《太平经合校》,中华书局 1997 年版,第 332—333 页。

心意也;而反日凶恶薄者,是其相失心意也。"①人际交往如能以至诚之情为基础,则可心意相得、心心相印、和睦与共,此乃人际和谐、社会和谐之理想境界也。

道德教化的终极目标是实现以德治天下,《太平经》整合了儒道两家的道德主张,提出了以道德治国的方略。作者通过分析比较以道、德、仁、义、礼、文等不同方略治国而产生的相应社会效应,凸显了以道治国方略所具有的最大的合理性:"亲人合心为一家,灾害悉去无祸殃,帝王行之,天下兴昌"。这里一方面继承了道家崇道德而贱礼义的思想倾向,另一方面又对于先秦道家所贬斥的"仁"这一德目作了相当程度的肯定,而对"义"这一道德原则却是毁誉参半,显现出对儒家思想的吸收与调和。比以往的思想家更为深刻之处是,作者认识到单纯使用某种治理方法皆存在着局限性。书中提醒统治者,应该认真考虑以德、仁、义、礼、文、法、武"七事"治身治国各自有何利弊,其可行性如何。如果不可行的话,又有什么补救措施?作者认识到,这七种治理方式各有所长,各有不足,必须相互补充,兼而行之:"亦不可无,亦不可纯行。……治民乃有大术也。使万物生,各得其所,能使六极八方远近欢喜,万物不失其所……德、仁、义、礼、文、法、武七事各异治,俱善有不达,而各有可长,亦不可废,亦不可纯行。"②不能局限于某种治理方法,而应兼取德、仁、义、礼、文、法、武七事之长,以之用于治身和治国。这就超越了前人重德轻刑、刑德并用、德治论或法治论等模式,而将政治和伦理进一步结合,拓展了中国的政治伦理理论。

四、事合天心,天地为和

人与自然的和谐相处是治国安民、建立和谐社会的重要内容之一,《太平经》的作者对此亦作出了自己的思考。作者继承了道家天人合一的思维

---

① 以上引文均见王明:《太平经合校》,中华书局 1997 年版,第 415 页。
② 以上引文均见王明:《太平经合校》,中华书局 1997 年版,第 729 页。

方式,将天、地、人视为紧密相连的大系统,强调治国必须明天意、顺天心。作者首先将古代的圣贤奉为深契天地之情的楷模,文中说:"古者三皇之时,人皆气清,深知天地之至情。故悉学真道,复得天地之公。"①"古者贤圣之治,下及庶贱者,乐得异闻,以称天心地意,以安其身也。故其治独常安平,与天合同也。"②深明天意以制定法度,才能实现太平之治:"夫为帝王制法度,先明天意,内明阴阳之道,即太平至矣。"③那么,在《太平经》这里,天地之心意的具体内涵是什么呢?那就是接续《老子》天地"不自生"的至公无私之德,作者概括说:"天之授万物,无有可私也。"④治国不仅必须合乎天地的至公无私之道,而且还需要顺应天地自然之时节,自觉地保持与天地自然的和谐。

作者以人类血缘家庭模式中的父母和子女来比附天、地、人之间的这种密切关系,该书的《起土出书诀》中说:"天者主生,称父;地者主养,称母;人者主治理之,称子。父当主教化以时节,母主随父所为养之,子者生受命于父,见养食于母。为子乃当敬事其父而爱其母。父教有度数时节,故天因四时而教生养成,终始自有时也。夫恶人逆之,是为子不顺其父,天气失其政令,不得其心。天因大恶人生灾异,以病害其子。"⑤人如果不能顺应天地自然之度数时节,天将降下灾异以病害人类。因此,人是否顺应天地自然,是否能够实现人与天地自然的和谐,这将直接影响到人类社会的安康与幸福:"得天地意者,天地为和,人法之其悦喜。得天地人和悦,万物无疾病,君臣为之常喜。"⑥

作者以十分简洁的语言深刻地道出了人类与自然界相互依存的密切关系,文中说:"夫人命乃在天地,欲安者,乃当先安其天地,然后可得长安也。"⑦这就是说,人类如果希望在地球上安全地生活下去,必须首先保护好

---

① 王明:《太平经合校》,中华书局 1997 年版,第 735 页。
② 王明:《太平经合校》,中华书局 1997 年版,第 322 页。
③ 王明:《太平经合校》,中华书局 1997 年版,第 109 页。
④ 王明:《太平经合校》,中华书局 1997 年版,第 199—200 页。
⑤ 王明:《太平经合校》,中华书局 1997 年版,第 113—114 页。
⑥ 王明:《太平经合校》,中华书局 1997 年版,第 587 页。
⑦ 王明:《太平经合校》,中华书局 1997 年版,第 124 页。

自然界,如此才可能让自己得以长久地安身立命,这一思想与现代生态理论是相当一致的。

上述与天地自然和谐共处的理念贯穿于《太平经》全书之中。作者问道,作为天地万物中一员的人类应当如何来看待自己在自然界的位置呢?书中有一个非常值得玩味的回答:

> 天地出生凡事,人民圣贤跂行万物之属,各有短长,各有所不及,各有所失,故所为所作各异不同,其大率要,俱欲乐得天地之心,而自安也。当时各自言所为是也,孔孔以为真真也,而俱反失天地之心,故常有余灾毒,或大或小,相流而不绝,是其明效也。①

这段话有几大亮点:第一,人类社会的所有成员是平等的,不管是"人民"还是"圣贤"都各有短长,各有不足和缺失,没有谁比谁更高明;第二,人类与"跂行万物"相比,同样也是各有短长,各有不及,人类只是万物中的一员;第三,万物虽然皆希望"乐得天地之心而自安",但是却不能因顺自然,"各自言所为是",因而"俱失天地之心",这是大大小小的"灾毒"降临的根本原因。治国者对此是不能掉以轻心的。可见,整段话语的核心内容是告诫为政者,要去除自以为是的主观偏见,去除高居于万物之上或主宰万物的傲慢之心,尊重万物"所为所作各异不同"的多样性。

在《太平经》的作者看来,与天地相和谐不仅仅只是顺应天心,还必须包括顺应人意:"夫为善者,乃事合天心,不逆人意,名为善。"相反,所谓"恶",就是违逆天道和人意:"夫恶者,事逆天心,常伤人意;好反天道,不顺四时,令神祇所憎,最天下绝雕凶败之名字也。"②因此,顺应人心与上合天心又是相统一的:"起合于人心者,即合于天地心矣……然凡人之行也,考之于心,及众贤圣心而合,而俱言善是也,其应即合于天心矣……都合人心者是,不合人心者非也……俱合人心意者,即合神祇,不合人心意者,不合神祇。"③于是,尊重民意、顺应民心的行为不仅被赋予了道德正当性与合理性,而且还具有合于天心和神意的神圣性。而行为是否具有道德正当性,则

---

① 王明:《太平经合校》,中华书局 1997 年版,第 353 页。

② 以上引文均见王明:《太平经合校》,中华书局 1997 年版,第 158 页。

③ 王明:《太平经合校》,中华书局 1997 年版,第 354 页。

又直接与生死吉凶紧密相连:"行善正,则得天心而生,行恶失天心则凶死。"①这样,天心、人心乃至贤圣之心、善正之行和吉凶生死就紧密地连在了一起,这对于人类保持与自然界的和谐同样是有积极意义的。

作者还指出,只有那些"与天同心、与地合意"的人才可称为"圣贤"②;只有"命系天地,当更象天地以道德治"的君主才可称为"上德之君"。③作者还将与天地相和谐视为"善"的第一要义,"善"这一概念的具体内容是顺应天地,与天地相和谐,而人类"乃天地之神统",伤害人的生命,乃是"断绝天地神统,有可伤败于天地之体"。④

虽然《太平经》中所说的天地不完全同于老子所说的自然之天地,而是兼有神灵的含义,书中所说的"道"也不完全同于老子所说的"道法自然"之道,而是具有人格神意味的"与皇天同骨法血脉"、"疾恶好杀"之道。⑤但是,这并未影响作者协调人类与自然天地之关系的思考,并未妨碍作者对于人类以外的自然万物的关爱。书中关于人类与天地相和谐的思想亦包含了对于自然万物生命的保护和珍爱。书中说:"慎无烧山破石,延及草木,折华伤枝,实于市里,金刃加之,茎根俱尽。其母则怒,上白于父,不惜人年。人亦须草自给,但取枯落不滋者,是为顺常。"⑥作者认为,人类取用自然资源应限于维持基本的生存,不应超越这一限度,折华伤枝或导致茎根俱尽的过度开采将对自然界万物造成破坏,从而导致天地共怒而惩罚行为者。在这一天遣论的神秘外衣下,实际上向人们揭示了过度破坏自然环境则必然遭到大自然的报复这一客观真理。

从人类与天地"同骨法血脉"的观点出发,作者还提出了保护土地资源的主张。该书的《起土出书诀》一文专门就这方面的问题进行论述,"地者万物之母也","人以地为母,得衣食焉",人类应该爱护大地母亲。人类居住于大地之上应该仅仅限于避风御寒,"但居其上,足以自彰隐而已,而地

---

① 王明:《太平经合校》,中华书局1997年版,第355页。
② 参见王明:《太平经合校》,中华书局1997年版,第158—160页。
③ 参见王明:《太平经合校》,中华书局1997年版,第425页。
④ 参见王明:《太平经合校》,中华书局1997年版,第80页。
⑤ 参见王明:《太平经合校》,中华书局1997年版,第166页。
⑥ 王明:《太平经合校》,中华书局1997年版,第572页。

不病之也。大爱人使人吉利"。但作者看到,人们为了满足日益膨胀的享乐欲望,大肆破坏着土地资源。作者通过"天师"之口谴责人们对土地的破坏行为:"人乃甚无状,共穿凿地,大兴起土功,不用道理,其深者下着黄泉,浅者数丈。""不共爱利之,反共贼害之"。作者告诫说,人类贼害大地母土的各种行径最终将导致上天和神灵的清算,清算的方式多种多样:"今有一家有兴功起土,数家被其疾,或得死亡,或致盗贼县官,或致兵革斗讼,或致蛇蜂虎狼恶禽害人。大起土有大凶恶,小起土有小凶恶,是即地忿忿,使神灵生此灾也。""伤地形,皆为凶。深贼地,多不寿。"①

为了提高其权威性,作者托言说,此乃上天"教真人急出此书,以示凡民",故作者"慎无藏匿",希望百姓"见禁且自息"。作者警告说,如果不听劝告,上天将会予以严厉的赏罚,"祸及后世,不复救。得罪于天地,无可祷也"。②

作者假托天地神灵之威,反复述说破坏土地资源所可能引发的各种灾难,书中"伤地形,皆为凶"的告诫虽然缺乏确凿的科学根据,而将家庭血缘关系来比附天地自然与人类的密切联系显然亦是牵强附会之谈,但这种发自内心的对于天地自然的亲近之情和敬畏之心,对于现代人类提高环境保护意识,保持与天地自然的和谐是一种可贵的精神资源。特别是书中关于破坏土地必将危害人类自身的告诫以及爱护土地资源的呼吁,更是十分中肯且富有前瞻性的。这些思想启示现代的为政者,如果以牺牲环境作为发展经济的代价,如果过度地攫取自然资源,必将会受到大自然的无情报复!

* * *

《太平经》的治国之道集中表现在向往上下相通、"三合相通"、"共成一治"、"乐四方疏达、不复闭绝"、因性而任、各尽所宜、人天和谐等,书中所提出的诸多主张虽然流于空想,作者所追求的和谐社会与我们今天要建设的"民主法治、公平正义、诚信友爱、充满活力、安定有序、人与自然和谐相处"

① 以上引文均见王明:《太平经合校》,中华书局 1997 年版,第119—120 页。
② 以上引文均见王明:《太平经合校》,中华书局 1997 年版,第125 页。

的社会主义和谐社会亦有着本质的不同,但作者基于当时的社会历史背景而提出的一系列主张和理想,对于今天进行政治体制改革,促进社会和谐仍然不失为一份宝贵的历史文化遗产。

第九章　王弼"崇本息末"、"唯道是用"的治国警言

　　自汉武帝推行"罢黜百家,独尊儒术"的文化政策以后,通经术成为士人们趋之若鹜的终南捷径,经学愈演愈繁,流于烦琐荒诞,日益为人们所厌弃。加之,统治者奉行名教政治,用表达儒家伦理纲常的"名"为标准教化人民、整治社会,更助长了欺世盗名、名实不符的颓风,因此,追求自然朴素、审察名理的黄老道学成为一些思想家批判现实的理论武器。王充、郭林宗、蔡邕、杨厚等人皆为研习和传播黄老之学的代表,汉魏之际兴起的、以循名责实为主要内容的名理学正是直接继承黄老之学形名思想的产物。同时,东汉末年统治集团内部的争斗不断加剧,曹魏代汉,司马氏代魏,都是通过宫廷政变而得以实现的。统治阶级之间的争权夺利,造成了社会的动乱、恐怖和黑暗,仁义礼教、三纲五常等封建名教在这些政治争夺中被无情地毁裂。但与此同时,统治者又以名教禁锢天下,以名教铲除异己。这种极度的道德虚伪现象促使王弼、嵇康、郭象等玄学家对老庄政治伦理作出了进一步的深化。生活在政治动荡时代,他们不满司马氏的篡位阴谋,疾恨封建礼法的虚伪,以老庄之学作为安身立命的精神支柱,讲求黄老养生之学,崇尚自然放达,成为社会批判思潮的承担者,体现出明显的以道合儒的思想倾向,创建了魏晋玄学这一以道解儒、综合儒道的理论思潮。

　　天才少年王弼是正始玄学的奠基人,亦是同时代的玄学家中玄学造诣最高者,他所提出的有与无、有名与无名、有为与无为、名教与自然等问题,都成为了后来的玄学家们的论题。王弼虽然生命短暂,但著述甚多,他以道解儒,注重义理,一改两汉离经辨句的烦琐学风,通过注解发挥《周易》、《老

子》等儒道经典,从本体论、方法论的高度思考治国安民的问题。他的道学作品主要有《老子指略》与《老子道德经注》,二书互相发明,前书概述《老子》的主要思想,故名"指略",后书则对《老子》进行注释、阐发。《老子指略》概括《老子》之主旨说:"《老子》之书,其几乎可一言而蔽之。噫!崇本息末而已矣。"①王弼从崇本息末的视角来阐发老子治道,形成了独特的思想体系,将道家治道理论推向了一个新的高度。

一、以无为本,崇本息末

"以无为本、崇本息末"的命题是王弼政治主张的哲学基础。这里的"无"不是虚无或空无,而是全有,具有本原和规律的意义,它无形无象,是"品物之宗主,苞通天地,靡使不经"。"以无为本"不是一种纯理论性的玄思,而是针对当时政治上名实相背、舍本求末等社会弊病而提出来的政治哲学,是关于如何治国安邦的全局性战略主张。

沿着《河上公章句》"道者,虚空"、"道无形"的思想路数,王弼突破了以往"道生万物"、"有无相生"的宇宙生成论,不再局限于探讨宇宙万物如何从"道"、"无"产生和演化的问题,而着重探讨"无"这一宇宙万物的本质,将论题的中心上升到了哲学本体论的高度。他认为,作为宇宙本体的"道"之本质即是"无":"穷极虚无,得道之常。"②王弼论"无"是为现实社会中的"有"寻求一种合理的基础和根据。他阐发"无"与"有"的关系说:"凡有皆始于无,故未形无名之时,则为万物之始。""无"是"有"的本质和基础:"天下之物,皆以有为生。有之所始,以无为本。将欲全有,必反于无也。"③"有"必须依赖"无"才能得以确立,"万物虽贵,以无为用,不能舍无以为体

① 以上引文均见王弼:《老子指略》,楼宇烈校释:《王弼集校释》,中华书局1980年版,第198页。
② 以上引文均见王弼注,楼宇烈校释:《老子道德经注校释》第十六章,中华书局2008年版,第37页。
③ 以上引文均见王弼注,楼宇烈校释:《老子道德经注校释》第四十章,中华书局2008年版,第110页。

也,舍无以为体,则失其为大矣"①。这就是说,"无"的作用比"有"更为根本,万物必须依赖"无"才能发挥作用,只有无形无象之物才能统摄宇宙万物:"无形无名者,万物之宗也",也只有无形、无象、无名之物才能够成就具体的事物:"夫物之所以生,功之所以成,必生乎无形,由乎无名。"这是因为,任何有形有象的具体事物都具有了某种属性:"若温也则不能凉矣,宫也则不能商矣。形必有所分,声必有所属。故象而形者非大象也。音而声者,非大音也。"是温的必不能凉,是宫音则必不可又是商音,故它们都有着特殊的质的规定性,有着作为具体事物的局限。而只有"不温不凉,不宫不商,听之不可得而闻,视之不可得而彰,体之不可得而知,味之不可得而尝"的本体——"道"、"无",才能成为支配万物的本体、规律,"为品物之宗主,苞通天地,靡使不经"。②

另一方面,"无"虽然具有统摄万物的宗主地位,但它又不是独立于万物之外,而是万事万物的抽象,与万事万物有着不可分离的内在联系,即"道"的"大象"、"大音"并不能脱离具体的事物,而必须通过具体的事物得以呈现:"然则四象不形,则大象无以畅,五音不声,则大音无以至。四象形而物无所主焉,则大象畅矣。五音声而心无所适焉,则大音至矣。"③这些话语深刻地阐述了世界本体与具体事物的关系,形成了中国历史上较为系统的真正意义上的本体论。

王弼提出"以无为本"的命题,目的是为了在现实政治中倡导"崇本抑末"、"崇本息末"的主张,因为他痛感现实社会政治中名教衰落、名实不符、道德虚伪,并将这种状态称之为弃本舍母。他批评说:"本在无为,母在无名,弃本舍母而适其子,功虽大焉,必有不济。名虽美焉,伪亦必生。"④故他将"崇本息末"奉为《老子》的根本宗旨而予以推崇。从字面上看,崇本息末这一命题并不是王弼的创造,但不同的是,前人皆是就具体事物来立论的,

---

① 以上引文均见王弼注,楼宇烈校释:《老子道德经注校释》第三十八章,中华书局2008年版,第94页。
② 以上引文均见王弼:《老子指略》,楼宇烈校释:《王弼集校释》,中华书局1980年版,第195页。
③ 王弼:《老子指略》,楼宇烈校释:《王弼集校释》,中华书局1980年版,第195页。
④ 王弼注,楼宇烈校释:《老子道德经注校释》,中华书局2008年版,第94页。

如以农为本、以商为末、以民为本、以君为末等。而王弼则从哲学的高度来研究本、末关系,将本、末作为一对哲学范畴来认识。他所说的"本"即道或无,"末"即具体的事物,本末关系即一般与个别的关系。

王弼认为,"崇本息末""则无幽而不识",如舍本攻末,"则虽辩而愈惑",必须要从哲学的高度树立起正确的认识论、方法论以解决现实政治中的问题。文中强调说:"崇本以举其末,则形名俱有而邪不生。……弃其本而适其末,名则有所分,形则有所止,虽极其大,必有不周,虽盛其美,必有患忧。"①因为,有名有形的具体事物必然有其局限性,"有所分"、"有所止",因而"弃其本而适其末",则难免会以偏概全,产生弊端。而以"无为"为本,以"无名"为母,则掌握了万事万物的根本规律,就能使万事万物各尽其极。

王弼将对于治国方略的思考提升到了前所未有的理论高度,一扫自汉代以来复杂烦琐却又不得其要的学风,简化和贯通了日趋繁杂的宇宙生成论,超越了以往囿于探究"气"、"阴阳"等具体事物的思维路数,不仅形成了较完整的本体论,而且运用本末关系的哲学思辨来分析社会实际问题。这一思路后来被郭象发展为"捐迹反一"的政治伦理主张。

由"以无为本"的基点出发,王弼又提出了"崇本以举其末"的主张:"守母以存其子,崇本以举其末,则形名俱有而邪不生。大美配天而华不作,故母不可远,本不可失。"从表面上看,"举其末"与他极力倡导的"息其末"主张似相抵牾,但二者其实是目的与手段的统一关系,崇本息末是手段,崇本以举末是最终目的。王弼力图通过"崇本以息其末",以改变现实社会中人们只关注和执着于仁、义、礼、法这些"末"的弊端;通过"载之以道,统之以母"的方法使得那些试图以仁、义、礼、法来争名夺利的人们"无所尚"、"无所竞",②让真正的仁义道德回归于现实生活,"形名俱有而邪不生",巩固社会伦理秩序。这与他上述"绝仁非欲不仁"之说是同一用意。

为了实现这一目的,他反复强调守本、崇本的重要性,认为如果失去了根本,即使原来是好的事物往往也会走向反面。他举例说:"夫圣智,才之

---

① 王弼注,楼宇烈校释:《老子道德经注校释》第三十八章,中华书局 2008 年版,第 95 页。
② 以上引文均见王弼注,楼宇烈校释:《老子道德经注校释》,中华书局 2008 年版,第 94—95 页。

杰也;仁义,行之大者也;巧利,用之善也。本苟不存,而兴此三美,害犹如之,况术之有利,斯以忽素朴乎? 故古人有叹曰:'甚矣,何物之难悟也!'"①圣智、仁义、巧利,本来是好的东西,但如果失去了朴素之本性,则此"三美"将转而为害。

王弼上述主张切中了当时舍本攻末、名实不符、假仁义而求私利等社会弊病,亦反映出他试图调和儒道的倾向,其价值目标乃是调和名教与自然的矛盾,从深层次来巩固封建伦理秩序,达到"仁德厚"、"行义正"、"礼敬清"的理想社会状态。

所以,王弼不是要消解封建伦理秩序,而是要完善这一秩序,解决仁、义、礼等伦理规范在政治活动的实际运作中产生的问题,而不是要逃避现实,崇尚虚玄的消极之学。王弼"大谈贵无,是为了全有;大讲无为,是真正有为。他是一种在消极无为形式下的积极有为的政治哲学"②。而后人由于西晋权贵王衍等人推崇王弼之学,清谈误国,"竟为浮诞,遂成风俗",便将西晋败亡、礼坏乐崩、中原倾覆之祸嫁罪于王弼、何晏等玄学家,这不能不说是对王弼之学的误解。至于晋人范宁认为"浮虚相扇,儒雅日替"之时弊"源始于王弼、何晏",故此"二人之罪深于桀纣",③更是属于偏颇之论了。

二、以道治国,唯道是用

"以道治国"、"唯道是用"是王弼"以无为本"、"崇本息末"等宗旨在治国方略上的体现和应用。他指出:"以道治国则国平,以正治国则奇正起也,以无事则能取天下。"④他分别论述和比较"以道治国"与"以正(政)治国"这两种不同的政治方略说:"以道治国,崇本以息末;以正(政)治国,立

---

① 王弼:《老子指略》,楼宇烈校释:《王弼集校释》,中华书局1980年版,第199页。
② 王晓毅:《王弼评传》,南京大学出版社1996年版,第275页。
③ 参见房玄龄等:《王湛等传》,《晋书》卷七十五,中华书局1974年版,第1984页。
④ 王弼注,楼宇烈校释:《老子道德经注校释》,中华书局2008年版,第149页。

辟以攻末。"①二者的主要区别在于,前者重在从根本上治理国家,而后者则只是注重通过礼法制度等枝末细节来治理。"以道治国"则必然顺应自然,顺应规律,因时而动,因势而立,也即实行无为而治;而"以正(政)治国",则容易执着于具体的政治制度和法律制度,墨守成规,实行有为政治,其结果将是"法令滋章,而盗贼多有"。而且,具体的政治法律制度总是特定历史条件下的产物,故不可避免地存在着局限性,以之为治国之本,执着于斯,不知变通,必然引起各种弊端。

同样,王弼认为法、儒、墨、杂等诸家亦是各从自己的立场出发而提出思想主张,故皆落入具体的某种政治方略,因而不可避免会产生缺失。他首先概括各家的思想宗旨说:"法者尚乎齐同,而刑以检之。名者尚乎定真,而言以正之。儒者尚乎全爱,而誉以进之。墨者尚乎俭啬,而矫以立之。杂者尚乎众美,而总以行之。"接着,他针对各家的宗旨而批评其缺失说:"夫刑以检物,巧伪必生;名以定物,理恕必失;誉以进物,争尚必起;矫以立物,乖违必作;杂以行物,秽乱必兴。斯皆用其子而弃其母。物失所载,未足守也。故使有纷纭愦错之论,殊趣辨析之争,盖由斯矣。"②法家一味依靠刑法治民,这将导致民众设法逃避刑法责罚,产生巧伪;名家偏好辩说"名"与"实",不免以己度物,流于理论上的偏执;儒家崇尚仁爱之名誉,必将导致争尚虚名;墨家强调节用尚俭,以自苦为极,容易流于偏激,矫枉过正;杂家博采众议却也杂收方术,难免产生淫乱污秽之事。王弼对各家的这些评论和批评虽然未必公允全面,但他看到,以上各家莫衷一是,产生"纷纭愦错之论,殊趣辨析之争",盖由于他们各执己见,各执一端,而不能把握"道"这一万物之根本,缺乏建立学说的共同理论基础,这一分析却是颇为中肯的。

既然法、儒、墨、杂诸家的政治主张皆存在缺陷,而缺陷产生的缘由又是不能崇本,"用其子而弃其母",故王弼顺理成章地提出"以道治国"、"唯道是用"等救治之道。

"唯道是用"是王弼心目中"上德之人"的治国方略,他说:"上德之人,

---

① 王弼注,楼宇烈校释:《老子道德经注校释》,中华书局 2008 年版,第 149 页。
② 以上引文均见王弼:《老子指略》,楼宇烈校释:《王弼集校释》,中华书局 1980 年版,第196—197 页。

唯道是用。不德其德，无执无用，故能有德而无不为，不求而得，不为而成，故虽有德而无德名也。故灭其私而无其身，则四海莫不瞻，远近莫不至。"①采用"唯道是用"的管理方式，顺应自然，"无执"、"不为"，具有"不德其德"、"灭私"、"无身"的政治品质，因此"上德之人"必然会产生四海同瞻、远近毕至的政治影响力和凝聚力。

与"上德之人"、"唯道是用"的治理方式相异，《老子》第三十八章中分别又列举了"下德"、"上仁"、"上义"、"上礼"等管理者之所为，王弼亦分别予以评价并指出其弊端："求而得之，为而成之"；"竭其聪明以为前识，役其智力以营庶事"；"求而得之必有失焉，为而成之必有败焉，善名生则有不善应焉"；"虽（德）[得]其情奸巧弥密，虽丰其誉愈丧笃实"；"功虽大焉必有不济，名虽美焉伪亦必生"。以上各种问题产生的根本原因是"弃本舍母，而适其子"。②

在社会政治实际生活中，王弼所诟病的"弃本舍母，而适其子"，具体表现为行仁义礼教之名而丧其实等道德虚伪和道德形式主义，故他将锋芒直指当时处于统治地位的儒家伦理特别是沦为封建统治者束缚民众之工具的名教，提出了"名教出于自然"的主张。这一主张是"以无为本"、"唯道是用"思想用于社会政治领域所得出的逻辑结论，所谓"自然"，即是指"道"或"无"："自然者，无称之言，穷极之辞也。"③

王弼强调，名教是"道"或"自然"在社会领域中的落实，是"道"或"无"即自然在人伦关系上的体现。也就是说，"道"或"自然"是仁、义、礼的本体，仁、义、礼是"子"而不是"母"。如果不明此理，为求仁义而行仁义，就不可避免地要出现道德虚伪："弃其所载，舍其所生，用其成形，役其聪明，仁则诚焉，义其竞焉，礼其争焉。"仁、义、礼这些原本为调节人际关系而设立的道德规范就会走向其反面。故作者得出结论说："仁德之厚，非用仁之所

---

①　王弼注，楼宇烈校释：《老子道德经注校释》，中华书局 2008 年版，第 93 页。

②　以上引文均见王弼注，楼宇烈校释：《老子道德经注校释》，中华书局 2008 年版，第 94—95 页。

③　王弼注，楼宇烈校释：《老子道德经注校释》，中华书局 2008 年版，第 64 页。

能也;行义之正,非用义之所成也;礼敬之清,非用礼之所济也。"①这就是说,舍本求末,只能导致假仁假义,以仁、义、礼之名,行争名逐利之实;只有出于大道,出于自然,无所求、无所营的道德行为,才是名副其实的仁义礼;"仁德之厚"、"行义之正"、"礼敬之清"这些真正合符名教的行为只能出于自然,而不是"用仁"、"用义"、"用礼"所能够做到的。因为"仁义,母之所生,非可以为母。形器,匠之所成,非可以为匠也。舍其母而用其子,弃其本而适其末,名则有所分,形则有所止,虽极其大,必有不周,虽盛其美,必有忧患,功在为之,岂足处也"②。

他告诫为政者,治理社会的丑恶现象不能停留在表面,而要认真地寻找其产生的深刻原因,他说:"夫邪之兴也,岂邪者之所为乎? 淫之所起也,岂淫者之所造乎?"因此,必须从根本上加以治理:"闲邪在乎存诚,不在善察;息淫在乎去华,不在滋章;绝盗在乎去欲,不在严刑;止讼存乎不尚,不在善听。故不攻其为也,使其无心于为也;不害其欲也,使其无心于欲也。谋之于未兆,为之于未始,如斯而已矣。"③

作者针对社会现实生活中的道德虚伪之风,将崇本息末的思想运用于政治治理领域中,认为圣、智、仁、义只是"末",而见素抱朴才是"本":"竭圣智以治巧伪,未若见质素以静民欲;兴仁义以敦薄俗,未若抱素朴以全笃实;多巧利以兴事用,未若寡私欲以息华竞。"④

王弼深刻地认识到,如果不修明敦厚朴素的品德,而只尊尚名誉行为等表面功夫,必然产生一批为沽名钓誉而行孝慈、崇仁义的伪君子,他分析道:"夫敦朴之德不著,而名行之美显尚,则修其所尚而望其誉,修其所道而冀其利。望誉冀利以勤其行,名弥美而诚愈外,利弥重而心愈竞。父子兄弟,怀情失直,孝不任诚,慈不任实,盖显名行之所招也。患俗薄而名兴,行崇仁义,愈致斯伪……"⑤

---

① 以上引文均见王弼注,楼宇烈校释:《老子道德经注校释》,中华书局 2008 年版,第 95 页。
② 以上引文均见王弼注,楼宇烈校释:《老子道德经注校释》,中华书局 2008 年版,第 95 页。
③ 以上引文均见王弼:《老子指略》,楼宇烈校释:《王弼集校释》,中华书局 1980 年版,第 198 页。
④ 王弼:《老子指略》,楼宇烈校释:《王弼集校释》,中华书局 1980 年版,第 198 页。
⑤ 王弼:《老子指略》,楼宇烈校释:《王弼集校释》,中华书局 1980 年版,第 199 页。

当然，王弼并无意全盘否定圣智仁义，他说："夫圣智，才之杰也；仁义，行之大者也；巧利，用之善也。"但他认识到，"此三者以为文而未足"，它们只是现象，而不是根本，脱离根本而仅用此三者则生害："本苟不存，而用此三美，害犹如之。"故必须归之于根本："令人有所属，属之于素朴寡欲。"可见，"绝圣"、"弃仁"的最终目的还是为了肯定"圣"和"仁"。关于这一点，他在《老子指略》中说得很明白，他指出，人们往往只看到"不圣为不圣"、"不仁为不仁"这些一般性的表面现象，但却不看不到"圣"和"仁"所带来的弊端："未知圣之不圣也……未知仁之为不仁也"。故绝圣、绝仁的目的并非要舍弃圣人和仁德，而是要改变刻意求圣、"为仁"而导致的道德虚伪，恢复人们从内心深处对仁、义、礼、法的认同和遵从，因此是"绝圣而后圣功全，弃仁而后仁德厚。……绝仁，非欲不仁也，为仁则伪成也"①。

王弼"以道治国"、"崇本息末"的主张进一步落实到具体的社会治理层面，主要包括以下方面：

第一，社会的治理必须通过发挥"无"这一生成母体的作用方能实现，而不能通过强化封建伦理关系，强制人们恪守封建礼法来达成："故竭圣智以治巧伪，未若见质素以静民欲；兴仁义以敦薄俗，未若抱朴以全笃实；多巧利以兴事用，未若寡私欲以息华竞。故绝司察，潜聪明，去劝进，翦华誉，弃巧用，贱宝货。唯在使民爱欲不生，不在攻其为邪也。故见素朴以绝圣智，寡私欲以弃巧利，皆崇本以息末之谓也。"②"故绝司察，潜聪明，去劝进，翦华誉，弃巧用，贱宝货。唯在使民爱欲不生，不在攻其为邪也。故见素朴以绝圣智，寡私欲以弃巧利，皆崇本以息末之谓也。"③

第二，为政者树立良好的榜样方能引导社会风尚向善弃恶，而不可能通过头痛医头、脚痛医脚，采取伤害性的手段消除邪行："以方导物，舍去其邪，不以方割物"；"以清廉清民，令去其邪，令去其污，不以清廉刿伤于物也"；"以直导物，令去其僻，而不以直激沸于物也"。这一系列的举措皆属

---

① 以上引文均见王弼：《老子指略》，楼宇烈校释：《王弼集校释》，中华书局1980年版，第199页。
② 王弼：《老子指略》，楼宇烈校释：《王弼集校释》，中华书局1980年版，第198页。
③ 王弼：《老子指略》，楼宇烈校释：《王弼集校释》，中华书局1980年版，第198页。

于"崇本以息末",能够收到"不攻而使复之"的显著效果。① 可见,督促为政者以自身的崇高道德感染民众、引导民风,也是王弼倡导崇本息末的重要内容。同样,在阐释《老子》"我无为而民自化,我好静而民自正,我无事而民自富,我无欲而民自朴"一段时,王弼再次表达了类似主张,他强调说:"上之所欲,民从之速也。我之所欲,唯无欲而民亦无欲自朴也。此四者,崇本以息末也。"②显然,在王弼心目中,为政者的自治先于治民,君主做好自身的道德自律才是治理国家之"本",而仅仅要求民众恪守伦理道德这只是纠缠于枝末细节,是无济于事的。故崇本以息末这一主张其实是对那个时代当权者口称名教、名实不符等道德虚伪现象的深刻批判。

三、自相治理,不吾宰成

王弼对老子顺应自然、无为而治之道有深刻的理解和更为积极的表述,他说:"圣人达自然之至,畅万物之情,故因而不为,顺而不施。除其所以迷,去其所以惑,故心不乱而物性自得之也。"③高明的为政者虽因民心,顺万物之情,因而不为,但他绝不是毫不负责,放任自流,而是在需要的时刻挺身而出,为民众"除其所以迷,去其所以惑",担负起为政者所应负的社会责任。因此,当社会出现危机或困难时,民众就不会听信谣言的惑乱,"心不乱而物性自得之",这样才可能上下一心,共同渡过难关。

王弼还将老子无为的治理模式明确阐发为"自相治理",这可以从他注释老子"天地不仁,以万物为刍狗"等文字时充分反映出来。他说:"天地任自然,无为无造,万物自相治理,故不仁也。仁者必造立施化,有恩有为,造立施化则物失其真,有恩有为,列物不具存,物不具存,则不足以备载矣。"④

王弼这段话流露出对儒家仁政的反思。按照儒家仁政的思路,为政者

① 参见王弼注,楼宇烈校释:《老子道德经注校释》,中华书局 2008 年版,第 152 页。
② 王弼注,楼宇烈校释:《老子道德经注校释》,中华书局 2008 年版,第 150 页。
③ 王弼注,楼宇烈校释:《老子道德经注校释》,中华书局 2008 年版,第 77 页。
④ 王弼注,楼宇烈校释:《老子道德经注校释》,中华书局 2008 年版,第 13 页。

顺宽厚待民,对民众施以恩惠,才能争取民心,巩固统治。但这一政治治理模式是基于一种为政者居高临下的优越地位和自以为是的主观施为。王弼却继承发展老子治道的辩证智慧,字里行间流露出对仁者的不以为然和批判的态度。他指出,"仁者"以"有恩有为"自诩,怀有一种施恩于民的尊者心态,而且也有一种要求民众对其感恩戴德的期盼。但是,这种"造立施化,有恩有为"行为的客观效果如何呢? 王弼目光犀利地看到,"仁者"自以为"有恩有为"将会施恩造福于民,但这些良好的主观愿望却可能由于违背自然规律,反而妨碍了万物的自由生存和发展,使"物失其真",导致了物用的匮乏。因此,王弼高度赞许天地那种任物自然,让"万物自相治理"的方式:"地不为兽生刍,而兽食刍;不为人生狗,而人食狗。"天地之间自有那种道生德蓄、生死荣枯的规律贯穿于其中,万物之间也各有其相生相克的道理,顺应这些必然规律,让他们各自自由地生长,"无为于万物",则万物将在丰富多样的生态链中各自足用,形成"万物各适其所用,则莫不赡"的自然和谐秩序。①

王弼的上述话语表面上是赞颂天地自然的"无为无造",其实却通过对天地不仁这一无目的的自然属性的阐发,透露出他对社会层面"自相治理"之治理模式的向往,也揭示出管理活动中的自主管理模式之优越性:"无为无造,万物自相治理"。这显然是一种最理想的治理,它让万物依循着各自的本性自由地生活在天地之间,"无为于万物而万物各适其所用"。从而反衬出为政者"造立施化"致使"物失其真"的弊病,它破坏了原本自然而然的和谐秩序,失去了社会生态和自然生态的平衡与多样性。所以王弼批评这些自作聪明之举的失效:"慧由己树,未足任也"②,这就深刻揭示了"仁者"或仁政模式的不足或可能出现的缺失。

万俊人教授曾在论及儒家德治时指出:"儒家仁政隐约流露出统治者对民众的恩宠,而不是国家政治权力的正当运用和政治行政自身的道德要求,其操作程序是自上而下的权威施加,或是由下向上的权力崇拜。"③这就

① 以上引文均见王弼注,楼宇烈校释:《老子道德经注校释》,中华书局2008年版,第13页。
② 以上引文均见王弼注,楼宇烈校释:《老子道德经注校释》,中华书局2008年版,第13页。
③ 万俊人:《德治的政治伦理视角》,《学术研究》2001年第4期。

相当中肯地点出了儒家仁政的历史局限性。

而王弼正是通过对老子思想的阐释来消解这种权威施加或是权力崇拜。他注释老子"道常无为，侯王若能守之，万物将自化"一句时发挥说，侯王如能遵循自然无为之道，则万物自我化生，这是由于"不塞其源也"，即为政者没有人为地阻塞民众的生路，让民众有一个自由生长的空间。他进一步全面地阐发这种不干涉政策的优长之处说："不塞其源，则物自生，何功之有？不禁其性，则物自济，何为之恃？物自长足，不吾宰成。"王弼将这种不干涉之治称之为"有德"之治，而恃威而治不仅是"治之衰"的征兆，而且是致乱之源，所谓"任其威权则物扰民僻"①。不过，由于有德的为政者实施清静无为之治，无从显示专制君王常有的那种无所不在的权威，于是天下"有德而不知其主"②。这真是对儒家仁政所流露出的"自上而下的权威施加或由下向上的权力崇拜"的一种彻底消解！也是对恃仗主势君威以治天下的法家政治主张的否定，它不仅具有批判和抵制封建专制暴政的历史意义，而且还与现代管理的自我管理理论相通。

自我管理是第二次世界大战以后人们对管理权威主义进行质疑而出现的新理论，也就是说，直到 20 世纪，西方管理界才认识到员工具有管理自我的内在能力。这被管理界视为管理理论的一个转折。而具有讽刺意味的是，这个转折点竟是科学管理的结果。泰勒的研究表明：当雇员被吸纳进决策进程和被充分调动起来时，生产率就会获得极大的提高。③ 虽然泰勒的结论来自他所开创的时间和动机相关性的实证研究，而王弼"自相治理"的主张则建立在思辨的基础上且缺乏具体的操作程序，这与现代西方的自我管理理论不可同日而语，但他却早于西方一千多年深刻地认识到人类具有自我管理的能力并提出"自相治理"的管理思路，其理论意义是不言而喻的。

值得指出的是，王弼"自相治理"的管理理论是基于对封建专制弊病的反思而提出来的，这种反思让他的理论具有了更为深厚的底蕴。以下就让我们展开这方面的分析。

---

① 以上引文均见王弼注，楼宇烈校释：《老子道德经注校释》，中华书局 2008 年版，第 179 页。
② 王弼注，楼宇烈校释：《老子道德经注校释》，中华书局 2008 年版，第 24 页。
③ 参见肯尼思·克洛克、琼·戈德史密斯：《管理的终结》，中信出版社 2004 年版，第 29 页。

四、恃威以使,为治之衰

在封建专制制度下,政权主要是依赖君主权威和暴力来维持的。虽然儒家一再推崇"道之以德、齐之以礼",主张重德轻刑,但在实际的政治运作中,为政者却仍然通过树立政治权威和各种政治暴力来维护统治秩序。故王弼告诫为政者,一味地恃威而治不仅是不可靠的,而且还是政治统治走向衰落的标志,他说:"夫恃威网以使物者,治之衰也。"只有那种让民众自然而然地服膺的为政者,才是最理想的政治:"使不知神圣之为神圣,道之极也。"而这一理想局面的到来是由于推行以道治国模式的结果:"道洽则神不伤人,神不伤人则不知神之为神。道洽则圣人亦不伤人,圣人不伤人则不知圣人之为圣也。犹云,不知神之为神,亦不知圣之为圣也。"①管理者遵道而行,与道相洽,和合相通,则天下太平,民众自得其乐,不会受到威权的压迫或伤害,故不需要期盼外在异己力量的呵护。

王弼直言为政者妄自作为、高压控制的危害,他说:"愈为之则愈失之矣。物树其恶,事错其言,[不慧]不济,不言不理,必穷之数也。"②因此,最明智的为政者是"弃己任物",放弃自以为是的主观意识,放手让天下之人自己选择自己的生活,任其按照本性发展自由,则会出现"莫不理"的理想社会秩序。

王弼继承发展老子顺应自然的治国之道,主张"不造不施,因物之性",反对为政者对民众的人为强制。大多数道家学者也都提出过类似的主张。但是,如何让这一主张更具有可操作性,将其具体落实到政治实践中呢? 这却是不少学者论述得不够充分的问题。王弼在阐发老子"善行无辙迹、善言无瑕谪"这段话时,倒是在这方面作了一些论述。老子"善行无辙迹、善言无瑕谪"的这段话实际上通过一系列比喻阐述了无为而治的功效。但什

---

① 王弼注,楼宇烈校释:《老子道德经注校释》,中华书局 2008 年版,第 158 页。
② 王弼注,楼宇烈校释:《老子道德经注校释》,中华书局 2008 年版,第 14 页。

么是善行、善言、善结、善闭呢? 老子没有作具体的阐述。王弼则由此而提出了具体的操作思路,他说:"顺自然而行,不造不施,故物得至,而无辙迹也;顺物之性,不别不析,故无瑕谪,可得其门也;因物之数,不假形也,因物自然,不设不施,故不用关楗、绳约而不可开解也。"而这段话的关键就在于"因物之性",反对为政者主观人为地以僵化的礼法制度来限制民众,"不以形制物"。所以,文中接着总结说:"此五者皆言不造不施,因物之性,不以形制物也。圣人不立形名以检于物,不造进向以殊弃不肖,辅万物之自然而不为始,故曰无弃人也。"①为政者应当充分认识到个体的差异性,不以某种固定的标准或规限作为用人治人的取舍标准,故人皆可化、人皆可用,故能人尽其才而无弃人。因此,为政者的主要职能是在道的指引下辅助民众更好地依从各自的条件来安排自己的生活,各展天性、各用其能,而不必主观地设计出民众生活的行为指南或是制定刑法对民众实施暴力强制。当然,要对社会进行有效的治理不能不制定一系列具体的制度,笼统地排斥一切规制也不现实,上述主张在很大程度是王弼的某种理想或矫枉过正之言。这些思考主要是出于他痛感封建统治者设立名教对人性自然的残害,更是由于他看到封建礼法束缚民众而产生的虚伪,种种主张无一不是试图纠正时弊的努力。而且,王弼"不立形名"、"不造进向"的目的是为了避免由于某些主观规制而扼杀埋没奇才异能者或是导致某些社会成员的生存危机,成为社会的"弃人",是告诫为政者不要"殊弃不肖",排斥或抛弃不良之人,这里的积极意义就更是不言而喻了。

王弼告诫为政者和施教者要尊重对方的自然本性,而不能对其进行主观的人为强制,一切妄为和强执的行为皆必败无疑。他说:"万物以自然为性,故可因而不可为也,可通而不可执也。物有常性,而造为之,故必败也;物有往来而执之,故必失矣。"正确的做法是放弃强制手段:"我之非强使人从之也,而用夫自然,举其至理,顺之必吉,违之必凶。故人相教,违之自取其凶也"。② 运用强制力量压服民众结果只能是压而不服,激化矛盾,这不

① 以上引文均见王弼注,楼宇烈校释:《老子道德经注校释》,中华书局 2008 年版,第 70—71 页。
② 王弼注,楼宇烈校释:《老子道德经注校释》,中华书局 2008 年版,第 76 页。

是长治久安之良策。因顺人类趋吉避凶的自然之性,向教育对象晓之以理,促使其懂得顺理必吉、违理必凶的根本法则,才是趋吉避凶的良方。

从社会稳定、弃恶扬善的需要出发,王弼强调,社会也需要标举善人,其目的是"举善以齐不善",帮助不善之人向善人看齐,自觉调整自己的不良行为,从而实现全体社会成员向善弃恶,而不是"以善弃不善",在善恶对比中淘汰或抛弃不善者。所以"不善人,善人之所取也"①,强调善人有拯救不善之人的责任。同时,王弼也注重从思想上铲除民众成为不善人的根源,他说:"不尚贤能,则民不争;不贵难得之货,则民不为盗;不见可欲,则民心不乱;常使民心无欲无惑,则无弃人也。"②显然,这是对老子"圣人常善救人故无弃人"主张的丰富和发展。

五、多智巧诈,奸伪益滋

长期以来,老子"爱民治国能无智乎"、"非以明民,将以愚之"等主张常常被人们斥责为愚民政策。其实,老子的原意是反对以智诈治民,王弼准确地把握了这句话的实质并作出了明确的阐释。他在阐发《老子》"爱民治国能无智乎"这一主张时,明确地将"智"定义为"任术以求成、运数以求匿者"。王弼看到,为政者只有在治国安民的活动中自觉地去除权术智诈,民众才不会处处设防,提心吊胆地过日子,才有可能国治民安:"治国无以智,犹弃智也能无以智乎,则民不辟而国治之也。"③同样,王弼亦将老子"非以明民"的"明"理解为一种巧诈,他说:"明,谓多见巧诈,蔽其朴也。愚,谓无知守真,顺自然也。"也就是说,不要让民众生发巧诈而遮蔽了淳朴之性,而应当顺应其自然之本性,保持真朴之性。接下来他又进一步阐发说:"多智巧诈,故难治也……以智术动民。邪心既动,复以巧术防民之伪,民知其术,

---

① 王弼注,楼宇烈校释:《老子道德经注校释》,中华书局 2008 年版,第 71 页。
② 王弼注,楼宇烈校释:《老子道德经注校释》,中华书局 2008 年版,第 71 页。
③ 以上引文均见王弼注,楼宇烈校释:《老子道德经注校释》,中华书局 2008 年版,第 23 页。

防随而避之,思惟密巧,奸伪益滋,故曰,以智治国,国之贼也。"①在这里,智不是智慧的智,而是一种巧诈之术,它会让民众萌动邪心和伪诈。一旦这些邪伪流行,为政者再以巧诈之术来进行防治,就会防不胜防,"奸伪益滋"。

因此,在王弼的眼中,为政者的明察秋毫、明辨是非并不是一种明智之举,反而是治国时的大害。他说:"害之大,莫大于用其明矣。"为何如此呢?他分析道:"夫以明察物,物亦竞以其明应之,以不信察物,物亦竞以其不信应之。"为政者以什么样的方式对待民众,天下之人必然以相同的方式来应对。为政者不信任民众,对民众处处设防,精于分别计较、事事明辨,民众就会以同样的态度对付或不信任为政者,这些做法被民众效法,还会导致争讼不已、争斗不休的局面,产生社会危机:"立乎讼地,则穷矣","立乎争地,则危矣"。这样做无异于是人为地给自己树立起无数对立面:"己以一敌人,而人以千万敌己"。王弼进一步剖析说,为了防止争斗危机的发展,为政者又会进一步采取高压手段:"多其法网,烦其刑罚,塞其径路,攻其幽宅",如此,只会形成更为混乱的局面:"万物失其自然,百姓丧其手足,鸟乱于上,鱼乱于下。"②

通过王弼的层层解析,老子"不以智治国"等策略的高明之处也就充分凸显出来:明智的为政者有着宽容广阔的胸怀,他不会苛察猜疑,而是"包统万物,无所犯伤","无形无识,不偏不彰",因而就能让万物很好地生长:"故万物得往而不害妨也"。③ 王弼还进一步阐发了为政者诚朴宽容以治天下的社会效应:"是以圣人之于天下,歙歙焉,心无所主也,为天下浑心焉,意无所适莫也。无所察焉,百姓何避?无所求焉,百姓何应?无避无应,则莫不用其情矣。""信者,吾信之;不信者,吾亦信之,又何为劳一身之聪明,以察百姓之情哉。"④

为政者谨守诚信,一视同仁,公平相待,民众才有一个安全和自由的宽松环境,"万物得往而不害妨",他们不必想方设法去应付政府或小心翼翼

① 以上引文均见王弼注,楼宇烈校释:《老子道德经注校释》,中华书局2008年版,第168页。
② 以上引文均见王弼注,楼宇烈校释:《老子道德经注校释》,中华书局2008年版,第130页。
③ 参见王弼注,楼宇烈校释:《老子道德经注校释》,中华书局2008年版,第87页。
④ 王弼注,楼宇烈校释:《老子道德经注校释》,中华书局2008年版,第130页。

地躲避责罚,社会成员也才会敢于表露自己的真情实感,真心实意地为国家和社会贡献自己的聪明才智。如此,一个坦诚相待、真诚和谐的善政局面就会不期而至了。

说到以朴治国,则不能不谈到所谓"将欲歙之,必固张之;将欲弱之,必固强之"等被人误解的一段话,而在王弼看来,"将欲歙之"等主张并非是某种常态下的治国之策,而是一种对付强梁暴乱者的手段,他这样阐发这段话:"将欲除强梁,去暴乱,当以此四者。因物之性,令其自戮,不假刑为大,以除将物也,故曰微明也。足其张,令之足而又求其张,则众所歙也,与其张之不足而改其求张者,愈益而已,反危。"①也就是说,对付那些图谋不轨的强梁暴乱者要讲究策略,在他们尚未充分暴露、"张之不足"之时,就轻易地动用武力来"改其求张者",可能会适得其反,引发社会的动乱。故王弼主张,在处理这类问题时还是要采取"因物之性"的原则,让他们的狼子野心和恶行充分暴露,"令之足而又求其张",这就使之处于"众所歙"的状态,众人才能彻底认识其真实面目,从而群起而攻之,这就是"令其自戮,不假刑为大",②让强梁暴乱者走上自取灭亡之路。

《老子》"国之利器不可以示人"也是被人们理解为君主玩弄阴谋权术、深藏不露的典型话语。王弼是如何理解这一主张的呢?他将"利器"和"示人"分别视为两个具有不同内涵的管理概念,他阐发说:"利器,利国之器也。唯因物之性,不假刑以理物,器不可睹,而物各得其所,则国之利器也。"③在王弼这里,利器不是阴谋权术,而是利国之术。这一利国之术的核心就是因顺人性民心,而不借助于刑法来治理天下。这种因顺人性的管理模式是一种征服人心的柔性管理,它无形无象,不可睹见,却能让天下之人"各得其所"。显然,这的确是利国利民的"国之利器"啊!而所谓"示人者",则是"立刑以示人",是任用刑法。王弼认为,以这种方式治理天下是不利的,他以"鱼脱于渊则必见失"这样明确的因果关系来说明"立刑以示

① 王弼注,楼宇烈校释:《老子道德经注校释》,中华书局2008年版,第89页。
② 参见王弼注,楼宇烈校释:《老子道德经注校释》,中华书局2008年版,第89页。
③ 王弼注,楼宇烈校释:《老子道德经注校释》,中华书局2008年版,第89页。

人"则"必失"的道理。①

老子的以上几段论述常常被一些人视为玩弄权谋的证据，而从王弼的相关阐释来看，这里全无阴谋权术之意。应该说，王弼不仅把握住了老子这些思想的实质内容，而且还结合现实政治治理活动作出了更为具体的阐发。

王弼痛感现实社会政治中名教衰落、名实不符、道德虚伪的"弃本舍母"现象，通过对"以无为本，崇本息末"等主张的阐发，深刻地论述了"何为善政"、"实现善政的原则和方式方法"等政治哲学的主题，将老子以道治国的战略思考进一步落实为治国安邦的具体主张，不仅在当时开创一代新风，而且也建构了中国思想史上富有哲学思辨色彩和理论特色的政治哲学体系。

---

① 参见王弼注，楼宇烈校释：《老子道德经注校释》，中华书局2008年版，第89页。

第十章　郭象《庄子注》"任性当分"的治理目标

两晋时期,社会危机加深,儒学的社会控制功能进一步削弱,玄学思想愈成为士人所向往之精神依托,而玄学家嵇康、阮籍将名教与自然相对立的思想和玄远放达的生活态度,虽然对于批判当时道德虚伪之颓风有着积极意义,但流风所至,亦对社会产生着某些负面影响。于是,竹林七贤中的另一位名士向秀继王弼、何晏而起,以注释《庄子》的形式阐发玄学,重振玄风,遂使庄学大明。郭象在向秀的基础之上,述而广之,遂使"儒墨之迹见鄙,道家之言遂盛"。

郭象(约252—312年),字子玄,河南洛阳人。据《晋书·郭象传》记载,他"少有才理,好老庄,能清言"。先任司徒椽,迁黄门侍郎,后又为东海王司马越所器重,委以重任,任为太傅主簿。

郭象与向秀二人的思想有着千丝万缕的联系,不过,通过注《庄》,郭象从向秀注重人生哲学转向对于社会治乱安危的关注,同时他对老庄的治国主张虽有所曲解更有所继承和发展,这些主张集中于他对名教与自然之关系的思考,试图通过这些思考,"探讨建立一个符合人自然本性的社会秩序的可能"①。名教与自然之辨是当时颇受人们关注的热门论题,玄学家各有己见。王弼认为"名教本于自然",嵇康进而主张"越名教而任自然",在前人的基础上,郭象对此亦进行了深刻的论述。他试图将仁、义、孝、慈、忠、信、礼、乐与人的自然之性融会贯通,由人的固有之本能而生发出礼义,由人

---

① 卢国龙:《郭象评传》,广西教育出版社1996年版,第19页。

的自然之智光而生发出忠信道德。强调"造物无物","物之自造",使天下、国家自然而化,达到浑然无别、至善至美的"玄冥之境",福祉永存。

由于郭象身为太傅主簿,"任职当权,熏灼内外",故不少学者将他视为"腐朽的门阀士族的代言人",并以"名教即自然"来概括郭象关于名教与自然关系的认识,认为郭象儒化了道家的"自然"这一范畴,力求论证名教与自然的一致性,认为任了自然,也就遂了名教,尽了名教规定的义务,亦尽了自然之性。我们认为,以上看法值得重新审视,以"名教即自然"来概括郭象关于名教与自然之关系的看法是欠准确的,实际上,郭象通过注《庄》构建了自己的理论体系,并围绕自然与名教之辨这一时代论题而阐发了独特的治国主张。以下拟从五个方面进行论述。

一、自然为履,六经为迹

所谓"名教",就是将符合封建统治利益的政治观念、道德规范等立为名分,定为名目,号为名节,制为功名,以之进行教化,称"以名为教",即是以正名定分为主的封建礼教,其具体内容表现为儒家的仁义礼教、三纲五常等一系列具体的道德规范和礼法制度。所谓"自然",即道家所崇尚的天然、本然、质朴状态和无形无象的本体。"名教即自然"就是将仁义纲常等具体的封建道德礼法与自然这一永恒的本体完全等同起来,将遵循、固守封建名教视为顺应本性的合理行为。然而,细究郭象的有关论述却并非如此。

我们认为,在名教与自然的关系问题上,郭象继承和发展了庄子和王弼的思想,将自然视为根本,而将名教视为自然之迹。他顺着《庄子》名教礼制皆为古圣之行迹的思路对封建名教进行剖析说:"圣人道同而帝王殊迹。"[①]"皇王之迹,与世俱迁,而圣人之道未始不全也。"[②]这就是说,大道是天地万物的根本法则,有着极大的通约性,在不同的历史时期,道这一根本

① 郭象:《庄子注·天地》,载郭庆藩:《庄子集释》,中华书局1961年版,第449页。
② 郭象:《庄子注·缮性》,载郭庆藩:《庄子集释》,中华书局1961年版,第552页。

法则是不会改变的,但各个时期的统治者则会根据时势的变化而制定与时相应的名教礼制。

他进而通过对尧舜这些圣人的评价,阐发仁义礼制乃古圣因时而显之迹的观点:"夫尧舜帝王之名,皆其迹耳。我寄斯迹,而迹非我也……粗之与妙,自途之夷险耳,游者岂常改其足哉? 故圣人一也,而有尧、舜、汤、武之异,明斯异者,时世之名耳,未足以名圣人之实也。故夫尧舜者,岂直一尧舜而已哉! 是以虽有矜愁之貌、仁义之迹,而所以迹者故全也。"①这是说,应当区分"足"与"足迹",足迹的粗大与微小等变化,是由道路之平坦与险阻这些外在条件决定的,与那位行路人之足并无内在联系,作为行为主体的行路之人虽因道路的夷险而调整其脚步,但却未因此而改变自己的双足。尧舜等圣人,其内在的精神主旨是一致的,只是由于时代与环境等诸多条件的不同而形成了他们各自相异的外在表现。因此,他们的"矜愁之貌、仁义之迹"都不过是朴实之本性因时宜而表现出来的外在形迹,而且,正由于他们是名实相符的圣人,故虽行仁义之迹,却仍然能保全其"所以迹"的淳朴之本性。从以上话语的字里行间,透露出一个鲜明的观点,这就是:名教礼制乃是自然本性在特定历史时期的体现,名教礼制乃是自然之迹,而不是永恒不变的。

儒家经典是封建道德礼教的理论依据,故郭象又分析了儒家经典与"真性"、"自然"的关系:"所以迹者,真性也。夫任物之真性者,其迹则《六经》也。况今之人事,则以自然为履,《六经》为迹。"②他将六经视为"任物之真性者"所表现出来的行迹,"自然为履,《六经》为迹"。所以,统治者对民众应该采取"任其自化"的政策,而不宜实行强制教育,硬性地向他们灌输儒经:"若播六经以说则疏也。"③因为儒家经典只是自然的派生物,拘泥于这些派生物,以此禁锢民众则是本末颠倒的不明智之举。

众所周知,自从汉武帝推行"罢黜百家,独尊儒术"的文化专制制度以后,儒生便固守儒家经典和古代礼法制度,这不仅导致了民族思维能力的僵

① 郭象:《庄子注·在宥》,载郭庆藩:《庄子集释》,中华书局1961年版,第375页。
② 郭象:《庄子注·天运》,载郭庆藩:《庄子集释》,中华书局1961年版,第532页。
③ 郭象:《庄子注·天运》,载郭庆藩:《庄子集释》,中华书局1961年版,第534页。

化和文化的停滞,而且导致政治文化资源的单一和枯竭,当权者不能以广阔的胸怀吸收诸子百家的治国主张,严重地扼杀了社会政治生活蓬勃发展的活力。

因此,郭象对于向民众灌输儒家经典表示异议,明确指出"若播六经以说则疏也",这实质上在一定程度上批评了固守儒家经典的文化专制政策。郭象认为,被视为神圣的儒家典籍礼法,只是前代圣人外在的行迹,而不能体现出大道的精粹。因此,拘于诗书礼法这些陈迹,不得其中之精意,则反倒为害。他还通过轮扁讽齐恒公读古书这一寓言阐发了不可固守古制的观点:"当古之事,已灭于古矣,虽或传之,岂能使古在今哉! 古不在今,今事已变,故绝学任性,与时变化而后至焉。"①这就明确地批评了儒者拘于诗礼而害道的倾向,强调不应拘守于外在的名教礼法,而应该体味其中的精意。因此,他鄙视那些明于诗书礼乐的儒生,认为他们对于古代文化只是"能明其迹耳,岂所以迹哉!"②这些人只是了解礼法文化的外在形式——"迹",但这并不是古代文化的内在本质和精蕴——"所以迹",故这种抱残守缺的态度是十分有害的。

二、仁义为迹,迹不足恃

正由于郭象认识到名教只是"自然"之迹,故郭象进而认为,仁、义、礼、法等名教不能作为固守的永恒法则,名教是不足恃的。在继承庄子思想的基础上,他对这一论点作了进一步的阐发。

郭象赞同庄子视仁、义、礼、乐为道德衰败、本性扭曲之产物的观点,并进一步阐释《庄子·马蹄》中"道德不废安取仁义,性情不离安用礼乐"之语说:"凡此皆变朴为华,弃本崇末,于其天素,有残废矣,世虽贵之,非其贵也。"③也就是说,仁、义、礼、乐等文明的产生是"变朴为华,弃本崇末",会

---

① 郭象:《庄子注·天道》,载郭庆藩:《庄子集释》,中华书局1961年版,第492页。
② 郭象:《庄子注·天下》,载郭庆藩:《庄子集释》,中华书局1961年版,第1068页。
③ 郭象:《庄子注·马蹄》,载郭庆藩:《庄子集释》,中华书局1961年版,第339页。

残害人的自然天性。故世俗之人所尊奉的仁、义、礼、乐不仅不足贵,而且还将导致诸多弊病。平心而论,作为封建社会批判者的庄子将仁、义、礼、乐视为道德衰败、本性扭曲的产物还不难理解,但作为"任职当权,熏灼内外"的郭象何以发出此语呢? 这些观点是否出于一种反文明甚至反对社会秩序的企图呢? 这是我们讨论郭象的治国主张时不能不深究的问题。

我们知道,郭象所处的西晋王朝是一个政治黑暗的时代,统治者假借仁、义、礼、法钳制臣民,晋怀帝又将保存社稷的希望寄托在苟晞这个手握重兵却不恤国家存亡和民生的暴虐之人身上,而当时一些明智之士多将拯救社稷的希望寄于司马氏藩王——东海王司马越,郭象亦是希图辅佐东海王以挽救国家的倾危。因为根据当时的形势,参与"八王之乱"的最后一个藩王司马越,"几乎是保存西晋社稷的最后一线希望","郭象依附东海王,进而任职当权,大概也是拯救沦亡的危机感使之然"。①

同样,我们认为,郭象对于"世虽贵之"的仁、义、礼、乐表现出不以为然的"非其贵"态度,绝非试图瓦解社会秩序,而是为了力挽狂澜,改变弃本崇末的弊病,整合自然与名教的裂痕,探讨重建符合人性自然的社会秩序之路,同样亦是出于拯救沦亡的责任心。因此,他在对《庄子》一书的多篇注文中,对于以上问题曾有深刻的剖析,试作梳理如下:

首先,他认为,仁义礼教将导致道德虚伪,徒饰外表:"礼义之弊,有斯饰也。"②刻意地标榜仁义之迹则是节外生枝,将扰乱等级有序的局面:"令天下之人外饰其性以眩惑众人,恶直丑正,蕃徒相引。是以任真者失其据,而崇伪者窃其柄,于是主忧于上,民困于下。"③因为"仁义有形,固伪形必作"④。具体的仁义道德规范有外在的形迹可循,若只注重于这些有形有象的仁、义、礼、法,就为那些伪善者追求仁义之名提供了机会。因此,他继承了庄子的思想,反对以孔子这样的仁义之人作为治国的支柱和道德典范,认为:"至人以民静为安。今一为贞干,则遗高迹于万世,令饰竞于仁义而彫

---

① 卢国龙:《郭象评传》,广西教育出版社1996年版,第9页。
② 郭象:《庄子注·田子方》,载郭庆藩:《庄子集释》,中华书局1961年版,第705页。
③ 郭象:《庄子注·在宥》,载郭庆藩:《庄子集释》,中华书局1961年版,第376页。
④ 郭象:《庄子注·徐无鬼》,载郭庆藩:《庄子集释》,中华书局1961年版,第828页。

画其毛彩,百姓既危,至人亦无以为安也。……后世人君,慕仲尼之遗轨,而遂忍性自矫伪以临民,上下相习,遂不自知也。"①孔子的仁义之行是孔子这一具体的个人在具体的历史时期所产生,有其特殊的时空条件,后人若脱离诸多具体的条件盲目效法或树立僵化的标范,必然导致以华伪之迹教民,使民众丧失自然本性而流于矫伪,故不足称道。在这里,郭象深刻地看到,只有合符时代潮流和自然人性的道德礼法才是合理的,这些看法实在难能可贵。

其次,郭象认识到,固守具体的礼法制度可能被暴君利用为害民的工具。他发挥《庄子》中圣法为大盗之具的观点,揭露窃国大盗利用圣法残害民众的事实:"暴乱之君,亦得据君人之威以戮贤人而莫之敢亢者,皆圣法之由也。向无圣法,则桀纣焉得守斯位而放其毒,使天下侧目哉!"②

最后,郭象认为,具体的礼法制度皆有其局限性,不区分具体的时空条件而固守礼法,必然生弊。他指出:"夫礼义,当其时而用之,则西施也;时过而不弃,则丑人也。"③礼法是因时而变化的,能够顺应时势而运用之则宜而美,不知因时而用,执滞固守之则令人生厌。

为何不能死守仁、义、礼、法呢?郭象回答说:"诗礼者,先王之陈迹也。苟非其人,道不虚行。故夫儒者乃有用之为奸,则迹不足恃也。"④单纯效法古代圣人的礼法制度是不足安天下、守天下的:"法圣人者,法其迹耳。夫迹者,已去之物,非应变之具也,奚足尚而执之哉!执成迹以御乎无方,无方至而迹滞矣,所以守国而为人守之也。"⑤执守圣人之陈迹,而不知变通,终于不能适应变化的时势,因而国家为他人所有。郭象这一思想实在是非常值得重视的治国智慧,它启示后人,必须因顺时代和人性不断改革更新现有的政治礼法制度,同时,这也在某种意义上为后世实行政治改革提供了思想资源和理论依据。

---

① 郭象:《庄子注·列御寇》,载郭庆藩:《庄子集释》,中华书局 1961 年版,第 1050 — 1051 页。
② 郭象:《庄子注·胠箧》,载郭庆藩:《庄子集释》,中华书局 1961 年版,第 346 页。
③ 郭象:《庄子注·天运》,载郭庆藩:《庄子集释》,中华书局 1961 年版,第 516 页。
④ 郭象:《庄子注·外物》,载郭庆藩:《庄子集释》,中华书局 1961 年版,第 928 页。
⑤ 郭象:《庄子注·胠箧》,载郭庆藩:《庄子集释》,中华书局 1961 年版,第 344 页。

三、遵从自然,高于君命

三纲五常是封建名教的核心内容,而"君为臣纲"又是三纲五常的中心,故讨论自然与名教之关系时,这是一个必然要涉及的问题。在郭象的《庄子注》中,这一问题是通过论述"自然"与"君命"来展开的。在他的心目中,"自然"是置于"君命"之上的。这里所说的"自然",是指自然而然、无法抗拒的客观规律;而"君命"则是指君主之令,即世俗的最高政治权力。他阐发庄子"人特以有君为愈乎己,而身犹死之,而况其真乎"一段话语说:"夫真者,不假于物而自然也。夫自然之不可避,岂直(直,通"值",相当)君命而已哉!"①庄子的原意是说,人们之所以甘愿为君主而献身,是由于君主超过自己("愈乎己"),更何况那支配万物的"道"(真)呢("而况其真乎")?庄子此语委婉地表达了"道"高于"君"的立场,但郭象则更是通过自己的阐释而进一步高扬了遵从"道"(真)即自然而然的客观规律和必然趋势的鲜明理念:"真"是不依赖他物,自然而然、不可抗拒的客观必然性,这种自然而然的客观规律所具有的权威性和必然性与人间君主的权威性是不能相提并论的。这就无异于明确地宣示,服从自然规律高于、重于服从君命。这句看似简短的话语其实蕴含了深刻的政治智慧,其深意在于:在君臣关系或政治活动中,最为重要的是要遵循、顺从政治生活的内在必然规律或历史的发展趋势,而不仅只是臣服于人间"愈乎己"的某位权贵;社会管理的要义是按照管理的内在规律依法进行管理,而不是献身于强权,唯权力马首是瞻。

这也清楚地说明,郭象并未将自然与名教等量齐观。应该说,崇尚自然的立场促使郭象在某种程度上冲破了"三纲"等封建名教的樊篱。相反,那些名教维护者则总是力图论证封建伦理纲常是至高无上的天理和自然秩序,总是利用自然天理以抬高和突出封建名教的至高地位和合理性,这与郭象的认识是不可同日而语的。

---

① 郭象:《庄子注·大宗师》,载郭庆藩:《庄子集释》,中华书局1961年版,第242页。

虽然郭象也并未否定仁、义、礼等儒家伦理纲常对于维系社会人伦秩序的作用,承认"夫仁义者,人之性也",但他更强调这种人性不是一成不变的:"人性有变,古今不同也。故游寄而过去则冥,若滞而系于一方则见。见则伪生,伪生而责多矣。"①可见,郭象虽然承认仁义是人之性,体现出与庄子的差别,但他并非认为仁义是千古不变、绝对合理的,而认为仁义是随着古今不同、不断变化的人性而改变的,执守不变则弊端生之。"时移事异,礼亦宜变,故因物而无所系焉",才能"不劳而有功"。② 这就使他区别于那些将仁、义、礼、法奉为永恒法则的封建卫道士。

我们知道,封建社会是一个具有尊卑上下之分的等级森严社会。那么,这种社会等级或分层的根据是什么,应当如何确定尊卑等级才合理且合乎正义呢? 这是治国理论中不可回避的问题。郭象对此多有思考。在这方面,人们常常引用郭象"君臣上下,手足内外,乃天理自然"一语,并以此判定他维护封建名教。这一评价是否恰当呢? 这需要对这段话语做更全面的剖析。

此语取自郭象阐发《庄子·齐物论》中关于人体百骸、六脏之关系的一段论述,在这句话的前后,还有几句关键性的话语,故有必要将此段话完整引出:"若皆私之(即对体内的百骸、六脏不分轻重皆很珍爱),则志过其分,上下相冒,而莫为臣妾矣。臣妾之才,而不安臣妾之任,则失矣。君臣上下,手足内外,乃天理自然,岂真人之所为哉! 夫臣妾但各当其分耳,未为不足以相治也。相治者,若手足耳目、四肢百体,各有所司而更相御用也。夫时之所贤者为君,才不应世者为臣。若天之自高,地之自卑,首自在上,足自居下,岂有递哉! 虽无错于当而必自当也。"③

在郭象看来,君臣上下的位置如同四肢百骸,它们有着功能上的轻重之别、各有所司,既不可相互替代,人们对它们的呵护和关注也应有轻重之别、上下之分。此段话语的中心是强调"物皆自然,无使物然",万物"非相为使

---

① 以上引文均见郭象:《庄子注·天运》,载郭庆藩:《庄子集释》,中华书局1961年版,第519页。

② 参见郭象:《庄子注·天运》,载郭庆藩:《庄子集释》,中华书局1961年版,第514页。

③ 郭象:《庄子注·齐物论》,载郭庆藩:《庄子集释》,中华书局1961年版,第58—59页。

也,故任之而理自至"。也就是说,君臣上下的社会分层和秩序的根据来自于天理自然。这虽然依然承认封建等级的合理性,但这种等级的确立既不是来自造物者或某种权威和主宰,也不是来自血缘关系,而是来自天理自然。而这一天理自然又是以"贤"和"才"为内在根据的("时之所贤者为君,才不应世者为臣"),君之为君,臣之为臣,是由"贤"和"才"所决定的。这说明,郭象虽然身为门阀士族成员,但却在一定程度上否定了封建统治者御使万物的合理性,而特别注重德和才的重要性。按照上述理论,只有顺应时势,因时而动的人才能被时人尊为贤者,推举为君;而才干不足以应世的人则只能为臣。德才必当其任,具有"时之所贤"之德方可履君之位,具有为君之才方能承担为君之任,而不能任由私意;只有臣妾之才却不安于臣妾之任,以下冒上则是错误的。这一认识是对道家"物各有宜"、"因才而用"思想的发展,是一种朴素的社会分工论。其可贵之处在于,他认识到,君臣上下的社会等级不是世袭或命定的,不是超自然的异己力量强制规定,而是社会生活和历史潮流选择和造就的结果。此语的深意乃在于止息当时篡位夺权之风,摒除某些士族觊觎君权的野心,特别是从德和才这两个方面强调了为君者所必备的素质,这对于调整当时不合理的政治关系,革除"不求才干"、"取才失所"的社会弊病具有警示作用。

四、天性所受,各有本分

人既是独立自足、有血有肉的个体,又处在各种社会关系网络之中。如何解决社会伦理法度与自然人性的关系,如何协调社会角色和自然人的矛盾,这是名教与自然之辨的实质问题。在这一问题上,郭象既克服了崇有派以抽象名教的合理性论证现实名教合理性的片面性,又超越了贵无派以现实名教的不合理性全盘否定名教之价值的偏激,而试图建立既顺应时代变化又合乎人性自然的道德礼法。他是这样展开思路的:

首先,他承认天地之间存在着"尊卑先后之序",紧接着,他指出,这种"尊卑先后之序"是建立在自然基础之上的,尊卑先后的内在根据是众生各自不同的自然天性,而不是世袭或靠强制手段获取的:"天性所受,各有本分,不可逃,亦不可加。"①在郭象所处的现实社会中,世袭制度和九品中正制度决定了人们的社会地位,贵贱高下取决于出身门第,这是一种扼杀进取精神和创造能力的极不合理的腐朽制度。而郭象却将自然本性作为贵贱高下的内在根据,从人的自然禀赋存在着差异这一客观事实出发,阐发"性"与"分"的相互依存关系:"夫小大虽殊,而放于自得之场,则物任其性,事称其能,各当其分,逍遥一也,岂容胜负于其间哉!"②因此,"凡得真性,用其自为者,虽复皂隶,犹不顾毁誉而自安其业……"③只要是符合和遂顺主体之真性,则即使处于社会下层,亦能"自安其业",自得其乐,而不需顾及外在的毁誉评说。

因此,能否因顺本性而治之,这是社会达到整体和谐的关键:"因其性而任之则治,反其性而凌之则乱。"④"物各自任,则罪责除也。"⑤"若夫任自然而居当,则贤愚袭情而贵贱履位,君臣上下,莫匪尔极,而天下无患矣。"⑥作为管理者应当努力创造一个"物任其性,事称其能,各当其分"的环境,而作为被管理者则应当安守其位,不作非分之想,即不能"志过其分"。

郭象上述性分论的理论基础是万物"未有不独化于玄冥"⑦的本体论。郭象否定了董仲舒"天者,万物之祖"⑧的论断和天人感应的神学目的论,认为万物不是"天"这一至高无上的、有意志的主宰的产物,即不待外物而独化于玄之又玄、浑然无别的绝对的至无。任何事物的产生、存在和变化,都是无原因、无目的、无条件,自然而然地孤立生发出来的:"万物皆造于自尔"⑨,"物各自生而无所出焉","不知所以因而自因"⑩,"无待"于任何力

① 郭象:《庄子注·养生主》,载郭庆藩:《庄子集释》,中华书局1961年版,第128页。
② 郭象:《庄子注·逍遥游》,载郭庆藩:《庄子集释》,中华书局1961年版,第1页。
③ 郭象:《庄子注·齐物论》,载郭庆藩:《庄子集释》,中华书局1961年版,第59页。
④ 郭象:《庄子注·在宥》,载郭庆藩:《庄子集释》,中华书局1961年版,第398页。
⑤ 郭象:《庄子注·天道》,载郭庆藩:《庄子集释》,中华书局1961年版,第472页。
⑥ 郭象:《庄子注·在宥》,载郭庆藩:《庄子集释》,中华书局1961年版,第376页。
⑦ 郭象:《庄子注·齐物论》,载郭庆藩:《庄子集释》,中华书局1961年版,第111页。
⑧ 董仲舒:《春秋繁露·顺命》,《二十二子》,上海古籍出版社1986年版,第802页。
⑨ 郭象:《庄子注·达生》,载郭庆藩:《庄子集释》,中华书局1961年版,第636页。
⑩ 郭象:《庄子注·齐物论》,载郭庆藩:《庄子集释》,中华书局1961年版,第73页。

量的主宰。

为了突出万物独立生长而无所资借的"独化"特征，郭象甚至撇开了为道家思想家们所共同崇尚的"道"。他说："凡得之者，外不资于道，内不由于己，掘然自得而独化也。"①显然，这是一种完全不依赖于任何外在力量的自我创造、自我化生的过程："物各自造而无所待焉，此天地之正也……使万物各反所宗于体中，而不待乎外。"②因此，应当求之于内，求之于自，从事物的内部寻求力量，才能够"任而不助，则本末内外，畅然俱得，泯然无迹"。而"宗物于外"，则会要"丧主于内"。注重从内部寻求事物发生、发展的原因，突出主体自身的力量，这在封建社会中是一种极有意义的思想。

按照封建专制主义的逻辑，民众是必须依赖于君主的，君主是民众的救星，正如斯大林所分析的，小农具有皇权主义思想，这种皇权主义的特征就是盼望一个高高在上的君主从上面给他们施以阳光雨露。然而，郭象却由道家的无为而治的主张出发，否定了民众对于封建专制君主的依赖性，强调"明王皆就足物性，故人人皆云我自尔，而莫知恃赖于明王"③。从而肯定了万物的主体性，这就有助于人们将外求的目光转向自身，自作主宰，自立自强。也即是郭象所说的："使万物各反所宗于体中，而不待乎外。"

基于这种"不待乎外"的主体精神，郭象认为，作为政治主体的君主与民众是一种"相因而成"的关系。因此，他警告为政者，不能滥施权威，"以己为之"。他说："夫欲为人之国者，不因众之自为而以己为之者，此为徒求三王主物之利而不见己为之患也。然则三王之所以利，岂为之哉？因天下之自为而任耳。"他在这里特别强调，三王能够利益天下并非是他们的主观之"为"，而是由于他们给予天下之人"自为"的空间。如果"以一己而专制天下"，其结果必然是"一身既不成，而万方有余丧矣"④。

在封建专制制度重压下，郭象反对专制君主"以己为之"，并倡导民众

---

① 郭象：《庄子注·大宗师》，载郭庆藩：《庄子集释》，中华书局1961年版，第251页。
② 郭象：《庄子注·齐物论》，载郭庆藩：《庄子集释》，中华书局1961年版，第112页。
③ 以上引文均见郭象：《庄子注·应帝王》，载郭庆藩：《庄子集释》，中华书局1961年版，第297页。
④ 以上引文均见郭象：《庄子注·在宥》，载郭庆藩：《庄子集释》，中华书局1961年版，第393页。

"各反所宗,而不待乎外",显然有助于缓解封建专制制度对民众的摧残,并可引导人们高扬主体精神,崇尚主观努力,发现和肯定自我价值。

当然,郭象的性分论中亦有不足之处,例如,他将"知"(智)和"愚"视为人的本性而不可改变:"性各有分,故知者守知以待终,而愚者抱愚以至死,岂有能中易其性者也。"①这就将人的自然禀赋差异绝对化、固定化,显然是失之偏颇的。

五、各得自为,捐迹反一

郭象对于名教与自然之关系的思考,乃是为了解决现实的社会问题。具体地说,乃是为了避免西晋统治者毁裂名教而又以名教禁锢天下、以名教杀人的弊政,试图弥合自然与名教的分裂和尖锐对立,重建合于时代要求和自然人性的道德礼法。

出于这一立场,郭象发出了封建君主专制体制下的空谷足音:

> 各自若则无事矣,无事乃可以为天下也。②

> 夫为天下,莫过自放任,自放任矣,物亦奚撄焉! 故我无为而民自化。③

在郭象看来,管理天下最好的方法就是让民众能够安之若素,为政者不刻意去干扰民众,而是给予他们舒展本性的空间,让他们如其本性地生活。因此,郭象指出,圣王之所以可贵,并不在于其有能力治天下,而在于他能够因顺民众之本性,任物之自为:"故所贵圣王者,非贵其能治也,贵其无为而任物之自为也。"④在这里,郭象阐发了老子无为政治的核心,那就是让"万物各得自为":"无为者,因其自生,任其自成,万物各得自为。"⑤

---

① 郭象:《庄子注·齐物论》,载郭庆藩:《庄子集释》,中华书局1961年版,第59页。
② 郭象:《庄子注·徐无鬼》,载郭庆藩:《庄子集释》,中华书局1961年版,第832页。
③ 郭象:《庄子注·徐无鬼》,载郭庆藩:《庄子集释》,中华书局1961年版,第833页。
④ 郭象:《庄子注·在宥》,载郭庆藩:《庄子集释》,中华书局1961年版,第365页。
⑤ 郭象:《庄子注·天下》,载郭庆藩:《庄子集释》,中华书局1961年版,第1097页。

　　郭象所推崇的"自生"、"自成"、"各得自为"、"自放任"的管理原则,并非是一种毫无秩序的治乱局面,而是认为,这种让民众自作主宰、给予民众充分发展空间的管理过程,才会符合"道"的管理原则,从而会有一种和谐的秩序贯穿于社会生活,所谓"令民自得,必有道也"①。

　　在以上深刻思考的基础上,郭象反对为政者刻意制定仁、义、礼、法等某种外在行为规则以束缚民众,故提出了"捐迹反一"的主张。

　　他认为,顺乎自然而行的举措是无外在行迹可循的,鸟行而无彰迹,因为其"率性而动,非常迹也"②。而着意地循求外在之迹,则必然失其本然。他强调,作为圣人的黄帝并非刻意为仁义而行仁义:"夫黄帝非为仁义也,直与物冥,则仁义之迹自见,则后世之心必自殉之,是亦黄帝之迹使物撄也。"③黄帝的仁义之举只是他与天下之民亲和冥合而自然显现出来的,如果缺乏与物冥合的真情,而单纯追求外在的仁义之迹,反而扰乱天下。因此,"夫与物无伤者,非为仁也,而仁迹行焉;令万理皆当者,非为义也,而义功见焉;故当而无伤者,非仁义之招也。然而天下奔驰,弃我徇彼以失其常然。故……挠世不由于恶而恒由仁义,则仁义者,挠天下之具也"④。自然无为则与物无伤,万理皆当,这并非为仁义而仁义,却自然显现出仁义的行为和效果。这才是值得肯定的。相反,为求仁义之名而奔走争斗,丧失自我本性,则反而扰乱天下,走向了仁义的反面。

　　他强调,礼之精意绝不在于外在的行为规范,而必须由外在的规范培养出内在的道德情感:"知礼意者,必游外以经内,守母以存子,称情而直往也。"如果"矜乎名声,牵乎形制,则孝不任诚,慈不任实,父子兄弟,怀情相欺,岂礼之大意哉!"⑤这些话语正是抨击和揭露了一味追求孝慈之名、拘守礼法制度而毫无真诚之德的虚伪时弊。

　　通过发挥《庄子》中仁义残害天下的思想,郭象激烈地抨击了"不思捐

---

①　郭象:《庄子注·徐无鬼》,载郭庆藩:《庄子集释》,中华书局1961年版,第833页。

②　郭象:《庄子注·天地》,载郭庆藩:《庄子集释》,中华书局1961年版,第422页。

③　郭象:《庄子注·在宥》,载郭庆藩:《庄子集释》,中华书局1961年版,第373页。

④　郭象:《庄子注·骈拇》,载郭庆藩:《庄子集释》,中华书局1961年版,第324页。

⑤　以上引文均见郭象:《庄子注·大宗师》,载郭庆藩:《庄子集释》,中华书局1961年版,第267页。

迹反一"的时弊:"由腐儒守迹",故导致了"殊死者相枕","刑戮者相望"的惨祸。他们"不思捐迹反一,而方复攘臂用迹治迹,可谓无愧而不知耻之甚也"①。他指出,不追求反本还原,专事效法外在形迹,"莫知反一以息迹而逐迹以求一",其结果只会是"愈得迹,愈失一,斯大谬矣"。② 这些充满愤懑的语调,鲜明地表达了郭象对于封建仁义礼制伤性害民这一社会现实的不满,对于"捐迹反一"、返璞归真政治理想的殷切期望。

*　　　*　　　*

我们认为,郭象所提出的"名教乃自然之迹"或"捐迹反一"的命题蕴含着深刻的政治智慧。而前人将郭象对于名教与自然关系的认识概括为"名教即自然"其实是不准确的。郭象并未将仁、义、礼、法等封建名教与人性自然等同起来,而是明确地指出,二者是"迹"("末")与"所以迹"("本")的关系,前者是因时而生、因时而用、因时而易的,后者却是万事万物之本,是超越时空的永恒存在,是人性的最终依据和归宿;仁义礼制这些名教制度只是大道、自然在特定时空或某种程度上的显现,不足奉为万世不变之法宝,应该由注重外在形式("迹")返归于大道、自然("一"),及时地改革更新现实中不合理的礼法制度,制定出顺应历史潮流和自然人性的道德礼法。

郭象继承继承却又超越了王弼崇本息末的思想和嵇康"越名教而任自然"的主张,试图通过阐发《庄子》思想,解除人们由于背本就末而导致的顽鄙和苦闷,清扫名实不符的道德虚伪现象,促使礼、义、忠、信与自然本性合而为一,使道德成为人们的内在需要。他力图冲破现有礼法制度对于人性的束缚,调和名教与自然的矛盾,使社会实现有序稳定及整体和谐。从王弼的"名教本于自然"、嵇康的"越名教而任自然"发展到郭象的"捐迹反一",反映出郭象对名教与自然的关系这一问题认识的深化,展现出郭象玄学融会儒道而走向圆熟,将魏晋玄学提高到一个新的理论层次。郭象的自然名教之辨以及在此基础上形成的对于本、迹关系的理论直接影响了后来的道教学者,无论是初唐融会道教各派教义的《道教义枢》中"摄迹还本"的主

---

① 以上引文均见郭象:《庄子注·在宥》,载郭庆藩:《庄子集释》,中华书局1961年版,第377页。
② 参见郭象:《庄子注·缮性》,载郭庆藩:《庄子集释》,中华书局1961年版,第555页。

张,还是重玄学者成玄英所提出的本迹相即、从本降迹、摄迹归本等命题,均与郭象的理论有着明显的渊源关系。郭象的哲学智慧以及他在道家、道教思想史上的地位值得人们进一步认识,而他为人们所忽略了的善政主张似乎更值得人们认真进行发掘和探讨。

第十一章　成玄英《庄子疏》"物各自治"的社会理想

以庄子为代表的隐逸派追求精神的逍遥自适,远离政治上的浊流旋涡,但并非如有些人所说是只知独善其身而毫不关心世事人。我们认为,这类观点乃是流于表面之说。南宋一位庄学大家褚伯秀曾认为,庄子是为救治时弊而写作,他在《南华真经义海纂微》中以"褚氏管见"的形式评价《逍遥游》的大旨说:"盖病列国战争,习趋隘陋,一时学者局于见闻,以纵横捭阖为能,掠取声利为急,而昧夫自己之天,遂慷慨著书为远大之论,以发明至理,开豁人心。"①褚氏多年研读《庄子》,"时有欣然会心处"。《南华真经义海纂微》一书是他研习、汇集郭象、陈景元等十三家注《庄》者之要论且阐发己见的力作,他对《庄子》的这番评论,可谓是深契庄意。

我们认为,追求个人精神的超越和自由虽然是《庄子》的要旨,但是,身处浊世,他们却仍然关注政治,渴盼政治清明和社会公正。基于修身与治国一理的立场,庄子及其后学以超越"身在此山中"的清醒和睿智,用独特的方式关注政治,思考社会、人生的诸多问题,围绕着政治制度和社会治理方式的合理性和正义性等问题作出诸多论述,提出了深刻的社会治理主张。道教学者进而通过注疏《庄子》在这方面做了新的阐发。唐代著名道教重玄学大师成玄英的《庄子疏》是教内人士阐扬庄学的代表作品。成玄英(608—?)是唐初杰出的道教思想家,陕州(今河南陕县)人,贞观五年(631

---

① 褚伯秀辑撰:《南华真经义海纂微》卷一,载胡道静、陈莲笙、陈耀庭辑:《道藏要籍选刊》第2册,上海古籍出版社1989年版,第267页。

年），唐太宗召其至京师，加号"西华法师"。唐高宗永徽四年（653年）中，被流放到郁州（今江苏连云港市云台山）。成玄英精研《老子》、《庄子》之学，著有《老子道德经开题序诀义疏》和《南华真经疏》。他在注疏中着重阐发"重玄"思想，是重玄学派的代表人物，使"重玄之学"成为唐朝初年道教哲学的一大主流。

　　在道家思想大受统治者尊崇的唐代，成玄英进一步深化了向秀、郭象的注释，凸显出道教学者的思想智慧，其中蕴含着与公正、自由、平等等西方近代思想相通的思想资源。

一、仁义礼智，用讫宜废

　　庄子及其后学与当时的黑暗政治保持距离，对仁、义、礼、法等政治制度和伦理规范进行反思，这是《庄子》政治思想的批判前提。在继承《老子》思想的基础上，庄子进一步指出，仁、义、礼、法是"道"、"德"这一根源性生发力量衰颓及世风浇薄的产物，它们束缚自然本性，令人"失其常然"，并成为统治者压制民众的强制手段和欺世盗名、窃国篡权的工具，故绝仁弃义才能恢复自然本性。

　　在礼法已经成为维护社会秩序之根本大法的时代，成玄英首先承认其历史合理性。例如，对于《庄子》中圣人"以礼为翼，所以行于世"一句，郭象解释为"顺世之所行，故无不行"，强调礼是在某一具体时空条件中所实行的制度。在此基础上，成玄英进一步援引孔子的话语肯定礼在政治治理中的作用，他说："礼虽忠信之薄而为御世之首，故'不学礼何以立'，'非礼勿动，非礼勿言'；人而无礼，胡不遄死？是故礼之于治，要哉，羽翼人伦，所以大行于世者也。"①但是，成玄英并未因此而放弃对仁、义、礼、法之合理性的反思，他通过注疏《庄子》而进一步深化了这一反思。他的批判主要从以下三个角度展开。

---

① 成玄英：《庄子疏·大宗师》，载郭庆藩：《庄子集释》，中华书局1961年版，第239页。

第一，他以道家的"玄德"而否定了仁、义、礼、法的崇高地位："玄德深远，无不包容，慈爱弘博，仁迹斯见。"①这就是说，儒家所孜孜以求的"仁"只是深远宏大的玄德的慈爱弘博精神在某时、某一方面的表现，只是为了救当世之弊而不得已用之："夫形德仁义者，精神之末迹耳，非所以迹也，救物之弊，不得已而用之。自非至圣神人，谁能定其精妙耶！"②故道德是本而仁义是末："本，道德也。末，仁义也。言道德淳朴，治之根本，行于上古；仁义浇薄，治之末叶，行于下代。"③各种法律与仁义诸道德皆是因时而垂迹，只适用于特定的历史时期而非万古不变的规则，故不应滞固于礼法名教。他继承庄子的思想，将仁义视为旅途中的客舍，只能因时而用，而不可固守："仁义礼智，用讫宜废。"如固守仁义这一圣迹，则必生弊端："圣迹留，过责起。"④根据《庄子·天运篇》中孔子泥古而困厄于时的事例，成氏进一步阐明执滞礼义的弊端："圣人之智，接济无方，千转万变，随机应物。"而孔子不懂得此道，"执先王之迹，行衰周之世，徒劳心力，卒不成功，故削迹伐树，身遭殃祸也。"⑤

第二，仁、义、礼、法不具有人性上的普遍意义，不宜强行规定为约束所有社会成员的共同行为规范。通过阐发《庄子》中凫鹤之胫各有长短而不可人为断续的思想，成氏试图证明，仁义不是人的普遍自然本性，人的自然本性各有差异："夫禀性受形，金有崖量，修短明暗，素分不同。此如凫鹤，非所断续。如此，即各守分内，虽为无劳去忧，忧自去也。"⑥

成玄英在疏解《庄子》的《骈拇》和《天运》等篇时，曾就仁义问题分别下过两句不同的断语："夫仁义之情出自天理，率性有之，非由放效。"⑦"仁非天理，义不率性，舍己效佗，丧其本性。"⑧从表面上看来，以上论述一说"仁义之情出自天理"，另一处又说"仁非天理"，似乎自相矛盾。但细辨上

① 成玄英：《庄子疏·缮性》，载郭庆藩：《庄子集释》，中华书局1961年版，第549页。
② 成玄英：《庄子疏·天道》，载郭庆藩：《庄子集释》，中华书局1961年版，第487页。
③ 成玄英：《庄子疏·天道》，载郭庆藩：《庄子集释》，中华书局1961年版，第468页。
④ 成玄英：《庄子疏·天运》，载郭庆藩：《庄子集释》，中华书局1961年版，第519页。
⑤ 成玄英：《庄子疏·天运》，载郭庆藩：《庄子集释》，中华书局1961年版，第519页。
⑥ 成玄英：《庄子疏·骈拇》，载郭庆藩：《庄子集释》，中华书局1961年版，第318页。
⑦ 成玄英：《庄子疏·骈拇》，载郭庆藩：《庄子集释》，中华书局1961年版，第318页。
⑧ 成玄英：《庄子疏·天运》，载郭庆藩：《庄子集释》，中华书局1961年版，第522页。

下文意,这两处所说的"天理"皆指人的自然本性,而非后来宋明理学家所言的那种具有绝对必然性的道德律令。成玄英所要表达的核心意思是,特定的道德主体所表现出来的仁义之情只是某些特定个体自然天性(天理)的流露,而不是仿效他人的结果;如果仁义不是出于道德主体固有之本性,"仁非天理,义不率性",却还要盲目效仿他人行仁义,那就是"舍己效佗,丧其本性"的举措了。所以,成玄英无非是要说明,仁义礼法并非人的自然天理和必然之性,"仁义礼法约束其心者,非真性者也"。

由此,成玄英接着得出结论说,强迫守执仁、义、礼、法必使人困苦不堪:"既伪其性,则遭困苦。若以此困而为得者,则何异乎鸠鸮之鸟在樊笼之中,称其自得者也。"①他以天地自然的丰富多样性说明固守仁、义、礼、乐的弊端:"夫天下万物,各有常分。至如蓬曲麻直,首圆足方也。斯出自天然,非假诸物……在形既然,于性亦尔。故知礼乐仁义者,乱天之经者也。"②放弃自己的本性而盲目效法仁义,其为害之大,远远超过播糠眯目而影响视觉、蚊虻吮血而影响睡眠。他通过解释《庄子》"长者不为有余,短者不为不足"等话语,进一步阐明了这一观点。他指出,曾参、史鰌等人禀之天性,蕴蓄仁义,聪明俊辩,与众人相比,可谓长者,但这些品质仍出自其本性,故并非"有余";而众人与其相比则不及,故谓之短,但此亦率性而动,故"非为不足"。但是,"性多仁义"的曾、史将仁义"罗列藏府而施用之",并非具有适宜天下的普遍意义,"此直一家之知,未能大冥万物"。如果"性少之类"不顾自己的本性,"矫情慕之,务此为行,求于天理,既非率性,遂成淫僻。"他还进一步解释说:"淫者,耽滞;僻者,不正之貌"③。也就是说,不能将某些特定人物的行为或德行作为广大民众的行为标准,对于那些"仁义"、"聪明"方面原本"性少"的具体个体来说,矫情做作、勉强模仿反倒成了"耽滞"、"不正"的行为了。

---

①　以上引文均见成玄英:《庄子疏·天地》,载郭庆藩:《庄子集释》,中华书局1961年版,第455页。

②　成玄英:《庄子疏·骈拇》,载郭庆藩:《庄子集释》,中华书局1961年版,第322页。

③　以上引文均见成玄英:《庄子疏·骈拇》,载郭庆藩:《庄子集释》,中华书局1961年版,第313页。

因此,成玄英反对向民众进行仁义教化,他说:"人待教迹而后仁义者,非真性也。夫真率性而动,非假学也。故矫性伪情,舍己效物而行仁义者,是减削毁损于天性也。"①在成氏看来,不能通过外在的教育途径向民众灌输仁义思想,因为通过接受教化而习得的仁义道德规范并非主体的真朴之本性,丢弃主体的本然之性而接受这种异己之学,只能毁损人的天性。"自然之理,亭毒众形,虽复修短不同,而形体各足称事,咸得逍遥。而惑者方欲截鹤之长续凫之短以为齐,深乖造化,违失本性,所以忧悲。"②

仁、义、礼、乐作为中国古代政治教化的主要内容和法定的行为规范,对于协调人际关系、稳定社会秩序发挥着不可或缺的作用。成氏沿袭老庄而完全对其予以否定,当然不无偏颇,但笔者认为,这些话语更主要还是一种激愤之词,其深意在于揭露并否定日趋绝对化的封建道德礼法对人性自然的桎梏和残害。因此,成玄英强调在教化民众时应该顺应自然本性,他抬出古代圣贤作为立论根据:"自轩顼已下,迄于尧舜,治道艺术,方法甚多,皆随有物之情,顺其所为之性,任群品之动植,曾不加之于分表,是以虽教不教,虽为不为矣。上古三皇所行道术,随物任化,淳朴无为。"③他继承郭象"性各有分"的主张,认为曾参、史䲡原本禀性仁孝,而如果缺少仁孝之人却偏要"舍己效物,求之分外,由而不已",这就只能算作"愚惑之徒"。而以这些极少数人物的性格特征作为普遍的道德标准衡量或要求众人,则更是偏离了正道:"由此数人,以一正万,故非天下至道正理也。"④在这里,成玄英实际上提出了一个如何正确地对待道德楷模与普通社会成员道德行为的关系问题。曾参、史䲡只是历史上极高尚、极难得的道德典范,他们对民众具有道德示范的积极作用,但如果以这几个极少数道德典范的仁孝之行作为普遍标准,强迫天下不同性格特征的广大民众一概遵之,"以一正万",不仅难以实行,毁损人的自然天性,更可能导致道德虚伪甚至利用仁义道德牟利等严重的社会弊病。

---

① 成玄英:《庄子疏·骈拇》,载郭庆藩:《庄子集释》,中华书局1961年版,第321页。
② 成玄英:《庄子疏·骈拇》,载郭庆藩:《庄子集释》,中华书局1961年版,第318页。
③ 成玄英:《庄子疏·天下》,载郭庆藩:《庄子集释》,中华书局1961年版,第1065页。
④ 成玄英:《庄子疏·骈拇》,载郭庆藩:《庄子集释》,中华书局1961年版,第317页。

第三,仁义已沦为获取利禄之工具。成玄英清楚地看到,以仁义作为普遍的行为标准还将会为那些"意在贪求利禄、偷窃贵富"之人提供可乘之机。他继承庄子"捐仁义者寡,利仁义者众"的洞见,指责那些"素分不怀仁义者",为了获取利禄富贵,因而"绝己之天性,亡失分命真情,而矫性伪情,舍我逐物"①。成玄英的批评是有感而发的。人们看到,自秦汉时期以德取官的"察举"制度推行以来,以仁义孝悌作秀的道德虚假现象日益引起人们的诟病,当时有童谣讽刺说:"举孝廉,父别居",甚至出现居于墓道为父亲守丧三年的"孝子"却生出两个儿子的丑闻。

正是针对这类道德虚伪现象,成玄英在进行深刻反思后而提出解救之道:"是知抱朴还淳,必须绝仁弃义"②。他强调即使是修德行善以获取名誉,亦必须顺应道德主体的自然本性,应该出自道德主体的内在需要,是出乎自然地尽分尽性:"虽复劝令修身以致名誉,而皆须因其素分,任其天然,不可矫性伪情以要令闻也。"③如果扭曲自然本性,以沽名钓誉为目的去修德行善,则走向事物的反面了。

成玄英进一步深化了玄学家关于"德"的内涵:"德者,得也,谓得此也。夫物得以生者,外不资乎物,内不由乎我,非无非有,不自不他,不知所以生,故谓之德也。"在这里,"德"是依循着"道"的规律而得以生发万事万物的根源性力量,是对自我生命存在的自觉追求。因此,与世俗之人谋求回报的态度迥然不同,顺应本性而践履"道德",自足于性分之内,乃是发自对内在生命意义的追求,故不需寻求任何外在回报:"夫报功偿德者,世俗务也。苟体道任物,不立功名,何须功之偿哉!"④

需要强调的是,成玄英反对以仁、义、礼、法作为普遍的道德规范,绝不是倡导肆意妄行,更不是放纵恶行,而只是试图防止封建名教对人性的束缚和摧残。他强调,人的自然本性是淳朴至善的,故高尚的品质不应是道德主

----

① 成玄英:《庄子疏·骈拇》,载郭庆藩:《庄子集释》,中华书局1961年版,第320页。
② 成玄英:《庄子疏·骈拇》,载郭庆藩:《庄子集释》,中华书局1961年版,第320页。
③ 成玄英:《庄子疏·天道》,载郭庆藩:《庄子集释》,中华书局1961年版,第472页。
④ 以上引文均见成玄英:《庄子疏·徐无鬼》,载郭庆藩:《庄子集释》,中华书局1961年版,第859页。

体执意强求的结果,而是体悟大道、返璞归真的自然产物。他通过解释《庄子》"不贱贪污"、"不贱佞谄"之语,阐述了这一观点。他说:"体达玄道,故无情欲",而并非是"贵清廉,贱于贪污"的刻意追求;正直忠贞亦是淳朴本性的自然体现:"素性忠贞,不履左道",而并非"鄙贱佞谄而后正直也"。①反过来说,体悟大道,与物冥合,亦能自然而然地合于仁义:"夫能与物冥者,故当非仁非义而应夫仁义,不多不少而应夫多少,千变万化,与物无穷,无所偏执,故是道德之正。"②

总而言之,在成氏看来,清心寡欲的品质和仁义的言行,都是通过心性道然修炼而体焐大道之后所获得的必然结果,从而揭示出道家修炼实践与道德修养合二而一的本质特征。其将清廉忠贞等政治品德的培养与"体达玄道"的终极追求高度统一起来,从而为促进这些政治品质的内化奠定了坚实的心理基础。

自汉代以来,随着儒学独尊地位的确立,仁、义、礼、法成为社会意识形态的组成部分,成为维护封建统治的重要手段。在这一过程中,儒学逐渐走向绝对化、片面化,成为专制帝王维护封建统治的工具。如果说,在儒学尚未获得独尊地位的先秦时期,老庄对仁、义、礼、法的批判更多地体现为一种前瞻性的敏锐洞察的话,那么,在仁、义、礼、法已经获得政治上的权威地位之后,成玄英的批判则反映出其改革现实政治、追求政治制度合理化和去伪存真之淳正民风的理论勇气和社会责任。

二、尊卑如一,物任其性

成玄英在对仁、义、礼、法等封建政治制度和政治伦理规范的伦理合理性和正当性提出质疑和批判的基础上,提出了尊卑如一、物任其性的政治伦理原则。

---

① 参见成玄英:《庄子疏·秋水》,载郭庆藩:《庄子集释》,中华书局1961年版,第576页。
② 成玄英:《庄子疏·骈拇》,载郭庆藩:《庄子集释》,中华书局1961年版,第313页。

（一）尊 卑 如 一

这一原则是对尊卑有等的封建政治制度的冲击而与西方近代提出的平等原则相通。由道生万物、天人同源、通天下一气等基本观点，逻辑地引出了人类在本原上平等的思想。《庄子》"万物一体"、"物无贵贱"、"齐万物"等观念皆鲜明地凸显出与尊卑有等的封建等级制度和儒家亲亲、尊尊原则的差异。

后世的注《庄》者继承《庄子》的思想，在注文表达出对尊卑观念的冲击，在中国封建社会社会中独树一帜地提出了平等的思想。在这些思想家中，成玄英就是其中有代表性的一位。他通过注疏《庄子》进一步提出了"尊卑如一"的论点，进而宣称："圣主神人，物我平等，必不多贪滋味而自与。"①也就是说，社会的不同成员一律平等，由此又决定了经济上的平等，这就由政治平等走向了利益分配上的反对特权。

特别是当作者以"道"来论述观察自然和人间之事物时，成玄英又与《庄子》一样，在很大程度上化解了尊卑差别。他说："以道观之，则山泽均平，天地一致矣。"②成玄英还以黄帝学道于广成子的传说为例，表达了道尊于位的观念，他说："道任则尊，不拘品命，故能使万乘之王、五等之君，化其高贵之心而为卑下之行也。"③在成玄英看来，"道"具有至高无上的地位，它动摇、冲击了显示尊卑等级的"品命"——"道任则尊"。在有道之人面前，原本在社会政治生活中身居至尊地位的"万乘之王、五等之君"也不得不收敛起"高贵之心"，以谦卑的态度虚心求教。这说明，在成玄英的心目中，决定尊卑贵贱的不再是政治上的等级地位，而是有道与否，这无疑是对封建等级观念的冲击。

基于这一观点，成玄英不是像封建卫道士那样，从观念或行为规范的角度来强化尊卑等级观念，而是在多处努力淡化君尊臣卑、君贵民贱的观念，他说："君居民上，恬淡虚忘，犹如高树之枝，无心荣贵也。""上既无为，下亦

---

① 成玄英：《庄子疏·徐无鬼》，载郭庆藩：《庄子集释》，中华书局1961年版，第826页。
② 成玄英：《庄子疏·天下》，载郭庆藩：《庄子集释》，中华书局1961年版，第1103页。
③ 成玄英：《庄子疏·则阳》，载郭庆藩：《庄子集释》，中华书局1961年版，第879页。

淳朴,譬彼野鹿,绝君干之礼也。""君民淳朴,上下和平,率性而动,故无迹之可记。"①而且,成玄英强调,处于高贵之位的政治统治者应该主动地淡化尊卑等级观念,贴近社会下层的民众:"混高卑,一荣辱,故己为卿辅,能遗富贵之尊下抚黎元,须忘皂隶之贱。"②成玄英认识到,为政者这种放下尊贵的架子而"下抚黎元"的行为必然有利于上下的融洽与沟通,故这种"混同贵贱"的做法不仅不会危及社会秩序,反而有助于统治秩序的稳定:"虽复混同贵贱,而伦叙无亏,故父子君臣,各居其位,无相参冒,不亦宜乎!"③

当然,身处中国封建社会中的庄子和注《庄》者仍然无法跳出"尊卑先后之序"的窠臼,他们一方面承认在自然和社会中尊卑等级的客观性和不可改易性,认为"天尊,地卑,不刊之位"④,承认尊卑有等、贵贱有别这一中国封建社会中不可移易的现实,这固然显示出时代的烙印。但值得指出的是,成玄英主要是侧重于从功能的角度来理解社会的尊卑分层:"夫尊卑先后,天地之行也。天地之行者,谓春夏先,秋冬后,四时行也。夫天地虽大,尚有尊卑,况在人伦,而无先后!"⑤"夫君道无为,而臣道有事,尊卑劳逸,理固不同。譬如首自居上,足自居下"⑥。显然,在成氏看来,君尊臣卑的格局主要是出于社会分工的需要,是一种各司其职的社会合作。同时,成氏认为,决定社会分工的内在根据是众生各不相同内在素质:"方之手足,各有职司,止其分内,不相传习。"⑦"夫人禀性不同,所用各异……故性之能者,不得不由性;性之无者,不可强涉;各守其分,则物皆不丧。"⑧社会分工和分层的格局是建立在个体素质差别之上的,尊卑贵贱不是依凭出身门第等因素所决定的,每个人在社会中皆有其不可取代的位置,顺应这种由各自的素质而决定的不同社会地位和职分才能实现治理目标:"欲使天下苍生咸得

① 成玄英:《庄子疏·天地》,载郭庆藩:《庄子集释》,中华书局1961年版,第446页。
② 成玄英:《庄子疏·徐无鬼》,载郭庆藩:《庄子集释》,中华书局1961年版,第845页。
③ 成玄英:《庄子疏·则阳》,载郭庆藩:《庄子集释》,中华书局1961年版,第880页。
④ 成玄英:《庄子疏·天道》,载郭庆藩:《庄子集释》,中华书局1961年版,第470页。
⑤ 成玄英:《庄子疏·天道》,载郭庆藩:《庄子集释》,中华书局1961年版,第470页。
⑥ 成玄英:《庄子疏·天地》,载郭庆藩:《庄子集释》,中华书局1961年版,第405页。
⑦ 成玄英:《庄子疏·天地》,载郭庆藩:《庄子集释》,中华书局1961年版,第446页。
⑧ 成玄英:《庄子疏·外物》,载郭庆藩:《庄子集释》,中华书局1961年版,第937页。

本性者,莫若上下各各守分,自全恬养,则大治矣。"①这种将人的素质差异固定化的看法虽然有偏颇之处,但根据个体内在素质决定其社会分工并承认其"所用各异",等思想却隐含着对于封建世袭制度的冲击,并与现代人力资源管理关于"人尽其能"的规律有所一致。

政治平等原则的一个重要内容是,根据政治贡献的大小来担任相应的政治职务,而政治贡献的重要内容包括政治才能和道德品质,也即根据才和德来决定人的政治职务。在成玄英这里也有相类似的思想。他虽然承认君臣上下之分,但他继承并发展了郭象君臣的地位乃由"贤"和"才"所决定的思想,他说:"时之所贤者为君,才不应世者为臣。如舜禹应时相代为君臣也。故世遭革易,不可以为臣为君而相贱轻。"这就是说,君臣上下的社会等级不是世袭或命定的,不是超自然的异己力量强制规定的,君之为君,臣之为臣,是由德、才等政治贡献的大小所决定的,是社会生活和历史潮流选择和造就的结果,因时而动者则时人贤之,推之为君,才不足以应世者则只能为臣,具有"时之所贤"之德方可覆君之位。他还强调,君臣的地位也并非固定不变,他以人体为喻:"且人之一身亦有君臣之别,至如见色则目为君而耳为臣,行步则足为君手为臣也。斯乃出自天理,岂人之所为乎"②四肢五官孰为君臣,完全是根据具体的需要而变化的。这一观点很值得重视,因为它在较大程度上突破了君臣上下固定不移的世俗观念,认为不可由于为君为臣的不同地位而"相贱轻",凸显出成玄英对于君臣关系更为和谐与合理的期待。

以上依据各人的内在素质进行社会分工和分层,特别是以德、才和具体的需要来确立君臣地位的思想,突破了君臣上下的僵化等级模式,它尊重不同个体的内在价值,确认人人具有其不可取代的位置,实际上是承认了人在价值上的平等,这在封建社会中是十分难能可贵的。因为社会发展很重要的活力来自社会阶层的分化和流动,而封建社会君臣上下的尊卑等级特别是魏晋时期实施的门阀制度正是阻止社会流动、形成社会结构"板结化"的

---

① 成玄英:《庄子疏·天道》,载郭庆藩:《庄子集释》,中华书局 1961 年版,第 480 页。
② 成玄英:《庄子疏·齐物论》,载郭庆藩:《庄子集释》,中华书局 1961 年版,第 58 页。

腐朽制度,而成玄英提出"时之所贤者为君,才不应世者为臣"的才、德标准可谓是对这种腐朽制度和观念的冲击。而且,成玄英还根据《庄子》"至德之世,不尚贤"的理想而就尚贤问题提出了自己的主张,认为"夫不肖与贤各当其分,非尚之以别贤"①。这就是说,贤者不是通过为政者的刻意崇尚而显现出来的,而是社会实践活动甄别和选择的结果,在社会实践这一试金石面前,"贤者"与"不肖者"将会判然分明,"各当其分",发挥其不同的社会作用。这一认识更是显示出成玄英不凡的见识。

（二）公正不偏,任性当分

公正不偏是人类社会的古老道德观念,古希腊哲学家柏拉图的公正是指依顺人们各自的特性来安排合适的工作,近代意义上的公正主要是指权利与义务、付出与获得的对等,罗尔斯的《正义论》则从分配正义的角度,提出了兼顾最少受惠者的原则。在权利意识匮乏的中国封建社会,要设想权利与义务的对等是不可能的,但老庄等道家学者所说的公正,并非没有现代因子,其含义与柏拉图、罗尔斯的观念具有某些一致之处。道家将公正视为"天地之道",主要包括两层意义,一是在政治治理中对民众无偏私:"天地不仁,以万物为刍狗;圣人不仁,以百姓为刍狗。"②要求统治者效法天地,去除偏私偏爱,毫无偏私地对待每一个人。二是在利益分配上的均平:"天之道,损有余而补不足"③。成玄英继承了这一思想,将公正无私视为天地自然的特性:"天履地载,阴阳生育……天道能通万物,亭毒苍生,施化无私,故谓之公也。"能够效法这一特性的统治者才可称为圣明之主:"圣人无心,随物施教,故能并合八方,均一天下,华夷共履,遐迩无私"④,"夫神圣之人,好与物和同而恶奸私者"⑤。这里显然包含了要求政治主体去除个人偏私以及在利益分配上的平均取向。

① 成玄英:《庄子疏·天地》,载郭庆藩:《庄子集释》,中华书局 1961 年版,第 445 页。
② 《老子》第五章,《二十二子》,上海古籍出版社 1986 年版,第 1 页。
③ 《老子》第七十七章,《二十二子》,上海古籍出版社 1986 年版,第 8 页。
④ 成玄英:《庄子疏·则阳》,载郭庆藩:《庄子集释》,中华书局 1961 年版,第 910 页。
⑤ 成玄英:《庄子疏·徐无鬼》,郭庆藩:《庄子集释》,中华书局 1961 年版,第 826 页。

在《庄子·天道疏》中,成氏通过批评墨家的兼爱思想进一步发挥了这种去私的要求:"夫至人推理直前,无心思虑,而汝存情兼爱,不乃私曲乎……夫兼爱于人,欲人之爱己也,此乃甚私,何公之有邪!"墨子的兼爱是一种"交相利,兼相爱"的功利主义,这一理论符合人际交往的互酬互需原则,有其理论和现实上的合理性,成氏批评其出于"欲人之爱己"的动机,故发出"此乃甚私"的价值评判,这固然有失当之处。不过,成玄英推奖"推理直前,无心思虑"的"至人"的目的,是要标榜无私无畏、勇往直前的政治道德理想人格,要求政治主体服务于民众,不图回报,这在中国封建社会是具有特殊意义的。

作者还通过发挥老庄的思想对公正的含义做了进一步的充实。人是自然和社会的产物,纷繁万端的世界造成了个体之间的千差万别,"天覆地载,各有所能……故知万物有可不可,随其性分,但当任之,若欲拣选,必不周遍也"。成玄英发挥老子无弃人、无弃物的思想说:"民虽居下,各有功能;物虽轻贱,咸负材用。物无弃材,人无弃用,庶咸亨也。"①万物庶民虽然处于低贱的地位,但各有所用,统治者应该努力做到物尽其用、人尽其才,而不可偏废。他主张根据个体的本性做适合于自己的工作,根据能力的大小优劣来决定官职的高低:"用道观察,分义分明。夫官有高卑,能有优劣,能受职则物无私得,是故天下之官治也";"天地造化为万物,各有才能,量才授官,有何忧惧!"②官职虽有高低之不同,能力虽有优劣之区别,根据才能而"量才授官",就能够达到用人公正、吏治清明的效果。

可见,成氏将因才授职作为澄清吏治的重要前提。这种依顺各人的特性恰当地安排工作的主张与柏拉图在《理想国》中关于公正的设想相类似。

与顺性任职思想相联系的是君道与臣道分职的主张,他将天道无为比附人间君主的无为,隐含着限制君主权力的意蕴:"天道君而无为,人道臣而有事",君臣各有分工,不可逾越,"各守其分,则君臣咸无为也。必不能

---

① 以上引文均见成玄英:《庄子疏·在宥》,载郭庆藩:《庄子集释》,中华书局1961年版,第398页。
② 以上引文均见成玄英:《庄子疏·天下》,载郭庆藩:《庄子集释》,中华书局1961年版,第421页。

鉴理,即劳逸失宜,君臣乱矣"。① "各守其分"的主张虽然早已为前人提出,但在儒者那里,守分、安分往往是对臣民的行为和权力的限制,而成氏等道家学者提出的君臣"各守其分"的主张,其重心主要是对于政治权力进行制约,意在强调为政者特别是作为尊者的君主不能随心所欲、为所欲为,而必须进行自我约束,遵从规律,尊重被管理者的自然人性,努力达到"咸无为"的状态。

我们知道,在中国封建社会发展的历史过程中,君主的权力呈现着不断膨胀的趋势,而臣下的权力则不断地被削减和剥夺,权力结构的失衡导致君臣之间缺乏必要的制衡。因此,成氏继承道家思想而提出这一主张的积极意义是不言而喻的。

(三)审顺民心,任物自为

虽然君权至上、整体优先、家国为重是中国传统文化的主流价值取向,但中国人并非没有对自由的追求,任物自为的这一主张就与西方近代自由的思想相通。

成玄英继承发展了郭象"独化于玄冥"的思想,这种强调个体独立性、自主性的"独化"理论在一定程度上与西方自由主义提出的个人权利和自由源于人自身的主张相通。他认为,万物都是独立自生、无待于外的主体,"是知一切万有,无相因待,悉皆独化,金曰自然"。成玄英以"阴夜有形而无影"的事实推出"影必不待形,而独化之理彰也"。"形影尚不相待,而况他物乎! 是知一切万法,悉皆独化也"。② 这一思想乃是成玄英自由主张的理论基础。

自由首先是要允许个体拥有自由发展的权利,允许个体按照自己的愿望和本性自由地发展。成玄英的思想与之亦有相合之处。他强调物各有性,而任物自由正是"道"所具有的一种特性:"至理无塞,恣物往来,同行万

---

① 以上引文均见成玄英:《庄子疏·在宥》,载郭庆藩:《庄子集释》,中华书局1961年版,第402页。

② 以上引文均见成玄英:《庄子疏·寓言》,载郭庆藩:《庄子集释》,中华书局1961年版,第961页。

物,故曰道也。"①因此,统治者应该尊重个体的特性,让不同的个体合符本性地发展,即使"位居九五"之尊,君主也不能以自己的主观意愿任意干涉民众,而必须"任庶物之不同,顺苍生之为异",才能够达到理想的治理目标:"群性咸得,故能富有天下也。"②特别是君主在进行道德教化的过程中,对待贤愚不齐的人士必须持守一种尊重民众之本性的宽容态度:"主上圣明,化导得所,虽复贤愚各异,而咸用本情,终不舍己效人,矜夸炫物也"。③世间有着贤愚的区别,但这是其自然本性决定的,故圣明的统治者善于因其本性而化之,而不去强求主体舍弃本性以迎合某种固定的框架。反对以齐一的模式教化民众,提醒人们不能舍弃本性而停留于外在的模仿,"舍己效人",更不应以贤德作为外衣,"矜夸炫物。"这实际上蕴含对"贤愚各异"的不同主体的尊重与肯定,体现出一种宽容精神和多元化的价值取向。

在中国封建社会,民众历来只是被统治者用固定的礼教和道德所"化"、所"导"的对象,作为施教主体的统治者是不考虑教育对象的特性而进行德教的。而在成玄英看来,作为施教对象的普通民众虽然"贤愚各异",但却应该尊重他们的各自的特殊本性和情感,顺应他们的特点,力图做到"化导得所"。这些思想暗含着尊重个人权利与个性自由的可贵精华,在"使人不成其为人"的封建制度下,这些主张有着特殊的积极意义。

成玄英通过注疏《庄子》,对那些固守一己之私、强制民众服从自己的主观意志的为政者进行了严厉指责:"以己身为本,引物使归,令天下异形,从我之化",以这种思想专制的手法训导天下之人,不仅导致"物之失性",更会贻祸后人:"后世之患,自斯而始也。"④因为君主个人的知见和智慧皆十分有限,"故用一己之知,应众物之宜……未免危殆矣"⑤。他发展老庄"以百姓心为心"、"不以己正天下"等主张,要求君主严格约束个人的意志,高度尊重民众的愿望,顺应民众的人性而治。文中说:"顺黔黎之心","上

① 成玄英:《庄子疏·天地》,载郭庆藩:《庄子集释》,中华书局1961年版,第405页。
② 成玄英:《庄子疏·天地》,载郭庆藩:《庄子集释》,中华书局1961年版,第408页。
③ 成玄英:《庄子疏·天道》,载郭庆藩:《庄子集释》,中华书局1961年版,第472页。
④ 成玄英:《庄子疏·天地》,载郭庆藩:《庄子集释》,中华书局1961年版,第417页。
⑤ 成玄英:《庄子疏·天地》,载郭庆藩:《庄子集释》,中华书局1961年版,第418页。

符天道,下顺苍生,垂拱无为,因循任物",才有可能实现"天下治";如若违逆天下之人的意志,"逆万国之欢心","则祸乱生也"。①

随着社会的进步,自由日益成为大多数人所公认的正义原则,成为人类的一种普适价值。早在一千多年以前成玄英以及众多道家著作中所蕴含的对政治自由的追求,是弥足珍贵的文化遗产。

三、物各自治,天下清正

由上述政治原则出发,成玄英在继承道家无为思想的基础上,提出了物各自治的政治治理模式。这一模式与西方自由主义亦有相通之处。

自由主义虽然流派众多,各自的主张有其差异。但一般说来,各派均强调限制国家的权力,强调人的生命权、财产权和自由权等最起码的人身权利。

道家无为而治主张正是一种对于统治者施用于群体权力进行限制、保证个体权利的治理模式。道家将蔑视人性自然、任意控制和干涉民众正常生活的封建专制治理模式称为"有为",《老子》批判强作妄为、严刑酷法的"有为政治"说:"民之难治,以其上之有为,是以难治",故倡导"无为政治",即认为遵循"道"的规律而对整个社会作出一个恰当的合理安排,就能产生一种自发的秩序,"为无为则无不治"。无为而治的核心要求是为政者须限制手中的权力,顺应民众的人性和心理需求而治。

作为唐代重玄学代表人物的成玄英对道家无为而治的治理模式有深入的诠释和完善。重玄学的思想特点是融通佛道,吸收佛教中观思想而强调"有无双遣",既反对执于有,又反对滞于无。成氏将有无双遣的思维方法运用于政治领域,则体现为既"兼忘天下"又"使天下兼忘我"。具体说来,"兼忘天下"即是"垂拱汾阳而游心姑射,揖让之美,贵在虚忘"。"虚忘"还未达治理的最高境界,"未若忘怀至道,息智自然,将造化而同功,与天地而

---

① 成玄英:《庄子疏·天运》,载郭庆藩:《庄子集释》,中华书局1961年版,第496—497页。

合德者"。最高明的政治治理是放弃那种刻意追求"至道"的人为努力,更摒弃那种自以为能够实现"至道"的自负和狂妄,以谦卑的态度体悟自然秩序,使社会治理与天地造化的本然秩序相冥合,从而使众生在一个自由开放的场域中自如其如地生长:"恣万物之性分,顺百姓之所为,大小咸得,飞沈不丧,利泽潜被,物皆自然,上如标枝,民如野鹿。当是时也主其安在乎? 此使天下兼忘我者也。……其德不见,故天下忘之。斯则从劣向优,自粗入妙,遣之又遣,玄之又玄也。"①成氏希望在"遣之又遣、玄之又玄"的思维方法指导下,社会治理不断优化,最后达到"使天下兼忘我"这一无为政治的最高境界。

成玄英的无为而治模式是对道家无为而治思想的继承和发展。具体来说,其主要包括以下三层含义。

(一) 因任自然而治

在成氏这里,自然有两层含义,一指天地自然的规律和秩序,一指自然而然的状态。与之相应,因任自然的治理之道也包含着顺应、效法天地自然的规律和秩序以及不以统治者的主观意愿强作妄为这两方面的内容。何以要因任天地自然? 因为自然所表现出来的特点与道家所追求的政治治理原则存在着相似性。成氏等道家学者皆认为,天地自然既有其内在的运行规律,又蕴含着一种合理而公平无私的秩序:"夫日月盛明,六合俱照,春秋凉暑,四序运行,昼夜昏明,云行雨施,皆天地之大德,自然之常道者也。既无心于偏爱,岂有情于养育! 帝王之道,其义亦然。"②在成氏的笔下,无意志、无目的的自然运行规律和自然秩序被赋予了公正、平等、守信和因物自为等道德价值。如何敦促人间至高无上的君主接受这些政治伦理原则呢? 劝其效法天地自然之道恐怕是一个具有权威性的理由,故成玄英将"天地覆载,日月照临,星辰罗列"的自然有序现象推而广之,"万物悉然,但当任之,莫

---

① 以上引文均见成玄英:《庄子疏·天运》,载郭庆藩:《庄子集释》,中华书局 1961 年版,第500 页。

② 成玄英:《庄子疏·天道》,载郭庆藩:《庄子集释》,中华书局 1961 年版,第 476 页。

不备足,何劳措意,妄为矜矫也!"①"万物感禀自然,若措意治之,必乖造化"②。在"道"的支配下,天地万物自生自化、自为自足,呈现出自由、平等的勃勃生机。成玄英期待出现"无为因任之君",效法此道管理天下,以大道的"虚通之理,观应物之数","不用邪僻之言"、"理当于正道"。③

如上所述,限制为政者的权力,防止其任意妄为,避免其对民众横加干涉,给予民众根据各自的特性进行自我管理的空间,这是因任自然主张的重要内容。成玄英特别就此问题而告诫为政者:"不可有为作法,必致残伤也。"④成玄英对"有为"管理导致的严重危害的这一论断相当具有前瞻性。据美国当代管理学家肯尼思·克洛克和琼·戈德史密斯三十年来对十几个国家几百个组织,包括《财富》前100强和众多政府机构、非营利组织的研究表明,员工在被他人指使如何去做某事的管理模式下,"失去了洞悉事务如何被加以改进的能动性和能力。他们学会了不去关心、接受事物的本来面目。他们为过失寻找理由、被纵容不去承担责任、将自己的过错推诿给别人。他们变得无知地遵从、相信宿命、固执、敌对"⑤。这些建立在大量实证研究基础上的结论,相当有力地证明了成玄英"有为作法必致残伤"这一观点是何等的正确!

基于对封建专制统治者"妄为矜矫"的危害,成玄英强调说,无为而治才能让整个社会在公正和谐的状态下有序地运行:"夫圣人驭世,恬淡无为,大顺物情,有同造化,……凝神智于射山,处清虚于旷野,如是,则何天下之可为哉?盖无为者也。"⑥成玄英不仅强调有为做法的危害,更否定了帝王擅自立法的合理性,他强调说:"随造化之物情,顺自然之本性,无容私作法术,措意治之。"⑦帝王所应该做的和能够做的就是因顺民性和治国大道

---

① 以上引文见成玄英:《庄子疏·天道》,载郭庆藩:《庄子集释》,中华书局1961年版,第480页。

② 成玄英:《庄子疏·在宥》,载郭庆藩:《庄子集释》,中华书局1961年版,第387页。

③ 成玄英:《庄子疏·天地》,载郭庆藩:《庄子集释》,中华书局1961年版,第405页。

④ 成玄英:《庄子疏·在宥》,载郭庆藩:《庄子集释》,中华书局1961年版,第366页。

⑤ 肯尼思·克洛克、琼·戈德史密斯:《管理的终结》,中信出版社2004年版,第10页。

⑥ 成玄英:《庄子疏·应帝王》,载郭庆藩:《庄子集释》,中华书局1961年版,第293页。

⑦ 成玄英:《庄子疏·应帝王》,载郭庆藩:《庄子集释》,中华书局1961年版,第295页。

以治之,任何"私作法术措意治之"的行为都是不容许的,在君权至上而无制约的中国封建社会,成氏却明确表示应该对统治者权力有所制约,这是非常难能可贵的。

在中国古代政治思想传统中,民心民意与天地自然之道是相通的,故成玄英将对于天道和民心的顺应皆作为无为而治的重要内容,他告诫统治者:"夫帝王者,上符天道,下顺苍生,垂拱无为,因循任物,则天下治矣。而逆万国之欢心,乖二仪之和气,所作凶悖,则祸乱生也。"①帝王虽然是人间的尊者,但必须遵循自然规律,顺应民众之心愿,否则将产生祸乱。治理国家必须祛除偏执:"用一己偏执为国者,徒求三王主物之利,不知为丧身之大患也。"②三王所运用的管理原则之所以获得成功,有其时代的特殊性和其他客观条件,所以"世有浇淳,故治亦有宽急",必须顺应时势"随世污隆"、与时俱进,万能"不失次序",成就太平之世。③ 如果不懂得时迁事异之理,死守古人的陈迹,则将自取祸患。

(二) 因顺人性而治

因任自然而治主要是从社会治理的大处着眼,而治理是对人的治理,因此,在具体实施治理的过程中,无为而治模式就落实和体现为因顺人性而治。在《庄子·天地疏》中,成玄英明确地将"无为"阐释为率性自然的行为:"无为为之,率性而动也。天机自张,故谓之天。此不为为也。"④

成玄英指出,由于个人受气不同,故禀分相异,因此,君主必须认识到万物禀性各异这一事实,"所禀天性,物物不同,各尽其能,未为不足者也"⑤,"性有工拙,或显于此,或隐于彼,或工于此,或拙于彼"⑥,"各禀素分,不可强为……分之所能,能则能之,性之不能,不可能也"⑦。必须根据各类事物

---

① 成玄英:《庄子疏·天运》,载郭庆藩:《庄子集释》,中华书局 1961 年版,第 496—497 页。
② 成玄英:《庄子疏·在宥》,载郭庆藩:《庄子集释》,中华书局 1961 年版,第 393 页。
③ 参见成玄英:《庄子疏·天道》,载郭庆藩:《庄子集释》,中华书局 1961 年版,第 474 页。
④ 成玄英:《庄子疏·天地》,载郭庆藩:《庄子集释》,中华书局 1961 年版,第 407 页。
⑤ 成玄英:《庄子疏·应帝王》,载郭庆藩:《庄子集释》,中华书局 1961 年版,第 308 页。
⑥ 成玄英:《庄子疏·在宥》,载郭庆藩:《庄子集释》,中华书局 1961 年版,第 398 页。
⑦ 成玄英:《庄子疏·知北游》,载郭庆藩:《庄子集释》,中华书局 1961 年版,第 768 页。

和人物的特殊性,因顺本性而用之:"顺黔黎之心,因庶物之性,虽施于法教,不令离于性本";"但当任之,悉事济也"。① 因此,让民众能够各尽所能,这是政治治理的应有之义,成玄英要求为政者"无为任物","令各任其能",才会"物皆自得"。② 成玄英认识到统治者违逆民性所造成的弊端:"若不任性自在,恐物淫僻丧性也。若不宥之,复恐效他,其德迁改"。③

他认为,民众的天性原本是纯正笃定的,只需要一个宽松的社会环境让人们悠游于其中便足以安之,完全不必要统治者刻意进行治理:"性正德定,何劳布政治之哉!有政不及无政,有为不及无为。"④因为"有政"、"有为"也就是以统治者的主观意愿而治之,这样就不能有效地发挥民众的个性和积极性,不利于清正和谐社会秩序的形成。故成玄英循着庄子的思想发挥说,为政者如果有伤民性,必须检讨自责:"有一物失所,亏其形性者,则引过归己,退而责躬。"⑤他反复强调让民众自为自治的原则说:"所有施行之事、教令之言,咸任物自为,而不使物从己。如此,则宇内苍生自然从化"⑥;"夫物各自治,则天下理矣;以己理物,则大乱矣"⑦;"使人治物,物必撄烦,各各治身,天下清正"⑧;"夫放而任之,则物皆自化","各顺素分,恣物自为","放而任之,则物我全之矣"。⑨ 由于无为而治顺应了人性,因此避免了那种强制性统治所带来的弊病,形成了对管理者和被管理者双方皆有利的结果——"物我全之","物各自得而欢喜适悦"。⑩

在这些话语中,我们又看到了与近代政治家要求限制君主(政府)权力、赋予民众自由权利的思想相一致的因素。我们注意到,在以前的道家著作中虽然有过类似"任物自为"的思想倾向,如郭象提出过"因天下之自为

---

① 成玄英:《庄子疏·在宥》,载郭庆藩:《庄子集释》,中华书局1961年版,第401、398页。
② 参见成玄英:《庄子疏·则阳》,载郭庆藩:《庄子集释》,中华书局1961年版,第903页。
③ 成玄英:《庄子疏·在宥》,载郭庆藩:《庄子集释》,中华书局1961年版,第365页。
④ 成玄英:《庄子疏·在宥》,载郭庆藩:《庄子集释》,中华书局1961年版,第365页。
⑤ 成玄英:《庄子疏·则阳》,载郭庆藩:《庄子集释》,中华书局1961年版,第903页。
⑥ 成玄英:《庄子疏·天地》,载郭庆藩:《庄子集释》,中华书局1961年版,第441页。
⑦ 成玄英:《庄子疏·天地》,载郭庆藩:《庄子集释》,中华书局1961年版,第435页。
⑧ 成玄英:《庄子疏·在宥》,载郭庆藩:《庄子集释》,中华书局1961年版,第381页。
⑨ 成玄英:《庄子疏·应帝王》,载郭庆藩:《庄子集释》,中华书局1961年版,第295页。
⑩ 成玄英:《庄子疏·应帝王》,载郭庆藩:《庄子集释》,中华书局1961年版,第297页。

而任"的主张①,陶渊明描绘过自足自理、"怡然自乐"的理想国桃花源,鲍敬言向往"无君无臣"的理想社会②,但他们均未明确提出过"自治"的要求。而成氏却在政治生活领域缺乏主体的自由的中国封建社会,发出了"任物自为,则宇内苍生自然从化"、"物各自治则天下理"呼声,这是对道家无为而治思想的重要发展。虽然这种"自为"、"自治"与现代意义上的"自治"有着本质的区别,但这一主张却有着反对封建专制统治的意义,其重心乃在于告诫封建专制君主,不应"使物从己",如若"以己理物,则大乱"③。这就是说,不能以统治者一己之私意发号施令,如不体现民众的意志,不顺应民性,必然带来政治动乱,而不可能维持政治秩序的稳定。同时,这一主张亦反映出道教学者对被管理者主体性的尊重,对广大民众自我发展权的肯定及其自我管理能力的信任,其在中国政治思想史上的积极意义是不容低估的。

　　顺着上述思路,成玄英在疏解《庄子·天地》中"古之畜天下者,无欲而天下足、无为而万物化"这段文字时就有了进一步的发展。庄子这段话是对老子"我无为而民自化,我无欲而民自朴"这一主张的继承,"无欲"、"无为"的主体是指管理者。但无论是老子还是庄子,他们的视野中"天下足"、"自化"、"自朴"的状态都是指"天下"、"万物"和"民"。也就是说,他们所关注的还是群体而非个体,但成玄英则有所不同,他说:"古之帝王养畜群庶者,何为哉? 盖无欲而苍生各足,无为而万物自化也。"④他所期盼的是"苍生各足"、"万物自化",凸显出"各"和"自"这两个字,虽然只有两字之差,却反映出后者对个体的关注。他是要让每个个体都过富足的生活,不同的万物各自都自在淳朴。虽然他和庄子一样,都将管理活动视为帝王"养畜群庶"的行为,反映出传统政治思维定式的局限性,但却隐含了要求为政者收敛个人私欲,重视民众个人的权利和地位、还权于民、把民众从政治的

---

　　① 参见郭象:《庄子注·在宥》,载郭庆藩:《庄子集释》,中华书局 1961 年版,第 393 页。
　　② 参见葛洪:《抱朴子·诘鲍》,胡道静、陈莲笙、陈耀庭辑:《道藏要籍选刊》第 5 册,上海古籍出版社 1989 年版,第 337 页。
　　③ 成玄英:《庄子疏·天地》,载郭庆藩:《庄子集释》,中华书局 1961 年版,第 435 页。
　　④ 成玄英:《庄子疏·天地》,载郭庆藩:《庄子集释》,中华书局 1961 年版,第 406 页。

束缚中解放出来等意向。这些主张有助于个体拥有更多的自主性，使其自我管理、自我发展，这与儒家一味将治平天下的希望寄托于最高统治者的"仁政"理想有着很大的不同。

（三）分配领域的非控制性和非垄断性

由于成玄英强调帝王应该遵循客观规律，应对于自身有所约束，与这一主张相应，他强调帝王对于天下的财物亦不能逞一己之私、任意支配。这就将政治治理领域中的无为延伸到分配领域中的无为——对财物的非控制性和非垄断性，这是对无为而治的治理模式内涵的重要扩充。成玄英发挥《庄子·天地》中"不拘一世之利以为己私分"、"富而使人分之"等思想说："光临宇宙，统御天下，四海珍宝，总系一人而行，不利货财，委之万国，岂容拘束入己，用为私分也"，"百姓丰饶，四海殷实，寄之群有而不以私焉，斯事无为也"。① 我们看到，在成玄英这里，无为的含义又有了新的扩充。这里所说的无为，乃是指君主对于天下财物的非垄断性，君主不能将货财据为己有，而是应当藏富于民、"委之万国"、"寄之群有而不以私焉"。这就是成氏所向往的无为之治，"斯事无为也"。成玄英针对专制君主而提出均财主张，力求"百姓丰饶，四海殷实"，这是对无为之治内涵的重要拓展。

当然，在成氏这里，天下财货的所有权依然属于君主，因此，君主将天下财货"委之万国"、"寄之群有"，乃是依凭着某种政治美德所采取的道德行为，而并非一种制度上"寄之群有"的规定，故有其局限性。而且，他将"货财将四海共同，资给与万民无别"，作为"率土安宁"的前提，有着较浓的经济平均主义色彩，这与现代自由主义的分配正义原则也是有本质区别的。

---

① 成玄英：《庄子疏·天地》，载郭庆藩：《庄子集释》，中华书局1961年版，第410、421页。

第十二章 道士杜光庭《道德真经 广圣义》的安民之方

　　唐末五代道士杜光庭的《道德真经广圣义》是道教学者阐发《老子》政治思想的又一代表性作品。杜光庭原为一介儒生，唐懿宗朝应九经举，赋万言不中，乃弃儒入道，师事天台道士应夷节，为司马承祯五传弟子。曾被唐僖宗赐以紫服象简，充麟德殿文章应制，被时人推为"扶宗立教、天下第一"的道门领袖。后被前蜀高祖王建命为太子之师，先后担任前蜀的金紫光禄大夫、左谏议大夫、户部侍郎等职。

　　杜光庭历经黄巢起义、李唐王权崩溃的重大变故，作为道教领袖人物的杜光庭试图挽救李唐王朝的败局，他通过阐释唐玄宗的《道德经注疏》中的"理身理国"之论以发展道家的治道主张，为治平天下提出了自己的政治谋策。在此以前，历代学人为《道德经》注疏者甚多，杜光庭从内容上对其进行了一番梳理。他在《释疏题明道德义》中指出："河上公、严君平皆明理国之道，松灵仙人、魏代孙登、梁朝陶隐居、南齐顾欢皆明理身之道。符坚时罗什、后赵图澄、梁武帝、梁道士窦略，皆明事理因果之道。梁朝道士孟智周、臧玄静、陈朝道士诸糅、隋朝道士刘进喜、唐朝道士成玄英、蔡子晃、黄玄颐、李荣、车玄弼、张惠超、黎元兴，皆明重玄之道。何晏、钟会、杜元凯、王辅嗣、张嗣、羊祐、卢氏、刘仁会，皆明虚极无为理家理国之道。此明注解之人意不同也。又诸家禀学立宗不同，严君平以虚玄为宗，顾欢以无为为宗，孟智周、臧玄静以道德为宗，梁武帝以非有非无为宗，孙登以重玄为宗。"

　　上述评论当然未必十分准确，但至少说明杜对前代老学的研习甚深。他较全面地清理、总结、吸收了前人注疏《道德经》的成果，在此基础上，更为深刻和广阔地吸收了儒家和佛家的思想,将其与道家、道教理论进行贯通融合。该书以推衍唐玄宗《道德真经注疏》之文意的形式,采摭众书,旁征博引,阐发老子处身治世原则。

杜氏推崇《老子》对于治国理身的重要作用,认为"经国理身之妙,莫不尽此也"①,"修之者于国则无为无事,自致太平;于身则抱一守中,自登道果"②。为了便于人们掌握《道德经》的宗旨,他将全书概括出三十八条内容,其中有很大一部分是针对君王诸侯而发的,如教以无为理国,教以修道于天下,教以道理国,教化人以无事无欲,教诸侯政无苛暴,教诸侯不穷兵黩武,等等,呈现出强烈的政治色彩。该书不仅从理论上阐发老子的治国之术,而且引征大量史实来论证其正确性,甚有说服力,反映出道家治道在道教中的发展。以下主要围绕此书来阐述杜光庭的政治主张。

一、遵道无为,立国之本

与所有的道家学者一样,杜氏亦推崇"无为",赋予"无为"崇高的地位,但不同的是,杜氏书中的"无为"已经超越道家治道之界,成为会通儒道、包罗万象的概念。请看如下论述:"夫无为之至妙,包于道德,统于仁义,合于礼乐,制于信智,囊括万行,牢笼二仪,至广无涯,至细无间,凝寂玄寥,与道混合,是无为之至也。"③从这段话语中可以看出,杜氏心目中的无为之治,不仅融通儒家的仁、义、信、智、礼、乐,而且"囊括万物……至广无涯,至细无间"。显然,无为已经不仅只是某种治理理念或政治理想,而是"凝寂玄寥",直接与"道"合而为一。也就是说,实施无为之治的最高境界与道教修炼者所追求的"道境"似无二致了。

---

① 杜光庭:《叙经大意解疏序引》,《道德真经广圣义》卷一,载胡道静、陈莲笙、陈耀庭辑:《道藏要籍选刊》第 2 册,上海古籍出版社 1989 年版,第 8 页。
② 杜光庭:《释疏题明道德义》,《道德真经广圣义》卷五,载胡道静、陈莲笙、陈耀庭辑:《道藏要籍选刊》第 2 册,上海古籍出版社 1989 年版,第 35 页。
③ 杜光庭:《道德真经广圣义》卷三十四,载胡道静等辑:《道藏要籍选刊》第 2 册,上海古籍出版社 1989 年版,第 178 页。

　　杜氏认为,遵循道和德的原则,采取无为而治的政治治理方式乃是立国安民的根本大计:"以道以德为有国之基,无事无为乃聚人之本",而有事有为则"不足安民,但有叛离"。什么是有事有为呢? 杜光庭以秦汉史事为例,对其作出了明确的揭示:"秦皇法严而人叛,以一统致亡;汉武令峻而刑烦,故三边起怨。"①这种严刑酷法、令峻刑烦有为之治理方式,必然导致人心离散、众叛亲离。因此,"理国之道,莫大于无事无为"②。

　　由于在《老子》中,"无为"的含义较为抽象,容易产生歧义,故"无为"常成为懦夫懒汉无所作为的遁词。为了避免人们对于"无为"之含义的误解,杜氏吸收了《淮南子》中对"无为"的诠释,进一步详细阐释说:"无为者,非谓引而不来,推而不去,迫而不应,感而不动,坚滞而不流,卷握而不散也;谓其私志不入公道,嗜欲不枉正术,循理而举事,因资而立功,事成而身不伐,功立而名不有,若夫水用船……泥用橇,山用樏,夏渎冬陂,因高而田,因下而池,故非吾所谓为也,乃无为矣。圣人之无为也,因循任下,责成不劳,谋无失策,举无遗事,言为文章,行为表则,进退应时,动静循理,美丑不好憎,赏罚不喜怒,名各自命,类各自用,事由自然,莫出于己,顺天之时,随地之性,因人之心,是则群臣辐辏,贤与不肖各尽其用。"③

　　以上从"元为者"至"故非吾所谓为也"这一段基本摘自《淮南子》的《修务训》,而"因循任下,责成不劳"一句则来自《淮南子》的《主术训》。显然,在杜氏这里,不仅完全摒除了"无为"一词的消极含义,囊括了前代道家所包含的尊重规律、因时而动、顺应人心、功成不居、不以个人私志干扰公道和正术、不凭主观意志来判断或处理政事、分层负责等多重意义,而且进一步赋予其更为丰富的内涵,主要体现为要求君主最大限度地收敛自我——"事由自然,莫出于己",同时还规定了具体的自我约束内容,包括以个人喜怒好憎等主观情感滥行赏罚这一封建君主最常见的行为,甚至还提出了

----

　　①　杜光庭:《道德真经广圣义》卷三十六,载胡道静等辑:《道藏要籍选刊》第2册,上海古籍出版社1989年版,第189页。

　　②　杜光庭:《道德真经广圣义》卷四十,载胡道静等辑:《道藏要籍选刊》第2册,上海古籍出版社1989年版,第213页。

　　③　杜光庭:《道德真经广圣义》卷八,载胡道静等辑:《道藏要籍选刊》第2册,上海古籍出版社1989年版,第48—49页。

"谋无失策,举无遗事,言为文章,行为表则"等更高的要求。与此同时,杜氏又主张给予民众更多"自命"、"自用"的自由空间。这些针对天下独尊、大权在握的专制君主而发的要求不仅具有积极的劝诫意义,而且反映出杜光庭对于道家治道内容的充实和发展。

为了敦促统治者奉行他所倡导的政治主张,杜氏强调"道德"是君主必须持守的"基"和"本",对于巩固政权具有重要作用,他说:"为君之体,以道为基,以德为本。失道丧德,何以君临?"①即使暂时"承平御极,握纪临人,若乖道德,岂能长久?"②违背"道德"这一天地万物的根本规律,也就丧失了君临天下的合法性,政权必定会得而复失,走上败亡之途。

如何才能达到遵道守德,无为而治呢?杜光庭提出了具体的途径,即虚心守静的修养工夫。因为杜光庭认为,无为乃是与"道"的特性相契相合的最高智慧,故欲持守无为就必须"致道",即体悟大道,而体悟大道则须通过虚心守静的道德修养工夫。故杜氏认为道德修养对于最高统治者是不可或缺的,他强调说:"所以先虚其心,次守其静,虚静致道,乃复于常,而能公正无私,人所归往,应天合道,行道化人,道化大行,天下欣戴。"③"人君抱守淳一,洗心内照,爱人理国,动法天时,雌静平和,收视返听,体道生物,顺德养人,生物而不有其功,为政而不恃其力,视听四达,功成不居。此理身理国兼爱之道,顺天之德也。"④

众所周知,在封建专制制度下,帝王的个人意志就是真理,就是法律,这种专制独裁的政治体制使得政治主体在处理军国大事时具有相当大的偶然性,庸主暴君常常致使朝政黑暗、政局动荡,甚至导致王朝的覆灭。而在缺乏制度约束的封建专制体制下,提高君主的道德修养不失为防止君主肆意妄为的药方。杜光庭正是针对专制独裁统治的弊病而强调说,君主应该

---

① 杜光庭:《道德真经广圣义》卷十一,载胡道静等辑:《道藏要籍选刊》第2册,上海古籍出版社1989年版,第61页。
② 杜光庭:《道德真经广圣义》卷十六,载胡道静等辑:《道藏要籍选刊》第2册,上海古籍出版社1989年版,第82页。
③ 杜光庭:《道德真经广圣义》卷十六,载胡道静等辑:《道藏要籍选刊》第2册,上海古籍出版社1989年版,第82页。
④ 杜光庭:《道德真经广圣义》卷十一,载胡道静等辑:《道藏要籍选刊》第2册,上海古籍出版社1989年版,第62页。

"先虚其心,次守其静","冼心内照",祛除自我中心、自以为是的痼疾,努力进行道德修养。而当道德修养达到了"虚静致道"的高度,就能使国家的政治行政活动合于道德正义。这种政治治理"不恃其力",即不是依靠政治强权来维持,而是靠持守公正无私、功成不居的政治美德,顺应时势,爱民养民,兼听广纳,顺应民心民性而治,因而能够代表民众的利益,受到民众的拥护,"人所归往","天下欣戴"。

杜氏在阐明自然无为这一政治治理方式内涵的基础上,对之做了重要改造。他不再像老子那样否定仁、义、礼、乐,相反,他认为儒家这些道德规范与老子的自然无为之道并不矛盾,而是互相吻合的。他在为前蜀道教学者所撰《道德真经玄德纂疏》作的"序言"中,就吸收了唐代高道吴筠《玄纲论》中"至仁"、"至义"与天地相合等思想,文中说:"至仁合天地之德,至义合天地之宜,至乐合天地之和,至礼合天地之节,至智合天地之辨,至信合天地之时。"自然无为这一概念融合了儒家的仁义礼智信,被赋予了更为丰富的内涵。

可贵的是,在论述遵道治国的政治治理原则时,杜光庭虽然不可能脱离宗教神学的窠臼,但并不着力于渲染鬼神的威力,而是强调以道治国模式所体现的政治伦理意义。例如,他通过阐释推广"以道莅天下其鬼不神"等话语告诫君主,只要能够遵循以道治国的原则,那么,就将不再受制于鬼神。他说:"为君以道,天下悦随,鬼神无以见其灵,吉凶无以施其变,虽神鬼之灵怪,岂能干于有道乎?""道德之主,正直无私,天神不能伤人,人鬼不能害物,幽灵潜匿,妖怪不兴。……鬼神不能害于有道也。"无论是天神、地祇、人鬼,"苟逢道德之君,必无侵伤之害矣"。① 在行道之君的面前,一向被称为法力无边的神灵也无能为力了。看来,在杜氏的心目中,道比神灵具有更为崇高的地位。在多数道经中,往往鼓吹行善以求获神灵的恩赐,但作为道教徒的杜光庭却并未劝导人们去追求这种恩赐,而只是强调行道则能使鬼神不伤、"鬼神无以见其灵"、"吉凶无以施其变",只是强调遵道自律、无为

---

① 以上引文均见杜光庭:《道德真经广圣义》卷四十一,载胡道静等辑:《道藏要籍选刊》第2册,上海古籍出版社1989年版,第219页。

而治才是立国聚民的根本,反映出杜氏更重视人的自身力量和道德的价值。

二、修道任真,兼包诸行

杜光庭将遵道奉为立国之本,为了促使当权者遵循大道,他进一步强调修道的功效。在杜氏看来,如果只将道作为一个对象来遵循,这是不够的,只有让行为主体与大道相融相合,才能真正促使人们的一切行为符合大道。故他指出修道的修齐治平之功效:"修身理国,先己后人,故近修诸身,远形于物,立根固本,不倾不危,身德真纯,物感自化矣。身既有道,家必雍和,所谓父爱母慈,子孝兄友弟恭,夫信妇贞,上下和睦。如此则子孙流福,善及后昆矣。"①

不过,在杜光庭这里,修道的内涵及其作用已经大大扩展,他力图调和儒道进而融合儒道,并通过修道实践活动将儒道的政治理想和治国措施融通为一体。他认为:修道之人不仅可正家,而且可进而及其乡,尊其长老,敬其幼小,教诲愚鄙,开导昏蒙,少长得宜,尊卑有序,风教肃肃";诸侯国中"自能修道,则礼行化美,君信臣忠";而天子能够修道体玄,则能"书轨大同,梯航入贡",四夷皆附,万国来朝。这完全是儒家向往的社会政治理想。将道推广于家、乡、国、天下,便能通往儒家的理想社会。相反,不修道之家则"不睦六亲,不遵五教,动掇灾否,上下崩离";不修道之乡则"礼敬不行,长幼失序,贵贱陵虐,下下交争";不修道之国则"干戈构役,虐害其民";不修道的天子,则是桀、纣这类暴君,而修道之天子,则是儒家所称道的尧舜这样的圣王。② 这段话语,真是典型地反映出杜光庭融合儒道的立场。

杜氏虽然重视儒道的融合,但这种融合是融儒入道,以儒归道,最终还是要归于道家的理想境界。因此,他又指出,儒家所追求的仁、义、礼、乐并

---

① 杜光庭:《道德真经广圣义》卷三十八,载胡道静等辑:《道藏要籍选刊》第 2 册,上海古籍出版社 1989 年版,第 203—204 页。

② 参见杜光庭:《道德真经广圣义》卷三十八,载胡道静等辑:《道藏要籍选刊》第 2 册,上海古籍出版社 1989 年版,第 204—205 页。

不是最理想的道德。他通过阐释"绝学无忧",指出了悦于仁、义、礼、乐、圣、智而引发的弊端:"悦于仁者,是乱于德也;悦于义者,是悖于理也;悦于礼者,是助于诈也;悦于乐者,是助于淫也;悦于圣者,是助于艺也;悦于智者,是助于疵也。"这里所说的"悦",是指过于喜好、偏爱之意。仁、义、礼、乐、圣、智是儒家所追求的道德规范和理想人格,杜氏却努力提醒为政者悦于某德所可能产生的弊端,其理由何在呢?

杜氏的立论根据就在于顺应自然之性的原则。如果不具备以上各德的禀赋而强求,则将破坏原本和谐的本然之性:"若所禀之外,越分过求,悦而习之,则致淫悖之患,而伤其自然之和,乱其天禀之性矣。"杜光庭虽然主张"安其所禀之分",但也不是如老庄那样主张绝仁弃义,因为他认为"若令都绝,又失所修",而是尊重不同个体的特性,"无过求之悦","任其真常,于理为得"。而所谓"任其真常",也就是任其本真之性,而不做作勉强,"因其性分而任其真素"①。建立在真实朴素之性的基础上的道德行为,才能真正合于仁义礼智忠信:"任真智则智矣,矫于分外则为诈矣;任其真礼则礼矣,矫于分外则为乱也;任其真忠则忠矣,矫于分外则佞矣;任其真仁则仁矣,矫于分外则谄矣;任其真义则义矣,矫于分外则盗也;任其真信则信矣,矫于分外则诬也。"杜光庭上述话语其实道出了一个朴素的真理:任何道德规范,如果流于矫伪,不仅必然走向其反面,而且还给行为主体带来各种消极结果:"矫于分外,则失而多忧,任于分内,则真而无惧。"②

杜光庭在指出了儒家仁、义、礼、乐之弊的同时,又对这些道德规范赋予了特定的内涵。在他看来,所谓道,就是"兼包诸行,无所偏名……通生而不宰";所谓德,就是"物禀其化,各得其得";所谓仁,就是"兼爱万物,博施无极","成之、熟之、养之、育之";所谓义,就是"飞行动植各遂其宜";所谓智,就是"有情无情,各赋其性";所谓信,就是"时生而生,时息而息";所谓礼,就是"顺天地之节,因四时之制";所谓乐,就是"鼓天地之

---

① 以上引文均见杜光庭:《道德真经广圣义》卷十八,载胡道静等辑:《道藏要籍选刊》第2册,上海古籍出版社1989年版,第91页。

② 以上引文均见杜光庭:《道德真经广圣义》卷十八,载胡道静等辑:《道藏要籍选刊》第2册,上海古籍出版社1989年版,第91页。

和,以悦万物"。①

从以上这段论述中可以看出,杜氏对仁、义、礼、乐的内涵重新赋予了新的内容,在这里,"仁"已超越了儒家"自孝亲始"、"有差等"的"爱",而被扩展为"兼爱万物,博施无极"的博爱和"成之、熟之、养之、育之"的生长动力。此中不难看出庄子所向往的"利泽施于万世"、无亲疏之别的"至仁"等思想的烙印。而"义"则不再限于人类社会的言行之宜,而是扩展到整个自然界的"飞行动植各遂其宜"。"信"则突破了人际关系行为规则的局限而成为"时生而生,时息而息"这一调节天人关系的规约。而原本是人类社会中区分等级、制约言行的"礼",更是被改造成了"顺天地之节,因四时之制"以实现天人相和、相谐的准绳。同时,原本为愉悦人心、化民正俗的"乐"也被扩展为"鼓天地之和,以悦万物"的宇宙之旋律。总之,超越"小惠"、"小信",能够于仁忘仁、泯然忘迹,与天地相冥合、利泽施于万物的"大仁、大义、大礼、大智、大乐、大信",才是杜光庭所追求的。这种宏大广博的胸怀,充分显示出重玄学者融儒入道而又改造和超越儒家的气度。

杜光庭还指出,以上各种道德规范是相互联系,不可分割的,它们皆包含于大道之内,故不会产生割裂之弊。但大道既隐,德废不行,"仁独为仁,义独为义,不能兼而化之"。于是,问题就出现了。独行仁德则"以慈爱为心,故无刚断之用,是则义缺矣";独行义德则"以决断裁非,有取有舍,是则仁缺矣","其去道德也远矣。"②

以上这番话实际上道出了人类社会由于不能持守大道这一根本而陷入头痛医头、脚痛医脚的困境,同时也强调,面对"大道既隐,德废不行"的现状,仁、义、礼等道德规范必须兼而用之不能偏废,否则将会产生执偏之弊。这既是对《老子》"失道而后德,失德而后仁"这一思想的深化和发挥,又是对《淮南子》仁、义、礼"非通治之至"思想的认同,更是对《太平经》仁、义、礼等道德规范"事各异治","不可废亦不可纯行"主张的直接继承与发展。

---

① 杜光庭:《道德真经广圣义》卷三十,载胡道静等辑:《道藏要籍选刊》第 2 册,上海古籍出版社 1989 年版,第 152 页。
② 以上引文均见杜光庭:《道德真经广圣义》卷三十,载胡道静等辑:《道藏要籍选刊》第 2 册,上海古籍出版社 1989 年版,第 152 页。

　　杜光庭在阐释"玄德深矣远矣,与物反矣,然后乃至大顺"一句时,亦鲜明地体现了这种融儒入道的倾向。他说:"理国不以礼,犹无耜以耕也;为礼不本于义,犹耕而不种也;为义而不讲之以学,犹种之而不耨也;讲之以学而不合之以仁,犹耨之而弗获也;合之以仁而不安之以乐,犹获之而不食也;安之以乐而不达之于顺,犹食之而不肥也。"他比喻说,肤革充盈是"人之肥";父子笃、夫妇和是"家之肥";官职相序、君臣相正是"国之肥";天子行德、诸侯守礼、百姓修睦是"天下之肥"。而欲达到家肥、国肥、天下肥的"大顺"理想,首先需要奉行儒家的礼、义、学、仁、乐,行礼义必须辅以学习和教育,仁爱民众,以乐相和。以上诸方面环环相扣,紧密相连。但仅仅有以上诸方面是不够的,礼、义、学、仁、乐均应"达之于顺"。而"顺"则正是道家所强调的"因顺"、"顺应"之宗旨。作者强调说:"天子用民为顺,则……众瑞出焉",可见,在杜氏看来,儒家所倡导的仁、义、礼、乐与道家的大顺理想并不冲突,相反,前者可以为后者奠基,由仁、义、礼、乐可以顺利地通往大顺境界。故杜氏接下来总结道:"君以玄德居上,臣以忠信处下,其化广远深厚,归万物于淳风,斯谓大顺。"①这就是说,君主持守"玄德"这一道家的最高道德,臣下遵循"忠"、"信"等儒家道德规范,则能广化天下,令万物复归于淳朴,实现"大顺"理想。我们可以看到,唐玄宗在注疏《道德经》时,就以他政治家的气度,援儒佛入道,适应并推动着三教合一的时代潮流。而杜光庭的确又在此基础上进一步扩充了唐玄宗的"圣义",将三教更好地融合了起来。

三、持守"三宝",以彰道用

　　杜光庭通过对"道"的道德内涵的阐发,对为政者的政治道德素质提出了具体的要求。他指出,"道"虽然"笼罗众法,兼包万行,化周天地,功洽无

---

　　①　杜光庭:《道德真经广圣义》卷四十五,载胡道静等辑:《道藏要籍选刊》第2册,上海古籍出版社1989年版,第232—233页。

垠",但老子以之用来教化世人的,主要有三大原则,即"慈"、"俭"、"不敢为天下先"。这"三宝"是"理国之本,立身之基",是道的具体体现:"三宝者,道之用也。"①因此,杜氏仍继承《老子》的政治伦理思想,将"三宝"作为三大主要的政治伦理要求,并对其进行了阐述和发挥。

第一条政治伦理要求是:"道存爱育,以慈为先"②。杜氏认为,慈即慈爱万民,爱民重民是理国的首要原则。他说:"理国之道,务先爱民,民为国本,不可弃也。"③政治伦理的要义之一就是强调政治制度和治理方式的仁慈性,而具体落实到统治者身上,则体现为以"慈"为怀的政治美德,这一政治美德体现了政治治理中的人道主义。杜氏充分认识到慈爱在政治治理中的重要性,他告诫君主:"有道之君以乐乐人,无道之君以乐乐身;乐人则人从,乐身则人叛也。"④政治治理的对象是人,要达到理想的政治治理目标,必须为民众带来幸福和欢乐,才能得民心,使民归从。"以乐乐人",表现的是为政者对人的关爱,是为民谋幸福;而"以乐乐身"则是贪图个人的享乐,而将民众的疾苦快乐置诸脑后。二者的结果自然是截然相反的。杜氏还认识到,爱民首先在于养民,使民众生活丰足,他说:"理国之本,养人为先。"⑤而要使民众生活丰足,就必须减轻经济负担,"赋重则人贫,赋轻则人足;人足则国泰,人贫则国危"。他还引历史事实论证说:"齐侯以重敛致亡,田氏以厚施威霸,皎然在目,居之鉴焉"。⑥

杜氏将"慈"这一政治美德升华到"上合天道"的地位,他说:"天道无亲,常与善人。善人谓行慈之人也。善以慈惠为本,慈以拯救为功,故行慈

① 以上引文均见杜光庭:《道德真经广圣义》卷四十五,载胡道静等辑:《道藏要籍选刊》第2册,上海古籍出版社1989年版,第235页。
② 杜光庭:《道德真经广圣义》卷四十五,载胡道静等辑:《道藏要籍选刊》第2册,上海古籍出版社1989年版,第235页。
③ 杜光庭:《道德真经广圣义》卷三十二,载胡道静等辑:《道藏要籍选刊》第2册,上海古籍出版社1989年版,第166页。
④ 杜光庭:《道德真经广圣义》卷四十六,载胡道静等辑:《道藏要籍选刊》第2册,上海古籍出版社1989年版,第244页。
⑤ 杜光庭:《道德真经广圣义》卷三十五,载胡道静等辑:《道藏要籍选刊》第2册,上海古籍出版社1989年版,第184页。
⑥ 杜光庭:《道德真经广圣义》卷四十八,载胡道静等辑:《道藏要籍选刊》第2册,上海古籍出版社1989年版,第248—249页。

之人,物不能敌,以战则慈者胜,以守则慈者固,上合天道,旁感物心,物不能伤,是为天所救卫矣。"①他还举例说:两兵相战,"若勇于杀获,不务哀伤",则未必能取胜;"若以慈为先,战则胜矣"。其取胜的原因在于慈,"岂在于杀人乎"? 同样,防守之时,城池沟壍之坚固并不是取胜的关键,而"以慈为先",则"众心固矣"。② 可以看出,杜氏充分注意到了人的因素的重要性,强调行慈惠才能得人心,得人心才能克敌制胜。

在本书中,杜氏再三要求君主,要重视人民。他根据唐玄宗的疏注,阐发春秋时期宋国司马子鱼和随国季良"人为神主"的思想说:"人为邦本,本固则邦宁;人为神主,主安则神享。圣人以道为理,既不伤于人,鬼神感圣之功,亦不害于物,两者相悦,二德交归。"③祈禳祭祀,这是历代君王十分重视的活动,他们往往乞灵于天地鬼神,以求去祸得福,永保江山。而身为道士的杜光庭却没有鼓吹求神祈祷,而是强调民心稳固,国家才能安宁;人民泰安,鬼神才享用祭品而赐福;君主只有做到慈爱百姓,不虐伤人民,才能感化鬼神,获得鬼神的护佑。

第二条政治伦理要求是,养人惜费,以俭为次。杜光庭将俭啬不奢视为国富民归的关键:"俭啬为政,国必丰财。上无甚贵之奢,下无箕敛之怨,以此理人则人顺,事天则天明,天下之人相率而归其德矣。""节财则省费,省费则人丰,人丰则国安而力足矣。"④俭啬不仅被杜氏视为君主所应具有的个人美德,而且还被奉为政治行政管理中的基本原则。强调"俭啬为政",这对于保证国家政局的安定是十分重要的。因为在生产力水平有限的封建社会,统治者如果无节制地追求奢侈生活,必将带来供求关系的严惩失调,影响民众的基本生活,致使民众背上沉重的经济负担,从而激化阶级矛盾。

杜氏还运用道家治身治国一理的思想,来解释经文"自爱不自贵"这句

---

① 杜光庭:《道德真经广圣义》卷四十五,载胡道静等辑:《道藏要籍选刊》第2册,上海古籍出版社1989年版,第236页。

② 参见杜光庭:《道德真经广圣义》卷四十五,载胡道静等辑:《道藏要籍选刊》第2册,上海古籍出版社1989年版,第236页。

③ 杜光庭:《道德真经广圣义》卷四十一,载胡道静等辑:《道藏要籍选刊》第2册,上海古籍出版社1989年版,第220页。

④ 杜光庭:《道德真经广圣义》卷四十一,载胡道静等辑:《道藏要籍选刊》第2册,上海古籍出版社1989年版,第216—217页。

话,以说明俭约的必要性。何为"自爱"、何为"自贵"呢?他归纳道:"葆和谷神,希言养气,绝嗜禁欲,抑非损恶,此自爱也。轻裘肥马,甘食美衣,华宇文阶,崇轩大厦,自贵也。"由此看来,自爱就是要俭约寡欲、抑非损恶,因此,自爱不仅是讲求养生之道,爱惜自身的自然生命和肉体生命,而且也重视养德之道,爱惜自己的精神生命和社会生命;而"自贵"则是在衣食住行方面务求奢侈排场的行为。因此,这两种行为的结果是完全不同的:"自爱则神安心泰;自贵则奉己害民,伤财敛怨"①。自爱既符合养生之道,更是治国之道,君主若能自爱其身,则必然俭约:"俭约则嗜好不行……无嗜好则人富。如此,内睦九族,下亲万民,远怀近悦,上下交爱。却千里之马,惜十家之财,菲饮食,卑宫室,外无征伐,境无劳人,享祚久长,可以永托于天下。"②由他阐述俭约之德而带来的一连串良性的连锁反应,充分显示出杜光庭对为政者廉俭自律的殷切期望。

针对封建统治者靡费民财以求长生的通病,杜氏告诫说:"若厚于奉养,力以求生,或饵金石,以毒其中,或因鼓怒而伤其气,但营难得之货,或求过分之能,本欲希生,反之于死。"他指出,真正的养生之道是顺乎自然之性,虚心窒欲:"但虚心则道臻,窒欲则心守泰定",如此,"则不求其永,自延永矣"。③这些话语其实是鉴于唐代君主服食金丹而中毒身亡的教训而发,故具有相当强的针对性。

第三条政治伦理要求是:"先人后己,以让为终。"柔弱谦退是老子所持守的另一重要信条,为了增强其权威性,杜氏广征博引《诗》、《书》、《礼》、《易》、《春秋》等儒经,借以证明:"众教之中,皆以柔弱谦敬为本"④,反映其三教合一的思想倾向。他还引用大量历史事实论证恃强而败、柔弱谦退而胜的道理,他说:"兵之恃强必致死败,苻坚寿春之役,李密洛口之师,王寻

① 以上引文均见杜光庭:《道德真经广圣义》卷四十六,载胡道静等辑:《道藏要籍选刊》第2册,上海古籍出版社1989年版,第244页。

② 杜光庭:《道德真经广圣义》卷十三,载胡道静等辑:《道藏要籍选刊》第2册,上海古籍出版社1989年版,第71页。

③ 杜光庭:《道德真经广圣义》卷四十八,载胡道静等辑:《道藏要籍选刊》第2册,上海古籍出版社1989年版,第249页。

④ 杜光庭:《道德真经广圣义》卷三十三,载胡道静等辑:《道藏要籍选刊》第2册,上海古籍出版社1989年版,第176页。

昆阳之兵,炀帝征辽之众,皆号百万,信为多焉。而非道恃强,败不旋踵,兵强故也。"①"秦皇吞灭七国,一统天下,威制四方,杀伐无已",而不久便土崩瓦解,身败国亡,其原因在于"违谦抑守柔之道"。而刘邦虽起于布衣,但"推贤用能","德制强楚,仁及生灵,智士为之谋,贤士为之辅",最终成就帝业,传祚四百余年。杜氏总结说:"此柔德制强之验也,理身理国,足为鉴乎!"②

何以柔能制强呢? 老子只是以水为喻,而并未对此作出具体回答。杜氏则以实际生活中的事例来说明其中的原因。他说:"握发礼贤,贤必致用;吮痈抚士,士必相驱。既感众心,必能尽力,善用之道,其在兹乎!""礼而下士,士得竭其能;悦以使人,人得宣其力","谦和则人服"。③ 杜氏在这里强调了在管理活动中非权力影响的巨大作用:统治者仅仅凭借着政治权力并不能赢得下属为其竭诚尽力,而具有礼贤下士、谦退仁和的气度,才能使众人心悦诚服,真正调动起众人的积极性。这就是政治美德的力量,是行政管理人格魅力的力量,而在这种谦和政治美德的背后,更蕴含着一种尊重管理对象的平等精神。

杜光庭通过注疏《道德经》等道家经典的形式,阐发、建构了他的重玄学理论体系。他对于"道"的起源和性质作出了富有新意的阐述和归纳;在进一步升华了双遣思想的基础上,将遣之又遣的双遣之法灵活地运用于宗教修炼、立身处世、治国安民等活动之中,将儒家的建功立业与道家、道教不为功名所累的价值观念结合起来,追求自然朴实的"真智"、"真礼"、"真忠"、"真仁"、"真义"、"真信",力图调和出世与入世、有为与无为的矛盾,进而超越有为与无为,达到"无所局滞"境界,以求实现政治治理的政通人和。

---

① 杜光庭:《道德真经广圣义》卷二十五,载胡道静等辑:《道藏要籍选刊》第2册,上海古籍出版社 1989 年版,第 129 页。

② 以上引文均见杜光庭:《道德真经广圣义》卷三十三,载胡道静等辑:《道藏要籍选刊》第2册,上海古籍出版社 1989 年版,第 176 页。

③ 杜光庭:《道德真经广圣义》卷四十五,载胡道静等辑:《道藏要籍选刊》第2册,上海古籍出版社 1989 年版,第 237 页。

第 三 编

道家治道在上层的传播与践行

由于李唐统治者对老子的推崇,道家思想在隋唐时期得到充分的普及和发展,成为治国、修身的指导思想。《老子》、《庄子》等道家经典也由淡出政治舞台之后的臣民养生或玄思读本而重新成为治国安民的宝典,不仅跃上帝王的案台,而且列为科举考试的内容,逐渐成为社会各阶层共同关注和研读的典籍,并且在一定程度上被某些明智的为政者在政治生活中践行。

一种理论能在何种程度上为人们所注意、所接受,既取决于这一理论本身对于客观规律的认识和揭示、取决于这种理论满足社会需要的程度,又取决于具体的社会历史条件和理论接受主体自身的素质和眼光。而一种正确地反映了某种客观真理的理论一旦被人们所接受而运用于社会实践之中,又会对于社会发展产生积极的作用。

以老子为代表的道家政治主张正是基于对以往历史教训和政治治理经验的总结并正确地揭示了治国安民之客观规律的智慧,故它们从诸子百家的理论中脱颖而出,被中国历史上一些明智之君所选择,成为与儒家政治思想相表里的政治治理理论。而老子思想为道教所吸收成为道教的理论基础之后,其中的治国智慧又为道教学者所继承和发展,进而通过一些与社会上层联系紧密的高道向当权者渗透;同时,道教的神学理论和方术也在一定程度上强化了这些思想主张的影响力。

唐、宋、明时期,由于唐太宗李世民、唐玄宗李隆基、宋太祖赵匡胤、明太祖朱元璋等开国或拨乱反正之君对老子及道家、道教的推崇,道家政治伦理和养生理论得到普及和发展,成为与儒家相互补充的治国、修身理论。《老子》、《庄子》等道家作品不仅吸引着王安石、司马光、苏辙、吴澄、焦竑等儒者或重臣对其进行研习注疏,而且还吸引了诸如唐玄宗、宋徽宗、明太祖等最高统治者通过注疏的方式研究和发展道家政治思想,从而为道家政治智慧与社会政治实践的结合提供了值得重视的经验。

探究思想理论的实践化、物质化过程或者说探究政治思想对于社会政治的具体影响,这是一个为学术界所忽略而又十分重要的课题。庞朴先生早在 2001 年就提出过应该开展对于社会的思想(观念)化和思想的社会(物质)化的形态、过程、问题的研究,认为这"是一片广阔的未曾垦殖的园地,有着无数深邃的等待解决的课题!"①这一看法是非常有见地的。但由于这一课题的复杂艰难及其跨学科性等特点,故这方面的探索仍然有必要继续深入。因此,探讨道家治道的实践化、物质化过程,探究其在社会政治生活中的践行状况,分析其在中国历史上的社会效应以及对社会政治的具体影响就显得尤为必要。

萧功秦先生曾慨叹老子的民治主张未曾落实,他说:"所可惜者,吾国古代未有实际民治之制度,如古希腊之所曾见,使老子得据之以建立一积极具体之民治思想,其柔谦之术遂成为消极之政治抗议。"②萧先生揭示了道家治道在制度层面的缺陷,其言不虚,但他关于老子思想只是"消极之政治抗议"的判断则过于悲观。我们认为,虽然由于历史的局限,道家的政治主张在大多数情况下未能很好地转化和落实为制度上的安排,实现向法律正义和制度正义的转化,这固然令人遗憾。但这些思想还是在一定程度上被汉初、唐代、宋初、明初、清初等少数明智的帝王所践履。

本编将通过对大量史料的梳理和分析,以探究继汉初黄老政治之后,道家治道在社会上层的传播、践行及其社会、历史意义和给予后人的启示。

---

① 庞朴:《思想与社会互动关系研究笔谈》,《天津社会科学》2001 年第 4 期。
② 萧功秦:《中国政治思想史》,新星出版社 2010 年版,第 114 页。

第十三章　贞观君臣对道家治道的
践行及其教训

　　以李世民、魏征为代表的政治集团开创了贞观之治这一中国历史上的太平盛世,而道家政治伦理为这一盛世的到来提供了思想启示和精神资源,从兴兵反隋、建国立基,到拨乱反正、治国安民等一系列政治活动中,均可看到道家治道的深刻烙印。贞观君臣为何倾心于道家? 他们又是如何践行这一治国之道的呢? 分析和总结其中的经验和教训,能够为中华传统政治文化的现代转型和践行提供有益的借鉴。本章将围绕这一问题进行探讨。

一、贞观君臣崇尚道家治道之缘由

　　李唐王朝建基之后,统治者将老子李耳奉为始祖,《道德经》也被整个统治集团所崇尚,成为他们制定国策的理论依据。李唐政权崇尚老子这位道教尊神,当然是为了替自己拉上一位尊荣的先祖,以求获得舆论支持和精神援助,加强反隋兴唐的道德正当性,而他们遵循以老子为代表的道家治理思想,则是出于更为深刻的社会历史原因。

　　第一,基于对社会现实的清醒认识。隋末农民战争教育了唐初统治者,这是最主要的原因。自611年王薄在山东长白山首举义旗后,不久,反隋烈火燃及全国,"所致摧殄,无抗拒者",隋王朝的殿堂在农民革命烈火中崩溃。所有这一切,都为唐初统治者所耳闻目睹。"不畏死"的民众所爆发出的巨大威力使他们大为震惧,也使他们获得"以杀不能治乱"、"天下不可以力胜"的认识,不能不采取相对缓和的政策,以调和阶级矛盾和各个政治集团之间的矛盾。特别是魏征这个人物,曾直接参加过瓦岗军和窦建德的军队,对农民的疾苦和要求有较深的了解,因而更加认识到以清静无为思想治国的必要性。

同时,由于多年的国内战争,致使人口流散,生产破坏,社会经济凋敝。为了保证国家的赋税来源,巩固在亡隋的废墟上建立起来的政权,必须采取与民休息的方针。

第二,前车之鉴的警示。隋炀帝杨广继承的是一个库藏丰溢、地广三代、威加八荒、"承平日久,士马全盛"的王朝,他曾雄心勃勃,"本欲奄吞周汉,兼三才而建极,一六合而为家"。但是,正如《隋书》作者所批评的那样,杨广"负其富强之资,思逞无厌之欲,恃才矜己,傲狠明德,内怀险躁……淫荒无度,法令滋章……骄怒之兵屡动,土木之功不息……征税百端,猾吏侵渔……急令暴条以扰之,严刑峻法以临之,甲兵威武以动之。"这样的苛政恶法必然导致"海内骚然","人不堪命","普天之下,莫匪仇雠,左右之人,皆为敌国"。①

唐初统治者看到,一度甲兵疆锐、威动殊俗的隋王朝急速地衰落,"率土分崩",故不得不谨记前车之鉴,总结和记取隋亡的经验教训。例如,李世民就曾深刻地指出隋文帝喜察多疑、独揽大权对隋王朝所造成的危害:"文帝不明而喜察;不明则照有不通,喜察则多疑于物,事皆自决,不任群臣。天下至广,一日万机,虽复劳神苦形,岂能一一中理!群臣既知主意,唯取决受成,虽有愆违,莫敢谏争,此所以二世而亡也。"②

对于杨广骄奢淫逸、穷兵黩武而致亡的教训,李世民曾予以总结说,由于杨广"征求无己。兼东西征讨,穷兵黩武,百姓不堪,遂致亡灭"③。

在贞观十一年,魏征还曾为探讨隋亡的原因而专门上疏,文中说,隋朝由一个"统一寰宇,甲兵强锐,三十余年,风行万里,威动殊俗"的盛世,落得个"举而弃之、尽为他人之有"的可悲下场,并非隋炀帝"不欲社稷之长久",

---

① 以上引文均见魏征等撰:《炀帝纪》下,《隋书》卷三,中华书局1973年版。
② 司马光:《资治通鉴》卷一九二,中华书局1976年版,第6080页。
③ 吴兢:《贞观政要·政体》,上海古籍出版社1978年版,第22页。

其原因在于以下诸多因素:"恃其富强,不虞后患。驱天下以从欲,罄万物而自奉,采域中之子女,求远方之奇异。宫苑是饰,台榭是崇,徭役无时,干戈不戢。外示严重,内多险忌,谗邪者必受其福,忠正者莫保其生。上下相蒙,君臣道隔,民不堪命,率土分崩。"①

如何避免重蹈覆辙呢?魏征认为,重要途径就在于为政者谨修道德。根据道德实践的程度,他描述了三种不同的政治治理境界。最高的德行是:"日慎一日,虽休勿休,焚鹿台之宝衣,毁阿房之广殿,惧危亡于峻宇,思安处于卑宫,则神化潜通,无为而治,德之上也。"次等的境界是:"若成功不毁,即仍其旧,除其不急,损之又损,杂茅茨于桂栋,参玉砌以土阶,悦以使人,不竭其力,常念居之者逸,作之者劳,亿兆悦以子来,群生仰而遂性,德之次也。"魏征又勾画了不修德政的糟糕状况:"惟圣罔念,不慎厥终,忘缔构之艰难……追雕墙之靡丽,因其基以广之,增其旧而饰之……不知止足,人不见德,而劳役是闻,斯为下矣"。② 为政者如果沦为此种状况,那就"与乱同道",离天下大乱不远了!应该说,贞观君臣对于隋朝灭亡之教训的分析是相当深刻的。

第三,政治实践中的切身体会。李渊集团在晋阳起兵时成功地运用了《老子》守静慎动、"不为天下先"等思想。晋阳起兵主要的策划者是李渊,而年仅 20 岁、勇猛气盛的李世民只是对起兵起了辅助的作用。这一点,明清之际的伟大思想家王夫之看得很清楚,他说:"人谓唐之有天下也,秦王之勇略志大而功成,不知高祖慎重之心,持之固,养之深……非秦王之所可及也。""高祖犹慎之又慎,迟回而不迫起,故秦王之阴结豪杰,高祖不知也;非不知也,王勇于有为,而高祖坚忍自持,姑且听之而以静镇之也。"③王夫之的这番评论是很有见地的。

早在隋大业九年(613 年),杨玄感起兵反隋前后,李渊就已生叛隋之心,曾与宇文士及"夜中密论时事"。但他没有轻举妄动,反而"纵酒纳赂以

---

① 吴兢:《贞观政要·君道》,上海古籍出版社 1978 年版,第 5 页。
② 以上引文见吴兢:《贞观政要·君道》,上海古籍出版社 1978 年版,第 6 页。
③ 王夫之:《读通鉴论》卷二十,岳麓书社 2000 年版,第 734 页。

自晦",并向炀帝献鹰犬,以麻痹猜忌成性的炀帝。① 当群雄纷起之时,李渊却韬光隐迹,暗中窥测,静以待时,积极进行各方面的准备。直到大业十二年(616年),起义风暴席卷中原,隋亡已成定局时,李渊父子才于大业十三年五月杀掉监视他们的副留守,正式起兵反隋。起兵后,他又避开中原地区农民军的锋芒,对李密卑辞推奖以麻痹之,以便利用瓦岗军牵制东都隋军,自己则趁机扩展力量,进军关中。在进攻关中时,虽意在代隋,但却不急于自立,而是宣布立代王杨侑为帝,遥尊炀帝为太上皇。攻下长安后,正式迎代王即皇位,李渊本人只任大丞相。这就既取消了已经众叛亲离的炀帝的合法地位,又掌握了军国实权,更可避免背上篡逆弑主的罪名,便于招降纳叛,稳定战果,与其他势力相抗衡,从而有利于李渊集团挥师南下,插入长安,"用人之力"建立起李唐王朝。

在起兵过程中,李渊集团的主要成员还努力践行仁慈、谦敬等德行而大获人心。例如李世民、李建成与士兵"同甘苦,遇敌则以身先之。近道菜果,非买不食,军士有窃之者,辄求其主赏之,亦不诘窃者,军士及民皆感悦……秋毫无犯,各慰抚使复业,远近闻之大悦"。李渊"慰劳吏民,赈赡补乏",又"开仓赈贫民,应募者日益多"。对于前来归降的各路兵将,"一一以书慰劳授官,使各居其所",攻克长安之后,"与民约法十二条,悉除隋苛政"。②

在灭隋建唐的政治风云中,李氏父子可谓是践履慎之又慎、后发制胜、仁慈谦下等美德的典范。故晋阳起兵的胜利,不仅是老子的静、慎、后等政治、军事策略的胜利,更是直接印证了"不敢为天下先故能成器长"的政治智慧。这一切,在年轻的李世民的脑海中留下了深刻的烙印,对他登基后的治国方略的制定,无疑是极有影响的。

第四,军事行动中的深刻教训。为了稳定政局,李唐王朝建立之后便着手解决一些零星武装力量的问题。在处理刘黑闼起义这一事件时,李唐政权分别采用剿杀和安抚两种策略而造成了完全不同的结局,这对李世民是

① 参见欧阳修:《高祖本纪》,《新唐书》卷一,中华书局1975年版,第2页。
② 以上引文均见司马光:《资治通鉴》卷一八四,中华书局1976年版,第5741—5762页。

一个深刻的教训。刘黑闼曾是窦建德的部下,起义失败后他返回故里。由于地方官吏对起义群众横加迫害,他被迫于 621 年在漳南(今山东武城县东北)聚众起义。前往镇压的李世民采用水淹、屠杀等高压手段没能使他们屈服。不久,刘氏重又起兵,尽复故地。唐廷又改派李建成前去镇压。与李世民的强攻政策不同,李建成采纳了魏征的意见,实行安抚政策,仅仅杀掉了刘黑闼等起义头目,而释放了绝大部分普通俘虏,致使刘军不战而溃,解决了李世民用武力没能解决的问题。这一事例从正反两个方面充分印证了老子"民不畏死、奈何以死惧之"和"柔弱胜刚强"的政治智慧,对李世民是一次切身的深刻教训。

上述因素促使唐初统治者对于以《老子》为代表的道家思想格外垂青,在贞观君臣的谈话中经常可以看到,他们对于《老子》中的名言可谓是信手拈来,运用十分自如。唐太宗特别反对以空谈玄理的态度研习《老子》,他针对梁武帝、梁元帝空谈佛老,致使国败身亡的历史教训而深有感触地说:"梁武帝君臣惟谈苦空,侯景之乱,百官不能乘马。元帝为周师所围,犹讲《老子》,百官戎服以听。此深足为戒。朕所好者,唯尧、舜、周、孔之道,以为如鸟有翼,如鱼有水,失之则死,不可暂无耳。"[1]这段话既体现出李世民对于儒学维护社会长治久安功能的深刻认识和高度重视,更显示出他对于为政者脱离实际空谈《老子》这一空疏学风的反思、警戒和防范。在李世民这里,儒道两家相得益彰、相互补充、各有所长,故他既强调"抚之仁义",又力图"因人之心、去其苛刻"。[2] 在政治领域,他以入世态度和求治务实精神来阐发《老子》的治道,一扫魏晋玄学的清谈之风,将清静无为之道运用于治国安民,开创了继汉初黄老之治之后又一个以道治国的太平盛世。

以下我们从政治、军事、经济、法律和个人生活诸多方面来考察贞观君臣对道家治道的践行情况。

---

[1] 司马光:《资治通鉴》卷一八六,中华书局 1976 年版,第 6054 页。
[2] 参见吴兢:《贞观政要·仁义》,上海古籍出版社 1978 年版,第 149 页。

二、清静无为,偃武修文

清静无为是《老子》治道的基本内容,文中反复强调,为政者顺应自然,清静无为,则天下自可太平安定。相反,天下难治的原因,正是由于统治者不遵循清静无为的规律,强作妄为,扰民致祸,故《老子》告诫为政者说:"民之难治者,以其上之有为也,是以难治。"①

唐初统治者高度认可清静无为政治治理原则,并从积极的方面加以运用和发展,以之作为基本国策。李世民深刻认识到,无为而治是一种造福于众生的治理模式,明确地提出了"君无为则人乐"②的论断。他以隋亡的历史教训,论证清静无为原则的必要性。他回顾历史说:"往昔初平京师,宫中美女珍玩,无院不满。炀帝意犹不足,征求无已。兼东西征讨,穷兵黩武,百姓不堪,遂致亡灭。"为了免蹈隋亡的覆辙,李世民"夙夜孜孜,惟欲清静,使天下无事"。他将治国比作栽树,"本根不摇,则枝叶茂荣;君能清静,百姓何得不安乐乎?"③监察御史高季辅也向李世民提出清静朴素的治国之道:"敦朴素,革浇浮……杜其利欲之心,载以清静之化。自然家肥国富,气和物阜。"④甚至是宫中的妃嫔也在大谈"为政之本,贵在无为"⑤。道士出身的魏征更是强调说:"无为而治,德之上也。"⑥他在分析隋亡唐兴的根本原因时说:"隋氏以富强而丧败,动之也;我以贫穷而安宁,静之也。静之则安,动之则乱。"由此,他向唐太宗指出:"臣愿当今之动静,必思隋氏以为殷鉴,则存亡治乱,可得而知。"⑦魏征在这里所说的"动",乃是对隋代统治者种种扰民妄动举措的概括,而"静"则是对李唐统治者清静无为政治方略的

---

① 《老子》第七十五章,《二十二子》,上海古籍出版社1986年版,第8页。
② 吴兢:《贞观政要·务农》,上海古籍出版社1978年版,第237页。
③ 以上引文均见吴兢:《贞观政要·政体》,上海古籍出版社1978年版,第22页。
④ 刘昫等:《高季辅传》,《旧唐书》卷七十八,中华书局1975年版,第2701页。
⑤ 吴兢:《贞观政要·征伐》,上海古籍出版社1978年版,第272页。
⑥ 吴兢:《贞观政要·君道》,上海古籍出版社1978年版,第6页。
⑦ 吴兢:《贞观政要·刑法》,上海古籍出版社1978年版,第247页。

描述。

《老子》清静无为的原则内容丰富,它落实到政治、军事领域中的一个重要方面就是慎动兵革。作者用了两章的篇幅专门讨论这一问题。第三十章说:"以道佐人主者,不以兵强天下。其事好还。师之所处荆棘生焉。大军之后必有凶年。善有果而已,不敢以取强。"第三十一章说:"夫佳兵者不祥之器,物或恶之,故有道者不处……兵者不祥之器,非君子之器,不得已而用之,恬淡为上。"作者处于"无义战"的春秋时代,亲眼目睹战争给广大民众带来无穷的灾难,给社会经济造成严重的破坏,故称其为"不祥之器"。他要求统治者在用兵的问题上要慎之又慎,"不以兵强于天下","不敢以取强",只是在迫不得已的情况之下"不得已而用之"。

《老子》的反战主张受到贞观君臣的高度重视,偃武修文的方略就是这一基本原则的具体体现。

李世民登基伊始,不少人上书建议:"宣震耀威武,征讨四夷。"唯有魏征劝李世民说:"偃武修文,中国即安,四夷自服。"①李世民对魏征的意见十分赞同,他明智地认识到:"戡乱以武,守成以文,文武之用,各随其时"②。从而确立了以静为基调的建国方略。这一方略颇有成效,至贞观四年,突厥首领"颉利成擒,其酋长并带刀宿卫,部落皆袭衣冠",李世民与长孙无忌回顾起这一历史过程时,还不忘魏征之功。③

偃武修文的确立,不仅有利于由天下大乱到天下大治的实现,而且为经济文化的繁荣与发展铺平了道路。

对于周边的小国和少数民族,唐太宗主要采取怀之以德的方针,尽量不动刀兵。例如,贞观四年(630年),附属国林邑对唐朝的"表疏不顺",有人上书建议发兵征讨,唐太宗没有采纳。他引用《老子》中话语来阐明在这一问题上的立场说:"兵者凶器,不得已而用之。自古以来,穷兵极武,未有不亡者也。"④依据这一原则,李世民没动一兵一卒,和平地平息了此事。林邑

---

① 司马光:《资治通鉴》卷一九三,中华书局1976年版,第6084页。
② 司马光:《资治通鉴》卷一九二,中华书局1976年版,第6030页。
③ 参见司马光:《资治通鉴》卷一九三,中华书局1976年版,第6084页。
④ 吴兢:《贞观政要·征伐》,上海古籍出版社1978年版,第260页。

是西南的一小国,即便是对唐"不顺",也无关大局,对此采取宽容的态度是十分明智的。如果为此大动干戈,劳民伤财,这是很不合算的。又如贞观初年,岭南诸州官吏上奏说,岭表的蛮族首领冯盎等人反叛唐朝。朝中不少人主张用兵镇压。唐太宗却接受了魏征的建议,采取了和平解决的方式缓解矛盾,遣使前往抚慰,从而使"岭表悉定"。事后,李世民感慨地说,由于听从了魏征"怀之以德"的谏言,"遂得岭表无事,不劳而定,胜于十万之师。"①

李世民采取怀之以德的策略,并非一概反对战争,废除武力,而是既不"好战"又不"忘战"。他认为:"夫兵甲者,国家凶器也。土地虽广,好战则民凋;中国虽安,忘战则民殆。凋非保全之术,殆非拟寇之方,不可以全除,不可以常用。"②他认识到,穷兵黩武将使人民困苦不堪,放弃武装则将丧失防御力量。可见,要根据具体情况决定是否动用武力。

在对待突厥的问题上,李世民正是这样做的。唐初,突厥多次进犯。李世民刚即位,他们又大举进攻中原,一直打到长安附近的渭水河北岸。唐军严阵以待,突厥被迫讲和,与唐朝订盟而还。其实,在其求和之时,唐军本可以对其发动突袭取胜,但李世民考虑:"吾即位日浅,国家未安,百姓未实,且当静以抚之。一与虏战,所损甚多;虏结怨既深,惧而修备,则吾未可以得志矣。"而暂时"卷甲韬戈",麻痹敌人,使之"不复设备,然后养威伺衅,一举可灭也。"接着,李世民引用《老子》"将欲取之,必固与之"的话来说明自己的策略。③ 三年之后,唐朝国力稍强,李世民抓住战机,令将士一举击溃突厥,消除了边患。

好大喜功是中国大多数帝王的通病,争取异国的依附,"以求远服之名",这是他们所热衷的事情。而李世民却基本上遵循偃武修文的国策,在这类问题上采取谨慎的态度,避免劳烦百姓以取虚名。贞观五年,远处葱岭外的康国请求依附于唐,但李世民考虑到罹遭战乱的百姓尚未恢复元气,而康国内附后,如有急难,唐朝必须前往营救,"师行万里,岂不疲劳! 劳百姓

---

①　吴兢:《贞观政要·征伐》,上海古籍出版社 1978 年版,第 260 页。

②　吴兢:《贞观政要·征伐》,上海古籍出版社 1978 年版,第 265 页。

③　参见袁枢:《太宗平突厥》,《通鉴纪事本末》卷二十八,中华书局 1964 年版。

以取虚名,朕不为也。"他没有接受康国的要求,从而减去了一件"无益于用而糜弊百姓"的事情。①

偃武方略的实施,收效甚著。据《资治通鉴》所载,仅在贞观三年这一年,户部奏称:"中国人自塞外归及四夷前后降附者,男女一百二十余万口。"②这在当时是一个不小的数字。而此后不到二十年时间,"天下大宁,绝域君长,皆来朝贡,九夷重译,相望于道。"③因此,唐太宗曾得意地说:"昔人谓御戎无上策,朕今治安中国,而四夷自服,岂非上策乎?"④的确,贞观时期,国内稳定,边疆安宁,汉民族与少数民族、唐帝国与西域各国的交流频繁,李世民堪称中国古代帝王中能够较好地处理民族关系和中外关系的智者。而这些功绩的取得,与他运用老子慎动兵革、以柔克刚等政治智慧是密切相关的。

三、省费轻徭,宽刑简政

在政治治理中,是否符合广大民众的利益,是否尊重和顺应人性,这是评价政治、法律制度的道德正当性与伦理合理性的重要指标。在这方面,《老子》中的思考富有启示意义。文中说:"法令滋章,而盗贼多有"⑤,"民之饥者,以其上食税之多也,是以饥"⑥。统治者不顾及民众的疾苦,任意增加赋役,法令烦苛,这是导致天下不安宁和民不聊生的重要原因。贞观君臣在思考如何维持社会稳定等问题时,就充分吸取了老子这方面的政治思想资源。

贞观元年,李世民根据历史教训而对臣下说:"朕看古来帝王以仁义为治者,国祚延长;任法御人者,虽救弊于一时,败亡亦促。既见前王成事,足

---

① 参见司马光:《资治通鉴》卷一九三,中华书局 1976 年版,第 6091 页。
② 司马光:《资治通鉴》卷一九三,中华书局 1976 年版,第 6068 页。
③ 吴兢:《贞观政要·诚信》,上海古籍出版社 1978 年版,第 183 页。
④ 司马光:《资治通鉴》卷一九三,中华书局 1976 年版,第 6067 页。
⑤ 《老子》第五十七章,《二十二子》,上海古籍出版社 1986 年版,第 6 页。
⑥ 《老子》第七十五章,《二十二子》,上海古籍出版社 1986 年版,第 8 页。

是元龟。今欲专以仁义诚信为治。望革近代之浇薄也。"①从现代政治理论来看,李世民认为以仁义治天下优于"任法御人",倡导以德治国而贬低以法治民,这是典型的人治政治,其消极性显而易见。但需要厘清的是,李世民这里所说的"任法御人"并非指现代意义上的法治,而是指使用刑法制服民众。故这段话的意思还是继承了儒家任德不任刑的主张,希望革除隋朝以严刑酷法御民的"近代之浇薄",实现社会的长治久安,其历史意义是非常明显的。

这一意图在次年李世民与臣下的讨论中,更为明确地表达出来。他对待臣说:"朕谓乱离之后,风俗难移,比观百姓渐知廉耻,官民奉法,盗贼日稀,故知人无常俗,但政有治乱耳。是以为国之道,必须抚之以仁义,示之以威信,因人之心,去其苛刻,不作异端,自然安静,公等宜共行斯事也。"②显然,李世民看到,在结束战争动乱的初期,民风尚未淳朴,故需要以严法束之。但经历了拨乱反正之后,社会风俗出现转变,"渐知廉耻,官民奉法,盗贼日稀"。李世民认为,社会风俗与政治上的治乱局势密切相连,奉行"抚之以仁义"、"因人之心,去其苛刻"的"为国之道",才能够实现社会的"自然安静"。这种"为国之道"显然综合了儒家的仁义之道与道家的因顺民心、宽容不苛等主张,成为贞观君臣处理政事的基本立场。

在贞观初年,李世民与臣下讨论如何防止民众为盗这一问题时,有人主张"重法以禁之"。李世民"哂之",当即否定了这种主张,他指出民为盗的原因说:"民之所以为盗者,由赋繁役重,官吏贪求,饥寒切身,故不暇顾廉耻耳!"显然,这番话是对《老子》"法令滋章盗贼多有"、"民之饥者以其上食税之多"等告诫的吸收和应用。出于这一认识,他就从根本上提出了止盗的措施:"朕当去奢省费,轻徭薄赋,选用廉吏,使民衣食有余,则自不为盗,安用重法邪!"③李世民的止盗之策首先从对统治者自身的道德约束开始,去奢省费,廉洁去贪,这是十分明智的。正如《老子》所言,统治者的奢侈挥霍、赋役繁苛,导致民不聊生、饥寒交迫,才是产生盗贼的根本原因。如

---

① 吴兢:《贞观政要·仁义》,上海古籍出版社1978年版,第149页。
② 吴兢:《贞观政要·仁义》,上海古籍出版社1978年版,第149页。
③ 司马光:《资治通鉴》卷一九二,中华书局1976年版,第6025—6026页。

— 295 —

果仅对这些为求生存而被迫为盗的人们绳以重法,虽然能够暂时止盗,却未能从根本上解决问题。而政府官员如若率先垂范,厉行节约,切实减轻人民的负担,让民众休养生息,衣食无虞,则民众必然"自不为盗"。这的确是从根本上治理民为盗之上策,据史料记载:"自是数年之后,海内升平,路不拾遗,外户不闭,商旅野宿焉。"①

从这一基本立场出发,唐初统治者在制定国家的法律和政治经济制度时,就注意将减轻民众的负担作为首先考虑的因素。在贞观前期,统治者较注意减轻人民的经济负担,主要表现在轻徭方面。因久经战乱,国库空虚,做到薄赋是有困难的。李世民非常明白这一点,故他把轻徭作为与民休养的主要手段。他说:"自朕有天下以来,存心抚养,无有所科差,人人皆得营生,守其资财,即朕所赐。向使朕科唤不已,虽数资赏赐,亦不如不得。"②

为了更有力地落实施轻徭薄赋的政策,李世民不但自己不滥征役,而且还运用法律手段来约束官吏滥征徭役。在《唐律》中,就专门有对"非法兴造"处罚的规定:诸非法兴造及杂徭役,驱使十庸以上者,以坐赃罪论处。

轻徭的实现,一方面使人民能够将时间较多地用于生产,发展经济,并使自身获得较多的生活必需品;同时,由于劳役的减少,百姓生活安定,便可以减少一些额外的花费,保持相对稳定的生活水平。

鉴于隋朝令烦刑重的恶果,唐初统治者在刑律方面亦作出了一些轻刑简政的改革。早在唐高祖李渊在太原起兵时,"即布宽大之令","尽削大业所用烦峻之法"。③ 李世民刚即位,就下诏说:"有隋御宇,政刻刑烦,上怀猜阻,下无和畅……自今以后,宜革前弊,庶上下交泰,品物咸通,布告天下,使知朕意。"④一改隋制之苛,实施轻刑方针。他专门与属下讨论落实宽简刑法的有效措施,探讨如何在断狱时"得使平允"。为了避免司法部门为求政绩而在断案时过于严苛的倾向,李世民采纳了谏议大夫王珪的建议,"选公

---

① 以上引文均见司马光:《资治通鉴》卷一九二,中华书局 1976 年版,第 6026 页。
② 吴兢:《贞观政要·政体》,上海古籍出版社 1978 年版,第 21 页。
③ 刘昫等:《刑法志》,《旧唐书》卷五十,中华书局 1975 年版,第 2133—2134 页。
④ 刘肃:《大唐新语》卷十,中华书局 1984 年版,第 148 页。

直良善人,断狱允当者,增秩赐金,即奸伪自息"①。

李世民不但适度地轻刑,还能注意及时纠正在实际执法过程中量刑过重的偏向。贞观十一年,他发觉"近时刑网稍密",便责问主管刑法的大理寺卿刘德威。刘指出,这里的原因"在主上,不在群臣。人主好宽则宽,好急则急。……今失入无辜,失出更获大罪"。即官吏量刑时,如失之过严则无事,而失之过宽,则自身将获罪受罚。因此,官吏为了免遭量刑过宽所带来的罪名和处罚,便"竟就深文",争相对犯人绳以重法。刘德威还根据自己的经验而提出建议说,纠正这一偏向的办法在于,对断罪过宽或过严的官吏"一断以律",统统加以处罚,"则此风立变矣"。李世民接受并听从了他的建议,"由是断狱平允",②较好地落实了轻刑的政策。

特别是在死刑判决的问题上,李世民更是采取了非常慎重的态度。根据《贞观政要》的记载,早在贞观元年,李世民就曾告诫侍臣说:"死者不可再生,用法务在宽简"。为了防止滥杀无辜,他还下令说:"大辟罪皆令中书、门下四品以上及尚书九卿议之。如此,庶免冤滥。"轻刑政策的实施,让民众获得了一个相对宽松的环境,至贞观四年,"断死刑,天下二十九人,几致刑措"③。

当然,作为手操生杀大权的帝王,李世民在死刑问题上还是犯下错误。贞观五年时,一个名叫李好德的人因患精神病,"妄为妖言"。唐太宗下令查办此事。大理丞张蕴古认为李氏"癫病有征,法不当坐"。但有人劾奏说,张蕴古是相州之人,李好德之兄长李厚德是相州刺史,张蕴古"情在阿纵,按事不实"。李世民闻言而怒,"命斩之于市,既而悔之"。又有交州都督卢祖尚,由于违背李世民之旨而在朝堂上被拉出去斩首,"帝亦追悔"。鉴于这两次轻率杀人之过,李世民特此而下诏:"凡决死刑,虽令即杀,仍三覆奏。"但不久他又感到反复三次奏请亦太仓促,"虽三覆奏,须臾之间,三覆奏便讫,都未得思,三奏何益?"于是,进一步将死刑的三复奏改为两日之

---

① 吴兢:《贞观政要·刑法》,上海古籍出版社1978年版,第239页。
② 以上引文均见司马光:《资治通鉴》卷一九四,中华书局1976年版,第6126页。
③ 以上引文均见吴兢:《贞观政要·刑法》,上海古籍出版社1978年版,第239页。

中反复五次奏请,下面各州的案件要反复三次奏请。① 力图从制度层面促进判决死刑时有充分的时间进行详熟而周全的考量,防止滥杀无辜的现象发生。

他还特就此事对侍臣说:"人命至重,一死不可再生……朕怒杀之,后亦寻悔,皆由思不审也。"他进而规定,从今以后,通知掌管皇帝膳食的部门,死刑执行日不要上酒肉,内教坊以及太常停止娱乐。还要求门下省覆理案件,如有根据法律当判死刑但却情可宽宥的人,要记录情况上奏。"自是全活者甚众"。②

至贞观十六年,李世民又与掌管刑狱的大理卿孙伏伽反复强调要防止主狱者草菅人命,他说:"朕常问法官刑罚轻重,每称法网宽于往代。仍恐主狱之司,利在杀人,危人自达,以钓声价,今之所忧,正在此耳!深宜禁止,务在宽平。"③以上诸多事例皆充分体现出李世民对老子贵生慎杀主张的践履。

简政的措施则主要包括两方面:一是不轻易变制,以保持政策的稳定性;二是精简法律条文。李世民认识到,如果法令缺乏稳定性,朝令夕改,就会烦劳官民并造成诸多弊病。他多次告诫司法部门说:"法令不可数变,数变则烦,官长不能尽记,又前后差违,吏得以为奸。自今变法,皆宜详慎而行之。"④"国家法令,惟须简约,不可一罪做数种条。格式既多,官人不能尽记,更生奸诈,若欲出罪即引轻条,若欲入罪即引重条。数变法者,实不益道理,宜令审细,勿使互文。"⑤的确,法令繁苛多变,必然为奸吏鱼肉百姓、贪赃枉法提供便利,更使人民动辄得咎,无所适从,天下自然难得太平。因此,贞观时期比较注意法律的稳定性,在制定制度、法律时,没有刻意标新立异或对前朝的制度大刀阔斧地修改,而是保留了不少合理的制度。如在政治领域中沿袭了隋朝的中央政府中枢三省六部制,在文化教育领域中继承了

---

① 参见刘昫等:《刑法志》,《旧唐书》卷五十,中华书局 1975 年版,第 2139—2140 页。
② 刘昫等:《刑法志》,《旧唐书》卷五十,中华书局 1975 年版,第 2140 页。
③ 吴兢:《贞观政要·刑法》,上海古籍出版社 1978 年版,第 250 页。
④ 司马光:《资治通鉴》卷一九四,中华书局 1976 年版,第 6124 页。
⑤ 吴兢:《贞观政要·赦令》,上海古籍出版社 1978 年版,第 251 页。

隋朝的科举制,在经济领域中所推行的均田、府兵、租税等制度,基本上也是在隋制的基础上加以变通、完善。

轻刑简政的原则还在李世民主持制定的《唐律》中得到了贯彻,简约、宽容是这部国家法律的重要特点。仅死刑条目,就比古代的死刑减去了一半,和隋代《开皇律》相比,减死刑 92 条,减流刑为徒刑的 71 条,并废除了断指等酷刑,“凡削繁去蠹,变重为轻者,不可胜纪”①。这些措施,对于安定民心,稳定社会秩序是卓有成效的。据史料所载,至贞观四年时,全国的犯罪率大大降低,全年仅仅“断死刑二十九人,几致刑措。东至于海,南至于岭,皆外户不闭,行旅不赍粮焉”②。

四、抑情损欲,俭约去奢

少私寡欲、俭约去奢是《老子》清静无为政治伦理原则在生活层面的具体体现,对于为政者来说,这也是不容忽略的重要方面。因为欲求天下安宁,首先须使人民衣食丰足,没有过重的经济负担。而要减轻人民的经济负担,其关键又在于统治者自身抑情损欲,去奢省费。李世民看到了这一点,并将其与国家之安危联系起来,他曾对臣下说:“夫欲盛则费广,费广则赋重。赋重则民愁,民愁则国危,国危则君丧矣。”正因如此,他常以此为戒:“朕常以此思之,故不敢纵欲也。”③他还说:“君多欲,则民苦,朕所以抑情损欲,克己自励耳。”④

从词义上分析,“欲”指的是想要、希望或想得到某种东西、达到某种目的要求。作为一个胸怀大志的君主,李世民当然会有很多追求和想法,显然,他这里所说的“损欲”,并非泛指减损所有的希望或要求,更非放弃政治上有积极意义的追求目标,而是要节制个人的享乐欲望,“不敢纵欲”。以

---

① 刘昫等:《刑法志》,《旧唐书》卷五十,中华书局 1975 年版,第 2136、2138 页。
② 刘昫等:《太宗本纪》下,《旧唐书》卷三,中华书局 1975 年版,第 41 页。
③ 以上引文均见司马光:《资治通鉴》卷一九二,中华书局 1976 年版,第 6026 页。
④ 吴兢:《贞观政要·务农》,上海古籍出版社 1978 年版,第 237 页。

下史实就是这方面的一个实际例证:贞观二年秋,臣下认为宫中卑湿,建议李世民修造一阁以居之。李世民患有气病,不宜居低下潮湿之处,但他考虑到修建楼阁"靡费良多",并追思汉文帝当年将起露台而惜十家之产一事,认为"朕德不逮于汉帝,而所费过之,岂谓为民父母之道也"①,故没有接受修阁的建议。

作为合格的国家最高行政长官,当然需要在治国安民、造福民众方面有其所欲,有所作为,这就需要兴师动众,故不可避免地会造成"民苦"。但这种付出却是必要的,因为眼前的付出是为了更为长久、更为广泛的福祉,这与为满足一己之私欲而劳民的行为是有天壤之别的。李世民对于两者的分界有非常清楚的认识,贞观元年,李世民计划营造一座宫殿,材料皆备,但"远想秦皇之事,遂不复作也"。何以如此? 李世民曾向臣下表白放弃营造计划的缘由说:"自古帝王凡有兴造,必须贵顺物情。昔大禹凿九山,通九江,用人力极广,而无怨讟者,物情所欲,而众所共有故也。秦始皇营建宫室,而人多谤议者,为徇其私欲,不与众共故也。朕今欲造一殿,材木已具,远想秦皇之事,遂不复作也。"可见,李世民并非反对一切兴造之事,而是坚持"贵顺物情"、"众所共有"的原则。大禹治水和秦始皇营建宫室虽然皆为劳民之举,但却出于为民和为己的不同动机,故导致完全不同的结果。可见,为政者能否顺应民心,能否与民分享成果,的确关乎兴亡,这从以上一正一反的典型事例中不难得出结论。

在司马光所编《资治通鉴》中亦记载了这段史事,但文字略有不同,而这不同之处亦值得玩味。其文曰:"昔禹凿山治水,而民无谤讟者,与人同利故也。秦始皇营造宫室,而民怨叛者,病人以利己故也。夫美丽珍奇,固人之所欲,若纵之不已,则危亡立至。朕欲营一殿……鉴秦而止。王公以下宜体朕此意。"②在这段文字中,强调了"与人同利"和不能"病人以利己"的原则,同时也在一定程度上承认人类追求美丽珍奇等物质欲望的合理性,但又指出对其无度放纵物欲的恶果,特别是李世民在文中要求王公贵族"宜

---

① 刘昫等:《太宗本纪上》,《旧唐书》卷二,中华书局1975年版,第35页。
② 司马光:《资治通鉴》卷一九二,中华书局1976年版,第6041页。

体朕此意",试图以此教育政治集团中更多的成员,与他们分享以史为鉴的体会。从史料考据的一般原则来说,唐代史学家和谏臣吴兢在开元时期所编撰的《贞观政要》在年代上与李世民所处年代相距最近,故书中的记载当然较之宋人司马光更为准确。《资治通鉴》与《贞观政要》的上述相关记载在本质上虽差别不大,但在内涵上有所拓展,这大约是编撰者司马光的加工与发挥,不仅体现出其以史资治的良苦用心,同时也可看出此事对于后世的积极影响。

这一事例正是李世民践行《老子》崇俭寡欲的典范,随之,他联系这件事而引用《老子》的原文教育臣下说:"古人云:'……不见可欲,使民心不乱'。固知见可欲,其心必乱矣。至于雕镂器物,珠玉服玩,若恣其骄奢,则危亡之期可立待也。"接着,他将寡欲的思想落实为具体的制度,下令"自王公以下,第宅车服、婚嫁丧葬,准品秩不合服用者,宜一切禁断"。①

老子和李世民都将"不见可欲"作为止乱的方案,这一认识固然是片面的。因为民心乱的根本原因并不是"见可欲",而是统治者本身的穷奢极欲加重了劳动人民的负担,导致民不聊生、大乱四起的局面。不过,李世民由此而将禁奢寡欲的主张推及、落实到封建统治集团的成员以及他本人的身上,这一做法却是值得肯定的。

在生产力低下、生活用品有限的封建社会,知止知足的思想对保持社会安定起着很大的作用。一方面,它使劳动人民安于贫困,逆来顺受,这对社会发展未必不是一种消极因素。但另一方面,对统治者而言,这一思想又有着积极的一面。因为封建统治者那无边的欲壑,将吞没巨额的人力、物力,将耗费众多能工巧匠的聪明才智,给人民带来贫困、饥饿、灾难和死亡,严重阻碍社会生产力的发展。君主如果能够知止知足,抑情损欲,这对社会经济的健康发展又将起到有益的作用。

李世民还以"多藏而速祸"的道理倡导薄葬,诲人节俭。他下诏说:前代帝王中实行厚葬的人"莫不因多藏而速祸,由有利而招辱"。他告诫人

---

① 吴兢:《贞观政要·俭约》,上海古籍出版社1978年版,第185页。

们:"由此观之,奢侈者可以为戒,节俭者可以为师矣。"①他不仅教育别人,且身体力行。长孙皇后去世后,他赞同并遵从其薄葬的遗言,并为其文曰:"王者以天下为家,何必物在陵中,乃为己有。今因九嵕山为陵,凿石之工才百余人,数十日而毕。不藏金玉,人、马、器皿皆用土木,形具而已……当使百世子孙奉以为法。"②为了防止子孙在自己百年之后习于流俗,劳扰百姓,他特意预为终制,"以汉世豫作山陵,免子孙苍(仓)猝劳费,又志在俭葬,恐子孙从俗奢靡……自为终制,因山为陵,容棺而已"③。的确,后人看到,其寝宫内的遗物仅"梳箱一,柞木梳一,黑角篦一,草根刷子一",以"传示子孙,永存节俭"。④ 李世民虑及身后,节俭自律,且严教子弟,这不仅只是一种个人生活上的美德,更显示出杰出的政治远见。

由于李世民较能节欲崇俭,因而上行下效,"由是二十年间,风俗简朴,衣无锦绣,公私富给"⑤。历史文献上的这些记载虽可能有夸张之处,但基本上是可信的。

五、谦下纳谏,去诈守朴

虚怀谦下、去诈守朴是老子所倡导的为人处世之道,更是他所推崇的为政者的个人政治道德。《老子》告诫为政者说:"果而勿骄,果而勿矜,果而勿伐。"⑥"不自见,故明;不自是;故彰;不自矜,故长。"⑦"以智治国,国之贼;不以智治国,国之福。"⑧"不敢为天下先。"⑨这些主张应用在政治领域,就是要求君主不专横自是,不玩弄智诈,而是以诚信待人,尊重下属,谦下纳

① 吴兢:《贞观政要·俭约》,上海古籍出版社1978年版,第188页。
② 司马光:《资治通鉴》卷一九四,中华书局1976年版,第6122页。
③ 司马光:《资治通鉴》卷一九四,中华书局1976年版,第6126页。
④ 洪迈:《容斋续笔》卷十四,中华书局2005年版,第387页。
⑤ 司马光:《资治通鉴》卷一九二,中华书局1976年版,第6041页。
⑥ 《老子》第三十章,《二十二子》,上海古籍出版社1986年版,第3页。
⑦ 《老子》第二十二章,《二十二子》,上海古籍出版社1986年版,第3页。
⑧ 《老子》第六十五章,《二十二子》,上海古籍出版社1986年版,第7页。
⑨ 《老子》第六十七章,《二十二子》,上海古籍出版社1986年版,第8页。

谏,分职放权。

在这一方面,李世民做得相当突出。他认识到:"凡为天子,若惟自尊崇,不守谦恭者,在身倘有不是之事,谁肯犯颜谏奏?"因此,他要求自己"常怀畏惧","自守谦恭"。① 在他言志的诗歌《帝京篇》第十首中,更是可以看到这种为政理念,诗中说:"人道恶高危,虚心戒盈荡。奉天竭诚敬,临民思惠养;纳善察忠谏,明科慎刑赏。"在李世民的政治实践中人们可以看到,他没有空发大言,而是将这些政治抱负付诸实行。

在即位之初,李世民就召见臣下张玄素,"访以政道"。张氏指出,隋室丧乱的重要原因是"其君自专",因而"其法日乱"。他分析说,君主"自专庶务,日断十事而五条不中……况一日万机,已多亏失,以日继月,乃至累年",日积月累,乖缪益多,"不亡何待"。同时他指出:"如其广任贤良,高居深视,百司奉职,谁敢犯之!"②魏征亦多次提醒李世民:"人君虽圣哲,犹当虚己以受人,故智者献其谋,勇者竭其力。炀帝恃其竣才,骄矜自用,故口诵尧舜之言,而身为桀纣之行,曾不自知,以至覆亡也。""人君兼听广纳,则贵臣不得壅蔽,而下情得以上通也。"③他还指出,君主如能注重自身的道德修养,"知足"、"知止"、"谦冲"、"慎始",使众人各尽其才,就可达到"不言而化"的境界。因此,魏征劝唐太宗,"何必劳神苦思,代下司职,役聪明之耳目,亏无为之道哉!"④侍臣张行成也曾上谏,以"汝惟不矜,天下莫与汝争能"等警句劝诫李世民不要自矜逞能,不要与臣下争功。⑤ 这些话语显然与《老子》"无为而无不为"、"夫唯不争故天下莫能与之争"等治国智慧一脉相承,反映出朝野上下对于道家治道的尊崇和践行。还值得一提的是,张氏"汝惟不矜,天下莫与汝争能"一语一字不差地再现于司马光所作的《道德真经论》中,这是司马光对于《老子》"夫唯不居,是以不去"一句所作的阐论,其文曰:"汝惟不矜,天下莫与汝争能;汝惟不伐,天下莫与汝争功。"由

① 以上引文均见吴兢:《贞观政要·谦让》,上海古籍出版社1978年版,第191页。
② 刘昫等:《张玄素传》,《旧唐书》卷七十五,中华书局1975年版,第2639页。
③ 吴兢:《贞观政要·君道》,上海古籍出版社1978年版,第2页。
④ 吴兢:《贞观政要·君道》,上海古籍出版社1978年版,第9页。
⑤ 刘昫等:《张行成传》,《旧唐书》卷七十八,中华书局1975年版,第2704页。

此可见此语与《老子》思想的密切关系,其对于上层管理者的影响之深,于此也可见一斑。

李世民不但接受了魏征等人的意见,并且联系隋文帝独揽大权、劳神苦形的弊病,将其视为隋朝灭亡的重要教训。他总结说:"文帝不明而喜察。不明则照有不通,喜察则多疑于物,事皆自决,不任群臣。天下至广,一日万机,虽复劳神苦形,岂能一一中理!群臣既知主意,唯取决受成,虽有愆违,莫敢谏争,此所以二世而亡也。"出于对这一反面教材的认识,李世民采取了截然不同的态度。他说:"朕则不然,择天下贤才寘之百官,使思天下之事,关由宰相,审熟便安,然后奏闻。"①李世民这种调动臣下之积极性,使之各司其职的做法是很高明的。因为君主以一人之身心,理天下之万机,当然不能"一一中理",而且,君主每事自决,不任群臣,非但不能妥善地处理政事,而且还将培养臣下唯唯诺诺、取决受成的恶习。君臣如此,何能不亡!

隋文帝、隋炀帝的悲剧,使李世民认识到求谏纳谏与王朝生死存亡的密切联系,他将这一道理反复阐明,以督促臣下直言上谏。他说:"自今诏敕行有未便者,皆应执奏,毋得阿从,不尽已意。"②"若君自贤,臣不匡正,欲不危亡,不可得也。君失其国,臣亦不能独全其家。"③

李世民不仅自己求谏纳谏,还以之教育后代。他曾以曲木为例,启发太子体悟纳谏的重要性。他说'此木虽曲,得绳则正,为人君虽无道,受谏则圣。"他还告诫荆王元景、汉王元昌、吴王恪、魏王泰诸子说,必须"拣择贤才,为汝师友,须受其谏诤,勿得自专"。④

由于李世民的积极倡导,遂开一代诤谏之风,出现了大批敢于直言上谏的直臣。据清代著名史学家赵翼考证,贞观时期除了被唐太宗誉为使之"知得失"的"明镜"——魏征之外,见于史书的直谏者还有薛收、孙伏伽、温彦博、虞世南、马周等十多人。甚至有的上谏者将唐太宗与隋炀帝和桀、纣

---

① 以上引文均见司马光:《资治通鉴》卷一九二,中华书局 1976 年版,第 6080 页。
② 司马光:《资治通鉴》卷一九二,中华书局 1976 年版,第 6080 页。
③ 吴兢:《贞观政要·君臣鉴戒》,上海古籍出版社 1978 年版,第 77 页。
④ 吴兢:《贞观政要·教诫诸王》,上海古籍出版社 1978 年版,第 128 页。

相比时,李世民也不与之计较,采取择其善者而从之的态度。① 尽管李世民有时(特别是在他的晚年)也有拒谏的情形发生,但总的说来,他在求谏纳谏方面是做得很突出的。

除了君主要虚心求谏纳谏之外,谦下不争的政治道德更要求君主不与臣下争功,不居功自傲。这是一种君主和臣僚共理天下的政治气度,反映出对大权独揽的封建专制制度的某种调整意向。李世民在这方面亦值得称道。例如,在贞观四年,魏征提出的"偃武修文"方略已大见成效,唐太宗没有将这一切归功于自己,而特别指出,这是魏征的功劳,"其功岂独在朕乎"!②

贞观六年,李世民又宴请三品以上的官员,再次表达了"共理天下"的理念。他说,他与诸位共理天下,大家各尽忠诚,如今"中外乂安,皆公卿之力"。在推功于众人的同时,他又告诫众臣不能自矜强盛,他说:"隋炀帝威加夷夏,颉利跨有北方……今皆覆亡,此乃公等所亲见,勿矜强盛以自满也!"③

李世民谦下不争的作风促使他较好地协调了与统治集团其他成员之间的关系,更有利于调动臣下的积极性,对照《道德经》的一系列思想主张,我们可以发现,李世民的政治作风与之是相当一致的。

去诈守朴是李世民在与臣下相处时所持守的另一政治道德。他认识到,要达到无为而治的理想政治局面,必须让官员各当其任:"使得各当所在,则无为而治矣。"④那么,如何才能使官员"各当所任"呢? 正确地发现和选择使用人才固然是重要的条件,然而更紧要的是,君主要信任臣下,敢于放手让官员"各当所任"。像隋文帝父子那样喜察多疑,只能是"事皆自决,不任群臣"。这就要求君主以诚信驭下,而不玩弄智诈,这应该也是老子反对"以智治国",倡导"绝圣去智"、"不以智治国"等政治伦理主张的深

---

① 参见赵翼:《廿二史劄记校证》,王树民校证,中华书局1984年版,第394页。
② 司马光:《资治通鉴》卷一九三,中华书局1976年版,第6085页。
③ 司马光:《资治通鉴》卷一九三,中华书局1976年版,第6097页。
④ 吴兢:《贞观政要·择官》,上海古籍出版社1978年版,第87页。

意。① 这种不用智诈的做法其实才真正是大智若愚的政治智慧,唯其如此,君主才能真正赢得臣下的真心拥戴和辅佐,形成上下协力同心的和谐政治局面。它迥异于以往那种随意支配臣民,甚至处心积虑地将其把玩于股掌的"君术",体现出老子对管理对象的尊重以及对君臣上下和谐与共之政治局面的期盼,其中的政治伦理意蕴不可低估。

汉代的《老子河上公章句》在这一问题上深契老子之意,书中阐释"以智治国,国之贼;不以智治国,国之福"这句话语时说:"使智慧之人治国,必远道德,妄作威福,为国之贼。不使智慧之人治国之政事,则民守正直,不为邪饰,上下相亲,君臣同力,故为国之福也。"书中是这样理解《老子》中的"智"和"愚"的:"智"和"伪诈"等意思相近,而"愚"则是"质朴"的同义词。河上公在解释《老子》中"将以愚之"一句时说:"将以道德教民,使质朴不伪诈也。"②

魏征在编辑《群书治要》时,正是在众多注《老子》作品中选择了《老子河上公章句》。《群书治要》乃是贞观初年魏征、虞世南等人奉李世民之命而汇编成的经典,书中整理历代帝王治国资政之史料,撷取先贤修齐治平之精要,是贞观君臣施政的重要参考。故我们可以推断,贞观君臣对《老子河上公章句》的思想较为熟悉,该书中的观点对他们是有影响的。

的确,老子与河上公所倡导的守朴弃诈原则为贞观君臣所继承和运用。李世民在政治生活中秉持去智守朴的原则,不滥施权术,不猜忌苛察。有一次,有人向李世民献上识别佞臣的方法:"与群臣言,或阳怒以试之。彼直理不屈者,直臣也;畏威顺旨者,佞臣也。"李世民拒绝了这样的智诈之术,并说出了一番至今依然不失启示意义的道理。他说:"君,源也;臣,流也;浊其源而求其流之清,不可得矣。君自为诈,何以责臣下之直乎!朕方以至诚治天下,见前世帝王好以权谲小数接其臣下者,常窃耻之。卿策虽善,朕不取也。"③在政治生活实践中,人们常可看到,君主对臣下猜忌苛察,臣下

① 参见《老子》第十九章、第六十五章,《二十二子》,上海古籍出版社 1986 年版,第 2、7 页。
② 以上引文均见王卡点校:《老子道德经河上公章句·淳德第六十五》,中华书局 1993 年版,第 254—255 页。
③ 司马光:《资治通鉴》卷一九二,中华书局 1976 年版,第 6035 页。

就会重重设防以应对,君臣之间必然隔阂日深,是非横生,无端地损耗彼此的智慧和精力。李世民深知此弊,他说:"倘君臣相疑,不能备尽肝膈,实为国之大害也。"①

因此,在政治实践中,李世民注意以诚信待下,例如他大胆地选拔和委任原来的政敌建成、元吉的旧属,魏征、王珪、韦挺等人被重用就是突出的例子。对原来参与谋害自己的东宫旧党"数百千人",李世民竟"复引居左右近侍,心术豁然,不有疑阻"②。这些做法与隋文帝"好为小数,不达大体"③的行为正好形成了鲜明的对照。

由于李世民采取诚信待人的态度,因而争取了人心,化解了矛盾,稳定了局势,消除了隐患,为贞观时期政治上的安定局面奠定了基础。

六、渐不克终,深贻教训

道家治道特别是其中的政治伦理主张对政治主体是一种自我的全面约束。如前所述,唐初统治者之所以能够在一定程度上践行这些伦理道德要求主要是慑于隋末农民起义的巨大威力和隋朝灭亡之教训,而在兴唐反隋政治实践中的切身体会也加深了他们对道家政治智慧的体悟和认同。在这种特定的政治历史背景下,李唐统治集团选择了道家政治伦理文化。但由于这种选择主要是迫于客观形势,因此,当迫使他们进行自我约束的客观条件一旦改变,当他们感到手中积蓄了一定的财力、物力和人力时,那压抑的私欲就开始膨胀,他们就开始背道而行之了。

唐太宗早期和晚期的作为,就充分地说明了,在封建专制的政治环境中,道德文化的践行机制是相当脆弱的。在这里,不仅存在着人们常说的"人存政举、人息政亡"的常规现象,即使是在同一个行为主体的不同时期,道德践行的状况也存在着巨大的差异。

---

① 吴兢:《贞观政要·政体》,上海古籍出版社 1978 年版,第 16 页。
② 吴兢:《贞观政要·政体》,上海古籍出版社 1978 年版,第 24 页。
③ 魏征:《高祖本纪》下,《隋书》卷二,中华书局 1973 年版,第 54 页。

在这一问题上,魏征对于李世民的观察和分析是相当中肯和深刻的。在贞观十三年,他向李世民呈上谏书《十渐不克终疏》,从十个方面指出了李世民道德上的蜕变倾向。文中批评说,晚年的李世民由从前的"无为无欲,清静之化",变为"求骏马于万里,市珍奇于域外";由"役己以利物",变为"纵欲以劳人";由"爱民犹子,每存简约,无所营为",变为"纵欲以劳人";由"捐金抵璧,返朴还淳",变为"好尚奇异难得之货,无远不臻";由"求贤若渴",变为"由心好恶";由"屈己从人",变为"负圣智之明,心轻当代"。同时,他还批评李世民在道德践行方面言行不一,"虽忧人之言不绝于口,而乐身之事实切诸心"。① 以上只是魏征上太宗的《十渐不克终疏》中所指出的几个方面,某些言词虽有过激之处,但基本上是有根据的。

唐太宗见疏后,虽有所收敛,但却再也难现贞观前期的气派。例如,贞观十九年,曾经以兼听纳谏而著称的李世民居然由于怀疑谏臣刘洎在背后贬责自己,而以"谋执朝衡"的罪名逼刘洎自杀。又如,在贞观二十一年,李世民感觉京城闷热而在临潼修筑翠微宫。三个月后又嫌宫室小气,有损大唐威仪,竟然重修玉华宫,耗费白银数亿。贤内助长孙皇后去世后,他沉湎于酒色,甚至连守寡的弟妹元吉之妻也不放过。在临终的前一年,李世民也作出自我反省说:"锦绣珠玉不绝于前,宫室台榭屡有兴作,犬马鹰隼无远不致,行游四方,供顿烦劳……此皆吾之深过也。"②

李世民践行道家政治伦理却又渐不克终的历史事实,为后人留下了值得认真总结的经验和教训。

一方面,我们看到了伦理道德的作用和力量:当各种社会历史因素促使贞观君臣选择了道家思想后,在道家的政治伦理道德的熏陶和价值导向的影响下,贞观君臣比中国封建社会的大多数帝王将相拥有更多的道德良知和社会责任感。在道德的激励下,他们较为深刻地认识到隋王朝统治者的道德缺失或非正义性,较为中肯地分析了隋王朝政治、经济制度以及现实社会的种种弊端,从而"克己自励"、"勿得自专",废除了一些"无益于用而糜

① 以上引文均见吴兢:《贞观政要·慎终》,上海古籍出版社1978年版,第296—300页。
② 司马光:《资治通鉴》卷一九八,中华书局1976年版,第6251页。

弊百姓"的劳役,实施了"去奢省费,轻徭薄赋"、"削繁去蠹,变重为轻"的改革,从而促使社会出现了良性的变迁。这些事实向人们凸显出道家治道对于制度改革的促进作用,并为我们提供了在这些政治伦理智慧指引下人们如何产生变革意识、进而推动制度改革的经验。

另一方面,我们又看到了道家治道及其政治道德作为一种软性控制力量的局限性:在人治政治模式下的中国封建社会,既缺乏真正的法治秩序,又未能从制度的层面来保证道家政治伦理主张的实施。在这一背景下,道家所倡导的俭啬寡欲、谦下不争、清静无为等政治伦理道德要求能否对政治主体产生影响和制约,能产生多大的影响和制约,只能取决于统治集团中具体个人自身的道德感悟能力及其对于这些理论的认同程度。伦理道德的践行只能依赖于道德主体的内在自觉和政治道德素质,取决于当时的诸多社会历史机遇或特定的政治、经济环境,而这当然是极不可靠的。

贞观君臣虽然在道家治道及其道德文化的指导下于政治、经济领域以及部分刑法制度方面作出了一些调整和改革,也收到了较好的效果。但总的来说,这些政治智慧转化为制度安排的范围是相当有限的,而且,由于缺乏与之相应的配套制度,故改革的成果难以在制度层面扎下根来。而任何高明的政治智慧如果不能落实到制度层面,形成一套稳定的制度安排,必然难以为继,更难以在较大的范围内被政治主体所践行而发挥其应有的作用。

更需要指出的是,贞观君臣在政治、经济等方面作出的所有调整或改革完全是在封建专制制度这一政治环境中进行的,而至高无上、毫无制约的专制皇权本身就是践行道家治道及其伦理道德的最大障碍。专制皇权是一种不受监督、制衡、弹劾、罢免的至高无上的绝对权力,是超越法律之上的特权,这种特权对于伦理道德是一种极强的腐蚀剂。"绝对的权力导致绝对的腐败",19世纪英国阿克顿勋爵的这句名言同样适用于理解李世民现象。

李世民虽然可以称得上是一代明君,但为阶级本质和人性所固有的弱点所决定,一旦他拥有了不受制约和监督的绝对权力,一旦迫使他进行自我约束的客观条件消失之后,他就不可避免地由"无所营为"走向"纵欲以劳人",由"捐金抵璧"走向"好尚奇异难得之货",由"屈己从人"走向"心轻当代"。李世民这一历史人物的教训对于当代中国人依然具有警示意义。

第十四章　唐玄宗对老子治道的
研习与践行

　　李唐皇室追尊老子为远祖,认道教为本家,尊老崇道,将道学奉为治国、处世、修身养性的指导思想。继李世民之后,唐代统治者继续奉行尊崇老子和道教的政策。唐高宗下诏在全国各地修建道观,又参拜老君庙,给老子加封"太上玄元皇帝"尊号,规定百官王公皆要学习《道德经》。高宗和睿宗都曾选送女儿当女道士,并信用道士叶法善等人。武则天出于政治需要一度贬道尊佛,但睿宗又改为"齐行并集"。到了唐玄宗李隆基统治时期,更是形成了崇道的高潮。李隆基亲自研究道家原著并对其进行注疏和概括总结。听政之暇,他常读《道德经》等道家著作,并多次在宫中召群臣讲授《道德经》;又命令臣下"各须详读"。他将《道德经》奉为既可"兼济天下",又能"自全于己"的人生指南,特别是对于"有位者"来说,他认为如不钻研和遵循《道德经》,则不能致治,他说:"道者众妙之门,而心者万事之统,得其要会,远可以兼济于人,识其指归,近亦能自全于己。故我玄元皇帝著《道德经》五千文,明乎真宗,致乎妙用,而有位者未之讲习,不务清静,欲令所为之政,何从而至于太和者耶?"[1]显然,在他的心目中,为政者研习与践行《道德经》之旨乃是通往善政的必由之路。

　　作为日理万机的君主,他在处理政务之余撰写出《道德经注》、《道德经疏》、《道德经疏外传》等十多万字的著述。为了便于掌握老子的主要思想,他总结归纳《道德经》的大旨说:此书"其要在乎理身理国,理国则绝矜尚华

---

[1]　宋敏求编:《唐大诏令集》卷八十六,商务印书馆 1959 年版,第 495 页。

薄，以无为不言为教。故经曰：'道常无为而无不为，侯王若能守，万物将自化。'又曰：'我无为而人自化，我无事而人自富，我好静而人自正，我无欲而人自朴。'理身则少思寡欲，以虚心实腹为务，故《经》曰：'常无欲以观其妙。'又曰：'不贵难得之货，不见可欲。'又曰：'塞其兑，闭其门，挫其锐，解其纷'，而皆守之以柔弱雌静，故《经》曰：'柔胜刚，弱胜强。'又曰：'知其雄，守其雌。'此其大旨也。"①

　　李隆基注疏《道德经》受到唐代盛行的道学重玄学的影响。重玄学既是一种思辨性很强的哲学理论，又具有很强的实践性、操作性。它既不同于坐而论道、纯粹思辨的玄学，又超越了囿于操作层面的道教修行方法，而是虚实并重，学用结合，在注重学理层面的建构和学习的同时，也将其理论用于指导修行和政治治理实践。因此，李隆基既认识到《道德经》中蕴含着"穷理尽性……损之又损，玄之又玄"等不可言传的玄理②，强调为学者初入门时一方面必须"因学以知道"、"因言悟道"、"因言以诠道"，通过圣人进行"言教"，引导众人体悟大道，故言教的最终目的是悟道："夫言者，在乎悟道，悟道则妄言。"③另一方面，他又认为不能停留在为学或玄思范围内，只有通过亲证实践的修行才是最好的悟道之途："悟教之善，在于修行，行而忘之，曾不执滞。"④强调修行只是悟道的手段，而不能执滞于此，"行无行相"、"行而忘之，曾不执滞"才是"善行"。⑤ 他亲自撰著的《道德经疏》正是这样一部理论与实践紧密相结合而"不执滞"的范本，更重要的是，他将这些从老学"大旨"中寻求的"理身理国"之道运用于社会政治实践中。

---

　　① 唐玄宗：《唐玄宗御制道德真经·序》，载刘韶军：《〈老子〉御批点评》，湖南人民出版社1997 年版，第 473—474 页。

　　② 唐玄宗：《唐玄宗御制道德真经·序》，载刘韶军：《〈老子〉御批点评》，湖南人民出版社1997 年版，第 474 页。

　　③ 唐玄宗：《唐玄宗御制道德真经疏·希言自然章》，载刘韶军：《〈老子〉御批点评》，湖南人民出版社 1997 年版，第 152 页。

　　④ 唐玄宗：《唐玄宗御制道德真经疏·信言不美章》，载刘韶军：《〈老子〉御批点评》，湖南人民出版社 1997 年版，第 466 页。

　　⑤ 唐玄宗：《唐玄宗御制道德真经疏·善行无辙迹章》，载刘韶军：《〈老子〉御批点评》，湖南人民出版社 1997 年版，第 177 页。

一、守道无为，治国不烦

"无为"是《老子》治国之道的核心内容，也是李隆基所重点关注的。作为一个为政者，他却并不仅只从治国的层面来讨论这一问题，而是从本体论的层面来认识无为而治的必要性。他在注释《老子》"道常无为而无不为"一句时说："妙本清静，故常无为，物时以生，则无不为也。侯王若能守道无为，则万物自化。君之无为，而淳朴矣。"①因此，践履这一治国之道，乃是教化万民、平治天下的必由之路："无为无事，天下归怀，故可取天下。"②"爱养万人，临理国政，能无为乎？当自化矣。"③

我们知道，在李隆基以前，曾有不少注《老子》者从治国的角度对老子"无为"思想进行了阐发，但这些人自身并非治国安民的实际操作者，故主要只是一种理论层面的论述。而李隆基虽不算是历史上第一位解读《老子》的帝王④，但却是较成功地将《老子》政治智慧付诸实践的最高当权者之一，故他的注释也就更加值得关注。

李隆基对老子"无为"的内涵作了多方面的阐发："爱民者，使之不暴卒，役之不伤性；理国者，务农而重谷，事简而不烦。则人安其生，不言而化也。此无为也。"⑤"夫得其性而为之，虽为而无为也。且绝尚贤之迹，不求难得之货，人因本分，物必全真，于为无为，复何矜徇化。"⑥"令万物各自得

---

① 唐玄宗：《唐玄宗御制道德真经注·道常无为章》，载刘韶军：《〈老子〉御批点评》，湖南人民出版社 1997 年版，第 236 页。

② 唐玄宗：《唐玄宗御制道德真经注·为学日益章》，载刘韶军：《〈老子〉御批点评》，湖南人民出版社 1997 年版，第 306 页。

③ 唐玄宗：《唐玄宗御制道德真经注·载营魄章》，载刘韶军：《〈老子〉御批点评》，湖南人民出版社 1997 年版，第 64 页。

④ 据《旧唐书·经籍志》所载，梁武帝萧衍撰有《老子讲疏》。（参见《旧唐书·经籍志》卷四十七，中华书局 1975 年版，第 2028 页）

⑤ 唐玄宗：《唐玄宗御制道德真经疏·载营魄章》，载刘韶军：《〈老子〉御批点评》，湖南人民出版社 1997 年版，第 64 页。

⑥ 唐玄宗：《唐玄宗御制道德真经疏·不尚贤章》，载刘韶军：《〈老子〉御批点评》，湖南人民出版社 1997 年版，第 23 页。

其动作,而不辞谢于圣人也。令万物各遂其生,不为己有,各得所为,而不负恃,如此即太平之功成矣。犹当日慎一日。"①"令物各遂其生,而畜养之。遂生而不以为有修,为而不恃其功,居长而不为主宰,人君能如此者,是谓深玄之德矣。②"至道应用,度阅众物本始,各遂生成之用也。"③

　　综合以上论述,李隆基所理解的"无为"包括以下五方面的内容:第一,爱民而不伤其性,因其本性而为之;第二,不烦扰百姓,使之能够安居乐业,不言而化;第三,管理者虽然有所作为却不居功,虽然处于高位却不宰制臣民;第四,不刻意尚贤使能,不强人所难,而是让民众各守本分,保全真实的本性;第五,给民众一个发挥本性和安排自己的空间,使其各遂其生,各得所为。而其中最本质和最可贵的思想就是让民众"各遂其生"、"各得所为",用今天的话语来说,就是对民众的生命和本性予以高度的尊重,给民众以充分的自由。

　　从这一认识出发,李隆基比较注意宽简安民,发展农业生产,而不重敛百姓,不过度劳役百姓。他曾派出御史去各地检察科差,命令地方官吏"不得妄有科唤,致妨农业"④。他强调说:"三农在候,聚众兴役,妨时害功,特宜禁止。"⑤

　　由于这一时期的经济状况毕竟稍强于久经战乱后的贞观前期,因此,李隆基不仅将轻徭作为与民休息的主要手段,而且还尽可能地实施薄赋的政策。他多次根据各地的具体情况减免或缓征租税和劳役,又规定缴纳租庸时"每乡量放十丁",后又"放三十丁"。⑥遇到丰收之年,谷物价贱时,他考虑到这样"必恐伤农",将挫伤农民务农的积极性,于是下令地方官吏"各于

---

① 唐玄宗:《唐玄宗御制道德真经注·天下皆知章》,载刘韶军:《〈老子〉御批点评》,湖南人民出版社1997年版,第16页。
② 唐玄宗:《唐玄宗御制道德真经注·载营魄章》,载刘韶军:《〈老子〉御批点评》,湖南人民出版社1997年版,第67页。
③ 唐玄宗:《唐玄宗御制道德真经注·孔德之容章》,载刘韶军:《〈老子〉御批点评》,湖南人民出版社1997年版,第142页。
④ 《令御史检查科差诏》,《全唐文》卷二十七,中华书局1983年影印本,第308页。
⑤ 宋敏求编:《唐大诏令集》卷八十六,商务印书馆1959年版,第495页。
⑥ 参见《安养百姓及诸改革制》,《全唐文》卷二十五,中华书局1983年影印本,第284页。

时价上量加三钱",收购农民的粮食。①

李隆基不但自己努力做到与民休息,"载其清静,息其劳费",还要求地方官吏同样如此。他告诫说:"如闻辇毂之下,政令犹烦,或广修器物……或差敛人户,以充庖费,岂副朕薄赋轻徭、息人减费之意!"他对妄加科税的洛阳令韦绍等官员予以贬出的处罚。他警告地方官吏说:"自今以后,府县宜洗心惩革,不得更然,其或不悛,仍有劳扰……所犯之人,当有处分。"②同时,他还准许老百姓去有关部门揭发这类事件。针对地方官吏"重征百姓"、"肆行逼迫"的行为,他专门下敕令禁止重征租庸。③

如何在社会生活层面真正让民众"各遂其生"、"各得所为"呢? 李隆基认识到,首先要解决政令烦苛的问题,因为这是扰民劳民、让民众不能"各得所为"的罪魁祸首。对此,李隆基在《道德经注疏》中进行了深刻的反思:

> 令苛则人扰,网密则刑烦,百姓不安,四方离散,欲求摄化,不亦难乎?④

> 政烦网密,下人无所措其手足,避讳无暇,动失生业,日就困穷,所以弥贫。⑤

> 有事则烦劳,烦劳则凋弊,故不足以取天下。⑥

> 烹小鲜者不可挠,治大国者不可烦。烦则人劳,挠则鱼烂矣。⑦

在君主专制制度下,政令烦苛意味着君主对广大臣民人身控制的强化,意味着君主对民众日常生活的肆意入侵和干扰,更意味着君主对民众的生命的蔑视和残害。老子早就对这种法令烦苛的治国方式予以批判:"法令滋章,

---

① 参见《加钱籴常平仓米敕》,《全唐文》卷三十五,中华书局 1983 年影印本,第 389 页。

② 《戒州县扰民敕》,《全唐文》卷三十五,中华书局 1983 年影印本,第 385 页。

③ 参见《禁重征租庸敕》,《全唐文》卷三十四,中华书局 1983 年影印本,第 379 页。

④ 唐玄宗:《唐玄宗御制道德真经疏·为学日益章》,载刘韶军:《〈老子〉御批点评》,湖南人民出版社 1997 年版,第 306 页。

⑤ 唐玄宗:《唐玄宗御制道德真经疏·以正治国章》,载刘韶军:《〈老子〉御批点评》,湖南人民出版社 1997 年版,第 356 页。

⑥ 唐玄宗:《唐玄宗御制道德真经注·为学日益章》,载刘韶军:《〈老子〉御批点评》,湖南人民出版社 1997 年版,第 306 页。

⑦ 唐玄宗:《唐玄宗御制道德真经注·治大国章》,载刘韶军:《〈老子〉御批点评》,湖南人民出版社 1997 年版,第 370 页。

盗贼多有","夫代大匠斲,希有不伤其手矣"。① 李隆基上述话语正是对老子这些观点的深化。他还结合政治实践的经验,对君主任用刑法、草菅人命的暴政、苛政作出了深刻的反省。他说:"人君好自执杀,必不得天理,是犹拙夫代大匠斲木。拙夫代斲,岂但伤材,亦自伤其手。人君任用刑法,代彼司杀,岂唯残害百姓,抑亦自丧天和也。"②在封建专制制度下,君主执掌着天下生民的生杀大权,"任用刑法,代彼司杀"的现象可谓是司空见惯,而李隆基认识到,这种超越法律程序而唯君主之意志是从的暴政,不仅会残害百姓,亦将"自丧天和",形成对国家整体政治秩序的破坏,形成对天地自然及社会和谐关系的破坏,这是相当有见地的认识。

在李隆基的政治实践中,我们可以看到上述思想在某种程度上的落实。例如,针对州县地方官吏办案时不按法律、"率情严酷"、"轻绝人命"的现象,他下令州县"慎恤刑罚",并宣布"如或有违,当寘严法"③。他还多次大赦天下,赦免了除犯十恶死罪以外的犯人④,后来又考虑到服徒刑的犯人"载罹寒暑",遂将他们发配至军队中效力。李隆基还考虑到,原来对犯盗者实施杖一百的刑罚,"虽非死刑,大半殒毙",于是下令从宽,改为决杖六十。⑤

二、圣人之心,唯在化善

出于对令烦政苛弊病的认识,李隆基强调以德化民,以仁慈之心化治天下。

重视对民众进行道德教化,以德教化天下,实现社会的优序良俗,这是中国传统的治国方式之一,只不过儒道诸家在德教的具体内容上有些差别

---

① 《老子》第五十七、第七十四章,《二十二子》,上海古籍出版社 1986 年版,第 6、8 页。
② 唐玄宗:《唐玄宗御制道德真经注·民常不畏死章》,载刘韶军:《〈老子〉御批点评》,湖南人民出版社 1997 年版,第 440 页。
③ 《禁州县严酷诏》,《全唐文》卷二十六,中华书局 1983 年影印本,第 303 页。
④ 参见宋敏求编:《唐大诏令集》卷七十四,商务印书馆 1959 年版,第 415 页。
⑤ 参见宋敏求编:《唐大诏令集》卷八十二,商务印书馆 1959 年版,第 474 页。

罢了。李隆基同样对于教化民众予以高度重视,认为这是圣人念念不忘的追求。他说:"圣人之心,物感而应,应在于感,故无常心。心虽无常,唯在化善,是常以化百姓心为心。"在教化的过程中,对于那些"欲善信者",固然是"因而善信之",因势利导地增其善德。同时,对于那些"不善信者",依然应该宽大为怀,以自己的美德来影响和感化他们:"亦以善信教之,令百姓感吾德而善信之。"①

我们知道,"善者吾善之,不善者吾亦善之"是老子的治国化民理念,但老子毕竟不是在位者,而作为大权在握的君主,李隆基亦能够认同并发挥老子的这一主张,的确是难能可贵的。他进一步阐发说:"圣人在治天下,化引百姓,常惵惵用心,令德善信而圣心凝寂,德照圆明,浑同用心,皆为天下。百姓化圣德为善,故倾注耳目,以观听圣人,圣人念彼苍生,犹如慈母,故凡视百姓,皆如婴儿。"李隆基要求君主"浑同用心,皆为天下",以慈母的胸怀来"念彼苍生"。他进而疏解"浑同用心"的深意说,当"百姓未能信、善"的情形下,为政者要放下身段,深入民众,"混同于物,而用其心",感化民众,促使他们"被圣德而归善","皆倾注耳目以观听",②自觉地接受圣人的教化。这就更是对老子"不善者吾亦善之、不信者吾亦信之、为天下浑其心"等思想的积极发展了。

李隆基不仅强调君主要以德感人,"念彼苍生",而且强调要行仁而不以为仁恩,不要求百姓对此感恩戴德。他是这样来解读"天地不仁"一段的:"不仁者,不为仁恩也。刍狗者,结刍为狗也。犬以守御,则蔽盖之恩。今刍狗徒有狗形,而无警吠之用,故无情于仁爱也。言天地视人,亦如人视刍狗,无责望ホ。尝试论之曰:夫至仁无亲,孰为兼爱?爱则不至,适是偏私。不独亲其亲,则天下皆亲矣。不独子其子,则天下皆子矣。是则至仁之无亲,乃至亲也,岂兼爱乎?"③

---

① 唐玄宗:《唐玄宗御制道德真经注·圣人无常心章》,载刘韶军:《〈老子〉御批点评》,湖南人民出版社 1997 年版,第 308 页。
② 以上皆见唐玄宗:《唐玄宗御制道德真经注疏·圣人无常心章》,载刘韶军:《〈老子〉御批点评》,湖南人民出版社 1997 年版,第 311 页。
③ 唐玄宗:《唐玄宗御制道德真经注·天地不仁章》,载刘韶军:《〈老子〉御批点评》,湖南人民出版社 1997 年版,第 33 页。

　　对于《道德经》中"圣人不仁以万物为刍狗"一句，一些人常常误解为老子不讲仁爱。但实际上，老子此言是针对儒家仁爱的局限性而提出来的，因为儒家所追求的仁爱是根据血缘的亲疏而有所差等的。而老子则是倡导超越血缘亲疏关系、一视同仁的大爱。不过由于《道德经》的文字较为简略，语焉不详，这常常使人们误解。而李隆基在注解此言之时，非常明白地表达了慈爱众生却不以为"仁恩"、不求"责望"以及"至仁无亲"、"不独亲其亲则天下皆亲"、"不独子其子则天下皆子"的观念，这的确是一种更为博大无私的胸怀。

　　由于看到了儒家的"仁"德之局限性，故李隆基推崇老子所倡导的三宝之一——"慈"，他揭示了慈对于治国安民的重要作用："用慈以战，利在全众，用慈以守，利在安人，各保安全，故能胜固耳。以慈战守，岂但人和，天道孔明，亦将救卫。"①

　　李隆基虽然认识到儒家仁德的局限性，但却没有笼统地排斥儒家所倡导的仁、义、礼、法，而是承认它们是适应于特定的历史环境而产生的。他说："夫道德仁义者，时俗夷险之名也，故道衰而德见，德衰而仁存，仁亡而义立，义丧而礼救，斯皆适时之用尔。"因此，它们的实施不能脱离当时当地的社会环境："论礼于淳朴之代，非狂则悖，忘礼于浇醨之日，非愚则经"。然而，他还是将淳朴无为视为理想的社会，希望有机会能够"解而更张"，有所改革："若能解而更张者，当退礼而行义，退义而行仁，退仁而行德，忘德而合道，人反淳朴，则上德之无为也。"他继承了孔子"礼之用，和为贵"的思想，认为"六纪不和，则为礼以救之"，"礼以救乱，所贵同和"，礼产生于"忠信衰薄"之时，它的作用在于"安上理人"，协调上下，和合人心，而不是徒为钟鼓玉帛等外在的形式，如果不能把握这一精神实质，"矜其玉帛，贵其跪拜"，则是丧失了礼意而"为愚昧之始"。②

　　李隆基主张以德化民，在他看来，坚持以德化育民众还是立法责罚民

　　① 唐玄宗：《唐玄宗御制道德真经注·天下皆谓章》，载刘韶军：《〈老子〉御批点评》，湖南人民出版社1997年版，第411页。
　　② 以上引文均见唐玄宗：《唐玄宗御制道德真经注·上德不德章》，载刘韶军：《〈老子〉御批点评》，湖南人民出版社1997年版，第251页。

众,这是区别"有德之君"和"无德之君"的重要标准。从这一角度出发,李隆基对《道德经》中"执左契而不责于人"和"有德司契,无德司彻"等话语,作出了自己独特的解释。他说:"左契者,心也。心为阳藏,与前境契合,故谓之左契耳。圣人知立教则必有迹,有迹即是余怨,故执持此心,使令清静,下人化之,则无情欲,不烦诛责,自契无为……有德之君主司心契,则人自化。无德之主,则将立法以通于人,为法之弊,故未为善。"

在这里,"司契"和"司彻"被分别解读为两种不同的治民方式,有德之君主以其人格魅力和强大的感召力让人心悦诚服,他采取的方法是"司心契",也就是从精神心性的层面净化人心,使之保持心灵的清静淳朴,故不须"诛责"而自契无为,民众自化。而无德之君主缺乏让人服膺的影响力,故只能依靠强制手段以治民"立法以通于人"。在李隆基看来,"为法之弊,故未为善","司契则清静,立法则凋残",因为"皇天无亲,唯德是辅",得道多助,失道寡助。因此,明智的君主应该"常思淳化于无为,不可立法而生事"。①

通过注解《道德经》中"太上,下知有之"这段话,李隆基再次表达了对严刑峻法的批判态度。他沿着老子的思路,对于几种完全不同的治国模式作出了评价。他说:"太上者,淳古之君也。下知者,臣下知上有君,尊之如天而无施教有为之迹,故人无德而称焉。逮德下衰,君行善教,仁见故亲之,功高故誉之。德又下衰,君多弊政,人不堪命,则驱以刑罚,故畏之。怀情相欺,明不能察,故侮之。畏之侮之者,皆由君信不足,故令下有不信之人。"②

在这段话中,我们看到,李隆基划分出了三类不同的为政者。第一类是能够奉行无为之道的君主,在这一治理模式下,臣民感觉不到来自管理者的束缚和压抑,"臣下但知上有君,尊之如天,大而在上,被四时生育之美,不知何以称其德";第二类是黄帝、尧、舜等为政者,他们"施教行善,仁及百姓,柔弱致平,功高天下",故受到百姓的亲誉,但由此也导致了后人徇其行

---

① 以上引文均见唐玄宗:《唐玄宗御制道德真经注·和大怨章》,载刘韶军:《〈老子〉御批点评》,湖南人民出版社1997年版,第458—459页。

② 唐玄宗:《唐玄宗御制道德真经注·太上章》,载刘韶军:《〈老子〉御批点评》,湖南人民出版社1997年版,第109页。

迹,产生种种矫饰之举,因而"为后代之患";第三类为政者的作为是:"浸以凌迟,严刑峻制……明不能察",百姓因此而"畏君之刑法,侮君之教令",上下彼此离心离德,相欺相蒙,如此,离天下大乱也就不远了。而寻其祸根,皆因"君信不足于下,故令下有此不信之人"。①

通过这一番比较,李隆基显然是更认可那种"事遂而无为、百姓日用而不知"的治国方式,在这一"太上之世"中,百姓完全忘记的"帝力"的存在,"适令功成事遂,百姓皆以为自然合尔,不知所以亲誉报施也"②。天下大治、功成事遂的政治局面的实现乃是治国者顺应民心、因性而治的结果,也是民众自己管理自己、自己安排自己的结果,是自然而然、理所当然的过程,故不需要对任何人感恩戴德,如此,就真正是一个和谐自足、国治民安的善政局面了。

诚然,在封建社会中,李隆基笔下的这一"太上之世"只是美好的理想。不过,李隆基在治国实践中至少是努力防止"严刑峻制"、"怀情相欺"这类最差的治国方式,尽量避免矫饰徇迹这类治国方式导致的相欺相蒙等弊病,而追求宽松清简的治国之风。例如,为了落实不重敛百姓、不过度劳役百姓的政策,李隆基派出御史去各地检查科差,命令地方官吏"不得妄有科唤,致妨农业"③。他强调说:"三农在候,聚众兴役,妨时害功,特宜禁止。"④

在天宝年间,李隆基还出台了一项封建社会中难得一见的"顷旬游宴"休假制度,于此可见"淳化无为"之一斑:天宝五年五月,李隆基宣布,许百官旬节休假,百官不须入朝,外官不须衙集。他在诏书中说:"方贵无为之风,以弘多暇之政,朕钦崇至道,思致和平,令环宇克宁,朝廷无事,将欲叶于淳古,岂惟臻于小康!当与群僚畅兹娱乐,顷旬游宴……千载一时,上下同欢。"⑤不仅准许官员们旬节休假,"顷旬游宴",而且还要追求那种"上下同

---

① 参见唐玄宗:《唐玄宗御制道德真经疏·太上章》,载刘韶军:《〈老子〉御批点评》,湖南人民出版社1997年版,第109—110页。

② 唐玄宗:《唐玄宗御制道德真经疏·太上章》,载刘韶军:《〈老子〉御批点评》,湖南人民出版社1997年版,第112页。

③ 《令御史检查科差诏》,《全唐文》卷二十七,中华书局1983年影印本,第306页。

④ 李隆基:《唐明皇诏下庆唐观》,《龙角山记》,胡道静等辑:《道藏要籍选刊》第七册,上海古籍出版社1989年版,第520页。

⑤ 《许百官旬节休假不见朝诏》,《唐大诏令集》卷一一〇,商务印书馆1959年版,第574页。

欢"的和洽氛围,这显然在一定程度上体现了老子"无为"、"无事"等治国主张。

还值得一提的是,李隆基在阐发老子"小国寡民"一章的相关思想时曾指出,政治上的宽松是民众能够"乐其俗"的保证,他诘问道:"政苛日烦,焉得复乐其俗?"①通观李隆基对此章的诠释,可以看出其思想主旨,这就是:君主自我俭束,"无所求及",去除苛政,才能实现全社会"返朴还淳"的优序良俗。这样的阐发,不仅有助于扫除一些将"小国寡民"理解为"复古倒退"的误解。亦对老子的治国主张作出了进一步的深化和拓展。

三、去智守朴,谦退不矜

李隆基认同"无为而治"的治理模式,但他也看到,这个理念常常被人有意无意地曲解或误解。为了防止人们在这一问题上的某些偏颇,李隆基强调要从提高管理者内在品质等方面下工夫,而去智守朴则是首先应当持守的品德。他指出,君主无为不在于外表的行动,而在于内心世界的抱朴守真:"饰智诈者,虽拱默非无为者;任真素者,则终日指挥而未始不晏然矣。"②

李隆基看到,君主以权谋智诈御下,其外表同样可以表现出拱默愚拙的假象,但包含着智诈和权术的拱默,绝不是真正的无为,也绝不是明智之君所追求的无为。他明确指出,真正的无为是保持内心世界的真朴自然——"任真素",君主拥有这样的心理素质和道德品德,就不会陷入终日防范猜忌的精神泥潭,臣下也不会有伴君如伴虎的担心和忧虑,君臣之间就能够坦诚相待,同舟共济,当然就能"终日指挥而未始不晏然矣"。

李隆基还进一步从正反两个方面指出绝浮伪、弃权谋的必要性说:"理

---

① 唐玄宗:《唐玄宗御制道德真经疏·小国寡民章》,载刘韶军:《〈老子〉御批点评》,湖南人民出版社1997年版,第464页。

② 唐玄宗:《唐玄宗御制道德真经疏·天下皆知章》,载刘韶军:《〈老子〉御批点评》,湖南人民出版社1997年版,第15页。

天下者,当绝浮伪,任用纯德,百姓化之,各安其分。各安其分则不扰,岂非无为之事乎!"①从以上的一系列史料来看,李隆基显然将老子"无为"的本义与申韩的御下之术划清了界限,从而厘清了有人将老子的无为等思想理解为阴谋权术的误见。

李隆基摒弃权谋智诈的价值取向还可以从他对于《道德经》"将欲歙之"一章的阐释体现出来。长期以来,这段话语往往也被人们视为阴谋权术的样本。李隆基则是从权变的角度来理解这段话的,他认为,老子看到了众生根性之局限性,难以从正面入手引导他们收敛情欲和侈心,因此,采取了这种"正言若反"的权变方法,"将欲歙敛众生情欲,则先开张,极其侈心,令自困于爱欲,则当歙敛矣"。采取这种方式的目的是帮助民众更有效地俭啬寡欲,"至于性命之域"。而"将欲弱之,必固强之。将欲废之,必固兴之。将欲夺之,必固与之"等方法"略与此同"。同时,他也看到了这段话语有可能被人利用曲解的可能性,故强调说"君子行权贵于合义,小人用之则为诈谲"。因此,他又解释"国之利器不可以示人"一句说:"利器,权道也。此言权道不可以示非其人,权道示非其人,则当窃以为诈谲矣。"②显然,李隆基是反对玩弄阴谋诈谲的,他所说的"权道"并非"诈谲",但他也看到,如果"权道示非其人"就有可能被坏人"窃以为诈谲",为了防止"权道"被坏人利用为"诈谲",故作为"权道"的"利器"不能轻易地"示人"。而他在解释"人多利器,国家滋昏"一句时,再次申明了这一看法。他说:"利器,谓权谋,人主以权谋为多,不能反实,下则应之以诈谲,故令国家滋益昏乱。"③君主如果多用权谋,则社会将逐渐丧失淳朴的风俗,诈谲之术就会在基层泛滥,导致"国家滋益昏乱",这是李隆基所不愿意看到的。

从李隆基对"古之善为道者,非以明民,将以愚之"这段话的解释,我们

---

① 唐玄宗:《唐玄宗御制道德真经注疏·天下皆知章》,载刘韶军:《〈老子〉御批点评》,湖南人民出版社1997年版,第15页。
② 以上引文均见唐玄宗:《唐玄宗御制道德真经注疏·将欲歙之章》,载刘韶军:《〈老子〉御批点评》,湖南人民出版社1997年版,第232—234页。
③ 唐玄宗:《唐玄宗御制道德真经注·以正治国章》,载刘韶军:《〈老子〉御批点评》,湖南人民出版社1997年版,第355页。

能够更为清楚地看到他追求真朴、反对智诈的价值取向。多年以来,《道德经》中的这段话常被一些人视为老子倡导"愚民政策"的证据。而李隆基的注疏则非常明白地厘清了这一问题。他是这样解释"非以明民,将以愚之"一段的:"人君善为道者,非以其道明示于民,将导之以和,使归复于朴,令如愚耳。"①"古之人君善能用道为化者,贵夫无为恬淡,非炫耀其道,明示于人,将导以纯和,杜绝智诈,令质朴如愚尔。"②从他的注疏可以反映出以下几点思想:第一,君主治国重在"无为恬淡",不需要向臣民"炫耀"他的治国之道,而只是要以平实"纯和"之德来引导民众,使民风"归复于朴";第二,不"炫耀其道"的目的是要"杜绝智诈",而处于淳朴世风下的民众,是"质朴如愚",而并非真的愚蠢或愚昧。

为何向臣民"炫耀"治国之道会产生智诈进而难治呢?李隆基回答说:"君将明道以临下,下必役智以应上,智多则诈兴,是以难治。"③老子和李隆基都不可能有政务透明或让民众参政议政的观念,他们只是看到,君主如果将治国的方略或目标明示于下,臣下就可能"役智以应上",千方百计地对之进行迎合与应和,在这一过程中,难免会产生各种弄虚作假的行为。因此,对民众"导以纯和"、"归复于朴"反而是更为重要的。而如果我们反思一下现实生活中某些脱离实际的政绩工程或达标数据的产生原因,就会对李隆基的这些看法有所认同。对广大民众来说,能够了解国家的治国方略和宏伟蓝图固然不错,但民众更为向往的是一个"导之以和"、"归复于朴"的和谐社会。

出于以上的认识,李隆基对"以智治国,国之贼;不以智治国,国之福"作出了自己的理解:"人君任用智诈之臣,使之理国,智多则权谋将作,谋用则情伪斯起,伪起则道废,有害于国,故云国之贼。人君不任智诈之臣,但求淳德之士,使坐进无为之道,行宣大朴之风,交泰致和,是国之福也。""但取

---

① 唐玄宗:《唐玄宗御制道德真经注·古之善为道章》,载刘韶军:《〈老子〉御批点评》,湖南人民出版社 1997 年版,第 399 页。
② 唐玄宗:《唐玄宗御制道德真经注·古之善为道章》,载刘韶军:《〈老子〉御批点评》,湖南人民出版社 1997 年版,第 399 页。
③ 唐玄宗:《唐玄宗御制道德真经注·古之善为道章》,载刘韶军:《〈老子〉御批点评》,湖南人民出版社 1997 年版,第 399 页。

淳德之士……自然智诈日薄,淳朴日兴,人和年丰,故是国之福也。役智诈则害于人,任淳德则福于国。"①在这里,李隆基深刻地认识到,任用巧智之臣将会导致政治生活中权谋泛滥,虚伪盛行,这不仅会腐蚀健康的君臣关系,更会破坏政府诚信度,影响政府公信力。而任用"淳德之士"则将有助于肃清官场中智诈和虚伪之颓风,促进诚朴、守信等良好官德的培育,和洽君臣之间、官员之间和官民之间的关系,一个"淳朴日兴、交泰致和、人和年丰"的社会才可望出现。

由于李隆基认识到摒绝浮伪、不以智诈权谋御下对于保持君臣和骨肉之间融洽关系的重要作用,故他较能践行真朴坦诚之德。在他登基之后,虽然对王公贵戚和功臣采取了控制手段,惩治了其中某些人的不法行为,但他与臣下特别是与几位亲王兄弟的关系基本上能够融洽相处。他经常与诸亲王"奏乐纵饮、击球斗鸡,或近郊从禽,或别墅追赏",时人认为"天子友悌,近古无比"。"虽有谗言交构其间",但玄宗也不猜忌,依然"友爱如初"。②他曾对左右之人说:"我兄弟友爱天生,必无异意,只是趋竞之辈,强相托附耳。我终不以纤芥之故责及兄弟也。"③当薛王业的妃弟韦宾犯下"私议休咎"之罪而被杀后,薛王与王妃十分紧张,唯恐李隆基对他们也加以怀疑和治罪。但李隆基不但没有对他们猜忌,还特意召见,下阶迎接,并握其手说:"吾若有心猜阻兄弟者,天地神明,所共咎罪。"④接着,又与他们一同饮宴,使薛王等人消除了疑虑。

与去智守朴同样重要的政治品德是谦退不矜。在中国封建社会中,君主专制的制度安排必然导致君主的骄矜自贵,可以说这是作为万人之上的君主们的痼疾。李隆基看到了这点并充分认识到其弊害。他指出,那些"自矜贵其身以为天下之主"的帝王往往"贵身而凌人",其结果是

①　唐玄宗:《唐玄宗御制道德真经注疏·古之善为道章》,载刘韶军:《〈老子〉御批点评》,湖南人民出版社 1997 年版,第 401、402 页。
②　参见刘昫等撰:《睿宗诸子》,《旧唐书》卷九十五,中华书局 1975 年版,第 3011 页。
③　刘昫等撰:《睿宗诸子》,《旧唐书》卷九十五,中华书局 1975 年版,第 3016 页。
④　刘昫等撰:《睿宗诸子》,《旧唐书》卷九十五,中华书局 1975 年版,第 3018—3019 页。

"人故不附",众叛亲离。① 因此,李隆基告诫处于高位的侯王说:"侯王贵高,兆民贱下,为国者以人为本基,当劳谦以聚之,令乐其恺悌之化,不有离散。"②封建等级制度将社会分为不同的等级,这种人为的高下贵贱之分对于社会的和谐无疑是不利的因素,李隆基对此有所认识,而告诫处于上层的人们要以民众为本基,通过"劳谦"的行为以凝聚人心,"不有离散",反映出他对老子"高以下为基"、"贵以贱为本"的思想的领会还是较深的。

特别值得一提的是,李隆基通过研习和阐发老子"天下皆知美之为美斯恶矣"这段话,揭示出个人的美善好恶等情感或偏执于一端而导致的错误。他说:"美善者,生于欲心,心苟所欲,虽恶而美善矣。故云皆知,以己之所美为美,所善为善矣。美善无主,俱是妄情,皆由封执有无,分别难易,神奇臭腐,以相倾夺。大圣较量,深知虚妄,故云恶已。"③在日常生活中,人们往往容易为个人的好恶情感所左右而影响对事物的正确判断,因此,"以己之所美为美","以己之所善为善",这乃是人之常情,也是人性的一个普遍弱点。作为普通人来说,这一弱点会影响人们的判断力,而对于一个管理者特别是最高管理者来说,如果为情感和偏执所左右而导致在用人、行政、决策等方面的失误,那就会给国家和人民带来严重的灾难。李隆基意识到这方面的问题,指出"封执有无,分别难易"等错误的思维方式的"虚妄",从而力图避免可能产生的错误,这对于为政者来说是非常有意义的。

李隆基既然认识到思想偏执可能带来的严重后果,故强调为政者持守谦下之德的必要性,他说:"曲己以应务则全……执谦德则常盈……人能不自见其德,常曲己以应务,则其德全自明。人能不自以为是,而枉己以申人,则其是直自彰矣。人能不自伐取,则其功归己矣。人能长守弊薄,不自矜

---

① 唐玄宗:《唐玄宗御制道德真经疏·宠辱若惊章》,载刘韶军:《〈老子〉御批点评》,湖南人民出版社1997年版,第82页。
② 唐玄宗:《唐玄宗御制道德真经注·昔之得一章》,载刘韶军:《〈老子〉御批点评》,湖南人民出版社1997年版,第261页。
③ 唐玄宗:《唐玄宗御制道德真经注·天下皆知章》,载刘韶军:《〈老子〉御批点评》,湖南人民出版社1997年版,第10页。

衔,则人乐推其长。"①他还联系自然界的现象以说明谦卑柔弱的价值,他说:"万物皆以冲和之气为本,而冲气和柔守本者,当须谦卑柔弱,故王公至尊,而称孤寡不谷者,以谦柔为本故也……老君云:人君所欲立教教人者,当以吾此柔弱谦卑之义以教之。"②

为了让管理层戒除骄矜自伐的恶习,李隆基就管理者矜功逞强的危害性说:"善辅相者,果于止敌。盖在于安人和众,必不敢求胜取强。故虽果于止敌,敌不为寇。慎勿矜功伐取,以自骄盈,骄则败亡,故为深戒。"③

这些警语对李隆基的日常政治生活的确发挥了作用,他较能遵循谦退不矜的宗旨。如在开元十三年举行封禅仪式以告功于天时,玄宗没有将天下初治的功绩归于自己,而是推功于众。他说:"今封祀初建,云物休佑,皆是卿等辅弼之力,君臣相保,勉副天心,长如今日,不敢矜怠。"又声称自己即位以来,"未尝不乾乾终日,思与公卿大夫上下协心,聿求至理,以弘我烈圣"。④

虚心纳谏,这是君主在政治上谦退不矜的重要内容。在李隆基的前期,这方面是做得较好的。刚刚继位,他就下敕求直谏。当时,为了庆贺他的继位,都城内燃灯千百,赐天下大酺,奏乐歌舞,连续月余。左拾遗严挺之上谏说:"今乃损万人之力,营百戏之资,非所以光圣德美风化也。"⑤李隆基立即接受了这一意见,并厚赏这位上直言的谏官。开元初,李隆基行幸东都,当到达永宁的崤谷时,因驰道狭隘,车骑停拥,李隆基十分生气,并下令罢免与此有关的两位官员。宋璟上谏说:"陛下富有春秋,方事巡狩,一以垫隘,致罪二臣,窃恐将来人受艰弊。"⑥玄宗立即采纳了宋璟的意见,取消了原来的命令。在开元三年,他专门下敕,命令百官对于不恰当的制敕或人事任免及

①　唐玄宗:《唐玄宗御制道德真经注·曲则全章》,载刘韶军:《〈老子〉御批点评》,湖南人民出版社1997年版,第144、147页。
②　唐玄宗:《唐玄宗御制道德真经注·道生一章》,载刘韶军:《〈老子〉御批点评》,湖南人民出版社1997年版,第280—281页。
③　唐玄宗:《唐玄宗御制道德真经注·以道佐人主章》,载刘韶军:《〈老子〉御批点评》,湖南人民出版社1997年版,第203页。
④　参见刘昫等撰:《礼仪志三》,《旧唐书》卷二十二,中华书局1975年版,第899、901页。
⑤　司马光:《资治通鉴》卷二一〇,中华书局1976年版,第6680页。
⑥　刘昫等撰:《宋璟传》,《旧唐书》卷九十六,中华书局1975年版,第3032页。

时上言。他说:"制敕有不便于时及除授有不称于职"时,百官应当及时上奏,"具陈得失",并准许五品以上的官员进殿"廷争"。①

在李隆基执政时期,类似诏令时有所闻,而临朝十余年后,他依然能够谨慎如初。为了敦促臣下上言,他特意下达诏令,诏文称:"朕承天序,祇奉睿图,战战兢兢,日甚一日,于兹十六年矣,何尝不励精理道,思得忠贤,虚己清心,日有所惕",但是,朝廷中"直词谠议,时或罕闻"。为了改变这一状况,他要求"谏官所献封事,不限早晚,任进状来,所由门司,不得辄有停滞,如须侧门论事,亦任随状面奏……并宜极论得失,无所回避,以称朕意"②。在这一诏令中,求谏的言词可谓十分恳切,而且努力创造条件为臣下上谏提供尽可能的方便,足见其"虚己清心"之诚意。

在中国封建专制制度之下,李隆基推诚去诈、谦退不矜的思想和行为不仅具有相当大的理论价值,更是极有实践的意义,使他取得了诸王的支持,稳定了人心,促进了政治上安定和清明局面的出现。在这里,我们看到了海纳百川、兼收并蓄的盛唐气度在思想和政治领域的折射。

四、人得其性,淳化有孚

李隆基治国的又一愿景是:"于为无为,人得其性,淳化有孚③"。李隆基这句话的大意是,以无为的方式治理天下,让民众按其本性来生活,则能实现社会风俗的淳朴和诚信。这句话出自他对《道德经》"不尚贤"一章的解释。

在《道德经》"不尚贤"一章的注疏中,李隆基首先顺着老子的思路指出了"尚贤"可能引发的弊病:"尚贤则有迹,徇迹则争兴。"④"人君崇贵才能,

---

① 参见《听百僚进状及廷争敕》,载宋敏求编:《唐大诏令集》卷一〇五,商务印书馆1959年版,第536页。

② 以上引文均见《听百僚进状及廷争敕》,载宋敏求编:《唐大诏令集》卷一〇五,商务印书馆1959年版,第536页。

③ "孚"即是诚信,"有孚"是《易经》中经常出现的概念,如,《比卦》中说"有孚比之",《随卦》中说"有孚在道"等。"孚"主要指祭祀祖先要用诚信以及人际交往时要讲诚信。

④ 唐玄宗:《唐玄宗御制道德真经注·不尚贤章》,载刘韶军:《〈老子〉御批点评》,湖南人民出版社1997年版,第19页。

则有迹。饰伪者徇迹而失真……徇迹定起交争之弊。"①

"尚贤"是对于贤能之士实施奖赏的激励机制,其目的本是用能人才俊引导人们向善弃恶、见贤思齐,努力去践行社会所倡导的道德规范。这一措施虽然曾产生了一定的现实功效和历史作用,但也带来了老庄所诟病的道德形式主义和利用贤能以牟利等弊病。唐玄宗对老庄这些智慧深表认同,他看到"尚贤"这一举措因为有外在的形迹可循,故为那些"饰伪者"提供了"徇迹"作伪以牟利的机会,也可能引导人们刻意去模仿贤者的外在之形迹,而忽略内在的德性修养,各种欺诈和利益纷争也就在所难免。如何解决人们由于"尚贤"、"徇迹"而引发的纷争呢? 唐玄宗提出了自己的独到见解。他看到,民众中存在着"贤"和"不肖"的差别是一个客观事实,作为一个拥有无上权力的君主,他没有以单一的价值标准或是非标准强迫人们扭曲本性而去"徇"贤人之"迹",而是认为"使贤不肖各当其分,则不争矣"。这句话的深刻意义在于,承认了"贤"和"不肖"皆有其内在的人性基础,皆有其社会职分,为政者不必以官方统一的价值标准来强求千差万别的人,而是认为"使贤不肖各当其分,则不争矣"。让天下之人"各当其分"才可能减少纷争,出现"不争"的和谐局面。

李隆基同时还指出,从每个社会成员自身的角度来看,同样也应尊重和发挥自身的禀赋和特性:"人之受生,所禀材器,是身货宝,分外妄求,求不可得。"如果一味地希慕他人,难免失去自己的真性,产生各种非分之想:"夫不安性分,希慕聪明,且失天真,尽成私盗。"②在这一问题上,李隆基继承了玄学家郭象"各当其分"、"物任其性,事称其能"等思想:"欲使物任其性,事称其能,则难得之货不贵,性命之情不为盗矣。"③他希望人们各自安于本分,"不生贪求",不强求"性分"中原本没有的东西。因此,他将《道德经》中"常使民无知无欲"一句解释为"常使民无争尚之知,无贪求

① 唐玄宗:《唐玄宗御制道德真经疏·不尚贤章》,载刘韶军:《〈老子〉御批点评》,湖南人民出版社1997年版,第20页。
② 以上引文均见唐玄宗:《唐玄宗御制道德真经疏·不尚贤章》,载刘韶军:《〈老子〉御批点评》,湖南人民出版社1997年版,第20页。
③ 唐玄宗:《唐玄宗御制道德真经注·不尚贤章》,载刘韶军:《〈老子〉御批点评》,湖南人民出版社1997年版,第19页。

之欲也"①。

在论述郭象治国思想的相关章节中,我们曾提到郭象"各当其分"思想与柏拉图"各守本分,各司其职"的正义观的相似处。而在这里,我们想进一步将唐玄宗的相关思想与柏拉图进行比较。

柏拉图在《理想国》中把正义分为国家正义与个人的正义,国家的正义即是国家的统治者、军人、劳动者三个阶层各守其职、各安本分。统治者以自己的智慧统治城邦,军人以自己的勇敢保卫城邦,工匠商人农民等节制欲望、接受哲学家的智慧统治,每个阶级的成员致力于本阶级的工作而互不干扰,每个人只能从事最适合自己天性的职业,各行其是,各司其职,不得任意改变。如此,城邦就是正义的。柏拉图的正义论因为有着严格的社会等级观念而被后人批评。在这里有着严格的阶级区分:节制欲望是工匠商人农民这些劳动者才需要信守的品德;城邦的政治权力为统治者和护卫者所垄断,劳动者没有资格参加政治活动而只有服从命令的义务。与每个公民都依法享有一定政治权利的现代民主政治理念相比,柏拉图正义论的局限性是显而易见的。

李隆基上述论述虽然未能从正义论的视角进行论述,其观点亦有其时代和阶级的局限,但却明显有着优于柏拉图正义论之处。

第一,他并未如柏拉图那样严格地将社会成员区分为不可逾越的等级身份,而是认为,要让民众各展其性,这才是天下治平的理想社会:"人得其性,则淳化有孚矣。"因此,他强调要尊重与生俱来的"所禀材器",而这种"材器"是一种自然禀赋,无论"贤"与"不肖"都是值得珍惜的"身之货宝",不必放弃真性而"分外妄求",更不要做"徇迹而失真"的"饰伪者"。在尊卑有等的中国封建社会,身处社会最高层的李隆基在这里却并没有强调社会或血缘家庭的贵贱等级分层,而是更看重源于"人之受生,所禀材器"的自然本性,只要是符合人之真性的追求就是合理的、正义的,而"徇迹"、"饰伪"才是不合理的"分外妄求"。这不仅有助于社会风俗的净化和人心的淳

---

① 唐玄宗:《唐玄宗御制道德真经注·不尚贤章》,载刘韶军:《〈老子〉御批点评》,湖南人民出版社1997年版,第22页。

朴,而且也在一定程度上具有缓解封建等级制度等人为因素对人性的压抑,柔化因制度因素形成的社会分层而带来的刻板和僵化,从而有可能促进社会各阶层之间的流动和社会的良性发展。

第二,李隆基尽管也试图让民众"无贪求之欲",但并未如柏拉图那样将节制欲望仅仅视为工匠、商、人农民这些劳动者才要信守的品德,而是同样亦强调统治者自身节制欲望的必要性。他在对此章作出自己独特的解释之后,同时也从君主个人品德的角度来理解"不贵难得之货"。他紧接着上文的疏解说道:"人君不贵珠犀宝贝,则其政清静,故百姓化之,自绝贪取,人各知足,故不为盗。"①这就不仅明确地对君主提出了不尚奢华、持守清静的道德要求,而且强调了君主保持俭朴之德对于民众的道德示范作用,其思想价值值得重视。关于这方面的内容,请见下一节的论述。

五、道德内充,常无贪取

李隆基将《道德经》的主旨概括为"理身理国",而理国又是以理身为基础的,他说:"圣人治国理身,以为教本。夫理国者复何为乎? 但理身尔。"②做好自身的道德修养才能成为合格的君主:"身修则德全,故可为君矣。"③如何理身呢? 李隆基阐释说:"故虚心实腹,绝欲忘知,于为无为,则无不理矣。夫役心逐境,则尘事汩昏;静虑全真,则情欲不作。情欲不作,则心虚矣……足则不贪,欲使道德内充,不生贪爱,故云实其腹。"④这段话是李隆基对老子"虚其心、实其腹"一句的阐发。大多数注《老子》者将这句话理解为统治者对民众的政策,李隆基却将理国者亦包括在内,以其作为"理国"

---

① 唐玄宗:《唐玄宗御制道德真经疏·不尚贤章》,载刘韶军:《〈老子〉御批点评》,湖南人民出版社1997年版,第20页。

② 唐玄宗:《唐玄宗御制道德真经疏·不尚贤章》,载刘韶军:《〈老子〉御批点评》,湖南人民出版社1997年版,第23页。

③ 唐玄宗:《唐玄宗御制道德真经注·载营魄章》,载刘韶军:《〈老子〉御批点评》,湖南人民出版社1997年版,第64页。

④ 唐玄宗:《唐玄宗御制道德真经疏·不尚贤章》,载刘韶军:《〈老子〉御批点评》,湖南人民出版社1997年版,第23页。

所首先应当奉行的"理身"之道。

所谓"理身",也就是整饬身心,让自我的精神、心理和躯体几个方面皆保持健康,而精神心理层面的健康影响着人的其他层面和整体的健康,这对于"劳心者"来说更是如此。而要保持精神心理层面的健康就必须进行自我的道德修养。李隆基显然是认识到了道德修养在"理身"中的重要作用。因此,他不仅强调要"静虑全真"、"情欲不作",而且要做到"道德内充,不生贪爱"。

在强调"理国者"应当"虚心实腹,绝欲忘知,于为无为"的同时,李隆基也倡导对民众"行虚心实腹之教",其目的是"常欲使百姓无争尚之知,贪求之欲,令其自化尔"①。但注疏中更多的论述却是针对管理者自身的约束而发。

李隆基特别重视君主自身的道德自律,他指出,君主必须率先崇俭尚朴,然后才可能使天下之人淳朴节俭:

> 人君诚能内守冲和,外无营欲,则下之感化,自淳朴也。②
>
> 积德有国,则根深花蒂固矣。③
>
> 节俭爱费,财用有余,故施益广。④

相反,如果"人君不尚淳朴而好浮华,则百姓效上而为奢泰,驰竞淫饰,日以繁多也"⑤。

李隆基从巩固政权的高度来认识君主奉行俭啬寡欲的意义。他告诫说,人主纵欲,则亡天下:"天下者,大宝之位也。言人君奈何以身从欲,轻

---

① 唐玄宗:《唐玄宗御制道德真经疏·不尚贤章》,载刘韶军:《〈老子〉御批点评》,湖南人民出版社 1997 年版,第 23 页。
② 唐玄宗:《唐玄宗御制道德真经疏·以正治国章》,载刘韶军:《〈老子〉御批点评》,湖南人民出版社 1997 年版,第 358 页。
③ 唐玄宗:《唐玄宗御制道德真经注·治人事天章》,载刘韶军:《〈老子〉御批点评》,湖南人民出版社 1997 年版,第 368 页。
④ 唐玄宗:《唐玄宗御制道德真经注·天下皆谓章》,载刘韶军:《〈老子〉御批点评》,湖南人民出版社 1997 年版,第 410 页。
⑤ 唐玄宗:《唐玄宗御制道德真经注·以正治国章》,载刘韶军:《〈老子〉御批点评》,湖南人民出版社 1997 年版,第 356 页。

用其身,令亡其位也。"①而守俭爱民则必然凝聚人心,江山永固:"何以聚人? 曰财,故能俭爱,则四方之人将襁负而至,早服事其君矣。有国而茂养百姓者,则其国福祚可以长久矣。"②拥有了至高无上的帝位王权并不意味着能够长久地保持它,君主轻身纵欲,挥霍钱财,不仅将损害自身的身心健康,更会引起天怨人怒,亡国失位。因此,拥有天下以后,君主虽然身处荣华富贵之中,但却不能贪图享乐,沉溺于物欲,"虽有荣观,守重静,当须燕尔安处,超然不顾"③。同时,还必须爱惜民财民力,注意"茂养百姓",才能得到天下之人的拥护,而福祚长久。④

因此,俭啬不仅是君主个人的美德,而且更是治国安民的重要原则,李隆基阐发《道德经》中"治人事天莫若啬"的思想说:"人君将欲理人事天之道,莫若爱费,使仓廪实,人知礼节,三时不害,则天降之嘉祥。人和可以理人,天保可以事天矣。"⑤

正由于李隆基对俭啬之德如此重视,故他从俭啬寡欲的意义上来把握"小国寡民"一章的大意,他说:"此章明人君含其淳和,无所求及,适有人材器堪为什伯长者,亦无所用之矣。"⑥

于是,在李隆基的笔下,《道德经》中"小国寡民"这段被不少人目为复古倒退典范的文字就注入了更深刻的政治智慧:"使民重死而不远徙"一句被理解为"少思寡欲,不轻用其生,敦本无求,不远迁徙"。而由于君主能够俭啬寡欲,不思攻战、迁徙,故能"虽有舟舆,无所乘之。虽有甲兵,无所陈之"。"甘其食、美其服"这段话则成为一幅政通人和、精神生活与物质生活

① 唐玄宗:《唐玄宗御制道德真经注·重为轻根章》,载刘韶军:《〈老子〉御批点评》,湖南人民出版社1997年版,第175页。
② 唐玄宗:《唐玄宗御制道德真经注·治人事天章》,载刘韶军:《〈老子〉御批点评》,湖南人民出版社1997年版,第365页。
③ 唐玄宗:《唐玄宗御制道德真经注·重为轻根章》,载刘韶军:《〈老子〉御批点评》,湖南人民出版社1997年版,第175页。
④ 参见唐玄宗:《唐玄宗御制道德真经注·治人事天章》,载刘韶军:《〈老子〉御批点评》,湖南人民出版社1997年版,第368页。
⑤ 唐玄宗:《唐玄宗御制道德真经注·治人事天章》,载刘韶军:《〈老子〉御批点评》,湖南人民出版社1997年版,第365页。
⑥ 唐玄宗:《唐玄宗御制道德真经注·小国寡民章》,载刘韶军:《〈老子〉御批点评》,湖南人民出版社1997年版,第461页。

协调的社会生活画卷：

> 不食滋味，故所食常甘；不事文绣，故所服皆美；不饰栋宇，故所居
> 则安矣；不浇淳朴，故其俗可乐也……彼此俱足，无求之至，故老死不相
> 往来。①

> 食之甘者，在于适，适则所食皆甘。服之美在于当，当则所服皆美。
> 苟不适当，虽玉食锦衣，不足称其甘美也。无欲，故所居则安；化淳，故
> 其俗可乐。若逐欲无节，将自不安其居；政苛日烦，焉得复乐其俗？②

可以看到，这里没有世俗之人所热衷于攀比或追求的"滋味"、"文绣"、"栋
宇"等奢华的物质生活，但正因为如此，人们没有那种由于"逐欲无节"、物
质攀比所产生的心灵失落，从而能够拥有一分怡然自得的快乐。但李隆基
也并非倡导匮乏贫困的生活，而是强调物质生活的"适当"有节，适当则"所
食皆甘"，"所服皆美"，如果失去了"适当"二字，即使拥有"玉食锦衣"，亦
"不足称其甘美也"。

上述主张在当时具有重要的现实意义。自武则天后期以来，封建统治
集团日趋腐朽，他们纵欲挥霍，竞相追求奢靡，极大地腐蚀着社会的道德风
尚，危害着社会的健康发展。李隆基深刻地觉察到了纵欲崇奢所带来的弊
病。他指出："雕文刻镂伤农事，锦绣纂组害女红。粟帛之本或亏，饥寒之
患斯及。"③"递相仿效，既捐财于无穷，仍作巧以相矜，败俗伤农，莫斯为
甚。"④追求奢靡，不但严重地影响社会风气和农业生产，给人民带来"饥寒
之患"，而且将招致乱亡之祸。李隆基阐发老子的观点说，君主"若登高台，
泛深池，撞钟舞女以为荣观（荣观，荣耀壮观的景象），则人力凋尽，乱亡斯
作"，"以身充欲，沦胥以败"。因此，从巩固政权的根本利益考虑，李隆基的
前期对禁奢崇俭的问题，是十分重视的。他说：君主"虽有荣观，当须燕尔

---

① 唐玄宗：《唐玄宗御制道德真经注·小国寡民章》，载刘韶军：《〈老子〉御批点评》，湖南人
民出版社1997年版，第463页。
② 唐玄宗：《唐玄宗御制道德真经疏·小国寡民章》，载刘韶军：《〈老子〉御批点评》，湖南人
民出版社1997年版，第463—644页。
③ 《禁断奢侈敕》，《全唐文》卷三十五，中华书局1983年影印本，第383页。
④ 《亲祀东郊德音》，载宋敏求编：《唐大诏令集》卷七十三，商务印书馆1959年版，第
408页。

安处,超然远离而不顾也"。①

可贵的是,李隆基将上述禁奢思想付诸实际行动。在开元二年七月,他就下达了一系列禁奢的诏令。他在《禁奢侈服用敕》中说:"雕文刻镂,衣纨履丝,习俗相夸……致伤风俗,为弊良深……天下更不得采取珠玉,刻镂器玩,造作锦绣珠绳……违者决一百"。如果说,这一敕令的约束对象主要是臣下及民众的话,那么,同期发布的《禁珠玉锦绣敕》则是率先垂范的典型。此敕令首先强调从君主自身做起,文中说:"朕若躬服珠玉,自玩锦绣,而欲公卿节俭,黎庶敦朴,是使扬汤止沸,涉海无濡,不可得也。是知文质之风,自上而始,朕欲捐金抵玉,正本澄源,所有服御金银器物,令付有司,令铸为铤,仍别贮掌,以供军国。珠玉之货,无益于时,并即焚于殿前,用绝争竞。"②如此坚决而果断的禁奢措施,在封建帝王这里还是屈指可数的。在日常生活中,李隆基也是比较注意节俭的。他在《示节俭敕》中说,自己要效法以节俭著称的汉文帝:"尝念百金之费,每惜十家之产,是以所服之服,俱非绮罗,所冠之冠,亦非珠翠。"③

为了抑止封建统治集团中的奢侈之习,李隆基多次告诫各级官吏,车服、器物、第宅不准逾侈,要求他们"各务朴素,弘此国风"④。李隆基曾以法律手段保证禁奢措施的实行。他下令说:"如闻三公以下,爰及百姓等,罕闻节俭,尚纵骄奢,器玩犹尚珍华,车服未捐珠翠……宜令所司申明格令禁断。"⑤

针对丧葬方面"共行奢靡,递相仿效,浸成风俗"的状况,李隆基亦引用历史的教训和老子的思想以揭示厚葬的弊病。他说:"始皇无度,水银作江海,因多藏以速祸,由有利以招辱。"⑥他下令禁止厚葬,"坟墓茔域,务遵简

---

① 参见唐玄宗:《唐玄宗御制道德真经疏·重为轻根章》,载刘韶军:《〈老子〉御批点评》,湖南人民出版社1997年版,第175页。

② 宋敏求编:《唐大诏令集》卷一〇八,商务印书馆1959年版,第562—563页。

③ 《示节俭敕》,《全唐文》卷三五,中华书局1983年影印本,第382页。

④ 《禁车服第宅逾侈敕》,载宋敏求编:《唐大诏令集》卷一〇九,商务印书馆1959年版,第566页。

⑤ 《禁断奢侈敕》,《全唐文》卷三五,中华书局1983年影印本,第383页。

⑥ 《诫厚葬诏》,载宋敏求编:《唐大诏令集》卷八十,商务印书馆1959年版,第462页。

俭。凡诸送终之具,并不得以金银为饰"。并宣布:"如有违者,先决杖一百,州县长官,不能举察,并贬授远官。"①李隆基为了抑制封建统治集团中日趋严重的奢靡之风,采取了焚烧珠玉、罢废刻镂和丝织工艺等严厉措施,这虽然有些矫枉过正,或许还有几分做作。但总的来看,上述一系列措施的施行,多少还是抑制了奢靡之风,从而保证了农业生产的恢复和发展。

李隆基对于道家治国之道的崇尚和实施,使他巩固了政权,稳定了政局,扫除了武、韦时期的一些弊政,刷新了吏治,在一定程度上减轻了人民的负担,调整了生产关系,从而带来了继贞观之治以后的又一个太平盛世——开元之治。开元、天宝之际,天下大治,海内晏然,州县殷富,财物山积,堪称中国封建社会的鼎盛时期。

---

① 参见《诫厚葬敕》,载宋敏求编:《唐大诏令集》卷八十,商务印书馆1959年版,第463页。

第十五章　宋代君主对道学的
尊崇与践行

　　自唐中叶以来,儒、释、道三教合流成为趋势。在这种形势下,宋初统治者采取了儒、释、道并用的态度:宋太祖即位之初,他就下令停止后周世宗废止寺院的诏令,经常行幸于相国寺,在各地兴建寺院,增加僧侣人数,显示出对佛教的扶持。他又令"增葺祠宇,塑绘先圣先师之像",并且亲自为孔子、颜回撰写赞文,令臣下分撰孟子等儒家圣贤的赞文,还多次临幸孔庙拜祭①,表现出对儒学的尊崇。与此同时,宋太祖又祭祠老子,经常行幸道教宫观。尽管三教并用,但宋初统治者在对待儒、释、道的态度上还是有所偏重。由于宋太祖的皇位并非得之于赵姓祖先,而是夺之于幼主柴氏,为了粉饰自己为夺位而策划的黄袍加身之举动,他更需要借助于道教神学来为自己服务。同时,久经战乱之后,道家、道教的治国之术也是一剂拯救残局的有效良药。这些社会背景,决定了道家、道教与宋初政治的密切关系。

一、宋初君臣对道学的尊崇与研习

　　早在赵匡胤策动陈桥兵变以前,善于星占之术的方士王处讷与赵匡胤手下善天文占侯之术的苗训就曾利用天象为之制造舆论,他们借助庚申年初"太阳缠亢"(缠,居也。指日月星辰运转的度次。亢,二十八宿中的亢

---

①　参见毕沅:《续资治通鉴》卷二,上海古籍出版社 1987 年版,第 9 页。

宿)这一自然天象,以论证圣人将出。其后,又根据"日上复有一日"的异常现象指言赵匡胤代周自立乃是"天命",于是,赵匡胤"为六师推戴"、黄袍加身的行为就具有了政治上的合法性。[1]

为了更好地利用道教为自己服务,赵匡胤又祭祀老子,经常行幸于北岳庙、太清观等道教宫观进行祈祷,还在华山建西岳庙,在京城造建隆观,并多次召见著名道士。每当水旱之时,则必招道士刘若拙来宫中祷神以祛灾。

赵匡胤的后继者赵匡义继位后,常请道士张守真在宫中设醮降神,有神降言说:他于建隆元年下凡后,一直保卫宋主,此后,人们若行忠孝则加福,若行悖逆则诛身,君主如公平地施赏罚,爱民治国,则基业永长新。太宗闻言大喜,为了酬谢这位曾为自己的继位而立功的神君,也为了粉饰自己的政权,他下令在终南山下筑宫,造其塑像,封此神为"翊圣将军",并以神君曾预言过的上清太平宫命名。每年的三元日、诞节、皇帝本命日即派中使致醮,凡有旱涝灾害及军国大事也要祈神祷福祛灾。同样,编造这出神话的主角张守真也因此而获得了紫衣和崇玄大师的荣誉。此后,道教的地位也逐渐上升,受到统治者的青睐。

宋初统治者对道士的养生术十分感兴趣,常向道士请教此术。但由于其所召见的道士政治素质较高,他们往往避开个人修炼之术而大谈治国之道,或者将治国养生统一起来述说。在这种济世务实的精神影响下,道学政治思想中的治平之道逐渐为宋代君主所接受。

开宝二年,赵匡胤召见龙兴观道士苏澄隐,向这位年过八旬而依然身轻体健的老人请问养生法。苏氏回答说:"臣养生,不过精思炼气耳。帝王养生则异于是。老子曰:'我无为而民自化,我无欲而民自正。'无为无欲,凝神太和。昔黄帝、唐尧,享国永年,用此道也。"[2]苏澄隐强调自己的养生方法"不过精思炼气",而只字不提金丹服食之术,说明他是一位素养较高的内丹派道士。面对皇帝的垂问,这位精于内丹术的苏澄隐的回答是颇巧妙的。首先,他现身说法,肯定了"精思炼气"的养生功效,言下之意已包含了

---

① 参见脱脱等撰:《太祖本纪一》,《宋史》卷一;《方技上》,《宋史》卷四六一,中华书局1977年版,第13499页。

② 毕沅:《续资治通鉴》卷六,上海古籍出版社1987年版,第26页。

对于外丹术的否定,以防君主倾心于炼丹服食,重蹈唐代君王中毒而亡的覆辙。但紧接着,他又委婉地指出,帝王不应涉足于炼气养生这些方法,不应将精力放在个人修炼上,而应效法黄帝、唐尧,尊奉无为无欲的治国之道,才能够"享国永年",将关于个人长生延命的话题引向对于国家长治久安之策的思考。

宋太祖对于苏氏的这番话十分赞赏,赐其紫衣、银器、丝帛,以示褒奖。赵匡胤又曾召见道士王昭素,向他请教治世养生之术。王昭素答曰:"治世莫若爱民,养生莫若寡欲。此外无他。"这可谓是言简意赅的政治伦理和生命伦理信条。赵匡胤对此语十分赞同,将此语书于屏风间,以作为座右铭。①

在宋初留意于治国之术的道士中,最为著名的是华山道士陈抟。陈抟早年熟读经史百家之言,唐末五代社会的动荡、黑暗,促使他离开仕途而求仙学道,隐居于华山、武当山等地。

宋初统治者对于陈抟这样精通天文术数等多种方术的高道既敬重又防范。据元人张辂《太华西夷志》所载,太祖、太宗都曾遣使召请,特别是宋太宗,曾在一年之内,三次派使者诏宣陈抟。陈抟赴京后,太宗向他"恳求济世安民之术",他提笔写下了"远近轻重"四个字,并进一步解释说:"远者,远招贤士;近者,近去佞臣;轻者,轻赋万民;重者,重赏三军。"②由此可以看出,陈抟的济世安民之术综合了儒道二家的政治思想。宋太宗对陈抟的主张十分认同,并且进一步向陈抟请教说:"若昔尧舜之为天下,今可至否?"对此,陈抟没有用儒家祖述尧舜的政治理想来回答君主的问题,而是导之以道家清静无为之道。他回答说:"土阶三尺,茅茨不剪,其迹似不可及,然能以清静为治,即今之尧舜也。"③

宰相宋琪曾将陈抟召至中书省,表示要学他的"玄默修养之道"。陈抟

---

①　参见毕沅:《续资治通鉴》卷六,上海古籍出版社 1987 年版,第 28 页。

②　张辂:《太华希夷志》,《正统道藏·洞真部·纪传类》,文物出版社、上海书店、天津古籍出版社 1988 年版。

③　赵道一修撰:《历世真仙体道通鉴》卷四十七,《道藏要籍选刊》第 6 册,上海古籍出版社 1989 年版,第 273 页。

婉言谢绝说:"抟山野之人,于时无用,亦不知神仙黄白之事,吐纳养生之理,非有方术可传。"他指出,追求个人成仙,无补于世:"假令白日冲天,亦何益于世?"接着,他向宋琪强调,君臣肩负治国之任,应该究心于治国安民之道。他说:"今圣上龙颜秀异,有天人之表,博达古今,深究治乱,真有道仁圣之主也。正君臣协力同德,兴化致治之秋,勤行修炼,无出于此。"宋琪对此语深表称道并上告宋太宗。宋太宗因此而更加敬重陈抟,下诏赐号"希夷先生",又赐紫衣并增葺其所居住的华山云台观。①

二、宋初政坛的清静宽俭气象

(一)清 静 宽 容

唐末五代是中国历史上的大动乱时期,政权迭变,争斗不止,人民饱受战乱之苦,兵灾严重地骚扰着人们的正常生活。故时人称:"自唐末五代,每至传禅,部下分扰剽劫,莫能禁止,谓之靖市,虽王公不免剧劫。"②因此,厌恶动乱,盼望安定,这是当时人们的共同愿望。与社会下层有着广泛接触的赵匡胤深切地了解这一民情,充分认识到静以抚民的迫切性和必要性,并且在政治实践中努力贯彻镇静安民的原则。

在发动陈桥兵变时,赵匡胤当即就向部下发布命令:不准惊犯周朝的太后和幼主,不得侵凌周朝的大臣,不得侵掠朝廷府库和士庶之家,并强调"用令有重赏,违即孥戮汝"③。

对于地方割据政权,赵匡胤也采取了安抚为主的手段。当吴越王钱俶来朝时,文武百官都劝赵匡胤将钱氏扣留并迫使他献出辖地。但赵匡胤却认识到:当时正在征伐江南,如果四面树敌则不利于统一局面的实现,故放归钱俶。钱氏因而感惧宋太祖,后来归降宋朝,这就使宋朝较轻易地解决了江南的统一问题。这种以安抚、镇静为基调的策略,对于社会的安定和政权

---

① 参见脱脱等:《隐逸传》,《宋史》卷四五七,中华书局1977年版,第13421页。
② 丁传靖辑:《宋人轶事汇编》卷一,中华书局1981年版,第4页。
③ 脱脱等:《太祖本纪》,《宋史》卷一,中华书局1977年版,第4页。

的巩固是卓有成效的。因此,司马光充分肯定这一策略的功效,他在《涑水纪闻》一书中称赞,宋太祖一反唐末五代滥杀剧劫之风气,"入城之日,市不改肆,灵长之祚,良以此乎!"

为了保证安静政策的实施,赵匡胤还采取了一系列的措施,例如,他曾密刻石碑于太庙寝殿之夹室,碑上刻着他的誓词:"柴氏子孙,有罪不得加刑,纵犯谋逆,止于狱内赐尽,不得市曹刑戮,亦不得连坐支属;不得杀士大夫及上书言事人。"并强调说:"子孙有渝此誓者,天必殛之。"①建隆三年,他下诏说:"王者禁人为非,乃设法令,临下以简,必务哀矜。"②他慨叹后世"法网之密","哀矜无辜",多次实施宽刑政策。自开宝年间以来,对于犯大辟罪的犯人,除情节较严重者以外,不少人被免去死罪。从开宝二年至开宝八年这六年时间内,"诏所贷死者凡四千一百八人"③。

赵匡义继位之后,更加自觉地运用道家的治国之旨,继续执行以静治国的方针。他深刻地认识到道家治道的核心内容,并表示要力行"无为之道",他说:"清静致治,黄老之深旨也。夫万物自有为以至无为,无为之道,朕当力行之。"④他称道老子《道德经》中的治身治国之术对自己的裨益:"伯阳五千言,读之甚有所益,治身治国之道并在其内"。甚至还与人谈起自己读《道德经》的具体收获和感想说:"朕每读至'兵者,不祥之器,圣人不得已而用之',未尝不三复以为规戒。王者虽以武功克受,终须用文德致治。"⑤

从这些资料可以看出,宋太宗赵匡义对于道家治国之道的确多有研习。不仅如此,宋太宗君臣更能够将这些治国思想用于政治实践之中。

淳化四年,赵匡义与丞相吕蒙正论及征伐之事时,就表达了对穷兵黩武之举的厌弃,他说:"朕比来征讨,盖为民除暴,苟好功黩武,则天下之人熠亡尽矣。"吕蒙正当即深表赞同说:"隋、唐数十年中,四征辽碣,人不堪命。

① 参见潘永因编:《君范》一,《宋稗类钞》卷一,刘卓英点校,书目文献出版社 1985 年版,第 1 页。
② 冯琦、陈邦瞻:《宋史纪事本末》卷七,中华书局 1977 年版,第 38 页。
③ 脱脱等:《刑法》二,《宋史》卷二百,中华书局 2012 年版,第 4986 页。
④ 李焘:《续资治通鉴长编》卷三十四,中华书局 1995 年版,第 758 页。
⑤ 江少虞编纂:《宋朝事实类苑》卷二,上海古籍出版社 1981 年版,第 21、20 页。

炀帝全军陷没,太宗自运土木攻城,如此卒无所济。且治国之要,在内修政事,则远人来归,自致安静。"①而君臣在商议政事时,亦经常自如地引用《老子》的相关论述以支撑自己的主张。例如淳化三年(922年),宰相吕蒙正就曾引用老子之言以论时政。他说:"老子称'治大国若烹小鲜',夫鱼扰之则乱。近日内外上封求更制度者甚众,望陛下渐行清静之化。"另一位朝臣赵昌言也说:"今朝廷无事,边境宁谧,正当行好事之时。"赵匡义很高兴地说:"苟天下亲民之官皆存此心,则刑清讼息矣。"②在官员的任用问题上,亦可反映出赵匡义清静为政的倾向,他对于持守清静的官员信任有加。例如,他将参知政事吕端提拔为户部侍郎。吕氏在为相期间,"以清静简易为务",深得赵匡义赏识,赵匡义特地下诏谕,要求中书省的事情"必经吕端详酌,乃得奏闻","常恨任(吕)端之晚",③足见其在治国方面崇尚清静的价值取向。赵匡义不仅自己努力遵循老子的清静主张,还以此教育子女,他对寿王说:"政教之设,在乎得人心而不扰之。得人心莫若示之以诚信;不扰之无如镇之以清净。推是而行,虽虎兕亦当驯狎,况于人乎。"④

静以抚众的作风与政治上的宽容大度密切相连,赵匡义对老子宽容治民的思想主张深有认同。他阐发自己对老子宽容思想的感想说:"《老子》云:'善者,吾亦善之;不善者,吾亦善之。'⑤此言善恶无不包容,治身治国者,其术如是。若每事不能容纳,则何以治天下哉!"⑥而他也的确将宽容原则运用于日常的政事处理过程中。例如有一次,赵匡义闻知"汴水辇运卒有私贸市者",就认为对此可以采取宽容的态度,不必过于严究。他对侍臣说:"幸门如鼠穴,何可塞之?但去其尤者可矣。篙工楫师,苟有少贩鬻,但无妨公,不必究问,冀官物之入,无至损折可矣。"吕蒙正十分赞同这一处理意见,他还立即引用道家思想论证说:"水至清则无鱼,人至察则无徒,小人

① 脱脱等撰:《吕蒙正传》,《宋史》卷二六五,中华书局1977年版,第9147页。
② 参见冯琦、陈邦瞻:《宋史纪事本末》卷十七,中华书局1977年版,第117页。
③ 参见毕沅:《续资治通鉴》卷十八,上海古籍出版社1987年版,第86页。
④ 毕沅:《续资治通鉴》卷十八,上海古籍出版社1987年版,第84页。
⑤ 赵匡义此语原为:"不善者,吾则不善之。"此据《老子》原文及赵匡义这段话的上下文义和《宋朝事实类苑》卷二所载更改。
⑥ 李攸:《宋朝事实》卷三,中华书局1955年版,第37页。

情伪,在君子岂不知之? 若以大度兼容,则万事兼济。曹参不扰狱市者,以其兼受善恶,穷之则奸慝无所容,故慎勿扰也。"吕蒙正还特别指出,宋太宗这种宽容大度的主张"正合黄老之道"。[①] 君臣上下的态度如此默契,其对于道家治国之道的崇尚与践行可见一斑。

（二）慈俭谦退

慈、俭、谦退是道家所倡导的三条重要原则("三宝"),而这几个方面又是紧密相连、互相促进的:慈爱百姓才能做到惜财、节俭;而谦让纳言,又能及时地停止奢靡劳民之举,以遵循慈俭的信条。在中国古代的帝王中,宋太祖赵匡胤算是践履"三宝"的典型。明末清初思想家王夫之曾称赞他说:"不忍于人之死,则慈;不忍于物之珍,则俭;不忍于吏民之劳,则简。斯其慈俭以简也,皆惟心之所不容已。虽粗而不精,略而不详,要与操术而诡于道、务名而远于诚者,所繇来远矣……一人之泽,施及百年,弗待后嗣之相踵以为百年也。故曰:光武以后'太祖其迥出矣'"。[②] 这段话中对宋太祖践履慈、俭、简的政治道德作出了相当高的评价,其文出自王夫之的著名史论作品《宋论》,该书是他对于宋代历史进行悉心研究之后而阐发的历史经验总结,应当说,这些评论是相当中肯的,这可以从不少史实中得到印证。

例如,与那些登上皇位就藏弓烹狗的帝王们不同,他即位之后就三条祖训勒石,以警后人。第一,保全柴氏子孙;第二,不杀士大夫;第三,不加农田之赋。并且真正践履了诺言。他也不诛杀功臣,而只是通过杯酒释兵权的方式将兵权收归中央。

在崇俭抑奢方面,宋太祖更是做得突出。在平定蜀国时,他曾获得蜀王孟昶的七宝装溺器,但却立即令人将之杵碎。他说:"汝以七宝饰此,当以何器贮食? 所为如是,不亡何待?"[③]"帝性孝友节俭,质任自然,不事矫饰……宫中苇廉,缘用青布;常服之衣,澣濯至再"[④]。有一次,皇女永庆公

---

①　江少虞编纂:《宋朝事实类苑》卷二,上海古籍出版社 1981 年版,第 14 页。
②　王夫之:《宋论》卷一,《船山全书》第十一册,岳麓书社 1992 年版,第 49 页。
③　脱脱等:《太祖本纪》,《宋史》卷三,中华书局 1977 年版,第 50 页。
④　脱脱等:《太祖本纪》,《宋史》卷三,中华书局 1977 年版,第 49 页。

主与皇后一同对他说:"官家作天子日久,岂不能用黄金装肩舆,乘以出入?"赵匡胤笑曰:"我以四海之富,宫殿悉饰金银,力亦可办,但念我为百姓守财耳,岂可妄用? 古称以一人治天下,不以天下奉一人,苟以自奉养为意,百姓何仰哉?"①他拒绝了妻子和女儿的要求。

永庆公主是位喜好奢华的人,她曾缝制了一件以翠羽为装饰的绣花衣服,并穿着这件衣服进入宫中。宋太祖劝她,今后不要再穿这件衣服,并不许她以翠羽为饰。公主不以为然,笑着说:"此所用翠羽几何?"宋太祖却颇为严肃地对她说:"不然,主家服此,宫闱戚里皆相效,京城翠羽价高,小民逐利,展转贩易,伤身浸广。汝生长富贵,当念惜福,岂可造此恶业之端?"②公主听后,惭愧地向父亲谢罪。

继太祖而立的宋太宗赵匡义在慈、俭、谦退方面也是较突出的。史称其"以慈俭为宝,服澣濯之衣,毁奇巧之器,却女乐之献,悟畋游之非……不罪狂悖以劝谏士,哀矜恻怛,勤以自励,日晏忘食……欲尽除天下之赋以纾民力,卒有五兵不试、禾稼荐登之效……炳焕史册,号称贤君"③。考诸赵匡义的一生,这些评价基本上是比较恰当的。他曾就历史教训告诫自己说:"朕观五代以来,帝王始则勤俭,终仍忘其艰难,覆亡之速,皆自贻也。在人上者,当以为戒。"④他将唐太宗李世民作为自己效法的榜样。一次,他问臣下说:"朕何如唐太宗?"参加政事李昉当即吟诵白居易的《七德舞》词:"怨女三千放出宫,死囚四百来归狱。"赵匡义闻后遽起,连声说道:"朕不及,朕不及,卿言警朕矣。"⑤足见其虚怀纳言的胸怀。

赵匡义对于道家处后谦下政治主张的践履,突出地表现在虚怀纳谏方面。对于那些敢于直谏之士,赵匡义甚为推重。寇准好直言,赵匡义称赞说:"朕得寇准犹文皇之得魏征也。"⑥当臣下因直谏受到打击时,他常予以支持和保护。如衮王手下的姚坦好直言,衮王有过失,姚氏便进言规正,因

---

① 参见毕沅:《续资治通鉴》卷七,上海古籍出版社1987年版,第33页。
② 参见毕沅:《续资治通鉴》卷七,上海古籍出版社1987年版,第33页。
③ 脱脱等撰:《太宗本纪》,《宋史》卷五,中华书局1977年版,第101页。
④ 毕沅:《续资治通鉴》卷十二,上海古籍出版社1987年版,第59页。
⑤ 参见冯琦、陈邦瞻:《宋史纪事本末》卷十七,中华书局1977年版,第116页。
⑥ 冯琦、陈邦瞻:《宋史纪事本末》卷十七,中华书局1977年版,第117页。

而衮王及其属下皆不悦姚氏。衮王左右之人指使其称疾不朝,以促使赵匡义将姚氏逐出衮王宫。赵匡义闻此情形后,立即惩办了排挤姚坦的奸人,而将姚坦召至宫中加以慰抚,并为其撑腰壮胆说:"毋患谗言,朕必不听。"①

当听到批评奢靡之举的谏言时,即使不是针对自己的,赵匡义也能予以充分重视。衮王曾修筑假山,所费甚广,其属下姚坦力陈修筑假山时人民的愁苦之情,并指斥说:"此假山皆民租税所为,非血山而何?"这番话语虽不是针对赵匡义而言的,但当时他也正在营造假山,听到姚坦对衮王的批评后,他也"亟命毁之",停止了这项劳民伤财的工程。②

赵匡义在生活上较为俭朴,即使是参加较大的宴会,也常身着较旧的服装。长春之宴,枢密使王显等侍侧,见自己的君主"衣敝裤,数视之"。赵匡义笑着对他说:"朕未尝御新衣,盖念机杼之劳苦,欲示敦朴为天下先也。"③

赵匡义精于书法,在音乐、弈棋方面也造诣甚深,但他认识到不能因为这些个人爱好而妨碍国事,特别是肩负治国安民之重任的君主,更是应该克制个人的嗜好和欲念,将精力和兴趣放在裨于治道的方面来。他对臣下说:"人君当淡然无欲,勿使嗜好形见于外,则奸佞无自入。朕无他好,但喜读书,多见古今成败,善者从之,不善者改之,如斯而已。"④

宋太宗虽然利用道教,修了不少宫观,但并未过分地沉溺于礼神祈祷等活动,往往只是"常服一诣,焚香而已"⑤。宋太宗虽然与道士来往较多,也曾接受道士丁少微献上的金丹、巨胜、南芝、元芝等益寿延年的药饵,但并未醉心于道教中的服食炼丹之术以求个人长寿。而是主张遵循道教和道家恬淡俭素的养生之道,注意节制饮食、适度运动、起居有规律,通过个人的主观努力,以保持身体健康。太平兴国九年,太宗与宰相谈论养生之道说:"朕每日所为自有常节,晨间视事,既罢,便即观书,深夜就寝,五鼓而起,盛暑尽日,亦未尝寝,乃至饮食亦不过度,行之已久,甚觉得力。凡人食饱无不昏

---

① 脱脱等撰:《姚坦传》,《宋史》卷二七七,中华书局 1977 年版,第 9419 页。
② 参见脱脱等撰:《姚坦传》,《宋史》卷二七七,中华书局 1977 年版,第 9418 页。
③ 毕沅:《续资治通鉴》卷十二,上海古籍出版社 1987 年版,第 57 页。
④ 毕沅:《续资治通鉴》卷十四,上海古籍出版社 1987 年版,第 67 页。
⑤ 江少虞编纂:《宋朝事实类苑》卷二,上海古籍出版社 1981 年版,第 18 页。

浊，傥四肢无所运用便就枕，血脉凝滞，诸病自生，欲求清爽，其可得乎？《老子》曰：'我命在我，不在于天'①，全系人之调适，卿等亦当留意，无自轻于摄养也。"②

赵匡义在此虽然误以为"我命在我，不在于天"一语出于老子，但作为一名最高当权者，他能够谨记此语，在日常生活中保持"自有常节"、饮食有度，这是十分难得的。纵观中国历史上的一些皇帝，他们往往不愿或不能通过恬淡节欲以养生健体，而是沉湎于纵奢极欲、花天酒地的糜烂生活，把延年益寿的希望寄托于金丹、服饵或仙方、仙药。这就很容易为奸臣邪道所利用，从而误国害政，劳民伤财。故宋太宗强调通过主观努力，恬淡节欲，以保持身体健康，这种生活态度所具有的重要政治意义是不言而喻的。

赵匡义不但自己力行俭素谦退之道，而且还以此训诫子孙。他尝为手诏，戒陈王元僖等诸王，他说：即位以来，"十三年矣，朕持俭素，外绝游观之乐，内鄙声色之娱，真实之言，固无虚饰。汝等生于富贵，长自深宫，民庶艰难、人之善恶，必是未晓。略说其本，岂尽予怀！夫帝子亲王先须克己励精，听言纳诲。每著一衣，则悯蚕妇；每餐一食，则念耕夫。至于听断之间，勿先恣其喜怒……汝等勿鄙人短，勿恃己长，乃可永久富贵，以保终吉。先贤有言曰：'逆吾者是吾师，顺吾者是吾贼。'不可不察也。"③这些话语，既是对后代的谆谆劝诫，更是赵匡义对自己十多年政治生涯的自我总结。

又据《宋史·吕蒙正传》和宋人欧阳修《归田录》所载，曾三度拜相的宋初名臣吕蒙正亦颇具宽厚廉俭、不为外物所累的风范，当时，曾有某人家中藏有古镜，自言能照见两百里远，此人欲将其赠送吕蒙正以求与之结交。吕蒙正婉言谢绝说："吾面不过楪子大，安用照二百里哉？"幽默而机智的妙语映射出吕氏的清廉之风。

由于宋初统治者遵循清静抚众和慈、俭、谦退的道家之旨，从而较迅速地安定了政局，赢得了民心，巩固了政权，为社会经济的发展打下了良好的基础。

---

① "我命在我，不在于天"一句，原出于魏晋时的道经《西升经》，其原文为："我命在我，不属天地。"
② 李攸：《宋朝事实》卷三，《圣学》，中华书局 1955 年版，第 37 页。
③ 毕沅：《续资治通鉴》卷十四，上海古籍出版社 1987 年版，第 67 页。

三、宋真宗对道家治道的践行

宋真宗赵恒继承了父辈对于道家、道教的基本政策，既遵循道家治国之道，又利用道教神学。即位之时，他就下诏求言，并对近臣说："朕乐闻朝廷阙失，以警朕心。然臣僚章奏，多是自陈政绩，过行鞭扑，以取干办之名。"接着，他以道家的无为理论，批评这些刻薄虐民而邀取自身功名的官吏，他说："国家政事自有大体，使其不严而理，不肃而成，斯为善矣。岂可惨虐刻薄，邀为己功，使之临民，徒伤和气，此辈真酷吏也。"①这段话语中虽然并未直接引用道家治道的原文，但从文中对"不肃而成，不严而理"治国方略的崇尚和肯定，对"惨虐刻薄"之酷吏的斥责来看，却非常明显地体现出宋真宗对道家治道的遵循。

赵恒还强调，法令不可数变，要求臣下对此予以约束控制，他说："令命屡改，甚失治体，卿等制之。"②这一事例也反映出宋真宗对《老子》"治大国若烹小鲜"之精意的应用。

即使是他利用道教神学的过程中，也可反映出其对于道家治国之道的尊崇和践行。

（一）天书、封禅事件背后的清静治国意旨

宋真宗对于道教神学的利用是以天书事件揭开序幕的。景德五年（1008年）正月，宋真宗自称神人曾降于寝宫，并告将降天书。一月之后，臣下即上奏有所谓天书降下。书中有文曰："赵受命，兴于宋，付于恒。"③上面还有黄字三幅，其词类似《尚书·洪范》和老子《道德经》，首先称赞宋真宗能以至孝至道绍世，接着告谕他应当清静简俭，最后预言赵王室世祚延永。

所谓天降天书，当然是骗人的把戏，其目的在于转移人们的视线，缓和

① 以上引文均见李攸：《兵制》，《宋朝事实》卷十六，中华书局1955年版，第243页。
② 江少虞编纂：《宋朝事实类苑》卷三，上海古籍出版社1981年版，第24页。
③ 宋真宗名恒，由此可洞见天书造者之用心。

政治上的困境。当时正值宋辽"澶渊之盟"订立不久。"澶渊之盟"的订立，使宋辽之间化干戈为玉帛，双方守约和好。但这一局面的形成，宋王朝是付出了较大代价的。在澶渊之役中，宋是胜方，辽是败方，但作为胜者的宋朝却要向败者辽朝纳币，虽然寇准令使臣尽量压低了数额，但每年二十万匹绢、十万两银的岁币，仍然是一个不小的数字。特别是宋朝以泱泱大国之身份而与区区辽朝达成城下之盟，毕竟不太光彩。如景德三年（1006 年）六月，京东转运使张知白就曾上疏："今西北二隅虽罢征战之役，然以比诸古者屈膝称臣，款塞内附，则亦事异而礼殊也。"①可见时人对此是颇有微词的。

赵恒深以"澶渊之盟"为辱，但又不愿意轻动干戈，以武力收回面子，故没有接受大臣王钦若"以兵取幽、蓟，乃可涤此耻"的建议。王钦若提出用兵以雪耻其实也是一个幌子，赵恒不采纳这一主张，他便趁机提出："陛下苟不用兵，则当为大功业，庶可以镇服四海，夸示戎狄也。"那么，此时有何作为才可成就大功业呢？王钦若的回答是："封禅是矣。"②

封禅是古代帝王炫耀其受命于天的一种礼仪，它表示太平盛世已经到来，向来被称为"古今盛典，皇王能事"，可见封禅不能随便举行。《史记·太史公自序》说："受命而王，封禅之符罕用。"《管子·封禅》中强调说，要有十五种不召而至的祥瑞才能进行封禅大典。

封禅不能轻易进行，只得首先伪造"天书"，为封禅做舆论准备，假借上天的灵威，挽回缔结"澶渊之盟"所丢失的面子，以稳定人心，在周边少数民族面前重建大宋帝国的形象，"欲假是以动敌人之听闻……潜消其窥觎之志"③。

对于宋真宗君臣伪造"天书"、泰山封禅等行为，人们历来指责颇多。不过，笔者认为，对此应作具体分析。在今天看来，伪造天书、泰山封禅以树威的意图固然可笑，但这些行为背后是否还蕴含着某些政治智慧和积极因素呢？前人似乎未予以必要的注意。愚意以为，似可从道家清静安邦的视

---

① 毕沅：《续资治通鉴》卷二十六，上海古籍出版社 1987 年版，第 120 页。
② 参见毕沅：《续资治通鉴》卷二十七，上海古籍出版社 1987 年版，第 123 页。
③ 脱脱等撰：《真宗本纪》，《宋史》卷八，中华书局 1977 年版，第 172 页。

角来考察这一事件的政治意义。首先,黄字三幅的天书中有与老子《道德经》相类的内容,文中还对宋真宗提出清静简俭等告谕,宋真宗还多次参拜玉皇大帝和老子,将老子加号"太上老君混元上德皇帝"等,这都足以说明宋真宗君臣在神灵大旗下包藏着尊崇道家治道以清静治国的良苦用心。

那么,宋真宗君臣的目的是否达到了呢? 以下我们就当时的宋辽关系以及相关历史状况做一考察。

自宋初收复燕云的军事行动被挫败以后,辽朝统治者连年领兵南下。《辽史》中关于辽朝兵制的记载,几乎全是辽朝南伐的例行部署,书中甚至还作出辽兵攻入宋京城后的具体部署。这表明,其矛头所向主要是针对北宋时期的中原地区。① 宋朝方面则一直处于被动挨打的地位,对辽战事的多次失败,充分暴露了北宋王朝的严重弱点。唯在澶渊之役中,宋军获胜,创北宋百余年中难得的奇功。在这种情况下,本应考虑寇准所提出的对辽策略:"不欲赂以货财,且欲邀其称臣及献幽、蓟之地。"②但真宗没有接受寇准的主张,而是派人多次使辽和谈。在和谈时,契丹贵族欲求后晋割予辽国而后又为周世宗夺回的关南之地。真宗虽未应允这一无理要求,但身为战胜国,却同意予其岁币。这当然只能暂时满足契丹贵族的胃口,而不能从根本上消除其窥觎之志和用武之心。

宋真宗赵恒对契丹采取偃兵息武、和平相处的策略,希望以怀柔政策感化对方,以利于两国民众休养生息,安居乐业,这显然体现出对老子清静治国政治方略的践履。但是,单纯依靠怀柔之术还不足以解决问题,因为这一时期的辽朝统治者还是锐气十足的。辽圣宗耶律隆绪幼年即位,母后萧太后称制,萧太后有机谋、善领兵。耶律隆绪成年后,更是文武双全、武功赫赫、颇有作为。"澶渊之盟"以后,宋辽关系虽然缓和,但辽君并无偃武之意,他们不久就伐回鹘,降其大王伊罗勒;又多次攻打高丽,并且"焚开京宫室、府库而还,自是用兵连岁始罢"③。

要慑服这样一个雄心勃勃而又崇尚武力的对手,显然还需要采用怀柔

① 参见舒焚:《辽史稿》,湖北人民出版社1984年版,第403—404页。
② 冯琦、陈邦瞻:《宋史纪事本末》卷二十一,中华书局1977年版,第145页。
③ 冯琦、陈邦瞻:《宋史纪事本末》卷二十一,中华书局1977年版,第148页。

政策之外的非常手段,于是,依靠天神的权威力量以威慑对方,就成为了另外一个重要的手段。这一手段颇受儒者非议,在今人看来更是荒唐。但如置于当时特定的历史环境下考察,权衡利弊,我们不能不承认,这比依靠穷兵黩武、以暴力手段来维持边境的现状要理智得多。

事实说明,这一方法还是颇有效果的。自封禅直至宋真宗去世的15年时间内,辽对宋基本守约,未动兵卒,而且,其他少数民族邻国也未对宋朝动干戈。而赵恒去世后不久,宋仁宗即位的第二年,"契丹大阅,声言猎幽州,朝廷患之"。契丹这次的用意乃试探新主之虚实,可见其图南之意并未消止。到仁宗庆历二年(1042年)三月,"契丹来求关南之地……慨然有南侵之意。……五月聚兵幽、蓟,声言南下"。① 宋仁宗只得又增加岁币的数额才算了事。显然,赵恒在世时,契丹能够与宋王朝和平相处,当与赵恒君臣假借道教神威之举不无关系。因为契丹族是一个笃信宗教的民族,不但受到汉地传入的佛教、道教的影响,更崇信本民族的原始宗教,有着崇拜祖先和天、地、日、月、山等自然神的习俗,据历史记载,契丹君主曾"命巫者祠天地及兵神"②,多次"以青牛白马祭天地"③。

所以,宋真宗君臣玩弄装神弄鬼的名堂并举行祭天祀地大典时,必然会对契丹贵族有所触动。据《宋朝事实类苑》卷七十七引《乘轺录》说:"国家且议封禅,有谍者至涿州,言皇帝将亲征,往幽、蓟以复故地,然后东封泰岳。虏大骇,遽以肖宁为统军,列栅于幽州城南,以虞我师之至。既而闻车驾临岱,遂止。……朝廷推誓大信,边郡彻警,虏闻之,大惭……自是迎待国信,弥勤至矣。……观其畏威怀德;必能久守欢约矣。"④从这段记载中可以看出,封禅之举对辽国是具有一定的威慑作用的。

(二) 宽 简 养 民

除了利用天书、封禅等事件以实现偃兵息武、清静治国的目的之外,宋

---

① 参见冯琦、陈邦瞻:《宋史纪事本末》卷二十一,中华书局1977年版,第150—151页。

② 脱脱等:《景宗本纪》,《辽史》卷九,中华书局1974年版,第103页。

③ 脱脱等:《景宗本纪》《圣宗本纪》,《辽史》卷八、卷十,中华书局1974年版,第90、94、99、109页。

④ 江少虞编纂:《宋朝事实类苑》卷七十七,上海古籍出版社1981年版,第1011页。

真宗对道家道教中的治国安民之道亦有深刻的认识,据宋人谢守灏所编的《混元圣纪》卷九所载,他在王钦若等人编纂的道藏《宝文统录》序言中说:"希夷之旨,清静之宗,本于自然,臻于妙用,用之于政,政协于大中;用之治身,身跻于难老;施于天下,天下可以还淳;渐于生民,生民生其介福。"考诸宋真宗的政治实践,确有不少道家治国之道渗透于其中。

他多次亲召道士并赠诗赏物,封号授爵,礼遇甚厚,但总的看来,在召问道士时,他所关心的不是神仙方药这类有关个人长生延命之事,而主要是垂问治国之道。真宗在景德二年(1005 年)下诏,召河阳济源奉仙观道士贺兰栖真来京,其诏称:"朕……法清静以临民,思得有道之人,访以无为之理。"①一日,真宗问贺兰栖真曰:"人言先生能点化黄金,信乎?"栖真对曰:"陛下……可谓真天子矣,臣愿以尧舜之道点化天下。顾方士伪术,不足为陛下道"。真宗"大奇其言,益加敬礼"。② 这里的"尧舜之道",当指"尧舜垂衣裳而天下治"的无为之道。真宗问及点金之术,贺兰栖真回避此事,只愿谈论无为而治的经世之道,真宗不但不加怪罪,反而"益加敬礼"。可见其对道教治国之术的重视。

又据《历世真仙体道通鉴》卷四八载,东封之后,真宗曾特召道士张无梦,"问以长久之策"。无梦仅大讲《周易》的《谦卦》,真宗问其原因,他回答说:"方大有之时,宜守之以谦。"真宗"喜其说",拜他为著作左郎,他固辞不受。于是,真宗令其住在建隆观的翊圣院,又召他讲《还元篇》,他阐述治身治国一理之道说:"国犹身也,心无为则气和,气和则万宝结矣;心有为则气乱,气乱则英华散矣,此还元之大旨也。"这完全是以气功养生理论来比附君王治国之道,使气功养生术与清静无为的政治思想合二为一。张氏略说数十篇而退。真宗赐以金帛、名号,张氏皆辞不受。真宗又作歌一阕相赠。③ 张无梦是一位"有黄白之术"的人,但真宗与他却未论及此事,而是"问以长久之策",于此亦可见真宗对于道教治国之术的关注。

① 脱脱等:《方伎传》下,《宋史》卷四六二,中华书局 1977 年版,第 13515 页。
② 参见陈垣:《道家金石略·真宗赐贺兰栖真诗碑》,文物出版社 1988 年版,第 301 页。
③ 参见赵道一编:《历世真仙体道通鉴》卷四十八,《道藏要籍选刊》第 6 册,上海古籍出版社 1989 年版,第 279 页。

因此,宋哲宗绍圣四年(1097年),张闳在为《真宗赐贺兰栖真诗碑》作记时称道说,真宗与那些"躬好道家之术而鲜得其真",为长生成仙而"亲屈帝尊以礼怪迂之士"的"世主"不同,他所倾心的乃是道家之精华。因而,"祥符、景德之间,天子垂拱无为,海内蒙福,登封告成,号称至治,其功德远矣"①。

这里当然不无过誉之词,但与秦皇、汉武、唐宗等孜孜以求神仙方药、以期望个人长生不死的诸帝相比,赵恒确实有过人之处。比如,他深刻地认识到,"赋税之多"将导致"民之难治","法令滋章,盗贼多有",因而实施了一些宽简养民的措施。据《宋史·真宗本纪》所载,即位之初,真宗就宣布免除各路农民所欠的一千多万赋税,释放囚犯三千多人,并派出使者去各地执行这些命令,以求实效。咸平四年(1001年),裁减冗官十九万多人。大中祥符元年七月,诏诸州市上供物,非土地所宜者罢之。八月,诏东封道路军马毋犯民稼,开封府毋治道役民。大中祥符二年,赵恒下诏说,诸路官吏如果"蠹政害民",而转运使、提点刑狱官对此不闻不问、不予举报,则将连坐之。② 大中祥符二年(1009年),他又宣布免去各地所欠赋税一千二百多万,大中祥符四年,又免去两浙、福建、荆湖、广南诸州的身丁钱四十五万多贯。大中祥符四年,三月,又罢河北缘边工役。大中祥符五年,淮南地区大旱,赵恒下令减运河水灌民田,仍宽租限,并警告地方官员:"州县不能存恤致民流亡者罪之。"③至于因为旱涝蝗雹等各种自然灾害而蠲赋减役,遣使振恤,发廪振之等措施更是不绝于史书。大中祥符二年,负责财政的官员商定江淮地区的盐酒价格时,担心价格太低将减少国家的岁课收入,但赵恒却强调应该以便民作为定价的原则,他说"苟便于民,何顾岁入也"④。

为了不至于劳民,赵恒采取的是慎守祖业的策略。景德三年秋,臣下邵晔上邕州至交趾水陆路及控制宜州山川等图,意在为将来开疆拓土的军事行动提供参考资料,但赵恒却对此不感兴趣,他说:"祖宗辟土广大,唯当慎

---

① 陈垣:《道家金石略·真宗赐贺兰栖真诗碑》,文物出版社1988年版,第301页。
② 参见脱脱等:《真宗本纪》三,《宋史》卷七,中华书局1977年版,第142页。
③ 脱脱等:《真宗本纪》三,《宋史》卷七,中华书局1977年版,第151页。
④ 脱脱等:《真宗本纪》三,《宋史》卷七,中华书局1977年版,第150页。

守,不必贪无用地,苦劳兵力。"①

赵恒在位期间亦能够采取轻刑的政策,从《宋史·真宗本纪》所载,我们常常可以看到大规模的减刑命令。例如在咸平三年,他就下令"赦河北及淄、齐州罪人,非持杖劫盗、谋故杀、枉法赃、十恶至死者并释之"。"诏天下死罪减一等,流以下释之"。只是对于那些十恶至死、谋故劫杀、坐赃枉法者进行惩处。这些措施的实行,曾使得一度出现"狱空"的情况,对此,赵恒十分赞赏,特意"诏嘉之"。咸平四年正月,诏天下系囚死罪以下减一等,杖罪释之。五月,京城系囚罪以下递减一等,杖罪释之。②景德四年,诏京城系囚流以下减一等。十月,诏广南东、西路杂犯"死罪以下递减一等,协从受署者勿理。毁诸道官司非法讯囚之具"③。大中祥符四年,二月,"令法官慎刑名,有情轻法重者以闻"。五月,虑囚,死罪流徙降等,杖以下释之。④大中祥符七年,十一月,玉清昭应宫成,诏减诸路系囚罪流以下一等。大中祥符八年,赦天下,非十恶、枉法赃及已杀人者咸除之。大中祥符九年,诏天下系囚死罪减等,流以下释之。天禧元年,赦西京系囚,死罪减一等,流以下释之。天禧元二年,赦天下,死罪减一等,流以下释之。⑤对于被判死刑的案件,赵恒尤为谨慎。例如咸平三年,赵恒在审查死罪案时,发现被判为死罪者达到八百人,对此,他"览囚薄恻然动容",并由此而联想到,当时判死罪的条目甚多,容易导致滥杀无辜,故要求宰执对此事进行检讨,他说:"杂犯死罪条目至多,官吏倘不用心,岂无枉滥邪? 故事,死罪狱具三覆奏,盖其重慎,何代罢之? 遂命检讨沿革,终虑淹系不克行也。"⑥这些举措既可看到儒家仁政的影响,更反映出道家慈心爱民"不善者吾亦善之"、清静治天下等主张的深刻烙印。

由于宋真宗能遵循道家的一些治国之理,故在他统治的这段时期内,阶级矛盾较为缓和,社会经济得以继续恢复和发展。因此,洪迈在《容斋三

---

① 脱脱等:《真宗本纪》二,《宋史》卷七,中华书局 1977 年版,第 131 页。
② 脱脱等:《真宗本纪》一,《宋史》卷六,中华书局 1977 年版,第 111—114 页。
③ 参见脱脱等:《真宗本纪》二,《宋史》卷七,中华书局 1977 年版,第 134—135 页。
④ 参见脱脱等:《真宗本纪》三,《宋史》卷八,中华书局 1977 年版,第 148—149 页。
⑤ 参见脱脱等:《真宗本纪》三,《宋史》卷八,中华书局 1977 年版,第 157—164 页。
⑥ 马端临:《刑九》,《文献通考》卷一百七十,中华书局 1986 年版,第 1474 页。

笔》中,虽然指责真宗为尊崇道教而大建宫观,逾于秦始皇、隋炀帝,①但洪迈接着又指出,真宗时期虽大修宫观,"役遍天下",但并"无穷兵黩武、声色苑囿、严刑峻法之举,故民间乐从,无一违命。视秦、隋二代,万万不侔矣"。这种看法,是有一定道理的。

从封禅这一封建时代的盛典来看,亦能体现出真宗清简养民的作风。第一,他先向臣下了解封禅的经费情况,得到"大计固有余"的回答后,才决定封禅。第二,当他下诏为封禅而修建行宫时,同时还强调不得侵占民田,并警告部下,在封禅途中,扈驾步骑如有踩践庄稼者,御史纠之。第三,为了减少劳民,他特意下诏"惟祀事丰洁,余从简约",遂使经办仪仗的官员决定改用较简易的小驾仪仗;臣下欲拆修沿途州县过于狭隘的城门、桥道,以便在前往封禅时让高二丈三尺、阔一丈二尺的供奉天书的金玉辂通过,真宗闻知后,也能及时制止,认为"若此,则劳人矣,可于城外过"。② 这与企望封禅以炫耀个人功德或飞升成仙的秦皇、汉武相比,也自然不可同日而语。

当然,封禅之后,歌功颂德之声一浪高过一浪,赵恒也日益被他自己导演的闹剧闹昏了头脑,早将先前还注意遵守的"简约"、"不劳民"等原则置诸脑后,一系列劳民伤财的活动有增无已。大臣张咏曾将这些归咎于丁谓、王钦若"启上侈心之为"③,而实际上,真宗本人也是难辞其咎的。这又一次说明了,在封建专制政治制度之下,封建君主对于道家治道的遵循和运用是有限的。

---

① 据清人潘永因所编《宋稗类钞》载,宋真宗历时十四年修建道教玉清宫,"其宏大瑰丽,不可名似。远而望之,但见碧瓦凌空,耸耀京国。麀拱栾楹,全以金饰……所费巨亿万,虽用金之数,亦不能会计……议者以为玉清之盛,开辟以来未之有也"。(参见潘永因编:《宋稗类钞》卷二,书目文献出版社 1985 年版,第 151 页)可见洪迈的指责不虚。
② 参见毕沅:《续资治通鉴》卷二十七,上海古籍出版社 1987 年版,第 125—126 页。
③ 脱脱等:《张咏传》,《宋史》卷二九三,中华书局 1977 年版,第 9803 页。

第十六章　王安石"发塞、除害","与时推移"的道学思想

　　宋代的老学研究十分活跃,根据熊铁基等学者撰著的《中国老学史》所列出的宋代老学研究者概况,明确具有学派倾向的共约58家,其中儒家学者人数居然超过道者,达到31家,道家学者25家,佛家学者两家。宋代研究老学的人士,除了处于权力巅峰的宋徽宗赵佶之外,亦不乏位高权重的官员,如吕祖谦、吕惠卿、司马光、苏辙、叶梦得、程俱、程大昌、王安石、王雱、员兴宗、吕大临、陆佃、谢图南、尤袤等,[①]其中吕惠卿、司马光、王安石等人还曾主持朝政。老学史上这一引人瞩目的现象,除了反映出宋代三教合一的时代潮流之外,亦可看出儒家学者特别是为政者对老学理论的重视。

　　宋代的为政者何以对老子思想情有独钟呢? 其中的一个重要原因是现实政治上的需求。我们知道,老子之"道"具有贯通形而上与形而下、超越现实而追求理想和规律的特性,具有理论创新的开放性和弹性空间,便于发挥破旧立新的作用。在中国哲学史上,魏晋玄学家、思想家和宋代理学家皆曾吸取道家智慧以突破前代的思想藩篱而构筑新的理论体系。在政治领域,老子思想也为中国政治体制改革提供了思想资源。陷入政治、经济困境之中的宋代为政者急需从老子智慧中寻找启示,王安石的老学研究正鲜明地表现出了这种现实的政治需求。

　　王安石(1021—1086年),抚州临川人,北宋丞相,封荆国公。作为一位中国古代致力于变法改革的政治家,其学术思想亦独具气象。在与当时著

---

　　①　参见熊铁基、马良怀、刘韶军:《中国老学史》,福建人民出版社1976年版,第318—322页。

名的文学家曾巩的往来书信中,我们就可看到王安石博大的学术胸襟,他在《答曾子固书》中说:"后世学者与先王之时异",不能抱残守阙,囿于门户,故广采众长,"自百家诸子之书,至于《难经》、《素问》、《本草》、诸小说无所不读",开创了会通儒、释、道以求通经致用的荆公新学。王安石对道家颇为垂青,就在推行变法的第三年,王安石完成了《老子注》这一精心研习老学的作品。① 书中对老子思想既有认同吸收,也有批评排斥,显现出欲为社会改革寻求思想指导与理论依据之意旨。王安石的老学思想,为人们探寻道家治道与中国古代政治改革的内在联系提供了较为典型的案例。

一、有无之变,未离乎道

说起王安石,人们很容易联想起"天变不足畏,祖宗不足法,人言不足恤"这句石破天惊的名言。

据此,不少人以为王安石是一个不畏客观规律、一意孤行的人。其实,以上"三不足"的说法是当时的保守派司马光等人对变法派的指责之词。王安石为了回应保守派,坚持改革主张,故将其拿过来作为变法的"广告词",细究起来,这三句话是应当分别辨析的。推行新政,需要改变现有的制度,变法必然触动部分人的利益因而会遭到攻击和反对,故需要有"祖宗不足法,人言不足恤"的勇气。但对于与客观规律相联系的"天变",王安石是否持"不足畏"的态度,一概无视不管呢? 我们认为,从他的《老子注》、《洪范传》等诸多作品来看,王安石并非是个不畏天命、主观妄为的狂人,他将天命与人言、祖宗并为不畏之列,这主要还是出于回应司马光等保守派的政治需要,他对于天命、天道其实怀有深深的敬畏之心。不过,他敬畏的不是那个与天人感应论等神秘附会相连的天命,而是对于从老子那里承继而

---

① 据尹志华先生所言,王安石的《老子注》成书于北宋神宗熙宁五年(参见尹志华:《王安石的〈老子注〉探微》,《江西社会科学》2002年第11期),而自熙宁三年(1070年)至熙宁七年,正是宋神宗起用王安石担任同中书门下平章事(位同宰相),在全国范围内推行新法,进行大规模改革运动的时期。

来的自然天道的敬畏。

在《洪范传》一文中,他通过阐发水、火、木、金、土五行相生相克之理而非常明确地表达了对于"道"的崇尚与敬畏。其文曰:"道者,万物莫不由之也;命者,万物莫不听之者也。器者,道之散;时者,命之运。由于道,听于命而不知者,百姓也;由于道,听于命而知之者,君子也。"①在这里,王安石显然承认宇宙之内存在着一种不为人的主观意志所决定的客观规律,这就是老子所说的"道",孔子所说的"命"。"道"作为世界本原的形而上本体,具有"万物莫不由之"的支配地位;"命"则是决定着时势或事物发展变化的内在动力,具有"万物莫不听之"的调控作用。天下之人无不受制于"道"和"命",只是一般的民众对此缺乏自觉的认识,在这一客观规律的支配下日用而不知,而君子则能懂得和顺应这一客观规律,"由于道,听于命而知之者,君子也"。从思想史的视角来看,王安石关于万物莫不由道的思想渊源可以追溯到曹魏时期的王弼。王弼在阐发《老子》第五十一章"道生之,德畜之"一句时说:"凡物之所以生,功之所以成,皆有所由。有所由焉则莫不由乎道也。故推而极之亦至道也,随其所因故各有称焉。道者,物之所由也。"②从王弼这段注文可以清楚地看出,王安石上述思想与王弼的继承关系。只不过这里是他对于《尚书·洪范》的传注,故未进一步展开论述,但仅此一句"道者万物莫不由之"的点睛之笔,就足以让人感受到道学的相关思想已经植根于王安石的思想深处,随时可以信手拈来。

从他《洪范传》中关于灾异的议论也可以看出,这个被人们称为"最不信《洪范》灾变之说"的王安石并非是个"天变不足畏"的狂人,他对于自然界的灾异采取的是一种既不牵强附会人事,又不忽略怠惰,而是强调应当根据自然界的异常情况而"恐惧修省",表现出尊重天道的客观态度。首先,他表达了政治治理应当顺应天地万物的思想,他指出:"天者,固人君所当法象也","人君固辅相天地以理万物者也",因此,根据自然界风雨寒热等气候变化来审察或调整政治措施,"质诸彼以验此,固其宜也"。如果气候

① 王安石:《王文公文集》卷二十五,上海人民出版社1974年版,第281页。
② 王弼注,楼宇烈校释:《老子道德经注校释》,中华书局2008年版,第137页。

反常"天地万物不得其常,则恐惧修省,固亦其宜也"。但是,王安石也指出了在对待人天关系时两种不明智的态度:一种是完全将自然界的变化与人事相比附:"以为天有是变必由我有是罪以致之";另一种是"灾异自天事耳,何豫于我,我知修人事而已"。王安石批评这两种态度说:"由前之说则蔽而葸,由后之说则固而怠。"正确的态度是:"不蔽不葸,不固不怠者,亦以天变为己惧,不曰天之有某变必以我为某事而至也,亦天下之正理考吾之失而已矣。"①

出于这种认识,王安石非常注意对于"物理之常"即客观规律的探讨,这在《老子注》中有多处反映。他所说的"物理之常",包含多层意义:第一,包括"美"与"恶"、"善"与"不善"这些对立面之间相互联系的一般性规律,如在《老子》第二章的注释中,他说:"夫美者,恶之对,善者,不善之反,此物理之常。"②第二,包括"春生夏长"、"秋冬凋落"这些自然界的变化运转规律。第三,指人类社会的发展变化规律,而后面这层内容是他关注的重点。

王安石指出:"人事有终始之序,有死生之变,此物理之常也。"③人类社会中的一切事物都有产生和消亡的过程,呈现出不断变革发展的趋势。因此,人类应该顺应历史发展的"终始之序",弃旧图新。

但他遗憾地看到,在现实生活中,常常出现违逆常理、常性而行的现象:"万物有成理。固有拂其理而逆之者;万物有常性,固有戾其性而梏之者;万物有正命,固有违其命而绝之者。"于是,他通过阐发《老子》"常善救人固无弃物"一语,抒发了改变悖理戾性之现况的志向:"圣人恻然于是,惟其所宝,慈以济之。因其悖于理也,发其塞而通之;因其戾于性也,除其害而若之;因其违于命也,继其绝而复之。"④如果我们结合王安石推行变法的历史背景来解读这番话,便不难体悟深藏于文字背后的微言大义,他不仅从老子"常善救人"的恢弘气度中获取了扭转乾坤和除害救世的力量,同时也表达了自己立志"发其塞而通之"、"除其害而若之"的变法决心。

① 参见王安石:《王文公文集》卷二十五,上海人民出版社 1974 年版,第 293 页。
② 容肇祖:《王安石老子注辑本》,中华书局 1979 年版,第 4 页。
③ 容肇祖:《王安石老子注辑本》,中华书局 1979 年版,第 10 页。
④ 容肇祖:《王安石老子注辑本》,中华书局 1979 年版,第 12 页。

不过,王安石也认识到,不管万事万物如何有更迭出入的变化,仍皆必须遵循"道"这一世界总规律,他强调说:"有无之变,更出迭入,而未离乎道。"①这一言简意赅的话语,表达出王安石对事物发展变化的基本看法,也从形而上的本体论高度为实行变法奠定了思想基础。在王安石这里,无论是对于自然变化规律还是对于一般规律的探讨,最终还是要服务于人事,"将道家的理论思维以及自然天道观念引入到政治哲学的建构中,以自然之理克服君主直信直行己决的弊病"②。特别是要从中阐发出"与时推移,与物运转"的社会变革思想,为实施变法这一社会现实服务。

二、礼乐养神,大礼无文

众所周知,道家对"礼"多有微词。老子认为,"礼"是忠信缺失、天下大乱背景下的产物,庄子甚至认为"礼"导致人性扭曲,让人"失其常然"。而儒家则推崇礼治,将其视为治国的重要手段。王安石又是如何面对这一问题呢? 毋庸置疑,作为儒者的王安石当然要沿袭儒家隆礼的传统,他曾撰著《礼论》、《礼乐论》和《非礼之礼》等文专门论述礼乐问题。不过,他的礼乐思想却又不同于一般的俗儒,而是充分反映出调和儒道的倾向。

首先,王安石对于道家批评礼乐的态度持一种理解的同情,认为"庄子非不达于仁义礼乐之意也",在《庄周》一文中,他认真地分析了这些思想产生的历史背景和原因。文中说,由于庄子身处"谲诈大作,质朴并散","弃绝乎礼义之绪,夺攘乎利害之际",因此,"思其说以矫天下之弊而归之于正","以为仁义礼乐皆不足以正之,故同是非,齐彼我,一利害,则以足乎心为得,此其所以矫天下之弊者也"。③

但他显然不同意道家认为仁义礼制损伤人性的观点,认为其不仅不会

---

① 容肇祖:《王安石老子注辑本》,中华书局 1979 年版,第 3 页。
② 卢国龙:《政治变革中的北宋儒学复兴》,载《道家文化研究》第 26 辑,三联书店 2012 年版,第 85 页。
③ 参见王安石:《王文公文集》卷二十七,上海人民出版社 1974 年版,第 311 页。

扭曲人性,让人"失其常然",反而是先王"体天下之性"、"和天下之性"的产物。不过,他并未直接与道家正面交锋,而是通过对先秦儒者荀况化性起伪观点的批驳来论证制定礼乐的人性根据,力图进一步为礼制寻求人性上的合理性。在《礼论》一文中,他批评荀况提出化性起伪是"不知礼"的表现。他辨析说,礼是圣人依顺人的自然天性而不是根据主观意志随意制定的。例如,"人生而有严父爱母之心",圣人"因其性之欲"而制定孝敬父母之礼,"故其制虽有以强人,而乃以顺其性之欲也"。如果没有这些行为规范,天下就可能产生"慢其父而疾其母"等不孝之行,"此亦可谓失其性也",故孝敬父母正是努力保持人性。而依照荀况化性起伪的理论,具有孝顺之德是人为("伪")的结果,是化掉了原有的人性,王安石指责此论"之所以为不思也"。他接着举了一个很有趣的例子以论证"礼"与人性的一致性。他说,如果人像猴子那样,天性中没有相应的道德基因,即使"畏之以威而驯之以化",也不可能让猴子遵行尊卑揖让之礼。因此,王安石总结说:"天性无是而可以化之使伪耶,则狙猿亦可使为礼矣。故曰礼始于天而成于人,天则无是,而人欲为之者,举天下之物,吾盖未之见也。"①

王安石虽然推崇礼制并竭力强调礼制与人性的密切联系以论证其合理性,但他亦反对以僵化教条的态度固守礼制。他说:"古之人以是为礼,而吾今必由之,是未必合于古之礼也。古之人以是为义,而吾今必由之,是未必合于古之义也。"他分析说,天下形势变化万千,不会按照某种固定的模式运行变化,"固有迹同而实异者矣"。今人如果只是亦步亦趋地追求礼制的外表形迹,"而不知权时之变",就会造成严重的后果:"所同者古人之迹,而所异者其实也。事同于古人之迹而异于其实,则其为天下之害莫大矣。"②具体的礼法制度及其内在之义会随着历史的演变而发生变化,一味地模仿礼制之"迹"而不作权时之变,很可能就丢失了礼的实质性意义,"为天下之害"。这也是"圣人之所以贵乎权时之变"的根本原因。把握古代圣贤制作礼法的真正用意和实质,因时因地作出调整和权变,这才是最为重要

---

① 参见王安石:《礼论》,《王文公文集》卷二十九,上海人民出版社1974年版,第338页。
② 参见王安石:《非礼之礼》,《王文公文集》卷二十八,上海人民出版社1974年版,第323页。

的。这些看法也正是上一节论及的遵道因时思想的延续。

王安石更看到了后世儒者将礼乐教化、伦理道德与人的生命相脱离的弊病,故努力将性与气、形和养生联系在一起。他说:"不尽性不足以养生","不养生不足以尽性","生与性之相因循,志之与气相为表里也。生浑则弊性,性浑则弊生"。这里所说的"生",指的是人的躯体生命或躯体健康,而"性"则是指人的精神生命或精神健康。躯体生命出问题会损害精神生命——"生浑则弊性";精神生命出问题也会伤害躯体生命——"性浑则弊生"。先王看到了养生和养德这种内在联系,"故体天下之性而为之礼,和天下之性而为之乐"。因此,礼乐教化不是残害人性,反而是怡养身心、安顿生命的法宝:"礼乐者,先王所以养人之神,正人气而归正性也。"①

这些论述,既是力图改变后世儒者将礼乐制度与个体修身养性相割裂的弊端,也是对道家视礼法制度不合于人性自然甚至扭曲人性等观点的修正。王安石慨叹,多年以来,礼乐制度仅成为世俗社会循规蹈矩的工具,而养护生命、养生修性这些礼乐之精意却遭到忘却:"呜呼,礼乐之意不传久矣! 天下之言养生修性者,归于浮屠、老子而已。浮屠、老子之说行,而天下为礼乐者独以顺流俗而已"。② 王安石这段话并非要抨击佛老,而是指责后世儒者丢弃了礼乐所具有的养生修性之旨意而流于外在形式,也反映出他认识到重生贵生、身心两全的人生旨趣对于道德教化的独特渗透力,故将其与儒家伦理道德相融会。他说:"养生以为仁,保气以为义,去情却欲以尽天下之性,修神致明以趋圣人之域。"③养生、保气、去情却欲、修养神明这些原本是道家的身心修炼要旨和方法,而仁义道德、尽性、成圣则是儒家的人生追求,王安石却力图将二者统一。这虽然不无牵强之处,但也反映出王安石试图缓解儒家仁义礼教束缚人性、疏离生命的严重现状,提高道德教化之效度的良苦用心。

王安石对于礼乐之作用的看法虽然不同于道家,但他推崇礼乐的终极目标却与道家重生养生的宗旨多有相通。他多次强调说,礼乐不能成为束

① 参见王安石:《王文公文集》第二十九卷,上海人民出版社1974年版,第333页。
② 王安石:《王文公文集》第二十九卷,上海人民出版社1974年版,第333页。
③ 王安石:《王文公文集》第二十九卷,上海人民出版社1974年版,第334页。

缚人性的桎梏,而应该是提升生命质量、怡养心神、正气归性的必由之路,衣食等物质生活条件仅仅只是"养人之形气",而礼乐则能够"养人之性",它们分别从物质和精神的层面支撑着人的生命,二者不可或缺。于是,在对于生命的尊重与关怀这一共同基础上,王安石对于礼乐之本质的认识又与道家质朴去华的宗旨殊途同归了,请看他的这段话:"是故大礼之极,简而无文;大乐之极,易而希声。简易者,先王建礼乐之本意也。"①这些话语中,不是清晰地流露出大道至简、大音希声等道家意蕴吗?

更有意思的是,王安石在对儒家礼学思想作出富有新意的诠释时,还在某种程度上使儒家礼学思想与道家风骨会通起来。请看《礼乐论》中的另一段话:"非礼勿听,非谓掩耳而避之,天下之物,不足以乱吾之聪也。非礼勿视,非谓闭目不见,天下之物,不足以乱吾之明也。非礼勿言,非谓止口而无言也,天下之物不足以易吾之辞也。非礼勿动,非谓止其躬而不动,天下之物不足以干吾之气也。"原本可能束缚人性的礼教思想,就这样被王安石改造成了不为外物所迁、所扰、所动的独立自主精神,由此也让人联想起庄子笔下"大泽焚而不能热、河汉沍而不能寒、疾雷破出飘风振海而不能惊"的至人,两者是否有几分相似呢? 这种自作主宰、宠辱不惊的精神不正是道家所标榜的超凡脱俗之风骨吗? 可以说,王安石既对道家的礼制观进行了修正,同时又引入了道家重生养生的要旨和怡养心神、自作主宰等修炼主张,从而为仁义礼乐的推行奠定了更坚实的人性依据和心理基础。

三、有无相须,有无并重

王安石注《老子》的主要目的在于经世致用,他根据社会治理的需要来发挥《老子》的思想,因此,他在多处注文中提出了自己的独特看法。如对《老子》"当其无,有车之用"一句的阐释就与作者的原意大相径庭。他认为,"无"的作用必须依赖"有"才能发挥出来,无之所以能够成发挥车子之

---

① 王安石:《王文公文集》卷三十六,上海人民出版社 1974 年版,第 334 页。

用,就在于有车之毂辐。他说:"今之治车者,知治其毂辐,而未尝及于'无'也。然而车以成者,盖毂辐具则'无'必为用矣。如其知'无'为用而不治毂辐,则为车之术固已疏矣。"造车子时如果只知追求"无"之用,而不落实为造出毂辐这些实有的物质,则造车之事就沦为了一句空话。同样,"无"之所以能够"为天下用者",能够发挥治国安民的作用,正是由于"有礼乐刑政"这些制度层面的东西。"如其废毂辐于车,废礼乐刑政于天下,而坐求其'无'之为用也,则亦近于愚矣。"①

贺麟先生曾评价这段话是"提倡积极的有为政治,以反对老庄无为政治的理论宣言"。他说:"他这里所谓'道',所谓'无',相当于人之自然的天性,是万物之本。礼乐刑政是人努力以尽此道此无之妙用的具体设施,也可以说是实现人的本性的工具或形器。不从事于有即不能得无之妙用。不从事于礼乐刑政的设施,即不能尽性道之妙用。原则上不放弃老子性、道、无的高明境界,然而在方法上、人生态度上,一反老庄放任自然,无为而治的清静无为之教。"②贺麟先生对王安石以上注文的评价是相当中肯的。

我们知道,老子提出"无之以为用"的思想,目的在于帮助人们突破局限于有形有象的表象世界,而要认识到"有"的背后那个无形无象的功能性的"无",从而拓展了中国人的价值空间。从治国的层面来说,此语启示为政者不要仅仅执着于礼乐刑政等政治制度有形有象的外在形式,更要重视其内在实质,要发挥蕴含于内的无形无象之治国安民功用。

对于这一点,王安石颇得老子之奥,他一针见血地指出,人们往往"只知治其毂辐,而未尝及于'无'",故老子思想对流于形式之弊具有纠偏的意义。但另一方面,他又清醒地认识到,如果过于强调或执着于"无"的作用亦可能导致对制度建设的忽视,这是致力于推行新政的王安石所不能接受的。因此,他需要澄清,不执着于有形有象的礼乐刑政并非不要积极进行制度建设,如果只是"坐求其'无'之为用",不着力于制度层面的建设和调整,则必然流于虚无。所以,王安石批评其"亦近于愚",正是试图预防政治领

① 参见容肇祖:《王安石老子注辑本》,中华书局 1979 年版,第 20 页。
② 参见贺麟:《王安石的哲学思想》,载《文化与人生》,商务印书馆 1988 年版,第 175—176 页。

域中的这种错误倾向,同时也隐含着对政敌攻击新政的回应。他要改革现有的不合理制度,致力于推行新政,当然必须要从"有"的层面着手,将治国安民的理想建立在具体的制度基础之上。既不能执着于"祖宗之法"这类"有",又不能流于虚无的理想,而要通过对礼乐刑政这些现有制度的改革来治理社会。因此,在他的心目中,实现有无并重、体用合一,才是圣人的高明之处。这一思想也体现在第一章的注文之中。他说:有与无"未尝不相为用也"。"盖有无者,若东西之相反而不可以相无。故非有则无以见无,而无无,则无以出有。"也就是说,治理天下的思想观念或社会理想是无形无象的,必须通过礼乐刑政这些具体社会制度才能得以体现和实施;但如果没有治国安民的理念或构想,则礼乐刑政等具体制度将无由产生,故"无无,则无以出有"。但是,王安石强调,无论是"有"还是"无",皆离不开道、受制于道:"有无之变,更出迭入,而未离乎道。此则圣人之所谓神者矣。"①也就是说,一切无形无象的观念、理想或是有形有象的具体制度,它们的变化发展都必须依循"道"这一根本的客观规律,而不能违背这一根本规律。

王安石心目中的圣人就正是能够认识这一道理,"存乎无则足以见其妙,存乎有则足以知其徼,而卒离乎有、无之名也。其上有以知天地之本,下焉足以应万物之治"②。圣人体悟了大道,故能超越有,无之名相,既能从无形无象的形而上层面来认识天地自然之妙,又能从有形有象的具体事物来把握表象世界和人类社会的秩序,通过具体的制度安排来"应万物之治"。王安石既强调要认识"道之妙",同时也要观"道之徼",徼妙并得而无所偏取,即不仅要把握道之体,也要认识道之用。

基于经世致用的立场,王安石的"有无并重"主张深刻地论述了"有"与"无"的辩证关系,将国人关于"有"、"无"的认识引向深入,展现出"一个政治改革家研究老子的与众不同之处"③。

---

① 以上引文均见容肇祖:《王安石老子注辑本》,中华书局1979年版,第3页。
② 容肇祖:《王安石老子注辑本》,中华书局1979年版,第3页。
③ 熊铁基、马良怀、刘韶军:《中国老学史》,福建人民出版社2005年版,第338—339页。

四、道之自然,必恃人为

道家无为而治模式的一个重要特点是强调应当保持政策的稳定性,故对于社会管理中的变动持谨慎态度。而王安石推行新政,则需要改革原有的诸多政策,故他除了在阐发"有"、"无"不可偏废时不仅间接批评了无为政治,还对道家无为思想有直接的批评。

在他与新政的反对派司马光进行论辩的名篇——《答司马谏议书》中,就表达了对因循无为的异议。他说:"如君实责我以在位久,未能助上大有为以膏泽斯民,则某知罪矣。如曰今日当一切不事事,守前所为而已,则非某之所敢知"。这段话虽然是回击政敌的辩词,但字里行间也透露出他与老子无为、因循思想的分野。

王安石更通过注释《老子》对无为等相关思想提出了自己不同看法。

他从道之本与道之末、天道与人道的区别来阐明人类社会必须有为的观点。他说:"道有本有末。本者,万物之所以生也;末者,万物之所以成也。本者,出于自然,故不假乎人之力而万物以生也;末者,涉乎形器,故待人力而后万物以成也。夫其不假人之力而万物以生,则是圣人可以无言也、无为也;至于有待于人力而万物以成,则是圣人之所以不能无言也、无为也。"道之本属于形而上的层面,是万物得以生发的根据,是一个自然而然的生发过程,是"无言"、"无为"的,"非人之力之所得与";而道之末则属于形而下的形器层面,需要凭借人力而得以成就,不能纯任无为。从社会管理的层面说,管理者要治理天下,"以万物为己任",就必须制定具体的政治制度,即礼、乐、刑、政四术,赖之以成就万物,努力去"修其成万物者"。①

因此,王安石批评老子将"万物之所以生"的道之本和"万物之所以成"的道之末混为一谈,抵制"万物之所以成"的礼、乐、刑、政,"以为涉乎形器者皆不足言也,不足为也,故抵去礼、乐、刑、政而唯道之称焉"。王安石批

---

① 以上引文参见容肇祖:《王安石老子注辑本》,中华书局 1979 年版,第 19 页。

评这种主张不切实际,"是不察于理而务高之过矣"。强调在政治制度等"涉乎形器"的层面则不能崇尚无言、无为,"必待于人之言也、人之为也"。①

但是,如前所述,王安石亦认识到,政治上的"为"不是任意而为,而是以"道"作为标准,依循道的原则而行事,人道的最高境界必须以天道为准绳:"人道极,则至于天道。"②因此,他同时又认同老子天道自然无为的思想,强调圣人既要"上知天地之本",即认识形而上的自然天道,又要"下应万物之治",即推行形而下的礼、乐、刑、政等人道。两者虽有上下本末之别,但就道体而言又是统一的,所以形而下的礼、乐、刑、政的最终依据是天道,又是天道在现实社会的具体体现,"礼始于天而成于人"③。

出于这种认识,王安石对老子自然无为等主张,又是十分赞同的。在注释《老子》第六章"绵绵若存,用之不勤"一句时,他表达了这一思想。他说:"天道之体虽绵绵若存,故圣人用其道,未尝勤于力也,而皆出于自然。盖圣人以无为用天下之有为,以有余用天下之不足故也。"④也就是说,在进行社会治理的过程中,绝不能主观妄为地"勤于力",而应当"皆出于自然",顺应着万物之本然使用"天下之有为",并且让天下的资源得到一种合理的调配——"以有余用天下之不足"。他反对统治者的任意妄为,也看到有为政治的弊端,故赞同老子"法令滋彰,盗贼多有"的观点,他说:"法令者,禁天下之非。因其禁非,所以起伪。盖法令出奸生,令下诈起,故曰'法令滋彰,盗贼多有'。"⑤统治者不能从根源上解决社会问题,只是一味依赖法令来禁锢和制裁民众,则上有政策,下有对策,弄虚作假、千方百计躲避惩罚,也就是说,靠刑法治国,只会导致"奸生"、"诈起"。王安石的这番阐发,在一定程度上将老子上述观点与孔子"道之以政,齐之以刑,民免而无耻"⑥的论断相统合,将老子的无为政治与孔子的德治主张相沟通,更有力地论证了统治

① 以上引文均见容肇祖:《王安石老子注辑本》,中华书局1979年版,第19页。
② 容肇祖:《王安石老子注辑本》,中华书局1979年版,第20页。
③ 王安石:《礼论》,《王文公文集》第二十九卷,上海人民出版社1974年版,第337页。
④ 容肇祖:《王安石老子注辑本》,中华书局1979年版,第12页。
⑤ 容肇祖:《王安石老子注辑本》,中华书局1979年版,第50页。
⑥ 《论语·为政》,《十三经注疏》,中华书局1980年版,第2461页。

者压制束缚民众之高压政治的负面效应。

笔者认为,王安石对老子自然无为主张的赞同,更主要是从社会理想的层面言的。这可以从他对"小国寡民"一段的诠释中体会出来。老子"小国寡民"、"老死不相往来"等描述,历来多受到非议,但王安石却作出了积极的理解并表达出高度的向往,他阐发说:"民自足于性分之内,则无远游、交战之患。夫德之被于民,及其极也,则能使民无知无欲,惟知耕而食、蚕而衣,而不知其所以然……夫治天下至于甘其食、美其服、安其居、乐其俗,老死而不相往来,则治之极。"①显然,这是一幅无为而治模式下民众的生活图景:人人自足于自然之性分,没有强制、冲突和过分的欲望,也没有劳役、兵役和战争之苦,男耕女织,丰衣足食,安居乐业,"而不知其所以然",好一派自然和谐的景象。在这样的理想社会中,似乎不再需要仁、义、礼来规范人们的行为,故"复收敛而归于道"②。可以看出,在社会理想的层面,王安石与老子是深相契合的。

为了防止人们将无为误解为无所作为、无所用心的庸官作风,他解释说:"圣人无心,故无思无为。虽然,无思也未尝不思,无为也未尝不为,以'吉凶与民同患'故也。"③"吉凶与民同患"是儒家经典《易经·系辞》中的圣人风范,王安石将此语引来阐释道家"无思无为"的圣人,也是颇有深意的。这里所说的"无思",不是饱食终日、无所事事,故曰"无思也未尝不思";无为也不是无所作为,故曰"无为也未尝不为"。无论是"为"还是"思",其终极目标皆是指向民众的利益,"思"和"为"的标准只有一个,那就是"吉凶与民同患",心系民生,急民众之所急,与民众同甘苦、共患难。在此,王安石援儒入道,更具体地阐释了老子"圣人无心,以百姓心为心"的名言。从他推行的一系列新法来看,他也是在努力践行这一宗旨的,至于后来新法被蔡京等权奸所利用,而成为搜括民财的害民之政,那却是他始料未及的。

---

① 容肇祖:《王安石老子注辑本》,中华书局 1979 年版,第 61 页。
② 容肇祖:《王安石老子注辑本》,中华书局 1979 年版,第 61 页。
③ 容肇祖:《王安石老子注辑本》,中华书局 1979 年版,第 44 页。

五、岂以仁爱累其心者

王安石在阐发道家无为思想时也认识到儒家仁爱思想的局限性,他指出:"仁者有所爱,有所亲也。惟其有所亲爱,则不能无为矣。"[1]无为而治是遵循社会治理的规律而为,故必须秉持公正之心,超越某些具体的阶级、阶层或政治集团的利益。儒家的仁爱是一种依据血缘或尊卑的次序而实行的,是一种"有所爱,有所亲"的差等之爱,王安石清楚地认识到这一局限,明确指出爱有偏私则不能无为,这种态度是非常理性的。

王安石还通过阐发"天地不仁,以万物为刍狗。圣人不仁,以百姓为刍狗"等语句,以厘清人们认为老子刻薄寡恩等误见。他说:"天地之于万物,当春生夏长之时,如其仁爱以及之;至秋冬万物凋落,非天地之不爱也,物理之常也。"[2]无论是"春生夏长"还是"秋冬万物凋落"皆是自然界的"物理之常",是不容指责的。更值得注意的是,王安石用大段文字对老子"圣人不仁"等相关思想进行评析,还蕴含了现实政治层面的深意,需要结合王安石推行新政时的具体历史背景来理解上述话语的潜台词。

王安石主持熙宁变法主要目的是解决国用不足的问题,即以"理财"为急务,这其实是与儒家"重义轻利"、仁政、不与民争利等传统思想相抵牾。而引起政争和以后激烈党争的也正是均输法和青苗法这两部"理财"之法,司马光、范纯仁、富弼、韩琦、程颢等多数朝臣正是以"重义轻利"、不与民争利等儒家传统思想来反对熙宁变法的。而理学家程颢反对新法重要理论之一就是儒家的仁政。他认为,青苗法"取息"牟利,应当赶快停止,代之以"去息"的仁政,希望神宗"亟推去息之仁"。[3] 从理论的层面来判断,确如李存山先生所云:"从儒家的价值取向和宋朝以儒治国的'国体'来说,'正

---

① 容肇祖:《王安石老子注辑本》,中华书局 1979 年版,第 38 页。
② 容肇祖:《王安石老子注辑本》,中华书局 1979 年版,第 10 页。
③ 参见程颢:《谏新法疏》,《河南程氏文集》卷一,同治求我斋本,第 11 页。

义'显然不在新党方面。"①

但从实践的层面来说,则又另当别论。例如,指责青苗法是"取息"牟利其实就是片面之词。首先,当时朝廷的财政状况决定了政府不可能对农民实行完全无息贷款,这样做不仅可能产生另一些弊端,而且也难以为继,保守派主张"亟推去息之仁"是不现实的。同时,王安石推行青苗法是国家以低息贷给穷苦农民青苗钱,老百姓直接交给国家的利息远远低于向豪强富户贷款所交的钱,虽然后来在实行中有的地方存在强制的现象,但总的说来,这一措施是有利于穷苦民众而有损于富豪,因为它使富豪失去了放高利贷、获取暴利的机会。

王安石要力排众议,坚持按照社会分配的常理常道即客观规律来调整政策和制度,就不能心慈手软或感情用事,特别是需要回应儒家学者的指责,故有必要就仁政问题作出一番论证。王安石从《老子》思想中寻求资源,他指责"后之学者专子子之仁,而忘古人之大体"②。王安石借题发挥说:"不仁乃仁之至","惟其爱,则不留于爱"。为什么这样说呢?王安石解释说,由于圣人爱民之情发自内心,故不会故作姿态,而是不执着于爱——"不留于爱"。为了进一步说明"不留于爱"的意义,他举了以下两个形象的例子:其一,人们在祭祀时使用草扎之刍狗,以箧衍盛之,以绣巾覆之,尸祝斋戒,奉若神明。但祭祀完毕之后,"行者践其首脊,樵者焚其支体"③,人们对终结了祭祀使命的刍狗"不留于爱",这是合于常理的。其二,"天地之于万物,当春生夏长之时,如其有仁爱以及之;至秋冬万物凋落,非天地之不爱也,物理之常也"④。这说明,处理事物皆应顺其客观常理,而不能执着于人

① 李存山:《王安石变法的再评价》,《博览群书》2006 年第 9 期。

② 容肇祖:《王安石老子注辑本》,中华书局 1979 年版,第 11 页。

③ 此典故出于《庄子·天运》,文中借卫人师金之口而批评孔子泥于先王之礼,其文曰:"夫刍狗之未陈也,盛以箧衍,巾以文绣,尸祝齐戒以将之。及其已陈也,行者践其首脊,苏者取而爨之而已;将复取而盛以箧衍,巾以文绣,游居寝卧其下,彼不得梦,必且数眯焉。今而夫子,亦取先王已陈刍狗,聚弟子游居寝卧其下。故伐树于宋,削迹于卫,穷于商周,是非其梦邪? 围于陈蔡之间,七日不火食,死生相与邻,是非其眯邪?"(《庄子·天运》,《二十二子》,上海古籍出版社 1986 年版,第 46 页)王安石非常贴切地引用这一典故以阐明必须因时因势而变化的立场,可见其老庄学造诣之深厚,亦反映出他善用老庄哲学智慧为变法寻求理论依据。

④ 容肇祖:《王安石老子注辑本》,中华书局 1979 年版,第 10 页。

的主观情感而影响对事物应然之势的遵循和顺从。

根据这一原则，王安石认为，圣人对于百姓既有爱，也有所不爱。爱是仁，不爱亦非不仁。这里因为，圣人以仁爱之心向天下之人推行仁爱，但"人事有终始之序，有死生之变，此亦物理之常也，非圣人之所固为也。此非前爱而后忍，盖理之适然耳。故曰不仁乃仁之至"①。也就是说，社会有终始生死变化的客观规律，推行仁爱必须根据社会变化的实际形势而定，顺应形势之变化，这才是最高的仁。所以，顺着老子的思路，王安石提出了"岂以仁爱累其心"这一有别于传统儒家仁政的观点。他说："呜呼！圣人之于天地又岂以仁爱累其心者与！故物之出，与之出而不辞；物之入，与之入而不拒。生而不有，为而不恃，长而不宰，功成不居。万物有以称，亦有以撼。此老子所谓'天地不仁，以万物为刍狗，圣人不仁，以百姓为刍狗'其言敢离乎此域？"②天下的万事万物有出有入，有生有灭，圣人认识到这一切皆有其自然而然的必然规律，故不能以"仁爱累其心"。质而言之，也即不能固守仁爱之德而妨碍改革措施的推行，因而影响社会财富公平分配的"物理之常"。

从当时的社会现实来看，推行青苗法正是根据国家现有的经济状况，为农民进行农业生产提供必要的支持，而为了保证这一政策的可持续性，又不得不收取一定的利息，这不是"仁"或"不仁"的问题，而是"当"或"不当"的问题。不能不顾国家经济实力而去推行不现实的所谓"去息之仁"。王安石强调"秋冬万物凋落"亦为正常合理的"物理之常"，不能"以仁爱累其心"，正是试图从《老子》思想中寻求坚持改革的理论根据，更是蕴含了借此回应儒者相关责难之用心。

王安石强调"不以仁爱累其心"或许还有另一番深意。我们知道，王安石所处的时代面临严重的土地兼并和财产分配不公的现象："富者有弥望之田，贫者无卓锥之地"③，官僚豪强大肆兼并土地，手中掌握大量的土地资源、人力资源，却隐田隐丁，逃避税赋；贫苦百姓手中的土地被蚕食殆尽，却

---

① 容肇祖：《王安石老子注辑本》，中华书局 1979 年版，第 10 页。
② 容肇祖：《王安石老子注辑本》，中华书局 1979 年版，第 11 页。
③ 李焘：《续资治通鉴长编》卷二十七，中华书局 1979 年版，第 621 页。

要承担着繁重的苛捐杂税,县衙登记的田赋征税底册上,土地分配数据已与实际情况严重脱节。根据这一情况,王安石将解决分配不公的问题作为变法的重要内容。熙宁五年推行的"方田均税法"就是为了实现这方面的改革而实行的政策之一。其主要目的是通过丈量田亩、整理地籍,以实现均平税收负担,增加财政收入。这就必然要触动官僚豪强等社会上层的切身利益,故遭到他们的极力反对。王安石围绕老子的仁论作出大段的阐发,特别是不顾触及儒家的仁政传统,直言"岂以仁爱累其心",正是试图以此作为理论根据,强调不能以仁政为名而妨碍对那些不公正、不合理制度的调整。在这一思想的指导下,根据时势变化以及事物当然之理,让原本不合常理的赋税负担复归于合理状态等举措就具有了道德的正义性。

王安石还深刻地指出了爱有偏私可能产生的弊病,"仁者有所爱,有所亲也。惟其有所亲爱,则不能无为矣。其下者可知也"①。为政者爱有偏私则不能公平地对待社会成员或团体,也就无法保持社会的公平公正,不能有效地激发他们的创造精神,实施无为而治。王安石的上述思想不仅为当时的变法活动提供了理论支撑,而且对于当代中国的改革亦不无启示。

当代经济学家吴敬琏先生曾剖析政府对某些"最好企业"实行扶助的"慈父主义"的做法,认为其有几大弊端:其一,这是害了受扶持的企业。其二,对一个企业给予倾斜,其实就打击了其他企业,扶起一个企业可能会扼杀成千上百个企业。其三,破坏了激励机制,促使企业或个人去"傍"政府以获得更多的资源,从而失去了企业自己负责以取得资源的能力,这也就遏制了企业发展的动力。因此,吴先生强调:"所有这些基本上要由市场来提供,所有措施要以这个来衡量,政府就一定要弄清楚自己能做什么、不能做什么。"②吴先生的这种深刻见解,在一定程度正是对王安石曾批评的为政者"有所爱,有所亲"之偏颇和弊端的现代回响。由此,也让人感受到王安石老学思想的理论价值和现实启示。

不过,令人遗憾的是,王安石的一系列变法措施并未取得预期的效果。

---

① 容肇祖:《王安石老子注辑本》,中华书局1979年版,第38页。
② 吴敬琏:《慈父主义会害了企业》,《南方都市报》2012年10月10日。

这与变法的时机、策略、用人路线以及变法措施实施过程中的弊病等一系列复杂的问题有关。个中的复杂缘由,学术界已有多方面的论述且已超出本书的范围,在此不作赘述。

第十七章　道家治道在蒙元时期的
止杀安民之功

北宋灭亡之后,金朝统治着中原的广大地区,赵宋王朝偏安于江南,双方时战时和。就在宋金对峙之时,蒙古帝国崛起于漠北草原。以成吉思汗为首的蒙古贵族集团,在强化、完善政权机构之后,以锐不可当的气势东征西伐,建立起了地跨亚欧大陆的蒙古大帝国。在这一历史时期内,道家治道是否能够对蒙古贵族统治者发挥某种作用呢? 对于这一问题,我们的回答是肯定的。以成吉思汗为首的蒙古贵族集团信奉的虽然主要是萨蛮教和喇嘛教,但对于汉民族的宗教——道教,却仍然表现出了高度的重视。他们利用道教作为武力征服的辅助手段,以之收服民心,缓和民族矛盾,稳定阵脚,同时亦对道学的养生之道表现出极大的兴趣,特意遣使不远万里敦请全真道领袖丘处机前往中亚论道。丘处机亦怀着济世救民的慈爱胸怀,以道家身国同治理论和治世安民主张对成吉思汗进行了坦诚的劝诫,促使成吉思汗改变了"只识弯弓射大雕"的既定策略。丘处机可谓是世界宗教史上一位伟大的和平使者。本章将透过这一案例以凸显道家治道的止杀安民之功。

一、道家治道影响成吉思汗的历史背景

公元 1219 年,远在中亚进行西征的成吉思汗作出了一个具有历史意义的决定:派遣侍臣刘温(字仲禄)不远万里来到中原,敦请道教全真教派首

领丘处机前往中亚。从表面上看来,成吉思汗此举的目的乃是为了向丘神仙学习长生之术,但如果我们联系当时的社会背景做些思考,则不难体察个中之深意。

当时,北方的大片土地为金人所统治,民族矛盾与阶级矛盾交织,社会动荡,民不聊生。这种社会环境,促使人们寻求精神避难所,全真道正是这种特定历史环境下的产物。作为宋朝遗民,全真道创始人王重阳目睹北宋末年宋徽宗迷信道教符箓、烧炼等道术对朝政的危害。因此,他从宗教理论和修行方法、组织机构等方面对北宋的道教进行改革,摒弃了符箓、烧炼诸术,主张道、释、儒三教合一,融合、吸收儒释二家入道,强调清心寡欲的内修真功和积德行善的外修真行相结合,并且,又将“救一切众”与“忠君王”紧密结合,将其视为修行之法的重要内容。① 于是,全真道既为统治者所认可,又吸引着包括落泊士人在内的众多民众,这也使创教者王重阳声动一方:“闻其风者,咸敬惮之;杖屦所临,人如雾集。”②王重阳的门徒丘处机等人继承了他的宗旨,他们周济众人,大获民心。丘处机成为全真道领袖人物后,主要在山东的登州、莱州等地进行宗教活动。这时,身处战乱和天灾之中的广大民众将全真道视为救星,教团领袖丘处机堪称众望所归,甚至当地农民杨安儿、耿格起义之时,政府官员也曾请他出面且有效地制止了动乱,“所至皆投戈拜命,二州遂定”③。

成吉思汗正是看中了丘处机作为道教领袖的声望、影响以及他那套抚众安民的道家学说。当时,蒙古军队已经攻下金国的中都,由于金军的顽强抵抗,成吉思汗意识到不可能在短期内征服金国,于是委命木华黎负责管理新占领区的政治和军事,自己则率师西征,占领了西辽旧属的大片领土,并开始攻入中亚大国花刺子模。但是,成吉思汗认识到武力镇压的局限性,只有辅之以安抚手段,才能真正有效地统治被征服的广大地区的众多民族。而道教以及道家学说的安抚之术正是征服人心的重要武器。

---

① 王重阳:《重阳真人金关玉锁诀》,白如祥辑校:《王重阳集》,齐鲁书社 2005 年版,第280页。

② 范怿:《重阳全真集·序》,白如祥辑校:《王重阳集》,齐鲁书社 2005 年版,第1页。

③ 陈时可:《长春真人本行碑》,赵卫东辑:《丘处机集》,齐鲁书社 2005 年版,第413页。

成吉思汗延请丘处机还有着更为深远的意图。当时,他虽然领兵西征,但并未忘记,在黄河以南,还苟延残喘着蒙古人的世仇金国。消灭金国是成吉思汗的宿愿。从金国的兵力部署和地理形势看,假道于宋进攻金国是最为便利的捷径,而宋金是多年的仇敌,故成吉思汗策划联宋灭金。

不过,成吉思汗的意图还不仅在此,他还希图在灭金之后,进而取代南宋政权,统治广大的汉人地区。全真道是在汉人中影响颇大的宗教,道家学说则颇重抚众安民之术,因此,无论从收服民心,稳固阵脚的需要考虑,还是为日后的联宋灭金进而统治全中国做准备,召请丘处机这位道教领袖都是十分必要的。

成吉思汗的上述意图,可以从他召请丘处机的手诏中清楚地反映出来。诏书的主要内容如下:

> 天厌中原骄华太极之性,朕居北野嗜欲莫生之情,反朴还淳,去奢从俭,每一衣一食,与牛竖马圉共弊同飧。视民如赤子,养士若弟兄……七载之中成大业,六合之内为一统。非朕之行有德,盖金之政无恒,是以受之天佑……然而任大守重,治平犹惧有阙……聘贤选佐,将已安天下也……访闻丘师先生,体真履规,博物恰闻,探赜穷理,道充德著……朕心仰怀无已。岂不闻渭水同车,茅庐三顾之事,奈何山川弦阔,有失躬迎之礼……选差近侍官刘仲禄备轻骑素车,不远数千里,谨邀先生暂屈仙步,不以沙漠游远为念,或以忧民当世之务,或以临朕保身之术,朕亲侍仙座,钦惟先生将咳唾之余,但授一言,斯可矣。①

在诏书的前半段,成吉思汗首先指出,相继统治中原的宋、金当权者骄奢淫逸、腐朽奢华,已经不得人心,为上天所厌弃。接着,他极力表白自己素来遵循反朴还淳、去奢从俭、谦退爱民等道家治道之宗旨,因而得到上天的护佑,建立殊功伟业。这样,不仅从理论上否定了宋、金政权存在的合理性,显示了蒙古人取而代之的合法性,而且,还从感情上拉近了与道教首领丘处机以及广大汉人之间的距离,从而为统治广大汉族地区做了舆论上的准备。在诏书的后半段,成吉思汗则充分地表达了对于丘处机景仰之心以及自己求

---

① 陈垣编:《重阳宫圣旨碑》,《道家金石略》,文物出版社 1988 年版,第 445 页。

贤辅治的意图,明白地提出要向丘处机求取治国安民之道和保身之术。可见,他既留意于道教的长生之术,更垂青于道家治道的忧民救世之功,希图以此缓和民族矛盾,稳定阵脚,巩固统治。

正因为成吉思汗有着上述长远的战略计划,因此,虽然处于戎马倥偬之中,但仍对于召请丘处机之事表现出了特殊的关注和重视。他命前往中原敦请丘处机的刘温挂上虎头金牌,金牌上面写着:"如朕亲行,便宜行事"。为了保证丘处机及其随行人员的安全,成吉思汗专门"抽兵以卫之",防止不测,并且多次传旨,向丘处机嘘寒问暖。

二、丘处机力致太平的政治抱负

丘处机对于成吉思汗的召请,也表现出了与往常大不相同的态度。以往,他曾多次拒绝了金和南宋的召请,而这次却不惧艰辛,接受了远在中亚的成吉思汗的召请。丘处机之所以如此,大约是出于以下几方面的考虑:

第一,他希望此行能够劝诫以成吉思汗为首的蒙古贵族集团,使他们不至于杀戮太过。当时,蒙古军队以残暴见称,他们屠杀人民,毁灭城镇,《蒙鞑备录·军政》就记载了这一状况:"凡攻大城,先击小都,掠其人民,以供驱使。乃下令曰:每一骑兵,必欲掠十人。人足备,则每名需草或柴薪,或土石若干,昼夜迫逐,缓者杀之。迫逐填塞,壕堑立平。或供鹅洞炮尘等用,不惜数万人。以此攻城壁,无不破者。城破,不问老、幼、妍、丑、贫、富、逆、顺皆诛之,略不少恕。"丘处机对于兵祸给人民所带来的灾难是深有感触的,因此,他力图通过对成吉思汗的劝诫,减轻人民所受的兵祸之苦。

在丘处机赴召北上寄友人的诗中,就充分表现出了这种抱负,诗中说:"十年兵火万民愁,千万中无一二留。去岁幸逢慈诏下,今春须合冒寒游。不辞岭北三千里,仍念山东二百州。穷急漏诛残喘在,早教身命得消忧。"[①]当到达中亚的阿姆河附近时,丘处机与成吉思汗第三子窝阔台的医官郑景

---

① 丘处机:《复寄燕京道友》,赵卫东辑:《丘处机集》,齐鲁书社 2005 年版,第 188 页。

贤相遇,他在给郑医官的诗中,再次表明自己赴诏西行的目的:"我之帝所临河上,欲罢干戈致太平。"①

第二,希望通过此行影响蒙古上层统治集团接受中原地区原有的统治方式,稳定这一广大地区的社会秩序。处于较低社会发展阶段的蒙古民族进入中原后,破坏着这一地区的社会经济和人民的生活秩序,而金朝和南宋的统治已是日薄西山,再也没有力量稳定局势。因此,中原地区的不少汉族地主阶级成员只得寄望于锐气正旺的蒙古帝国的统治者。丘处机的应诏,在很大程度上代表了这种意向。

第三,希望通过此行为全真教的进一步发展奠定基础。丘处机以及全真道的其他一些成员都认识到,要发展自己的势力,必须借助于统治者的扶助。丘处机看到,金和南宋政权已是末日将至,而成吉思汗及其后继者则很有可能成为一统天下的霸主,只有借助于以他为首的蒙古贵族统治集团,才可望扩大全真道的影响,促进全真道的发展。而成吉思汗在延请丘处机的诏书中又表现出极度的谦恭和坦诚,这无疑更加强了丘处机对于蒙古统治集团的信心。因此,在答宣抚使王巨川的诗中,丘处机将自己的西行论道与老子化胡联系起来,诗中说:"良朋出塞同归燕,破帽经霜更续貂,一自玄元西去后,到今似无北庭招。"②虽然谦称自己的西行是"续貂",却也足以说明他此行的动机。正是出于这些原因,丘处机才不顾自己已经72岁的高龄,毅然应召,不远万里,历尽艰辛,来到成吉思汗的帐前。

三、丘处机对成吉思汗的规劝

丘处机与成吉思汗正式论道共有三次。成吉思汗令人将论道内容用蒙、汉两种文字记录,并命"勿泄于外"。后来,侍臣奉敕将其整理,编成《玄风庆会录》,由此我们得以了解丘处机对成吉思汗的规劝。

---

① 丘处机:《中秋以诗赠三太子医官郑公》,载赵卫东辑:《丘处机集》,齐鲁书社2005年版,第194页。

② 丘处机:《答宣抚王巨川》,载赵卫东辑:《丘处机集》,齐鲁书社2005年版,第186页。

（一）长生之道在于节欲

在初次见到成吉思汗时，成吉思汗向丘处机询问长生之药。丘处机坦率地回答他说，并无长生之药，而只有养生防病的卫生之道。在正式论道时，丘处机围绕这一问题进行了详细的论述，他以道家的崇俭寡欲主张和精气理论来阐述养生之道。他说："人以饮食为本，其清者为精气……气全则生，气亡则死，气盛则壮，气衰则老"，如果恣情于声、色、味、情，则散气伤身："眼见乎色，耳听乎声，口嗜乎味，性逐乎情，则散其气。……人以气为主，逐物动念则元气散。……愚迷之徒，以酒为浆，以妄为常，恣其情，逐其欢，耗其精，损其神，是致阳衰而阴盛，则沉于地为鬼，如水之流下也。"而知晓修炼长生之术的学道之士则与之相反，他们"去声色，以清静为娱；屏滋味，以恬淡为美。……去奢屏欲，固精守神，唯炼乎阳，是致阴消而阳全，则升乎天而为仙，如火之炎上也。"①但丘处机深知修心治心之难，正所谓"易伏猛兽，难降寸心"，更何况"富有四海、日揽万机"的帝王，故他只是劝成吉思汗："但能节色欲，减思虑，亦获天佑"，"宜修德保身，以介眉寿"。②

丘处机否定了长生之药，摒弃了前代肉身成仙等神话，以节欲作为卫生长寿之术，希望以此引导这位雄踞世界的可汗谨守节欲去奢等养生伦理，这是极具政治伦理意蕴的。

（二）帝王修行应"外修阴德，内固精神"

为了打动和迎合成吉思汗，丘处机以君权神授的理论美化成吉思汗，将其打扮成"皇天眷命"来管理人间的"天人"，即天上之仙官。他说："陛下本天人耳，皇天眷命，假手我家，除残去暴，为元元父母，恭行天罚……克艰克难，功成限毕，即升天复位。"作为天人下凡，恭行天罚的皇帝更需要珍重自己的身体，清静节欲："在世之间，切宜减声色，省嗜欲，得圣体康宁，睿算遐

---

① 以上引文均见耶律楚材编：《玄风庆会录》，载赵卫东辑：《丘处机集》，齐鲁书社 2005 年版，第 137 页。

② 以上引文均见耶律楚材编：《玄风庆会录》，载赵卫东辑：《丘处机集》，齐鲁书社 2005 年版，第 141 页。

五、吕以仁爱累其心者

王安石在阐发道家无为思想时也认识到儒家仁爱思想的局限性，他指出："仁者有所爱，有所亲也。惟其有所亲，则不能无为矣。"①无为而治是遵循社会治理的规律而有为，故必须秉持公正之心，超越某些具体的阶级、阶层或政治集团的利益。儒家的仁爱是一种依据血缘或尊卑的次序而实行的，是一种"有所爱，有所亲"的差等之爱，王安石清楚地认识到这一局限，明确指出爱有偏私则不能无为，这种态度是非常理性的。

王安石还通过阐发"天地不仁，以万物为刍狗"等语句，以厘清人们认为老子刻薄寡恩等误见。他说："天地之于万物，之常也。"②无论是"春生夏长"还是"秋冬万物凋落"皆是自然界的"物理之常"，是不容责的。更值得注意的是，王安石用大段文字对老子"圣人不仁"等相关思想进行评析，还蕴含了现实政治层面的深意，需要结合王安石推行新政时的具体历史背景来理解上述话语的潜台词。

王安石主持熙宁变法主要目的是解决国用不足的问题，即以"理财"为急务，这其实是与儒家"重义轻利""仁政，不与民争利"等传统思想相抵悟而引起政争和以后激烈党争的也正是均输法和青苗法这两部"理财"之法，司马光、范纯仁、富弼、韩商、程颢等多数朝臣正是以"重义轻利"，不与民争利等儒家传统思想来反对熙宁变法的。而理学家程颢反对新法重要理由一就是儒家的仁政。他认为，青苗法，应当赶快停止，代之以"去息"的仁政，希望神宗"亟推去息之仁"。③从理论的层面来说，李存山先生所云："从儒家的价值取向和来朝以儒治国的'国体'来判断，'正

① 容肇祖：《王安石老子注辑本》中华书局 1979 年版，第 38 页。
② 容肇祖：《王安石老子注辑本》中华书局 1979 年版，第 10 页。
③ 参见程颢：《谏新法疏》，《河南程氏文集》卷一，同治求我斋本，第 11 页。

者压制束缚民众之高压政治的负面效应。

笔者认为，王安石对老子自然无为主张的赞同，更主要是从社会理想的层面言的。这可以从他对"小国寡民"一段的诠释中体会出来。老子"小国寡民"、"老死不相往来"等描述，历来多受到非议，但王安石却作出了积极的理解并表达出高度的向往，他阐发说："民自足于性分之内，则无远游、交战之患。夫德之被于民，及其极也，则能使民无知无欲，惟知耕而食，凿而衣，而不相往来……夫治天下至于甘其食，美其服，安其居，乐其俗，老死而不相往来，则治之极。"①显然，这是一幅无为而治模式下民众的生活图景：人人自足于自然之性分，没有强制、冲突和过分的欲望，也没有劳役、兵役和战争之苦，男耕女织，丰衣足食，安居乐业，"而不知其所以然"，好一派自然和谐的景象。在这样的理想社会中，似乎不再需要仁、义、礼来规范人们的行为，故"复收敛而归于道"②。可以看出，在社会理想的层面，王安石与老子是深相契合的。

为了防止人们将无为误解为无所作为，无所用心的庸官作风，他解释说："圣人无心，故无思无为。虽然，无思也未尝不思，无为也未尝不为，以'吉凶与民同患'故也。"③"吉凶与民同患"是儒家经典《易经·系辞》中的圣人风范，王安石将此语引来阐释道家"无思无为"的圣人，也是颇有深意的。这里所说的"无思"，不是饱食终日，无所事事，故曰"无思也未尝不思"；无为也不是无所作为，故曰"无为也未尝不为"。无论是"为"还是"思"，其终极目标是指向民众的利益，"思"和"为"的标准只有一个，那就是"吉凶与民同患"，心系民生，急民众之所急，与民众同甘苦、共患难。在此，王安石援儒入道，更具体地阐释了老子"圣人无心，以百姓心为心"的名言。从他推行的一系列新法来看，他也在努力践行这一宗旨的，至于后来新法被蔡京等权奸所利用，而成为搜括民财的害民之政，那却是他始料未及的。

---

① 答肇祖：《王安石老子注辑本》，中华书局1979年版，第61页。
② 答肇祖：《王安石老子注辑本》，中华书局1979年版，第61页。
③ 答肇祖：《王安石老子注辑本》，中华书局1979年版，第44页。

远耳。"但是,帝王妃嫔成群,因而比常人更加难以节欲。于是,丘处机反复警告成吉思汗:"贪欲好色则丧精好气,乃成衰惫,陛下宜加珍啬。"不仅如此,丘氏接着又告诫成吉思汗说,仅仅做到节欲,这还只是平常之人的修炼内容,皇帝的修炼之道则又与此不同。丘处机把握道德劝诫的时机,他对成吉思汗说:"陛下修行之法无他,当外修阴德,内固精神耳。恤民保众,使天下怀安则为外行,省欲保神为乎内行。""省欲保神"只是修行的"内行",还必须"外修阴德",即要做到"恤民保众,使天下怀安"。① 丘处机的这番教导,将作为最高统治者所应承担的恤民保众、安定天下职责与个体的养生修炼有机地结合起来,不仅充分体现出他的政治智慧,而且也展现了道家治道身国同治思维模式的独特作用。

为了使自己的劝诫具有更大的权威性,丘处机向成吉思汗鼓吹:道教经典乃上天所降,"上天屡降经教,劝人为善……中国道人诵之行之,可获福成道";道经"皆治心修道,祈福禳灾,扫除魑魅,拯疾疫之术"。而上天降经的目的,是要"使古今帝王臣民皆令行善"。他又将《太平经》等道经中宣扬过的承负说和佛教轮回说加以改造,以之告诫成吉思汗:"行善进道则升天为之仙;作恶背道,则入地为之鬼。……帝王悉天人谪降人间,若行善修福,则升天之时位逾前职,不行善修福则反是。天人有功微行薄者,再令下世修福济民,方得高位。昔轩辕氏天命降世,一世为民,再世为臣,三世为君,济世安民,累功积德,数尽升天而位尊于昔。"他努力使道教的"修真治国之方"和积善行道之术影响成吉思汗,强调只要能够"积善行道,胡患不能为仙乎?"②在这里,丘处机对全真道所倡导的"精神成仙"主张做了详尽的阐扬,他将修道成仙、治国、行善的理论融会贯通、连为一体,虽难以确定成吉思汗是否会对其全盘接受,但这番说教至少是很打动人心的。而从后来成吉思汗的举措来看,这些"修真治国之方"的确曾在一定程度上发挥了恤民保众、平治天下的功效。

---

① 以上引文均见耶律楚材编:《玄风庆会录》,载赵卫东辑:《丘处机集》,齐鲁书社 2005 年版,第 137—139 页。

② 以上引文均见耶律楚材编:《玄风庆会录》,载赵卫东辑:《丘处机集》,齐鲁书社 2005 年版,第 138—139 页。

（三）建议选贤与能治理中原

丘处机及时地抓住了向成吉思汗传授养生之道的机会，运用道家身国同治的理论，将个人养命长生的话题引向了济世安民之术，并提出了"恤民保众，使天下怀安"的要求。围绕着万里赴诏以图济世救民这一重要目的，丘处机还献上了安定中原的治平之策。他首先向成吉思汗指出，中原地区具有丰富的物产、高度发达的物质文明和完备的治国之术："四海之外，普天之下，所有国土不啻亿兆，奇珍异宝比比出之，皆不如中原天垂经教，治国治身之术为之大备。山东、河北，天下美地，多出良禾、美蔬、鱼、盐、丝、蚕，以给四方之用，自古得之者为大国。所以，历代有国家者，唯争此地耳。"因此，治理好中原地区是十分重要和必要的。然而，这些地区目前却是"兵火相继，流散未集"，急需派遣精明能干的官员前去治理。他还建议免除其三年赋税，以便使国家和军队"足丝、帛之用"，使老百姓"获苏息之安"，这是"安民祈福"的一个重要方面。关于上述安抚山东、河北等地的建议，丘处机在论道过程中曾反复提起。在此，他又强调，如果派遣廉洁、干练的官员前去按上述筹划行事，则"必当天心"，如果让那些无才无德的人去统治中原，则"不徒无益，反为害也"。① 接着，丘处机建议成吉思汗仿效金朝，在不熟悉中原的情况时，先立傀儡皇帝统治中原，然后再取而代之。

四、蒙元贵族对道家治道的遵从

为了提高道学智慧对成吉思汗的影响力，丘处机极力神化全真道教派。他告诉成吉思汗，与他一起学道的道兄刘处玄、谭处端、马钰等人皆"功满道成，今已升化"，唯有他"辛苦之限未终"，但只要坚持"积善行道"，亦必成仙。接着，他向成吉思汗鼓吹，道教经典乃上天所降，不仅东汉之时干吉所

---

① 参见耶律楚材编：《玄风庆会录》，载赵卫东辑：《丘处机集》，齐鲁书社 2005 年版，第141 页。

传的《太平经》皆为修真治国之方，而且，太上老君还曾在不同时代多次赐道经给张道陵、寇谦之等道教徒。降经的目的，是要"使古今帝王臣民皆令行善"，而这些道经具有祈福禳灾的特效，诵之行之，即可获福成道。

丘处机将道教的教理教义与道家的政治智慧紧密结合，深为成吉思汗所服膺，促使他和他的后继者在一定程度上遵从道家治道，接受汉族先进文化，进而对历史发展产生了积极的作用。关于这一点，可以从以下事实得到印证。

第一，在一定程度上减少了成吉思汗的屠杀行为。

丘处机的上述一系列主张适应了成吉思汗巩固政权，进而统一全中国的长远计划，并且，还为之涂抹上了几缕上天神灵的光芒。因此，成吉思汗对丘处机的这番话语十分重视，认为这是"天锡仙翁，以寤朕志"，从而"命左右书之，且以训诸子焉"。[1] 他对丘处机说："谆谆道诲，敬闻命矣。斯皆难行之事，然则敢不遵依仙命、勤而行之？"[2]成吉思汗这些话语虽然不无恭维和安抚这位道教领袖的政治意图，他对上述教诲的遵依和践行的情况亦无详细记载。不过，从历史文献来看，丘处机对于成吉思汗的劝诫在某种程度上是产生了一些实际作用的。据《长春真人西游记》记载：岁癸未（1223年），成吉思汗猎于东山，因马蹄而失驭，摔于马下。丘处机谏曰："天道好生，今圣寿已高，宜少出猎。坠马，天戒也。"成吉思汗马上接受了他的谏言说："朕已深省，神仙劝我良是。我蒙古人骑射，少所习，未能遽已。虽然，神仙之教在衷焉。"还对臣下表示："但神仙劝我语，以后都依也。"此后，成吉思汗在较长一段时间内没有打猎。[3]

特别值得指出的是，在丘处机会见成吉思汗以后，其军事政策有了一些变化。在此以前，成吉思汗奉行的完全是武力征服和屠杀政策。1219年，他开始了进攻中亚大国花剌子模的战争。据史书记载，在这段时间内，成吉思汗直接插手的屠杀行动有：1220年2月攻下不花剌城，三万多抵抗者全

---

① 参见宋濂等撰：《释老传》，《元史》卷二百二，中华书局1976年版，第4525页。
② 耶律楚材编：《玄风庆会录》，载赵卫东辑：《丘处机集·附录》，齐鲁书社2005年版，第141页。
③ 参见李志常：《长春真人西游记》，载赵卫东辑：《丘处机集·附录》，齐鲁书社2005年版，第223页。

部被杀;3月,投降的康里将卒三万多人全部被杀。1220年夏,蒙军攻入花剌子模的首都玉龙杰赤城,除了将居民中的年轻妇女和儿童掳为奴婢外,其余人尽被屠杀。1220年秋,统大军攻下阿母河北岸要塞忒耳迷,尽屠其民。1221年年初,率军进攻塔里寒,军民被屠杀殆尽。而在1222年年底即丘处机与成吉思汗论道之后,情况似乎有了一些变化。1223年成吉思汗起程东归,"这段期间,蒙古人没有在钦察草原进行大征战"①。

以上事实说明,丘处机向成吉思汗论道以后,成吉思汗的军事政策曾有了明显的转变。应该说,恰好在1222年年底出现政策转变,这并不是时间上的某种巧合。愚意以为,之所以产生这种转折,除了军事形势、气候和地理条件等方面的因素之外,我们也不应排除丘处机对成吉思汗的影响。

而在1226年秋开始进攻西夏的战争中,成吉思汗因为出现了五星聚于西南这一天象而下令不杀掠。② 到第二年六月,他又再次向臣下提起这件事说:"朕自去冬五星聚时,已尝许不杀掠,遽忘下诏耶。今可布告中外,令彼行人,亦知朕意。"③这说明,他从内心接受了道教的星占术和丘处机的止杀主张。这样做的目的,无非是要利用星占术证明自己顺乎天道,并力图通过止杀这一怀柔之术来获取民心。

当然,关于丘处机对成吉思汗的劝诫所发生的作用,我们也不应估计太高。例如,在进攻西夏的战争中,由于肃州、中兴等城中的居民进行了抵抗,蒙古军队对其实行残酷屠杀,肃州城民幸免者仅一百零六户。④ 这说明,成吉思汗对丘处机止杀等劝诫的遵循程度又是有限的。

第二,促进了"汉法"的采用。

丘处机通过与成吉思汗论道,甚获这位蒙古大汗的欢心,不仅促使成吉思汗在某种程度上接受了止杀安民等主张,而且,通过这次与蒙古统治集团成员的接触以及亲临论道等一系列活动,对于蒙元贵族后来采用"汉法"也起到了某些促进作用。

---

① 韩儒林主编:《元朝史》上册,人民出版社1986年版,第156页。
② 参见宋濂等撰:《太祖本纪》,《元史》卷一,中华书局1976年版,第24页。
③ 宋濂等撰:《太祖本纪》,《元史》卷一,中华书局1976年版,第24页。
④ 宋濂等撰:《昔里钤部传》,《元史》卷一二二,中华书局1976年版,第3011页。

　　早在丘氏与成吉思汗论道时，就曾陈述以农业为主的中原文明的优越性，强调农副业生产产品足以供应军国之用，并建议尊重汉地的风俗，保留原有的统治方式。当时，一直在成吉思汗身边听讲并且担任记录任务的是契丹人耶律楚材，他曾与丘处机"联句和诗，焚香煮茗，春游邃圃，夜话寒斋……"①其关系之融洽可见一斑，丘处机对他产生影响也是顺理成章之事。在此后的一段时期内，身为佛教徒的耶律楚材采取了联合全真道徒的态度。虽然后来因全真道势力的膨胀及政治形势的变化，耶律楚材在丘处机死后反对全真道，并在其《西游录》中批驳丘处机十谬，但丘处机的一些思想影响却难以随着政治风云的变化而消除，在后来蒙古统治者之间发生"汉法"与"旧俗"之争时，耶律楚材一直是坚持推行"汉法"的重要人物。

　　所谓"汉法"，乃是中原地区较先进的生产方式和与之相适应的全部上层建筑，它与落后的蒙古"旧俗"是对立的。从蒙古建国之初到元朝建立以后，统治者之间一直存在着"汉法"与"旧俗"之争。成吉思汗之子窝阔台执政时，蒙古贵族别迭等人认为："汉人无补于国，可悉空其人以为牧地。"主张以落后的蒙古"旧俗"来统治汉地，取代汉地先进的生产方式。耶律楚材坚决反对这种倒退的做法，他驳斥"汉人无补于国"的谬论。有意思的是，他所持的理由，与丘处机论道时所谈的内容十分相似。他说："陛下将南伐，军需有所资。诚均定中原地税、商税、盐、酒、铁冶、山泽之利，岁可得银五十万两、帛八万匹，足以供给，何谓无补哉？"②他又将征收来的中原物产让窝阔台过目，促使这位大汗体会了行"汉法"的好处。耶律楚材前后任事近三十年，官至中书令。在职期间，他参照汉法，定策立仪制、建议军民分治、建立赋税制度、废屠城旧制，奠定了元朝封建国家的立国规模。元朝建立后，以忽必烈为首的当权者为了巩固统治，不得不任用汉人，采用汉法。这一政策的确立，与耶律楚材的前期努力是分不开的，而耶律楚材之所以能够这样做，除了他较早地接受了汉文化的熏陶等主观条件之外，道学治国思想对他的影响显然是不容忽视的。

――――――――――

　　①　见耶律楚材《西游录》。
　　②　以上引文均见宋濂等撰：《耶律楚材传》，《元史》卷一四六，中华书局 1976 年版，第 3458 页。

第十八章　朱元璋对道家治道的
研习与践履

朱元璋是中国封建社会唯一从社会最底层崛起的帝王,因此,较之唐玄宗、清世祖等研习《道德经》的为政者,他对此书更是有着特殊的情感和认识。这一切,在他所撰《道德经注》的序言中淋漓尽致地体现出来。他在该"序言"中称,在他即位之初,"罔知前代哲王之道,宵昼遑遑",如何追寻通往善政之路? 这成为朱元璋十分关切的问题。"问道诸人,人皆我见,未达先贤",在这种欲达善政而求之于先贤智慧的渴盼中,他"试览群书",看到了《老子》,感到"其文浅而意奥,莫知可通",而观于各家注释,"人各异见",悉以视之,似乎觉得前人未竟其深意。于是仔细揣摩,"用神盘桓其书久之,以一己之见,似乎颇识"。通过自己的独立思考,文中那些充分反映底层民众心声并深切关怀、呵护底层民众的主张在他心中产生了强烈的共鸣。后来,文中"民不畏死,奈何以死惧之"的警语更是让他深为震撼,深感此语切中时弊。他说:"当是时,天下初定,民顽吏弊,虽朝有十人而弃市,暮有百人而仍为之,如此者岂不应经之所云?"现实政治中凸显出的杀戮手段之无效和弊端,充分印证了老子的智慧。于是,朱元璋听取老子这一告诫,"罢极刑而囚之,不逾年而朕心减恐"。这是他践行老子治道的初次尝试和成效。从此,《老子》成为他案头的宝典,"复以斯经,细睹其文之行用","探其一二之旨微",他对这一饱含究物穷理、经国治世、安身立命之智慧的作品极为崇尚,尊其为"万物之至根,王者之上师,臣民之极宝"。因此,"悉朕之丹衷,尽其智虑,意

利后人"，①为之作注。进而努力践行其中的治国安民信条，取得了较好的
社会效果。

在朱明王朝开国定基的岁月中，道士以及道教神学、方术曾立下过特殊
的功劳。而朱元璋尽管利用、尊崇道教，但他对道教神学基本上抱着一种明
智的态度。他所重视的是灾遣论中所蕴含的道德劝诫意义，强调"灾异乃
上天示戒，所系尤重"，而对于臣下"但及祥瑞而不及灾异"的阿谀奉迎之举
表示出难得的清醒态度。为了防止自己受惑于仙方道书，朱元璋对于道士
献上的道书仙方采取了断然却之的态度，认为这些无非是存神固气之道或
炼丹烧炼之说，不足信之。他强调说，君主所注重的，应该是能够"跻天下
生民于寿域"的"圣贤之道"，而不是个人的"长生久视"之道，"故斥之，毋
为所惑"。② 他还表示，只是希望利用"佛仙之幽灵，暗助王纲，益世无
穷"③，而绝不会溺于神学之中。

基于上述认识，朱元璋批评历史上因溺信道教神学而败坏朝政的帝王
们："秦皇遣方士而求神仙;汉武帝因李少君等而冀长生……何愚之至甚!"
他分析说，以上数位崇道之君，皆是溺信道教神仙方术为个人长生享乐，而
放弃了作为一国之君治平天下的政治责任，忽略了道教中所蕴含的政治伦
理劝诫，从而导致了政治治理的极大失误，给后人留下了笑柄和教训。由这
些历史教训，他认为，作为担负着治国安民重任的君主，有自己所应进行的
"修炼"，这就是勤政图治等政治美德方面的修炼，他说："君之修甚有大焉!
所以修者，霄衣旰食，修明刑政，四海咸安，彝伦攸叙，无有紊者，调和四时，
使昆虫草木各遂其生。此之谓修，岂不弥纶天地，生生世世，三千大千界中，
安得不永为人皇者欤!"④

由于朱元璋对道教神学持着较为清醒的认识，因而，他虽然利用道教以
神化自己的政权，亦感念道士和方术在起兵灭元斗争中的匡济之功，但并未

①　以上皆见朱元璋:《明太祖御注道德真经·序》，载刘韶军:《〈老子〉御批点评·附录》，湖
南人民出版社1997年版，第475—476页。
②　参见龙文彬撰:《职官》十一，《明会要》卷三十九，中华书局1956年版，第695页。
③　朱元璋:《三教论》，《明太祖文集》卷十，黄山书社1991年版，第214页。
④　朱元璋:《游新庵记》，《明太祖文集》卷十四，黄山书社1991年版，第286页。

沉溺于道教神学和方术之中。为了避免道教方术妨碍王朝政治事务,朱元璋反对从道教修炼的角度来理解《老子》,断然排除《老子》在炼丹术方面的价值,强调其"非金丹之术",而是将主要精力用来研究《老子》的治国之道。为了使自己和子孙后代更好地掌握《老子》的精粹,在开国之初,他就开始研究《老子》并对其进行注解,历经七载,直到洪武七年十二月甲辰才告完成。

朱元璋对于老子的研究绝非附庸风雅或装饰门面,而是扎扎实实地结合现实政治生活的实际进行研究和思考。朱元璋出身低微,对于社会底层民众的痛苦有深刻的了解,加上身经百战、戎马倥偬的人生经历,使他对《老子》的解读与唐玄宗李隆基和宋徽宗赵佶都有所不同,阐发治国安民之道及其实际效用是朱元璋注《老子》的重要特点。这可以从他的《道德经注》序言中突出地反映出来。他自称因感于老子"民不畏死奈何以死惧之"的警告而"罢极刑而囚之",进而为注释此书而殚精竭虑,其目的就在于"意利后人"。① 凭着对《老子》"尽其智虑"的扎实研究功夫,朱元璋不仅对《老子》治道有较深刻的体悟,还能指出世人对老学的误解,故他在《三教论》中深叹,世人"误陷老子已有年矣"。他进而针对不少人视《老子》为虚无之谈、为金丹黄冠之术的看法进行了澄清,力证其在治国方面的重要价值,他说:"孰不知老子之道非金丹黄冠之术,乃有国有家者,日用常行有不可阙者也。古今以老子为虚无,实为谬哉!其老子之道,密三皇五帝之仁,法天正己,动以时而举合宜,又升霞禅定之机,实与仲尼之志齐。言简而意深,时人不识,故弗用。"②朱元璋读懂了老子效法天地、正己安民的深意,强调其思想精华乃是为政者"日用常行"不可或缺的信条,可谓是深契老子之道。

朱元璋虽然在即位之后才见到《老子》并自觉地运用其政治伦理思想,但是,在他打天下的过程中,由当时主观和客观条件所决定以及受一些士人的影响,朱元璋也曾不自觉地遵循着老子的思想原则。可以说,老子的一些思想原则贯穿于朱元璋打天下的活动之中。在夺取全国胜利之后,他曾总

---

① 朱元璋:《明太祖御注道德真经·序》,载刘韶军:《〈老子〉御批点评·附录》,湖南人民出版社1997年版,第475页。

② 朱元璋:《三教论》,《明太祖集》卷十,黄山书社1991年版,第214页。

结自己成功战胜群雄而登上帝位的经验说："（张）士诚恃富，（陈）友谅恃强，朕独无所恃。惟不嗜杀人，布信义，行节俭，与卿等同心共济。"①以上几条，除了布信义这条之外，其他三条皆与老子的思想不谋而合。在登上帝位并读到《老子》之后，朱元璋对其中的治国智能更是有了进一步的认识。在执政的前期，他也基本能够遵循这些思想原则。②

吴晗先生曾在《朱元璋传》中指出，朱元璋休养生息政策的形成，与其研注《道德经》有关，并且推断，明初处罚官吏到淮、泗一带屯田工役的办法和《道德经》也是有关系的。

下面，我们就来探寻朱元璋对于道家治道的研习、践履及其社会效果。

一、慎杀重民，去烦减重

元朝末年是一个群雄并起、征战不已的时期。以刘福通为首的北方红巾军攻占了河南、安徽一带，以彭莹玉、徐寿辉为首的南方红巾军攻占了湖广、江西的一些地区。此外，土豪方国珍占有浙东，盐贩张士诚占据苏、杭。不久，陈友谅杀掉徐寿辉，成为湖广、江西新的割据势力。还有一些地主武装也各自安营扎寨，占据一方。当时，大多数军队只图子女玉帛，不惜荼毒生灵。朱元璋当时势单力薄，在冯国用、李善长等士人的劝导下，朱元璋认识到，不乱杀人、纪律严明才能收服人心，壮大自己的力量，平定天下。他遵循这些原则，迅速发展了自己的地盘和势力。

至正十八年（1358 年），朱元璋召问儒士唐仲实，向他请教，汉高祖、光武帝、唐太宗、宋太祖、元世祖等君主平定天下，"其道何由？"唐氏回答说，

---

① 张廷玉：《太祖本纪》三，《明史》卷三，中华书局 1974 年版，第 55—56 页。

② 朱元璋在坐稳江山之后，为了保证朱姓王朝的一统天下以及对专制君权的绝对掌控，他抛弃了"不嗜杀人"、与臣下"同心共济"等信条，猜忌功臣、大开杀戒，对那些他自认为将危及王权的开国功臣进行株连九族的大诛灭。这再次表明，没有政治制度的保障，道家政治智慧发挥积极作用的空间是非常有限的，它对于专制君主的约束是非常脆弱的，也反映出道家政治智慧与封建专制王权之间的深刻对立。

以上数君之所以能够定天下于一统,是由于他们不嗜杀人。① 此后,朱元璋便将这条原则牢牢记在心中。至正十九年(1359年),朱元璋攻下婺州,他告谕众将士说:"克城以武,戡乱以仁。吾比入集庆,秋毫无犯,故一举而定。今新克婺州,正宜抚绥,使民乐于向附,则彼未下诸路,亦必闻风而归。吾每闻诸将下一城,得一郡,不妄杀人,辄喜不自胜。盖为将者能以不杀为武,岂惟国家之利,即子孙实受其福。"②洪武元年(1368年)七月,朱元璋遣师北伐,他又告谕统兵北伐的将领徐达说:"中原之民,久为群雄所苦,流离相望,故命将北征,拯民水火。……前代革命之际,肆行屠戮,违天虐民,朕实不忍。诸将克城,毋肆焚掠妄杀人。"他还强调说:"不恭命者罚无赦。"③不久,他还向部下重申:"新克州郡毋妄杀"。朱元璋的这些言行正与《老子》慈爱慎杀的政治伦理思想相契合。

以慈为怀,慎兵少杀,这是《老子》治国之道的重要内容。第六十七章中将"慈"奉为立身治世的三大原则之首,说:"吾有三宝,持而守之。一曰慈,二曰俭,三曰不敢为天下先"。"慈"体现了一种尊重人、关心人、爱护人的人道主义精神。故政治伦理学不仅要回答关于法律、制度和设置的仁慈性问题,同时也将仁慈视为政治主体的个人美德。在广大民众毫无权利且卑贱如草芥的中国封建社会中,仁慈的政治品德对于君主这一掌握着生杀大权的最高政治行政长官尤为重要。老子作为身份卑微的史官不可能对于法律设置的仁慈性问题产生直接影响,他只能尽其所能地阐发慈爱、不嗜杀的为政之道对于国计民生的重要意义。在《老子》中反反复复地向为政者发出强烈的呼吁,第六十七章说:"慈,故能勇。"第三十一章中说:"兵者不祥之器,非君子之器,不得已而用,恬淡为上。胜而不美,而美之者,是乐杀人,夫乐杀人者,则不可得志于天下矣。"第七十四章说:"民不畏死,奈何以死惧之?"夫代大匠斫者,希有不伤其手矣!"第三十章说:"师之所处,荆棘生焉。大军之后,必有凶年。"

上述话语表达了一个核心意旨,那就是尊重生命,爱护生命,关注民生!

① 参见夏燮:《明通鉴前编》卷一,岳麓书社1997年版,第31页。
② 夏燮:《明通鉴前编》卷二,岳麓书社1997年版,第34页。
③ 参见张廷玉:《太祖本纪》二,《明史》卷二,中华书局1974年版,第20页。

他试图让统治者明白,只有对民众怀有慈爱之心,士卒才能勇敢抵御敌人,保卫国家,而滥施暴力是不可能实现政治治理的目标的,穷兵黩武、以兵强天下,必然造成生产的凋落和无辜民众的牺牲,更可能引起民众铤而走险的激烈反抗。因此,慈爱这一政治美德,不仅关系万民生命之安危和社会经济之盛衰,同时也关系为政者自身统治的安危。

上述思想对朱元璋曾产生重要影响。如前所述,他曾因感悟《道德经》"民不畏死,奈何以死惧之"的告诫而"罢极刑而囚役之,不逾年而朕心减恐"。从这段话语可知,朱元璋正是从民不畏死的现实教训而对《老子》不要以杀戮镇压民众的告诫产生了深刻的认同,并因此而废止了对犯人的极刑而改为囚役。同时,这一律法上的改革也让他得到某种程度上的心理安抚,"不逾年而朕心减恐"。

因此,朱元璋对于慎杀民众的意义有了进一步的认识,他在对众将士的告谕中强调,"以不杀为武",这不仅是"国家之利",更能福泽子孙,让"子孙实受其福"。这也是深得老子以上政治伦理之精意的。

与不嗜杀人原则紧密相连的措施是慎刑轻典,唯有如此,才能够在攻城略地的战斗结束之后,继续信守不嗜杀人的原则,稳定人心。关于这一点,朱元璋早就有所认识。至正十六年(1356 年)七月,朱元璋被诸将奉为吴国公,总理江南行中书省。在拥有了管理一方的权力之后,他便开始实行一些轻刑的措施。据《明通鉴》所载,至正十七年十二月,朱元璋因为"干戈未宁,人心初附"之故,下令释放囚犯。至正十八年三月,他又命"提刑按察司金事分巡郡县,录囚,凡笞罪者释之,杖者减半,重囚杖七十,其有赃者免征,武将征讨之有过者宥之。"左右之人上言说:"去年释罪囚,今年又从末减,用法不宜太宽。"朱元璋结合《周礼·秋官·大司寇》中"刑新国用轻典"的思想回答说:"自丧乱以来,民初离创残以归于我,正宜抚绥之。况其间有一时误犯者,宁可尽法乎！大抵治狱,以宽厚为本,而刑新国则宜用轻典。执而不变,非时措之道也。"①

在朱元璋即位不久见到了《老子》之后,更是自觉地将其中的政治伦理

---

① 　参见夏燮:《明通鉴前编》卷一,岳麓书社 1997 年版,第 28、32 页。

思想运用于政治实践之中。他将书中"民不畏死,奈何以死惧之"等句与当时的政治实际生活结合起来,及时地改变了政策,"乃罢极刑而囚役之"①。朱元璋读《老子》而罢极刑的事例颇为典型,对后世影响甚深。数百年后,魏源在他所撰著的《老子本义》中还专门提及此事,以此论证慎刑宽刑的重要性和《老子》一书的救世价值:"明太祖读'民不畏死,奈何以死惧之'之语,恻然有感,乃罢极刑而囚役之……仁人之言,其利溥哉!"②这也充分说明了老子治国之道所具有的久远的政治影响力。

值得注意的是,朱元璋还在一定程度上将《老子》上述政治伦理思想落实到法律制度的层面。他曾与臣下讨论刑法,有人认为:"法重则人不轻犯,吏察则下无遁情",主张立重法,任苛察之吏。朱元璋立即驳斥这种观点说:"不然,法重则刑滥,吏察则政苛,钳制下民,而犯者必重,钩索下情,而巧伪必滋。夫累石之冈,势非不峻,然草木不茂;金铁之溪,水非不清,然鱼鳖不生。古人立法制刑,以防恶护善,故唐虞画衣冠异章服以为戮,而民不犯;秦有凿颠抽胁之刑、惨夷之诛,而囹圄成市,天下怨叛。所谓法正则民悫,罪当则民从,今施重刑而又委之察吏,则民无所措其手足矣。朕闻帝王平刑缓狱而天下服从,未闻用商韩之法可以致尧舜之治也。"③他还曾对管理司法的按察司金事周祯说:"凡事当存大体,苟察察以为明,苛刻以为能,下必有不堪之患,非吾所望于风宪也。"④这些思想,正是对老子"法令滋章,盗贼多有","其政察察,其民缺缺"等政治伦理思想的运用和发挥。

在上述思想的指导下,朱元璋特别强调慎刑。他说:"用刑不当,则无辜受害,故刑不可不慎也。夫置人于捶楚之下,何求不得?古人用刑,本求生人,非求杀人,故钦恤为用刑之本。"⑤

在强调慎刑的同时,朱元璋还提出了轻刑的具体建议。他谕中书省臣说:"法有连坐之条,吾以为鞫狱当平恕,非大逆不道,则罪止其身。先王罪

① 参见朱元璋:《明太祖御注道德真经·序》,载刘韶军:《〈老子〉御批点评·附录》,湖南人民出版社1997年版,第475页。
② 魏源:《老子本义》第六十一章,世界书局1935年影印本,第65页。
③ 余继登:《典故纪闻》卷三,中华书局1981年版,第42页。
④ 余继登:《典故纪闻》卷一,中华书局1981年版,第9页。
⑤ 谷应泰:《开国规模》,《明史纪事本末》卷十四,中华书局1977年版,第191页。

不及孥,罚勿及嗣,忠厚之至也。自今民有犯者,毋连坐。"①

立国不久,朱元璋令臣下省定律令,他向负责此项工作的李善长、杨宪、刘基等人强调立法宜宽简的原则。他说:"立法贵在简当,使人易晓。若条诸繁多,或一事而两端,可轻可重,使贪吏得藉手为奸,则所以禁残暴者,适以贼良善,非良法也。夫网密则水无大鱼,法密则国无全民。卿等宜尽心参究……"当律令编成后,朱元璋亲自阅视,并加以"去烦减重",才"命颁行之"。②

轻刑的思路体现在诸多措施之中,例如,对某些犯人采取"自赎"措施,让他们运输粮食到北方以赎罪减刑。他从治国的高度对学士刘三吾阐明行施此举的道理说:"善为国者,惟以生道树德,不以刑杀为威。"③

当时也有朝臣对于宽刑简法的举措有不同的意见,例如,参政杨宪就认为:"元政姑息,民轻犯法,非重治之,则犯者益重"。朱元璋当即反驳说:"民之为恶,如衣之积垢,加以浣濯,则可以复洁。污染之民,以善导之,则可以复新。夫威以刑戮而使不敢犯,其术浅矣。且求生于重典,是犹索鱼于釜,故凡从轻典,虽不求其生,自无死之道。"④

除了杨宪之外,大臣中还有一些人也认为刑法过宽是元政不纲的原因,谓"元之天下以宽得之亦以宽失之"。朱元璋也立即驳回了"以宽失之"这种错误看法。他说:"以宽得之,则闻之矣,以宽失之,则未之闻也。夫步急则蹶,弦急则绝,民急则乱,居上之道,正当用宽。但云宽则得众,不云宽之失也。"他进而指出,元朝之所以败亡的原因说:"元季君臣耽于逸乐,循至沦亡,其失在于纵驰,实非宽也。大抵圣王之道,宽而有制,不以废弃为宽;简而有节,不以慢易为简。施之适中,则无弊矣。"⑤朱元璋将"纵驰"与"宽仁"区别开来,是相当有政治伦理意义的。在朱元璋以上话语中,"宽仁"这一政治道德的指向是对民众而言的,体现的是对民众的仁慈之怀,故而"宽

---

① 谷应泰:《开国规模》,《明史纪事本末》卷十四,中华书局1977年版,第191页。
② 参见余继登:《典故纪闻》卷一,中华书局1981年版,第15页。
③ 余继登:《典故纪闻》卷五,中华书局1981年版,第83页。
④ 参见谷应泰:《开国规模》,《明史纪事本末》卷十四,中华书局1977年版,第191页。
⑤ 参见余继登:《典故纪闻》卷二,中华书局1981年版,第28页。

则得众",是协调上下关系、促进社会和谐的政治道德;而"纵驰"这一政治上的恶德是针对统治集团而言的,指的是元季君臣"耽于逸乐"、放纵无度等毫无政治责任的行为。朱元璋指出"纵驰"之失,正是对于这一历史教训的反省,反映出朱元璋对于统治者自我道德约束的重视。特别是他在认识到"宽则得众"的同时,亦强调"宽而有制"、"简而有节",不可走向社会无序无制的另一个极端,这更是体现出朱元璋的政治智慧。

当然,从当时执法的情况来看,不嗜杀人和轻刑等策略虽然在朱元璋的言谈和诏令中强调得较多,但在实际生活中却往往施用重典。《明史·刑法志》就曾以具体数据说明了明初刑罚颇重的状况,书中记载:"凡《三诰》所列凌迟、枭示、种诛者,无虑千百,弃市以下数万,其《三编》稍宽容,然所记进士监生罪名,自一犯至四犯者犹三百六十四人,幸不死还职,率戴罪治事。"①庶吉士解缙在洪武二十一年(1388年)上谏批评朱元璋用刑太繁,他说:"……陛下尝教臣云:'世不绝贤。'又尝教臣云:'民不畏死,奈何以死惧之?'陛下好善而善不显,恶恶而恶日滋。……良由诚信有间而用刑太繁也。……入人之罪,或谓无私;出人之罪,必疑受贿……营救甚难而多得祸。祸不止于一身,刑必延乎亲友……"②解缙的这段批评,既反映出朱元璋对道家治国思想的尊崇,也反映出他在政治实践中应用道家思想时知行脱节、言行不一的局限性。

之所以如此,一方面是迫于当时的形势,所谓"惩元纵驰之后,刑用重典","用重典以惩一时,而酌中制以垂后世,故猛烈之治,宽仁之诏,相辅而行……";③另一方面,朱元璋施用重典乃是为了全力维护他那至高无上的专制皇权,为此,他可以抛掉任何承诺而不顾一切。经他亲自审定的明律对于谋叛、谋大逆等量罪,皆重于唐律。不但共谋者不论首从一律凌迟处死,甚至其祖父、父、子、兄弟和同居之人,不分异姓,伯、叔、侄不限同籍,也一律处斩。为了消除皇权旁落的隐患,以保子孙后代江山永固,他大杀功臣,先后于1380年和1393年以谋不轨和谋反罪诛杀胡惟庸、李善长、蓝玉等开国

① 张廷玉:《刑法志》二,《明史》卷九十四,中华书局1974年版,第2318页。
② 谈迁:《国榷》卷九,中华书局1988年版,第684—685页。
③ 张廷玉:《刑法志》一,《明史》卷九十三,中华书局1974年版,第2279页。

元勋,受株连者达四万余人。当初和他一起打天下的徐达、刘基、叶升、冯胜、宋濂、傅友德等老朋友,几乎都被视为"荆棘上的刺"而斩尽杀绝。唯独信国公汤和由于不争功、不居功而又急流勇退、解甲归田才得以幸免于难。① 为了树立君主的绝对权威,朱元璋还实行廷杖制度,侄儿朱文正、工部尚书薛祥皆死于杖下,永嘉侯朱亮祖父子则被鞭死,致使臣下皆提心吊胆,惶惶不可终日。加之,在封建专制制度的人治政治下,朱元璋"任意不任法",随意订法、改法,脱口下诏,随便施刑,更是造成了滥杀、冤杀的严重后果。这些怵目惊心的事实说明,当大权在握以后,朱元璋的宽刑、不嗜杀人等承诺,是要大大地打折扣的。

不过,话又说回来,朱元璋的杀戮主要矛头是对准那些将威胁皇权的官员而非普通民众,从这个角度来看,"不嗜杀人"在某种程度上还是得到了兑现的。

二、敦崇俭朴,裁省妄费

躬行节俭是朱元璋一生所奉行的信条。早在至正二十一年(1361年),方国珍遣使来谢,且献上饰金玉马鞍,朱元璋命却之,并谕下说:"今有事四方,所需者人材,所用者粟帛,其它宝玩,非所好也。"至正二十四年(1364年),江西行省献上陈友谅的镂金床,朱元璋观后对侍臣说:"此与孟昶七宝溺器何以异! 一床工巧若此,其它可知。陈氏父子穷奢极靡,焉得不亡!"命令臣下将此床毁掉。② 在朱元璋即位之后,所建的宫殿"皆朴素,不为饰"。他还命人将古人可资鉴戒之事及《大学衍义》书于壁间,并对人说:"前代宫室,多施绘画,予用此备朝夕观览,岂不愈于丹青乎!"当臣下建议以瑞州所出产的文石来装饰地面时,朱元璋批评说:"敦崇俭朴,犹恐习于奢华,尔不能以节俭之道事予,乃导予奢丽耶!"③

---

① 参见张廷玉:《汤和传》,《明史》卷一二六,中华书局1974年版,第3754页。
② 参见夏燮:《明通鉴前编》卷三,岳麓书社1997年版,第73—74页。
③ 参见谷应泰:《开国规模》,《明史纪事本末》卷十四,中华书局1977年版,第192页。

对于劝诫自己俭朴的官员,朱元璋则予以奖励。有一次,他在视事时,因天热,需换下汗湿之衣。随行的参军宋思颜见到朱元璋所换之衣皆是洗过的旧衣服,便上言称道说:"主公躬行节俭,真可示法子孙。"但进而又道出能否持续守俭的担心:"臣恐今日如此,而后或不然,愿始终如此"。朱元璋对宋思颜这种虑及将来的用心甚为赏识,他夸奖宋思颜说:"此言甚善,他人能言,或惟及目前,而不能及于久远;或能及于已然,而不能及于将然。今思颜见我能行于前,而虑我不能行于后。信能尽忠于我也。"①并特意赐币以示褒奖。② 此事足可窥见朱元璋对持守俭德的重视。

朱元璋深刻认识到君主率先垂范的重要性,他通过注解《老子》"不欲以静,天下将自正"而阐发这一道理。文中说:"为王者,身先俭之,以使上行下效,不致纵欲是也。王者身行之,余者不待化而自化,必然。"③帝王必然身先俭之的理念始终贯穿于朱元璋的政治实践活动中。据《典故纪闻》所载,有一次,宫中欲营建宫室,负责工程营造者将设计图纸送审,朱元璋"见其雕琢奇丽者,即去之"。同时,他还就此事对中书省臣大大发挥了一番上崇俭则下无奢的道理。他说:"宫室但取其完固而已,何必过为雕斲?昔尧茅茨土阶,采椽不斲,可谓极陋矣,然千古称盛德者,以尧为首。后世竞为奢侈,极宫室苑囿之娱,穷舆马珠玉之玩,欲心一纵,卒不可遏,乱由是起。夫上能崇节俭,则下无奢靡。吾尝谓珠玉非宝,节俭是宝,有所缔构,一以朴素,何必雕巧以殚天下之力也?"④

朱元璋不仅否决那些已经作出规划的奢华建筑,而且还教育太子和诸王惜民力,尽量防控那些尚未营建却有可能营建的享乐场所。一日退朝时,他指着宫中的空隙之地对他们说:"此非不可起亭台馆榭,为游观之所,诚不忍重伤民力耳。昔商纣琼宫瑶室,天下怨之。汉文帝欲作露台,惜百金之费,当时国富民安。尔等常存儆戒。"⑤这种未雨绸缪的告诫可谓是在抑奢

① 余继登:《典故纪闻》卷一,中华书局1981年版,第4页。
② 参见余继登:《典故纪闻》卷一,中华书局1981年版,第4页。
③ 《明太祖御注道德真经》第三十七章注,载刘韶军:《〈老子〉御批点评·附录》,湖南人民出版社1997年版,第239—240页。
④ 余继登:《典故纪闻》卷一,中华书局1981年版,第9页。
⑤ 谷应泰:《开国规模》,《明史纪事本末》卷十四,中华书局1977年版,第200—201页。

问题上不遗余力了。

在朱元璋看来,崇俭抑奢不仅有助于安养百姓、化民导俗,而且还是实现有为之帝王的不朽功业和伟大人生目标的必由之路。他对于那些以长生成仙为人生目标的帝王颇有微词,认为像秦皇、汉武那样好尚神仙,终究会一无所得,因为世上根本没有长生不死的神仙。清心寡欲,使人民安居乐业,这就是他心目中的神仙和人生理想。他说:"以朕观之,人君果能清心寡欲,勤于政事,不作无益以害有益,使民安田里,足衣食,熙熙皞皞,而不自知,此即神仙也。功业垂于简册,声名留于后世,此即长生不死也。"①这些事例说明,《老子》俭啬寡欲、死而不亡者寿等信念的确是深深地印入了朱元璋的心中。

可贵的是,朱元璋强调君主节俭,同时又主张让民众享有一些物质生活的快乐。这一思想可从他阐释《老子》的有关内容时得到体现。《老子》第十二章说:"五色令人目盲,五音令人耳聋,五味令人口爽,驰骋田猎令人心发狂,难得之货令人行妨,是以圣人为腹不为目,故去彼取此。"人们常常批评老子这段话语全盘否定感官享乐,但朱元璋却将其理解为对于为政者的约束。他阐释说:"此专戒好贪欲、绝游玩、美声色、贵货财者。此文非深,即是外作禽荒,内作色荒,酣酒嗜音,峻宇雕墙是也。'腹',喻民也。'所以实其腹'者,五色、五音、五味、田猎、货财皆欲使民有乐之,君不取而君有之,即舍彼而取此。'后其身而身先,外其身而身存'之道是也,妙哉!"②在这里,朱元璋并不是一概否定物质享受,而是主张这一切"皆欲使民有乐之",君主虽拥有它们却不取用享受,这样才能够"身先"、"身存",巩固政权。而"妙哉"这一感叹语,更是充分流露出朱元璋对于为政者修德自律方能受民拥戴等治国之道的赞同。

朱元璋从警示为政者自我约束的角度来解读老子对于五色、五音、五味和田猎货财的排斥,这是深谙老子崇俭抑奢之旨意的,而他同时又强调让民众享有这些物质条件,"皆欲使民有乐之",则是对老子上述思想的重要发

---

① 余继登:《典故纪闻》卷二,中华书局1981年版,第25页。

② 《明太祖御注道德真经》第十二章注,载刘韶军:《〈老子〉御批点评·附录》,湖南人民出版社1997年版,第76页。

展和超越。特别可贵的是,类似主张时常贯穿于他的政治活动中。在一次阅兵之后,他告谕诸武将说,国家畜兵是为了保卫民众,你们不耕、不织却衣食丰足,这都是因为有民众供养。而一些无知的军人欺凌百姓,这是"自损其衣食之本也,不仁甚矣。"因此,他要求军士"戒其恣纵之心"。由此,他又道出了一番体恤下民、与民同忧乐的道理,他告诫说:"贵能思贱,富能思贫",才是"善处富贵"之人;"忧能同其忧,乐能同其乐",才是"善体众情"之人;"不违下民之欲,斯能合上天之心,合乎上天之心,斯可以享有富贵矣"。① 显然,这些认识,已经超出了军民关系的范围,而是关于富贵者如何与贫贱者和谐相处的深刻思考,特别是强调处于社会上层的富贵者应当关怀、体恤处于贫贱地位的下层民众,"不违下民之欲"方能"合乎上天之心",才有可能"享有富贵"。这些主张一方面是对老子"以百姓心为心"、"贵必以贱为本"等思想的应用与发挥,另一方面亦在某种意义上表达了对于社会正义的向往。

由于有了这些认识,故朱元璋对于皇宫内的财物有比较正确的认识。有一天,他来到皇宫的府库,看到其中的珍异财宝堆积,便十分感慨地对臣下说:"此皆民力所供,蓄积为天下之用,吾何敢私?苟奢侈妄费,取一己之娱,殚耳目之乐,是以天下之积为一己之奉也。今天下已平,国家无事,封赏之外,正宜俭约,以省浮费。"②

在封建帝王的皇宫之中,财物山积,珍宝无数,这是历代朝廷的惯例,明王朝立国后当然也不例外。不过,朱元璋能够以节俭为宗旨,反对奢侈妄费,反对将此作为个人的娱乐享受,确实是不容易的。

对于宫内之人,凡有不节俭惜物的,朱元璋都予以严厉的批评。有一次退朝时,他看到两个内使穿着新布靴在雨中行走,立刻责斥说:"靴虽微,皆出民力,民之为此,非旦夕可成。汝何不爱惜,乃暴殄如此!"③并命左右之人杖责此二人。洪武三十年,朱元璋来到奉天殿,看到这里散骑舍人所穿之服极其鲜丽,便询问其制作的价格,当听说这件衣服需要五百贯时,朱元璋

---

① 参见余继登:《典故纪闻》卷三,中华书局 1981 年版,第 48 页。
② 余继登:《典故纪闻》卷二,中华书局 1981 年版,第 36 页。
③ 余继登:《典故纪闻》卷二,中华书局 1981 年版,第 37 页。

严厉批评说:"五百贯,农夫数口之家一岁之资也,而尔费之一衣。骄奢若此,岂不暴殄!"他立即命令切戒这一奢举。①

朱元璋多次从国家兴亡的高度来认识崇俭抑奢的重要性。他说:"丧乱之源,由于骄逸。大抵居高位者易骄,处逸乐者易侈,骄则善言不入而过不闻,侈则善道不立而行不顾,如此者未有不亡。"②"勤俭为治身之本,奢侈为丧家之源……自今宜量入为出,裁省妄费,宁使有余,勿令不足。"③他以元代君主的实例来说明俭朴则成大业、骄淫奢侈而败亡的规律,并以此来教育自己的子孙后代。他说:"元世祖在位,躬行俭朴,遂成一统之业。至庚申帝骄淫奢侈,饫粱肉于犬豕,致怨怒于神人,逸豫未终,败亡随至。此近代之事,可为明鉴,朕常以此训诸予,使之所警戒,则可以长保国家矣。"④

朱元璋还认识到,骄淫奢侈不仅会激起天怨人怒,而且还会劳民力,废民财,破坏农业生产,致使国家财政困难而危亡。在《道德经》注释中,朱元璋通过阐释"治大国若烹小鲜"来说明这一道理。他说:"善治天下者,务不奢侈以废民财而劳其力焉!若奢侈者,必宫室台榭诸等徭役并兴擅动,生民农业废而乏用国危。"⑤他对《道德经》中"治大国若烹小鲜"的箴言深为服膺,常常在与臣下讨论治国问题时提及。关于这方面的内容,作者将在本章第四节"安养生息,宽仁恤民"一部分中论述。

在上述认识的指导下,朱元璋较能注意节制侈心,以防骄淫奢侈,他回顾自己居于淮右时的艰难生活说:"吾平日无优伶赘近之狎,无酣歌夜欲之娱,正宫无自纵之权,妃嫔无宠幸之昵。"⑥考之史籍,上述这些话语还是比较符合实际的。据史籍所载,朱元璋的个人生活的确较为俭朴。即位之初,负责朱元璋的车舆服御等物的官员上奏说,这类物品应饰以黄金,朱元璋却特意命令以铜为之。有关官员认为所需黄金不多,费用少而不足惜,朱元璋

① 参见谷应泰:《开国规模》,《明史纪事本末》卷十四,中华书局 1977 年版,第 223 页。
② 余继登:《典故纪闻》卷二,中华书局 1981 年版,第 21 页。
③ 余继登:《典故纪闻》卷三,中华书局 1981 年版,第 43 页。
④ 《明太祖宝训》卷四,《明实录·附录》,台湾"中央"研究院历史语言研究所 1962 年校印本,第 247 页。
⑤ 《明太祖御注道德真经》第六十章注,载刘韶军:《〈老子〉御批点评·附录》,湖南人民出版社 1997 年版,第 372 页。
⑥ 余继登:《典故纪闻》卷四,中华书局 1981 年版,第 61 页。

却告诫他们说:"朕富有四海,岂吝于此? 然所谓俭约者,非身先之,何以率下,且奢侈之厚,未有不由小至大者也。"①又如,礼部尚书陶凯等人根据古礼,请朱元璋在用膳时伴以音乐。朱元璋拒绝了这一要求,他说:"古之帝王,功德隆盛,治洽生民,上下之间洽然太和,虽日一举乐,不为过也。今天下虽定,人民未苏,北征将士尚在暴露之中,此朕宵旰忧勤之暇,岂可忘将士之劳,而自为佚乐哉?"②

虽然贵为天子,但朱元璋的服装、卧处及饮食都并不算太奢华。《东谷赘言》载:"乾清宫御床,若无金龙在上,与中人之家卧榻无异。宫中每日断膳,止用蔬菜。凡若此类,皆以俭德示天下。"③直至临死之前,朱元璋还留下遗言:"丧祭仪物,毋用金玉,孝陵山川因其故,毋改作。"④嘱咐后人从简安排丧事,不要过于浪费人力修筑陵墓,以免劳民。朱元璋至死仍敦行节俭,这在封建帝王中是较为突出的。不过,他的妃嫔、儿女之多,在封建帝王中也是少见的,这又有悖于道家抑情节欲的主张了。

三、与臣共济,虚己受言

朱元璋强调君臣之间"同心共济",这一思想亦得益于老子。《道德经》反复告诫统治者:"贵以贱为本,高以下为基。""自见者不明,自是者不彰……自矜者不长。""不自见,故明;不自是,故彰;不自伐,故有功;不自矜,故长。"⑤将这些话语归纳起来,无非就是要统治者谦让不骄,与臣下同心共济。在朱元璋打江山过程中与坐江山之初,基本是信守上述原则的。早在至正二十四年(1364年),他曾与臣下讨论刘邦从布衣而成为万乘之主的原因,认为刘邦不但能知人善任,而且"承以柔逊,济以宽仁",故能战胜

---

① 谷应泰:《开国规模》,《明史纪事本末》卷十四,中华书局1977年版,第200页。
② 余继登:《典故纪闻》卷二,中华书局1981年版,第61页。
③ 敖英:《东谷赘言》卷下,明嘉靖二十八年沈淮刻本,第18页。
④ 张廷玉:《太祖本纪》三,《明史》卷三,中华书局1974年版,第55页。
⑤ 《老子》第三十九、二十四、二十二章,《二十二子》,上海古籍出版社1986年版,第5、3、3页。

"自矜功伐"的项羽。①

朱元璋深刻认识到，君臣同心共济的重要性，他曾对侍臣说："天下无难治，惟君臣同心一德，则庶事理而兆民安矣。唐虞三代之时，君臣同德，故能致雍熙太和之治。……朕今简用贤能，以任天下之政，思与卿等求如古之君臣，同心一德，协于政治，以康济斯民，卿等勉之！"②

要实现君臣同心共济的政治局面，首先要求君臣之间坦诚相见，不行伪诈，不加猜忌，这正是《道德经》第六十五章所言"不以智治国，国之福"的道理。朱元璋充分认识到弃诈怀诚在国家治理中的意义，他指出，君臣之间互相猜忌是无法达到"至治"的："君臣之间，两相猜忌，上下乖隔，情意不孚。君言善而臣违之，臣论是而君咈之，如此欲臻至治，胡可得也？"③不仅君臣之间需要坦诚和谐，君民关系更需要持守诚信之德来维护，他曾对臣下说："万方不可以智力服，惟诚心以待之。"④以智诈、强力临民不可能获得民众之信服，更不可能拥有远近亲附的凝聚力。

在朱元璋早期的政治生涯中，他就亲身体验过诚朴之德的道德力量，当时他率军攻打集庆，依靠着诚信不疑的豁达胸怀而收服了几万降众之心。在集庆之战中，元将陈兆先战败，率部 36000 人投降朱元璋。这些降兵不知将被如何处置，非常疑惧不安。朱元璋察觉此情后，就从中挑选了 500 个骁勇健壮者，让他们环绕在自己身边睡觉，而自己平时的卫士一个也不留，然后"解甲酣寝达旦"，以表示对他们的信任。这种以诚相待的态度，使众降兵大为感动，从此便安心为朱元璋效命。⑤

在登上帝位之后，朱元璋仍然在较长一段时间内与臣下保持着这种互相信任的关系。他曾指出："君之于臣，好而信之，谗言虽至而不入；恶而疑之，毁谤不召而自来。苟能以大公至正之心处己待人，则自无独信偏疑之私。"⑥章溢任浙东按察金事时，按察使孔克仁等因事下狱，"辞连及（章）

---

① 参见夏燮：《明通鉴前编》卷三，岳麓书社 1997 年版，第 76 页。
② 余继登：《典故纪闻》卷四，中华书局 1981 年版，第 70 页。
③ 余继登：《典故纪闻》卷四，中华书局 1981 年版，第 70 页。
④ 余继登：《典故纪闻》卷四，中华书局 1981 年版，第 70 页。
⑤ 参见张廷玉：《太祖本纪》一，《明史》卷一，中华书局 1974 年版，第 5 页。
⑥ 余继登：《典故纪闻》卷五，中华书局 1981 年版，第 81 页。

溢"。章溢因之"忧惧不知所为"。朱元璋特派刘基谕章溢说:"予素知章溢守法令,毋疑也。"①不久将章氏升为浙东按察副使,继而又将他由副职升为正职。

与用人信而不疑的主张相一致,朱元璋还认为,在用人时不必过于苛求:"良工琢玉,不弃小疵,朝廷用人,必赦小过。故改过迁善,圣人与之,弃短录长,人君务焉。苟因一事之失而弃一人,则天下无全人矣。"他命令:"凡士人因小过罢黜及迁谪远方者,如其才德果优,并听举用。"②当时,一些有才干但犯有小过失的官员被免去官职,朱元璋针对此情下诏说:"近内外官员有微罪罢免者,其中多明经老成,练达政务,一旦废黜,不得展尽其才能,朕甚惜之。"③遂下令将这些人迎回京城任职。

要做到君臣之间同心共济,还要求君主不自逞能,且具有广求人才、广集众能的襟怀。朱元璋在这方面也是做得比较好的。他曾与侍臣讨论用人之道说:"人主以明为治,而不自用其明,当取众人以为明。众人之见,必广于一人。故用天下之贤才以为治,使天下之情幽隐毕达,则明无不照,而治道成矣。苟自作聪明,而不取众长,欲治道之成,不可得也。"④"人君以天下之耳目为视听,则是非无隐,而贤否自见。"⑤君主取众人之见,而不自明,不自见,方能明断是非,治平天下。在这些话语中,人们分明可以看到《老子》"不自见故明,不自是故彰"等告诫的印记。

在朱元璋即位之初,就曾下诏求贤辅治:"天下之广,固非一人所能治,必得天下之贤共理之。"⑥洪武六年(1373年),他又令吏部访求贤才。他说:"世有贤才,为之宝也……贤才不备,不足以为治。鸿鹄之能远举者,为其有羽翼也;蛟龙之能腾跃者,为其有鳞鬣也;人君之能致治者,为其有贤才而辅之也。今山林之士,岂无德行文艺之足称者?宜令有司采举,备礼遣送

---

① 刘基:《国初礼贤录》(上),载(明)沈节甫编:《纪录汇编》卷十四,景明刻本,第4页。
② 余继登:《典故纪闻》卷五,中华书局1981年版,第88页。
③ 余继登:《典故纪闻》卷四,中华书局1981年版,第69页。
④ 余继登:《典故纪闻》卷四,中华书局1981年版,第60页。
⑤ 余继登:《典故纪闻》卷五,中华书局1981年版,第89页。
⑥ 张廷玉:《太祖本纪》一,《明史》卷一,中华书局1974年版,第21页;余继登:《典故纪闻》卷五,中华书局1981年版,第26页。

京师,朕将任用之,以图至治。"①洪武十三年,朱元璋又命群臣推荐人才,他说:"天下贤才未尝乏也……为人上者,能量才授职,则无施不可。盖士之进退,系乎国之治否,吾以一人之智,岂足以尽理天下? 必赖天下之贤,然后足以有为。尔等宜体此意。"②除了上述几次大规模搜求人才之外,在洪武三年、八年、十四年、十五年、十六年、十九年、二十二年朱元璋都曾下诏访求隐逸人士以及明经老成之士。在他统治期间,大批人才被选送到国家的各级政府机构中。

朱元璋不但广求人才,而且善于使用人才。他认识到:"治天下者,必赖于群才。然人之才有长短,亦犹工师之艺有能否。善攻木者,不能攻石;善斫轮者,不能为舟。若任人之际,量能授官,则无不可用之才矣。"③朱元璋这一"无不可用之才"的论断正是对老子"圣人常善救人故无弃人"的具体应用。人各有宜,必须因材而授职,而能否实现这一要求,因其才能而各当其用,则在于相关职能部门能否"审察其宜"。朱元璋经常以此告诫臣下,他自己更是身体力行。的确,在他的手下,众人的才能大都得以发挥:徐达娴于韬略,即派他领兵于外;常遇春勇猛善战,便以他为先锋;刘基善于运筹,则以他为军师……

君主能否做到虚怀不骄也是实现君臣之间和衷共济的重要因素。对此,朱元璋也是有所认识的。他在阐发《道德经》中"为而不恃,功成而不居"等话语时说:"圣人利济万物,不自矜也。长养万物而不专自用也。功成而不自居,乃成而不自主也。""天下措安,君不自逞其能,是谓不恃。生齿之繁,君不专长,百职以理之,是谓长而不宰。"④

在政治实践中,谦让不矜的作风主要体现为兼听纳谏。关于这一方面,朱元璋在前期是做得比较好的,他强调必须广取众人之见,而不要自作聪明:"人主以明为治,而不自用其明,当取众人以为明,众人之见,必广于一

---

① 余继登:《典故纪闻》卷三,中华书局 1981 年版,第 48 页。
② 余继登:《典故纪闻》卷四,中华书局 1981 年版,第 62 页。
③ 余继登:《典故纪闻》卷五,中华书局 1981 年版,第 86 页。
④ 《明太祖御注道德真经》第二章注,载刘韶军:《〈老子〉御批点评·附录》,湖南人民出版社1997 年版,第 17 页。

人。故用天下之贤才以为治,使天下之情幽隐毕达,则明无不照,而治道成矣。苟自作聪明,而不取众长,欲治道之成,不可得也。"①

朱元璋将从谏与拒谏提到安危兴亡的高度来认识。他说:"朕观汤以从谏弗咈而兴,纣以饰非拒谏而亡。兴亡之道,在从谏与咈谏耳。"他进而分析君主自贤则危、从谏则兴的原因说:"大抵自贤者必自用,自用则上不畏天命,下不恤人言,不亡何待?从谏者则乐善,乐善则正人日亲,憸人日远,号令政事,必底于善,故未有不兴者。"②在封建专制制度之下,臣下能否做到畅所欲言,在很大程度上取决于君主对上言者的宽容程度,朱元璋在这一问题上亦有较清醒的认识。他强调,君主对于上言之臣应该持言者无罪的态度:"言而是也,有褒嘉之美;言而非也,无谴责之患。故人思尽职竭其忠诚,无有隐讳。如此,则嘉言日闻,君德日新,令闻长世,允为贤明。若昏庸之主,吝一己之非,拒天下之善,全躯保禄之臣,缄默而不言,或畏威而莫谏,塞其聪明,昧于治理,必至沦亡而后已。由此观之,能受谏与不能受谏之异也。"③

他向侍臣反复强调直言上谏的重要性说:"治国之道,必先通言路。夫言,犹水也,欲其长流。水塞则众流障遏,言塞则上下壅蔽。"④"人君深居高位,恐阻隔聪明,过而不闻其过,阙而不知其阙,故必有献替之臣,忠谋之士,日处左右以拾遗补阙。"⑤"清明之朝,耳目外通,昏暗之世,聪明内蔽。外通则下无壅遏,内蔽则上如聋瞽,国家治否,实关乎此。"⑥因此,他要求臣下直言无隐:"君臣之间,各任其责,不宜有所隐避。若隐避不言,相为容默,既非事君之道,于己亦有不利。自今宜各尽乃心,直言勿隐。"⑦他对担任撰写起居注的腾毅、杨训文说,元朝大臣的门人不敢直谏,"唯务诡谀以求苟合",结果一旦主子败亡,自己也获罪。以此告诫腾、杨二人"宜尽心所事,

---

① 余继登:《典故纪闻》卷四,中华书局 1981 年版,第 60 页。
② 余继登:《典故纪闻》卷三,中华书局 1981 年版,第 48 页。
③ 余继登:《典故纪闻》卷三,中华书局 1981 年版,第 52 页。
④ 余继登:《典故纪闻》卷一,中华书局 1981 年版,第 6 页。
⑤ 余继登:《典故纪闻》卷三,中华书局 1981 年版,第 52 页。
⑥ 余继登:《典故纪闻》卷三,中华书局 1981 年版,第 57 页。
⑦ 夏燮:《明通鉴前编》卷三,岳麓书社 1996 年版,第 76—77 页。

勿为阿容"，并向他们指出，起居官之职责，并不仅仅记录君主之言行，其最主要的任务在于"输忠纳诲，致主于无过之地，而后为尽职"①。朱元璋深知，自己高居于庙堂之上，要真正做到了解下情是很困难的。他曾向中书省臣谈起自己的这种担心。他说："朕常患下情不能上达，得失无由以知，故广言路以求直言。其有言者，朕皆虚心以纳之，尚虞微贱之人，敢言而不得言，疏远之士，欲言而恐不信。如此则所知有限，所闻不广。"朱元璋上述一系列关于广开言路、受谏纳言的话语是相当明智的。社会管理是一个异常复杂的系统工程，不仅涉及面极广，而且各个方面相互影响，特别是有些问题的症结一时难以明察，如何透过现象把握本质、如何未雨绸缪、如何防微杜渐，这都需要听取和综合尽可能全面的信息和意见。因此，作为处于社会管理最高层的君主，固然需要褒嘉"言而是"者，但亦需要宽容那些有忤己意甚至被常识或多数人判为"言而非"者。这是因为，人的认识能力和判断能力各有局限，而政治形势和社会生活亦不断变化，何言为是、何言为非，往往不是简单或在短期内就能截然判明的。因此，朱元璋高度重视君主"所知有限，所闻不广"的问题，强调"言而是也，有褒嘉之美；言而非也，无谴责之患"就具有非同一般的意义，特别是在专制制度之下，更是殊为难得。

如何妥善地解决"敢言而不得言"、"欲言而恐不信"等问题，这关系到能否真正地纳言广听。为了促进言路的畅通无阻，朱元璋开辟了上言的绿色通道："令天下臣民，实封直达朕前。"②如此，臣民的意见和建议可以直接送到朱元璋的手中。这一措施是否得以实施？究竟实施了多久？虽然尚值得考证，但作为一个封建帝王，能有如此之襟怀，的确是值得称道的。

然而，具有讽刺意味的是，出于巩固专制皇权的需要，朱元璋在政局稳定之后，不但藏弓烹狗、大杀功臣、公然在朝堂之上对臣下大加挞辱，而且连与丞相共治天下的局面也不能容忍，他废除了自秦汉以来行之一千余年的丞相制度，独揽大权。这说明，在高度专制的君主制度下，朱元璋所鼓吹的与群臣"同心共济"只是他夺取和巩固政权的战术和策略，君权独擅的专制

---

① 夏燮：《明通鉴前编》卷三，岳麓书社 1997 年版，第 86 页。
② 以上引文均见余继登：《典故纪闻》卷三，中华书局 1981 年版，第 57 页。

独裁政治绝不可能长久地与臣下"同心共济",共享政权。

这些事实也告诉我们,在封建专制制度日趋加强的政治环境中,道家治道的践行是相当成问题的。以上事实也使我们深刻地体会到,缺乏相应的法制秩序和相应的政治经济制度,仅仅依靠统治集团成员个人的道德自觉以及对道家治道的理解和认同,这些政治伦理要求是难以持久地或真正地被政府官员所遵循而产生道德制约力的,道家对政治法律制度的道德批判最终也只能在这一政治现实的大前提下展开,这是道家治道践行过程中难以逾越的障碍。

四、安养生息,宽仁恤民

朱元璋出身寒微,长期生活在社会的最下层,对于民间疾苦极为了解。因此,在他即位之后,除了继续遵循慎刑、节俭、任贤纳谏等宗旨之外,还十分注意与民休息。他对《老子》思想的阐发,也常常从这些方面展开。例如,他注释第十章"生之畜之,生而不有,为而不恃"一句时说:"与民休息,使积蓄之,是谓生之畜。君不轻取,是谓不有;天下措安,君不自逞其能,是谓不恃。"①我们知道,对于上文"生之畜之"这句话,一般皆解释为圣人生养万物,唐玄宗李隆基和清世祖福临亦将其注解为"令万物各遂其生而畜养之"、"生畜万物"。在这些解释中,"生之畜之"的主体是圣人,而朱元璋在解释此语时,将其直接与民生问题联系了起来,并极大地扩展了"生之畜之"的行为主体之内涵。从"与民休息,使积蓄之,是谓生之畜之"这句话中,我们可以体会到,这里的行为主体不仅包含了君主,同时也包含了民众。"使积蓄之"是一个使动语句,全句的意思是:君主应给予民众休养生息的空间,使其能够衣食有余,有所积蓄;而在这种休养生息的宽松社会环境中,民众则能够丰衣足食,积蓄生资。后面紧接着又说,对于民众的积蓄"君不

①《明太祖御注道德真经》第十章注,载刘韶军:《〈老子〉御批点评·附录》,湖南人民出版社1997年版,第68页。

轻取",更是可以看出积蓄行为的主体包含了民众在内。从这个例子来看,来自民间的朱元璋对民生问题有着更为特殊的关注。

朱元璋对于《老子》中"治大国若烹小鲜"一语亦十分重视,不仅在理论上予以发挥,而且融入到了他的政治生活之中。例如,他曾与臣下讨论治国问题时说:"为治之道有缓急,治乱民不可急,急之则益乱;抚治民不可扰,扰之则不治。故烹鲜之言虽小,可以喻大;治绳之说虽浅,可以喻深。"①这里所强调的治乱民、抚治民时不可急、不可扰的方针,正是朱元璋从政治实践层面对"治大国若烹小鲜"一语的具体发挥,文中"烹鲜之言""可以喻大"之语反映出对此语的认同,而"治绳之说""可以喻深"亦是对《道德经》第八十章"使民复结绳而用之"的赞许。这当然不是主张回到"结绳而治"的上古社会,而是对于清静治民、休养生息之治国方略的向往。

朱元璋将慎勿扰民、安养生息的原则始终贯彻于治国实践之中。洪武元年(1368年),各地府州县官来朝,朱元璋告谕众官员应使百姓安养休息,绝不可做侵夺百姓的贪官。他说:"天下初定,百姓财力俱困,譬犹初飞之鸟,不可拔其羽;新植之木,不可摇其根;要在安养生息之而已。惟廉者能约己而利人。贪者必朘人而厚己。有才敏者或尼于私,善柔者或昧于欲,此皆不廉致之也。尔等当深戒之!"②当徐达攻下山东后,朱元璋告谕前往山东任职的官员要执行休养生息的方针,抚养民众,他说:"百姓安否在守令,守令之贤以才德,有才则可以应变集事,有德则足以善治……今新附之民,望治犹负疾者之望良医。医之术有攻治、有保养,攻治者伐外邪,保养者扶元气。今民出丧乱,是外邪去矣,所望生养休息耳,即扶元气之谓也。有守令之寄者,当体予意,以'抚'字为心,毋重困之。"③在这里,朱元璋十分妥贴地将中医学驱邪养气的理论化用到治国安民的问题上,强调"以'抚'字为心",充分体现出恤民养民之情怀,可谓对老子慈、俭之德、"以百姓心为心"等政治道德的发挥和践履。

在政治实践中,朱元璋注意落实抚养生息的政策,对于那些聚敛民财的

①　余继登:《典故纪闻》卷五,中华书局1981年版,第87页。
②　谷应泰:《开国规模》,《明史纪事本末》卷十四,第195页。
③　余继登:《典故纪闻》卷一,中华书局1981年版,第17—18页。

官吏,坚决予以治罪。洪武七年(1374 年),彰德府税课司对人民横征滥敛,乃至于民间的瓜、菜、柿、枣、畜、牧、饮食之物都要征税。朱元璋闻知此情后十分生气,他说:"古谓聚敛之臣甚于盗臣,正此等官吏也。"下令将其执而治罪。① 他将聚敛之臣视为"奸臣"、"民害",他对户部官员说:"曩者奸臣聚敛,深为民害,税及天下纤悉之物,朕甚耻焉。"②并下令免除民众嫁娶丧葬之物以及舟车丝布之类物品的税收,以减轻民众的负担。他对于贪官的惩治尤为严厉,凡贪赃数额达 60 两银以上者,即予以剥皮并枭首示众。1385 年,户部侍郎郭桓等人勾结浙西等地官吏侵吞税粮之事发,朱元璋为此逮杀数百人,下狱者达几万人。这样做,一方面固然是保护王朝的经济利益,但同时也是为了制止聚敛之臣过分伤民。

朱元璋认识到,农业赋税是国家财政的主要来源,但赋税过重,则必将使人民不堪生存。欲使民众休养生息,就必须宽赋,同时,还需制定相应的赋税制度,规定适当的纳税数额。他曾就这一问题对刘基等人说:"国家爱养生民,正犹保抱赤子,惟恐伤之。苟无常制,惟掊敛以朘其脂膏,虽有慈父,不能收爱子之心。今日之计,当定赋以节用,则民力可以不困,崇本而祛末,则国计可以恒纾。"③当时,正处于多年战乱之后,元朝土田户籍的文书大多已佚散,为了给征收田赋提供依据,朱元璋派周铸等 164 人去浙西核实田亩。为此,他告谕中书省说:"兵革之余,郡县版籍多亡,今欲经理以清其源,无使过制以病吾民。夫善政在于养民,养民在于宽赋。其遣周铸等往诸府县核实田亩,以定赋税,此外无令有所妄扰。"④

朱元璋多次与臣下围绕如何宽以治民的问题进行讨论。他曾向刘基请教"生息之道",刘基说:"生民之道,在于宽仁。"朱元璋认为刘基概言宽仁,不够具体。他进而阐发说:"以朕观之,宽民必当阜民之财,息民之力。不节用则民财竭,不省役则民力困……"⑤

---

① 余继登:《典故纪闻》卷三,中华书局 1981 年版,第 51 页。
② 余继登:《典故纪闻》卷四,中华书局 1981 年版,第 62 页。
③ 余继登:《典故纪闻》卷一,中华书局 1981 年版,第 9 页。
④ 谷应泰:《开国规模》,《明史纪事本末》卷十四,中华书局 1977 年版,第 195 页。
⑤ 谷应泰:《开国规模》,《明史纪事本末》卷十四,中华书局 1977 年版,第 196 页。

出于宽赋以养民的目的,朱元璋立训:"凡四方水旱辄免税,丰岁无灾伤,亦择地脊民贫者优免之。凡岁灾,尽蠲二税,且贷以米……在位三十余年,赐予布钞数百万,米百余万,所蠲租税无数。"①的确,在《明史·太祖本纪》中,减免各地田租的记载比比皆是:洪武元年,免吴江、广德、太平等灾区的田租;二年,免中原、江南地区的田租,振陕西之饥荒;四年,因旱灾免山西等地田租,振陕西灾,免江西、浙江秋粮,免太平、镇江、淮、扬等地田租;六年,免北平、河间、河南等被灾地区的田租;七年,免真定等四十二府州县被灾地区的田租,振苏州饥民三十万户,减苏、松、嘉、湖地区极重田租之半,免陕西、山西、山东、河南等受灾地区田租;八年,免应天、太平等被灾地区的田租;十年,振太平、宁国、宜兴、绍兴、金华诸县以及湖广等地的水灾;十二年,免北平田租;十三年,免天下田租;十四年,免应天、太平、镇江等地的田租;十五年,免畿内、浙江、江西、河南、山东税粮;十六年,免畿内各府田租;十七年,免畿内今年田租之半;十八年,蠲河南、山东、北平田租;二十三年,振河南、北平、山东水灾并免灾区田租;二十四年,免北平、河间被灾地区田租;二十八年,诏二十七年以后新垦之田毋征税;二十九年免应天、太平五府田租。②

除了强调宽赋,朱元璋还注意减轻徭役。开国初,他与中书省官员讨论役法时说:"民力有限,徭役无穷,当思节其力,毋重困之。民力劳困,岂能独安? 自今凡有兴作,不得已者,暂借其力,至于不急之务,浮泛之役,宜罢之。"③在封建社会中,朝廷向各地征派贡物,各地向君主进贡特产,这是习以为常之事,也是严重劳民、扰民之事。为了避免劳民,朱元璋对于各地向朝廷的进贡之物也能予以一些控制。洪武二年(1369 年),蕲州进献竹簟,朱元璋下令却之。并为此而告谕中书省臣说:"古者方物之贡,惟服食器用,故无耳目之娱、玩好之失。竹簟固为用物,但未有命而来献,恐天下闻风皆争进奇巧,则劳民伤财,自此始矣。"由此推而广之,朱元璋下令,要求地

---

① 张廷玉:《食货志》二,《明史》卷七十八,中华书局 1974 年版,第 1908 页。
② 参见张廷玉:《太祖本纪》,《明史》,中华书局 1974 年版,第 22、25、26、28、29、30、32、35、36、42、48 页。
③ 余继登:《典故纪闻》卷二,中华书局 1981 年版,第 24 页。

方官员把关,"非朝廷所需,毋得妄有所献。"①又据《明史》所载,洪武六年,朱元璋还因潞州进贡人参一事而对臣下说:"朕闻人参得之甚艰,岂不劳民? 今后不必进。"还制止进贡金华香米、太原葡萄酒等物品,以免劳困百姓。②

在注意与民休息的基础上,朱元璋又推行奖励垦荒、移民屯田等措施,这几个方面的互相配合,大大刺激了广大农民的劳动积极性。洪武时期,农业生产迅速恢复发展,据林金树《中国明代经济史》等书所载,洪武十四年(1381年),在册田亩366.7万余顷,比洪武元年增长1.3倍。③ 而《明史·食货志》记载,至洪武二十六年,政府"核天下土田",总面积已达到8507623顷④,比元朝末年增加了一倍以上。与此相应,封建政府的田赋收入也大大增加,洪武二十六年(1393年),全国征入的米、麦、豆、谷达3270多万石,比元代每年征入的田赋额增加了近两倍。这些都充分显示着明初农业生产的恢复与繁荣。

朱元璋执政的三十年,被史家称为中国古代历史上罕见的"治世",在此期间,经济繁荣,政治鼎盛,人民安居乐业,社会矛盾得以缓和,除了个别地区或某些特定时间偶有一些农民逃亡或骚动以外,"委实找不到一次像样的农民反抗活动"⑤。这些政绩的出现,虽然可以从多方面探究其原因,但朱元璋秉持"善政在于养民"、"以宽厚为本"、"善为国者,惟以生道树德"等宗旨,自觉地运用道家治国之术,调整统治集团内部的矛盾,安养生息、宽仁恤民、去烦慎杀、崇俭抑奢,对于安定民众生活,减轻民众负担,恢复发展经济,促进社会稳定,的确发挥了不可忽略的积极作用。

---

① 余继登:《典故纪闻》卷二,中华书局1981年版,第24页。
② 参见张廷玉:《食货志》,《明史》卷八十二,中华书局1974年版,第1989页。
③ 参见林金树:《中国明代经济史》,人民出版社1994年版,第10页。
④ 参见张廷玉:《食货志》,《明史》卷七十八,中华书局1974年版,第1882页。
⑤ 黄冕堂、刘锋:《朱元璋评传》,南京大学出版社2011年版,第257—258页。

第十九章　清世祖对老子治道的
阐注与践履

　　顺治帝福临是满清贵族入主中原的第一位皇帝。他 6 岁即位,由足智多谋且独断专行的叔父多尔衮辅政。顺治七年(1651 年)多尔衮病逝后福临亲政,24 岁病亡。他在政治舞台上的正式演出仅有 10 年,但他整饬吏治,与民休息,采取停止圈地、放宽逃人法等一系列缓和民族矛盾的措施,为稳定社会、恢复经济、巩固政权作出了贡献,在文化教育上更是投入了极大的热忱。他学习汉族文化,"兴文教,崇儒术,以开太平"①,集四书、五经、通鉴等书之梗概编纂《资政要览》;又倾心于佛教,成为清朝历史上唯一公开皈依禅门的君主;也瞩目于西学,向西方传教士汤若望请教有关天文历算、社会人生等各种问题;同时还努力研习道学,撰著了数万字的《道德经注》,可以说,他是中国历代帝王中屈指可数的内融诸子、外求西学的先行者。

　　福临对《道德经》的研究和注释始于亲政之后不久,完成于顺治十三(1656 年)年仲春。该书不仅对书中的重点文句进行逐字逐句的阐释,而且概括各章的要旨大意,力图把握其中的"治国治心之道",结合自己的理解阐发道家的治道思想并付诸实践。

一、芟繁去讹,折以理衷

　　作为满清贵族代表人物的福临对老子这位汉人先贤充满敬意,他在

---

① 赵尔巽:《世祖本纪》二,《清史稿》卷五,中华书局 1976 年版,第 141 页。

《道德经注》的序言中称老子:"道贯天人,德超品汇,著书五千余言,明清静无为之旨,然其切于身心,明于伦物,世固鲜能知之也。""老子五千文,上可以通于妙,下可以通于徼,以之求道则道得,以之治国则国治,以之修身则身安。其言常通于是三者。"他虽然沿袭了历代君主尊孔的传统,但仍流露出对老子的特殊尊崇以及调和、融会儒道的倾向。例如,他在该书序言中说:"仲尼答曾子之问礼每曰:'吾闻诸老聃'。岂非以人能清净无为,则忠孝油然而生,礼乐合同而化乎! 犹龙之叹,良有也。"①

福临是第一个也是唯一为《老子》作注的满清皇帝,他对这部汉文化经典的崇敬与自信并不亚于前代注《老子》的汉人皇帝唐玄宗李隆基和明太祖朱元璋。他不仅认同朱元璋"老子之道非金丹黄冠之术,乃有国有家者,日用常行有不可阙者"等基本评价,强调"老子之书,原非虚无寂灭之说、权谋术数之谈",指斥历代注家对《老子》的误解,"或以为修炼,或以为权谋,斯皆以小智窥测圣人,失其意矣。"同时,他也毫不客气地指出,前朝君主亦未能阐明老子这位圣人的真意:"开元、洪武之注,虽各有发明,亦未彰全旨",因此,他以一种续接古圣之学的责任和自信研究、注解《老子》,他说:"朕以圣言玄远,末学多岐,苟不折以理衷,恐益滋讹误。用是博参众说,芟繁去支,厘为一注。理取其简而明,辞取其约而达。"他强调,自己注《老子》的宗旨乃是阐发"日用常行之理,治国治心之道"②,十分明确地表达了自己阐发探寻老子的治平之理,以图整饬风俗人心实现善政的动机。

福临对《道德经》的注释,既有对前人的继承发展,更有自己的独特理解。例如,他在注解"治人事天章"时指出,本章主旨是讨论"治人事天之事","外以治人,内以事天,皆莫如啬"。③ 这一看法基本与前人无异。但为什么应当持守"啬"德以治人事天呢? 唐玄宗、宋徽宗等帝王均从"以俭

---

① 以上引文均见清世祖:《御制道德经·序》,载刘韶军:《〈老子〉御批点评·附录》,湖南人民出版社1997年版,第476页。

② 清世祖:《御制道德经·序》,载刘韶军:《〈老子〉御批点评·附录》,湖南人民出版社1997年版,第476页。

③ 清世祖:《御制道德经·治人事天章》,载刘韶军:《〈老子〉御批点评》,湖南人民出版社1997年版,第367页。

为政"或"省思虑之累"的角度来谈这一问题①,但福临不仅从为政或养德的视角,而且还进一步深化了对这一问题的思考。他明确提出:"治人而不以人之所以为人者治之,则人不可得而治矣。事天而不以天之所以为天者事之,则天不可得而事矣。"也就是说,持守"啬"德是顺应"人之所以为人者"即人的固有之特性来自己对自己进行管理。

那么,这种"人之所以为人"的特性是什么呢? 他阐释说:"夫精神四达并流,而无所不极,化育万物,其名为同帝,则人之所以为人、而天之所以为天者也。"也就是说,人的特性是具有精神,而精神又是"四达并流而无所不极",从积极的方面来看,这是一种充斥于天地之间的主体精神,是一种化育万物的主观能动性;从消极的方面来看,精神又是"四达并流",极易散发流失。所以,要护守住人的精神:"纯素之道,惟神是守,守而勿失,与神为一",才能达到治身治国的目的,"则人其有不可得而治,天其有不可得而事者乎?"更可贵的是,福临认识到,精神内守不仅只是关起门来修身养性,还要发挥"化育万物"的功能,与天地相参。我们看到,身为满清贵州的福临很好地把握了中国传统哲学天人合一、天人相参的特质,将人的精神特质与天的化育功能结合为一,强调为政者要守护、和合于这种"四达并流而无所不极"的精神,要以"化育万物"的精神治理天下,而不要浪费丢失了这一"人之所以为人"的宝贵特性,"苟为不啬而费之,至于神敝精劳,虽欲长其精神,无由入矣,不亦晚乎?"

他激励为政者爱惜而又发挥人的精神力量:"夫诚能啬而早服之,则得日益而充,故曰谓之重积德。重积德,则人莫之能病,而物莫之能伤,安往而不克哉?②

福临非常重视品德修养,认为具有稳定的心理素质才是高明的为政者。他说:"圣人外不为魄所载,内不为气所使,则超然玄览矣。"③他对《老子》

---

①　参见刘韶军:《〈老子〉御批点评》,湖南人民出版社1997年版,第366页。

②　以上引文均见清世祖:《御制道德经·治人事天章》,载刘韶军:《〈老子〉御批点评》,湖南人民出版社1997年版,第366页。

③　清世祖:《御制道德经·载营魄章》,载刘韶军:《〈老子〉御批点评》,湖南人民出版社1997年版,第63—64页。

一些篇章的理解多从这一角度而展开。如他将"五色令人目盲"一章概括为"言圣人守身之旨",将其视为对为政者道德修养作出的要求:"至人性定于中,目辨色,耳审音,口和味,田猎以时,珍货在御,随境而中不惑,盖得其正也。"他不是一概地断言"五色令人目盲,五音令人耳聋,五味令人口爽,难得之货令人行妨",而是指出了一个前提,即当人们心中没有主宰之时则易为外物所迁:"若中无所主,则为物迁,遂使五色足以盲目,五音足以聋耳,五味足以爽口,田猎足以乱心,难得之货足以伤行。种种皆失其正,外汩而真漓矣。"而只有心中有所秉持,自作主宰,才能够排除外在的侵扰:"圣人惟守内而不务外,使其心承受诸物,而不随触迁流,故为腹而不为目。既去彼以取此,则中常渊静,而湛然不扰矣。"①我们知道,《老子》此语常被人批评为否定人的感官欲望,而福临从为政者的自我修养及其对感官享乐的自觉约束来讨论这一问题,显然有其特殊的意义。

他还告诫说,道德建设的根本在于为政者自身的道德修养。他看到,在道德修养的问题上存在着两种倾向:或是仅以施教者的身份教化天下,强调天下邦家之人修德,而不能反求诸己;或是只重视独善其身,而不能推及天下。他批评说:"世之所谓修德者,或修之于天下邦家,而不知其本真,乃在吾身也。或修之于身,而不能推之家邦天下,不知必由家以及天下,然后其德施乃普也。"②这也就是说,修身不能仅仅局限于个人的洁身自好,而应将美德向外拓展,推之于家邦天下。特别是作为社会的管理者,既要修身养德,率先垂范,同时亦要承担齐家治国平天下的重任,积极推动社会的优序良俗的建立。在这段论述中,人们依稀可以看到儒家修齐治平模式的影子,显然,福临已将儒家和道家的治道融会贯通了。

福临对于"载营魄章"的理解亦体现出他对前人解《老子》的厘正。他解释说,《老子》文中所说的"不宰",是指"不自以为能宰制。虽有大德,而物莫之知,故曰玄德。"但他又看到,这种任物自然的大德难为人们所知晓,

---

① 清世祖:《御制道德经·五色章》,载刘韶军:《〈老子〉御批点评》,湖南人民出版社 1997 年版,第 77 页。

② 参见清世祖:《御制道德经·善建章》,载刘韶军:《〈老子〉御批点评》,湖南人民出版社 1997 年版,第 341 页。

因此,容易被人误解为无所作为的虚无之学,"若此者,苟误认之,不几以虚无寂灭为学乎?"接着,他对此段中可能产生歧义之处逐句进行厘正:"'载营魄'者,非拱默之谓也,即'爱民治国而能无为'也,所谓'为无为'也。'专气致柔'者,非郁闭之谓也,即'天门开阖而能为雌'也,所谓'知雄守雌'也。'涤除玄览'者,非晦昧之谓也,即'明白四达而能无知'也。盖如镜之于物,来而应之,非有意于索照也,所谓'知无知'也。""内外明白,中心洞然,而不存知识,故曰能无知。"①

对老子这段话语历来具有不同的理解,不少人认为这是老子关于人体修炼的论述,从这一角度来说,将其理解为拱默无为、关闭感官等修炼方法不无道理。福临对其完全否定显然失之武断。但他作为一个执政者,从社会管理的视角来解读此章,阐明自己对老子"为无为"治国之道的认同,倒是富有积极意义,特别是将本段主旨归结为"圣人之道,既足以生畜万物,而又不有不恃不宰"②的"玄德",更是反映出他注《老子》的出发点和良苦用心。

二、无为无事,物莫能侵

福临对于老子顺应自然、无为而治等思想有着深刻的认同和理解,作为日理万机的帝王,福临特别注意澄清以往人们对于"无为"的误解。他说:"道在无为,而非轻忽为心也。为其所无为,事其所无事,味其所无味,天下既清既静,无不正矣。"③无为不是轻慢不为,而是以无为、无事、恬淡、不折腾的方式来治理天下。这样就可让民众安居乐业,收到井然有序、民风淳正的效果。

福临对于老子自然无为主张的认同基于他对事物多样性的认识。他说:"天下之物,各有自然之性,或行而先,或随而后,或呴而温,或吹而寒,

---

① 清世祖:《御制道德经·载营魄章》,载刘韶军:《〈老子〉御批点评》,湖南人民出版社 1997年版,第 68—69 页。

② 清世祖:《御制道德经·载营魄章》,载刘韶军:《〈老子〉御批点评》,湖南人民出版社 1997年版,第 69 页。

③ 清世祖:《御制道德经·为无为章》,载刘韶军:《〈老子〉御批点评》,湖南人民出版社 1997年版,第 387 页。

或强而刚,或羸而弱,或载而动,或隳而止,其相反而不齐如此。"①由于物各有性,故在进行治理时就不能施以某种单一之法,他强调说:"盖天下之事,有非柔所能独济者,有非晦所能独理者,有非在下所能独成者。"因此,"圣人所以必知其雄、知其白、知其荣"。但是,福临又认识到,"刚不生于刚,而生于柔;明不生于明,而生于晦;高不生于高,而生于下。"因此,"圣人所以必守其雌、守其黑、守其辱也"。② 这就是刚柔、明晦、高下诸种事物的对立统一关系。为政者把握了事物之间的这种相生相连的辩证法,才能更好地统领全局、治理天下。

同时,由于万物各有其性,所以必须因性而治:"凡物各有其自然之性,故有先后温寒之不同,刚弱动止之或异,因其势而导之者,易简而理自得也。违其性而为之者,烦劳而物愈扰也。是以圣人去其甚,去其泰,使不至于过而伤物,而天下无患矣。"③为政者应当因循万物之生而生,顺应万物之作而作:"故万物并作,吾从而与之作,作而不辞。万物并生,吾从而与之生,生而不有。"④圣人"治天下,非为之也,因万物之自然耳"⑤。

福临继承了老子视天下民众为"神器"的观点,认为"神器"只有用"神道可以御之"。而"神道"并非某种神秘因素,而是"无思也,无为也","治天下以无为而已"。⑥

福临认为,以道治国,无为无事,才能有效地保护民众生命安全,避免来自各个方面的侵害,实现人与社会的和谐、人与自然的和谐。他说:"圣人以道莅天下,无为无事,使人外无所扰,内无所畏,则物莫能侵。"甚至还能

---

① 清世祖:《御制道德经·将欲取天下章》,载刘韶军:《〈老子〉御批点评》,湖南人民出版社1997年版,第198—199页。

② 参见清世祖:《御制道德经·知其雄章》,载刘韶军:《〈老子〉御批点评》,湖南人民出版社1997年版,第193页。

③ 清世祖:《御制道德经·将欲取天下章》,载刘韶军:《〈老子〉御批点评》,湖南人民出版社1997年版,第200页。

④ 清世祖:《御制道德经·天下皆知章》,载刘韶军:《〈老子〉御批点评》,湖南人民出版社1997年版,第19页。

⑤ 清世祖:《御制道德经·将欲取天下章》,载刘韶军:《〈老子〉御批点评》,湖南人民出版社1997年版,第196页。

⑥ 清世祖:《御制道德经·将欲取天下章》,载刘韶军:《〈老子〉御批点评》,湖南人民出版社1997年版,第200页。

让鬼神也无法施展其威力——"其鬼不神"："阴阳和静,六气均调,万物咸若,群生不夭,其神不伤人也。"①反之,"若欲取而为之,则不可得也。为之则伤自然,故败。执之则乖通变,故失"②。为政者任意妄为,不仅伤人之性,并会由此而伤及整个自然界的秩序,转而又侵害人类："不能全其朴而伤之,而人失其性,至于四时不顺,寒暑之和不成,人之所以伤神者为多,则神其能伤人乎?"③这段话非常深刻地阐明了人类与自然界这种相依相存的密切关系,从而将无为而治这一治理模式的功能与意义扩展到一个更为广阔的空间:为政者无为无事,不仅能让民众拥有"外无所扰,内无所畏"的平安和谐的社会环境,而且还能让"物莫能侵","阴阳和静,六气均调",保持人与自然的和谐相处。福临从这一角度来认识为政者"道莅天下"的职责,这是相当有前瞻性的。

要保护民众免受伤害,就必须慎用刑法。我们知道,反对以刑法对付人民是老子的基本观点,他反复强调,对待民众不能"以死惧之",不能"代司杀者杀"。福临作为天下未定时期的封建专制君主,当然不可能采纳老子去刑的主张,放弃刑法这一利器。但他却仍能领会老子的深意,他概括说:"此章言刑以防民,当去其泰、甚也。凡用刑者,不过以死惧民,而民常有不畏死者矣,奈何以死惧之乎?"④由这一主旨出发,福临主张在用刑问题上应采取慎重的态度:"人自取杀,杀之者,司杀之天而非我也。若不当杀,而欲代司杀者杀,是犹代大匠斫木矣。妄用斧斤,岂有不伤其手者乎?""若使民安于大道之中,乐生畏死,然后执其奇邪者而杀之,孰敢不服?"⑤

福临不仅从治国安民的角度阐发老子治道,而且在他不算长久的政治

---

① 清世祖:《御制道德经·治大国章》,载刘韶军:《〈老子〉御批点评》,湖南人民出版社1997年版,第372页。

② 清世祖:《御制道德经·将欲取天下章》,载刘韶军:《〈老子〉御批点评》,湖南人民出版社1997年版,第196页。

③ 清世祖:《御制道德经·治大国章》,载刘韶军:《〈老子〉御批点评》,湖南人民出版社1997年版,第374页。

④ 清世祖:《御制道德经·民常不畏死章》,载刘韶军:《〈老子〉御批点评》,湖南人民出版社1997年版,第439页。

⑤ 以上引文均见清世祖:《御制道德经·民常不畏死章》,载刘韶军:《〈老子〉御批点评》,湖南人民出版社1997年版,第439页。

生涯中，人们也不难看到道家治道的意蕴。在他亲政的当年，他就颁发慎杀土寇的诏谕："各省土寇，本皆吾民，迫于饥寒，因而为乱。年来屡经扑剿，而管兵将领，杀良冒功，真盗未歼，民乃荼毒，朕深痛之。嗣后各督抚宜剿抚并施，勿藉捕扰民，以称朕意。"①这一诏令不仅流露出对迫于饥寒而作乱之民的同情，而且表达了对"杀良冒功"、荼毒民众之将领的痛恨，要求"剿抚并施"，及时制止了假借除寇而扰民的弊端，并宣告了安抚政策的推行，对于缓解社会矛盾具有积极的意义。

无为、无事实际上也是强调政治治理的道德正当性与伦理合理性。福临对老子"不以智治国者国之福"这一信条深表认同，他说："治国而无所事智，则无事之足以取天下也明矣。"唯有坚持道义原则，信守诚信、仁慈等基本的政治伦理信条，与臣民开诚布公，才能获得民心，同舟共济。而玩弄智诈，则民以智诈应之，必然天下多事，纷争四起，故曰"有事不足以取天下"。②

他认识到，"有事"、"有为"将导致"民弥贫"、"盗贼多有"。他阐发老子"天下多忌讳而民弥贫"、"法令滋章，盗贼多有"等思想说："夫唯为不出于无为，而至于有事，于是天下多忌讳，以避其所恶，则失业者众，而民弥贫。人多利器以趋其所好，则下难知而国家滋昏。民弥贫，则多为巧利，国家滋昏，则奇物竞起，此法令所由滋章也。"他深刻地剖析法令的局限性说："然法禁于禁之所加，而不能禁于法之所不加，令行于令之所听，而不能行于令之所不听，此所以盗贼多有也。"凡此种种社会问题的产生，皆因不能无为而治："若然者，凡以有事取天下之过也。"③

在福临看来，不争也是无为的重要内容，同时也是老子的主旨，他说："老子一书，大抵以不争为主，故于终篇，以真实喻人，而归于不争之旨也。"④"有为之心，则起争端。无为之为，争于何有？盖圣人与天同功，天之道，虽有美

① 赵尔巽：《世祖本纪》二，《清史稿》卷五，中华书局1976年版，第123页。
② 以上引文均见清世祖：《御制道德经》，载刘韶军：《〈老子〉御批点评》，湖南人民出版社1997年版，第355页。
③ 以上引文均见清世祖：《御制道德经》，载刘韶军：《〈老子〉御批点评》，湖南人民出版社1997年版，第357页。
④ 清世祖：《御制道德经·信言不美章》，载刘韶军：《〈老子〉御批点评》，湖南人民出版社1997年版，第467页。

利而不言,故但见有利而无害。圣人之道,无为而无不为,而未尝自恃其有,故不与物争,而天下莫能与争。此圣人道与天合,而不争之所以为贵欤?"①谈到不争,必然绕不开争的最高形式——用兵。作为以武力打下江山的满清帝王,福临在打下江山之后,又是如何看待这一问题的呢?

他一方面承认武力的重要性,所谓"天下至争者惟兵,故战士当以武为贵"。但他懂得,如果只知一味地动用武力,"以武行武,则强梁者不得其死矣","若皆出于争,不能胜矣"。因此,他强调在用兵问题上要加以节制即"不得已而用兵",尽量采用和平的手段来解决问题才能达到最理想的结局,"以吾不争,方能胜彼之争","不争之德,可以屈群力,用天下,诚可以与天相配,而自古无加之矣"。②

如何才能减少使用武力呢? 这就需要及时解决矛盾,谋之于未形。故福临对于《道德经》中防患于未然的思想予以高度重视,他阐发其中的相关思想说:"安之时易持,危而持之,则难矣。未兆之时也,事未有形,易谋之,其形见,则难谋矣"。这些思想启示今人,要善于发现社会问题产生和发展的趋势,提高预防和化解矛盾的自觉性和主动性,防患于未然。而待到天下"有事"、"既乱",各种冲突和对立业已形成和激化,则会要动用强制手段甚至是武力来解决问题,这又可能导致更大的反弹和冲突,其结果当然是"愈为愈有"、"愈治之而愈乱";动乱已起再行施治为时已晚,防患于未然才是最有效的措施。不过,福临所采取的防患方式却又不同于大多数的统治者:"以不为为之,天下终无事。及其有事,愈为愈有。以无治治之,天下自治。及其既乱,愈治之而愈乱。"③在福临看来,防患于未然不是无事生事,烦扰民众,而是坚持无为而治的原则:"以不为为之"、"以无治治之",才能达到"无事"、"自治"的效果。

从表面或处理政务的常规来看,防患于未然必须采取各种措施,积极有

---

① 以上引文均见清世祖:《御制道德经·信言不美章》,载刘韶军:《〈老子〉御批点评》,湖南人民出版社 1997 年版,第 471 页。

② 清世祖:《御制道德经·善为士章》,载刘韶军:《〈老子〉御批点评》,湖南人民出版社 1997 年版,第 415 页。

③ 以上引文均见清世祖:《御制道德经·为无为章》,载刘韶军:《〈老子〉御批点评》,湖南人民出版社 1997 年版,第 393 页。

为,"不为"、"无治"如何能够达到防患的目呢？这是很多人会提出的疑问。其实,福临上述看似不合情理的话语却蕴含着深刻的政治智慧。

结合其上下文意来看,这位最高为政者在这里不是在讨论诸如防火、防盗、防自然灾害等一般性的预警问题,而是在思考如何应对国家之治乱安危等重大问题。从政治治理的实践来看,劳民敛财必然伤害民众的正常生活,引起不满和矛盾,"上多取则下饥,上多事则下乱,此必然之势"①。而任何社会矛盾和动乱的产生,都有一个由微至著、由小至大的积累过程,如果不在这个酝酿过程中及时化解,必然积重难返。因此,福临考虑的是,如何将社会矛盾和动乱消弭于未形之时,通过"不为为之"、"无治治之"的途径来达到"无事"和"自治"的效果。他所说的"不为"、"无治",并非行政上的不作为,而是具有特定含义的道家式"为之"、"治之"方式。即是一种慎伤民生、顺遂民心的治理方法,以柔性的管理方法、非行政手段或非强制手段,"以无治治之",从而让民众各遂其生,"天下自治"。因此,他也推崇以德报怨,认为这是最好的化解矛盾的方式:"以怨论之,世人以怨相报,圣人以德相容,相容则相化,夫何怨之可报哉?"②

我们看到,福临在政治实践中的确较注意以恩德治民。例如,他认识到逃人法这一维护落后奴隶制的恶政的弊端,"比年株连无已,朕心恻焉",因此下谕改革这一残酷的恶法,文中说:"念此仆隶,亦皆人子。苟以恩结,宁不知感。若任情因辱,虽严何益。嗣后宜体朕意。"③这些举措皆反映出他试图从根本上铲除社会矛盾产生的根源,治之于未乱。

三、能容则公,临下以宽

福临继承道家贵公去私的主张,认为作为域中四大之一的王者,应当兼

---

① 清世祖:《御制道德经·民之饥章》,载刘韶军:《〈老子〉御批点评》,湖南人民出版社1997年版,第444页。

② 清世祖:《御制道德经·为无为章》,载刘韶军:《〈老子〉御批点评》,湖南人民出版社1997年版,第387页。

③ 赵尔巽:《世祖本纪》二,《清史稿》卷五,中华书局1976年版,第146页。

有天、地、道的无私之德:"是以域中有四大,而王者兼法之。法地,如地之无私载,法天,如天之无私覆,法道,如道之无私生成而已。"拥有这种无私的胸怀,则能"喜怒哀乐之中节","足以位天地,育万物"与道相配。① 他指出,为政者应当效法天地不自生的无私精神,"浩然与天地同量","举措之间,无非善利",拥有这种大德终能大有成就,"必得其禄,必得其位,必得其名,必得其寿"。为政者奉行克己为民、贵公去私的精神,也就是遵循了政治治理的大道,建功立业、功成名就是上述行为的必然结果。福临非常清楚地认识到其中的道理,他说:"盖圣人之心,明通公溥,洞然无私,非求以成其私也,而私反以之成,道则固然耳。"②

那么,如何才能做到去私而公呢? 福临的答案是,"能容则为至公"③。为政者胸怀宽广能容,才能秉持公道。而只有认识和掌握了大道的人,才能够做到能容:"知常则其心与天地同大,何物不容? 既能容矣,则何事不公?""人能得此常久不易之道,则终其身无非道矣,又何危殆之有哉?"④

特别重要的是,他认识到,秉持公道才具有王天下的政治合法性:"公则可以王天下,王者与天同符。""王天下者,即此公道是也。以公道而王,则与天同矣。""不知常道,而妄有作为,凶机也。""不知此常久不易之道,故有妄想妄动,皆失道而履凶也。"⑤如果被那些轻举妄动的失道之徒掌握了天下,必将遭遇凶险,国将危殆矣。我们看到,上述主张的逻辑理路是:悟道——宽容——公道——王天下。于是,为政者是否拥有宽容、公道等政治美德,就与政权的合法性问题紧密联系起来,而体悟大道既是认识论问题但又不是一般性的认识论问题,而必须通过修身养性方可实现,于是,修养论、

---

① 参见清世祖:《御制道德经·有物混成章》,载刘韶军:《〈老子〉御批点评》,湖南人民出版社1997年版,第172页。

② 参见清世祖:《御制道德经·天长地久章》,载刘韶军:《〈老子〉御批点评》,湖南人民出版社1997年版,第47页。

③ 清世祖:《御制道德经·致虚极章》,载刘韶军:《〈老子〉御批点评》,湖南人民出版社1997年版,第105页。

④ 清世祖:《御制道德经·致虚极章》,载刘韶军:《〈老子〉御批点评》,湖南人民出版社1997年版,第105、108页。

⑤ 清世祖:《御制道德经·致虚极章》,载刘韶军:《〈老子〉御批点评》,湖南人民出版社1997年版,第108页。

认识论就这样与政治美德等问题密不可分了。

对于一个管理者来说,保持客观公正的立场,作出正确的价值判断固然非常重要。但福临又认识到,在现实生活中,美、善等价值判断容易受到主观情感或认识局限等多种因素的干扰和影响,因而可能造成判断的失误、失当而影响决策的公正。因此,福临强调必须充分认识到这种局限性。他对《道德经》中的相关论述做了深刻的阐释:"夫人之所谓美善,皆生于情,以适情为美,未必真美。以适情为善,未必真善。如此者何?情使然也。夫人之性大同,而其情则异,以殊异之情,外感于物,是以好恶相缪,美善无主。皆知美之为美,而不知恶之名已从美生。皆知善之为善,而不知不善之名已从善起。"①

既然人难免为情感因素所牵制,因此,人们所作出的主观价值判断就未必客观,于是就会产生各种误差和偏见,各执一端,陷入无止境的争端之中,岂不是"恶之名已从美生"、"不善之名已从善起"!那么,如何才是化解之道呢?福临提出了"复性化情"的方法:高明的为政者应当"将复其性,必化其情。是以体道自然,为无为之事,行不言之教,美者固美,恶者亦化而为美。善者固善,不善者亦化而为善。是以用无弃物,教无弃人,万物各遂其性,若未尝使之然者"②。通过认识和复归人类的共同之性,让对立各方体悟彼此的共同之处,从而产生出亲和因素,以此为基础,才能理解、化解由不同利益、不同认识、不同情感而生出来的各种对立、误解和冲突,协调矛盾,化恶为美,化不善为善。这显然较之那种强迫、压制等简单粗暴的方式更能从根本上解决问题。

福临将是否具有包容的胸怀视为"王者"的应有风范,他说:"盖一国之内,不能不善恶并出,天下之大,不能无妖孽杂生。王者以柔道受之,自然消归于尽,犹之川泽之纳污耳。夫垢与不祥,世人之所恶也,而谓王者受之,此'正言若反'之妙也。知道者其可忽诸?"③

---

① 清世祖:《御制道德经·天下皆知章》,载刘韶军:《〈老子〉御批点评》,湖南人民出版社1997年版,第18页。

② 清世祖:《御制道德经·天下皆知章》,载刘韶军:《〈老子〉御批点评》,湖南人民出版社1997年版,第19页。

③ 清世祖:《御制道德经·天下柔弱章》,载刘韶军:《〈老子〉御批点评》,湖南人民出版社1997年版,第455—456页。

因此,他非常认同老子"善者吾善之,不善者吾亦善之"、"信者吾信之,不信者吾亦信之"的观点,并加以发挥说:"善不善在彼,吾之所以善之者同也,可谓德善矣。信不信在彼,而吾之所以信之者同也,可谓德信矣。"民众的道德水平参差不齐,善者与不善者、信者与不信者并存,能不能做到善、信,这是对方的问题,而管理者只要自身主观努力,坚持善行和诚信,就可以称得上德善、德信了。福临强调为政者首先应具有这种严于律己、宽于责民的胸怀,可称得上深得老子之旨意了。他还认识到,在政治生活中,众人往往会注意观察为政者的好恶,圣人以诚信的态度一视同仁地对待民众,"一以婴儿遇之",那些善者、信者就不会因此而自异于人,自以为高人一等,而那些不善、不信者也不会因此而自暴自弃。这就能够安定民心,"释然皆忘,而天下定矣"。① 这些认识则更是对老子"不善者吾亦善之"主张的发展和深化了。

上述宽容为怀的治理理念在福临的治国实践中有着相当明显的体现。他在顺治十年诏令宽宥为盗者,文中说:"天下初定,疮痍未复,频年水旱,民不聊生,饥寒切身,迫而为盗。魁恶虽多,岂无冤滥,胁从沈陷,自拔无门。念此人民,谁非赤子,摧残极易,生聚綦难,概行诛锄,深可悯恻。兹降殊恩,曲从宽宥,果能改悔,咸与自新。"并要求各地官府妥善地安置这些悔改者,"兵仍补伍,民即归农,不原还乡,听其居位,勿令失所"。②

福临"临下以宽"的策略在政治领域更是突出地表现出来。他积极推行宽宥和招抚政策,在亲政的第二个月就一改多尔衮的民族高压政策,下谕兵部"不得轻动大兵,使玉石俱焚",还对各地民众的反抗表示体恤:"朕思各处土寇本皆吾民,或为饥寒所迫,或为贪酷官吏所驱,年来屡经扑剿,荡平无期。皆因管兵将领纵令所部杀良冒功……真贼未必剿杀,良民先受荼毒,朕甚痛之"。他曾慨叹说:"夫以威服人,何如以德服人之为愈也!"因此,他对各地的抗清势力采取剿抚并施、以抚为主的方针,对抗清名将郑成功和孙可望的招抚即为典型事例。他将孙可望的投降视为招抚政策成功的模式,

---

① 参见清世祖:《御制道德经·圣人无常心章》,载刘韶军:《〈老子〉御批点评》,湖南人民出版社1997年版,第312页。

② 参见赵尔巽:《世祖本纪二》,《清史稿》卷五,中华书局1976年版,第133页。

对郑成功的招降虽然失败,但他仍然坚持招抚政策,充分体现出包容的胸怀和努力化解民族矛盾的决心。

顺治十年,福临又下达了慎刑的谕令。文中说:"帝王化民以德,齐民以礼,不得已而用刑。法者天下之平,非徇喜怒为轻重也","朕群生在宥,临下以宽"。但是,在现实中却存在着"重拟以待亲裁"、"文致以流刻厉"的现象。他认为,这是极不应该的:"在饥寒为盗之民,尚许自首,遐方未服之罪,亦予招攜。况于甿庶朝臣,岂忍陷兹冤滥?"他要求坚决革除这一弊端:"自后法司务得真情,引用本律,钩距罗织,悉宜痛革,以臻刑措。"①顺治十二年又下达谕令说,他看到法律部门的章奏每天要处理囚犯五六或十余人,"念此愚氓,兵戈灾祲之后,复罹法网,深可悯恻。有虞之世,民不犯于有司。汉文帝、唐太宗亦几致刑措。今犯法日众,岂风俗日偷欤?抑朝廷德教未敷,或谳狱者有失入欤?嗣后法司其明慎用刑,务求平允。"②为了更好地落实慎刑的政策,他又决定今后对要案"将亲览更定之"③。

福临还将宽宥政策延及明朝宗籓,他在亲政之后下谕:"故明宗籓,前以恣行不轨,多被诛戮,朕甚悯焉。自后有流移失所甘心投诚者,有司礼送京师,加恩畜养。镇国将军以下,即其地占籍为民,各安厥业。"④

显然,促使福临推行这些措施的重要原因正是看到了严酷制裁的无效,而强调以恩德感化民众,包括感化前朝的政敌。这与他对《道德经》宽容思想的阐发是一脉相承的。

四、天与民归,举措善利

福临在注释"以无事取天下"一句时,不仅沿袭了唐玄宗"无为无事,天下归怀,故可取天下"的思想,而且又对其注入了特定的微言大义。他说:

---

① 以上引文均见赵尔巽:《世祖本纪二》,《清史稿》卷五,中华书局 1976 年版,第 134 页。
② 赵尔巽:《世祖本纪二》,《清史稿》卷五,中华书局 1976 年版,第 141 页。
③ 赵尔巽:《世祖本纪二》,《清史稿》卷五,中华书局 1976 年版,第 134 页。
④ 赵尔巽:《世祖本纪二》,《清史稿》卷五,中华书局 1976 年版,第 124 页。

"取天下者,天与民归,得之若故,又何事焉? 若有取之心,则有取之事,而非天下归之矣。取天下者,惟受天下之归,故常以无事。及其有事,则纷扰愈多,又何足以取天下乎?"①在"将欲取天下章"中,福临再次强调说:"圣人之有天下,非取之也,万物归之耳。"②体味上下文意,这里的所谓"归之",是指民心所向、众望所归之意,而所谓"取之",即是违逆天道,不顾民心,以暴力、阴谋等手段而强行夺取天下。福临强调,必须"受天下之归","天与民归"才具有得天下的伦理合理性。只有在这种顺势而为的政局中,才能够实现"常以无事"的理想局面;反之,则"纷扰愈多,又何足以取天下"? 在这些话语的字里行间,不仅透露出福临对清代明夺取天下之正当性的宣示,亦反映出他重视民意、关注民生的执政理念。

福临继承了老子的观点,认为管理者对待民众应当效法天地之生长万物,"其施物不已,其生物不测,未尝一日爱其施,未尝一日息其生","于此身无可爱者","举措之间,无非善利"。他解释"圣人后其身而身先,外其身而身存"的语义说:"后其身者,后己而先人也。外其身者,薄己而厚人也。"圣人有此为民之举,因此才能得到民众的拥戴和保护,即"身先"、"身存"。他特别强调,"后其身而身先"、"外其身而身存"不是出于欲谋一己之私的手段,而是一个很好地履行了为政之道的管理者所得到的必然报偿:"非求以成其私也,而私反以之成,道则固然耳。"③可见,在福临看来,为政者重民、为民则民必拥护之,这是管理活动中的常理常道,管理的主客双方存在着交相互动的关系。

由于认识到管理双方的互动关系,故福临较能在治国活动中践行为民、恤民的政治理念。例如亲政不久,为了制止一些税关官吏对商人的敲诈勒索,特地颁布告谕裁减税关官员,其文称:"榷关之设,国家藉以通商,非苦之也。税关官吏,扰民行私,无异劫夺。朕灼知商民之苦。今后每关设官一

---

① 清世祖:《御制道德经·为学日益章》,载刘韶军:《〈老子〉御批点评》,湖南人民出版社1997年版,第308页。
② 清世祖:《御制道德经·将欲取天下章》,载刘韶军:《〈老子〉御批点评》,湖南人民出版社1997年版,第196页。
③ 以上引文均见清世祖:《御制道德经·天长地久章》,载刘韶军:《〈老子〉御批点评》,湖南人民出版社1997年版,第47页。

员,悉裁冗滥,并不得妄咨勤劳,更与铨补。"①同年,副将许武光请括天下藏金充饷。他驳斥说:"帝王生财之道,在节用爱民。掘地求金,自古未有。"下令逐去这名搜刮民财的官员。②

每当水灾、旱灾等自然灾害来临时,他常考虑"人民荼苦,复供旧税,其何以堪"③。笔者据《清史稿·世祖本纪》所载史料粗略统计,自福临亲政以来,曾先后一百五十余次下诏蠲免全国各受灾地区的赋税,以利于民众休养生息。为了避免"苦累小民",他还多次免除一些省份的土特产贡品,这些减负之举甚至还延及朝鲜等属国和宗教人士。如顺治八年四月,他下令"免朝鲜岁贡柑、柚、石榴。""禁喇嘛贡佛像、铜塔及番犬。"④还曾诏令"行幸所过,有司不得进献"。

福临的这些措施,体现出他顺应民心和"举措善利"的决心。虽然作为封建君主的他不可能真正在政治实践中完全实施善治理想,更不可能实现"天下自治"的美好治理目标,但他能够从《道德经》的治道中体悟出这些认识并在一定程度上予以实施,不能不说是令人瞩目的。《清史稿》作者评价他"勤政爱民,孜孜求治。清赋役以革横征,定律令以涤冤滥。蠲租贷赋,史不绝书。登水火之民于衽席"。应当说,这是对他的公允评价。

五、恭己以治,不恃不宰

老子治道的基本宗旨是反对为政者对民众的任意干预和强制,而是给他们一个自由发展的空间。福临非常认同这一观点,认为高明的管理者是"以天道为道",而天道的特点是"栽培倾覆,任其自然,未尝与物争,而物莫能违。故曰不争而善胜"。要谨慎地防止违逆天道的行为:"天之所恶,可不戒欤?"祛除所有的主观妄为,"损之又损,而至于无为,则恭己以治,而任

---

① 赵尔巽:《世祖本纪二》,《清史稿》卷五,中华书局 1976 年版,第 123 页。
② 参见赵尔巽:《世祖本纪二》,《清史稿》卷五,中华书局 1976 年版,第 126 页。
③ 赵尔巽:《世祖本纪二》,《清史稿》卷五,中华书局 1976 年版,第 142 页。
④ 赵尔巽:《世祖本纪二》,《清史稿》卷五,中华书局 1976 年版,第 124 页。

万物之生成"，就能达到"无不为"的管理目标。① 从上述"可不戒钦"、"恭己以治"等字句，人们可以看到福临对于政治治理的谨慎与节制态度。

《道德经》中曾描述了几种不同的治国模式以及各种模式下民众的不同反应："太上，不知有之；其次，亲而誉之；其次，畏之；其次，侮之。""不知有之"的无为管理被老子崇为最理想、最高明的模式，在封建专制制度下，这一政治主张显然在很大程度上对封建帝王的权威将构成挑战和削弱。作为一个手握最高权力的帝王，福临又如何看待这一问题呢？

首先，他以客观的态度承认政治衰败将导致民众对为政者产生不信任感："世道愈降而愈衰，而民始有不信之者"。但福临心目中的圣人却能够力挽狂澜，重振以道治理天下的传统："圣人则不然，以道御天下，亦既诚信有余矣。而其于言也，犹然贵之，不轻出诸口。盖不言无为，俾民阴受其赐也。"圣人遵从以道治国的模式，获得了民心，也恢复了政府诚信，却依然持守"不言无为"的治理，让民众得到真正的利益和实惠。在这一治理过程中，帝王的权威和恩泽无从体现："功既成，事既遂，民日迁善，而不知为之者谁？皆谓我自然如此。"也就是说，为政者给民众带来福祉，让民众"阴受其赐"，这是一个负责任的政府自然而然所应有的担当，不必张扬浮夸。福临对这种治理模式给予高度的认同，他称赞说："所谓帝力于我何有？岂非盛治哉？"②他认识到，这正是顺道而为的行为："为无为，莫识其体，故道隐无名。夫惟善济贷于万物，而不责其报，是以万物受其生成，而不知其德。"③因此，为政者当然也不必居功自傲，贪天之功为己有："方其有为，非我之为，顺物而已，故为而不恃。及其有功，非我之功，应物而已，故功成而不居。"④我们曾在本书的绪论中论及道家治国之道的主要内容时指出，早

---

① 参见清世祖：《御制道德经·勇于敢章》，载刘韶军：《〈老子〉御批点评》，湖南人民出版社1997年版，第437页。

② 以上引文均见清世祖：《御制道德经·太上章》，载刘韶军：《〈老子〉御批点评》，湖南人民出版社1997年版，第113—114页。

③ 清世祖：《御制道德经·上士闻道章》，载刘韶军：《〈老子〉御批点评》，湖南人民出版社1997年版，第276页。

④ 清世祖：《御制道德经·天下皆知章》，载刘韶军：《〈老子〉御批点评》，湖南人民出版社1997年版，第19页。

在汉代的河上公注《道德经》时,就提出过"圣人爱念百姓如婴孩赤子,长养之而不责望其报"①的观点,我们将其与儒家德治主张中所隐含的居高临下之施恩模式进行比较,进而点明这种视爱养民众为政治行政活动之所应然的思想与现代服务行政理念的相通。而清世祖则通过对《老子》"太上不知有之"这一善政理想的阐发,再次提出为政者"善济贷于万物,而不责其报"、"及其有功,非我之功,应物而已"等观点,这是对河上公上述思想的继承和发展。但更为难得的是,河上公仅仅是一介草民,而福临则是君临天下的执政者,他能够突破封建君主居高临下施恩于民且让民众感恩戴德的传统模式,明确宣示"不责其报"、"非我之功",其理论意义和实践价值显然又是河上公所不能比拟的。

但福临又认识到,为政者不居功,自可获得民众由衷的敬仰和爱戴:"夫惟不居,则万物莫不仰之如天地,爱之如父母,更无离去之者矣。"②

福临还进一步指出,圣人造福天下既不需要民众对他歌功颂德,更不能以此作为控制民众的资本,他说:"夫圣人之道,既足以生畜万物,而又不有不恃不宰,苟非玄德深远,其孰能与于此?"③

从这些话语来看,在老子治道的影响下,福临颇有几分开明政治的意识,而不同于绝大多数帝王对君权严防死守、对君威刻意维护的作派。

在福临的政治实践中,上述思想在一定程度上有所体现。例如,他在位期间,很少见到为他歌功颂德之事,相反,他倒是常有反躬自责之举,并且于顺治十一年专门下达诏令,要求去除自己名头上的"圣"号,其文称,自己即位以来,"治效未臻,疆圉多故,水旱叠见,地震屡闻",这都是由于自己"不德之所致","朕以眇躬托于王公臣庶之上,政教不修,疮痍未复,而内外章奏,辄以'圣'称,是重朕之不德也"。自己没有很好地完成治理天下的任务,必须承担责任,于是,他"内自省抑",以图补救,一方面要求群臣恪守职

---

① 王卡点校:《老子道德经河上公章句·任德第四十九》,中华书局1993年版,第190页。

② 清世祖:《御制道德经·天下皆知章》,载刘韶军:《〈老子〉御批点评》,湖南人民出版社1997年版,第19页。

③ 清世祖:《御制道德经·营魄章》,载刘韶军:《〈老子〉御批点评》,湖南人民出版社1997年版,第69页。

事,"共弭灾患",同时大赦天下;另一方面就是在自己身上开刀,去除圣号,"凡章奏文移,不得称'圣'。以图改弦易辙,咸与更新。"①

　　福临将谦退不争视为"天之道"的重要内容。他说:"功成名遂,常存谦退之心,是谓天之道。……惟功成名遂,而常存谦退之心,此所以无私而成其私也,其得天之道乎!"②他进而描画得道之圣人的谦下风范说:"常与道俱,故不自见,而因人之见;不自是,而因物之是;不自有其功,而因人之功;不自矜其长,而因人之长。唯其不与物争,天下莫能与之争。"③圣人深知个人的局限,故不会固执己见,不会居功自傲,而能够广采众人之见,发挥众人之长,所以能够成就"莫能与之争"的大业:"因天下之所见而见之,而我不自见也,则所见无不察;因天下之所是而是之,而我不自是也,则所是莫之能尽;归天下以功,而我不自有也,故有功;任万物以能,而我不自矜也,故长。"④

　　他又通过阐发老子"贵必以贱为本"等思想,对贵与贱、上与下的辩证关系作了自己的理解。他说,欲成为高贵的侯王"非得道不可"。道在何处呢?"视之不见,执之无端",是"天下之至微"。而"惟其至微,即其至显"。正如同侯王称孤、称寡,自居于贱,"而贵之本在此矣"。⑤ 同样,"能为天下主者,亦下之而已","以其下人、后人,而不争也"。所以,"圣人非欲上人、先人也,下之、后之,其道不得不上且先耳。"他再次强调说:"夫唯不争,故天下莫能与之争矣。"⑥

　　福临对于老子处下不争的思想如此推崇,也是有惩于崇祯皇帝朱由检的历史教训。这位亡国之君虽然励精图治,宵旰焦心,自诩孜孜以康阜兆民

　　① 参见赵尔巽:《世祖本纪二》,《清史稿》卷五,中华书局1976年版,第140—141页。
　　② 清世祖:《御制道德经·持而盈之章》,载刘韶军:《〈老子〉御批点评》,湖南人民出版社1997年版,第58页。
　　③ 清世祖:《御制道德经·曲则全章》,载刘韶军:《〈老子〉御批点评》,湖南人民出版社1997年版,第151页。
　　④ 清世祖:《御制道德经·曲则全章》,载刘韶军:《〈老子〉御批点评》,湖南人民出版社1997年版,第148页。
　　⑤ 以上引文均见清世祖:《御制道德经·昔之得一章》,载刘韶军:《〈老子〉御批点评》,湖南人民出版社1997年版,第262—263页。
　　⑥ 以上引文均见清世祖:《御制道德经·江海章》,载刘韶军:《〈老子〉御批点评》,湖南人民出版社1997年版,第406—407页。

为念,但由于"有君无臣,孤立于上,将帅拥兵而不战,文吏噂沓而营私",从而形成"国势莫支"的颓局,导致国破身亡。这一反面教训也促使福临持守谦退,求言纳谏。

福临为了稳坐天下,亟力寻求长治久安之策,一再向臣下求言。顺治十年新年伊始,他就下谕要求满、汉官员"会同奏进,各除推诿,以昭一德"。过几天他又下了一道更恳切的谕告:"言官不得拘摭细务,朕一日万几,岂无未合天意、未顺人心之事。诸臣其直言无隐。当者必旌,戆者不罪。"①要求谏官不能只收集琐碎小事敷衍塞责,而必须真正担负起进言纠错的职责,对自己不合天意、未顺人心之各种过失直言规劝。诸臣直抒己见,言辞鲁莽者绝不怪罪,而建议恰当者将予以表彰。可见,他的求谏不是作秀,也不是走过场,而的确是希望求得实效。他对于言官充满期待,他曾在诏告中说:"言官为耳目之司,朕屡求直言,期遇綦切"②。

顺治十二年他又下诏曰:"亲政以来,五年于兹。焦心劳思,以求治理,日望诸臣以嘉谟入告,匡救不逮。"当时,他看到天下水旱频仍,吏治堕污,民生憔悴,但却仍然未听到"保邦制治"的有效良策。对此,他反省说:"岂朕听之不聪,虚怀纳谏有未尽欤?"他再次恳求说:"其抒忠荩,以慰朕怀"。不久,他又下令,要求在京七品以上、在外文官知府、武官副将以上的官员"各举职事及兵民疾苦,极言无隐"。③ 尽管他未能找到良策,但为之采取了不少措施,付出了不懈努力。

就在完成《道德经注》撰写工作的顺治十三年,他在谕文中检讨自己亲政以来的缺失,文中说:"朕亲政以来,夙夜兢业,每期光昭祖德,蚤底治平,克当天心,以康民物。方睿王摄政,斥忠任奸,百姓怨嗟,望朕亲政。……六载之中,康乂未奏,灾祲时闻。是朕有负于百姓也。用是恐惧靡宁,冀昭告于上帝祖宗,实图省戒,有司其涓日以闻。"④第二年九月,他又因京师地震而再次下诏:"朕亲政七载,政事有乖,致灾谴见告,地震有声。朕躬修省,

① 赵尔巽:《世祖本纪二》,《清史稿》卷五,中华书局1976年版,第131—132页。
② 赵尔巽:《世祖本纪二》,《清史稿》卷五,中华书局1976年版,第137页。
③ 参见赵尔巽:《世祖本纪二》,《清史稿》卷五,中华书局1976年版,第140、142页。
④ 赵尔巽:《世祖本纪二》,《清史稿》卷五,中华书局1976年版,第145页。

文武群臣亦宜协心尽职。朕有阙失,辅臣陈奏毋隐。"①因自然灾害而下诏罪己,这是中国古代不少君主的成式,但福临的罪己似乎显得更加恳切,体现出一种自我问责的精神。试看顺治十七年正月的诏告:"自古帝王,统御寰区,治效已臻,则乐以天下;化理未奏,则罪在朕躬。敬天勤民,道不越此。朕续承祖宗鸿绪,兢兢图治,十有七年。乃民生犹未尽遂,贪吏犹未尽除,滇、黔伏戎未靖,征调时闻。反复思维,朕实不德,负上天之简畀,忝祖宗之寄托,虚太后教育之恩,孤四海万民之望。每怀及此,罔敢即安。"因此,他采取了一系列匡正举措。在正月举行的祭告天地、太庙、社稷等多种活动中,郑重其事地"抒忱引责",而且宣布,从今以后,他的寿辰以及元旦、冬至等诸多节日的庆贺表章"俱行停止"。为了表示有负天下的歉疚以及"罪在朕躬"的担当,他又"特颁恩赦",除了犯有十恶死罪的犯人,所有囚犯"悉减一等,军流以下,咸赦除之。直省逋赋,概予豁免。有功者录,孝义者旌。诞告中外,咸使闻知。"②这些文告中全然不见专制君主不可一世、"自是"、"自伐"、"自矜"的霸气,而是蕴含着"不有"、"不恃"、"不宰"等道家精神。

虽然在实际政治生活中,福临难免封建帝王刚愎自用等痼疾,甚至随意惩处那些冒犯自己的大臣。③ 但他最终能够认识错误,在临终时还反省说:"每自恃聪明,不能听纳……以致臣工缄默,不肯进言"④。

可以说,在封建帝王中,福临算得上一位能够反躬自省的明智者,其临终遗诏居然从十多个方面进行深刻的反省,对自己的政治生涯多有否定。一个处于权力巅峰的帝王能够如此反躬自责,这在中外历史上似乎绝无仅有,更是给后世执政者留下了一个自我反省的范例。这些检讨既是他对以往政治生涯的反省,同时也是在总结教训,告诫后人不要重蹈覆辙。字里行间亦透露出道家治道对他的影响。遗憾的是,英年早逝的他已经无力以实际行动纠错补弊了。

---

① 赵尔巽:《世祖本纪二》,《清史稿》卷五,中华书局1976年版,第150页。

② 赵尔巽:《世祖本纪二》,《清史稿》卷五,中华书局1976年版,第157—158页。

③ 例如,据《清世祖实录》卷一一三所载,他对于在他面前争强好胜的大学士兼刑部尚书图海就滥施淫威。假借一桩与图海并无关联的阿拉那一案将其革职,家产籍没。称其在他面前"谬妄执拗,务求已胜。如阿拉那一案,问理不公,是非颠倒,情弊显然","负恩溺职,殊为可恶"。

④ 赵尔巽:《世祖本纪二》,《清史稿》卷五,中华书局1976年版,第163页。

有人认为,福临的"遗诏本出太后授意",是有意否定他的政绩,这些看法有待进一步考察。不过,千秋功罪,世人自有公论,自吹自擂或自贬自责并不能在历史的功劳簿上为自己加分或减分。

第 四 编

启蒙时期道家治道的新声

明清时期,中国封建社会进入后期,资本主义萌芽相继在一些经济发达地区产生并在封建社会土壤中缓慢成长。与之相适应,思想界也产生出反对封建专制文化的呼声,而以文化反思和社会批判见长且追求个性自由的道家学派,就成为了孕育启蒙思想的温床。明代异端思想家李贽就曾从道家思想中吸取营养以批判封建专制文化对人性的束缚。例如,基于对封建礼教的虚矫和束缚的厌恶,他倡导童心说,崇尚真朴之情,专门撰著《童心说》一文,文中说:"夫童心者,真心也……夫童心者,绝假纯真,最初一念之本心也。"①在他看来,"童心"即人本来具有的真实思想,发自童心之言,才是"有德之言"。李贽深刻地看到封建社会的环境和封建文化对于淳朴本性的摧残,强调纯真之情才可能创作出上乘的文学精品,这实际上是道家抱朴守真、绝学弃智思想在新的历史条件下的翻新。这些主张在当时和后世皆影响颇深。但李贽对老子也不盲从,例如,我们在绪论中提到道家治道身国同治的特点时,就曾谈到李贽以及后来的王夫之皆对老子以身观身、以家观家、以天下观天下的身国同治思想提出异议,显示出其独立思考、批判继承的文化立场。

明清之际更是一个"天崩地解"的时代,阶级矛盾、民族矛盾交织一起,一些思想家反对儒家权威,崇尚老庄学说。如思想家傅山自称"老夫学老庄者也","吾师庄先生",他批点《庄子》,注释《老子》,其《霜红龛集》就记载了许多关于研究老庄的体会。清兵入关后,他出家为道士,自号朱衣道人。思想家王夫之亦对中华文化进行了全面的总结和批判,他不仅试图恢复先秦儒学,同时也批判和阐衍道学精华,力图厘清前人对老子的误读,从一个独特的视角发展了道家治道。

在西方列强的坚船利炮轰开了中国的大门,迫使中国人开眼看世界,并

---

① 李贽:《童心说》,《焚书》卷三。

认识到"师夷长技以制夷"的迫切性之后,一些致力于学习西方、改革图强的思想家又在前人的基础上,更深刻地阐发《老子》的经世致用之学,并将其中的一些主张与西方自由民主等思想相融会,用于作为反对封建专制制度和革除社会弊病的武器。故这一时期老子之学更为鲜明地凸显出救世革弊的时代特点。魏源、严复、康有为、章太炎等人对老庄之书的阐释,均在不同程度上反映出这一思想倾向。自由主义思想家胡适对黄老的无为而治主张情有独钟,对各种干涉主义进行批判。他从《淮南子》一书中提炼出"虚君的共和主义"和"众智众力的民治主义"等思想,又撰著《无为而治和农村救济》、《再论无为的政治》等文。他在文中指出:"此时中国所需要的是一种提倡无为的政治哲学。古代哲人提倡无为,并非教人一事不做,只是要人睁开眼睛看看时势,看看客观的物质条件是不是可以有为。"①这些主张,反映出道家治道在现代中国社会政治生活中的价值,对后人不无启发。

---

① 胡适:《再论无为的政治》,欧阳哲生编:《胡适文集》第十一册,北京大学出版社 1998 年版,第 435 页。

第二十章 王夫之对道家治道的
阐衍及批判

　　王夫之（1619—1692 年）与黄宗羲、顾炎武并称为明末清初的三大思想家。他以纠风俗、正人心、兴民族为己任，隐居衡山潜心写作，毕其一生对中华文化进行全面的总结和批判，以图吸取历代安邦治国的经验教训，"述往以为来者师"，构建了一个相当丰富的理论大厦。人们通常认为，恢复儒家正统，力辟佛老，这是船山学术的主要倾向，他自己也在《老子衍》"自序"中言其衍《老子》的目的乃是"入其垒，袭其辎，暴其恃，而见其瑕矣"。但正如萧萐父先生所说，船山对道家"能辟能传，取舍有仪"①。吴立民、徐荪铭先生亦概括了船山对佛道心性论、生死观的吸收与融合，称其"将佛家的了生死与道教的长生不老融合成为儒家的'贞生安死'"②。萧、吴等先生主要从认识论、心性论、生死观等方面来论述船山对佛道的取资，所论甚确。但愚意以为，船山对老庄治国思想及其功效更是多有肯定，亦值得细究。他称道老子"民不畏死奈何以死畏之"乃是"近道之言也"。③ 他还指出："治天下者生事扰民以自敝，取天下者力竭智尽而敝其民，使测老子之几，以俟其自复，则有瘳（病愈）也。文、景踵起而迄升平，张子房、孙仲和异尚而远危殆，用是物也。较之释氏之荒远奇酷，究于离披缠棘，轻物理于一掷，而仅取欢于光怪者，岂不贤乎？"④

---

① 萧萐父、许苏民：《王夫之评传》，南京大学出版社 2002 年版，第 528 页。
② 吴立民、徐荪铭：《船山佛道思想研究》，湖南出版社 1992 年版，第 10 页。
③ 参见王夫之：《宋论》，《船山全书》第十一册，岳麓书社 1992 年版，第 26 页。
④ 王夫之：《老子衍自序》，《船山全书》第十三册，岳麓书社 1993 年版，第 16 页。

他又称道庄子:"抑庄子之言,博大玄远,与天同道,以齐天化,非区区以去知养神,守其玄默。"①认为"凡庄生之说,皆可因以通君子之道"②。

因此,船山对老庄思想绝不限于批判,而是试图对历代老庄学进行厘清和总结。③ 他批评后世的注《老》者"支补牵会,其诬久矣",于是,"乃废诸家,以衍其意",撰写《老子衍》,又作《庄子通》、《庄子解》等诠解庄学,不仅从哲学理论层面发论,而且还从治国、修身等实践领域评析老庄,并通过评论历史以阐发道家治国理念的实际功效和经验教训,力图促使后人对这一文化遗产取精去粗,防止从消极的视角解读道家。在对道家的论衍中,船山虽不免曲解老庄原意,甚至有着"强道合儒"的偏颇立场④,但更有对老庄之几的精彩把握和阐发。可以说,王船山以他独特的方式,从另一视角对道家的治道作出了重要的补充和发展。

一、丧我忘德,天下自宁

道家从自然无为的宗旨出发,对仁义礼智采取否定的态度。《老子》第十八章说:"大道废,有仁义,慧智出,有大伪。"第三十八章说:"夫礼者,忠信之薄,而乱之首。"《庄子·骈拇》说:"屈折礼乐,呴俞仁义,以慰天下之心者,此失其常然也。"认为仁义礼智的出现是社会的退步,是伤害人性的。主张抛弃仁义礼智,恢复人的自然本性。

以儒学正统自诩的王夫之当然要对道家上述观点进行激烈的抨击。他

---

① 王夫之:《庄子解·列御寇》,《船山全书》第十三册,岳麓书社 1993 年版,第 452 页。
② 王夫之:《庄子通叙》,《船山全书》第十三册,岳麓书社 1993 年版,第 493 页。
③ 王夫之对历代老庄学有相当广泛的涉猎和研究,仅《老子衍》的夹注中就广引韩非、严遵、王弼、吕惠卿、王元泽、李息斋、赵志坚、薛蕙、叶梦得、苏辙、陆希声、刘仲平、董思靖等诸家注释《老子》之语。
④ 曾昭旭、张学智、黄丽频等不少学者皆曾指出,王船山对老子的批判是将其置于儒学之道德系统之下,以儒学为标准进行衡量,其一贯精神在于导老氏入于儒家之正,故这种"强道合儒"的立场阻碍他客观地对待老子之学。(参见黄丽频:《王船山老子衍论老子缺失之省察》,《台北市立教育大学学报》2006 年第 1 期;张学智:《王夫之衍〈老〉的旨趣及主要方面》,《北京大学学报》(社会科学版)2004 年第 3 期)

说:"黄老之弊,掊礼乐,击刑政,解纽决防,以与天下相委随,使其民宕佚而不得游于仁义之圃。"①如果依从其主张,则将使人民放荡无束,导致道德败坏,天下大乱:"因之剖斗折衡,而骫偺乱于市,因之以甘食美居,而嗜欲乱于堂。"②他将礼奉为治国家、治天下的大法和安身立命的法宝:"礼原于天而为生人之本,性之藏而命之主也。得之者生,失之者死,天下国家以之正,唯圣人知天人之合于斯而不可斯须去,所为继天而育物也。"③

但王夫之又深刻认识到在封建专制制度高度发达的有明一代,礼制已经成为束缚民众的桎梏。他揭示制礼"过为严束"之弊害说,礼法过严,则将成为一种强制性的行为规范,人们难以遵从,反而导致"视礼为严束天下之具而贱之"。故他强调,用礼"必须自然娴适而后为贵","勿过为严束以强天下",力图将礼这种外在行为规范融入人们的内心世界,并与之产生心灵上的共鸣,化为人们的自由意志。所以王氏强调:"乃非以为严束,而要以和顺乎人心。"④这既是对有子"和为贵"的礼用观的回归,又在某种意义上与老庄对礼义的批判有异曲同工之处。

另一方面,王氏又强调,"和顺乎人心"是在执守礼仪节度的基础上得以实现的。故紧接着他又说:"亦必不废礼之节而后得和","人心必于礼得和,而舍礼无和",礼仪法度是本,必须尊崇执守,而"和"只是执守礼而后达到的效果。本末不能颠倒,如果只注重"和"而不重视礼节,"谓节以效和,而所贵非节",这就会走向"如老聃之知礼而反贱礼"⑤,导致"见礼之不足贵,而与于无礼之甚者",损害礼治秩序。因此,王船山强调"礼固以敬为本,而非以和"。这种将守礼置于致和之上的价值取向,又彰显出王船山维护礼制的立场及其与老子的差别。

王夫之还批评道家在道德教化问题上所持的自然无为、绝仁弃义的主

---

① 王夫之:《宋论》卷十四,《船山全书》第十一册,岳麓书社 1988 年版,第 322 页。
② 王夫之:《周易外传》,中华书局 1977 年版,第 233 页。
③ 王夫之:《礼记章句》,《船山全书》第四册,岳麓书社 1988 年版,第 571 页。
④ 以上引文均见王夫之:《读四书大全说》,《船山全书》第六册,岳麓书社 1991 年版,第 592 页。
⑤ 以上引文均见王夫之:《读四书大全说》,《船山全书》第六册,岳麓书社 1991 年版,第 591 页。

张,认为黄老道家无为自定、清静自正之言,将会使人民"一如禽飞兽走之在两间者"。他指出礼与仁义道德的密切联系:"仁义之用,因于礼之体,则礼为仁义之所会通,而天所以其自然之品节以立人道者也。礼生仁义,而仁义以修道"①,两者是相辅相成的。因此,他要求统治者不但要注重自身的道德修养,而且还应对人民"齐之以礼乐","教孝教弟,使自修之于门内"。致力于"移风易俗"、迁民于善的大业,反对在道德教化的问题上放任自流,"听物之自顺而行于无迹"。② 王船山上述论述固然反映出他对道家道德教育思想的误解和曲解,但他强调要重视对民众的道德教化,而不能放任自流,这对于防止人们从消极的层面去解读道家道德培育主张是有积极意义的。

在批评老庄仁义观的同时,船山又高度认同老庄关于道德必须符合人性而不能伤人的主张,他在阐解《庄子·徐无鬼》时,就综合老庄的相关思想阐发这一意旨。文中说:"德至于无伤人而止矣,无以加矣。乃天下之居德以为德者,立为德教,思以易天下,而矫其性者拂其情,则其伤人也多矣;施为德政,思以利天下,而有所益者有所损,则其伤人也尤多矣。则唯丧我以忘德,而天下自宁。"道德不能伤害人性,这是制订道德时必须遵循的"无以加"的原则。以此宗旨为出发点,船山不仅批评以圣人自居"思以易天下"的封建"德教"对民众矫性拂情的伤害,更是指责封建"德政""伤人也尤多"。去除那些僵化的道德教条则"天下自宁"。这段话,实在是对老子"上德不德"思想的深刻阐发。难怪他在篇首综括此篇大意说:"寻此篇之旨,盖老氏所谓'上德不德'者尽之矣。"

他进而回顾春秋战国时期诸子蜂起各阐其道德主张的历史过程说:"盖春秋以降,迄乎战国,其君既妄有欲为,于是游士争言道术,名、法、耕、战,种种繁兴。而墨氏破之;墨氏徒劳而寡效,而杨氏破之;杨氏绝物已甚,而儒又破之;其所托俱以仁义为依;故天下之伤日甚。"当然,以上诸子的主张各异,未必如船山所说"俱以仁义为依",但他却犀利地看到,在这一过程

---

① 以上引文均见王夫之:《读四书大全说》,《船山全书》第六册,岳麓书社 1991 年版,第516 页。

② 王夫之:《读四书大全说》,《船山全书》第六册,岳麓书社 1991 年版,第 1124 页。

中,仁义道德已经背离其提升人性的功能,沦为了流于言表而趋利的工具:"稽之以心,役之以耳目,而取给于言以见德;有其言因有其事,有其事徇其言,而天下争趋之。"在这种情形下,即使出现舜那样的道德高尚者,也无法发挥道德规范的积极作用,而只能引发争名夺利的纷争:"诱天下之人心,奔走于贤能善利,而攻战且因以起。"从对于历史经验的总结中,船山深刻地认识到,务求道德之实的老子思想才是救治之道。他说:"故已其乱,必勿居其德;欲蕴其德,必不逞于言。言不长,德不私,度己自靖,而天下人自保焉……惟忘德以忘己,忘己以忘人,而人各顺于其天,己不劳而人自正,所谓'不德'之'上德'也。内以养其生,外以养天下,一而已矣。"①王船山将"勿居其德"视为拨乱正天下的法宝,告诫为政者不以有德者自居,不竞道德之名,不以主观的道德标准来强求天下,让民众"各顺于其天",就能拨乱反正,收到"己不劳而人自正"的管理功效。显然,王船山由老子"上德不德"而通向了"我无为而民自化"的政治理想。

他进而结合历史发展分析为政者固守仁义道德的弊害,他指出:"药无常君,德无常主,以爱人偎兵为仁义,徒愁其身而使人悲。知固有所穷,意固不能尽物。以己之所乐,立言制法而断制天下,以人入天,能无贼天下乎?"②仁义道德是一个历史的范畴,其内容因时代变化而变更,如果仅以爱人偎兵作为其永恒的宗旨,则无法适应后世变化了的形势,"徒愁其身而使人悲"。而且,人的认识和思考也是有局限性的,为政者如果仅从自己的主观好恶喜乐出发来立言制法,强迫民众遵从,则仁义道德还可能成为专制君主残贼天下的工具。这显然是对老庄仁义观的重要发展。

二、顺物自然,循公无私

在封建君主专制的统治模式下,君主统领政府机构对国家和社会公共

---

① 以上引文均见王夫之:《庄子解·徐无鬼》,《船山全书》第十三册,岳麓书社1993年版,第369页。

② 王夫之:《庄子解·徐无鬼》,《船山全书》第十三册,岳麓书社1993年版,第386页。

事务进行高度的垄断性和强制性管理,将国家政权这一公共政治权力据为一家一姓的私有财产。针对这种视天下为一人、一家之天下的不道德政治制度,道家曾以不同的方式进行了反思。《太公六韬》、《吕氏春秋》等作品早在两千多年以前就曾提出公天下的主张,《太公六韬》中记载了姜太公关于"天下非一人之天下,乃天下人之天下"的名言。《吕氏春秋》继承了这一主张,将公平去私作为君主定国立基的基础,以"公"作为评价统治活动之合理性和政权之合法性的最高标准,主张"治天下也,必先公","公则天下平矣",并在秦王嬴政的帝王专制政治压迫下发出了"天下非一人之天下,天下之天下"的呼声。

王船山处于封建专制制度高度发展的明清时期,他对封建君主专权擅利的专制弊政更是有着彻骨之痛,故对贵公去私政治主张做了深刻的阐发。去一己之私意、去一家之私利就是其中的核心内容。

船山指出,为政者去私立公首先是要去除私意,例如,他注解《庄子·应帝王》的题意说:"应者,物适至而我应之也。不自任以帝王,而独全其天,以命物之化而使自治,则天下莫能出吾宗,而天下无不治。非私智小材,辨是非、治乱、利害、吉凶者之所可测也。"[1]

他指出,为政者如果以一己之主观私意作为治理众人的标准,那将必定徒劳无功:"凡所以治人者,皆式乎己之正以行;河海自深而凿之,山自高而负之,徒劳已耳。""夫民,则无不确乎能其事者:农自能耕,女自能织,父子自亲,夫妇自别;忘乎所以然而能自确,害自知远,利自知就。鸟鼠岂待我之出经式义,而始能避患哉? 物确然者不昧矣。我奚是乎? 物奚非乎? 应其所不得不应者,寓诸庸而已矣。"谓生死之在我,则贼其生;谓民之生死在我,则贼其民。以心使气,盛气加人,鄙人之为也。大公者,无我而已。唯无生而后可以无我,故乘莽眇之鸟而天下治。"[2]

他通过发挥《庄子·在宥》的思想,抨击"强之使同"的文化专制,其文曰:"撄人者多矣,莫其于恶人之异己而强之使同。"船山深刻地指出,在政

---

① 王夫之:《庄子解·应帝王》,《船山全书》第十三册,岳麓书社1993年版,第176页。
② 王夫之:《庄子解·应帝王》,《船山全书》第十三册,岳麓书社1993年版,第178页。

治生活中,这种文化专制具体表现在生搬硬套三王等圣贤的形迹,强迫民众遵从仁义,以"冀天下之同已"。他说:"凡夫以仁义臧人之心,取天地之质,官阴阳之残,合六气之精,以求遂群生者,皆自谓首出万物,而冀天下之同己者也。故言利物者以三王为最。将揽之以为众之所放,而不达人心,不达人气,同其不同,以标己异,幸愚贱之可唯吾意而驾其上,摇精劳形,以困苦天下,不知自爱,因以伤人;不知自贵,因以役人;人心一撄,祸难必作,故以丧人之国而有余。"①

以仁义道德教化民众,这本来是船山所力图遵循的儒家传统,但是,他深刻地认识到,任何道德规范的制订和实行皆必须以顺从民心人性为基础,而不能"伤人"、"役人"。为政者如果不懂得因时变通,不顾及民心人性,只是一味强迫人们服从由一己之私意而制订的道德规范,"幸愚贱之可唯吾意而驾其上",这种专制统治必然摇精劳形,困苦天下,扰乱人心,引发亡国之祸。这段话实在是对封建专制者的深刻批判和告诫,它不仅深契《庄子》之意,而且更是对当时封建专制政治中的现实弊病作出的反思。

因此,船山主张为政者不要自以为是,"行其私智",而应给予民众一个自由生存的空间,这也是去私的重要内容。他说:"耕者自耕,织者自织,礼者自礼,刑者自刑,相安于其天,而恩怨杀生,不以一曲之知行其私智。此则游于无有而莫能举名者也;顺物自然而无私者也……"②这些话语仿佛就是道家无为而治主张的再现。

在船山这里,去私立公更体现在为政者对于一己之私利的遏制。他说:"以天下论者,必循天下之公,天下非一姓之私也。"③强调政治行政管理的公正性、合理性,要求最高统治者必须将广大民众的利益作为政治行政制度和政治行政活动的原则和目标,"以仁爱人,以义制我"。如果为政者不能自律而只是一味地约束民众,这是难以长治久安的:"恶有为天下王者自爱而制人,可以宰九州岛,建千祀者乎!"④这种强调管理者进行自我道德约束

---

① 王夫之:《庄子解·在宥》,《船山全书》第十三册,岳麓书社1993年版,第214—215页。
② 王夫之:《庄子解·应帝王》,《船山全书》第十三册,岳麓书社1993年版,第181页。
③ 王夫之:《读通鉴论·叙论》,岳麓书社1988年版,第1175页。
④ 王夫之:《黄书·任官》,《船山全书》第十二册,岳麓书社1992年版,第523页。

的杰出思想贯穿于他的史评、史论之中,尤其集中地体现在对汉哀帝推行限田政策这一史事的评价中。

船山指出,自秦代建立封建专制制度以来,"富贵擅于一人",而皇帝是天下最大的土地占有者。但汉哀帝面对土地兼并这一封建社会的痼疾时,却不能以"大公之德"反求诸己,并从多方面进行综合治理,而试图简单地以限田的法令来解决这一复杂的社会问题。"乃欲芟夷天下之智力,均之于柔愚,而独自擅于九洲之上",其结果只能是民怨四起,"虽日杀戮而只以益怨"。船山尖锐地指出,仅仅限制民众对土地的占有,毫不限止皇家对土地的兼并和侵吞,是极不公平的:"限也者均也,均也者公也。天子无大公之德,以立于人上,独灭裂小民而使之公,是仁义中正为帝王桎梏天下之具,而躬行藏恕为迂远之过计矣。"①

上述主张是十分可贵的。因为在中国封建社会,法律只是惩罚民众的刑法,而道德在很大程度上也是要求民众履行的片面道德义务,它们是专制君主制服臣民的工具,而不是对君主自身的约束,汉哀帝的限田正是这种专门限制民众的不合理要求在经济领域的扩展。正是针对这种现象,船山明确地提出,如果君主不具备"大公之德",仅仅"灭裂小民而使之公",利用冠冕堂皇的道德旗号来桎梏天下,"仁义中正"这些美好的道德就会沦为专制君主残害民众的工具。王夫之的这些主张正是对老子"我无为而民自化"、孔子"为政以德"思想的继承与发展!

从公天下的原则出发,船山反对历史上专制君主利用教育制度和取士制度来为自己的集权统治服务,"使天下之英雄尽入吾之彀中",而是强调帝王要"以公天下之心,扶进人才",教育要"适时合用",造就"今日之才",培养任用有真才实学、能为国家和社会作出实际贡献的人才。②

在行政管理活动中,如何寻求合理的层次管理结构,协调集权与分权的矛盾是行政管理者必须面对的问题。在君主专制的中国古代,这一问题尤为突出。对此,船山以天下之公利为准绳进行具体分析。他指出君主独揽

---

① 以上引文均见王夫之:《读通鉴论》卷五,岳麓书社 1988 年版,第 194 页。
② 参见王夫之:《读通鉴论》卷二十,岳麓书社 1988 年版,第 762 页。

大权而产生的弊端说："出纳无讽议之广,折中无论道之官,以一人之耳目心思临六典,分司之烦冗即有为之代理者一二相臣而止,几何不以拘文塞责,养天下于痿痹,而大奸臣猾之胥吏,得以其文亡害者制宗社生民之命乎?"①他既认识到封建专制制度下君主"一人治九州"所带来的弊端,又看到职权分散所可能导致的弊端:"国家之事,如指臂之无分体也,夫人之才如两目之互用,交相映而合为一见也。取一体而分责之,无所合以相济,司农不知百马之缓急,司马不知司农之有无,竞于廷而偾于边所必然者。"②国家行政官员虽需要各有分职,但绝不能各自为政,而必须"合以相济",统筹协调。

船山公天下、利天下的行政管理原则是以历史发展的"理"和"势"作为依据的。他认为,对前代制度进行因革损益不能凭行政长官的私情私意而行,而应该依从历史发展的"理"和"势"。然而,"理有屈伸"、"势有重轻",在这样的情况下则应该"顺乎天"、"顺乎人"。而顺天、顺人的具体内容最终落实在仁义二字上:"仁莫切于笃其类,义莫大于扶其纪。"这里所说的"类"即是人类,"纪"即是民族文化之纪统。行政管理长官具备了对于人类和民族的关爱和责任感,则必然能够"公天下"、"利天下",正所谓:"笃其类者,必公天下而无疑;扶其纪者,必利天下而不吝。"③这是对道家贵公去私思想的进一步深化。

三、以静制动,以柔治国

柔弱、守静、谦下是道家的又一重要思想主张。对于这些思想,王夫之既有批判,又有继承。

人们通常认为,王船山对于老庄的虚静之说完全持否定态度。但实际上,他主要是批判那种以虚静为由而逃避现实的懦夫行径以及沉溺于个人

---

① 王夫之:《读通鉴论》卷二十,岳麓书社 1988 年版,第 744 页。
② 王夫之:《读通鉴论》卷二十,岳麓书社 1988 年版,第 743 页。
③ 以上引文均见王夫之:《尚书引义》卷五,岳麓书社 1988 年版,第 396 页。

修炼而放弃社会责任的自私生活方式。而从境界论和方法论的角度来看，他对老庄的虚静主张其实是非常推崇的。比如他称道虚静的修养境界说："虚静之中，天地推焉，万物通焉，乐莫大焉。"这些体悟并非纸上谈兵或随口说来，而是一种亲证实验的工夫境界。因此，他接着说："善体斯者，必不嚣嚣然建虚静为鹄而铙（铙，通"挠"，扰乱之意。）心以赴之，明矣。"①王夫之在人体修炼方面深有造诣，在他看来，在修炼中进入虚静境界可以获得与天地万物通而为一的宝贵体悟，还可以得到身心的极大愉悦。但是，虚静境界不是人生的终极目的，而是为了提高身心素质和道德境界的重要手段，是服务于平治天下、振兴民族这一更高目标的，故不能"建虚静为鹄而铙心以赴之"，以致虚守静、得道成仙为最终的人生目标，放弃建功立业的社会责任。船山的这一论述，不仅凸显出他与道家修炼者在虚静这一问题上的根本区别，亦不难理解他辟佛老的重要原因，那就是："当时国破君亡，不少士人悲观消极，以佛道为精神的避难所，道家虚静无为之说助长了人们'相习以安'、'偷安以自怡'的风气，使人们'玩空丧志'。"②王船山多从修养论的视角批判老子虚静无为之说，目的是力图激励人们承担振兴民族的大任，走出关门修炼的狭隘天地，驱散失望、颓唐的阴影。

于是，船山力图厘正后世对老庄虚静思想的解读，反对以之作为逃避现实的根据，他说："虚静者，状其居德之名，非逃实以之虚，屏动以之静也。逃虚屏动，已愈逃，物愈积，'胶胶扰扰'，日铙其心……遗其虚静之糟粕以累后世。故黄老之下，流为刑名，以累无穷。"③

王船山对老庄虚静思想的认同是建立在对其朴素辩证法思想的赞同之基础上的。他阐发"反者道之动"一段说："方往方来之谓反。气机物化，皆有往来，原于道之流荡，推移吐纳，妙于不静。……坚强则有倚而失用，非道也。道之用，以弱动而已。若夫道，含万物而入万物，方往方来，方来方往，蜿蟺希微，固不穷已。"④"心弥急者机弥失，是弥坚者非弥甚……道数无穷，

————————

① 王夫之：《庄子通·天道》，《船山全书》第十三册，岳麓书社 1993 年版，第 508 页。
② 萧萐父、许苏民：《王夫之评传》，南京大学出版社 2002 年版，第 542 页。
③ 王夫之：《庄子通·天道》，《船山全书》第十三册，岳麓书社 1993 年版，第 508 页。
④ 王夫之：《老子衍》，《船山全书》第十三册，岳麓书社 1988 年版，第 41 页。

执偏执余以尽之,宜其憎乎物,而伤乎己也。"①

王夫之认同老子以静制动、不轻举妄动的思想,他阐发"重为轻根,静为躁君"这段话说:"一息之顷,众动相乘,而不能不有所止。道不滞于所止,而因所止以观,则道之游于虚,而常无间者见矣。惟不须臾忍,而轻以往,则应在一而违在万,恩在一隅而怨在三隅,倒授天下以柄,而反制其身。故夏亡于牧宫之造,周衰于征汉之舟。以仁援天下而天下溺,以义济天下而天下陷,天下之大,荡之俄顷,而况吾身之内仅有之和乎?"②

因此,为政者必须懂得,在政治治理中绝不能轻举妄动,他指出这一做法所带来的危害说:"动天下之形,犹余其气;动天下之气,动无余矣。……'烹小鲜'而挠之,未尝伤小鲜也,而气已伤矣。伤其气,气遂逆起而报之。……杀机一动,龙蛇起陆,而生德戕焉。可畏哉!岂有以治天下哉?'莅'之而已。"③

船山结合历史事实来说明以静治国策略的功效,他赞赏汉光武帝以柔道取天下,以静安天下;对于唐高祖静以待时,后发制人,"坚忍自持"、"以静镇之"的策略亦多加褒杨。④ 但他也指出,实施柔静之道不能脱离具体的历史条件,如汉章帝柔处外戚,"仁厚而溺于床第",导致汉末"颠越于妇家,以进奸雄陨大命"。⑤ 唐代宗行柔弱之道亦取败。可以说,王夫之在总结历史经验的基础上,对道家贵柔守静思想在治国安民方面的效应做了非常深刻而又具体的剖析,以下尝试进一步述之。

王夫之盛赞汉光武帝刘秀在汉末的战乱中能够荡平群雄为"神武不可测",他总结刘秀克敌制胜的原因说:"岂有他哉?以静制动,以道制权,以谋制力,以缓制猝,以宽制猛而已。"他还将刘秀"治天下以柔道行之"的名言进一步推衍到取天下之时。他接着刘秀的这句话说道:"非徒治天下也,其取天下也,亦是而已矣。柔者非弱之谓也,反本自治,顺人心以不犯阴阳

---

① 王夫之:《老子衍》,《船山全书》第十三册,岳麓书社 1988 年版,第 31 页。
② 王夫之:《老子衍》,《船山全书》第十三册,岳麓书社 1988 年版,第 32 页。
③ 王夫之:《老子衍》,《船山全书》第十三册,岳麓书社 1988 年版,第 55 页。
④ 参见王夫之:《读通鉴论》卷二十,岳麓书社 1988 年版,第 734 页。
⑤ 参见王夫之:《读通鉴论》卷七,岳麓书社 1988 年版,第 268 页。

之忌也。……光武则乘思汉之民心以兴。"

当天下割裂聚斗之时,刘秀起而平定天下;即位之后,又顺应民心采取了一系列的措施,"修郊庙,享宗祖,定制度,行爵赏,举伏湛,征卓茂,勉寇恂以绥河内,命冯毕使抚关中"。这些措施最关键的一点是安抚人心,"一以从容镇静结已服之人心,而不迫于争战"。这是典型的以柔克刚之策略,致使"桀骜疆梁之徒,皆自困而瓦解"。王船山赞叹说:"取天下者,唯光武独焉!"即使是高祖刘邦"未必其能耆定如此也,而光武之规模弘远矣!"

在以上史论中,王船山明确地指出,"柔者非弱之谓也",以柔克刚的策略之所以奏效,就是因为其顺应了人心思治、人心思安的历史潮流,"反本自治,顺人心以不犯阴阳之忌也"①。

王夫之虽然驳斥道家的守静说,但由于老子的思想较抽象,有些概念还近于"模糊",故对同一概念人们常作出不同的理解,从而也导致了不同的社会效果。王氏看到了这种倾向,因此,他将不同含义的"静"严格区分开来。他举例说:"诸葛亮治国以勤,事繁身瘁而不屈",但在道德修养方面却崇尚静淡,倡言"宁静可以致远,淡泊可以明志"。因此,王船山分辩说,诸葛亮的静淡"殊乎王衍、房琯之静淡。"

王衍、房琯分别是晋代和唐代的丞相,皆以谈玄理、尚虚静而误国。据《晋书·王衍传》载,王衍"唯谈老庄为事,不以经国为念,而思自全之计",后为石勒的军队打败而被杀。房琯在安史作乱,两京陷落,主忧臣辱之时,但与庶子和臣僚"高谈虚论,说解……老子虚无",在征讨安军时全军覆没。可见,王、房二人的静淡只是一种不务实事、消极无为的懒汉懦夫哲学,而诸葛亮的静淡却是一种淡泊名利、志存高远的高尚情操。二者有着完全不同的出发点和社会效应。前者能激励人们超乎世俗的物质诱惑和眼前利益,寻求更为远大的理想和目标;而后者却只能诱导人们无所事事、一蹶不振。王夫之将二者明确地区分开来并对其作出不同的评价,这对于道家治道的健康发展有着剔浊扬清的意义。

与柔弱守静相连的思想是谦让之道。老子将"不敢为天下先"奉为处

---

① 以上引文参见王夫之:《读通鉴论》卷六,岳麓书社 1988 年版,第 223—224 页。

世的"三宝"之一,告诫统治者"善用人者为之下"。王夫之亦推崇谦让之德,他指出:人类处于天地万物之中,"虽圣人而不能知、不能行者多矣。君子如此,念道之无穷而知能之有限者,故学而知其不足,教而知因……故虽至于圣,且不自圣,以求进德于无已,而虚受万物以广其仁爱。"由于君子体认到谦之德乃"天地人神,情理之自然",故其能始终如一地保持谦德。

但是,王夫之承袭了一些人对老子"将欲张之必固翕之"等主张的误解,他指出,道家之谦下则不同于君子之谦。道家"以私智窥天地鬼神之机,持人情之好恶,欲张固翕,以其至柔驰骋天下之至刚……则其始于谦者终于悍",走向谦德的反面。①

因此,王氏竭力主张将道家之谦与君子之谦严格区分开来。他认为道家之谦"离诚而用伪",并非出自内心,而只是一种欲取故予的徼利手段。君子则由于认识到"道之无穷而知能之有限",因此,其持守谦下是发自内心的,"反己自克而求进于道,非以悦人也","非但以求利也"。故二者"流同源别,贞邪迥异"②。

谦让是中华民族的美德,但历史上的确也存在挟谦让之术以售其奸的小人,不过,王夫之将此归咎于道家,显然未必公允。但他揭露虚伪的谦让,抨击那些假谦让之术而获利的小人,力图通过"反己自克"的修养功夫,求得真诚无邪、豁达洒脱的谦让之德,则是发人深省的。

四、诚朴资治,厚疑致祸

守朴弃诈是道家的要论之一,老子将"处其厚不居其薄、处其实不居其华"奉为理想人格——"大丈夫",将以智诈治国斥为"国之贼",反对君主对臣下玩弄智诈,滥加猜疑。对于老子守朴去诈的信条,王船山是十分认可和赞同的。他推衍老子"见素抱朴"宗旨时说:"含天下之文者,莫大乎素;资

---

① 以上引文均见王夫之:《周易内传》,中华书局 1977 年版,第 171—172 页。
② 参见王夫之:《周易内传》,中华书局 1977 年版,第 172—173 页。

天下之不足者,莫大于朴。"①充分肯定了素和朴的价值。更值得关注的是,王船山厌恶诈伪、疑忌,将真朴诚信、不滥猜疑作为重要的治国理念。他说:"诈始方兴,而愚天下以乘其变,而天下亦起而愚之矣。"②"明主一怀疑而乱以十世,疑之灭德甚矣哉!"③他斥责权谋之士"随万物而斗智","驰骋天下而丧其天则"。④

　　船山痛切地认识到,君臣、君民上下之间已形成严重隔阂所造成的弊端:"上之与民,势相绝而心不相信,久矣。"⑤而这是明朝衰败的重要原因。故他追求君臣上下、君民上下的感通和互动,力图实现社会和谐的理想目标。他认识到,这一理想目标的实现有赖于民众与君主之间的相互信任、坦诚相待,于是,他将"诚"作为自己追求的最高道德境界。"诚"这一范畴虽出自儒家,但真实无妄、诚信不欺的内涵与老子守朴去诈的主张是一致的。

　　从历史和现实的经验教训出发,王船山对君主猜疑臣下所产生的负面作用进行了总结:第一,将导致对国家人才资源的破坏和压抑:"上多猜则忠直果断之士不达,上多猜而忠直果断者拙,而士相习于茸靡,虽有贞志发焉而不成。"⑥治国之才得不到很好的发挥和利用,这对于国家当是一个重大损失。第二,导致了宦官专权的混乱政治局面。他举例说,东汉末年宦官专权之根源就在于汉光武帝怀疑大臣,不亲属下:"崇三公之位,而削其权,大臣不相亲也;厚其疑于非所疑,使冲人孤立于上,而权臣制之,不委心膂于刑人,将谁委乎?"大臣之权被削,中主不胜其劳,而代言之臣重,然而代言之臣位秩卑下,不能近君主,这就为秉笔之宦官持权提供了机会,"祸乱之兴,莫挽其流矣"。⑦ 第三,将导致人心涣散,人人自危:"大臣或有一二端之欺己,而遂厚致其疑;然其疑君子也,必不信小人;君子且疑,而小人愈惧。"君臣相互防范,臣下惧悚乎上,离心离德,人人自危,忠直之士报国无门,甚

---

① 王夫之:《老子衍》,《船山全书》第十三册,岳麓书社1993年版,第28页。
② 王夫之:《周易外传》,中华书局1977年版,第233页。
③ 王夫之:《读通鉴论》卷七,岳麓书社1988年版,第273页。
④ 王夫之:《周易外传》,中华书局1977年版,第233页。
⑤ 王夫之:《四书训义·论语二》,岳麓书社1990年版,第307页。
⑥ 王夫之:《读通鉴论》卷六,岳麓书社1988年版,第597页。
⑦ 参见王夫之:《读通鉴论》卷七,岳麓书社1988年版,第273页。

至横遭打击压制,国家衰败当然也就势在必然了。显然,这些认识,正是以事实诠释了《老子》"以智治国国之贼"的论断。

为了让人们更为深刻地认识君臣之间不能坦诚相处的弊端,王夫之对东汉末年宦官专权的原因进行了深刻的分析,其矛头直指曾被他赞誉为"三代而下,取天下者……独焉"的刘秀。刘秀由于防范猜疑大臣而采取以下措施:"崇三公之位,而削其权,大臣不相亲也;授尚书以政,而卑其秩,近臣不自固也。"于是为汉室留下了一系列的隐患:"故窦宪缘之制和帝不得与内外臣僚相亲,而唯与阉宦居。非宪能创锢蔽之法以钳天子与大臣也,其家法有旧矣。三公坚持匈奴之议,而不能违宪之讨虏,权轻则固莫能主也。尚书郅寿抗窦宪而自杀,则诛赏待命于权臣也。"因此,王夫之指责刘秀"厚其疑于非所疑者",防范钳制大臣的结果是导致君主孤立于上,只能亲近宦官,导致"秉笔之宦寺持权;祸乱之兴,莫挽其流矣"。王夫之感慨地说,即使是如汉光武帝这样的明君,不能与大臣坦诚相见亦造成如此严重之恶果,"明主一怀疑而乱以十世,疑之灭德甚矣哉!"①

为了更有效地清除君主疑忌臣下的痼疾,船山进一步挖掘其思想根源,认为这是出于一己之私、一家之私的狭隘立场。他批评赵匡胤为保赵氏江山而削将帅之兵权的集权措施,因为,"创业之主而委任大臣,非仅为己计也"②,作为一个明智之君,不能为了自己的一姓之私利而"斤斤然畏专擅以削将帅之权",如其子孙不肖,"则宁丧天下于庙堂,而不忍无知赤子窥窃弄兵以相吞啮也"。③

当然,船山也深知,欲使君主做到"宁丧天下于庙堂,而不忍无知赤子窥窃弄兵以相吞啮"是不可能的。故他更着重论述了不讲信义、滥逞私意对于君主之长远利益的危害:"夫宋之所以生受其敝者,无他,忌大臣之持权而颠倒在握,行不测之威福以图固天位耳。④ 宋太祖为一己之私而削大臣之权,不仅导致了国家的疲弱,更直接动摇了赵宋的一统江山。这一历史

---

① 以上引文均见王夫之:《读通鉴论》卷七,岳麓书社 1988 年版,第 273 页。
② 王夫之:《读通鉴论》卷七,岳麓书社 1988 年版,第 273 页。
③ 王夫之:《读通鉴论》卷十七,岳麓书社 1988 年版,第 669 页。
④ 王夫之:《宋论》卷二,《船山全书》第十一册,岳麓书社 1992 年版,第 71 页。

教训,充分说明了君主疑忌臣下而背弃大公之德的严重危害,这说明,单从一家之私利出发来进行制度安排,其结果只能是事与愿违。

君主对臣下应该去疑守诚,而臣下亦应持守诚德以事君主:"为臣而尽敬于君,诚也。"在王船山看来,对于臣下来说,诚德意味着以实事求是的态度对待君主和自身的行为:"君之不善,不敢以为圣明;己之无罪,不敢自以为罪,亦莫非诚也。"这就是说,臣下不能毫无原则地附和或容忍君主的过恶,亦不能一味屈服于君主的淫威。王船山严厉地批评那种不分是非曲直、一味归罪于臣下的积习,他说:"'臣罪当诛,天王圣明',则欺天欺人,欺君欺己以涂饰罔昧冥行于人伦之际,而可以为诚乎?"①在日益强化的封建专制制度下,君主即是真理的化身,"臣罪当诛,天王圣明"的观念已经深深地渗入无数臣子的头脑中,臣下的自主人格和政治判断能力受到极大的压抑,这对于封建国家政治治理的有序和合理化是极具破坏力的。王船山深刻地认识这一问题的严重性,这正是他强调大臣信守诚朴实事求是、敢于直言的良苦用心。

王夫之通过历史教训而阐发出君臣之间坦诚相处的重要性,这实际上从一个重要的视角揭示了老子"见素抱朴"、"以智治国国之贼,不以智治国国之福"等主张的意义。这也是他推崇老子"见素抱朴"的宗旨,将其推衍为"含天下之文者,莫大乎素;资天下之不足者,莫大于朴"的深刻原因之所在吧。

五、先自俭让,躬行于上

老子和孔子皆重视为政者以身作则,《老子》第五十七章说:"我无为而民自化,我好静而民自正,我无事而民自富,我无欲而民自朴。"《论语·为政》说:"政者正也,子率以正,孰敢不正?"王夫之继承了这些思想,他认识

---

①　以上引文均见王夫之:《读四书大全说》,《船山全书》第六册,岳麓书社 1991 年版,第1013 页。

到徒有其表之说教方式的无效:"饰其威仪,藻悦其文辞。表有德之容以立教坐议者,知侈于物而失正于己;德不充,奚有自然之符应邪?"①

他强调帝王自身的道德修养对民众的示范效应说:"帝王之所以入于撄而常宁,而天下莫不宁矣。"②通过阐发《庄子·人间世》中仲尼与颜回关于"无听之以耳而听之以心,无听之以心而听之以气"的一段话,船山论述了为政者自身修养对于化育天下的重要作用。文中说:"心含气以善吾生,而不与天下相构,则长葆其天光,而至虚者至一也。"他认为,具有"澄其气以待物"的修养,就能够"将暴人狂荡之言,百姓怨诅之口,皆止乎化声而不以荡吾之气,则与皞天之虚以化者,同为道之所集,外无耦而内无我,庶可以达人之心气而俟其化。"于是,人世间的机心、政治上的威权统统成为多余之物,"虽有机有阱,有威有权,无所施也"。船山高度评价这种通过为政者的自我修养和"达人之心气"而化解冲突、化育人心的方式,"此游于人间世之极致,至于未始有我而尽矣"③。

船山进一步指出,君主、大臣等高层管理者对天下之人发挥着重要的道德导向作用:"天子者,化之原也;大臣者,物之所效也。天子大臣急于功,则人以功为尚矣;急于位,则人以位为荣矣。俭者,先自俭也,让者,先自让也,非可绳人而卑约之者也。其为崛起而图王,则缓称王,缓称帝,而众志争。"④高层管理者急于争权夺利,则必将导致众人汲汲于权利之争而影响整个战略目标的实现,船山褒扬汉高祖在这方面的明智态度:"汉高之战成皋也,项羽一日未平,则一日犹与韩、彭、张、吴齿,故韩信请王,终夺之而不敢怨。"因此,高层管理者在这方面树立表率,必将起到凝聚人心、整肃纲纪的重要作用:"君与大臣之志明,则天下臣民之志定,岂恃综核裁抑以立纲纪哉!"⑤因此,王船山称道最高管理者身体力行的引导之功:"化行俗美,先王先公之以忠厚开国,躬行于上而教施于下者,唯此焉耳。"⑥这种以身作则

---

① 王夫之:《庄子解·德充符》,《船山全书》第十三册,岳麓书社1988年版,第147页。
② 王夫之:《庄子解·应帝王》,岳麓书社1988年版,第177页。
③ 以上引文均见王夫之:《庄子解·应帝王》,岳麓书社1988年版,第132—133页。
④ 王夫之:《读通鉴论》卷十二,岳麓书社1988年版,第458—459页。
⑤ 以上引文均见王夫之:《读通鉴论》卷十二,岳麓书社1988年版,第459页。
⑥ 王夫之:《四书训义·论语二》,岳麓书社1990年版,第309页。

的德教活动,如风行草上,风至而草偃,令人油然心向往之,沛然不起而行之。

由这一思想出发,王船山围绕统治者率先垂范、以德化民的问题进行了诸多论述。他指出,"使民敬"、"劝以忠"乃是实现行政管理目标的重要前提,"诚为政者之所急图"。但如何引导民众践履忠、敬之德呢?使用高压手段是万万不行的:"民既不服,苟为之禁令,严为之刑法,而欲使之服,愈以失民,而安可为乎?①这些话语虽然是对《论语》的内容所作的训解,但字里行间人们似乎可以听到《老子》"法令滋章盗贼多有"、"民不畏死奈何以死惧之"的回声。

围绕如何培养民众的忠、敬之德这一问题,船山阐发了以德化民的行政管理方法。他认为,虽然民众的本性之中具有"自可使之敬,使之忠,使之劝"的善性,但要将这些善性扩充为忠、敬之品德,则绝非仅凭行政官员们夸夸其谈的说教所能奏效,而需要管理者"有以动之",通过在行政管理活动中表现出来的道德行为来作出示范:"使之敬者,唯在有以示之焉。当临民之际,言无戏言也,动无妄动也,则使玩亵于法官令仪之下,而其心必有所不能安者矣,潜移其愚悍之气,不知其恪恭何自而生也。使之忠者,唯在有以化之焉。使之劝者,唯在有以导之也。"②

以上这段话语,实在蕴含着很深刻的管理伦理智慧。他告诉人们,"使民敬"、"劝以忠"的管理目标的真正实现,必须以感而化之的真实情感为基础,它的深层内驱力来自管理者的道德人格魅力,而不能通过外在的权力控制或其他强制手段所能产生。民众的恭敬之心,来自对管理者在管理活动中"言无戏言"、"动无妄动"的自律行为之感召,来自对政治行政活动之公正合理性的认同;而民众的忠诚之德,来自对行政管理者崇高道德品质和道德行为所产生的衷心敬重与服膺。"有以示之"、"有以化之"、"有以导之"的关键在于"有":行政官员首先要具有存之于心、显之于形的真真实实的道德品质,要具有贯穿于管理活动乃至家庭生活中的付诸实践的道德行为。

---

① 王夫之:《论语二》,《四书训义》卷六,岳麓书社 1990 年版,第 308 页。
② 王夫之:《论语二》,《四书训义》卷六,岳麓书社 1990 年版,第 308 页。

有了这一切,才能够真正实现"导之"、"化之"的功效。故船山接着说:"敦仁厚之心,自孝于亲也,自慈于众也,则令怀愍以事敦本笃爱之主,而其心必有不能自容者矣,密革其变诈之情,自知亲上之不可二也。"①

这里所说的"法官令仪"即是指法令礼仪这些政治生活中不可缺少的行为规范。船山认识到,民众之所以会"玩亵于法官令仪之下",其重要原因还在于行政官员自己不能以身作则地践履这些行为规范,言有"戏言",行有"妄动",因而缺乏使人信服的力量。而要促使行政官员更好地践行这些规则,其根本措施仍在于提高他们的道德水平。因为能否真正理解并正确地运用行为规范最终还是取决于行为者的道德状况。正如现代西方德性伦理学的代表人物麦金太尔所指出的:"只有拥有正义美德的人,才能了解如何去运用法则。"②行政官员只有真正具备了仁厚之德、"敦仁厚之心",才可能在行政活动中毫无勉强地践履忠孝慈爱等伦理规范,"自孝于亲","自慈于众"。而一个具有"仁厚孝慈"、"敦本笃爱"之人格魅力的管理者,会产生一种强烈的感化力量,由此能让那些对国家法令轻漫不恭之人心生不安,让那些心怀二心的下属内心产生疚愧而"不能自容",从而洗心革面,"密革其变诈之情"。

的确,行政官员自身的道德状况直接影响行政管理活动的效率和质量。因为行政官员既是行政伦理行为的发出者,又是行政伦理行为道德化的前提,一个道德品质低下的行政官员是绝不可能道德地进行公共事务管理的。特别是在德治治理模式下的中国古代,政府官员自身特别是君主的道德自律更是直接影响着行政伦理关系以及政治行政活动的效率。因此,王船山又强调,礼法制度不仅是约束民众,而且更是约束最高管理者的行为规范,最高管理者应该率先谨守制度礼法:"君之所以自正而正人者,则唯礼而已矣。""谨制度、修礼法当自天子始。天子正而后诸侯正,诸侯正而后大夫莫敢不正;反是则乱之始也。"③众所周知,在中国封建专制制度下,君主具有至高无上的地位,在实际政治生活中,君权是无所制约的,制度礼法主要只

---

① 王夫之:《论语二》,《四书训义》卷六,岳麓书社 1990 年版,第 308 页。
② 麦金太尔:《德性之后》,中国社会科学出版社 1995 年版,第 192 页。
③ 王夫之:《礼记章句》卷九,岳麓书社 1991 年版,第 553 页。

是针对臣民而设立的约束。而王船山却要求至尊至大、素无约束的天子应该首先正己，率先"谨制度、修礼法"，由此带动整个统治集团成员的正身律己行动，并且强调统治者谨制修礼的自我约束对于政治稳定的重要作用，这一认识是极具积极意义的。

六、顺性而成，胥相各得

因性而为，顺应人性、人心来进行管理，给民众自为自治的空间，这是道家无为而治管理模式的核心内容。王船山由于痛感到"治天下者生事扰民以自敝"的危害，希图"测老子之几，以俟其自复"①，故他对老庄顺性而治的主张有相当丰富和深刻的阐发。

他说："至大无乎大，至德无乎德，与天下休于无可名言之地，万类繁生，各若其性；而实不系于一德者，名不立于一大，此则天地之情也，万物之实也，大人之蕴也。"②"澹心漠气以顺乎物，无益损于物而物不害；一也。唯才全而德不形，不悦生而恶死，可以养生，即可以养民。"③"人也，天也，物也，皆自然之化也。得其自然之化而无不乐。"④

为了实现这种"自然之化"，船山将人类历史各个时期的政治治理模式皆视为因时而兴的产物："皇治皇之天下，帝治帝之天下，王治王之天下，皆蘧庐也。时已去而欲止之，怀蘧庐以为安居，变易人之性命，而道雍不行，恶足以及于化哉！"各种政治治理模式无论其如何完美，但都只能对应于、适应于当时当地的国情民情，它们好比是旅途中临时栖身的客舍，故不能将任何一种方式奉为永久的"安居"，否则就会阻碍治道的合理运行，而无法实现天下的自化、自正。

船山甚至还将顺应自然的治理方式视为拨乱反正的法宝："顺其自然，

---

① 王夫之：《老子衍·自序》，《船山全书》第十三册，岳麓书社 1993 年版，第 15 页。
② 王夫之：《庄子解·徐无鬼》，《船山全书》第十三册，岳麓书社 1993 年版，第 381 页。
③ 王夫之：《庄子解·应帝王》，《船山全书》第十三册，岳麓书社 1993 年版，第 178 页。
④ 王夫之：《庄子解·天运》，《船山全书》第十三册，岳麓书社 1993 年版，第 252 页。

则物固各有性命;虽五伯七雄之天下,可使反于其朴。"即使是处于纷乱之世,如果为政者能够体恤民情,顺应民性,亦能让天下之人各遂其生,走向真朴和谐的理想社会。单纯依靠顺其自然的治理方式就能救民于战火、拨乱反正,这当然有其片面之处,但由此可见,在船山这里,顺应自然的治理模式具有非同寻常的地位和作用。因为这一治理模式符合天地万物和人类社会的生成发展规律:"盖我与物皆因自然之化而生,不自立为人之标准,风且为我效化,而无待于雌雄"①;"人莫不在宥于天,而各因仍于其道,则不以物撄己,不以己撄物,虽乱而必治,物自治也。物之自治者,天之道也"②。因此,为政者人为地干扰这一自然秩序,只会被人耻笑而不屑:"屑屑然见有物而说之,以数撄之者,人也;有司之技也。主贵而臣贱。臣道者,一官一邑之能,宋荣子犹然笑之,人役而已,贵爱其身者弗屑也。"③

在船山这里,顺性而治的主张又是与其朴素辩证法思想密切相连的。他说:"贵贱无恒,小大无定……贵贱者,相反而生者也;多少者,代谢而互驰者也。则不可执一以为可,执一以为不可,明矣。"因此,为政者应当有兼收并蓄的胸怀:"兼怀之,无不可也;无所承翼,无可为也……今之所非,前之所是;今之所是,后之所非;时移势易,而是非然否亦相反相谢而因乎化。化之已至,物自化焉,吾又恶得而不化也? 故无容以可为、不可为疑,坦然任运,寓诸庸而得矣。"④船山还警告为政者说,如果固守自己的道德标准强迫天下之人服从,则是相当愚蠢的行为:"以己之德而使天下顺之安之,兴其治化,是亦以德冒天下,而德衰矣。"⑤

在缺乏自由、人性受抑的封建专制制度高度发达的社会环境中,船山从老庄顺应自然的思想中进一步阐发出"因自然之化而生"、"得其自然之化而无不乐"、"贵贱无恒"等主张,不仅折射出独特的时代思潮,而且更具有思想启蒙的积极作用。

---

① 以上引文均见王夫之:《庄子解·天运》,《船山全书》第十三册,岳麓书社 1993 年版,第260 页。

② 王夫之:《庄子解·在宥》,《船山全书》第十三册,岳麓书社 1993 年版,第 217 页。

③ 王夫之:《庄子解·在宥》,《船山全书》第十三册,岳麓书社 1993 年版,第 217 页。

④ 王夫之:《庄子解·秋水》,《船山全书》第十三册,岳麓书社 1993 年版,第 276 页。

⑤ 王夫之:《庄子解·缮性》,《船山全书》第十三册,岳麓书社 1993 年版,第 266 页。

从顺性而治民的基本原则出发,庄子曾激烈抨击儒家仁义德教对自然之性的伤害,《庄子·骈拇》中说:"自有虞氏招仁义以挠天下也,天下莫不奔命于仁义,是非以仁义易其性与?"在这一问题上,作为儒者的王船山对庄子的批评相当认同,他始终站在顺应人性的立场来评价仁义道德这一儒家传统,深刻地剖析固守古人的仁义之迹而伤害自然之性的弊害。他说:"有虞氏之仁义,非今之仁义也",因此,将他"命官诛凶"的做法照搬过来,强迫"在廷在野之臣民而效之,未有不乱者"。同样,"惟舜以仁义名,而奉其名以为法,有一不肖,则窃窃然忧之,究不知仁义之为何物"。王夫之痛切地指出,盲目尊奉仁义之名却不知其实质精华,"习之习之而成乎性,则戕性、逆情、夭命,皆其惑之所必至"。因时顺势、尊重人性的立场促使船山毫不留情地将批评的矛头指向了儒家所尊奉的先王:"故招挠之过,归之有虞氏而不可辞。"①

王船山虽然将纠风俗、正人心、恢复儒家道德秩序视为人生的奋斗目标,但在内心深处,他似乎更向往老庄崇尚的那种"自安"、"自育"、"胥相各得"的社会生活。他在阐解《庄子·天运》时说:"老者自安,少者自育,胥相各得,天下莫知其为谁之赐。仁孝之名不立,奚勉勉于敬爱以扰天下哉?至贵不可以品秩序,至富不可以积聚计,至德不可以仁知名,至仁不可以爱敬言。亲者自亲,长者自长,此无所益,彼无所损,通之天下而无所渝,乃以与天地日月风云之自然者合其德。"②这段话语虽然是他对于《庄子》思想的阐发,但却鲜明地流露出王船山对道家善政的认同与向往。

顺性而治的重要前提是为政者的宽容为怀,船山通过阐释《庄子·在宥》的篇名而表达对宽容政治环境的向往,他说:"宥之为言宽也:是焉而不以为是,非焉而不以为非,利者勿使害,害者不为之利,天下宽然足以自容,而复其性有余地。在之、宥之,则无为而无不为矣。"为了促进宽松政治环境的实现,他又从多方面分析为政者不能在宥的原因乃是"身之未正,心之未宁,嗜欲积中而天机外荡","为功名而自尽覆其所不正","役其见闻觉知

---

① 以上引文均见王夫之:《庄子解·骈拇》,《船山全书》第十三册,岳麓书社1993年版,第188—189页。

② 王夫之:《庄子解·天运》,《船山全书》第十三册,岳麓书社1993年版,第250页。

以与物相斗"。①

即使在训解儒经或谈及儒家人物时，船山也要引入顺性而治的主张。例如，他通过儒家理想人格帝尧的为君之道，论述了顺性而治的功效。他说："尧之为君，定生人之纪，而不扰其性……而尧之运于一心，以尽体血气心知之性情而着其功效，则天之所生，皆尧之所为也。"尧君临天下之德的基本原则就是随顺人性，"尽性以尽人物之性"，而这也正是他"以成为君之大业"的重要原因。船山将尧这一"尽人物之性"的治理原则奉为楷模，他说："后之君天下者，舍尧其奚法哉！"②船山不仅在管理理念上强调顺性而治，而且还通过发挥《易经·坤卦》的思想，提出了"以坤治人"这一具有可操作性的建议："君子体坤之德，顺以受物"。为何要"以坤治人"呢？船山解释说："虽乾坤之大德，而以刚健治物则物之性违；柔顺处己，则己之道废。"他认为，代表着刚健的乾德和代表着柔顺的坤德分别应用于处己和治人两个领域，各有其不同的功用，不能替换。治理民众须以随顺因应为原则，故以乾德的刚健之道对待民众则将违逆、扭曲众人的自然之性；而立己修身则应以刚健为原则，故以坤德的柔顺之道立己则恐放弃基本的原则和操守。因此，王夫之强调，"惟以乾自强，以坤治人，而内圣外王之道备矣"③。"以乾自强"，是严于律己，而"以坤治人"，则是以宽厚谦仁之胸怀接纳他人，"合天下之智愚贵贱皆顺其性而成之，不以己之所能，责人之不逮"。如此，管理者方能增强凝聚力，对已有的人力资源进行优化配置，实现管理目标："而内圣外王之道备矣"④。显然，这虽然是在阐发儒家经典《周易》，但道家"常善救人"、宽容并蓄、顺性而治等治国主张已经蕴含于字里行间了。

当然，船山对于老庄的治道也并非完全认同，例如他评价老子"王侯得一以为天下正"、"贵以贱为本，高以下为基"一段时就表示异议说："夫贵贱

---

① 以上引文均见王夫之：《庄子解·在宥》，《船山全书》第十三册，岳麓书社1993年版，第203页。

② 参见王夫之：《论语八》，《四书训义》卷十二，岳麓书社1990年版，第552—553页。

③ 以上引文均见王夫之：《周易内传·坤卦》，岳麓书社1992年版，第78页。

④ 以上引文均见王夫之：《周易内传·坤卦》，岳麓书社1992年版，第78页。

高下之与'一'均,岂有当哉? 乃贵高者功名之府,而贱下者未有成也。功立而不相兼,名定而不相通,则万且不尽,而况于'一'?"①又如,他对于《老子》第五十四章中关于身国同治的观点亦提出不同看法说:"己与天下国家立,则分而为朋矣。彼朋'建',则此朋'拔';彼朋'抱',则此朋'脱'。然而有道者,岂能强齐而并施之哉? 事各有形,情各有状,因而观之,可以无争矣……方且无'身',而身何'观'? 方且无乡、邦、天下,而我又何'观?'"②这些异议,显示出船山在个人与国家的关系问题上与老庄的分歧。无独有偶,我们在绪论中谈及道家治道的特点时也曾提到,明代思想家李贽亦对老子这段话语提出异议,这都反映出启蒙思想家对传统批判继承的价值取向,为后人研究和应用道家治道提供了很有价值的借鉴。

　　船山虽然以力辟佛老复儒学正统作为治学的要旨和人生使命,但实际上,他对佛道有辟亦有传,特别是对老庄治国思想及其功效多有肯定。他称道老子清静无为、上德不德、守朴弃诈等主张,赞扬"庄子之言博大玄远",指责封建"德政""伤人也尤多",认为去除僵化的道德教条则"天下自宁",主张为政者"顺物自然而无私",以静制动,以柔治国,向往"自安"、"自育"、"胥相各得"的社会理想。这都反映出船山总结、批判、弘扬、创新中华文化的博大志向,也对道家治道作出了有益的补充和发展。

---

① 王夫之:《老子衍》,《船山全书》第十三册,岳麓书社1993年版,第41页。
② 王夫之:《老子衍》,《船山全书》第十三册,岳麓书社1993年版,第51页。

第二十一章　魏源《老子本义》"贵贱同一"的治世主张

魏源（1794—1857 年），清代启蒙思想家、政治家，湖南邵阳隆回人，官高邮知州，晚年弃官归隐著书立说。他以"经世致用"为宗旨，主张变法图新，"师夷之长技以制夷"，是近代中国"睁眼看世界"的先行者之一。生当内外交困、弊端丛生的清朝后期，魏源一方面主张学习西方，改革图强，"师夷长技以制夷"；另一方面又试图从传统文化中寻求药方，并将目光投向了《老子》这部饱含经世治民智慧的经典。他认为，自韩非子以下解《老子》者虽然不下千百家，但"皆执其一言而阂诸五千言……泥其一而诬其全"①。他不满意前人对《老子》各执一端的种种注释，亦无心从养生延命的角度来研究老学，而是将焦点集中于经世致用方面，视为"救世之书"②，希望从中找到救世革弊的药方。围绕这一目的，魏源从多方面阐发了老子的治国思想。

一、求《老》本义，矫世之弊

魏源认为，《老子》一书中包含着明道、修身、治国之理的极高智慧："老子之书，上之可以明道，中之可以治身，推之可以治人，其言常通于是三

---

① 魏源：《论老子》，《老子本义》，世界书局 1935 年影印本，第 1 页。
② 魏源：《老子本义》第三章，世界书局 1935 年影印本，第 5 页。

者。"①他强调,《老子》一书主要是针对统治者而作。在开篇的《论老子》一文中,魏源充分肯定了《老子》对于最高统治者的诸多启示意义:"老氏书赅古今,通上下。上焉者羲皇关尹治之以明道,中焉者(张)良(曹)参文景治之以济世,下焉者明太祖诵'民不畏死'而心减,宋太祖闻'佳兵不详'之戒而动色。"在他看来,从《老子》中获益最大的是能够体悟大道、掌握治身治世根本原则的统治者,其次是能够运用其中的社会治理思想以经世济民的统治者。如若达不到以上境界,至少也能促使统治者从《老子》的某些话语得到启示,纠偏改过。可见,《老子》绝非如某些浅见者所言,只是玄远虚妄之论,而是一部具有经世致用重要价值的作品,故他立志对《老子》全篇进行全面而深刻的理解和把握,求其"本义",以"矫末世之弊"。

魏源针对历来歧意颇多的老子论礼这一问题进行辨析,认为老子其实是"深知礼意"之人。而《老子》一文中之所以斥礼义,是由于"深疾末世用礼之失,疾之甚则思古益笃,思之笃则求之益深,怀德抱道,白首而后著书,其意不返斯世于太古淳朴不止也"②。老子深知古人制礼之精意,然而,他却看到,在现实的社会政治实践中,礼已经演变为一套虚矫烦琐之程序,失去了古人制礼以协调社会秩序的初衷,引起了诸多弊端。因此,老子在"深疾末世用礼之失"的忧患意识中,怀着"不返斯世于太古淳朴而不止"的社会抱负,斥责礼制乃"忠信之薄而乱之首",试图重振淳朴之世风,以求纠偏救弊,这正反映出《老子》作为"救世之书"的特点。

从纠偏救世的目的出发,魏源对《老子》的内容就有了更为深刻的理解。例如,前代学者对于《老子》中的"不尚贤使民不争,不贵难得之货使民不为盗,不见可欲使心不乱"的主张曾有不同的看法或批评。而魏源却认识到,《老子》此话的深意乃在于"以太古之治,矫末世之弊"。他分析道,天下之所以不治,其原因在于为政者"有为",而"有为"乃由于"有欲","有欲"则由于"有知"。何以如此?

魏源这里说的"有为"不是一般意义上的有所作为,而是《老子》所批评

---

① 魏源:《老子本义》第五十一章,世界书局 1935 年影印本,第 39 页。
② 魏源:《论老子二》,《老子本义》,世界书局 1935 年影印本,第 2 页。

的导致"民之难治"的"有为",即是统治者强作妄为、朝令夕改、以自己的主观愿望强制民众的政治治理模式。这是一种无视客观规律、不尊重人、不相信人的治理模式。之所以采用这种模式,乃是由于当权者私欲膨胀,希望通过权谋智作以控制和占有手中的权力,而为这种私欲所左右,就会利令智昏,对自己的能力缺乏客观的估计,他们自以为是、自作聪明、私欲膨胀,希望通过权谋智诈以控制和占有手中的权力,由此而作出种种强作妄为的愚蠢行为。这些不明智之举常常在政治实践中碰壁,更会导致民众无所适从、投机钻营、唯利是图。所以《老子》第七十五章中告诫统治者说:"民之难治,以其上之有为,是以难治"。魏源对于有为政治所导致的弊端有着深刻的体会,他说:"夫民心之不虚者,以其有可尚、可贵、可欲之事也。"①统治者过多地发号施令干扰民众,必然导致民众唯上是从、争名夺利、巧取豪夺,而不可能安下心来,扎扎实实地各尽其力,为所当为,从而无法形成和谐稳定的社会秩序。魏源的上述分析是很中肯的。

可贵的是,魏源没有停留在《老子》以"不尚贤"、"不见可欲"、"不贵难得之货"等观念层面的解决方法,以图达到"使民不争"、"使民心不乱"、"使民不为盗",而是更深一层地探寻如何才能做到"不尚贤"、"不见可欲"、"不贵难得之货",从而从更为根本的方面着手来解决问题。他指出,在政治清明的"治世",社会运行处于有序的状态,"人尚纯朴",行所当行,为所当为,故不需要刻意褒扬"贤知",不屑于玩弄心计,"无事乎以贤知胜人";同时充足的物质生活资料能够满足人们的生活,"物取养人,无贵乎难得而无用"。在这样的情形下,"贤与不贤同用,难得与易得等视,民不至见之以乱其心,而争盗之源绝矣"。显然,魏源在这里强调的是,社会管理者首先必须营造一个清明的政治环境,同时必须创造一个能够使人尽其才、各有所用的社会环境,更要提供不断满足人们生活需要的物质条件,才能最终实现民心不乱,绝"争盗之源"。这是对《老子》思想的重要发展,亦是他立志进行政治改革和社会改革的思想基础。

他认识到,由于老子的"自然"、"无为"等概念较为抽象,容易引起误

---

① 以上引文均见魏源:《老子本义》第三章,世界书局 1935 年影印本,第 5 页。

解,故针对人们的一些错误理解而诠释说,老子所说的"自然",是"欲静不欲躁,欲重不欲轻,欲啬不欲丰",是"迫而后动,不先事而为","岂混荡为自然乎?"老子的"无为治天下"也绝不是"治之而不治",而是追求"不治以治之"的理想目标。在用兵方面,是"不得已用之",而"未尝不用兵",故绝非毫无原则地放弃武力。同样,老子也绝非"并常事去之",不问世事,而是强调"去甚,去奢,去泰",反对过分和走极端的行为。

　　他特别推崇《老子》"民不畏死,奈何以死惧之"等话语的警戒作用,认为"此老子悯时救世之心也。见当世勇于用刑,故戒之曰:'人之用勇不可不慎也。'"他论述严刑酷法的弊端说:"法网愈密,挂网愈众,而人之不畏死者愈甚,何则? 我敢者人亦敢之也。奉天者听命,而代天者专权,敢与不敢,或利或害,可不慎乎? 明太祖读'民不畏死,奈何以死惧之'之语,恻然有感,乃罢极刑而囚役之⋯⋯仁人之言,其利溥哉!"①这种以确凿的历史事实来凸显《老子》之救世价值的治学方式,鲜明地体现出魏源老学的经世致用特征以及实事求是的学风。

二、不盈、务内,利人外身

　　魏源专注于对老子救世之道的探求,而在中国封建社会君主专制制度之下,"救世"的重任往往多由最高统治集团来承担,故魏源特别重视对于《老子》之社会管理思想的阐述。这些管理思想既包括统治者对于社会的治理,亦包括对于统治者自身的管理。魏源认识到,统治者只有首先管理好自身,才可能达到政治上的清明,也才能够树立标范,教化人心,化成天下。因此,魏源对《老子》中的"行不言之教"、"俭啬寡欲"等对管理者的道德要求予以了特别关注。

　　他深刻地指出,民众之所以铤而走险,轻弃其生,是由于统治者过分的奉养自身:"我自厚其生,则人亦各欲厚其生,人各欲厚其生而不得,夫安得

---

① 魏源:《老子本义》第六十一章,世界书局 1935 年影印本,第 65 页。

不轻死乎？则是民之轻弃其生，由于生生之厚；而民之厚生，由于上之自厚其生，有以诱之而又夺之也。"上文中所说的"我"指的是最高统治者，这段话语的中心意思是告诫统治者"自厚其生"将导致的严重后果。统治者的行为往往起着价值导向的作用，他们在物质生活上厚养自己，养尊处优，广大民众必然会从而趋之。而封建社会那种生产力低下、物质财富有限的经济条件必然不可能同时满足众人对丰饶的物质生活的追求，上之奉养愈厚，则下之生活愈贫，民众的物质欲求被激发而又被强行压抑和扼杀，安居乐业既不可得，自然就会轻弃其生了。魏源深刻地看到，物质欲望是与生俱来的，如果不能妥善地节制欲望，很容易产生彼此的攀比和效法："夫民有生则有欲，则无不以相尚为高，此最难克之心，而有无穷之弊，岂不甚可畏哉！"①为了防止由此而引起的社会问题，魏源推崇老子"无以生为者，其贤于贵生"的结语说：此言乃"因言俗弊而遂及之，而其意则深远矣"②。告诫统治者不能毫无顾忌地厚养己身，而应充分考虑到自己的行为所引起的社会影响，为民众树立道德标范。

为了促使统治者自觉地进行道德约束，魏源提出"专务于内"的主张，他通过对比谦虚谨慎的好道者与矜夸自大的小人的不同行为和结果，深刻阐述了老子"不盈"、"守虚"、"专务于内"等思想在立身处事特别是在国家行政管理中的重要意义。他指出："道以不盈为大，不盈者专务于内，有若无，实若虚也。今施且夸焉（施，意为矜夸自大），则专务于外，无而为有，虚而为盈，无有穷极矣。"

"专务于内"是魏源继承《老子》"处其实不居其华"、谦下守虚、"行不言之教"等思想而提出来的，意为不尚外在的浮华虚词而注重自身内在的道德修养和精神充实。这正是有道者的风范，他谦虚不盈，"常若不足"，脚踏实地，厚积薄发，努力进行内在的修为。守此原则必将身修国治，建功立业。而小人浮躁浅薄，矜夸自大，"常若有余"。以这种原则处世，"为士则必徇名而荒德，为庶人则必侈末而耗本，为国家者则必至饰外而虚内。虽浅

---

① 以上引文均见魏源：《老子本义》第四十六章，世界书局 1935 年影印本，第 27 页。
② 魏源：《老子本义》第六十二章，世界书局 1935 年影印本，第 66 页。

深广狭不同,而其为以己徇人则一而已。特其显者,莫若国家之侈弊为尤易见,甚矣人心之难克,而施之可畏如此"①。这种"专务于外"、急功近利的做法对国家行政管理事务中所造成的弊害是不可估量的。这些犀利的指斥,至今对于各级管理者仍然是富有警戒意义的。

魏源之所以重视"务于内",又是与他对老子"善建者不拔"等思想的深刻理解紧密相连的,他阐释说:"天下之物,建于外者外物得而拔之;抱于外者,外物得而脱之;恃外有之固者,其固终不可恃也。若夫建德而抱一者,建之于心,抱之于内,初无建抱之形,苟我不自拔且脱,谁得而拔脱之乎? 盖非徒固之于一时,并且固之于后世。世人之建抱者,以智术邀结,则假于外者非己有;圣人惟修其一身之德,则足于内者无所假于外,故真也。"这就是说,外在的建树无论多么功业显赫却终究是可拔、可脱的,故不可依恃。故魏源接着指出:"以是知舍修而言建抱者,非善建善抱者也。离身而言修者,非真修也。修之身,德乃真,尽之矣!"②对于管理者来说,自我的道德修养和完善是建功立业的根基,因为任何管理首先是对人的管理,而对人的管理的关键又在于对人心的影响和控制,管理者具备良好的道德品质,才能令下属心悦诚服,齐心合力地实现管理目标,也才能上行下效,形成良好的社会道德风尚,从而实现社会的和谐有序、长治久安。故只有注重内在的修身养德才是真正不朽、造福后世的事业。这些话语实际上认识到了管理者的人格魅力等非权力影响因素的重要作用,对现代管理者是深有启示的。

柔弱慈让是《老子》所提出的处世原则,更是文中所倡导的治国之道。在外侮日深的民族灾难面前,在船坚炮利的西方殖民强盗面前,力主"师夷长技以制夷"的魏源又是如何阐释这一原则的呢?

在《老子本义》的开篇,他就强调对《老子》这一古代经典不能盲目地生搬硬套,而是强调根据各种不同的具体的情况对症下药,他明确地指出:"甘酸辛苦味不同,期于适口,药无偏胜,对症为功,在人用之而已。"③

在他看来,在当时的历史环境下,老子作为一部救世之书,其中的柔弱

---

① 以上引文均见魏源:《老子本义》第四十六章,世界书局 1935 年影印本,第 28 页。
② 魏源:《老子本义》第四十七章,世界书局 1935 年影印本,第 31 页。
③ 魏源:《论老子三》,《老子本义》,世界书局 1935 年影印本,第 7 页。

不争思想并非迂阔过时,反而是针对争战不止的时弊而提出来的。他指出:"老子著书,明道救时,见天下方务于刚强,而刚强莫胜于争战,今将救其弊,而返以慈俭谦退,则天下必以为不适于用,故其所明者以喻之。言吾之道无施而不可,虽用之以战守,亦无不胜且固者。盖慈则必俭,慈则不敢为先,是即兵家以退为进,以弱为强之道,其证以用兵之言者,使即兵以知柔退,即柔退以反于仁慈。非为谈兵而设。"①这段话包含了几层意思:第一,魏源看到天下"务于刚强"、争乱不已的弊害,大声疾呼停止争战,实现和平之世;第二,强调这是一种用兵者以退为进、以弱胜强的策略;第三,面对列强以武力征服世界的现实,魏源亦深知标举"慈俭谦退"之德难以为人们所接受,故他强调的慈、俭之德更主要的是将其作为战守方内部的统治者所信守的道德规范,以此才能够凝聚人心,增强战斗力,"虽用之以战守,亦无不胜且固";第四,由"柔退以反于仁慈",进而将其作为人际交往的美德,因此,它又并非仅仅"为谈兵而设"。

对于以上的最后一层意思,魏源是非常看重的,他还在其他章节中对此进行了阐述。他强调,柔弱不争绝非在强敌面前懦弱退让,而是不争私利,并将其作为调节民众内部或统治者与民众的利益关系的道德规范。他认为,无私无欲是黄老之学的主要内容。他指出,《老子》中对水的特性做了诸多描述和概括:"居善地,心善渊,予善仁,言善信,政善治,事善能"等,但在这些特性中,魏源最为崇尚的还是"善利万物而不争"的美德,认为"惟即以此数者为上善,则不若以不争为上善之说之得焉耳"②。将以上诸种美德皆誉为上善,则不足以突出不争之德的道德价值,在他看来,最高的善行乃是善利万物而不争私利,对此,他进行了详细的阐发。他说:"圣人处柔处下,本以先人而后其身也,而人愈贵之;寡欲无求,本以利人而外其身也,而人愈不害之。"③圣人遵从大道,故柔弱谦下、少私寡欲,自觉将自己置于众人之后,利益众生,先人后己,从而必然获得众人的尊崇和拥戴,取得事业的成功。与此相反,汲汲于个人私利却可能适得其反。他告诫那些为了个人

① 魏源:《老子本义》第五十八章,世界书局1935年影印本,第55页。
② 魏源:《老子本义》第七章,世界书局1935年影印本,第13页。
③ 魏源:《老子本义》第六章,世界书局1935年影印本,第11页。

私利而患得患失的人说:"盖患得患失,无所不至,则求荣者适足以取辱,求生者反以之死,自厌而后天人亦厌之矣。"一心只考虑获取个人私利,"厌劳则慕逸,厌辱则思荣,厌忧患则思安乐",必然会不顾廉耻,不顾他人,无所不至,结果引起天怨人怒,受到应有的惩罚,取辱亡身。这些论述,进一步发挥了老子关于利己与利他、先人与成己之间的辩证统一关系。

与前代不少思想家相似,魏源亦力图调和儒道,在孔子和老子这两位贤者的思想中寻求相通之处:"知以不忍不敢为学,则仁义之实行其间焉可也。"①即懂得信守老子的慈让谦退不争之道则必然能真正地将孔子的仁义道德付诸实践,这些看法虽然并不见得准确,但却对于化解人们对老子"不敢为天下先"、柔弱不争等思想主张的误解,发挥着积极的作用。

从魏源对于"真知"的阐释中,我们亦可看到他摒除私己而"利人外身"的主张。他指出,"复命曰常,知常曰明"一句中的"知","非闻见测度之谓也。能浑一于物我之间,外无不容,而内无或私者,庶乎真知之矣。是故言其大则内圣而外王,言其化则合天而尽道。尽道者无佗(佗,通"它")焉,常而已矣"②。可见,魏源所推崇的"真知",就是一种浑然无私、宽容博大的胸怀,这正是政府官员所应该具有的重要品质。

三、贵贱同一,彼我同一

魏源主张师夷长技以制夷,力图吸收西方先进文明以改革封建弊政、拯救中华民族。怀着这一政治抱负,他将老子思想与西方自由、平等、民主等先进思想相会通,以寻求救世之方。老子主张无为而治,贱为贵本,以百姓心为心,蕴含着极为可贵的反对封建专制统治、追求平等自由的社会理想。在中国历史上,这些思想一直成为历代异端思想家反对封建专制、向往民主自由的智慧源泉,从力主"君道贵因"的《吕氏春秋》,到主张让民众"自

---

①　以上引文均见魏源:《论老子三》,《老子本义》,世界书局 1935 年影印本,第 7 页。

②　魏源:《老子本义》第十五章,世界书局 1935 年影印本,第 25 页。

治"、"自理"的李贽,无不反射出老子以上治国智慧的光辉。处于封建专制制度高度发展而弊端丛生的清代,一些启蒙思想家更是通过阐发老庄思想以表达追求政治民主的理想。魏源和严复皆曾以西方民主政治来理解老子,严复在《老子评语》的第三十七章中说:"老子者,民主之治之所用也。"用西方民主政治的新鲜内容来诠释老子思想。

魏源则更是注意吸收前人阐释老子以反对封建专制及要求平等的思想,将明代著名启蒙思想家李贽的相关话语辑入书中。他在《老子本义》第三十四章注中引入李贽注释说:"侯王不知致一之道,与庶人等,故不免以贵自高,高者必蹶。下其基也,下则能贱矣。何则致一之理,庶人非贱,侯王非贵。今夫轮辐盖轸衡轭会而成车,人但知其为车,而不知其数者所会而成。初无所谓车也。由是推之,侯王庶人,人但见其有贵有贱,有高有下,而不知其致之一也。"

魏源接着李贽之意而发挥说,处于尊贵之位的侯王,乃是由于"积众贱而成贵,分数之初,无贵之可言;积众下而成高,分数之初,无高之可言。如会众材而成车,分数之本,无车之可言,至于无贵贱高下之可言"。这就是说,正因为有众多处于下位的民众的拥戴才有了侯王的尊贵,故侯王并非生来就是高贵者,从本源来看,侯王和民众本无贵贱高下之别。值得注意的是,魏源还不限于阐释老子的"贵以贱为本,高以下为基"的本义,而且进一步发挥说:"岂但以贱为本、下为基而已邪?盖并我而无之矣。无我则无物,无我无物,则无高无下,无贵无贱。如此则高与下一也,贵与贱一也,彼与我一也。"①要求统治者放下那个唯我独尊的"我",打破封建等级制度的贵贱观念,努力达到"无贵无贱"、"高与下一也"、"贵与贱一也"、"彼与我一也"的境界。

魏源告诫封建统治者,只有效法天地,自然无为,才能真正实现天下的安定:"故天不自知其清,地不自知其宁……侯王亦不自知其贵高,明矣,不自知其清宁者,无心而运,无为而成也。"天地自然默默无闻地哺育着万物,不自以为高明,亦不自恃己功,最终却运化和成就了鸢飞鱼跃、生机勃勃的

---

① 以上引文均见魏源:《老子本义》第三十四章,世界书局 1935 年影印本,第 8 页。

大千世界。君主也只有彻底放弃自尊自贵的成见，"不自知为贵高"，自守"贱下"，才能获得"不期而生"的效果，真正成就天下大业，"为天下贞"。①这些论述中显然折射出魏源向往政治平等，要求政治改革的主张。

通过对《老子》思想的诠释，魏源成功地接通了古今，虽然他以《老子本义》为名，但显然早已超越了古人的"本义"，而让我们依稀看到了平等、民主等现代民主政治思想的曙光。

魏源力图通过诠释《老子》的"本义"，找到"矫末世之弊"的救世方法，提出了"不盈、务内"、"利人外身"的管理之道和贵贱同一的平等思想，充分彰显出老学所具有的"救世"价值，这些思想智慧是中华民族进行现代政治文明建设的重要文化资源。

----

① 参见魏源：《老子本义》第三十四章，世界书局 1935 年影印本，第 7 页。

第二十二章 严复《老庄评语》的
"民主"、"自由"新声

严复(1854—1921年),福建侯官人,曾任京师大学堂译局总办、上海复旦公学校长、安庆高等师范学堂校长等职。他是中国最早系统地将西方自然科学和社会科学理论介绍到中国来的资产阶级启蒙思想家和教育家,更是一位力图吸收西方先进文明以改革社会、振兴民族的社会改良派。与这一社会角色相适应,严复的老学思想凸显出会通中西的特色。他将《老子》、《庄子》思想与西学相比附或征引西学阐释《老子》、《庄子》,以揭示老庄思想反对封建专制、促进思想解放、推进政治民主的积极意义,同时又以老庄思想作为批判西方现代化弊病的武器,以图寻求救世之方。这些探索对于我们融通中西文化、发掘道家治道并促进道家思想的现代转换,不无启示和借鉴。以下即以他的《老子评语》和《庄子评语》及其他有关著作为基本史料,探讨严复对道家治国思想的继承与发展。

一、大心扩目,而以观化

作为杰出的启蒙思想家,严复认识到冲破禁锢、开拓眼界、解放思想乃是唤醒民众、振兴民族、推动中国社会进步的首要任务,他将这一任务作为研究老庄之学的重心。

　　严复非常推崇老子,认为"老子之精妙,非常智之可及也"①。他曾对《老子》、《庄子》二书进行系统的研究和点评,十分重视老庄思想对于人们冲破束缚、开扩思想的积极作用。书中说:"人为自知拘虚,大其心,扩其目,以观化,而后见对待之物论无不可齐,而悟用力最要之所在也。""自知拘虚"才能够努力拓展视域,开扩胸襟以接纳不同的事物。而一旦为已有的心理定势所拘,则会极大地束缚人的思想:"使心习之既成,而一旦欲反乎其习,于吾心必形至难。此心学之一大例,而能违之者寡矣。"严复看到,庄子思想的宗旨就在破除这种束缚:"心习之成,其端在此;拘虚束教,囿习笃时,皆此例所成之果。而《庄子》七篇,大抵所以破此例之害者也。"②

　　庄子曾对仁义礼法予以了空前激烈的抨击,这对于冲破尊卑有序的封建秩序、解放思想曾发挥过十分重要的作用,严复在深刻揭示社会的法制礼俗乃至习俗传统和宗教对于人的束缚时,对庄子率先在这一问题上的觉醒给予了高度的肯定。他说:"拘于墟,囿于习,束于教,人类之足以闵叹,岂独法制礼俗之间然哉? 吾国圣贤,其最达此理者,殆无有过于庄生。即取其言,以较今日西国之哲家,亦未有能远过之者也。"③在这里,严复高度赞扬了庄子的社会批判精神,目的在于唤醒国人冲破封建束缚、追求思想自由,而推崇庄子逍遥、齐物,则是为了启示人们兼收并蓄,学习西方的先进思想和治国理念。他充分认识到东西方由于在政治制度、社会风俗等方面存在的巨大差异,故西方诸多观点在中国人看来,"其用意皆若难喻","盖东西二洲,其古今所以为国俗者既相诡矣,而民主之俗,尤非专制者所习知。……盖中国之是非,不可与欧美同日而语,明矣。"由此他深刻感受到做学问必须努力扩大胸襟,方可"读一世之书"。耐人寻味的是,他将庄子的逍遥游作为拓展学术眼界、开扩胸怀的一种思想修养和治学方法,并认为其是接受融会西方思想的前提,"学者必扩其心于至大之

---

① 严复:《老子评语》第一章,《严复集》第四册,中华书局 1986 年版,第 1075 页。
② 以上引文均见严复:《穆勒名学按语》第三十三,《严复集》第四册,中华书局 1986 年版,第 1050 页。
③ 严复:《法意按语》第九十一,《严复集》第四册,中华书局 1986 年版,第 987 页。

域,而后有以读一世之书,此庄生所以先为逍遥之游,而后能齐其物论也"①。

在推崇老庄的同时,严复亦看到其思想的缺陷,他通过与近代西方哲学的对比,揭示了老子复古倾向的落后性。他指出,《老子》第十八至二十章"是老子哲学与近世哲学异道所在,不可不留意也"。在严复看来,这种"异"就体现西方哲学主进化,而老子则向往返朴,他认为,这是逆时代潮流的。故他批评说:"夫物质而强之以文,老氏訾之是也;而物文而返之使质,老氏之术非也。"无论"物质而强之以文",还是"物文而返之使质",从"违自然,拂道纪"而言,则一而已矣。我们认为,老子返璞归真的主张,意在纠正文明发展对淳朴人性的扭曲,自有其深刻的前瞻意义,严复的批评当然有失偏颇,但我们也要看到,严复的目的在于引进西方社会进步中产生出来的自由政治,故他紧接着说:"故今日之治,莫贵乎崇尚自由。自由,则物各得其所自致,而天择之用存其最宜,太平之盛可不期而自至。"这是要促使国人明了"天择之用存其最宜",以激发中国人努力推进社会的进步,追赶世界文明发展的潮流,而不能在文明突飞猛进的世界中一厢情愿地去追寻返璞还淳的美梦。故他同时也批评老子"绝学无忧"的主张说:"绝学固无忧,顾其忧非真无也;处忧不知,则其心等于无耳。非洲鸵鸟之被逐而无复之也,则埋其头目于沙,以不见害己者为无害。老氏绝学之道,岂异此乎?"②这实际上在警示人们,在生存竞争激烈的世界中,切不可自我封闭,处忧而不知,坐以待毙,而必须努力学习启人智慧的西学,运用自己的"才力心思"奋斗图存。这些思想虽然含有斯宾塞社会达尔文主义的阴影,但在当时对于推动国人冲破思想封闭的陋习,打开眼界,学习西方的先进科学和治国思想,却是有积极意义的。

---

① 以上引文均见严复:《法意按语》第三十五,《严复集》第四册,中华书局 1986 年版,第 955 页。

② 以上引文均见严复:《老子评语》第二十章,《严复集》第四册,中华书局 1986 年版,第 1082 页。

二、取天下者,民主之政

老庄主张顺应自然、无为而治,其实质是强调统治者应该顺应人性,尊重民意,因民心而治,蕴含着极为可贵的反对封建专制统治、追求政治自由的社会理想。在中国历史上,这些思想一直成为历代异端思想家反对封建专制、向往民主自由的智慧源泉,从力主"君道贵因"、"天下非一人之天下,天下人之天下"的《吕氏春秋》,到"遂其天真、无所司牧"的《无能子》,从主张让民众"自治"、"自理"的李贽,到强调"分治之以群工(官)"的黄宗羲和"善治必达情"的唐甄,无不反射出老庄思想的光辉。处于封建专制制度高度发展而弊端丛生的清代,严复更是认识到民主、自由对于社会发展和国家富强的重要作用。故他通过阐发老庄思想以表达追求政治民主的理想。

首先,他以西方民主政治来理解黄老之道说:"黄老为民主治道也。"[1]在后面的数章评语中,他不断地以《老子》思想为依据来进行论证。如他分别在"以无事取天下"、"圣人不积,既以为人己愈有,既以予人己愈多……圣人之道,为而不争"等句上批曰:"取天下者,民主之政也。"[2]黄老政治对民众实行顺应自然的不干涉政治,统治者不为自己积财,而是"为人"、"予人"、"为而不争"。尽管如此,严复还是认识到,封建社会中的这种圣人理想人格与资产阶级民主政治制度约束下的统治者不可同日而语,在封建专制制度下,也不可能真正地推行黄老之道,故在《老子评语》第十章中,他说:"夫黄老之道,民主之国之所用也,故能长而不宰,无为而无不为;君主之国,未有能用黄老者也。汉之黄老,貌袭而取之耳。"严复的这段话,我们可以从两个方面来理解:一方面,严复所阐发的黄老之道,其内涵已纳入了资产阶级民主政治理想,它与黄老道家之原意已有了本质的区别,当然只可能在资产阶级专政的民主国家中所推行了;另一方面,严复断言"君主之

---

① 严复:《老子评语》第三章,《严复集》第四册,中华书局1986年版,第1076页。

② 严复:《老子评语》第五十七、八十一章,《严复集》第四册,中华书局1986年版,第1097—1099页。

国,未有能用黄老者",其实是敏锐地看到了道家治道与封建专制制度的根本对立,这也是汉初、唐初、宋初、明初等历史时期的为政者迫于形势而践履道家治道却不能善始善终的根本原因。严复将西方民主政治的新鲜内容充入中国古代的黄老思想,以此作为在中国实行民主政治的楷模,敦促中国的统治者效而法之,可谓是用心良苦。

作为反对封建专制的资产阶级改良派,严复对老子抨击儒家仁、义、礼等一系列思想产生了极大的认同,他在此段的《法意按语》中说:"老氏庄周,其薄唐虞,毁三代,于是儒者之言,皆鞅鞅怀不足者,岂无故哉!老之言曰:'失道而后德,失德而后仁,失仁而后义,失义而后礼。夫礼者,忠信之薄而乱之首也。'始吾尝悦然忧然,不知其旨之所归,乃今洞然若观火矣。礼者,诚忠信之薄,而乱之首也。"进而,他又将德、礼这些中国古代政治伦理范畴与具体的政治制度相连,并引用孟德斯鸠的思想对中国数千年的封建专制制度进行了激烈的批判:"民主者以德者也,君主者以礼者也,专制者以刑者也。……君主之必无德,专制之必无礼耳。嗟呼!三代以降,上之君相,下之师儒,所欲为天地立心、生人立命,且为万世开太平者,亦云众矣。顾由其术,则四千年,仅成此一治一乱之局,而半步未进。"由此,他再次对老庄表示了认同,并表达了希望引进西方政治思想以改善中国封建专制社会的主张,他说:"老庄之所訾嗷者,固未可以厚非,而西人言治之编,所以烛漫漫长夜者,未必非自他之有耀也。"①

他对《庄子·应帝王》的评语,更是阐发了自由、民主的理想政治:"此篇言治国宜听民之自由、自化……顺物自然,而无容私焉,而天下治矣……明王之治,功盖天下,而似不自己,化贷万物,而民弗恃。""治国宜顺自然,听其自由,不可多所干涉。"他将郭象"无心而任乎自化,应为帝王"的注语与西方民主政治相等同。他这里所说的帝王,只是一国的"主治行政者",而无论其政体是君主制抑或民主制,故他断言,郭象"任乎自化,应为帝王"的思想"与晚近欧西言治者所主张合"。之所以将郭象的思想与西方民主政治相比附,目的是从中国传统文化资源中寻求民主政治的理论依据,从而

---

① 严复:《法意按语》第四十六,《严复集》第四册,中华书局1986年版,第961页。

为在现实政治中推行民主政治做思想文化和心理上的铺垫。

严复借此阐发自己的民主政治主张:"其主治行政,凡可以听民自为自由者,应一切听其自为自由,而后国民得各尽其天职,各自奋于义务,而民生始有进化之可期。"①公民的权利、义务与自由、职责相统一是西方现代政治理论的重要内容,而严复将其与庄子的思想联系了起来,并以这些思想来阐释庄子的话语说:"'上必无为而用天下'者,凡一切可以听民自为者,皆宜任其自由也。'下必有为为天下用'者,凡属国民宜各尽其天职,各成千上万奋于其应尽之义务也。"②统治者依法赋予民众相应的自由和权利,而民众有了自由和权利也就同时应承担相应的职责和义务,有自由必有义务,有自由方可尽其职责和义务。此真乃极富创造性地赋予了传统经典和道家治道以崭新的意义。

三、还复本初,遂其自由

作为一位系统地学习、介绍西学的启蒙思想家,严复努力站在会通中西古今的高度以治老庄之学。他将西方政治学中的一些理论与老庄相比附,将西方先进思想融入道学之中并试图赋予老庄思想以新的内涵,努力从中国传统思想中发掘出适应时代需要的精神,以促进西学的传播和中国传统思想的现代转型。

在他研究和翻译西方政治学著作时,时刻不忘以老庄相比附,如他以孟德斯鸠《法意》(即《论法的精神》)一书中关于战争的思想论证评价老子"天下有道,却走马以粪;天下无道,戎马生于郊"的观点,认为此语"纯是民主主义。读孟德斯鸠《法意》一书,有以征吾言之不妄也"③。认为《老子》第三十一章之精旨,"在今战时公法,中西人之所实行者,非迂谈无实用之

---

① 以上引文均见严复:《庄子评语·应帝王》,《严复集》第四册,中华书局1986年版,第1118页。
② 严复:《庄子评语·天道》,《严复集》第四册,中华书局1986年版,第1128—1129页。
③ 严复:《老子评语》第四十六章,《严复集》第四册,中华书局1986年版,第1095页。

言也。此章与孟德斯鸠《法意》论攻兵一篇,其旨正同"。又在"天地不仁,以万物为刍狗,圣人不仁,以百姓为刍狗"句旁批曰:"此四语括尽达尔文新理。至哉!"①

更重要的是,严复通过将老庄与西方民主自由思想的相融通,以阐发自己批判封建专制、改革社会的政治主张。他将自己所理解的孟德斯鸠《法意》中"民主乃用道德,君主则用礼,专制乃用刑"的政治管理公式与中国古代政治实际状况相对照,从而得出中国历史上未尝有民主之制的结论。由此,严复指出老子政治主张的时代局限性:"老子亦不能为未见其物之思想",他只能从君主制度中寻求"道德之治",这当然又是不现实的,故老子只得将美好的理想寄于上古社会,"乃游心于黄、农以上,意以为太古有之。盖太古君不甚尊,民不甚贱,事与民主本为近也。此所以有小国寡民之说。夫甘食美服,安居乐俗,邻国相望,鸡犬相闻,民至老死不相往来,如是之世,正孟德斯鸠《法意》篇中所指为民主之真相也。世有善读二书者,必将以我为知言矣。呜呼!老子者,民主之治之所用也"②。在此,他将老子小国寡民的理想与孟德斯鸠的民主理想相等同,不免流于牵强,但他从不少人所非议的小国寡民主张中看到所蕴含的民主思想因素,特别是认识到老子思想在中国民主政治建设中所可能发挥的重要作用,则是独具慧眼的。

在严复看来,老子守朴还淳的思想只是在卢梭这里得到回应,而庄子放任自由、无为而治等主张则不仅与卢梭相通,而且与法国启蒙运动的数位思想家相一致。严复在《庄子·在宥》的"故君子不得已而临莅天下,莫若无为"一段之上点评说:"法兰西革命之先,其中有数家学说正复如是。乃其时自然党人契尼(严复注:号欧洲孔子)、顾尔耐辈之惟一方针可以见矣。不独卢梭之摧残法制,还复本初,以遂其自由平等之性者,与庄生之论为有合也。"③法国启蒙运动乃是为法国革命在思想上做准备的文化运动,传播资产阶级的天赋人权和民主思想是启蒙运动思想家的基调,严复认为中国封建社会的庄周思想"正复如是",当然不免牵强,但他此举的积极意义也

① 严复:《老子评语》第五章,《严复集》第四册,中华书局 1986 年版,第 1077 页。
② 严复:《老子评语》第三十七章,《严复集》第四册,中华书局 1986 年版,第 1091 页。
③ 严复:《庄子评语·在宥》,《严复集》第四册,中华书局 1986 年版,第 1124 页。

是不容忽略的:他力图从中国传统思想中发掘自由、民主的思想因素,以图更为顺利地接引西方资产阶级民主自由思想,为中国的社会变革做舆论准备,同时也为道家思想与社会现实政治相结合作出了可贵的尝试。

四、利器日多,国所以乱

老庄对于文明发展而产生的弊病有着深刻的认识,严复在对西方资本主义发展过程中的各种弊病的考察中,充分地体会到老庄上述思想中的合理成分。他揭露西方资本主义社会所产生的严重的贫富分化现象及其弊病,并认为老庄在几千年以前早已洞见贫富不均的弊病:"欧美之民,其今日贫富之局,盖生民以来所未有也。富者一人所操之金钱,以兆亿计,有时至于万亿,而贫者旦暮之饔飧,有不能以自主。……此等流极,吾土惟老庄知之最明,故其言为浅人所不识。不知彼于四千年之前,夫已烛照无遗矣。"①老子将"服文采、带利剑、厌饮食、财货有余"之统治者斥之为"盗夸",而在严复看来,这些批评正适用于不断扩张的西方资本主义文明。他在《老子评语》中指出:"今之所谓文明,自老子观之,其不为盗夸者,亦少矣。此社会党、虚无党之所以日众也。"西方资产阶级依仗丰裕的物质财富和精良的武力而横行于世,对内剥削本国的工人阶级,对外掠夺殖民地半殖民地的人民,其行为实在与"盗夸"无异。这些劣行当然会激起国内外的社会矛盾和民族矛盾,产生出越来越多的与其相抗衡的对立面,"社会党、虚无党之所以日众"。②

严复赞同庄子对圣人的抨击,认为"庄生所言圣人,大都言才而不言德,故圣人之利天下少,而害天下也多"。严复认为,圣人重才而轻德、为害天下的状况,正与西方科学技术所产生的弊病相同,故他指斥说:"即如今之欧美,以数百年科学之所得,生民固多所利赖,而以之制作凶器,日精一

---

① 严复:《法意按语》第八十九,《严复集》第四册,中华书局 1986 年版,第 9 页。
② 严复:《庄子评语》,《严复集》第四册,中华书局 1986 年版,第 1097 页。

日,而杀人无穷。彼之发明科学者,亦圣人也。嗟夫! 科学昌明,汽电大兴,而济恶之具亦进,固亦人事之无可如何者耳!"我们知道,庄子对于圣人的批判,主要是揭露仁义礼教对人性的扭曲以及统治者假仁义礼教以谋私利的道德虚伪,而严复对圣人的批判,则是结合西方社会出现的新的时代弊病来展开。他看到科学技术一方面给人们带来方便和财富,另一方面,杀人魔王亦可利用它制作凶器,为害人类。严复通过阐发庄子的思想,深刻揭示了科学技术实为双刃利剑这一真理,不仅再现了老庄对于文明进步负面性之思考的超前意义,而且将老庄的这些思想赋予了新的内涵。

严复还过发挥"国之利器不可以示人"一语,强调伦理道德在社会发展中不可替代的重要作用:"鸣呼! 今之西人,其利器亦众矣。道德不进,而利器日多,此中国之所以大乱也!"①这一理解虽然与老子上述话语的原意有些距离,但却反映出严复作为近代启蒙学者的睿智:科技进步与社会物质文明的发展不能忽略道德进步与精神文明建设。

通过点评老庄,严复努力对中西之学进行参照和比较,既阐发老庄思想中反对封建专制的积极因素,又以之批判西方文明发展中的弊病,以掊击封建专制制度,追求思想自由。严复堪称中国近代史上融通中西文化、促进道家思想现代转换的先驱。研究和总结其中的经验教训,对于我们深入发掘道家智慧以运用于现代社会,促进中西文化的会通,不无启示和借鉴。

---

① 以上引文均见严复:《庄子评语·胠箧》,《严复集》第四册,中华书局 1986 年版,第1123 页。

结　　语

　　道家治道凝聚了中国先哲在追寻善政的艰难历程中的思想结晶。在中国两千多年的历史长河中,针对封建统治者的暴戾无道、骄奢淫逸、严刑酷法,苛捐重税、残生抑性、拒谏用诈、假仁假义等恶行以及封建社会中烦文缛礼、等级森严、贫富分化等弊病,以老子为代表的道家进行了激烈的抨击和深刻的反思。为了矫治这些失道、无道的状况,实现善政理想,众多先贤集结在"道"的旗帜下,提出了以道治国、无为而治的管理原则;要求为政者持守俭啬寡欲、真朴去诈、谦退处下、以慈为怀、不自见、不自是等政治美德;以"善者吾善之,不善者吾亦善之"、"报怨以德"的胸怀来包容和协调矛盾,整合各个阶层或不同利益群体;倡导顺应人性、"以百姓心为心"、"以辅万物之自然而不敢为"的服务精神;推崇"道通为一"、"物无贵贱"的平等意识和"功成事遂,百姓皆谓我自然"的管理境界;以图实现"物各自治"、"各尽其能"、"各得其正"的自主管理目标。这些极具价值的政治智慧不仅在中国政治行政思想发展史上留下了浓墨重彩的篇章,而且为中国古代的政治行政实践活动增添了人性关怀的温情。

　　在政治生活实践中,由于主客观方面的多种因素所决定,一些明智的为政者也曾审时度势,顺应民心和时代潮流,在一定程度上运用道家治道中的政治智慧,推动政治行政治理和决策向着合理和正当的方面发展,从而改革前代的苛政或不合理的政治制度,医治久经战乱的社会创伤,恢复衰败残破的社会经济,缓和各类社会矛盾,稳定社会秩序,取得了独特的功效。可见,道家治国主张并非如萧功秦先生所断言的只是一种"消极之政治抗议"①,而是在一定程度上被某些明智的政治人物所践行,不仅帮助他们在群雄并起的局面中建功立业,而且能在成就帝业之后,为拨乱反正、补偏救弊提供思想启示,发挥凝聚人心、稳定政局、发展经济等积极作用。

但是,我们也必须承认,道家治道这些极具前瞻性的主张在较大程度上还是停留在理想的层面。综观历史,在中国封建社会,道家治道几乎都是在种种迫不得已的情况被为政者吸纳和践行的,而且,这种践行往往也是非常有限的。例如,号称明君的李世民在晚年"渐不克终"。又如,朱元璋虽然深深认同老子"民不畏死,奈何以死惧之"的警言,且在政治实践中实施过宽刑的举措,但为了全力维护他那至高无上的专制皇权,他又对功臣大开杀戒,造成了滥杀、冤杀的严重后果,完全抛开了曾经作出的"不嗜杀人"这一承诺。

以上事实说明,在中国专制社会,道家治道的社会价值远未能充分彰显和真正落实,道家学者对于专制制度和统治方式的反思和批判在很大程度上亦未能很好地转化为推动中国传统社会进行民主政治建设的动力,这是非常令人遗憾的。胡适曾分析老庄等中国古代关于自由思想的传统时认为:"东方自由主义运动始终没有抓住政治自由的特殊重要性,所以始终没有走上建设民主政治的路子。"②这一分析虽然有一定道理,但愚意以为,更根本的原因还是在于中国专制社会的基本制度设计特别是君主专制集权政治体制的制约,致使道家治道缺乏相应的制度支撑;加之,在中国传统社会中,道家缺乏足够强大的社会力量的支撑。诸多因素的影响,使道家治道未能顺利地转化、落实为一种现实的、稳定的社会管理模式。

尽管如此,我们却没有理由忽略道家治道对制度建设的重要价值,因为这些政治主张是针对封建专制制度及其一系列社会弊病而提出来的,缺乏这些反思、批判以及关于治道的理论探索,要推动政治制度的改革几乎是不可能的。因此,这些追寻善政的思考又有其深刻的合理性和前瞻意义。

尤其值得当代中国人珍视的是,道家治道还具有穿越时空的价值,它在较大程度上突破了封建专制社会那种君主独裁的控制型传统统治模式,从

---

① 萧功秦:《中国政治思想史》,新星出版社 2010 年版,第 114 页。
② 胡适:《自由主义》,欧阳哲生主编:《胡适文集》第 12 册,北京大学出版社 1998 年版,第805—806 页。

而与现代公共管理和治理理论强调运用非强制性权力进行协作、管理主体多元化、限制政府权力等特征多有吻合；其中蕴含的尊重规律、顺应民意、简政放权、养廉拒贪、宽容并包以及与平等、自由、民主等现代政治理念相通的诸多思想资源，至今仍具有常用常新的宝贵启示。概括地说，道家治道的现代价值主要体现为以下七个方面。

一、"尊道"、"顺道"的理性原则

现代政治理论认为，平等、自由是人的自然权利（即天赋人权），关于自然权利的思想是现代政治理论的基点。而自然权利的理论基础则是自然律，二者之间存在着一种天然的同盟关系。① 不少学者认为，在中国始终没有出现过一种强而有力的、由自然科学所派生的自然律的观念，也没有形成与之相连的自然权利的观念。笔者认为，这一看法是不全面的。

自然律的内涵经历了一个变化的过程，在西方近代，它主要指作为"自然人"所必须遵循的社会法则和自然界的法则，是人类社会一切律则，包括宗教戒律、道德准则、教会法和国家法律的来源和依据。这成为"在法律面前人人平等"这一法治思想的重要理论基础和文化资源。自然律的"自然"的本义即"本性"，它既是世界的本性，也是人的本性。人性也是自然的一部分，因而也就是自然的或天赋的，人天然地（自然地）就有权享有属于人性的一切。

如果我们将考察的目光定格在儒家为代表的传统意识形态，以上结论不无道理。因为在儒家这里，看不到西方那种由不可交易的自然律过渡到毋庸置疑的自然权利的自然而然的逻辑推论。而且，西方享有自然权利的人是个人，是自然状态之中的个人。而儒家思想中却找不到自然状态之中

---

① 洛克基于"自然律"理论发展出"自然权利"的思想。他指出："在自然状态有一种为人人所应遵守的自然法对它起着支配作用；而理性，也就是自然法，教导着有意遵从理性的全人类：人们既然都是平等和独立的，任何人就不得侵害他人的生命、健康、自由或财产。"（《政府论·下篇》第二章"论自然状态"，商务印书馆1996年版）

的个人。贯穿着儒家理论的中心思想是个体对群体的服从,在儒家的思维方式里,个体与群体的关系不应是对立的、冲突的,个体统一于甚至是融解在群体之中。这种群体优先的取向虽然也有其不可忽视的价值,但其容易被封建专制统治者所利用,特别是儒家思想成为统治者的工具之后,个人更是没有自己独立存在的价值或权利。在政治化的儒家思想如宋明理学中,这种个体与群体的统一是以压抑个体而达到的统一,所谓"天下无不是的君主"、"君要臣死,臣不得不死,不死谓之不忠"等话语就是这种通过压抑个体而达到统一的极端表述方式。

但是,当我们将目光转向道家时,却可以看到一番别有洞天的景象。在道家这里,不仅有着类似于自然律的观念,而且也存在着与自然权利相通的立场以及自然状态下的独立的个体等一系列思想。关于自然权利等方面的问题我们将在后面论述,这里主要就自然律问题进行讨论。

"道"是道家思想中最为重要的范畴,笔者认为,"道"就是一种与西方的自然律相通的中国式的自然律。所不同的是,西方自然律的神圣性、权威性和合理性来自造物主,而道家的"道"则是天地之间一种自然而然的、自发的内在秩序和规律,"道"的效用、表现和可知性完全在人。道家认为,"道"是天地万物和人的根源、基础,又是统领支配天地万物和人类社会的总规律、总法则,《老子》第二十五章对此做了高度的概括:"有物混成,先天地生。寂兮寥兮,独立而不改,周行而不殆,可以为天下母……人法地,地法天,天法道,道法自然"。《庄子·渔父》说:"道者,万物之所由也。"在道家看来,宇宙之间有一种规律和合理的秩序及安排——道,无论是人类,还是天地,都必须效法和顺应"道"这一根本规律和秩序,"是以万物莫不尊道而贵德,道之尊也,德之贵也,夫莫之命而常自然"[①]。即使是拥有至高无上皇权的封建君主也莫能例外,"侯王若能守之,万物将自宾","以辅万物之自然而敢为"[②]。"遵道"而"不敢为",不是无所作为,而是顺应自然规律,不强作妄为,方能达到"无为而无不为"的效果。《吕氏春秋·君道》进而警告

---

① 《老子》第五十一章,《二十二子》,上海古籍出版社 1986 年版,第 6 页。
② 《老子》第六十四章,《二十二子》,上海古籍出版社 1986 年版,第 7 页。

人间至尊的君主说:"顺道者昌,逆道者亡。"顺应"道"这一根本规律和秩序,才能够建功立业,繁荣昌盛,社会才能够各安其位,各尽其宜,组成一个和谐的共同体。

　　道家认为,"道"落实于具体的事物则体现为"德","道"是"德"的根源和本体;"德"是"道"的落实和展现,"德"在不同的事物、个体和人类社会生活中体现为事物的特性,个体的道德品质、心理特质、行为方式或规范(如"朴"、"无为"、"俭啬"、"柔弱"等)。持守与"道"相合相通的行为或品德才可通往人类社会的理想状态。老子指出,当时的社会道德和礼法制度与"道"相隔,是"道"衰亡的产物:"大道废,有仁义"①;"失道而后德,失德而后仁,失仁而后义。失义而后礼"②。因此,老子对于现实中的仁、义、礼、法持批判的态度,主张"绝仁弃义",认为它们不是理想的道德和政治制度。为政者如果只顾自己享乐和聚敛财富而不顾念民生,那就是对"道"的背离和隔绝。因此老子指责说:"服文采,带利剑,厌饮食,财货有余;是谓盗夸,非道也哉!"③而背离"道"的行为必然走向灭亡:"物壮则老,是谓不道。不道早已。"④

　　老子"不道早已"的告诫从反面彰显了背离"大道"的恶果,而汉代道家学者严遵则从正面告诫为政者,只有尊道、顺道才能得到臣民的拥戴。文中说:"是以圣人,信道不信身,顺道不顺心。动不为己,先以为人,无以天下为,故天下争为之臣。"⑤在这里,"信道"、"顺道"指的是在治国活动中崇信和顺应道的规律,而"不信身"、"不顺心"指的是为政者自觉地约束主观自我意志或一己之私心、私利。他的一切措施或行动不是出于为自己考虑,而是首先为民众的利益着想,这是高明的为政者——"圣人"的为政之道,如此,自然能够凝聚人心,"天下争为之臣"。

　　可见,"道"充斥于天地万物之间,既是自然界的法则也是人类社会所应遵循的法则;既是世界的本性,也是人的本性。不论何人,不论他具有何

---

① 《老子》第十八章,《二十二子》,上海古籍出版社1986年版,第2页。
② 《老子》第三十八章,《二十二子》,上海古籍出版社1986年版,第4页。
③ 《老子》第五十三章,《二十二子》,上海古籍出版社1986年版,第6页。
④ 《老子》第三十章,《二十二子》,上海古籍出版社1986年版,第3页。
⑤ 严遵:《老子指归》,中华书局1994年版,第86页。

种贵贱等级等社会身份,皆必须受"道"的支配和制约,必须遵守"道"所彰显于、落实于、贯穿于具体事物中的规律和行为规范。"道"就是天地之间的根本之法,人人皆必须遵守,包括至尊至贵的"侯王"("侯王若能守之,万物将自宾")。这些思想无疑有利于形成一种对至高无上的君主特权的约束和扼制,与"法律面前人人平等"的现代法治精神是相通的。"尊道贵德"的传统以及对于"非道"之言行的批判态度成为道家抨击封建专制,呼唤平等、自由的理论武器和思想源泉。

同时,由于"道"兼具贯通形而上与形而下、超越表象、超越现实等特性,故道家在中国历史上常可发挥破旧立新的作用。正如郭齐勇先生所言:"道是空虚的,没有被既定的现实事物或种种制度文明、价值判断、条条框框所塞满、所限定,故而有无限的可能性,无限的作用及其活动的空间"①。这段话,可谓是点明了道家推动中国思想向前发展的功绩。顺着这一观点,我们还要指出,"道"所具有的贯通形而上与形而下、超越表象、超越现实等特性,因此,"尊道贵德"的理性原则不仅推动中国思想向前发展,而且也为中国政治体制改革,适时地调整现有行政体制提供了思想资源和弹性空间。

在当代社会,"尊道贵德"、遵道而行等理性原则依然具有警示意义,重温这些智慧,有助于从哲学的高度启示为政者必须尊重客观规律,不能滥用公共权力而主观妄为。在谋求经济社会发展的过程中,绝不能头脑发热或只注重眼前的政绩和经济效益,也不能仅仅凭着良好的愿望或满腔的热情和冲天的干劲盲目行动,只有遵循"尊道"、"顺道"的理性原则,坚持全面、协调、可持续的科学发展观,努力探索和遵循经济社会发展的普遍规律,坚持按照客观规律来谋划发展大计,才能达到预期的目标。

二、"无为无事"的限权意识

"无为"是"道"的重要属性,"道常无为而无不为",故"尊道"、"顺道"

---

① 郭齐勇:《中国哲学智慧的探究》,中华书局 2008 年版,第 155 页。

的原则落实到社会治理的层面则体现为无为而治的治理模式。道家学者则将无为而治视为具有道德正义性的治理模式，"为无为"，才能达到"无不治"的治理效果，实现公正太平的社会理想。无为而治的治理模式与要求政府放权松绑的理念以及限制政府权力的现代政治行政改革思路有相通之处。

在人类政治思想史上，关于限制权力的理论是由西方近代资产阶级思想家所提出来的。19世纪英国著名政治学家密尔《论自由》这一名著的主旨就是："对于统治者施用于群体权力的限制"，使统治者按照被统治者的意志进行统治，保证社会成为一个活泼生机之场。这成为现代民主政治的理论基础。民主政治所追求的政治自由实质上就是被统治者使统治者按照自己的意志进行统治的权利。在现代社会，这种权利表现为人民的参政权，它包括选举、罢免、创制、复决等权利。

在实行封建专制制度的中国古代社会，这一切当然是无法想象的。但是，可贵的是，早在先秦时期，老子就对政治权力扩张及其对民众的侵犯有高度的警惕。有鉴于此，老子提出了与有为政治相对立的"无为而治"治理模式："是以圣人处无为之事，行不言之教；万物作而弗始，生而弗有，功成而弗居。"① "无为而治"是为政者自觉地限制手中的权力，遵循事物自身的法则，放弃统治者个人的主观成见，对社会治理的对象"不施加"什么，让他们保持自身的特性和自主权，而不越俎代庖和横加干涉，"毋代马走，毋代鸟飞"，"以天下之目视，以天下之耳听"，"指麾顾眄而民各至其性也，任其自为"。② 顺应和发挥人们的特性，给予民众"自为"的空间，"就其殊而任之，则万物莫不当也"③，如此，就能实现"圣治"。

在"绪论"中我们曾提到，不同于西方以性恶论或"权力导致腐败"等传统判断来论证限制权力的必要，道家是从知识、能力等局限性来论证君主无为、限权的必要的。这与哈耶克将限权的必要性建立在知识传播原理之上的论点殊途同归，当人们称道哈耶克这一"限制权力的新视角"是对"传统

---

① 《老子》第二章，《二十二子》，上海古籍出版社1986年版，第1页。
② 郭象：《庄子注・天地》，载郭庆藩：《庄子集释》，中华书局1961年版，第441页。
③ 郭象：《庄子注・秋水》，载郭庆藩：《庄子集释》，中华书局1961年版，第582页。

政治理论作出的一项重要贡献"①时,是否也凸显出道家治道的理论贡献及其现代价值和睿智呢?

道家限制权力主张的另一个基础是对于国家政权的敬畏。《老子》第二十九章中说:"夫天下,神器也,不可为也,不可执也。"文中将代表国家政权的"天下"视为具有神圣性的"神器"②,这既表现出对权力的敬畏,又表达了必须顺应天命而为的谨慎,而在民意、民心体现着天命、天意的中国传统政治语境下,"天下"的神圣性也必然延展到天下之人。在老子那里,封建社会中原本天经地义地居于尊高之位的为政者的神圣地位被置换了,与"天下"、"天命"密切相关联的天下民众亦成为了尊崇的对象。因此,为政者应当高度尊重天下民众,绝对不能肆无忌惮地使用手中的权力。这在一定程度上冲击了封建社会"家天下"、"朕即天下"的观念,警告为政者必须尊重和依顺民众之本性而治理而不可随意强制、驱使民众。这种对国家权力的敬畏以及重视民心、不可妄为的思想,与现代民主政治和服务行政理念是有相通之处的。

与上述思想相联系的另一个思想是,为政者应当按照被统治者的意志进行统治的要求,《老子》第四十九章提出:"圣人恒无心,以百姓之心为心。"这就要求为政者在公共政治事务中必须"恒无心"、"不敢为天下先",即严格约束个人意志,而不能恣意妄为,特别是不要自以为高明而好为人师、好为人先,而必须尊重民众的愿望,向民众学习,"后其身"、"以百姓心为心"。唐代道教学者成玄英通过注疏《庄子》,不仅提出了"顺黔黎之心"的政治主张,而且进一步对为政者是否顺应民心而治的后果作出了分析:"上符天道,下顺苍生,垂拱无为,因循任物",才能实现"天下治"的目标;如若违逆被统治者的意志进行统治,"逆万国之欢心","则祸乱生也"。③ 这对于无视民意、为所欲为的封建专制君主是深刻的警告! 同时,它与近代的政治自由虽不可同日而语,却有着相通之处,反映出道家对于封建专制这一

① 哈耶克:《致命的自负》,冯克利译,中国社会科学出版社2005年版,"译者的话"。
② 关于"神器"一词的理解,详见本书第一章的相关论述。
③ 参见成玄英:《庄子疏·天运》,载郭庆藩:《庄子集释》,中华书局1961年版,第496—487页。

缺乏道德正义性的政治制度的批判态度。

这些思想不仅具有反对封建压迫的历史意义，而且对于促进当代政治改革和社会正义的实现也是极具启示的。如何处理执政者与民众的关系，如何在政治治理中顺应民心和民意，真正代表人民群众的利益，为民众办实事、办好事，这是衡量为政者是否具有合法性和道德正义性的重要标准，也是当代中国进行政治改革的要义和核心内容，实现社会长治久安和持续发展的必备条件。特别值得一提的是，在人类从统治行政向服务行政转型这一风靡全球的行政改革浪潮中，"功成事遂，百姓皆谓我自然"、"圣人无心，以百姓心为心"等主张，正是蕴含着尊重民意、服务于民等现代行政改革的崭新意义。

对于无为而治这套管理方式，有人可能会提出疑问说，这种与中国封建社会自然经济条件相适应的方式，在今天还有生命力吗？

在这里，我们需要澄清的是，在现代高度发达的市场经济和社会大生产的条件下，汲取道学"无为而治"的管理智慧，绝非要回到原先那种自然经济条件下"日出而作，日落而息，帝力于我何"的传统治理模式，更不是主张政府在社会治理领域无所作为或撒手不管，而是针对政府权力越位或管理太多、太细的现状，将道学"为无为"的精髓与时代精神相结合，摸索出适应现代社会所需要的新型行政管理方式。

概括地说，无为而治的当代启示主要体现在以下三个方面：

第一，自觉地限制政府行政权力才能更好地实现管理目标，"为无为则无不治"，即不让行政权力越位扩张，对社会生活横加干涉，而是"将权力关进笼子里"，保障公民的基本权利，从而有助于形成充满活力的自我管理机制。

第二，政府在不越位的同时亦不缺位，承担起"以辅万物之自然"的责任，即为社会组织和成员的成长、活动提供必要的帮助和服务，从而激发各个社会团体和广大民众为祖国出力献策的创造性和积极性，让他们为社会发展各尽其性、各尽所能。

第三，要求为政者修身节欲，顺应民意，"以百姓心为心"，为社会、为人民谋福利，而不是为一己或小集团的利益而经营。

综观三十年来中国经济改革的历程,正是在某种程度上折射出老子"为无为则无不治"的智慧。邓小平为代表的领导集体放开了政府对中国社会经济体系内部诸因素的控制、管制与压制,提供了较宽松的社会环境,尊重民众的首创精神,将基层创新和顶层放开相结合,而不是闭门造车,主观地进行改革的顶层设计。于是,农业土地承包责任制以及个体经济、专有性资产经济和乡镇企业经济等种种经济形式才得以破土而出,成长壮大,为中国经济的高速增长提供了动力。又如,四川瓮安县委总结吸收"瓮安事件"的教训,建立起以维权来维稳的社会管理新机制,从源头上解决可能引发不稳定因素的成功经验,也印证了道家"以百姓心为心"、"高必以下为基"等理念在现代社会管理中的效用和价值。① 可见,在中国政治体制改革的攻坚阶段,"无为"、"圣人恒无心"等限权思想依然是值得重视的思想资源。

当然,道学是在中国封建社会的土壤中结出来的果实,道学典籍的作者们不可能真正意识到个人权利以及保障个人权利的法治精神。故"自为自治"等独立自主精神与现代公民意识有着本质区别,无为而治的主张与现代限权意识更是不可同日而语。这是我们应该充分认识的。

三、"物各自任"的自主精神

无为而治体现在被管理者方面则是"自为自治"。"自为自治"不是让天下之人各自为阵,为所欲为,毫无制约,而是以"遵道"作为前提的。从被管理者一方来说,"遵道"就是要明理守法,主动遵守正义的法则和社会的法律法规及公共秩序,在这一基础之上充分发挥个人的特性和创造能力,自己管理自己,承担各自的社会责任。用玄学家郭象的话来说,"自为自治"也就是"物各自任"。郭象曾通过注释庄子而阐述自己的主张说:"物各自

---

① 《社会管理需要"维权创稳"新机制》,《人民日报》2012年10月18日。

任,则罪责除也。"①我们用今天的话对此进行诠释,那就是要让每个公民都认识到自己能够做、应当做的一切,从而切实承担起各自所应该承担的社会责任,这样,社会才会更加平安、祥和,有序,才能实现"罪责除"的有序局面。

"自为自治"不仅是放手让民众进行自我治理,给民众松绑,而且是相信每个人都具有成熟的理性和健全和谐的人格,承认每个人都有为自己的生命、自由、幸福奋斗的权利和能力。而这种"自为自治"的独立自主精神蕴含着通往现代公民意识的可能性。公民意识就是民众意识到自己具有自由支配自己的意志和行为的权利。西方在其历史发展过程中,形成了"公民意识即权利意识"的传统,而权利意识作为一种伦理精神,首先体现为自主、自立精神,它强调个人独立存在的价值,保持个体人格之独立性,其思想体系所由以出发的自明公理,是自然状态之中的个人,由这些个人根据自愿的契约行为组成政治状态,以保障个人的自然权利。平等、自由等思想,是从个人独立存在的价值里面推导出来的。

而道家的"独化"、"自生"、"物各自任"、"不与物迁"、不为物役等理念,同样包含着尊重人的生命和独立个性、保障人的基本生存等内涵,它们与上述西方的自然权利思想有相当程度的不谋而合之处,尽管二者的理论基础和社会文化背景有很大的不同。

在道统万物、"尊道贵德"等原则的基础上,以老庄为代表的道家首先强调的是人的自然状态,是抱朴守真、自然而然的本然状态的人,是无待于外、"相忘于江湖"、"相忘于道术"的作为独立个体的个人。郭象沿着这一向度,进一步发展了顺应与尊重个体及其特性的思想。他通过注释《庄子》,将顺性、无待的人生哲学发展为"独化"、"自生"的主体精神。他认为,万物独立生长而无所资借,"独化于玄冥",不待外物而独化于玄之又玄、浑然无别的绝对的至无。任何事物都是自己自然而然地生发出来的:"物各自生而无所出焉","无待"于任何力量的主宰。故应当"使万物各反所宗于体中,而不待乎外",从事物的内部寻求发展的力量,才能够"任而不助,则

---

① 　郭象:《庄子注·天道》,载郭庆藩:《庄子集释》,中华书局1961年版,第472页。

本末内外,畅然惧得,泯然无迹"①。郭象提出的"因众之自为而任"②的主张,就是其"独化"思路的逻辑发展。

道家尊重人的自然本性,强调个体独立自足的主张,铺平了通往要求自然权利的道路。生命、自由及财产权是自然权利的基本内容。由于在"普天之下,莫非王土"的中国古代社会不可能有严格意义上的私有财产,故道家对于财产权问题缺少关注,这当然有其局限性③,但对于生命、自由等自然权利中的这些内容,道家却有相当丰富的表述。

珍视生命、尊重生命是道家道教的重要价值原则,他们不仅为了护养生命而倾注大量精力和智慧,而且告诫帝王不得任意侵犯人的生命。《老子》警告说:"夫乐杀人者,则不可得志于天下矣。"④"民不畏死,奈何以死惧之……夫代司杀者杀,是谓代大匠斫。夫代大匠斫者,希有不伤其手矣。"⑤汉代道家学者严遵通过阐发《老子》意旨,更是表达了类似于自然权利的主张,他指出:"万物之性,各有分度,不得相干。"⑥这些思想在中国政治文化中是特别稀缺的资源。

我们知道,以儒家思想为主调的中国政治文化是一种整体主义的文化,这种政治文化强调维护整体的和睦、团结和稳定,而不注重个体的特性及其需要,更缺少对于个人权利的思考和诉求。而道家却警告为政者:要尊重人的生命,草菅人命者将自食其果、自伤其手;"万物之性各有分度",万物皆有其自身的特性,各有其应处的职分和社会位置,均具有生命存在和发展之价值,这是任何力量不得干涉、不应侵犯、不能否定的。这实质上隐含着每个个体均有存在和发展权利的意思,它在缺乏权利意识的中国封建社会中可谓是空谷足音,极具理论意义和现代价值,殊为宝贵。

---

① 以上引文均见郭象:《庄子注·齐物论》,载郭庆藩:《庄子集释》,中华书局 1961 年版,第112 页。

② 郭象:《庄子注·在宥》,载郭庆藩:《庄子集释》,中华书局 1961 年版,第 393 页。

③ 洛克认为,财产权是人类最重要的自然权利,是人类其他权利的前提,在没有私有财产和所有权的地方就无所谓正义或公平,故提出了"无财产的地方亦无公正"这一命题。

④ 《老子》第三十一章,《二十二子》,上海古籍出版社 1986 年版,第 4 页。

⑤ 《老子》第七十四章,《二十二子》,上海古籍出版社 1986 年版,第 8 页。

⑥ 严遵:《名身孰亲篇》,《老子指归》卷二,中华书局 1994 年版,第 24 页。

　　道家自为自治的主张对于中国现代政治改革所具有的积极意义,不仅体现在启示为政者放手让民众自我治理,而且还有助于增强公民的主体意识和自主治理能力。

　　在中国走向现代政治改革的实践过程中,人们发现,民众的个人主体意识不强,难以产生自主组织与治理的愿望和行动,这已成为阻碍社会自治的消极力量。因此,有学者指出:"在我国要实现村民自治等现有自主治理的可持续发展,还必须加强人们自身主体意识和增强自主参与的能力","政府理应在发展社会自治组织,提高社会自主治理能力方面发挥重要作用"。① 在这种形势下,道家"物各自任"、"自为自治"的主张无论是对政府发展社会自治组织还是个人培养和提高自主治理能力都是一种有益的启示。

　　从现代企业管理的角度来看,道家"物各自任"的主张实际上是一种自我管理,而注重自我管理、自主管理,这是现代管理的一个重要方面,它对于提高管理绩效、降低管理成本、促进企业的发展和创新皆具有积极作用。美国的肯尼思·克洛克等管理学家经过 30 年时间在一百多个组织进行调研后的研究表明,自我管理在现代管理的确具有显著功效。该书曾分析个中原因说:"在等级系统中工作,意味着为更有权力的人而不是为自己而工作。这样,为对他人的爱,或为自己,或为工作喜悦而工作的乐趣就会丧失或大打折扣"。相反,当员工处于"有权对重要问题进行决策的民主组织的团队中管理自我,是一个非常有力的激发因素……这些程序与社会贡献与合作一道,使个人主体性和自我发展成为首要的问题"。②

　　身处封建社会,道家的自为、自治、物各自任等主张虽然只是思想家们的美好理想,而缺乏现实环境中的"民主组织的团队",因此,这些珍贵的思想火花未能在实际生活中激发出更大的社会发展和个人成长的能量。但是,在数千年后强调以人为本管理模式的现代社会中,我们完全有理由期望,这些思想资源能够为现代管理提供有益的借鉴。

---

① 张鑫:《奥斯特罗姆 自主治理理论的评述》,《改革与战略》2008 年第 10 期。
② 参见肯尼思·克洛克、琼·戈德史密斯:《管理的终结》,中信出版社 2004 年版,第 54 页。

四、"各得其正"的自由理念

"物各自任"的自主精神表达的是个人自主地进行自我管理的权利,有了这种不受干扰的自主权利,个体就具备了"各得其正"、按照自己的天性和选择、爱好进行自由发展的可能性。这两个方面是紧密相连而又有所区别的主张。

人类文明的发展是与每个独特个体的自由发展紧密相连的,世界著名教育家威廉·冯·洪堡有句名言,文明就是"人类最为丰富的多样性的发展",穆勒将此语写在他那本著名的《论自由》的书名页上。哈耶克则强调,自由是"一个人不受制于另一个人或另一些人因专断意志而产生的强制的状态"①。

对于受制于三纲五常和处于礼教、家规束缚下的中国封建社会中的人们来说,按照自己的天性和选择、爱好进行自由发展只能是美好的理想。因此,中国资产阶级启蒙思想家严复在引进这一西方先进思想时,就将密尔《论自由》中译本的书名译成《群己权界论》,因为千百年以来,自由这一概念乃为国人"所深畏"。因为中国早期国家政权的建立是武力征服的结果,被征服者毫无权利和政治自由可言,而秦汉以后封建专制制度的确立更将中国民众置于专制暴政之中,这与古希腊市民阶层不断向贵族争取自由和权利的历史形成对照。但是,中华民族绝非生来甘愿受压迫、被奴役而不向往自由。在道家循道而行、无为而治的宗旨下,必然要求尊重个体自由发展的权利,允许个体按照自己的愿望和本性自由地发展,而且,这种个体自由的追求还进一步发展为一种"物各自治"的社会政治诉求。

因此,我们不能完全同意一些学者认为老庄仅"强调自由对于个人本身的意义,注重自由的内在价值理性"等观点。② 愚意以为,老庄的自由观

---

① 哈耶克著:《自由秩序原理》(上),邓正来译,三联书店1997年版,第4页。
② 如李宝红、康庆曾比较中西方的自由观说:"老庄强调自由对于个人本身的意义,注重自由的内在价值理性。而西方近代政治意义上的自由主义主要是自由外在的工具理性,主要是指体现为西方近代政治权利的自由。"(李宝红、康庆:《二十世纪中国庄学》,湖南人民出版社2006年版,第169—170页)

不仅限于对个人本身的意义,而且还由个体延及社会治理,以下我们将围绕这方面的问题进行论述。

道家认为,万物各有特性,各有好恶长短,应该充分认识和因顺万物的特性,分而治之。《庄子·至乐》篇中通过鱼在水中生而人落水中死的例子而概括出管理必须因人而异、"不一其能,不同其事"等道理;《淮南子》的《泰族训》、《主术训》等篇章中更是明确提出了"物各有宜"、"各便其性"、"率性而行"等主张;《庄子》及后来的注《庄》者更是构想了让民众自由发展的社会管理理想图景,注《庄》者郭象"使天下各得其正"的主张就是一个典型表述。什么才是政治治理的理想境界——"至正"呢? 那就是要求为政者"不以己正天下",才能够"使天下各得其正"。① 上述思想的核心精神就是,为政者不能以自己的主观意愿来威逼民众,胁迫民众服从自己,而是要让天下之人各自根据己之所应然来发展自己,各展其性,各可其可,成为自己:"放于自得之场,则物任其性,事称其能,各当其分。"②唐代高道成玄英亦通过注《庄》而明确地宣称:"夫圣治天下,大顺群生,乘其自摇而作法,因其自荡而成教……"③帝王虽然"位居九五,威夸万乘",但却应当"任庶物之不同,顺苍生之为异",让"群性咸得",才能出现一个丰富多彩的社会。而如果"用一己之知,应众物之宜……未免危殆矣"。④ 这些思想不仅是对专制高压统治的批判和反抗,在专制制度下更是一种难能可贵的自由追求,由此出发,可以通向现代民主政治下的自由精神。

在中国传统社会,民众历来只是被统治者用固定的礼教和道德所"化"、所"导"的对象,作为施教主体的统治者是不考虑教育对象的特性而进行德教的。而在成玄英看来,作为施教对象的普通民众虽然"贤愚各异",但却应该尊重他们的各自的特殊本性和情感,顺应他们的特点,力图做到"化导得所"。这些思想暗含着尊重个人权利与个性自由的可贵

---

① 参见郭象:《庄子注·骈拇》,载郭庆藩:《庄子集释》,中华书局1961年版,第316页。
② 郭象:《庄子注·逍遥游》,载郭庆藩:《庄子集释》,中华书局1961年版,第1页。
③ 成玄英:《庄子疏·天地》,载郭庆藩编:《庄子集释》,中华书局1961年版,第432页。
④ 以上引文参见成玄英:《庄子疏·天地》,载郭庆藩:《庄子集释》,中华书局1961年版,第408、418页。

精华,在"使人不成其为人"的封建制度下,这些主张有着特殊的积极意义。

在中国历史上,这些思想一直成为历代异端思想家反对封建专制、向往民主自由的智慧源泉,从力主"君道贵因"的《吕氏春秋》到"遂其天真,无所司牧"的《无能子》,从主张让民众"自治"、"自理"的李贽,到强调"善治必达情"的唐甄,无不反射出道家自由理念的光辉。处于封建专制制度高度发展而弊端丛生的清代,严复更是认识到自由对于社会发展和国家富强的重要作用。故他通过阐发老庄思想以表达追求自由民主的理想。在《庄子·应帝王》的评语中严复指出:"此篇言治国宜听民之自由、自化……顺物自然,而无容私焉。""治国宜顺自然,听其自由,不可多所干涉。"他将郭象"无心而任乎自化,应为帝王"的注语与西方民主政治相等同,他这里所说的帝王,只是一国的"主治行政者",而无论其政体是君主制抑或民主制,故郭象"任乎自化,应为帝王"的思想"与晚近欧西言治者所主张合"。① 严复给《庄子》这一中国传统经典赋予了现代自由民主政治理想的崭新意义,希望从传统文化资源中寻求民主政治的理论依据,以图为现实政治中推行民主政治做思想文化和心理上的铺垫,这一事实本身就足以证明道家治道所具有的现代价值。

道家"圣人恒无心,以百姓之心为心"、"不以己正天下"、"使天下各得其正"等主张蕴含着一种以人为本、以民为本的自由精神,它要求为政者,不能以一己之利益为基础、以一己之是非为标准,而要尊重普遍的公共利益,尊重不同个体的各种偏好、态度和需求,尽可能地照顾和满足不同人群或个体的利益和愿望,实现"天下各得其正"的社会理想。客观地说,这是一个相当理想化的追求,是道家学者对于专制制度重压之下无法"得其正"这一现实困境的反省以及在精神层面的超越。正因为如此,它也就有可能与当今变"统治行政"为"服务行政",变"以政府为本"为"以民为本"、"以人为本"的行政改革方向相通。按照现代政治学理论,公民权利是国家权

---

① 以引文均见严复:《庄子评语·应帝王》,《严复集》第四册,中华书局 1986 年版,第 1118 页。

力的基础,是行政权力之本源,设立政府的宗旨是为了保护每个人在法律许可的范围内自由地发展各自的特长,是为了保证广大民众的利益不受到侵犯,而不是维护政府的利益或统治。从某种意义上说,这是否可视为道家"圣人恒无心,以百姓之心为心"、"不以己正天下"、"使天下各得其正"等主张的现代表达呢?

还必须强调的是,道家主张"各得其正"并非是一种各自为阵的无政府或无序状态,而是认为天地之间存在着"道"这一自然和谐的秩序,人们只要遵道、顺道,各因其性,就会实现一种自发的协作与和谐。关于这一点,道家的一些典籍均有表述。例如,成玄英就曾说:"虽则治人,因其本性,物各率能,咸自称适,故事事有宜而天下治也。"①显然,成氏这里所说的"治人"虽然还是一种"治",但却是顺应个体的本性而治,因此,每个个体皆能够发挥所长,各尽所能,从而实现"咸自称适,事事有宜"的境界。在这里,的确体现出了"道治"世界中民君之间的"主体间性",而形成了"政治场域中的'共治'关系"。②

这种境界相当符合现代人力资源管理所追求的"适才适所"、实现人与事的最佳配合的目标。这种管理模式还明显地表现出管理主体的多元化以及满足民众的需求为出发点的倾向,在较大程度上突破了封建社会那种以君为主、自上而下、单向度和控制型的传统统治模式,从而与现代公共管理的治理模式下管理主体多样化以及运用非强制性权力进行协作等特征有了更多的吻合之处。

可见,在现代公共管理学、政治学和治治理理论的维度下,我们可以接通古今,为道家"以百姓心为心"、"各得其正"、"不以己正天下"等政治诉求赋予鲜活的时代精神,中西方的治理文化将能相汇合流,而中国先贤的政治理想才有了真正实现的可能。

---

① 成玄英:《庄子疏·天地》,郭庆藩:《庄子集释》,中华书局1961年版,第405页。
② 参见唐少莲:《道家"道治"思想研究》,中国社会科学出版社2011年版,第166页。

五、"物无贵贱"的平等诉求

反对特权,实现人格上的平等,这是从臣民社会向公民社会转型的重要指标,是社会正义的另一要义。平等与不平等可以分为自然的与社会的两大类型。前者基于自然,后者起因于人的自觉活动,因而可以进行道德评价。

首先,道家论证了人类的自然平等。由道生万物、天人同源、通天下一气等基本观点,逻辑地引出了人类在本原上平等的思想。庄子提出了"万物一体"、"恢诡谲怪,道通为一"、"齐万物"等超凡脱俗之论,从本原上论证了万物的平等,为社会层面的平等奠定了坚实的基础。老子强调,每一个个体都具有自身的价值,一个高明的管理者就在于能够做到人尽其才、物尽其用,"无弃人"、"无弃物"。庄子则更是强调"物无贵贱"、"至仁无亲",凸显出与尊卑有等的封建等级制度以及儒家亲亲、尊尊原则的差异。

社会平等实乃权利平等,反对特权,关于这一点,亦有不少道家学者提出过类似主张。《吕氏春秋》的作者打出先王的旗号以要求限制君主滥用权力,反对君主专制:"昔先圣王之治天下也,必先公。公则天下平矣,平得于公","得天下者,其得之以公,其失之必以偏。"①结合当时作为丞相的吕不韦与秦王嬴政的政治矛盾,这些出自吕氏门下的话语简直就是在向专制君主叫板了。

相比较之下,西汉时期《老子指归》的平等主张更富有哲学意蕴,作者严遵从生成论的高度阐发了平等公正原则的合理性与原初性,书中说:"造化之心,和正以公,自然一概,正直平均,无所爱恶,与物通同。"②天地自然之间存在在一个公平和正、无所偏私的合理秩序,遵循着公正平等的原则,给每一个具体的人一样的生命存在和发展之价值,这在相当大的程度上接

---

① 《吕氏春秋·贵公》,《二十二子》,上海古籍出版社 1986 年版,第 631 页。
② 严遵:《名身孰亲篇》,《老子指归》卷二,中华书局 1994 年版,第 24 页。

近了西方的平等思想。

　　由上述社会平等的思想，又走向了经济平等的要求。老子认为，天道是毫无私心和非常公平的，如天地的阴阳二气相合，就降下了甘露，人民并不需指令控制，它也自然会很均匀："天地相合，以降甘露，民莫之令而自均。"他希望统治者效法天道，抑强扶弱，对百姓行使平均之道。《道德经》第七十七章说："天之道，其犹张弓与？高者抑之，下者举之；有余者损之，不足者补之。"天之道行使的是"损有余以补不足"的公正原则，促使社会的财富流向贫困者；而不合理的"人之道"却是"损不足以奉有余"。唯有"有道者"才能够"有余以奉天下"，效法天之道而改善人类社会的不平等、不合理现象，实现财富由"有余"向"不足"的方向流动。这种经济上的平等要求虽然属于一种分配上的平均主义，反映出自然经济下小农思想的局限性，但它批判和否定了当时现实社会中不平等的分配制度和方式，并为后世追求社会正义的农民起义提供了思想资料。

　　经济平等的要求反映了对于分配正义的追求，而分配正义是正义理论的重要内容。故亚当·斯密和罗尔斯、马斯洛等思想家皆看到了分配不公和贫富两极分化将导致的严重后果，提出过促使社会财富向广大民众流动的主张。而道家在两千多年以前就注意到了这一问题，这也是不该被忽略的。

六、俭啬养生的拒腐机制

　　私欲膨胀、贪得无厌以及享乐主义、拜金主义是贪腐行为的思想根源。道家崇俭寡欲的价值取向对于铲除这一病根可谓是对症之良方。《老子》曾从生命存在的高度启发人们如何进行合理的价值选择，其中的一个问题是："身与货孰重"。他要人们思考，身体与财货相比，哪个更为重要。答案是不言而喻的。故接下来他告诫说："甚爱必大费，多藏必厚亡。故知足不辱，知止不殆，可以长久。"[①]这番话点出了生命重于财货的价值取向，提醒

---

　　① 《老子》第四十四章，《二十二子》，上海古籍出版社1986年版，第5页。

人们不要过度贪多欲得,追求财富,而要爱惜自己的"身",要爱惜自身生命的价值与尊严。过分地贪爱名利必致重大的损失,过分地囤积财富必遭惨重的消亡。在物质财富和感官享乐方面知止知足,适可而止,才不会受侮,不会遇到危险,才能长保平安,这就为培育廉洁俭朴的美德奠定了心理基础。

《老子》总结物欲膨胀所导致的严重恶果说:"祸莫大于不知足,咎莫大于欲得"①;"金玉满堂,莫之能守;富贵而骄,自遗其咎。"②这里的"不知足",指对财富、感官享乐等欲望贪得无厌的追求。受这种贪欲支配的人,往往利令智昏、良心泯灭、不择手段,因此导致种种祸患和恶行过咎。

由于深知物欲膨胀的危害,故《老子》将俭奉为人生必须持守的"三宝"之一,认为为政者持守俭德,才能实现富国强兵、人众地广的政治目标。在第五十九章中,他更是将俭视为治国和养生的共同法则,强调无论是治理民众还是奉养身心都应该俭约不奢,爱惜财物,节制过分的物质享受欲望。如此,就能防患于未然,及早遵从大道,修德积德,也就能战无不胜,以之治国可以长治久安,用于治身则可生命长存。

黄老道家进而从个体的生命价值出发,阐明遵循节欲、崇俭之德的必要性。《吕氏春秋》中指出,奢侈生活有损于人的生命健康,肥肉厚酒乃是"烂肠之食",沉溺于美色乃是"伐性之斧"。③ 出于对奢侈生活危害健康的认识,作者告诫说,基于养生的需要,必须对感官欲望进行节制:"耳目鼻口不得擅行,必有所制之,此贵生之术也。"④这就将少私寡欲、崇俭抑奢这些道德要求与人们希图长寿健康这一基本需要密切结合起来,将做人之道与养生之道密切结合起来,而不仅单纯以克己利人等外在的社会要求来抑制君主对于"名位"、"厚味"的追逐。

为了防止嗜欲无度所产生的贪婪、巧取豪夺等种种社会问题,《吕氏春

---

① 《老子》第四十六章,《二十二子》,上海古籍出版社 1986 年版,第 5 页。
② 《老子》第九章,《二十二子》,上海古籍出版社 1986 年版,第 1 页。
③ 参见《吕氏春秋·本生》,《二十二子》,上海古籍出版社 1986 年版,第 630 页。
④ 《吕氏春秋·贵生》,《二十二子》,上海古籍出版社 1986 年版,第 632 页。

秋》的作者继承发展了《庄子》"适欲"的思想,强调"圣人必先适欲"。①作者进而因顺人们珍爱生命的心理需求阐述了适欲与养生的密切联系:"所谓尊生者,全生之谓。所谓全生者,六欲皆得其宜也。……能以久处其适,则生长矣。"②

汉代黄老道家《淮南子》批评儒家试图通过道义强制压抑人的欲望,并以颜回、子夏等孔门高足"夭死"、"失明"、"为厉"的事实,来说明儒学"迫性拂情而不得其和"。认为止欲、禁乐、畏刑而不敢盗都只是治标之术,而治本之策在于改变人们追逐享乐的价值观念,"使人弗欲"、"无有盗心",淡化人们对物欲的追求,让人懂得过分的物欲对人是无意义的,"知夏日之裘无用于己,则万物之变为尘埃矣"。因此,不必强制禁止人们的物欲,而是要让他们懂得"适情辞余,以己为度,不随物而动,岂有此大患哉!"③也就是说,适顺人的天性,以适合个体正常需求为限度,去除对生命无益的多余享受,就能不为外物所役,从而避免为追求外物而国亡身死的大祸。

道家将保持俭啬廉洁美德与养护身心统一起来,强调养生必须廉俭,纵欲必然害身,这就将保全生命这一低级需要与"自尊需要"、"自我实现需要"这些中、高级需要紧密地结合起来,有助于人们将对于生命健康的养护与积德行善等社会要求联系起来,将提高生命质量这一基本心理渴求转化为对道德的需求,将对于养生之道的服从升华为对伦理规范的遵守,这就形成了培育和践行廉洁俭朴之德的内在动力,有助于在思想上建立起养廉拒腐的防卫机制。

道家思想对于廉政建设的积极意义在现代社会日益凸显。2013年春节前夕,针对奢侈浪费特别是公款浪费等不良歪风,习近平同志作出了狠刹浪费之风、大力弘扬中华民族勤俭节约优秀传统的重要批示,在全国上下引起强烈反响并取得显著成效。又如,十堰市在反腐倡廉和廉政文化建设中,吸取道家文化中廉洁廉政元素的精华并赋予其新的时代意义,将"道廉文化"与廉政文化建设相结合,创建了"武当山道廉文化教育基地"。2011年

①　参见《吕氏春秋·重己》,《二十二子》,上海古籍出版社1986年版,第630页。
②　《吕氏春秋·侈乐》,《二十二子》,上海古籍出版社1986年版,第643页。
③　以上引文均见《淮南子·精神训》,《二十二子》,上海古籍出版社1986年版,第1237页。

10月,在第四届中华廉洁文化理论与实践交流大会上,十堰市纪委书记何万勤等一批纪检监察工作者和熊铁基等专家学者从不同角度深入阐释了道廉文化的内涵及其对当前廉政文化建设的重大意义。认为道家清心寡欲、崇俭抑奢、见素抱朴等思想"对今天的廉政建设亦有重要的指导意义";"提供了形成廉洁社会风尚的文化支撑,对反腐倡廉建设具有治本价值";"道家通过以内乐外、廉俭养生等方法激发人们对俭啬廉洁的内在心理需求有着非同寻常的现实意义"。① 这些事实表明,道家治道的现代价值正穿越时空,在现实的社会政治生活中得到践行。

七、"常善救人"的宽容胸怀

宽容是人类古今中外不少思想家所推崇的美德,在文化多元和理性多元论的事实下,宽容是维持良序社会长治久安和人类和平的思想基础,因此它更是一个政治家或行政长官所应具备的为官之德。② 道家在这方面的思想资源相当丰富,在道家这里,宽容不是一个孤立的命题或简单的行为规范,而是与本体论、方法论、善恶论、处世论以及修炼方法等一系列思想理论和实践手段紧密相连。既然人类与万物同是"道"的产物,那么,每个个体亦具有同等的地位和价值;既然"道"落实于不同个体会体现为不同的本性,那每个个体就都应该受到尊重,而不能将与自己的信仰和追求相异的他人视为异类而仇恨、排斥和打击。故老子认为,应该不分高低贵贱,突破亲疏利害等世俗之见,平等无偏、一视同仁地对待天下之人:"不可得而亲,不可得而疏;不可得而利,不可得而害;不可得而贵,不可得而贱"③。《庄子·秋水》更提出"恢诡谲怪道通为一"、"物无贵贱"等惊世骇俗的观点。

---

① 何万勤、熊铁基、郭齐勇、吕锡琛等:《宣传道廉文化 弘扬社会正气》(专栏),《光明日报》2011 年 10 月 25 日。

② 《大英百科全书》将宽容定义为"允许别人有行动和判断的自由,容许和没有偏见地忍耐那些不顺从自己的或被普遍接受的行为或观点。"(转引自房龙:《宽容》,胡允恒译,三联书店 2009 年版,"序言")

③ 《老子》第五十六章,《二十二子》,上海古籍出版社 1986 年版,第 6 页。

那么,这种平等无偏地对待万物的观点是否会导致没有任何行为规范,大家想做什么便做什么的道德虚无主义呢? 我们的回答是:不会。因为尊道贵德的原则本身就限制和否定了那些背离"道"和"德"以及"非道"和"非德"的言行或事物。

道生万物、道通为一等哲学智慧必然导致宽容大度的处世原则,老子将宽容不苟奉为圣人之风范:"是以圣人常善救人,故无弃人;常善救物,故无弃物。"在圣人的眼中,人人都有特定的本性和价值,都应当予以尊重,因而他也能够因性而治,拯救不良者,使人尽其才,故没有被遗弃之人;能够顺应物情,使物尽其用,故没有被遗弃之物。世间之人各有其特有的作用,各有其存在的意义:"善人者,不善人之师;不善人者,善人之资。"①善人是不善之人的老师,能够教化不善之人;而不善之人则可警示善人,以资诫鉴。显然,在圣人心中并不是善恶不分,而是对于善者与不善者及其各自的价值有着清楚的觉知,体现出一种博爱精神和无分别之心。故他的拯救也是无任何条件的:不管天上地下、万事万物,更不分宗教信仰、政治立场、民族、国家、身份,也不论贫富、智愚、善恶、美丑,普天下之人和遍宇宙之物通通"救"而"无弃"。

庄子学派进一步将老子的宽容思想发展为一种学术上的兼容并包精神,《庄子·天下》篇中称道老子"常宽容于物,不削于人,可谓至极",尊关尹、老子为"古之博大真人"! 作者基于对"天下多得一察焉以自好"、"百家往而不反"、"道术将为天下裂"的反省和忧思,因而强调"百家众技皆有所长,时有所用",②展现出试图总结、整合诸子百家的博大气象。

与宽容原则相连的是以德报怨的精神。《老子》第六十三章中提出:"大小多少,报怨以德"。即认为"圣人"能够淡化一切大小多少的各种区别与纷争,以博大的胸怀对待一切恩怨仇恨,统统报之以德。③ 第四十九章更是强调"善者吾善之,不善者吾亦善之,德善;信者吾信之,不信者吾亦信之,德信。"愚

① 《老子》第二十七章,《二十二子》,上海古籍出版社1986年版,第3页。
② 参见《庄子·天下》,《二十二子》,上海古籍出版社1986年版,第86页。
③ 对于"大小多少,报怨以德"一句的理解历来存在诸种不同理解,笔者认同刘笑敢教授对此句的解释:"大大小小、多多少少的区别与争论不可能锱铢必较而得一清二楚,所以不如不去计较,一概以德报之,包括以德报怨。这是从根本上消除矛盾纠纷的办法。"(刘笑敢:《老子古今》,中国社会科学出版社2006年版,第602页)

意以为,我们可以将"不善者吾亦善之"的态度理解为对己和对人两个方面。

从对人的角度来说,以宽容仁慈的胸怀来感化不善者、不信者,才能化解人际之间的恩恩怨怨,实现人际和谐与社会风俗的净化,以达到"德善"和"德信"的道德理想境界。

老子"不善者吾亦善之"的宽容思想在当今的国际舞台上更具有特殊的意义。我们知道,人类的道德是具有相对性的,在不同的族群和地区、在不同的历史条件或社会背景下,善恶的标准是有区别甚至是相反的。如果不顾其他国家和民族的具体情况,主观地将某种价值或原则指为唯一正确的标准,或将自己所追求的某些原则强加于他国、他族,其所造成的严重后果已经为世人所知。因此,老子这种包容各极的主张可谓是明智的选择,它不仅有助于纠正人们在道德认识上的偏颇,更有助于缓解实际社会生活特别是国际政治中唯我独尊、唯我独善或将异己妖魔化必欲灭除而后快的偏激行为。

从对己的角度来分析,"不善者亦善之"的观点启示人们理性地对待自我人格中的"不善"因素。对于这一问题的理解,我们需要引入荣格学派的理论。现代西方著名心理学家荣格十分推崇老子的对立统一思想,这一思想曾启示荣格从治疗方法上突破了西方非此即彼的思维模式并提出了著名的阴影理论。他认为,阴影(Shadow)是心灵中遗传下来的最阴暗的、隐秘的方面。简单地强行压抑人格中的阴影将会引起严重后果,当阴影不能被人们接受为自己人格中这一消极部分时,它就被投射,被转移到外部世界,被当作外部的异己而加以斗争、惩罚和消灭,而不是被当作"自己的内部问题"加以处理,这种方式"其实是人类面临的最大危险"![1] 他甚至从这一角度来探寻第一次、第二次世界大战以及继第二次世界大战之后种种战争的深层原因。因此,荣格认为,对待阴影要以宽容的态度来进行整合,《老子》"包容各极的意识"是对待阴影的明智方法。[2]

---

① 埃利希·诺伊曼:《深度心理学与新道德》,高宪田、黄水乞译,东方出版社 1998 年版,第28 页。

② 卡尔·S.霍尔:《荣格心理学纲要》,张月译,黄河文艺出版社 1987 年版,第46—47 页。关于这方面的详细论述请见吕锡琛等:《道学健心智慧——道学与西方心理治疗学的互动研究》,中国社会科学出版社 2008 年版,第89—95 页。

我们看到,在荣格学派的心理治疗实践中,老子"不善者亦善之"已经得到实际应用并取得了疗效,在荣格学派学者路格·阿伯罕所著的《人生黑暗面》第八章"突破黑暗面"中,作者指出,如果我们对自己中的黑暗面怀有敌意的话,"它将会变得愈来愈令人难以忍受;反之,如果我们的态度是友善的——亦即了解到它的存在是自然的——则我们将出现令人惊异的转变"①。

可见,如果能够以这种"包容各极"的辩证思维来处理问题,就会对那个"阴影与光明"并存的个体有更多的宽容,在这种思维方式之下,人格中的阴影将被合理地安顿,会得到合理的释放,因而不会将阴影投射到他人身上而导致将对方妖魔化或引发对他人的仇恨。以友善的态度面对外在的"不善"之人,这不仅能够感化不善者而实现"德善",更能化解埋藏在自己心中的怨恨,让生活充满友爱和快乐的阳光。因此,以"不善者吾亦善之"的原则宽恕别人,同时也就保护了自己——不仅会让自己免遭仇恨、怨恨等负面心理的伤害,更会消弭随时可能爆发的仇杀袭击等现实灾祸,这对于一个管理者来说,更是十分重要的。

《老子》"包容各极"、以德报怨的宽容思想还是与以柔克刚的智慧紧密相连的。以柔克刚的行为原则是老子对当时滥用暴力所导致的社会弊病进行深刻反省的结果。从长远的观点来看,以暴易暴、以眼还眼、以牙还牙的方式并不是最明智的处理方式,反而会引起冤冤相报、争斗不已、两败俱伤、永无宁日的苦难后果。因此,老子转化了常人解决问题的方式,主张以柔克刚。以柔克刚主要不是要消灭对方,独霸天下,而是立足于通过非暴力手段化解矛盾,包容对方,是一种润物无声的仁慈,也是体现在《孙子兵法·谋攻》篇中"不战而屈人之兵"的智慧。

当人际之间产生矛盾时,如果采取谦让、宽容的态度,就能够对解决纷争产生积极的影响,而各持己见、互不相让,必然致使矛盾升级和激化,甚至酿成伤人杀人等恶性事件。纵观当今世界,这类悲剧和教训实在是太多太多!!

《老子》不仅从观念层面提出了宽容思想,以老子为代表的道家还注重

---

① 路格·阿伯罕:《人生黑暗面》,廖瑞文译,伊犁人民出版社1998年版,第175页。

从实践的层面来培育宽容美德，其主要体现为道德心性修炼以及各种形式的道德教育和心理保健教育等方面。"涤除玄鉴"、"致虚守静"、"心斋"、"坐忘"等方法实际上是一种可操作的心理调节或心理训练技术，它主要是从潜意识的层面开展心理治疗。行为主体通过身心松弛的技巧缓解压力，以消除内在的心理紧张，摒弃思虑心智，从意识状态下超脱出来，排遣和抑制纠缠于名利算计、感官欲求等过分发达的意识。通过这种实践修炼，主体的身心能够更深刻地获得人人同体、万物同根、天地同源的感悟，从而提高行为主体的宽容亲和能力、心理调控能力和人际协调能力，由此，宽容美德将更为顺利地得以养成。

可见，对道家"正反相因"、"善者善之、不善者亦善之"、"和光同尘"、"报怨以德"、"以柔克刚"等思想进行现代诠释，或有助于人类理性地对待人格结构中的阴影，调整在国际交往和国际政治中的主观妄为、非此即彼、两端对立等单极思维模式，放弃唯我独尊、唯我独善等偏颇立场。如此，或有可能独辟蹊径，找到另外一条缓解人际、族际、国际、教际的冲突和仇恨的道路，促进不同文化和各种组织之间的宽容与理解，从源头之处促进世界的和谐与和平！！

＊　　　　＊　　　　＊

在新公共管理浪潮席卷全球、中国政府致力于行政体制改革和社会管理创新之时，道家尊道贵德、无为而治、抱朴守真、贵公去私、宽容谦下、任性当分、共治成事、天地为和、以百姓心为心等治国智慧有助于我们更理性地审视西方传统官僚制的程序—规则体系，吸收西方新公共管理和治理理论的合理因素，尊重公民权利，明确政府的行政权界，放权松绑，减轻过度规制对政府绩效造成的负担，提高行政能力和政府官员的道德素质，落实以人为本的科学发展观，推进全社会的和谐，从文化的层面融入世界的公共管理改革的时代浪潮。在这一创造性的实践活动中，我们不仅将完善和丰富具有中国气质的公共行政管理学和政治学理论，同时也将为世界范围内的政治行政改革提供文化资源，为创建多元互补的全球行政文化贡献出中华民族的政治智慧。而道家治道这一古老的理论形态也将穿越古今中西，勃发出新的生命和光辉！

主要参考文献

一、古　籍

1.《二十二子》,上海古籍出版社 1986 年版。

2.《正统道藏》,文物出版社、上海书店、天津古籍出版社 1988 年版。

3.《十三经注疏》,中华书局 1980 年版。

4.胡道静、陈莲笙、陈耀庭辑:《道藏要籍选刊》,上海古籍出版社 1989 年版。

5.陈垣:《道家金石略》,文物出版社 1988 年版。

6.郭庆藩:《庄子集释》,中华书局 1961 年版。

7.(东汉)应劭:《风俗通义校注》,王利器校注,中华书局 1981 年版。

8.(汉)陆贾:《新语》,上海古籍出版社 1990 年版。

9.王卡点校:《老子道德经河上公章句》,中华书局 1993 年版。

10.(西周) 曹胜高、安娜译注:《六韬·鬼谷子》,中华书局 2007 年版。

11.(汉)严遵:《老子指归》,中华书局 1994 年版。

12.(三国)王弼注楼宇烈校释:《王弼集校释》,中华书局 1980 年版。

13.(三国)王弼注,楼宇烈校释:《老子道德经注校释》,中华书局 2008 年版。

14.饶宗颐:《老子想尔注校证》,上海古籍出版社 1991 年版。

15.王明:《太平经合校》,中华书局 1997 年版。

16.(宋)王安石:《王文公文集》,上海人民出版社 1974 年版。

17.容肇祖:《王安石老子注辑本》,中华书局 1979 年版。

18.(汉)司马迁:《史记》,中华书局 1982 年版。

19.(汉) 班固:《汉书》,中华书局 1962 年版。

20.(宋)徐天麟:《西汉会要》,上海古籍出版社 2006 年版。

21.(晋)陈寿:《三国志》,中华书局 2005 年版。

22.(宋)欧阳修:《新唐书》,中华书局 1975 年版。

23.(后晋)刘昫:《旧唐书》,中华书局 1975 年版。

24.(唐)魏征:《隋书》,中华书局 1973 年版。

25.(唐)刘肃:《大唐新语》,中华书局 1984 年版。

26.(唐)吴兢:《贞观政要》,上海古籍出版社 1978 年版。

27.《唐大诏令集》,学林出版社 1992 年版。

28.《全唐文》,上海古籍出版社 2009 年版。

29.(宋)司马光:《资治通鉴》,中华书局 2005 年版。

30.(宋)袁枢:《通鉴纪事本末》,中华书局 1964 年版。

31.(宋)洪迈:《容斋续笔》,北京燕山出版社 2008 年版。

32.(宋)王溥:《唐会要》,上海古籍出版社 2006 年版。

33.(宋)王钦若等编:《册府元龟》,凤凰出版社 2006 年版。

34.(宋)王谠:《唐语林》卷五,中华书局 2007 年版。

35.(元)脱脱等撰:《宋史》,中华书局 1977 年版。

36.丁传靖辑:《宋人轶事汇编》,中华书局 2003 年版。

37.(明)冯琦、陈邦瞻撰:《宋史纪事本末》,中华书局 1977 年版。

38.(宋)江少虞编纂:《宋朝事实类苑》,源流出版社 1982 年版。

39.(宋)杨忆口述,黄鉴笔录,宋庠整理:《杨文公谈苑》,上海古籍出版社 1993 出版。

40.(宋)李攸撰:《宋朝事实》,中华书局 1955 年版。

41.(元)白如祥辑校:《王重阳集》,齐鲁书社 2005 年版。

42.(元)赵卫东辑校:《丘处机集》,齐鲁书社 2005 年版。

43.(元)脱脱等:《辽史》,中华书局 1974 年版。

44.(元)脱脱等撰:《宋史》,中华书局 1977 年版。

45.(明)朱元璋:《明太祖文集》,上海古籍出版社 1991 年版。

46.《王阳明全集》,上海古籍出版社 2011 年版。

47.(明)宋濂撰:《元史》,中华书局 1976 年版。

48.(明)李贽:《焚书·续焚书》,中华书局 1975 年版。

49.(清)张廷玉:《明史》,中华书局 1974 年版。

50.(清)夏燮:《明通鉴》,中华书局 2009 年版。

51.(宋)李焘:《续资治通鉴长编》,中华书局 2004 年版。

52.(清)王夫之:《船山全书》,岳麓书社 1988—1993 年版。

53.(清)赵翼:《廿二史札记》,中华书局 2005 年版。

54.(清)毕沅:《续资治通鉴》,中华书局 2012 年版。

55.(明)余继登:《典故纪闻》,中华书局 1981 年版。

56.(清)谷应泰:《明史纪事本末》,中华书局 1977 年版。

57.(清)赵尔巽:《清史稿》卷五,中华书局 1998 年版。

58.（清）《严复集》，中华书局 1986 年版。

59.（清）魏源：《老子本义》，世界书局 1935 年影印本。

60.丁如明编：《唐五代笔记小说大观》，上海古籍出版社 2000 年版。

二、现 代 著 作

1.欧阳哲生编：《胡适文集》，北京大学出版社 1998 年版。

2.胡适：《中国哲学史大纲》，岳麓书社 2010 年版。

3.萧功秦：《中国政治思想史》，新星出版社 2010 年版。

4.冯友兰：《中国哲学史》，人民出版社 1998 年版。

5.任继愈主编：《中国哲学发展史》，人民出版社 1998 年版。

6.纪宝成主编：《中国古代治国要论》，中国人民大学出版社 2002 年版。

7.肖萐父、李锦全：《中国哲学史》，人民出版社 1982 年版。

8.陈鼓应：《老子注译及评介》，中华书局 1984 年版。

9.陈鼓应：《老庄新论》，商务印书馆 2008 年版。

10.刘笑敢：《老子古今》，中国社会科学出版社 2006 年版。

11.董京泉：《老子道德经新编》，中国社会科学出版社 2008 年版。

12.朱谦之：《老子校释》，中华书局 1996 年版。

13.高明编：《帛书老子校注》，中华书局 1996 年版。

14.朱越利：《道藏说略》，北京燕山出版社 2009 年版。

15.崔大华等：《道家与中国文化精神》，河南人民出版社 2003 年版。

16.崔大华：《庄学研究》，人民出版社 1992 年版。

17.黄钊主编：《道家思想史纲》，湖南师范大学出版社 1991 年版。

18.余明光，《黄帝四经与黄老思想》，黑龙江人民出版社 1989 年版。

19.卿希泰：《中国道教》，知识出版社 1994 年版。

20.卿希泰、詹石窗等：《中国道教思想史》，人民出版社 2009 年版。

21.熊铁基、马良怀、刘韶军：《中国老学史》，福建人民出版社 2005 年版。

22.熊铁基、刘固盛、刘韶军：《中国庄学史》，湖南人民出版社 2003 年版。

23.刘固盛：《道教老学史》，华中师大出版社 2008 年版。

24.刘韶军：《唐玄宗、宋徽宗、明太祖、清世祖〈老子〉御批点评》，湖南人民出版社 1997 年版。

25.李宝红、康庆：《二十世纪中国庄学》，湖南人民出版社 2006 年版。

26.胡孚琛、吕锡琛：《道学通论·通论篇》，社会科学文献出版社 2004 年版。

27.王晓毅：《王弼评传》，南京大学出版社 1996 年版。

28.萧萐父、许苏民：《王夫之评传》，南京大学出版社 2002 年版。

29.葛荣晋：《中国管理哲学导论》，中国人民大学出版社 2007 年版。

30.葛荣晋：《中国哲学智慧与现代企业管理》，中国人民大学出版社 2006 年版。

31.李刚:《汉代道教哲学》,巴蜀书社 1995 年版

32.黎红雷:《中国管理智慧教程》,人民出版社 2006 年版。

33.吴光:《黄老之学通论》,浙江人民出版社 1993 年版。

34.林安梧:《中国宗教与意义治疗》,明文书局 1996 年版。

35.袁英光、王界云:《唐明皇传》,天津人民出版社 1987 年版。

36.唐少莲:《道家"道治"思想研究》,中国社会科学出版社 2011 年版。

37.戴黍:《淮南子道治思想研究》,中山大学出版社 2005 年版。

38.吕锡琛:《道家道教与中国古代政治》,湖南人民出版社 2002 年版。

39.张松如、邵汉明:《道家哲学智慧》,吉林人民出版社 2010 年版。

40.郭齐勇:《中国哲学智慧的探索》,中华书局 2008 年版。

41.张松辉:《老子研究》,人民出版社 2006 年版。

42.商原李刚:《道治与自由》,社会科学文献出版社 2005 年版。

43.陈少峰:《中国伦理学史》(上),北京大学出版社 1996 年版。

44.王泽应:《自然与道德——道家伦理道德精粹》,湖南大学出版社 1999 年版。

45.邹纪孟:《智者与治者:中国古代政治智慧》,中国文联出版社 2001 年版。

46.许建良:《先秦道家的道德世界》,中国社会科学出版社 2007 年版。

47.焦国成:《中国伦理学通论》(上),山西教育出版社 1997 年版。

48.朱仁显主编:《中国传统行政思想》,福建人民出版社 2000 年版。

49.俞可平:《治理与善治》,社会科学文献出版社 2000 年版。

50.陈振明主编:《公共管理学》,中国人民大学出版社 2003 年版。

51.彭和平:《公共行政管理》,中国人民大学出版社 2003 年版。

52.孙永芬:《西方民主制度史纲》,人民出版社 2008 年版。

53.唐士其:《西方政治思想史》,北京大学出版社 2002 年版。

54.徐增辉:《新公共管理视域下的中国行政改革研究》,中山大学出版社 2009 年版。

55.刘泽华主编:《中国传统政治哲学与社会整合》,中国社会科学出版社 2000 年版。

56.舒焚:《辽史稿》,湖北人民出版社 1984 年版。

57.韩儒林主编:《元朝史》,人民出版社 1986 年版。

58.齐善鸿:《新管理哲学:道本管理》,东北财经大学出版社 2001 年版。

59.朱贻庭:《中国传统伦理思想史》,华东师范大学出版社 2009 年版。

60.张锡勤:《中国传统道德举要》,黑龙江大学出版社 2009 年版。

61.李建华:《中国官德》,四川人民出版社 2000 年版。

三、外 国 著 作

1.[英]洛克:《政府论》(下篇),叶启芳、瞿菊农译,商务印书馆 1996 年版。

2.[英]密尔:《论自由》,许宝骙译,商务印书馆2010年版。

3.[德]黑格尔:《历史哲学》,王造时译,三联书店1956年版。

4.[美]肯尼思·克洛克、琼·戈德史密斯:《管理的终结》,王宏伟译,中信出版社2004年版。

5.[英]哈耶克:《哈耶克文选》,冯克利译,凤凰出版传媒集团、江苏人民出版社2010年版。

6.[英]哈耶克:《致命的自负》,冯克利译,中国社会科出版社2005年版。

7.[英]哈耶克:《自由秩序原理》,邓正来译,三联书店1997年版。

8.《人的呼唤——弗洛姆人道主义文集》,毛泽应译,三联书店1991年版。

9.[瑞士]荣格:《荣格自传》,刘国彬、杨德友译,国际文化出版公司2005年版。

10.[瑞士]荣格:《现代灵魂的自我拯救》,黄奇铭译,工人出版社1987年版。

11.《荣格文集》,改革出版社1997年版。

12.[美]路格·阿伯罕:《人生黑暗面》,廖瑞文译,伊犁人民出版社1998年版。

13.[德]埃利希·诺伊曼:《深度心理学与新道德》,高宪田、黄水乞译,东方出版社1998年版。

14.[美]卡尔·S.霍尔:《荣格心理学纲要》,张月译,黄河文艺出版社1987年版。

15.[美]韦恩·W.戴尔:《改变思想 改变生活——老子智慧的现代启迪》,王强、刘飒译,天津科技翻译出版公司2009年版。

索　引

主题词索引

A

安民　3，7，41，182，188，269，271，313，337，338，371—373，377，378，380，384

安养生息　395，402，403，406

B

报怨以德　56，475，497，500

抱道执度　84，86，87

抱德推诚　177，180，181

彼我同一　463

并力同心　195，196

不恃　50，67，78，114，272，273，399，402，411，422，424，427

不为私分　116，117，119

不盈　459，460，465

不宰　275，313，410，411，422，424，427

不争　7，26，29，34，38，41，45，50，54，68，71，78，87，88，109，119，182，229，303，305，309，327，391，414，415，422，425，457，458，462，463

C

长而不宰　78，368，399，469

常善救人　81，229，356，399，454，496，497

常无贪取　329

崇本息末　182，215—219，222—224，232，246

崇俭　13，25，39，73，75，154，162，163，301，302，330，332，341，376，391—393，395，406，493，494，496

慈爱　6，22—24，41，44，45，61，78—82，250，276，278，279，317，341，371，386，387，450

D

道德内充　329，330

道家治道　1，2，4，6—10，13，15，29，30，38，42，44，54，55，57—59，71，105，112，131，145，149，168，174，188—194，216，270，272，283，285，286，290，303，307，309，339，345，347，352，354，371，373，

治国安民　7，8，13，15，38，41，61，142，
　188，209，216，229，281，284，286，290，
　300，312，317，331，338，343，349，361，
　362，374，383，384，403，413，442
治国不烦　312
治国之道　1，9，13，35，42，43，60，64，
　112，116，149，155，213，227，280，286，
　291，312，322，334，336，337，339，341，
　345，349，384，386，388，393，400，411，
　423，461
重民　26，79，103，131，160，197，211，261，
　278，385，421，469，482—484
重玄学　8，192，247—249，262，276，281，
　311
专意知远　93，96
自律　27，44，98，146，224，273，280，302，
　330，393，438，449，450
自然律　477，478

自然权利　477，478，485，486
自相治理　224—226
自由　5，9，17，33，34，47，50，51，55，56，
　64，68—70，106，109，113，114，117，
　160，164，172，174，176，190，225—227，
　230，248，249，260—264，266—268，
　272，313，422，430，431，434，438，452，
　463，466—474，476，477，480—482，
　485，486，488—491，496
自主　46，51，67，69，260，268，360，399，
　447，473，481，484，485，487，488
自主管理　69，225，475，487
尊卑如一　254，255
尊道　30，38，62，94，181，477—480
尊道贵德　38，480，485，497，500
遵道而行　39，67，227，480
遵道无为　270

人 名 索 引

B

柏拉图　258，259，328，329
班固　1，122，150，152，157，159，160，162，
　164，166，167

C

曹参　123，152，153，160，161，341
陈鼓应　11，13，33，49，53，65，67，84
陈静　46
陈明　51
陈平　43，115，151，153，158，161
陈少峰　52，54
陈抟　337，338
成吉思汗　7，371—381

成玄英　5，7，8，17，18，28，29，76，192，
　247—269，482，489，491
崔大华　11，46，49

D

戴溪　46，47
邓小平　484
董京泉　11，46，50—55，65
董仲舒　167，203，242
窦太后　153
杜光庭　7，8，191—193，269—281

F

樊光春　192
樊哙　152，162，163

后　记

　　道家治道蕴含了以老子为代表的中国先哲在两千余年历史风雨中前赴后继地追寻善政的心路历程，而呈献在读者面前的这部书稿则是作者对先哲这一心路历程的追寻。它虽只是一孔之见，但却凝聚了作者近三十年来在这一问题上的思考。30年前，刚出校门不久的我从《贞观政要》中读到贞观君臣尊崇和践行道家治道的诸多史实时，以往那些来自教科书的所谓道家消极无为的成见受到强烈的冲击！这也激励我静下心来读书、思考。我发现，在不少被称为盛世的王朝政治生活中，或多或少、或明或暗地存在着道家治道的思想元素。在前辈学者的认可和鼓励下，我的研究成果《老子思想与贞观之治》论文和《道家方士与王朝政治》专著及其修订本相继问世。而随着研究的继续深入和拓展，我看到，在儒学成为国家意识形态的中国封建社会，居然曾有那么多先贤怀着对善政的渴求，殚精竭虑地注释《老》、《庄》以阐发其中的修身治国之道；而几乎所有伟大帝国的建设者都曾或多或少地从《老子》中寻求善政。

　　当然，道家治道由于未能落实为制度安排而最终被淹没在封建专制的漫漫长夜中，它只是在特定的历史条件下被某些明智之君关注或有限地践行，但这些智慧却穿越了时空的屏障，在新的历史条件下展现出不朽的光辉，重新被世人关注。放眼于当代世界，不仅可从世界多个高层政坛上听到老子箴言的回响，而且可在西方现代管理的理论前沿看到诸多管理学家对老子智慧的高度认可。特别是美国著名管理学家肯尼思·克洛克等人积三十年之力调研百余大型企事业组织而得出的自我管理、处后谦下等管理理念亦与道家治道多有相通，他们甚至将老子视为"民主型组织中的领导者"的典范。对于人性的深刻理解，对于民生和个体生命的深切关怀，对于个体

— 515 —

特性的尊重和包容,对于管理者的多种约束,让道家管理智慧在当今世界成为了具有最大公约数的重要文化资源。因此,如何结合时代的需要和实际情况进一步探讨道家治道精华在当代管理活动中的阐发与践行,这是值得学界与相关实务部门共同合作与努力的课题。

道家治道立基于正反相因、祸福相倚等辩证法智慧,它启示人们立足长远、脚踏实地、防患于未然,进而对诸如人定胜天、敢做敢为、大干快上、速见成效、严格控制等耳熟能详的口号或发展思路进行冷静的反思。特别是回顾新中国成立以来在社会管理和经济工作方面的一些失误和教训,更是让人们不得不认真体悟"顺应自然"、"无为而治"、"高必以下为基"、"以百姓之心为心"、"各有分度"、"顺性而治"、"为大于细"、"以柔克刚"等思想智慧的深意。

还需要提到的是,在研读和发掘这些宝贵的文化遗产过程中,笔者不仅读到先哲们关于治国安民的主张,更感悟到历代士人忧国忧民的赤子之心:无论是飞黄腾达、身居庙堂,还是穷困潦倒、远处江湖,他们从未放下经世致用、为国为民的情怀;即使是那些无意于仕途或将隐、已隐的山林之士,也始终不改追寻善政的志向。历代先哲那种深沉的责任感令我感动和景仰,更让我获得精神能量!

拙作即将付梓刊印之际,感激之情充满心头:国家社科办和评审专家对拙作给予资助并提出修改意见。万俊人、李建华、左高山等教授对书的写作提出了宝贵的建议。2012 年 10 月赴南京参加"道学文化与当代中国"国际研讨会的归途中,曾与著名学者、北京大学许抗生教授谈起本书的选题,许先生甚为首肯,并称这也正是他多年希望展开的课题。前辈学者的鼓励为本书的完善更增添了力量。正在做博士后的辛红娟教授、博士生周敏、陈明副教授为本书的目录和书名进行英译;硕士生李彩虹、肖奔同学帮助查对书中部分章节的文献资料;人民出版社编审方国根老师对本书的选题和出版予以支持;责任编辑段海宝老师为本书的完善提出了很好的修改意见,付出了艰苦的劳动。本书亦得到中南大学人文社科办的支持。在此,谨向以上各位献上我的诚挚谢意!

吕锡琛

2014 年 5 月 18 日于长沙欣胜园寓所

策划编辑：方国根
责任编辑：段海宝

图书在版编目（CIP）数据

善政的追寻：道家治道及其践行研究/吕锡琛 著.
　—北京：人民出版社，2014.6
（国家社科基金后期资助项目）
ISBN 978 - 7 - 01 - 013559 - 5

Ⅰ.①善⋯　Ⅱ.①吕⋯　Ⅲ.①道家思想-研究　Ⅳ.①B223.05

中国版本图书馆 CIP 数据核字（2014）第 102469 号

善政的追寻

SHANZHENG DE ZHUIXUN
——道家治道及其践行研究

吕锡琛　著

人民出版社 出版发行
（100706　北京市东城区隆福寺街 99 号）

北京文林印务有限公司印刷　新华书店经销

2014 年 6 月第 1 版　2014 年 6 月北京第 1 次印刷
开本：710 毫米×1000 毫米 1/16　印张：33.25
字数：490 千字　印数：0,001-2,000 册

ISBN 978 - 7 - 01 - 013559 - 5　定价：75.00 元

邮购地址 100706　北京市东城区隆福寺街 99 号
人民东方图书销售中心　电话（010）65250042　65289539